中文社会科学引文索引（CSSCI）来源集刊

民间法

FOLK LAW

第29卷

主　编·谢　晖　陈金钊
执行主编·彭中礼

中南大学法学院 主办

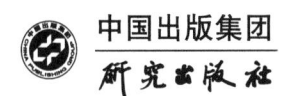

中国出版集团
研究出版社

图书在版编目(CIP)数据

民间法.第29卷/谢晖,陈金钊主编.--北京：研究出版社,2022.7
ISBN 978-7-5199-1272-7

Ⅰ.①民… Ⅱ.①谢… ②陈… Ⅲ.①习惯法–中国–文集 Ⅳ.①D920.4-53

中国版本图书馆CIP数据核字(2022)第128438号

出 品 人：赵卜慧
出版统筹：张高里 丁 波
责任编辑：张立明

民间法（第29卷）
MINGJIANFA（DI 29 JUAN）
谢 晖 陈金钊 主编
研究出版社 出版发行
（100006 北京市东城区灯市口大街100号华腾商务楼）
北京中科印刷有限公司印刷 新华书店经销
2022年7月第1版 2022年7月第1次印刷
开本：787mm×1092mm 1/16 印张：35.75
字数：734千字
ISBN 978-7-5199-1272-7 定价：128.00元
电话（010）64217619 64217612（发行部）

版权所有·侵权必究
凡购买本社图书，如有印制质量问题，我社负责调换。

总　序

在我国，从梁治平较早提出"民间法"这一概念起算，相关研究已有25年左右的历程了。这一概念甫一提出，迅即开启了我国民间法研究之序幕，并在其后日渐扎实地推开了相关研究。其中《民间法》《法人类学研究》等集刊的创办，一些刊物上"民间法栏目"的开办，"民间法文丛"及其他相关论著的出版，一年一度的"全国民间法/民族习惯法学术研讨会"、中国人类学会法律人类学专业委员会年会、中国社会学会法律社会学专业委员会年会、中国法学会民族法学专业委员会年会等的定期召开，以及国内不少省份民族法学研究会的成立及其年会的定期或不定期召开，可谓是相关研究蓬勃繁荣的明显标志和集中展示。毫无疑问，经过多年的积累和发展，我国民间法研究的学术成果，已经有了可观的量的积累。但越是这个时候，越容易出现学术研究"卡脖子"的现象。事实正是如此。一方面，"民间法"研究在量的积累上突飞猛进，但另一方面，真正有分量的相关学术研究成果却凤毛麟角。因此，借起草"《民间法》半年刊总序"之机，我愿意将自己对我国当下和未来民间法研究的几个"看点"（这些思考，我首次通过演讲发表在2020年11月7日于镇江召开的"第16届全国民间法/民族习惯法学术研讨会"上）抛出来，作为引玉之砖，供同仁们参考。

第一，民间法研究的往后看。这是指我国的民间法研究，必须关注其历史文化积淀和传承，即关注作为历史文化积淀和传承的民间法。作为文化概念的民间法，其很多分支是人们社会生活长期积累的结果，特别是人们习常调查、研究和论述的习惯法——无论民族习惯法、地方习惯法、宗族习惯法，还是社团习惯法、行业习惯法、宗教习惯法，都是一个民族、一个地方、一个宗族，或者一个社团、一种行业、一种宗教在其历史长河中不断积累的结果。凡交往相处，便有规范。即便某人因不堪交往之烦而拒绝与人交往，也需要在规范上一视同仁地规定拒绝交往的权利和保障他人拒绝交往的公共义务。当一种规范能够按照一视同仁的公正或"正义"要求，客观上给人们分配权利和义务，且当这种权利义务遭受侵害时据之予以救济时，便是习惯法。所以，民间法研究者理应有此种历史感、文化感或传统感。应当有"为往圣继绝学"的志向和气概，在历史中观察当下，预见未来。把史上积淀的民间法内容及其作用的方式、场域、功能，其对当下安排公共交往、组织公共秩序的意义等予以分门别类，疏证清理，发扬光大，是民间法研究者责无旁贷的。在这方面，我国从事民族习惯法，特别是从史学视角从事相关研究的学者，已经做了许多值得赞许的工作，但未尽之业仍任重道远。其他相关习惯法的挖掘整理，虽有零星成果，但系统地整理研究，很不尽人意。因之，往后看的使命绝没有完成，更不是过时，而是必须接续既往、奋力挖掘的民间法学术领域。

第二，民间法研究的往下看。这是指我国的民间法研究，更应关注当下性，即关注当代社会交往中新出现的民间法。民间法不仅属于传统，除了作为习惯（法）的那部分民间法之外，大多数民间法，是在人们当下的交往生活中产生并运行的。即便是习惯与习惯法的当下传承和运用，也表明这些经由历史积淀所形成的规则具有的当下性或当下意义。至于因为社会的革故鼎新而产生的社区公约、新乡规民约、企业内部规则、网络平台规则等，则无论其社会基础，还是其表现形式和规范内容，都可谓是新生的民间法。它们不但伴随鲜活的新型社会关系而产生，而且不断助力于新社会关系的生成、巩固和发展。在不少时候，这些规范还先于国家法律的存在，在国家法供给不及时，以社会规范的形式安排、规范人们的交往秩序。即便有了相关领域的国家法律，但它也不能包办、从而也无法拒绝相关新型社会规范对人们交往行为的调控。这在各类网络平台体现得分外明显。例如，尽管可以运用国家法对网络营运、交易、论辩中出现的种种纠纷进行处理，但在网络交往的日常纠纷中，人们更愿意诉诸网络平台，运用平台内部的规则予以处理。这表明，民间法这一概念，不是传统规范的代名词，也不是习惯规范的代名词，而是包括了传统规范和习惯规范在内的非正式规范的总称。就其现实作用而言，或许当下性的民间法对于人们交往行为的意义更为重要。因此，在当下性视角中调查、整理、研究新生的民间规范，是民间法研究者们更应努力的学术领域。

第三，民间法研究的往前看。这是指我国的民间法研究，不仅应关注过去、关注当下，而且对未来的社会发展及其规范构造要有所预期，发现能引领未来人们交往行为的民间法。作为"在野的"、相对而言自生自发的秩序安排和交往体系，民间法不具有国家法那种强规范的可预期性和集约性，反之，它是一种弱规范，同时也具有相当程度的弥散性。故和国家法对社会关系调整的"时滞性"相较，民间法更具有对社会关系"春江水暖鸭先知"的即时性特征。它更易圆融、自然地适应社会关系的变迁和发展，克服国家法在社会关系调整中过于机械、刚硬、甚至阻滞的特点。惟其如此，民间法与国家法相较，也具有明显地对未来社会关系及其规范秩序的预知性。越是面对一个迅速变革的社会，民间法的如上特征越容易得到发挥。而我们所处的当下，正是一个因科学的飞速发展，互联网技术的广泛运用和人工智能的不断开发而日新月异的时代。人类在未来究竟如何处理人的自然智慧和人工智能间的关系？在当下人工智慧不断替代人类体力、脑力，人们或主动亲近人工智慧，或被迫接受人工智慧的情形下，既有民间法是如何应对的？在人类生殖意愿、生殖能力明显下降的情形下，民间法又是如何因应的……参照民间法对这些人类发展可以预知的事实进行调整的蛛丝马迹，如何在国家法上安排和应对这些已然呈现、且必将成为社会发展事实的情形？民间法研究者对之不但不能熟视无睹，更要求通过其深谋远虑的研究，真正对社会发展有所担当。

第四，民间法研究的往实看。这是指我国的民间法研究，应坚持不懈地做相关实证研究，以实证方法将其做实、做透。作为实证的民间法研究，在方法上理应隶属于社会学和人类学范畴，因此，社会实证方法是民间法研究必须关注并运用的重要工具。无论社会访谈、调查问卷，还是蹲点观察、生活体验，都是研究民间法所不得不遵循的方法，否则，民间法研究就只能隔靴搔痒，不得要领。在这方面，近20年来，我国研究民间法，特别是研究民族习惯法的一些学者，已经身体力行地做了不少工作。但相较社会学、人类学界的研究，民间法研究的相关成果还远没有达到那种踏足田野、深入生活的境地。绝大多数实证研究，名为实证，但其实证的材料，大多数是二手、甚至三手的。直接以调研获得的一手材料为基础展开研究，虽非没有，但寥若晨星。这势必导致民间法的实证研究大打折扣。这种情形，既与法学学者不擅长社会实证的学术训练相关，也与学者们既没有精力，也缺乏经费深入田野调研相关，更与目前的科研评价体制相关——毕竟扎实的社会学或人类学意义上的实证，不要说十天数十天，即便调研一年半载，也未必能够成就一篇扎实的、有说服力的论文。因此，民间法研究的往实看，绝不仅仅是掌握社会学或人类学的分析方法，更需要在真正掌握一手实证材料的基础上，既运用相关分析工具进行分析，又在此分析基础上充实和完善民间法往实看的方法，甚至探索出不同于一般社会学和人类学研究方法的民间法实证研究之独有方法。

第五，民间法研究的往深看。这是指我国的民间法研究，要锲而不舍地提升其学理水平。这些年来，人们普遍感受到我国的民间法研究，无论从对象拓展、内容提升、方法运用还是成果表达等各方面，都取得了显著的成就，但与此同时，人们又存有另一种普遍印象：该研究在理论提升上尚不尽如人意，似乎这一领域，更"容易搞"，即使人们没有太多的专业训练，也可以涉足，不像法哲学、法律方法、人权研究这些领域，不经过专业训练，就几乎无从下手。这或许正是导致民间法研究的成果虽多，但学理深度不足的主要原因。这尤其需要民间法研究在理论上的创新和提升。我以为，这一提升的基点，应锚定民间法学术的跨学科特征，一方面，应普及并提升该研究的基本理念和方法——社会学和人类学的理念与方法，在研究者能够娴熟运用的同时，结合民间法研究的对象特征，予以拓展、提升、发展。另一方面，应引入并运用规范分析（或法教义学）方法和价值分析方法，以规范分析的严谨和价值分析的深刻，对民间法的内部结构和外部边界予以深入剖析，以强化民间法规范功能之内部证成和外部证成。再一方面，在前述两种理论提升的基础上，促进民间法研究成果与研究方法的多样和多元。与此同时，积极探索民间法独特的研究方法、对象、内容、范畴等，以资构建民间法研究的学术和学科体系——这一体系虽然与法社会学、法人类学、规范法学有交叉，但绝非这些学科的简单剪裁和相加。只有这样，民间法研究往深看的任务才能有所着落。

第六，民间法研究的比较（往外）看。这是指我国的民间法研究，不仅要关注作为非制度事实的本土民间法及其运行，而且要眼睛向外，关注域外作为非正式制度事实的民间法及其运行，运用比较手法，推进并提升我国的民间法研究。民间法的研究，是法律和法学发展史上的一种事实。在各国文明朝着法治这一路向发展的过程中，都必然会遭遇国家法如何对待民间法的问题，因为国家法作为人们理性的表达，其立基的直接事实基础，就是已成制度事实的非正式规范。随着不同国家越来越开放性地融入世界体系，任何一个国家的法制建设，都不得不参照、尊重其他国家的不同规范和国际社会的共同规范。因此，民间法研究的向外看、比较看，既是国家政治、经济、文化关系国际化，人民交往全球化，进而各国的制度作用力相互化（性）的必然，也是透过比较研究，提升民间法学术水平和学术参与社会之能力的必要。在内容上，比较研究既有作为非正式制度事实的民间法之比较研究，也有民间法研究思想、方法之比较研究。随着我国学者走出国门直接观察、学习、调研的机会增加和能力提升，也随着国外学术思想和学术研究方法越来越多地引入国内，从事比较研究的条件愈加成熟。把国外相关研究的学术成果高质量地、系统地迻译过来，以资国内研究者参考，积极参与国际上相关学术活动，组织学者赴国外做专门研究，成立比较研究的学术机构，专门刊发民间法比较研究的学术专栏等，是民间法研究比较看、向外看在近期尤应力促的几个方面。

当然，民间法研究的关注路向肯定不止如上六个方面，但在我心目中，这六个方面是亟须相关研究者、研究机构和研究团体尽快着手去做的；也是需要该研究领域的学者们、研究机构和研究团体精诚团结、长久攻关的事业。因此，在这个序言中，我将其罗列出来，并稍加展开，冀对以后我国的民间法研究及《民间法》半年刊之办刊、组稿能有所助益。

创刊于2002年的《民间法》集刊，从第1卷到第13卷一直以"年刊"的方式出版。为了适应作者及时刊发、读者及时阅读以及刊物评价体系之要求，自2014年起，该集刊改为半年刊。改刊后，由于原先的合作出版社——厦门大学出版社稿件拥挤，尽管责任编辑甘世恒君千方百计地提前刊物的面世时间，但结果仍不太理想。刊物每每不能按时定期出版，既影响刊物即时性的传播效果，也影响作者和读者的权利。《民间法》主编与编辑收到了不少作者和读者对此的吐槽。为此，经与原出版社厦门大学出版社及甘世恒编辑的商量，从2020年第25卷起，《民间法》将授权由在北京的研究出版社出版。借此机会，我要表达之前对《民间法》的出版给予鼎力支持的山东人民出版社及李怀德编审，济南出版社及魏治勋教授，厦门大学出版社及甘世恒编审的诚挚感谢之情；我也要表达对《民间法》未来出版计划做出周备规划、仔细安排的研究出版社及张立明主任的真诚感谢之意。期待《民间法》半年刊作为刊载民间法学术研究成果的专刊，在推进我国民间法研究上，责无旁贷地肩负起其应有的责任，也期待民间法研究者对《民间法》半年刊一如既往地予以宝贵的帮助和支持！

是为序。

陇右天水学士　谢　晖
2020年冬至序于长沙梅溪湖寓所

原　　序

　　自文明时代以来，人类秩序，既因国家正式法而成，亦藉民间非正式法而就。然法律学术所关注者每每为国家正式法。此种传统，在近代大学法学教育产生以还即为定制。被谓之人类近代高等教育始创专业之法律学，实乃国家法的法理。究其因，盖在该专业训练之宗旨，在培养所谓贯彻国家法意之工匠——法律家。

　　诚然，国家法之于人类秩序构造，居功甚伟，即使社会与国家分化日炽之如今，前者需求及依赖于后者，并未根本改观；国家法及国家主义之法理，仍旧回荡并主导法苑。奉宗分析实证之法学流派，固守国家命令之田地，立志于法学之纯粹，其坚定之志，实令人钦佩；其对法治之为形式理性之护卫，也有目共睹，无须多言。

　　在吾国，如是汲汲于国家（阶级）旨意之法理，久为法科学子所知悉。但不无遗憾者在于：过度执著于国家法，过分守持于阶级意志，终究令法律与秩序关联之理念日渐远离人心，反使该论庶几沦为解构法治秩序之刀具，排斥法律调节之由头。法治理想并未因之焕然光大，反而因之黯然神伤。此不能不令人忧思者！

　　所以然者何？吾人以为有如下两端：

　　一曰吾国之法理，专注于规范实证法学所谓法律本质之旨趣，而放弃其缜密严谨之逻辑与方法，其结果舍本逐末，最终所授予人者，不过御用工具耳（非马克斯·韦伯"工具理性"视角之工具）。以此"推进"法治，其效果若何，不说也知。

　　二曰人类秩序之达成，非惟国家法一端之功劳。国家仅藉以强制力量维持其秩序，其过分行使，必致生民往还，惶惶如也。而自生于民间之规则，更妥帖地维系人们日常交往之秩序。西洋法制传统中之普通法系和大陆法系，不论其操持的理性有如何差异，对相关地方习惯之汲取吸收，并无沟裂。国家法之坐大独霸，实赖民间法之辅佐充实。是以19世纪中叶、特别20世纪以降，社会实证观念后来居上，冲击规范实证法学之壁垒，修补国家法律调整之不足。在吾国，其影响所及，终至于国家立法之走向。民国时期，当局立法（民法）之一重大举措即深入民间，调查民、商事习惯，终成中华民、商事习惯之盛典巨录，亦成就了迄今为止中华历史上最重大之民、商事立法。

　　可见，国家法与民间法，实乃互动之存在。互动者，国家法借民间法而落其根、坐其实；民间法藉国家法而显其华、壮其声。不仅如此，两者作为各自自治的事物，自表面看，分理社会秩序之某一方面；但深究其实质，则共筑人间安全之坚固堤坝。即两者之共同旨趣，在构织人类交往行动之秩序。自古迄今，国家法虽为江山社稷安全之必备，然与民间法相须而成也。此种情形，古今中外，概莫能外。因之，此一结论，可谓"放之四海而皆准"。凡关注当今国家秩序、黎民生计者，倘弃民间法及民间自生秩序于不顾，即令有谔谔之声，皇皇巨著，也不啻无病呻吟、纸上谈兵，终其然于事无补。

近数年来，吾国法学界重社会实证之风日盛，其中不乏关注民间法问题者。此外，社会学界及其他学界也自觉介入该问题，致使民间法研究蔚然成风。纵使坚守国家法一元论者，亦在认真对待民间法。可以肯定，此不惟预示吾国盛行日久之传统法学将转型，亦且表明其法治资源选取之多元。为使民间法研究者之辛勤耕耘成果得一展示田地，鄙人经与合作既久之山东人民出版社洽商，决定出版《民间法》年刊。

本刊宗旨，大致如下：

一为团结有志于民间法调查、整理与研究之全体同仁，共创民间法之法理，以为中国法学现代化之参照；

二为通过研究，促进民间法与官方法之比照交流，俾使两者构造秩序之功能互补，以为中国法制现代化之支持；

三为挖掘、整理中外民间法之材料，尤其于当代特定主体生活仍不可或缺、鲜活有效之规范，以为促进、繁荣民间法学术研究之根据；

四为推进民间法及其研究之中外交流，比较、推知相异法律制度的不同文化基础，以为中国法律学术独辟蹊径之视窗。

凡此四者，皆须相关同仁协力共进，始成正果。故鄙人不揣冒昧，吁请天下有志于此道者，精诚团结、互为支持，以辟法学之新路、开法制之坦途。倘果真如此，则不惟遂本刊之宗旨，亦能致事功之实效。此乃编者所翘首以待者。

是为序。

陇右天水学士 谢 晖
序于公元 2002 年春

目 录　　民间法（第29卷）

总序/原序　　　　　　　　　　　　　　　　　　　　　　　　　　谢　晖／I

枫桥经验

枫桥人民法庭参与基层社会综合治理的机制研究　　　　　　汪世荣　李乐凡／3
新时代"枫桥式"人民法庭的治理功能及完善
　　——兼论子洲县人民法院的创新实践　　　　　马　成　李　军　赵俊鹏／13
人民法院构建涉侨矛盾纠纷调处化解共同体的"青田模式"研究　褚宸舸　王　阳／30
"枫桥经验"视域下大调解体系的治理逻辑和制度供给　　　　　　　　王斌通／42
新时代"枫桥经验"视阈下人民调解的南海实践研究　　　　　杨　静　李明升／57
"枫桥经验"视角下基层群众自治制度的完善　　　　　　　　　　　　刘　力／74
枫桥经验视阈下环境污染纠纷人民调解制度研究　　　　　　　　　　尤　婷／86
以"枫桥经验"为例的民间规范对基层司法的完善作用研究　　汤冠华　潘晨雨／99

学理探讨

中国传统法文化中的鬼神报应
　　——以古典文学为材料　　　　　　　　　　　　　　　　　　　易　军／117
习惯法是如何编入民法典的
　　——以《法国民法典》的编纂为例　　　　　　　　　　　　　　胡　桥／140
论习惯的生发路径　　　　　　　　　　　　　　　　　　　　　　周俊光／157
新乡贤参与乡村治理：现实需求、理论基础与机制创新
　　——以徐州市两镇为例　　　　　　　　　　　　　　　　　　　王　琦／173
民间规范立法识别及其标准初探　　　　　　　　　　　　　　　　武　暾／189

《民法典》第10条中"习惯"的司法适用：识别、顺位与限定要件 　　　　邵彭兵 / 204
皇帝偏好如何影响司法判决
　　——以清代"节烈旌表"类案件为例 　　　　武剑飞 / 217
论中国民法典的社会文化基础与民间法源意涵 　　　　杜　鑫 / 233

经验解释

民族地区村规民约在乡村治理中的作用现状与优化路径
　　——以广西河池市巴马瑶族自治县为例 　　郭剑平　黄月圆　何　涛 / 249
清商城县《谢氏族谱》土地买卖契约文书探究 　　　　李俊杰 / 263
建国初期乡村纠纷处理秩序的重构
　　——以苏北"群众办案"运动为例 　　　　唐华彭　吴伟强 / 279
法律漏洞分类的反思与重构 　　　　曹　磊　王书剑 / 290
全面三孩政策下隔代辅育文化习俗法律支持体系构建 　　　　黎　林 / 306
纳西古训的生态习惯法文化解析
　　——以"人与自然是兄弟"为中心的展开 　　　　乔　茹 / 321
论乡贤对民间规范的传播 　　　　冯建娜 / 334
司法裁判中的风水纠纷 　　　　胡星妃 / 345

制度分析

民间借贷案件审理中电子数据认定的概要分析
　　——以2017-2019年353份裁判文书为样本 　　　　蓝寿荣　李圣瑜 / 365
多元协同视域下的五治结合：渊源、意涵及实现路径 　　　　向　达 / 377
民间规范引入环境民事司法场域的必要性及实现路径 　　　　彭中遥 / 398
民间规范结构于国家制度的实践与转型：基于湃史杭灌区开发治理的
　　田野调查 　　　　余浩然 / 411
三维重塑：走向规范意义的调解
　　——基于法官、习惯与调解的互动关系分析 　　　　童晓宁 / 422
习惯在警察调解中的适用问题研究 　　　　徐晓宇 / 434
少数民族习惯在民事司法中运用的调查报告
　　——基于裁判文书的分析 　　　　杨　钢 / 454

域外经验

通向改革之路的《欧洲人权公约》克减制度
　　　　　　　　　　　　　　［英］斯图尔特·华莱士 著　范继增　张　慧 译／471
谎言的效用
　　——法律上的拟制　　　　［日］末弘严太郎 著　黄　晋 译　陈　颖 校／499
国际习惯法的概念重构
　　——基于"法律递归"技术模型的实证研究　　　　　　　　　　范知智／516

综述与书评

探索现代中国的法治秩序之道
　　——第二届沙湖之畔当代中国法哲学论坛学术研讨会综述
　　　　　　　　　　　　　　　　陈诗钰　张遵攀　谢晓涵　巫小玲／539
论司法改革过程中法律学说的功能定位
　　——评《论法律学说的司法运用》　　　　　　　　　　李　可　杭春锐／548

枫桥经验

枫桥人民法庭参与基层社会综合治理的机制研究[*]

汪世荣[**] 李乐凡[***]

摘 要 矛盾纠纷多元化解是"枫桥经验"的重要内容。通过采取积极有效的措施，预防矛盾纠纷的发生，使矛盾纠纷不发生、少发生，使业已发生的矛盾纠纷得到及时有效化解，诸暨市在基层社会治理中形成了诸多行之有效的工作机制。结合法庭工作的特点，围绕基层社会综合治理的需要，诸暨市枫桥人民法庭建立了法官（法官助理）办案节点及廉政风险提示、人民调解劝导、诚信诉讼承诺等机制，凝聚了社会共识。以追求基层社会治理效果为导向的机制建设，突显出诸暨市枫桥人民法庭在参与基层社会综合治理中的作用。枫桥人民法庭参与基层社会综合治理作用的有效发挥，推动了矛盾纠纷多元化解机制建设，调动多种力量预防化解矛盾纠纷，成效显著。

关键词 枫桥经验 人民法庭 基层社会 综合治理

引 言

党的十八大以来，习近平总书记高度重视坚持和发展"枫桥经验"，作出一系列重要论述。他特别指出："要推动更多法治力量向引导和疏导端用力，完善预防性法律制度，坚持和发展新时代'枫桥经验'，完善社会矛盾纠纷多元预防调处化解综合机制，更加重视基层基础工作，充分发挥共建共治共享在基层的作用，推进市域社会治理现代化，促进

---

[*] 陕西省"三秦学者"创新团队支持计划"西北政法大学基层社会法律治理研究创新团队"成果。
[**] 汪世荣，法学博士，西北政法大学法治学院教授，博士生导师。
[***] 李乐凡，西北政法大学博士研究生。

社会和谐稳定。"① 位于"枫桥经验"发源地的诸暨市人民法院以及时、高效化解矛盾纠纷为宗旨,立足司法职能延伸司法服务,大力推进多元解纷和诉讼服务体系建设,诸暨市人民法院在传承"枫桥经验"过程中,在不同历史时期进行了卓有成效的大胆探索与不断创新,在基层社会的综合治理中发挥了积极有效的作用,使"枫桥经验"焕发出新的时代活力。诸暨市人民法院通过机制创新依法公正高效权威履行审批职能,提升了司法审判质效。② 诸暨市人民法院下辖的枫桥人民法庭立足新时代,迎接新挑战,建立的法官(法官助理)办案节点及廉政风险提示、人民调解劝导、诚信诉讼承诺等机制。枫桥人民法庭参与基层社会治理,从源头预防化解矛盾纠纷,发挥人民法庭综合司法的作用,在实践中取得了积极的成效。

一、治理机制是"枫桥经验"发挥作用的基础

"枫桥经验"突出矛盾纠纷的预测、预警、预防,以此作为综合治理的前置工作,从而增强综治工作的前瞻性、预见性和针对性。通过加强组织建设、矛盾纠纷的预测和预防、调解等环节,有效抑制矛盾纠纷的产生,控制矛盾纠纷转化和激化,从根本上化解矛盾纠纷,诸暨市基层社会治理形成了"四前工作法"③"四先四早工作机制"④ 等丰富的"枫桥经验"治理机制。其中,"四先四早"工作机制侧重预防矛盾,尽量使矛盾纠纷不发生、少发生,既是基层社会治理的要求,也是预防犯罪的基本策略。"四先四早工作机制"通过采取积极、主动的措施,及时化解业已形成的矛盾纠纷,维护社会和谐稳定。这就说明,矛盾纠纷的预防机制是保证基层社会治理有效的基础条件。在矛盾纠纷化解中,"枫桥经验"也强调抓早、抓小、抓苗头,对与群众生产、生活密切相关的问题,采取积极主动措施,预防矛盾纠纷的发生;倡导"要戴致富帽,先戴安全帽""要有好的产品,必须要有好的人品""八小时内是企业文明守法的职工,八小时外是社会文明守法的公民",以文明、健康的社会文化,夯实了基层社会综合治理的深厚土壤。

对于已经出现的矛盾纠纷,不怕、不推、不拖、不回避,积极调解,着力化解,防止激化。通过多种形式,保证纠纷化解的效果。实际上,民间纠纷具有自己的特点,它们一般发生在"熟人"之间:"包括发生在公民与公民、公民与法人和其他社会组织之间涉及民事权利义务争议的各类矛盾纠纷。"⑤ 传统的民间纠纷主要是"田水之争""邻里之争"。

---

① 参见习近平:《坚定不移走中国特色社会主义法治道路,为全面建设社会主义现代化国家提供有力法治保障》,载《求是》2021年第5期。

② 参见汪世荣:《人民法院参与基层社会治理'枫桥经验'研究》,载《国家检察官学院学报》2019年第3期。

③ "四前工作法"指"组织建设走在工作前,预测工作走在预防前,预防工作走在调解前,调解工作走在激化前。"

④ "四先四早工作机制"指"预警在先,苗头问题早消化;教育在先,重点对象早转化;控制在先,敏感时期早防范;调解在先,矛盾纠纷早处理。"

⑤ 参见枫桥镇综合治理办公室编:《人民调解告知书》。

随着经济的发展，出现了产权矛盾纠纷、劳资矛盾纠纷、合同矛盾纠纷、拆迁矛盾纠纷、征地矛盾纠纷等新矛盾类型。① 它们"大多数发生在同村村民或邻里之间，甚至是亲友、夫妻之间，与人民的生产和生活密切相关，有许多矛盾纠纷开始时并无实质性的利害冲突，而是出现矛盾纠纷后赌气、闹别扭，且双方各执一词，互不相让，容易导致矛盾纠纷激化和转化。"② 这类矛盾纠纷的解决，重要的不是在双方当事人之间区分是非对错，而是达成相互之间的谅解，消除和化解矛盾。否则，矛盾纠纷容易复发，或者容易发生新的矛盾纠纷。只有建立针对性强的工作机制，综合施策，才能取得有效预防化解矛盾纠纷的作用。

二、枫桥人民法庭围绕基层社会治理建立的工作机制

诸暨市人民法院枫桥法庭充分发挥"枫桥经验"发源地优势，始终大胆探索与不断创新，倡导形成"社会调解优先，法院诉讼断后"纠纷解决理念，着力从源头上预防化解基层社会治理中出现的矛盾纠纷，降低纠纷成讼率。为了发挥人民法庭在基层社会综合治理中的作用，诸暨市枫桥人民法庭建立了三项工作机制：法官（法官助理）办案节点及廉政风险提示机制、人民调解劝导机制和诚信诉讼承诺机制。通过三项工作机制，凝聚了法官（法官助理）、当事人和社会大众的共识，助力矛盾纠纷多元化解机制建设，有效预防矛盾发生、防止矛盾激化、化解矛盾纠纷，促进社会和谐稳定，充分发挥枫桥人民法庭推动基层社会综合治理的作用。

（一）法官（法官助理）办案节点及廉政风险提示机制

习近平总书记在十八届中央纪委二次全会上指出，要加强对权力运行的制约和监督，把权力关进制度的笼子里，形成不敢腐的惩戒机制、不能腐的防范机制、不易腐的保障机制。③ 法官（法官助理）办案节点及廉政风险提示机制的建立，可以全面梳理办案流程、审限管理等关键节点，分析研判每个节点可能存在的办案风险，加强审判执行活动风险监控智能预警，促进司法廉政风险早发现、早预警、早处置；也可以健全廉政风险防控体系，充分发挥党内监督、监察监督和政法系统内部监督的综合效能，加大违规违纪行为追责问责力度，坚持零容忍惩治司法腐败。并进一步强化审判执行岗位廉政风险防控，落实

---

① 参见周长康、张锦敏主编：《枫桥经验的科学发展》，2004年西泠印社出版社，第6页。曾任诸暨市委副书记的蔡汉良指出："在现阶段，农村稳定的突出因素是人民内部矛盾。这些矛盾是改革开放、发展生产过程中产生的，可预见、可调解、可疏导，只要主动预防、及时化解，一般不会酿成大的事端。枫桥已经初步建立了有效的预防和化解矛盾的工作机制。"参见袁亚平：《立足稳定和发展——浙江诸暨'枫桥经验'纪实》，载《人民日报》1999年12月1日。
② 参见中共诸暨市委、诸暨市人民政府编：《与时俱进的枫桥经验》，2003年内部发行，第154页。
③ 参见习近平：《更加科学有效地防治腐败，坚定不移把反腐倡廉建设引向深入》（2013年1月22日在十八届中央纪委第二次全会上的讲话），载《人民日报》2013年1月23日。

好办案工作廉政风险等级提示和风险防控机制，确保廉洁司法。

枫桥人民法庭庭长向每起案件的承办法官（法官助理）发出办案节点及廉政风险提醒，内容包括具体法官（法官助理）承办的案件号、注意事项、办案重要节点及风险点、备注及注意事项等内容。按照职权法定、权责一致的要求，明确各自岗位的职权、主要内容，并在此基础上，明确办理主体、条件、程序、期限和监督方式等，实现权力运行公开化，全面收集廉政风险信息，对可能引发腐败的苗头性、倾向性问题进行风险预警。增强法官（助理法官）风险防范意识，提高廉洁司法和廉洁从政的自觉性。而承办法官（法官助理）则严格落实办案工作要求，确保案件审理的全部案件材料在各节点信息完整、内容准确。还要自我教育、自我警示并加强自我约束，树立"忠诚、为民、公正、廉洁"的核心价值观，增强抵御干扰、拒腐防变和公正司法的能力。规避由于利益诱惑、人情干扰以及其他非正常因素的影响，可能导致司法不公的风险。

实施这项工作机制的目的，是响应习近平总书记"把权力关进制度的笼子里"，也是实现习近平总书记关于"努力让人民群众在每一起司法案件中感受到公平正义"的要求。提示机制时刻提示法官（法官助理）站在当事人的角度思考和解决问题："你一生或许会办理几千个案件，但当事人一辈子可能只进一次法院。"同时提醒法官（法官助理）谨言慎行，认真对待每一起司法案件。在履职过程中"用主动作为的担当取信于民，严控各办案节点，用规范、高效、廉洁的司法行为取信于民，让司法的公正赢得民心。"在进行书面提示的同时，运用图表方式明确了枫桥法庭审理案件职权运行流程，分别从立案阶段、审理阶段和执行阶段予以慎重提示、切实规范。

（二）人民调解劝导机制

调解是我国司法工作的优良传统和成功经验，实践证明做好调解工作具有重大意义。调解不仅是人民法院对当事人进行法治宣传和说服教育工作，也是双方当事人在平等自愿基础上达成协议，解决纠纷的重要手段。既有利于迅速彻底解决纠纷，大量减少了诉讼程序，从而节省人力、物力和时间，提高人民法院办案效率。也有利于安定团结和生产建设，在调解中通过对当事人进行法治宣传和思想教育，可以促使当事人提高思想认识，消除隔阂，增强团结。调解还有利于加强法治教育，在调解的过程中向当事人和人民群众宣传国家法律和政策，灵活运用多种形式，摆事实，讲道理，较之于审判，更适合双方当事人的参与，从根本上化解矛盾和纠纷，实现法律效果和社会效果的统一。但我国现行调解制度缺乏调解人和诉讼参与人必须遵循的程序性规范，对于调解所应遵循的自愿、合法原则等也规定得过于笼统，实践中不易于操作。

为此，诸暨市枫桥人民法庭结合"枫桥经验"和当今社会解决纠纷的实际需要，规范调解制度，建立了人民调解劝导机制，主要作用在诉前和诉中环节，真正把自愿、合法原则落到了实处。

在诉前环节,枫桥人民法庭根据法庭辖区内两镇一乡和现有人员配备的实际情况,实行一个乡镇确定一名审判员、调解员或者陪审员、书记员作为定点联村的业务指导员机制,发放联系卡400余张,形成法庭与乡镇、村居的联系网。业务指导员走遍村居、走进住户、走近民众,把司法服务送到当事人家门口,畅通民众反映自身诉求的渠道,切实解决服务群众的"最后一公里"问题,利用便民立案站(点),加大巡回审判力度,就地化解农村承包、相邻纠纷等案件,同时,通过向镇、村干部了解情况,掌握、排查基层社会中潜在的纠纷情况及矛盾隐患,以便尽早加以化解。

此外,枫桥人民法庭根据"诉前环节普遍指导、诉时环节跟踪指导、诉中环节个别指导、诉后环节案例指导"等四环指导法,加强对人民调解委员会、人民调解员等业务指导与培训,源头上促进调解工作的规范化、法治化;在乡镇设立指导调解工作室、重点村居设立指导调解联络站,开通视频指导调解系统;建立法庭QQ群,邀请各调解组织、辖区部门站所、人民调解员加入,调解过程中发现疑难问题的,枫桥人民法庭的工作人员可以随时通过QQ群进行业务指导;高标准建成功能齐全、布局合理的新型一站式诉讼服务中心和诉调对接窗口,将诉前劝导站、诉讼引导站、法律指导站、信访疏导站"四站合一",并实行庭领导首问责任制,为当事人即时提供法律服务,实现纠纷化解"最多跑一次",并丰富司法服务内容,精心制作图文并茂、通俗易懂的《调解劝导书》,讲明人民调解的优势、步骤等,劝导当事人选择非诉方式解决纠纷。

在诉中环节,一是进行特色调解,依托辖区丰富的社会组织资源,设置多个特色调解工作室参与化解矛盾,如:"乡贤调解室"帮助化解继承及邻里等纠纷,"大妈调解室"帮助化解婚姻家庭类纠纷,"代表委员工作室"帮助群众监督反馈法庭工作,"行业调解室"帮助化解辖区内汽配、服装纺织类等比较专业的行业性纠纷。

二是进行三度联调法。在"诉前调解、庭前调解、判前调解"三前调解法的基础上,进一步探索实施"三度联调把握法"。即:庭前审查诉辩合理度,避免因未进行必要的实地考察或深入了解案情致调解方案的偏离;庭中引导事实认同度,引导双方当事人对案件基本事实取得一致认可;庭后解说判决基准度,通过辨法析理,告知当事人案件的一般处理原则,在当事人了解判决结果基本走向的情况下,促成案件调解,实现调解工作从立案到宣判各个环节的同向衔接。

三是枫桥人民法庭向前来起诉的原告发送《人民调解劝导书》,引导其首先选择人民调解解决纠纷。这项工作机制是枫桥人民法庭针对准备起诉的原告,说服劝诫,引导其正确选择矛盾纠纷解决方式。[①] 在2021年最新版本上,《人民调解劝导书》印有"在线矛盾纠纷多元化解平台"二维码。提供线上与线下结合、形式多样、快速便捷的指尖诉讼和掌

---

① 早在2005年枫桥法庭就实行"人民调解劝导书"机制,相关内容参见汪世荣主编:《枫桥经验:基层社会治理实践》,法律出版社2008年版,第141-142页。

上办案,助力"枫桥经验"从"小事不出村"升级到"解纷不出户"。

其中,《人民调解劝导书》旨在提醒原告:"你向人民法院提起诉讼虽然是解决纠纷的最终手段,但并不是解决纠纷的最佳选择。"基于纠纷解决的成本效益分析,枫桥人民法庭提醒前来立案的原告慎用诉权,劝导其"首先选择人民调解的方式解决纠纷。"对于产生于互联网时代、信息时代、适合现代社会纠纷解决的"在线矛盾纠纷多元化解平台"特别予以推介,鼓励当事人选择简便、快捷、不收费和有利于和平相处特点的"人民调解方式解决矛盾纠纷"。强调诉调对接,"经人民调解委员会调解所达成的调解协议,经人民法院审查,如果符合司法确认调解协议的法定条件的,人民法院可裁定调解协议有效。双方应当按照调解协议的约定履行义务。一方拒绝履行或未全部履行的,另一方可以向人民法院申请强制履行。"

而这里,我们还需要慎重对待诉调对接存在的一个争议问题。即"经过人民调解委员会调解所达成的调解协议",是否需要人民法院裁定"调解协议有效"?我们发现答案是并不需要。因为人民调解委员会主持下,"调解协议一旦依法达成,就具有'法律效力',根本无需人民法院确认其'效力'"。[1]那么,枫桥法庭如此理解诉调对接机制的原因何在?司法解释不准确的表述,是造成误解的根源。2009 年最高人民法院发布的《关于建立健全诉讼与非诉讼相衔接的矛盾纠纷解决机制的若干意见》[法发(2009)45 号]规定:"经行政机关、人民调解组织、商事调解组织、行业调解组织或者其他有调解职能的组织达成的具有民事合同性质的调解协议,经调解组织和调解员签字盖章后,当事人可以申请有管辖权的人民法院确认其效力""人民法院依法审查后,决定是否确认调解协议的效力。确认调解协议效力的决定送达双方当事人后发生法律效力,一方当事人拒绝履行的,另一方当事人可以依法申请人民法院强制执行"。司法解释前后矛盾,一方面认为人民法院赋予调解协议的是"法律效力",另一方面又认为系"强制执行"效力。司法实践中,一些人民法院不看调解协议是否已经当场履行,纠纷是否得到彻底化解,对人民调解协议一概进行"司法确认",造成的不仅是浪费,而且损害了人民调解制度的独立特性。

司法机关应当向社会传递准确的信息,维护人民调解作为一个独立的纠纷解决渠道的制度设计。对于调解协议达成后,如果一方当事人出尔反尔、言而无信、拒不履行,构成了严重违约,应当予以惩戒。要引导当事人通过调解协议内容的优化,诸如设定保证条款、违约惩罚条款等方式,保证调解协议的履行。对于诉调对接,应当严格限制在调解协议不具备当场履行条件、履行存在较大时间跨度等范围内。

(三)诚信诉讼承诺机制

建立诚信诉讼承诺制度,重在引导当事人于诉前调解或者登记立案前填写诚信诉讼承

---

[1] 参见汪世荣等:《人民调解的"福田模式"研究》,北京大学出版社 2017 年版,第 184 页。

诺。对滥用诉权以及恶意拖延调解、故意不履行调解协议、无正当理由否定已经记载的无争议事实等不诚信行为，探索通过律师费转付、诉讼费用合理分担、赔偿无过错方诉前调解额外支出等方式进行规制。同时加强对调解员培训指导，提高防范虚假调解能力水平。

枫桥人民法庭面向当事人发送书面《诚信诉讼告知书》《诚信诉讼承诺书》，通过司法活动推动社会诚信建设。法庭主持下进行的诉讼活动，是法治教育的重要途径。普法工作推进到当下，业已进入了"谁执法，谁普法"的阶段，通过个案审理进行普法是最佳的普法方式。枫桥人民法庭建立的诚信诉讼机制，向当事人双方明确："在诉讼活动中遵守诚实信用原则，不仅是您在人民法院打一个'公正、明白、便捷、受尊敬'官司的重要保障，也是维护您自身合法权益和解决争议的最佳方式。"在司法过程中，提醒当事人"依法、诚信地行使诉讼权利，参与诉讼活动，共同维护良好的司法秩序"，司法诚信本身成为诚信社会建设的内容，司法机关成为推动社会诚信建设的中坚力量。

《诚信诉讼告知书》具体列举了12项违反诚信诉讼的禁止性条款，维护司法公信力。这些内容涵盖了当前诉讼活动中易发、多发的、需要治理的不诚信事项，诸如"夫妻双方恶意串通，捏造夫妻共同债务""与他人恶意串通，捏造债权关系或者以物抵债协议"，等等。当事人违反诉讼诚信的行为，一般发生在自认为自己的行为隐秘、高明，不易被识破的情况下。如果人民法院通过主动的、前置性、预防性的机制，对这些"触犯法律"的行为予以积极预防、坚决追究违反者的法律责任，加大打击、治理力度，就能有效遏制虚假诉讼，维护社会诚信。

在实行诚信诉讼告知的同时，枫桥人民法庭还要求参加诉讼的当事人签署《诚信诉讼承诺书》，书面承诺自己能够清楚、理解《诉讼诚信告知书》的内容，"并严格遵守"。具体承诺的事项包括5个方面："保证向法院提出主张的基础关系真实，不存在与他人串通制造虚假诉讼的情形""保证向法院提交的证据材料内容真实，不存在伪造、编造、隐匿证据等情形""保证在所参与的立案、审判、执行、再审等一切诉讼活动中不会作出滥用诉权、虚假陈述、隐瞒事实等不诚信诉讼行为""保证在诉讼文书上的签名、盖章真实，所提供的本人/本单位和其他当事人的信息真实""保证积极配合法院的审判、执行工作，依法理性地行使权力、维护自身合法权益"。当事人必须承诺遵守诚信诉讼规范，"如有违反"，自愿"承担一切诉讼风险和相应的法律责任。"

三、枫桥人民法庭参与基层社会综合治理的成效

如果把法院比作一间装满"司法正义"天平的屋子，那么枫桥人民法庭就是这间屋子里打开的一扇窗口，一扇"司法为民"的窗口。作为人民法院最基层的单位，枫桥人民法庭无疑是化解矛盾纠纷、服务人民群众的第一线，也是推进基层社会治理、促进乡村振兴的最前沿，还是人民法院实现审判体系和审判能力现代化的重要环节。"坚持和发展新时代'枫桥经验'，把一站式建设融入党委领导的城乡社会治理体系，发挥基层法院和人民

法庭功能,推动社会矛盾综合治理、源头治理。"在2021年全国两会上,最高人民法院院长周强在作《最高人民法院工作报告》时表示,人民法庭积极参与基层治理,让司法更加便利人民、贴近人民。

枫桥人民法庭充分发挥"枫桥经验"发源地的地域优势,探索实践源头预防化解矛盾纠纷、服务乡村振兴和融入基层社会治理现代化建设,坚持通过司法审判推动基层社会的共建共治共享,发挥人民法庭在推动基层社会综合治理中的作用。枫桥人民法庭创造的人民法庭参与基层社会综合治理的机制,具有可借鉴、可复制、可推广的价值。实践证明,人民法庭积极参与社会治理机制,有助于从源头预防、化解矛盾纠纷,充分发挥审判职能,维护社会和谐稳定。2018年以来,枫桥法庭收案已经实现三年连续下降,2020年收案959件,下降至1000件以内。三年间枫桥法庭无一件超12个月长期未结案,也未发生一起涉诉信访。2021年1-6月,收案498件,同比下降6.04%,法庭服判息诉率达94.80%;改判、发回重审案件数为0,一审判决案件改判发回瑕疵率为0;法庭当庭宣判率82.71%,平均审理天数29.9天,正常审限内结案率100%。真正实现了源头预防、源头解纷、源头服务、源头规范。枫桥人民法庭建立的参与基层社会综合治理机制,是"枫桥经验""四前工作法"在新时代的重要机制创新举措。

在个案中,枫桥人民法庭运用"枫桥经验"调处化解矛盾纠纷的效果更加明显。例如,2019年11月,诸暨市枫桥镇村民胡兰娣在当地一服装公司从事修剪工作时,不慎跌伤致九级伤残。事后,胡兰娣多次与服装公司负责人沟通赔偿事宜,但对方却只愿意拿出5万元了事,双方无法达成协议,意欲诉诸法院,找到了诸暨法院枫桥人民法庭的调解员俞炳宽为各自"讨个说法"。最终,经过俞炳宽耐心地释法说理,服装公司同意将赔偿款提高到11.5万元。而该案的调解员俞炳宽曾是枫桥镇自来水厂的厂长,早年因需要安装自来水,他几乎走遍了枫桥的每家每户,镇里大多数人认识他。俞炳宽退休后受聘到枫桥人民法庭,成为一名调解员。仅2020年,俞炳宽就成功调解了323起纠纷,在诸暨市,整个枫桥人民法庭的调解员们都是退休的法官、检察官,以及在当地颇有威望的人员。在像俞炳宽这样的调解员们的助力下,收案量从2017年起实现三连降,诉前化解率高达94.69%。

可以说,枫桥人民法庭创新参与基层社会综合治理工作机制的目标,是实现公正司法。通过法官(法官助理)办案节点及廉政风险提示机制,对办案全流程跟踪提醒,从源头杜绝了长期未结案,实现了办案流程化、管理节点化和管控提前化。通过人民调解劝导机制,推动基层群众自治制度的实践,借助多元的社会力量,发挥矛盾纠纷化解的合力。通过诚信诉讼承诺,倡导诚信文化,建设诚信社会。一系列成效的取得,证明枫桥人民法庭创建的诸多机制具有针对性、合理性。这些机制构成了人民法庭参与基层社会治理的初步体系,也是"诉源治理"在枫桥的生动体现。目前,诸暨市人民法院不断总结、提升并完善枫桥人民法庭参与社会治理的工作机制和经验,强调优化非诉讼纠纷解决机制,实现诉前预警机制、多元调解机制、刚性约束机制、示范判决机制相融合，打造及时高效的源头解纷体系。枫桥人民法院在此基础上，也主动扛起"枫桥经验"发源地的使命担当，以"拉高标杆，守正创新"为原则，以"办案最公正、解纷最高效、服务最便捷"为追求，促进工作机制转型升级，积极探索具有时代特征和地方特色的"枫桥式人民法庭"工作模式，努力打造坚持和发展新时代"枫桥经验"的标杆法庭。

值得注意的是，人民群众的司法需求延伸到哪里，人民法院的司法服务保障就要跟进到哪里。坚持和发展新时代'枫桥经验'永远在路上。人民法庭主要的职能是化解矛盾纠纷。但是，在社会治理视阈下，矛盾纠纷的化解不能仅靠人民法院大包大揽，还要通过司法的引领作用，充分调动基层群众、各类调解组织、行业组织、社会组织、行政机关、仲裁机关，调动社会力量，实现矛盾纠纷的多元化解。同时，既要把人民法庭职能的履行融入基层社会综合治理中，也要使人民法庭的审判活动服务于社会综合治理的需要，将纠纷化解的公正要求、便捷要求和高效要求相统一。由此可以深化"诉源治理"，促使各项机制的有效衔接，推动法律、政策、经济、行政等手段和教育、协商、疏导等办法综合发挥作用，最大限度地缓解社会冲突，减少当事人之间的情绪对立，尽可能把矛盾解决在基层、解决在萌芽状态，实现从源头上减少诉讼增量，最终形成标本兼治、内外相维、持久长效的基层社会治理体系，促进社会和谐与安定团结①。

结　语

综上所述，枫桥法庭参与基层社会综合治理的机制，契合了新时代人民法庭推动社会公正的新使命。提升司法公信力，通过司法公正取信于民，只有规范法官（法官助理）职权，严格办案流程，防范廉政风险，才能收到显著成效。发挥矛盾纠纷多元化解机制的作用，离不开人民法庭的主动作为，需要发挥司法的引领、规范和保障作用。人民法庭在诉讼过程中对虚假诉讼的预防、惩戒，是维护社会诚信、建立诚信机制的基础。人民法庭在基层社会治理中的作用，是全局性、整体性和系统性的。只有实现基层社会的综合治理，克服"头痛医头脚痛医脚"观念，基层社会治理乃至基层司法的作用才能得到彰显。人民法庭职能的发挥，离不开健全、规范的工作机制。枫桥人民法庭通过法官（法官助理）办案节点及廉政风险提示机制、人民调解劝导机制和诚信诉讼承诺机制，彰显了依法治理要求，有力提升了人民法庭的工作成效，发挥了人民法庭在基层社会综合治理中的积极作用。

---

① 参见王斌通：《新时代"枫桥经验"与矛盾纠纷源头治理的法治化》，载《行政管理改革》2021 年第 12 期。

Study on the mechanism of Fengqiao People's Court participating in the comprehensive governance of grassroots society

Wang Shirong Li Lefan

Abstract: The pluralistic resolution of conflicts and disputes is an important part of Fengqiao Experience. Through taking active and effective measures to prevent the occurrence of conflicts and disputes, thus the conflicts and disputes will not occur or occur less frequently, and the conflicts and disputes that have occurred can be resolved in a timely and effective manner. There has formed many of effective procedural mechanisms in grassroots social governance of Zhuji City. Combining with the characteristics of court work and the needs of comprehensive governance at the grassroots level, Fengqiao People's Court of Zhuji city has established mechanisms for judges (judge assistants) to handle cases, as well as the risk warning of an incorruptible government, people's mediation and persuasion, and the promise of good faith litigation, therefore a social consensus has been consolidated. The mechanism construction oriented to pursue the effect of grassroots social governance highlights the role of Fengqiao People's Court in participating in the comprehensive governance of grassroots society. It is because of an effective role that Fengqiao People's Court played in the comprehensive governance of grassroots society, the construction of a diversified mechanism for resolving conflicts and disputes has been promoted, and the various forces to prevent and resolve conflicts and disputes have been mobilized. The achievement is remarkable.

Keyword: Fengqiao experience, people's court, Grassroots society, comprehensive governance

（编辑：郑志泽）

新时代"枫桥式"人民法庭的治理功能及完善

——兼论子洲县人民法院的创新实践[*]

马　成[**]　**李　军**[***]　**赵俊鹏**[****]

摘　要　基层社会治理是国家治理的基石，统筹推进乡镇（街道）和城乡社区治理，是实现国家治理体系和治理能力现代化的基础工程。新时代"枫桥经验"作为全国基层社会治理的一面旗帜，蕴含着融于乡土社会的多元治理智慧，其中人民法庭以其扎根基层、审调结合的优势，发挥着溯源治理、矛盾纠纷多元化解的基层社会治理功能。子洲县以机制创新和"多样化"法庭创建为抓手，深入推进"枫桥式"人民法庭建设实践，成效显著。囿于地方性资源禀赋差异，在推动"枫桥式"人民法庭转化过程中也反映出多元规范隔阂、机制协调不畅问题，需在党的坚强领导之下，完善"一站式"服务职能、夯实衔接机制、理清治理功能界限。

关键词　基层社会　枫桥经验　人民法庭　功能完善

随着世界多极化、经济全球化的加强和我国经济结构、利益结构的调整变化，单一性的社会结构逐渐向多元社会结构演变，社会治理由行政主导向多元社会化治理转变。2013年，党的十八届三中全会首次提出国家治理现代化的概念，将国家治理体系与治理

---

[*]　陕西省"三秦学者"哲学社会科学领域创新团队"西北政法大学基层社会法律治理研究创新团队"（2017-41）阶段性成果。

[**]　马成，法学博士，西北政法大学法治学院教授，马锡五审判方式研究院院长，研究生院副院长，硕士生导师。

[***]　李军，民商法学硕士，四级高级法官，子洲县人民法院党组书记、院长。

[****]　赵俊鹏，陕西师范大学马克思主义学院博士研究生。

能力现代化作为持续深化改革的总目标。中共十九大报告提出"推动社会治理重心向基层下移"[1],社会治理重心向基层下移,是社会治理形成自下而上的社会治理共同体的实践路径。《中共中央关于国民经济和社会发展第十四个五年规划和2035年远景目标的建议》将"基本实现国家治理体系和治理能力现代化"作为2035年远景目标,将"社会治理特别是基层治理水平明显提高,防范化解重大风险体制机制不断健全"作为"十四五"时期经济社会发展主要目标,重点提出"健全党组织领导的自治、法治、德治相结合的城乡基层治理体系,完善基层民主协商制度,实现政府治理同社会调节、居民自治良性互动"。基层治则国家治,"基层社会是社会治理的关键支撑,是国家治理的重要基石"[2],关系到党在农村的执政根基,而治理又是一项大工程,需要运用系统思维,坚持系统观念,深入推进治理共同体构建,使基层社会治理每一主体的治理活力充分涌动、治理效能充分释放。当前,制约国家治理体系与治理能力现代化的症结所在依然是基层社会,置身于百年未有之大变局,在乡村振兴背景下基层社会展现出一系列的新矛盾、新问题和新特征,这就需要坚持共建共治共享的社会治理制度,实现党委领导、政府治理同社会调节、居民自治良性互动,既要建设人人有责、人人尽责、人人享有的社会治理共同体,又要注重锻造基层治理力量,将矛盾纠纷化解在基层,将和谐稳定创建在基层。

人民法庭是基层社会治理中的重要组成部分,是治理共同体的重要一环,其驻扎在社会治理的最前线,肩负着化解社会矛盾、维护社会稳定、服务乡村振兴、推进基层治理的重要职能。然而实践证明,乡村社会地域特色明显、事务纷繁复杂,传统人民法庭公共法律服务滞后,治理资源匮乏,治理功能难以有效发挥,且当前学界虽已经注意到人民法庭在基层社会治理中的重要作用,"各类组织的章程,其社会规范的性质未能得到强化,作用没有得到有效发挥。"[3]虽然为本文的研究提供了一定借鉴,但就如何进一步完善人民法庭服务基层治理中的功能定位还存在大量探索空间。因此,本文拟就人民法庭基于新时代背景下参与基层社会治理的功能定位、功能发挥及完善路径做进一步探索。

一、人民法庭参与基层社会治理的功能分析

(一)人民法庭基层社会治理功能的演进脉络

人民法庭作为人民法院的神经末梢,是司法体系中与人民群众最直接联系的司法机构,具有治理功能的巨大释放空间。就其研究脉络而言,1954年《中华人民共和国人民法院组织法》首次确立了人民法庭制度起,人民法庭才正式作为基层社会的司法主体得以存在。1963年7月,最高人民法院制定的《人民法庭工作试行办法(草稿)》,确立了人

---

[1] 习近平:《决胜全面建成小康社会夺取新时代中国特色社会主义伟大胜利》,载《人民日报》2017年10月28日。
[2] 牟盛辰:《治理现代化视阈下新时代"枫桥经验"创新进路研究》,载《公安学刊》2018年第3期。
[3] 汪世荣:《"枫桥经验"视野下的基层社会治理制度供给研究》,载《中国法学》2018年第6期。

民法庭是社会管理的参与者，将人民法庭与社会管理职能相连，使人民法庭摆脱单纯作为人民法院派出机构的司法定位，更多承担基层社会的秩序维护，负责处理基层社会的矛盾解纠工作，可以说这一文件创造性了人民法庭的社会管理功能建构。1999年，最高人民法院召开第一次全国人民法庭工作会议，通过的《最高人民法院关于人民法庭若干问题的规定》明确：人民法庭主要通过审判、调解以及开展法制宣传教育、提出司法建议等方式，参与社会治安综合治理，对人民法庭参与社会治理的方式予以明确，立足审判和开展调处化解矛盾和开展普法宣传相结合的治理路线，强调国家法律治理与情理、风俗规范的软治理，特别注重调解与法制宣传对社会的稳定功能。2005年第二次全国人民法庭工作会议，颁布的《关于全面加强人民法庭工作的决定》要求人民法庭为构建社会主义和谐社会，促进城乡经济社会发展、民主政治和精神文明建设提供有力的司法保障，明确人民法庭不仅仅是息诉的实践者更是乡村经济社会发展的承担者，和谐社会的构建者，这一要求基本厘定了人民法庭的现代化功能样态。2014年，第三次全国人民法庭工作会议，最高人民法院出台《关于进一步加强新形势下人民法庭工作的若干意见》，指出："人民法庭要继续充分发挥审判职能作用，积极参与基层社会治理，创新落实便民利民举措，因地制宜做好巡回审判工作，将依法独立行使审判权与扩大司法民主相结合，努力搭建阳光司法'窗口'，增进人民司法的社会认同，弘扬社会主义核心价值观。"① 进一步阐明了人民法庭的核心职能，即把握司法为民公正司法工作主线，代表国家依法独立公正行使审判权。从而将支持其他国家机关和群众自治组织调处社会矛盾纠纷，依法对人民调解委员会调解民间纠纷进行业务指导，积极参与基层社会治理、化解矛盾纠纷作为人民法庭的重要职能。2020年，第四次全国人民法庭工作会议将人民法庭的主要工作方向确定为：积极参与社会治理。从而将人民法庭的职能确定为鲜明的治理职能，就是要健全预防化解社会矛盾机制，促进完善自治、法治、德治相结合的城乡基层治理体系，促进法治乡村建设。运用"枫桥经验"因地制宜推进人民法庭一站式多元解纷和诉讼服务体系建设，吸纳各类社会力量参与法庭调解，推动形成矛盾纠纷化解工作合力。

可以说，人民法庭自其诞生以来就以基层乡村为根基，以服务群众为目标，随着经济社会发展其参与基层社会治理职责逐步明确，依靠审判工作和参与调解工作，成为基层社会秩序维护、社会稳定、人民安宁的重要"建设者"。人民法庭参与基层社会治理始终是人民法院承担政治责任和社会责任的重要内容，究其功能特点而言：一是承担政治责任，人民法院是党的政法机关，是政治性很强的业务机关，也是业务性很强的独立审判机关，参与基层社会治理，既是政治担当，也是责任使然，明确人民法庭参与基层治理，体现了人民法院的大局担当。二是综治角色定位，明确了"行使审判权是核心职能，参与基层治

---

① 最高人民法院：《最高人民法院关于进一步加强新形势下人民法庭工作的若干意见》，载《人民法院报》2014年12月11日。

理是重要职能",区分核心职能和重要职能,以责任清单的模式将人民法庭在基层治理中的角色予以明确,既不缺位,也不越位。

(二)人民法庭的基层社会治理功能

1. 人民法庭的审判功能

人民法庭的本质是审判,路径是中立被动,通过与诉权的涵摄,形成请求权与裁判权互动,审判权通过对请求权内容的法律要件认定,作出以权利和义务作为叙事模式的判断。具体而言,审判权可以分解为解释和裁判两种职权,其对社会治理的作用可分为显性和隐性,显性的是最高人民法院的司法解释、会议纪要、司法政策等,其虽然是司法权运行内范式规范性指引,但规范总有外溢和回应作用,会对社会治理产生宏观作用;隐性则呈现出间接化、碎片式效应,所谓间接,就法源而言,各类法律规范是国家意志中较为稳定的文本体现,与较为灵活的宏观政策、行政命令、风俗情理相比既有稳定性,也有滞后性,法院适用法律进行裁判时,其治理目的自然呈现出间接性;所谓碎片,是判决的个案属性,首要在于解决纠纷,形成可供执行的裁判内容,其内蕴着依靠国家规律追求定纷止争、和谐社会关系的社会治理目的,也就是判决所达到的社会效果,但这种隐含性又并非是绝对的,隐含并不影响在相当情况下社会效果的产生具有可感知、可量化的属性。因此,需要对判决论理、主文和诉讼参与人进行二次分析和总结,具有需总结性的特点。

解释和裁判是人民法庭司法化社会治理的功能体现,审判本身并非是"超然"于社会秩序之外的社会能动,相反这一能动所"裹挟"的解释和裁判实实在在带来基层社会治理这一大工程中的规制一环。就人民法庭而言,贴近群众优势与立足审判职能,社会治理效能的发挥更多的是后者,在个案审理中准确认定事实,正确适用法律,法律解释中体现社会主义核心价值观,实现政治效果、法律效果、社会效果的统一;在参与调解、指导人民调解委员工作、开展法制宣传通过柔性手段调整基层社会利益关系,推进公共法律服务等方面是人民法庭发挥"核心职能"与"重要职能"参与社会治理的二重体现,也是人民法庭参与基层社会治理的集中体现。

2. 人民法庭的诉源治理功能

"法治建设既要抓末端、治已病,更要抓前端、治未病。要坚持和发展新时代'枫桥经验',把非诉讼纠纷解决机制挺在前面,推动更多法治力量向引导和疏导端用力,加强矛盾纠纷源头预防、前端化解、关口把控,完善预防性法律制度,从源头上减少诉讼增量。"[①]"诉"是指法院的诉讼案件,"源"是指纠纷产生的根源、来源。坚持把非诉讼纠纷解决机制挺在前面,从源头上减少诉讼增量。矛盾纠纷的发生不同场域具有不同激发因

---

① 习近平:《完整准确全面贯彻新发展理念,发挥改革在构建新发展格局中关键作用》,载《人民日报》2021年2月20日。

素，但又都是一定关系的叠加冲突效果，具有一定根源。因此，矛盾纠纷的化解，除坚持针对性、有效化解之外，"消除根源，从源头上化解，才能取得良好的效果。对矛盾纠纷'源头治理'是'枫桥经验'的鲜明特点。"① 因此，"诉源治理"是基层社会治理的司法视角，从纠纷产生的深层及现象两个维度检视问题，"从源头上、根本上解决社会领域的各种问题，促进社会长治久安。"② 从预防和控制纠纷两个层面来防患未然，防微杜渐，重视对细小矛盾和纠纷的化解，对于平安中国、法治中国建设有着重要意义。

人民法庭参与社会治理的诉源路径，既能产生司法的内卷效应，降低诉讼增量，解决法院案多人少矛盾有直接作用；又能在人民法庭贴近群众生活，巡回审判便于主动排查民间矛盾纠纷，调解解决纠纷"接地气"的既有优势下发挥外化协同作用推进矛盾纠纷多元化解，有助于将矛盾纠纷化解在诉讼外，起到矛盾化早、化小、化苗头，直接推动基层社会的和谐秩序形成。2019年7月31日，最高人民法院出台《关于建设一站式多元解纷机制一站式诉讼服务中心的意见》，对人民法院在诉源治理中的参与、推动、规范和保障作用做了进一步的强调。需要指出的是：诉源治理职能的发挥，需要搭建非诉纠纷解决的参与机制，形成与其他纠纷化解机构的协同、示范指导、引导、沟通协作、尊重支持；对社会公众的法治宣传，社会矛盾有序化解的关键要素在于全面守法，按照法治指引的轨道得到消弭；建立与综治部门进行纠纷解决情况的通报机制，形成治理主体的最大合力；形成诉讼与非诉之间的衔接。由此，诉源视角也是人民法庭发挥"重要职能"参与社会治理的体现。

人民法庭的性质决定了以审判为中心的司法功能是其参与基层社会治理的主要功能，通过司法审判与法律服务为基层社会秩序维护提供支点与柱式，进而牵动法治中国、法治乡村建设工程。基层社会复杂，特别随着经济社会发展进程，土地、人情、邻里、合同等等长期存在的问题展现出新特点与性要求，对治理能力提出的新课题迫使人民法庭必须转变思维观念，必须要更多更主动的寻求矛盾纠纷的主动解决，而矛盾纠纷溯源成为人民法庭新的时代使命，创新治理方式、创新地方治理任务艰巨。

（三）"枫桥式"人民法庭的基层社会治理功能

1. 人民法庭的职能定位：多元治理的司法基石

我国自古以来便奉行"强国家、弱社会"的社会管理模式，社会组织、群众个体须服从于国家行政命令，行政权力左右着社会生活的方方面面，导致社会活动活力不足，越来越难以满足经济社会发展需求。近代以来，东西方在国家管理方面走上了截然不同的道路，西方在自由主义理念支配下，渐渐以"强社会、弱国家"的治理模式，行政命令被代

---

① 汪世荣：《"枫桥经验"视野下的基层社会治理制度供给研究》，载《中国法学》2018年第6期。
② 李德：《从"碎片化"到"整体性"：创新我国基层社会治理运行机制研究》，载《吉林大学社会科学学报》2016年第5期。

表公共权力的议会所限制。但是，随着社会发展的多元化趋向，经济结构导致社会阶层变动、人民社会生活需求日益多样，导致无论是由政府主导的管理模式还是更加激发社会主动性的管理模式都面临着"失灵"局面，一些社会学家纷纷表达对这一现状的担忧，贝克更是惊呼风险社会的到来。党的十八大以来，我国将传统管理转变为以多元共治为中心的治理模式，探索政府与社会的治理平衡面相，打造共建共治共享社会治理格局。所谓共建共治共享社会治理格局就是在坚持党的领导的基础上，发挥各级政府在推进社会治理创新中引领、组织、协调职责；调动社会各类组织在提供服务、创造就业、加强自我管理、激发社会活力方面的协同作用，共同推动治理目标实现；充分调动公众的主人翁地位，使群众自治制度得到有效贯彻，释放和集纳民意，使政策制定的与人民群众的利益更加契合，使村规民约、村民自治切实发挥自我管理效能。多元主体互动的共建共治共享格局，是实现我国由政府一元主导的社会管理模式向多元主体共建共治共享的社会治理模式转变的治理创新，是中国治理智慧的时代结晶。

"枫桥经验"作为我国基层社会治理的全国性样板经验，已经成为中国共产党的治理规则中影响深远者之一，这种经验富有中国特色的政治与社会治理方式，注重矛盾纠纷的多元化解。新时代"枫桥经验"的优势，就是发挥基层党组织的作用，坚持社会组织发展与党建工作深度融合，使党的引领、政府主导和社会组织服务在群众之中充分释放，保障群众的合理参与、供给群众的多元需要，勾勒群众的美好生活。实践中，"枫桥经验"始终把党的领导贯穿基层治理全过程，实施"政治引领、组织引领、能力引领、发展引领、服务引领"的党组织引领力建设；建立村级各种组织向村党组织报告工作机制；统筹推进"村村联盟""村企联盟""企企联盟"等不同主体间的有机协作，打通多主体间的配套体制机制，推行"1个党支部＋1个网格＋N个党小组"模式，建立党的组织网络，提升多主体治理合力。开展大调解体系建设，打造"在线矛盾纠纷多元化解平台"（简称ODR平台），指导人民调解工作使行政调解、法院调解、检察院调解、公安调解、社会调解组织、人民调解进行有效联通，建立村组、片区、镇三级调解组织，主动体贴民情，注重说服感化，灵活采用多种方式，开展以多类型调解为主要、以审判为保障的调解体系，打造了枫桥式派出所、杨光照调解工作室等调解品牌。从调解比例来看，司法所、人民调解委员会调解占15%左右，派出所、人民法庭调解仅占5%左右。还提出了一系列具体要求。[①]人民法庭以深入群众，践行审判与调解相结合的司法职能，有效承接了多元主体协同治理的司法功能，与其他主体一并创造了"小事不出村、大事不出镇、矛盾不上交"的基层社会治理实效。

2. 多主体参与下的"审调结合"功能

"诸暨市人民法院紧紧依靠党委领导、政法委协调，加强与市政府、各职能部门、司

[①] 李少平：《传承"枫桥经验"创新司法改革》，载《法律适用》2010年第17期。

法局及各调解委员会的信息通报和协调联动，推动基层群众自治，发挥民间力量，积极整合资源，发挥各自优势，最大限度将矛盾纠纷化解在诉前。"① 在"枫桥经验"发源地诸暨市的实践中，法院是治理的中间环节，在法院司法审判活动中，发挥着多元治理功能。法院通过案件分流机制促进矛盾化解功能有效发挥，满足案多人少的审判现状。出台《关于进一步加大案件繁简分流的若干规定》，统筹立案庭和简案庭职能设置，成立专门诉讼服务中心；此外，重视发挥人民调解的作用，建立调解劝导制度，引导当事人主动借助人民调解解决纠纷，加大对调解组织的指导，完善人民调解机制，促进人民调解高效、权威运转。从而，形成了诉前、立案前、立案后、宣判前四阶段的调解体系。对于立案后的案件，除法律规定不适宜调解的或者当事人明确拒绝调解的以外，一律由调解团队先行调解、再次过滤，调解不成的，实行繁简分流，繁案由业务庭审理，简案由速裁团队进行速裁，在案件宣判前进一步调解，力求矛盾纠纷得到有效化解。多元主体的"枫桥经验"带动矛盾纠纷多元化解实践，人民法庭作为最贴近农村、贴近农民、贴近基层社会矛盾纠纷中心的司法机构，是人民法院的派出机构，面临着矛盾纠纷化解的最突出问题，是整个多元主体在矛盾纠纷化解调解系统的桥哨阵地，履行基层人民法院的治理职能。基于人民法院的深入群众的独特优势，人民法庭在实践中形成了三大具体职能：司法审判职能，人民法庭依据法定职责行使对简易案件的审判职能，在实现定纷止争的同时，又发挥着民事审判的法治引领作用。创新指导人民调解工作机制建设职能，基层人民法院负有对人民调解委员会调解民间纠纷的指导职责，人民法庭同样对人民调解委员会具有指导义务，这种指导直接关涉到人民调解的职能发挥，关系到矛盾纠纷的实现效果。人民法庭的协同联动职能，人民法庭在诉讼中发现群体性、对抗性、典型性矛盾，通过评估矛盾对社会管理带来的负面影响，适时向当地党委政府汇报通报，帮助其了解辖区内矛盾纠纷的基本情况和突出问题，为其研究对策、改进社会管理提供依据。

3. 融合正式与非正式规范弥合矛盾纠纷的功能

费孝通认为，在乡土社会中法律是不轻易用的，社会秩序主要靠老人的权威、教化以及乡民对于社区中规矩的熟悉和他们服膺于传统的习惯来保证。② 经济社会快速发展的今天，学界大多从中华文脉的韧性和基层社会实态角度认为，"从社会结构、治理体系、基本规范、思维方式等方面进行整体衡量，当代中国社会从本质上仍然为乡土社会。"③"枫桥经验"脱胎于基层群众实践，这一实践场域意味着无可避免的乡土性，并进而形构治理的"弥散性"机制，即正式规范的法制与非正式规范的"民间法"的二元互动，共同维护乡土社会秩序。人民法庭是基层人民法院的组成部分，人民法庭按照"便于群众参与诉

---

① 国家检察官学院学报编辑部：《新时代"枫桥经验"大家谈》，载《国家检察官学院学报》2019年第3期。
② 参见费孝通：《乡土中国》，生活·读书·新知三联书店1985年版，第4-7页。
③ 高其才：《乡土社会中的人民法庭》，载《法律适用》2015年第6期。

讼，便于人民法院审理案件"的原则，面向农村、面向群众、面向基层，决定了人民法庭必须植根于乡土社会，既要发扬优秀传统文化又要贯彻现代理念。尤其是作为"枫桥经验"发源地的枫桥镇是浙江历史文化名镇，历来注重传承和培育既有传统文化浸润又熔铸与中国特色社会主义核心价值观之中的乡贤文化，通过搭建乡贤联合会、三贤文化研究会、孝德文化协会等文化阵地，弘扬"古贤"和"今贤"对乡村社会精神文明塑造、淳朴民风和秩序维护效能。

诸暨市枫桥人民法庭便集中体现了"枫桥经验"发动和依靠群众，倡导就地解决、多元化解的基本精神，将正式与非正式制度纳入基层社会的治理工作之中。开展"无讼"先进村创建活动，以集体荣誉感引导群众树立包容之心，实现矛盾平息和溯源治理。在矛盾纠纷诉诸法庭之后，发挥驻庭调解员的调节作用，开展诉前调解，并创造性建设法庭"八大"[①]特色调解室，根据矛盾纠纷属性差别进行切实分流，依靠不同行业、不同阶层、不同职业属性、不同地方的调解员群体提供多元化调解服务、满足多样化需求，并注重心理疏导，最大程度弥合情感裂痕，治愈心理创伤，完善诉前调解机制。对于无法调解或不愿调解的案件、法官及时了解案件动态，适时介入，从速裁判；创建"一镇一法官"解纷机制，发挥法官说法的权威性和及时化解矛盾的便民优势。此外，上虞章镇法庭和嵊州三界法庭分别开设竹洞湖讲堂、幸福讲堂，助力企业和群众防范法律风险，并加强法庭与司法、妇联、工会等部门沟通协作。"枫桥式"人民法庭"重实体、重结果，轻程序、轻过程"，立足乡村社会实际，依靠先贤乡风沟通群众心灵，避免正式制度的失灵和刚性制度对人情社会的过渡损伤，达至法律效果和社会效果的完美统一。

二、子洲县"枫桥式"人民法庭基层社会治理的功能创新

近年来，陕西省子洲县人民法院以苗家坪、裴家湾、马蹄沟、周家硷四个基层法庭为主体大力开展"枫桥式"人民法庭创建工作，发挥人民法庭扎根基层、就地立案、就地化解的职能定位，引入新时代"枫桥经验"精髓，融合本地红色文化基因，形塑了"枫桥经验"在地方实践中的创新特色和经验。同时，在"枫桥式"人民法庭创建过程所呈现的"本土化"问题，也给全国范围内开展的"枫桥式"人民法庭创建，提供了进一步完善的契机，意义重大。

（一）子洲县创建"枫桥式"人民法庭的现实动因

1. 以社会治理创新赋能现代化建设的需要

《中华人民共和国国民经济和社会发展第十四个五年规划和2035年远景目标纲要》指

---

① 八大特色调解室分别为：大妈调解室、代表调解室、律师调解室、心理调解室、行业调解室、乡贤调解室、志愿调解室、在线调解室。

出，社会治理特别是基层治理水平明显提高成为未来五年经济社会发展的主要目标，从而为全面建设社会主义现代化国家新征程指明了方向、提供了遵循。各省市县相继将市域社会治理现代化提上工作日程。基层社会治理能不能推得动，社会治理创新能不能实现，关键是共治共建共享，难点在于资源力量整合。这就需要重心下移、力量下沉，整合各方资源，牢牢树立将矛盾化解在基层的思想，切实发挥基层社会自我调节、自我治理的功能，打造全民共建共治共享的社会治理格局。"枫桥经验"是基层治理的典范，其核心在于"小事不出村、大事不出镇、矛盾不上交、依靠群众就地化解"，持续推动新时代"枫桥经验"传承发展，可以实现国家治理、社会调节和基层自治的良性互动，从而最终实现国家治理体系和治理能力的现代化，赋能中国特色社会主义现代化建设。

2. 发挥多元主体治理职能践行人民至上理念的需要

随着经济社会的快速发展，全面深化改革进入攻坚期、深水区，利益格局不断调整，当下矛盾纠纷处于高发期，并呈现出纠纷主体多元化、利益诉求复杂化、纠纷类型多样化等特点，以及基层社会所处的被动的法治思维，低水平的司法服务，有限的法治主体及主体联动，低效的矛盾纠纷化解工作，与群众的美好生活需要形成强烈悖反，迫使基层社会治理方式创新。基层社会矛盾纠纷往往由"小"矛盾引起，在产生之初未能得到政府职能部门、行业协会、社区村镇等妥善处理，最后"小事拖大""大事拖炸"，导致社会不稳定，平安建设受阻。只有夯实治理主体职能，推进诉源治理工作，改变政府职能部门、行业协会、社区村镇、法院"各自为战"的局面，形成多层次阶梯式纠纷解决体系，实现多数纠纷通过非诉方式及时就地解决、少量诉讼通过调解和速裁程序快速解决、疑难案件通过精细化审判解决，才能增强矛盾纠纷化解效果。

"枫桥式"人民法庭创建正是完善高水平治理职能的现实需要。在我国法治建设全局中，基层的依法治理具有基础性地位。法治建设的基础在基层，工作重点也在基层。但基层往往成为法治建设的薄弱环节，也是社会矛盾的高发地和聚集地，80%以上的矛盾纠纷都发生在基层，解决好基层的社会治理问题，就解决了中国法治建设的主要问题。人民法庭扎根在基层，发动和依靠群众并服务于群众，坚持矛盾不上交，就地解决，彻底解决矛盾纠纷，是维护基层社会和谐、满足人民群众对美好生活需要的重要法宝。

3. 以矛盾纠纷多元化解破解法庭案多人少困境的需要

2020年，"全国人民法庭受理案件419万件、审结416万件，均约占同期基层法院受理、审结案件的四分之一，有的达到35%，法官人均办案232件，不少地方超过300件。"[①] 在社会矛盾多元化、利益诉求复杂化的今天，案件量的急速增加使得案多人少的矛盾日益渐显，法官办案压力巨大，一定程度上影响了办案质效，法院司法供给和人民群

---

① 周强：《坚持以人民为中心更加注重强基导向，不断提升人民法庭建设水平和基层司法能力》，载《法律适用》2021年第8期。

众的司法需求出现了偏差，诉讼超负荷运转已经严重影响纠纷解决效率，不利于社会的自我修复。借鉴"枫桥经验"，创建枫桥式人民法庭有利于充分调动社会各方解纷力量，对及时有效地化解纠纷、缓解矛盾纠纷增量、减轻法院办案压力、维护社会和谐稳定有着重要的促进作用。"枫桥经验"是我国基层社会治理的典型代表，其充分融合各治理主体的治理力量，坚持坚持共建共享工作，激发基层社会的治理活力，开展多元治理，促进矛盾纠纷多元化解，形成了可适用于全国基层社会治理的中国智慧、中国方案和中国气派。

4. 子洲县域与"枫桥经验"作用逻辑的契合

新时代以来，"枫桥经验"成为推进社会治理体系和治理能力现代化的典型经验，成为国家层面的治理方式，引发了学习、借鉴和创造性转化运用"枫桥经验"的热潮。围绕人民法庭参与基层社会治理工作，全国大多数法院吸收"枫桥经验"核心旨归结合本地实际，提出了创建"枫桥式"人民法庭的目标追求。就"枫桥经验"而言，坚持以人民为中心，依靠群众智慧和服务群众需要，激活传统与现代治理文化资源不失其核心要义。无疑，任何一种成功经验都是具有特定的存在场域，"区域资源禀赋差异造成了地区经济发展状况、文化观念、风俗伦理、人文素质、社会组织孵化程度等方面的不同"，[①] 各地所赋条件不同，对创建目标、内涵及外延无统一标准，造成这一探索还处于初级阶段。子洲县与"枫桥经验"的社会基础"气质"却明显相近，具有得天独厚的资源优势。首先，该县法院下辖四个基层法庭，全院年均收案在 3000 件左右，案件体量不大，诉讼标的较小。从案件性质上看，纠纷又不旨婚姻赡养、土地、人水出路、小额民间借贷类案件，现代基层社会中突出的劳务合同、产权纠纷等案件亦层出不穷，但无论何种案件大多以熟人为关系纽带，案件处理难度大，解开群众心结难。其次，子洲县是新民主主义革命时期陕甘宁边区下辖区，红色文化基因浓厚，群众参与意识较强，革命时期党领导人民创造形成了"马锡五审判方式"这一优秀司法传统，"马锡五审判方式"的主要特点就体现在它的便民性、"情理法"相结合、依靠群众、审判与调解相结合，与"枫桥经验"闪烁的溯源治理和多元治理理念具有明显的一致性，为实现"枫桥式"人民法庭的创建创新奠定了有利的物质文化基础和群众参与基础。

（二）子洲县打造"枫桥式"人民法庭的创新实践

1. 推进机制创新，供给溯源治理的制度需求

俞可平认为，制度化可以"为现代国家治理确立规范"，"为评估国家治理现代化提供量化指标"[②] 实现治理制度制度化、标准化为现代社会所不可或缺，而制度系统化可以为构建预防性制度开辟场域。为此，子洲县人民法院结合地域实际，立足"小法庭、大平

[①] 赵俊鹏：《基层社会治理制度的完善路径——基于制度要素的分析框架》，载《学术交流》2021 年第 5 期。

[②] 俞可平：《标准化是治理现代化的基石》，载《人民论坛》2015 年第 11 期（上）。

安"的创建目标，系统提出了"12345"工作机制，既健全机制又深入群众，既立足主动排查又清源固本、防范化解。1条主线是指"贯彻好党的群众路线"。2个坚持是指"坚持党的领导；坚持司法为民"。3大机制是指"民间纠纷通报机制、信访合力化解机制、纠纷化解激励机制"。4项举措是指：一镇一"驿站"即法庭辖区每个乡镇设立"枫桥调解驿站"；一庭一"中心"是在法庭设立调解中心；一月一"指导"即择乡镇每月指导调解一次；一村一"法官"即法庭辖区各乡镇、村确定一名法官联络调解；5种方法是纵向网格式、横向联调式、云端网络式、前沿指导式、一站服务式。

这一工作机制融合了溯源治理的核心思想，牢牢揪住预防与化解这两大理念，在党组织的领导下，统筹事前事中事后、审判与调解、司法公正与为民服务、程序正义与实质正义，并将各种治理要素相互联通，形成联动机制，有效起到了治理功效。实践中，基层法庭办理的民商事达到了全院民商事案件的70%以上，调撤率达到了80%，大量矛盾化解在基层，化解在萌芽。法庭参与基层社会治理的实践，体现出四大特点：一是党委政府重视，基层社会治理体系的设计能力实际是党委组织策划动员领导和政府公共服务供给能力的总称。设计出一个科学合理的治理体系，制定出符合实际的行动策略，完成顶层设计，谋篇布局，是实现有效治理的逻辑前提。① 党委政府重视综治，法庭就能有所作为。二是职责清楚，基层社会治理的主体责任是党委政府，人民法庭立足审判权参与社会治理，不越权、不越位，以司法的可接近性、亲民性，进行内卷式的机制改良。三是信息共享，将"无讼村"创建纳入平安建设考核，法庭对于辖区范围的纠纷类型、纠纷原因，定期向当地党委政府进行通报，便于基层政府掌握，形成综治信息共享。四是纠纷共解，纠纷的可诉性受到了诉讼程序和请求权实体内容的双重限定，一些纠纷并非法院主管的范围。法庭参与党委政府的综治平台，提供法律解决思路，支持其他非诉调解平台进行多元化解，对纠纷的实质化解起到了明显作用。

2. 创新"多样化人民法庭"建设，深化溯源治理功能

巡回法庭建设是新民主主义革命"马锡五审判方式"中为方便群众诉讼、及时化解民困、解决矛盾纠纷的创举，其与新时代"枫桥经验"中完善司法服务，"让群众少跑路"，深入群众、及时高效解决矛盾纠纷的时代经验在精神上一脉相承。谢觉哉认为审判法庭是属于人民自己的工具，坚持人民司法就是要灵活多样的真正解决人民群众所盼，总的原则就是"要在人民对于司法的赞许中，证明司法工作的对与否。"② 从而减少人民群众诉累，减轻群众负担，"'以人民的司法需求为旨归，为最广大人民谋利益'始终是延安时期陕甘宁边区司法改革的价值导向"③。子洲县地处陕甘宁边区的红色热土，既注重传承红色

---

① 汪世荣：《提升基层社会治理能力的"枫桥经验"实证研究》，载《法律适用》2018年第17期。
② 谢觉哉：《谢觉哉日记》（上），人民出版社1984年版，第612页。
③ 肖周录、高博：《延安时期人民司法理念的内涵、实践及其价值》，载《西北工业大学学报》（社会科学版）2021年第2期。

基因、发扬边区法治经验,又从"枫桥经验"中寻求发展灵感,努力推进基层社会治理现代化。在实践中,系统打造了"云上法庭""午间法庭""夜间法庭""假日法庭"和"巡回法庭进家门"等全时段、全天候、全方位防范化解矛盾纠纷的"多样化法庭"。

第一,发挥技术治理优势,打造"云上法庭"。随着经济社会发展进程不断加快,科学技术与社会发展各方面联系日益加强,在推动社会治理方面也越来越凸显出治理的显著功效。现代科技是基层社会治理的政策要求,实质上其更能以灵活最方式满足群众诉讼需要的有效途径。子洲县人民法院苗家坪法庭大力推进"云上法庭",利用网络拉近了当事人的距离,同时为远在千里之外的被告省去来去奔波的时间和路费,避免了疫情期间因人员流动可能产生的风险,同时让当事人的合法权益得到了保障,享受了便捷高效的司法服务,也充分体现了人民法院为群众办实事的工作原则。

第二,坚持人民至上,建设全时段人民法庭。子洲县法院裴家湾法庭以"我为群众办实事"为指引,结合地域居民文化水平相对较低、农业生产繁忙空闲时间少等生产生活特点,创造性构建了适宜本地特殊环境的"午间法庭""夜间法庭""假日法庭"和"家事巡回法庭"等全时段法庭形式建设。对于群众多午间前往法庭反应纠纷的现状,裴家湾法庭确立了午间不休,依照群众只要中午来访就接待的处理原则切实依据地域特色,满足群众需要;这种原则不仅仅流于形式接待,而且安排专门法官值守,做到真解决、真化解、诉讼、调解程序真启动,对当事人平时没时间调解的案件,法官们按照法定流程开展调解。针对当地群众农忙时节、充分利用早晨、中午、晚上的休息时间,实行"上门""错时"送达,甚至根据需要在夜间为纠纷各方进行调解,从而大大减少了案件积压、缩短案件期限。另外,为充分发挥法庭前沿阵地作用,快速化解司法领域人民群众急难愁盼问题,子洲县充分利用节假日解决群众纠纷。对于行动不便的当事人还创造性的发展出了"家事巡回法庭",形成了受理案件进家门,开庭审理进村庄的法庭巡回形式,承办法官用"接地气"的语言以理释法、以法明理,为群众现场"以案释法"。通过开庭审理,以案说法,切实达到了"巡回一案、教育一片"的教育效果,深化了溯源治理实践。

(三)"枫桥式"人民法庭创建的困境

习近平总书记强调:"全面建设社会主义现代化国家,实现中华民族伟大复兴,最艰巨最繁重的任务依然在农村,最广泛最深厚的基础依然在农村。"① 人民法庭与乡村有着天然联系,全国60%以上的人民法庭在农村,实现乡村振兴和民族复兴必须推进基层社会治理现代化,人民法庭作为既内蕴权威又贴合群众的司法机关,对于乡村社会秩序稳定和人民安宁维护关系重大。但是,在践行"枫桥式"人民法庭的地方实践中,由于思想文化

---

① 习近平:《坚持把解决好"三农"问题作为全党工作重中之重,促进农业高质高效乡村宜居宜业农民富裕富足》,载《人民日报》2020年12月30日。

和社会基础等一系列原因，还存在着限制人民法庭进一步发展、功能进一步完善的阻碍因素，具体为以下方面：

1. 基层社会的内生权威与外生权威的隔阂

黄宗智认为，乡村社会除了由政权提供的官方审判外，乡村社会的矛盾纠纷及解决途径有二：一是因契约纠纷，在传统社会这种纠纷通常由行业中间人居中调解；二是家庭邻里纠纷，通常由族长或乡族中德高望重之辈担任调解人[1]。在乡村振兴背景下的今天，乡土色彩依然浓郁地笼罩着乡村基层，传统上的调解与官方审判依然是今天乡村的主要纠纷手段。"枫桥经验"融合国家法治与村民自治，强调多元化解矛盾纠纷，正是将以往并行不悖的解纷路径合二归一，可谓时代善治的重大创举。但这就意味着过程中必须要解决二者的"对接"问题，在"枫桥"实践中的破局之道是通过多元化解，既充分发挥人民调解和作用，又将调解纳入法官的审理过程之中，二者又同时注重吸收民间乡贤和情理参与化解工作，可以说实现了一种良性互动。但是"枫桥式"人民法庭在全国的推广和创建，属于经验移植，在"枫桥经验"多元化解的框架之下就不得不继续面对二元的衔接。而这种衔接，特别是其中对乡贤和人民调解员队伍的建设、对乡风情理在判断积极性基础上的援用，多大程度上切合于法治规范等等问题，显然是摆在地方实践中的一道"门槛"。而对这种门槛的逾越，前者需要部分资金支持，二者需要文化素养的培育、培训。受东西部经济社会发达程度和文化素质水平的不同，显然在资源贫瘠的地区不得不因地制宜，甚至陷入困境。

2. 多元衔接不畅影响治理效能

人民法庭根植乡村，又并非属于乡村社会，它的存在和发展与乡村社会既又密切联系又相互疏远，人民法庭的历史仅仅是起于现代社会，与乡村社会的运行逻辑不同。正如马丁·夏皮罗所指出的那样："司法机构，像医疗机构一样，是进入乡村的一个途径"，[2] 人民法庭仅仅是作为一种乡村社会的一种层面，与乡村社会并不具有汲取与生养的相互关系，但不可否认在现代化过程中人民法庭对于基层治理的能动作用。因此，具有优势的法庭特别是具有先进理念的"枫桥式"法庭就需要考虑自身作用的限度问题。司法活动在以民间规范为主体的基层不能超越现代程序规范底线的正当性要求，这就是说以行使国家审判权的法庭需要适当调适，在刚性规范之下进行一定范围的"柔化"。另外，与社会发展趋势一致，基层社会利益格局分化、价值观念亦日渐多元，迫使基层规范体系亦渐趋分化，从而呈现多重秩序互动的格局。这种格局在乡俗、村规民约、道德等非诉规范与性质上截然不同的法庭之间带来一定冲击，即"这些关系中，当代道德对法官来说就一定是唯

---

[1] 参见黄宗智：《清代的法律、社会与文化》，上海书店出版社2007年版，第43页。
[2] [美] 马丁·夏皮罗：《法院：比较法和政治学上的分析》，张生、李彤译，中国政法大学出版社2005年版，第34页。

一的标准",① 即使是熟人社会的调解,基于对法律和司法内在价值的认同,现代乡村社会的非诉讼纠纷解决或多或少地呈现出"法律化"趋势。当然,法律化并不足惧,相反是时代所需,但在乡村社会场合,法律化的限度几何? 依然是值得思考的问题,乡村基层所牵涉的多是邻里纠纷,人情关系又是维护基层的存在基础,过足的法律化解决难免伤之于这种人情基础。

为此,就必须促使人民法庭的职能充分溶于基层社会环境,实现与其他治理主体和方式的融通,在一定限度内内嵌于乡村治理框架,谋求多元渠道的最大合力。

三、"枫桥式"人民法庭治理功能的完善路径

基层社会治理的主体是党的领导,在党组织领导下政府统筹负责、多方参与、互动协作,在此基础上打造共同治理的运行机制和制度体系使中国特色社会主义制度优势向治理体系效能转化,而搭建多元主体协同参与、机制完善的治理平台能够聚合治理合力,形成最大治理动能,基层法庭"应当尽快建立汇集所有解纷资源的'一站式'实体化运行的纠纷解决中心。"② 社会治理理论主张多元主体共同参与社会治理,运用平等、合理协调机制,有效表达利益、综合利益、协调利益,充分调动一切积极因素,促进公民、企业、政府、社区、社会组织等主体间的互动协同,整合并增进资源优势,最终实现公共利益最大化。人民法庭是提供法律服务、化解矛盾纠纷、深入乡村基层的前沿阵地,在综治理念引领下需要进一步走深走实人民法庭的治理功能,用功能完善服务人民群众的美好生活,全面人民群众的幸福感、获得感、安全感。为此,人民法庭需面承担一线日常执法巡查和现场监管功能,提升基层公共服务和便民服务功能。借助党组织领导、政府行政力量的支持配合,以全网式、智能化、精准式,协同式的理念整合镇乡政府的力量,实现管理精准、施策明确,避免传统管理中存在的条块分割、案多人少、社会协同组织能力不强、职责混乱、效率低下等弊端,实现服务效果的最大化。人民法庭在综合治理理念中如何更好地发挥作用,更多地需要党领导下的系统化思维、协同机制的有效衔接和职能限度的合理界定。

(一) 加强党的领导,保障治理功能有效发挥

十九大报告指出:"中国特色社会主义最本质的特征是中国共产党领导,中国特色社会主义制度的最大优越性是中国共产党领导。"习近平总书记强调:"要善于把党的领导和

---

① [美]本杰明·卡多佐:《司法过程的性质》,苏力译,商务印书馆2009年版,第67页。
② 龙飞:《"把非诉讼纠纷解决机制挺在前面"的实证研究——以重庆法院实践为样本》,载《法律适用》2019年第23期。

我国社会主义制度优势转化为社会治理效能。"① 中国共产党是基层社会治理的领导核心，要把党组织的领导深入到乡村、扎根在社区，用坚强有力的党组织指引治理方向，用基层社会治理方式创新带动国家治理体系和治理能力现代化。人民法庭是基层社会治理工作的重要一环，是使矛盾纠纷化早、化小的重要战斗堡垒，有必要进一步加强党对人民法庭的政治领导，保障人民法庭在审判、执行等执法各环节严格、公正、规范；保障调解工作自治、法治、德治运用得当，既能够确保始终在法治轨道上驰而不息，又能够宽严有度，充分借助法庭调解、人民调解委员会调解、行业调解在萌芽状态化解纠纷；保障法制宣传工作和促进经济社会发展工作有序落实，保障民生权益。"圣人不治已乱治未乱，不治已病治未病。"纠纷预防作为社会治理的一项重大工程，人民法庭肩负着预防化解的重要职责，只有坚持党的绝对领导，才能深刻把握各类风险产生和演变的趋势，寻找防范化解规律，防范在先，注重前端治理，对各类风险动态监测、实时预警，从源头控制矛盾纠纷的发生与发展。

（二）嵌入端口，完善"一站式"司法服务功能

诉讼的便捷、可接近性和基层治理的网格智能，从本质是相通的，都是为了更方便群众。但目前法院审判网络建设是内循环的闭环，仅注重纵向和横向法院内部的大数据畅通和保密安全，而不注重与综治网络平台的兼容与互通。故应将诉讼服务功能嵌入综治平台建设，实现小法庭与大综治之间的兼容，在综治网络平台中嵌入法律服务、法治宣传、立案受理、法律会商等端口，为人民群众和相关部门在综治平台中实现一站式司法服务。同时将人民法院法庭嵌入综治平台，可以将纠纷发展过程进行动态回顾，协同各综治机构，对矛盾在萌芽、产生、激化、发展、演化、化解的各个阶段进行控制，对矛盾根源进行溯源式分析，形成各显其能、各司其职，而又相互配合的综治格局。

（三）构建系统化分流机制，提振化解效率

矛盾纠纷化解机制是新时代治理体系与治理能力现代化的一张名片，"枫桥经验"正是依靠党、政、社会、人民群众等多主体参与，坚持党建引领、政府负责、社会组织通力配合，吸收党员、乡贤、名人的治理力量，将矛调中心挺在了纠纷解决的最前端，成功探索出符合中国实际的自治、法治、德治新格局，给出了中国方案、展现了中国特色，学习"枫桥经验"，创建"枫桥式"人民法庭就是要树立系统思维、坚持多元协同的治理逻辑。人民法庭在基层社会治理中，既不能充当主角，包打天下，也不能脱离治理主线，应当重视不同纠纷解决方式之间的关系，通过良性互动与衔接，形成纠纷解决的大治理、大循

---

① 习近平：《全面深入做好新时代政法各项工作，促进社会公平正义保障人民安居乐业》，载《人民日报》2019年1月17日。

环。基于纠纷解决的不可拒绝性,对于属于人民法院受理范围的纠纷,应当进行立案,但纠纷的处理,不应当将判决作为最优选择,应当围绕社会治理目标,主动进行替代性司法。适宜进行调解,在征求当事人意见后,发挥分流功能,重新分流至非诉纠纷解决机构;对于非诉纠纷机构的形成的调解文书,及时进行司法确认,发挥"分流阀"作用,能够有效缓解案多人少困境,提高案件化解效率。此外,人民法庭社会治理功能本质上是以审判职能为基础,是审判职能的延伸。人民法庭对于非诉纠纷化解机构的司法确认,以及对于基层治理单位的法律智库功能发挥,体现着人民法庭在基层治理的司法保障功能。对于当地善良风俗,"民间法"的司法场域确认,也可以解决"法律正义"与"实质正义"的问题,更多还原客观事实,使得基层治理成果更具法律权威性,多元化解纷机制更具流畅性。

(四)理清治理职能限度,促进多元"权威"融合

基层社会尤其是基层乡村是现代化建设最为繁重也是影响最为深远的地域,这里始终是各种矛盾纠纷的多发地,且开启现代化建设以来越来越多的呈现出利益多元化、发展不平衡的现象。全面依法治国使法律对基层社会资源分配、冲突解决、秩序维持日益重要,而传统解纷手段虽有所减弱但依然发挥着巨大作用,乡村司法与诉讼外其他纠纷解决方式逐渐形成一种互补关系。但人民法庭与非诉讼纠纷解决,无论是对于制度的功能定位,还是纠纷解决的过程和结果,二者均没有清晰的界限。[①] 由此在地方实践中带来的局面便是人民法庭的治理功能定位失准,要么是以人民法庭为中心的司法解决途径超越基层纠纷的解决规律,过多用法律规范强行搅动乡土熟人关系,要么是人民法庭难以适应非诉讼解决手段,失去法庭权威进而带来治理功能的难以发挥和基层社会治理的低水平。当然,人民法庭治理功能的体制机制架构便无法转化为实践效能,便难以恰如其分的融入基层社会的矛盾纠纷多元化解与溯源治理之中。为此,人民法庭必须在程序、威严与乡村自治权威之中寻求自洽,以一种超越程序规范的姿态运行,打破程序束缚。在处理方式上宜采取灵活变通的方式,以大众化方式解决问题,以规则落实为其次,在乡村家庭及邻里纠纷中扮演为以群众方式解决群众问题的角色。还需汲取在群众中并行不悖且符合中国特色社会治理法治原则的"情理"养分,实现自治、法治、德治的有机结合,从而以治理实效成为为群众提供司法服务、定纷止争的良好途径。此不仅能有效维护基层社会秩序,更为群众所接受,最终更加有利于维护人民法庭的司法权威地位。当然,这一点也是人民法庭根植于基层社会的属性、基层的乡土社会实际、共建共治共享格局与践行人民至上理念的题中应有之义。

[①] 参见张青:《乡村治理的多元机制与司法路径之选择》,载《华中科技大学学报》(哲学社会科学版) 2020 年第 1 期。

Governance function and perfection of "Fengqiao" people's court in the new era
—On the innovative practice of Zizhou County People's court

Ma Cheng Li Jun Zhao Junpeng

Abstract: Grass roots social governance is the cornerstone of national governance. Promoting the governance of villages and towns (streets) and urban and rural communities as a whole is the basic project to realize the modernization of national governance system and governance capacity. As a banner of national grass – roots social governance, the "Fengqiao Experience" in the new era contains the diversified governance wisdom integrated into the local society. With its advantages of rooted in the grass – roots level and combining trial and mediation, the people's court plays the grass – roots social governance function of traceability governance and diversified solution of contradictions and disputes. Zizhou county took mechanism innovation and the establishment of "diversified" courts as the starting point to further promote the construction practice of "Fengqiao" people's courts, with remarkable results. Due to the differences in local resource endowments, the process of promoting the transformation of "Fengqiao style" people's courts also reflects the gap between multiple norms and poor mechanism coordination. It is necessary to improve the "one – stop" service function, consolidate the connection mechanism and clarify the boundary of governance function under the strong leadership of the party.

Keyword: grassroots, society, people's court, fengqiao experience, perfect function

(编辑：郑志泽)

人民法院构建涉侨矛盾纠纷调处化解共同体的"青田模式"研究

褚宸舸** 王 阳***

摘 要 "青田模式"由人民法院牵头,侨联协调,国内和海外涉侨组织、其他机关、单位和组织参与,并形成涉侨矛盾纠纷调处化解共同体。以海外涉侨组织为主体,以国内涉侨组织为纽带,以"一法官一侨团"为联系机制,发挥公证、金融机构等的协同作用。"青田模式"坚持新时代"枫桥经验"以人民为中心的基本理念,适应新时代主要矛盾的变化,夯实涉侨统一战线的群众基础,增强华侨社群应对风险的韧性。坚持并发展"枫桥经验"就地化解矛盾的基本做法,将"地"延伸到海外。充分发挥华侨、涉侨组织、侨领的积极性、创造性,体现自治的基础作用。强调人民法院的职权功能,保证涉侨组织、侨领参与涉侨矛盾纠纷化解的规范性和有效性,体现法治的保障作用。通过凝聚血浓于水的中华民族心理认同,发挥侨乡的文化的治理,促进华侨群体互助、互信等公序良俗的形成,体现德治的教化作用。

关键词 新时代"枫桥经验" 人民法院 涉侨矛盾纠纷调处化解 共同体 青田模式

一、问题的提出

如何动员、依靠社会力量,是打造共建共治共享的社会治理格局,建设人人有责、人

---

* 2021年陕西省社会科学基金专项项目《加强市域社会治理现代化建设,不断提升社会治理效能研究》(项目编号:2021ZX06);陕西省"三秦学者"西北政法大学基层社会法律治理研究团队。
** 褚宸舸,法学博士,西北政法大学行政法学院教授、博士生导师。
*** 王阳,西北政法大学枫桥经验与社会治理研究院博士研究生。

人尽责、人人享有的社会治理共同体的关键。社会治理共同体是社会成员基于信赖、互助、合作而形成的社会治理主体，是践行新时代"枫桥经验"矛盾纠纷就地化解的基础性要素。

我国政治学、社会学界对社会治理共同体的研究较多。一方面是社会治理共同体理论基础的研究。例如，"共同体"的理念、中国传统共同体思想、马克思主义共同体思想、西方共同体思想①。另一方面是我国建构社会治理共同体的实现机制和具体实践的研究。例如，党领导的群众路线的新实践②、社会治理共同体的制度供给③、通过法律修辞推动价值判断的认同④。还有些学者对社区治理共同体⑤、城乡基层社会治理共同体⑥、危机应对社会治理共同体⑦、社会治理共同体中的技术治理⑧等进行了具体研究。

我国对于涉侨矛盾纠纷调处化解共同体的研究还比较薄弱。近年来，司法实务界和法学界逐渐关注涉侨纠纷多元化解工作。最高人民法院制定了相关工作指南⑨。有学者认为，涉侨纠纷多元化解机制是我国侨界和司法界的一项新事业，它利用民间力量和侨界资源，将中国基于悠久传统而形成的多元纠纷化解机制成功延伸到海外，提升了中国的软实力⑩。但也有学者认为，各地法院推进涉侨多元纠纷化解机制建设，尽管各有特色，解决纠纷的实际效果却未有大的改观。目前涉侨多元纠纷解决仍存在违背纠纷解决规律，缺乏司法资源保障，忽视当事人诉讼解决的需求等问题。所以除了改善司法内部生态环境，激活行政解纷能力，更要尊重当事人对纠纷解决的选择权⑪。

近年来，随着公民出国定居、经商者日益增多，涉侨矛盾纠纷成为新时代人民内部矛盾的主要表现之一。华侨群体中的小矛盾因未被及化解而升级为民事案件甚至是恶性刑事案件的情况时有发生。此种背景下，如何汇聚华侨力量，增强华人华侨间的沟通，促进矛盾早发现、早预防、早化解，成为当前涉侨矛盾纠纷调处化解的重要着力点。

华人华侨具有守望相助的文化传统，所以加强感情联络，搭建华人华侨交流和沟通的平台十分必要。人民法院构建涉侨矛盾纠纷调处化解共同体，为社会组织、人民群众参与

---

① 范逢春、张天：《国家治理场域中的社会治理共同体：理论谱系、建构逻辑与实现机制》，载《上海行政学院学报》2020年第6期。
② 黄建洪、高云天：《构筑"中国之治"的社会之基：新时代社会治理共同体建设》，载《新疆师范大学学报》（哲学社会科学版）2020年第3期。
③ 郁建兴、任杰：《社会治理共同体及其实现机制》，载《政治学研究》2020年第1期。
④ 李晟：《作为社会共同体建构技术的法律修辞》，载《法学家》2020年第3期。
⑤ 曹海军、鲍操：《社区治理共同体建设——新时代社区治理制度化的理论逻辑与实现路径》，载《理论探讨》2020年第1期。
⑥ 吴理财：《城乡基层社会治理共同体建设》，载《经济社会体制比较》2020年第5期。
⑦ 朱健刚：《疫情催生韧性的社会治理共同体》，载《探索与争鸣》2020年第4期。
⑧ 刘伟、翁俊芳：《撕裂与重塑：社会治理共同体中技术治理的双重效应》，载《探索与争鸣》2020年第12期。
⑨ 参见李少平、李卓彬：《涉侨纠纷多元化解工作指南》，人民法院出版社2019年版，第1~5页。
⑩ 崔永东：《涉侨纠纷多元化解机制的理论考察、文化基础与制度构建》，载《政法论丛》2020年第3期。
⑪ 樊玉成：《涉侨多元纠纷解决的反思与前瞻》，载《浙江工业大学学报》（社会科学版）2020年第2期。

矛盾纠纷调处化解提供平台机制和制度保障，是人民法院参与社会治理并提供法治保障的重要工作之一，也是一项促团结聚人心的政治工作。一方面，归侨侨眷和海外侨胞是建设中国特色社会主义、推进祖国和平统一、实现中华民族伟大复兴的重要力量。《中华人民共和国国民经济和社会发展第十四个五年规划和2035年远景目标纲要》要求全面贯彻党的侨务政策，凝聚侨心、服务大局。另一方面，保护侨商，促进侨商发展也体现了习近平同志主政浙江期间曾主张的"两个优势、两个发展"的重要思想。①总之，调处化解涉侨矛盾纠纷、加强华侨权益保护不仅响应国家"走出去"战略、"一带一路"倡议和"双循环"格局，而且也体现涉侨政治工作新发展的要求。

坚持和发展新时代"枫桥经验"，动员海内外各主体参与矛盾纠纷化解，提供优质、便捷、高效的法律服务，满足华侨、侨眷及时化解矛盾纠纷的法律需求，是人民法院义不容辞的职责。浙江在海外有众多华侨、华人、华商，在国内各省都有浙商和商会。至今，浙商在省外已超过600多万，在海外也有200多万。浙江丽水市下属的青田县是浙江省第一大侨乡，33万华侨遍布世界120多个国家和地区，因而涉侨、涉外纠纷量大且多。2018年4月4日，最高人民法院颁布《关于进一步深化人民法院多元化纠纷解决机制改革的意见》（法发〔2016〕14号），最高人民法院和中华全国归国华侨联合会决定在11个省自治区、直辖市开展涉侨纠纷多元化解试点工作。作为试点法院之一，浙江青田县人民法院（以下简称青田法院）践行新时代"枫桥经验"，引领、指导侨联、侨团、侨领相互合作，规范、完善涉侨纠纷化解体制机制的建设，逐渐形成人民法院构建涉侨矛盾纠纷调处化解共同体的"青田模式"。

"青田模式"通过司法机关和社会组织协同共治促进矛盾纠纷就地化解，是创新制度机制、推动新时代"枫桥经验"法治化、制度化的具体实践。本文所要研究的问题是人民法院如何创新制度和机制，发挥审判机关在矛盾纠纷调处化解中的引领和保障作用，构建人人有责、人人尽责、人人享有的社会治理共同体。下文首先剖析"青田模式"对新时代"枫桥经验"以人民为中心基本理念的坚持，其次总结"青田模式"的创新举措，最后提炼"青田模式"发展新时代"枫桥经验"就地化解矛盾特色的新发展。

二、"青田模式"坚持新时代"枫桥经验"以人民为中心的基本理念

习近平同志在主政浙江时期就曾经提出："'枫桥经验'的核心，就在于努力减少矛盾，矛盾产生了以后要及时化解，无论'枫桥经验'的形式和具体内容随着时代怎么改

---

① 即充分发挥浙江的"市场优势、浙商优势"，"跳出浙江发展浙江""走出去融合发展浙江"。参见采访组：《"'干在实处、走在前列'是习书记个人品格的高度凝练"——习近平在浙江（三）》，载《学习时报》2021年3月3日，第3版。

变，这种服务群众的宗旨永远不能变。"① 2013 年 10 月 9 日，习近平同志对纪念毛泽东批示"枫桥经验"50 周年大会作出重要指示，要求"发扬优良作风，适应时代要求，创新群众工作方法，善于运用法治思维和法治方式解决涉及群众切身利益的矛盾和问题，把'枫桥经验'坚持好、发展好，把党的群众路线坚持好、贯彻好。"② 构建人人有责、人人尽责、人人享有的社会治理共同体，既体现了当前我国社会治理现代化的目的是为了人民，坚持把人民群众最关心的问题作为社会治理的问题导向，使人民共享改革发展成果，也体现了社会治理需要依靠人民，要相信、发动人民群众，把人民对美好生活的向往转变为创造美好生活的具体实践。

"青田模式"，贯彻群众路线，坚持司法为民，牢牢抓住了构建涉侨矛盾纠纷调处化解共同体这个"牛鼻子"。

众所周知，共同体是人类基于生存发展需求而自然结成的有机体，是一个从无到有，从零散到汇聚的动态的组织体。共同体经历了从血缘共同体、地缘共同体到精神共同体的过程，并表现为亲属关系、邻里关系、友谊关系等。③ 现代社会的复杂性需要社会群体通过主动的集体行动，在不完全依赖公权力强制的基础上以最小的成本实现内部的高效治理。构建社会治理共同体的目的是协调多元利益关系，消解利益冲突，保证根本利益，尽可能地拓展共同利益。④ 人民法院整合力量，搭建联络、互动机制，构建涉侨矛盾纠纷调处化解共同体，旨在快捷、简便、低成本的调处化解涉侨矛盾纠纷，实现治理的有效性。

构建涉侨矛盾纠纷调处化解共同体，促进涉侨矛盾纠纷调处化解，保护华侨、归侨侨眷和海外侨胞正当合法权益，适应新时代主要矛盾的变化，夯实涉侨统一战线的群众基础，增强华侨社群风险应对的韧性。

第一，适应新时代社会主要矛盾的变化。随着我国社会主要矛盾已经转化为人民日益增长的美好生活需要和不平衡不充分的发展之间的矛盾，人民群众更加重视个人权利和尊严。政法机关不仅仅有专政、管理职能，还有服务的职能。立足司法为民理念，人民法院完善涉侨矛盾纠纷化解诉调对接体制机制建设，不断满足人民群众在涉侨矛盾纠纷化解领域的新需要，妥善化解涉侨矛盾纠纷，就是法院服务群众、不断提高司法公信力的重要举措，也是提升华侨、归侨侨眷和海外侨胞幸福感、安全感，增强涉侨组织凝聚力的客观要求。

第二，夯实涉侨统一战线的群众基础。实现好、维护好、发展好最广大人民的根本利

---

① 采访组：《习书记指导绍兴谱写新时期的'胆剑篇'——〈习近平在浙江（十一）〉》，载《学习时报》2021 年 3 月 15 日，第 5 版。

② 习近平：《把"枫桥经验"坚持好、发展好 把党的群众路线坚持好、贯彻好》，载《人民日报》2013 年 10 月 12 日，第 1 版。

③ [德] 费迪南·滕尼斯：《共同体与社会》，张巍卓译，商务印书馆 2019 年版，第 87 页。

④ 胡小君：《民主协商与社会治理共同体建设：价值、实践与路径分析》，载《河南社会科学》2020 年第 9 期。

益是新时代"枫桥经验"的核心。华侨、归侨侨眷和海外侨胞是建设中国特色社会主义的重要力量。《宪法》第五十条规定:"中华人民共和国保护华侨的正当的权利和利益,保护归侨和侨眷的合法的权利和利益"。长期以来,我国实行凝聚侨心、服务侨需的侨务政策。人民法院构建涉侨矛盾纠纷调处化解共同体,促进涉侨组织依法有效参与人民法院矛盾纠纷调处化解工作,体现了司法机关对华侨、归侨侨眷和海外侨胞提供公共法律服务和法治保障的高度重视。

第三,增强华侨社群应对风险的韧性。当代社会充满不确定性和风险。社会治理共同体实现一种合作的公共生活,其意义就在于通过彼此联合、相互交往的公共领域,来减轻现代社会风险对人类生活的威胁。人民法院将华侨社群力量引入涉侨矛盾化解工作中,将司法的被动性和社会组织自治的主动性有机结合,有利于提升华侨社群预防、应对风险的能力,也是坚持以人民为中心,依靠广大人民群众防范化解矛盾风险的客观要求。

早在2003年11月25日,习近平同志在纪念毛泽东同志批示"枫桥经验"40周年暨创新"枫桥经验"大会上发表讲话,强调创新"枫桥经验"需要制度和长效机制。作为"枫桥经验"重要理念之一的"四前工作法",首先就是"组织建设走在工作前。"由此可见组建工作机构对于一项工作任务的完成具有十分重要的意义。要实现涉侨矛盾纠纷调处化解共同体,也必须建立相应的组织机构。"青田模式"的特点就在于重视搭建组织机构并善于发挥这些组织机构的作用。法院建立涉侨矛盾纠纷调处化解的组织架构,为日常联络、调解、审理、执行工作相互融通建立有效的组织保障(如图1所示)。

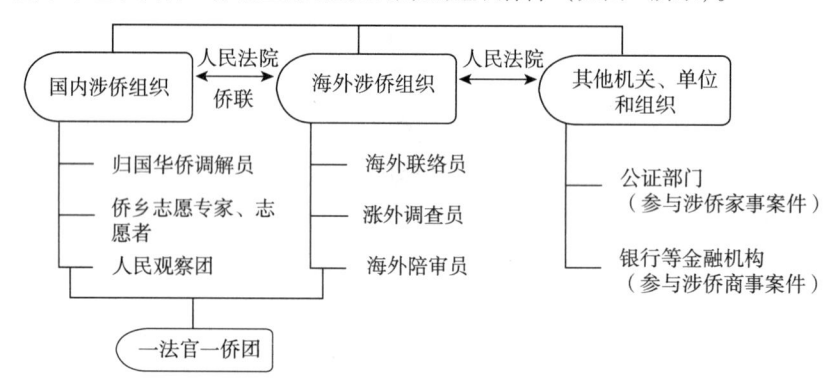

图1 涉侨矛盾纠纷调处化解共同体"青田模式"的组织架构

三、"青田模式"的创新举措

青田法院作为侨乡法院,涉侨民事案件占民事案件总数的25%以上。近年来,该院立足侨情实际,逐步构建起形成涉侨矛盾纠纷调处化解共同体的"青田模式"。"青田模式"的主要做法是:由人民法院牵头,侨联协调,国内和海外涉侨组织、其他机关、单位和组织形成共同体。

（一）以海外涉侨组织为主体

第一，以人民法院的海外司法联络平台为枢纽。为促进涉侨审判工作，优化涉侨诉讼服务，近年来，青田法院持续发展壮大海外联络员队伍，充分利用华侨资源，借助侨领的个人力量和侨团的集体力量选聘海外联络员，搭建起"海外司法联络平台"。青田法院与中国侨联和15个海外侨团签订《信息交流与友好合作协约》，对接海外侨团、侨办与海外调解委员会，建立起包括委托调查、协助送达、参与调解、信息发布等功能的合作机制，实现涉侨诉讼信息互通、资源共享，充分发挥45位海外联络员、13位海外家事调查员、11名海外人民陪审员作用。截至2020年6月，委托海外联络员送达法律文书900余份。[①]

2011年11月21日，青田法院聘请青田藉侨领、意大利威尼斯华侨华人联合总会会长邱慧华先生担任的首位海外联络员。2012年聘任6名海外联络员，2016年聘任8名海外联络员。2019年海外联络员增至45名。2014年3月25日，青田法院成立全国首个涉侨诉讼服务中心。为方便华侨诉讼，2014年9月，青田设立了涉侨网络法庭，建设高清标准型数字法庭，实现了网上立案、网上授权委托、网上开庭，全程录音录像的存储刻录。当事人只需在电脑或者手机上轻轻一点，即可参与庭审。当年即在海外联络员的协助下审结18起涉侨民事案件，其中14件当庭调解。[②] 2015年，在一起离婚纠纷案中，原告居住在青田，被告居住在法属圭亚那卡宴市，双方婚后感情破裂，诉求离婚，但被告拒绝出庭。法院通过侨领杨小爱在庭前多次与被告沟通交流，劝导被告以理性的态度对待诉讼。最终，被告通过远程视频参与庭审，案件得以圆满解决。2020年3月，青田法院执行局通过青田法院海外联络员、西班牙知名侨领之一徐宋灵联系到被执行人陈某的亲戚，代为转告拒不履行生效法律文书的法律后果。之后，陈某一次性将87万元执行款履行完毕，案件顺利执结。

第二，组建海外调解员队伍并发挥其作用。2020年青田法院联合青田县归国华侨联合会发布《关于开展涉侨纠纷多元化解示范法院工作执行方案》（青法〔2020〕67号），进一步完善法院引领海外调解员队伍开展涉侨纠纷化解的工作机制。围绕"以侨架侨"升级海外司法联络平台，组建由海外联络员、海外调查员、海外陪审员等海外华侨解纷力量构成的海外调解员队伍，依法开展协助送达（将起诉状、证据副本、文书等案件相关材料送达给法院无法联系或联系不便的当事人）、调查、调解（协助法院开展线上线下涉侨纠纷调解工作）、执行（协助完成海外当事人的身份认证、被执行人的线索查找、督促应诉及履行）等工作）。海外调解员作用的充分发挥，使当事人在海外的涉侨纠纷可就近前往住

[①] 参见最高人民法院司法改革领导小组办公室：《浙江青田法院联动推进涉侨纠纷多元化解依法保护侨眷和海外侨胞的合法权益》，载《司法改革动态》2020年第29期。

[②] 陈东升、王春：《浙江第一大侨乡的涉侨官司怎么打——青田法院：以网架桥让海外华侨参与诉讼"一次不用跑"》，载《法治日报》2021年8月20日，第4版。

在国海外联络中心或海外联络点进行调解,在海外调解员的指导协助下参与庭审。2020年春节前夕,在西班牙经商的留某、倪某双方因在2017年的不动产转让问题产生纠纷,倪某怠于履行相关义务,后留某将房屋卖于第三人,矛盾激化。因双方均长期生活在西班牙,且分别在不同城市,无法良好沟通,也不了解国内相关法律法规。当时国内正值疫情严重,双方当事人身处西班牙均无法回国处理相关纠纷。青田法院西班牙海外调解员徐某在收到该纠纷后,与法院进行沟通,通过"浙江移动微法院"、在线纠纷多元化解平台(ODR)等直接在海外调解纠纷。2018年初,陈小民的母亲吴某去世,留下了一张存有5万余元的银行卡。陈小民在多次密码输入错误后,银行卡被锁定,无法取出余额。根据相关法律规定,陈小民、姐姐陈大娟、妹妹陈小娟均有该笔遗产的继承权。而解锁这张银行卡,需他们三人共同申请公证。但是,陈大娟、陈小娟常年居住在国外,回国成本较大,短时间内无法办理委托公证。最后,通过移动微法院,法官在线庭审程序进行在线调解,仅用时半个多小时就完成调解并全程留痕,民事调解书也在线送达。①

(二)以国内涉侨组织为纽带

第一,在矛盾调解中心华侨调解室聘任具有丰富海外经验的归国华侨作为常驻调解员。2017年12月21日,青田法院、县司法局制定《人民(华侨)调解员管理规定》,建立50人的特邀调解员名册,2名华侨调解员驻法院调解,明确了人民(华侨)调解员的职责和行为准则,保证涉侨纠纷调解工作的合法性、公正性和有效性。到2018年,青田法院诉前纠纷化解率为37.07%,同比上升21.45个百分点,居全省基层法院诉前纠纷化解率的第七名;2019年青田法院被确定为浙江省涉侨纠纷多元化解试点工作示范法院,青田法院将海外联络员注册为人民调解员,负责联系海外当事人参与调解工作,打破地域壁垒,极大节约解纷成本,实现调解无国界。自试点工作开展以来,青田法院共受理涉侨民事案件758件,案件调撤率为74.19%。境外商品进口贸易受新冠肺炎疫情影响较大,资金回笼难,进而引发借贷纠纷增多等问题,加之涉案双方难以及时回国处理,涉侨民商纠纷化解调处困难重重。青田法院在收到此类案件后,充分发挥华侨调解员的作用,由海外调解员协助调查了解当事人的实际情况,并参与法院组织的在线平台调解,收效较好。

第二,成立家事纠纷"人民观察调解团"参与线上线下家事纠纷调处。青田法院借鉴"老娘舅"调解模式,创造性地成立了家事纠纷人民观察调解团。针对涉侨离婚案件的人民观察调解团,专门邀请侨团侨领和同乡会成员旁听案件庭审、参与案件调解,其通过观察庭审就法院归纳的争议焦点进行表决或独立发表意见,最终形成观调团多数意见,作为法院裁判的重要参考,更好地满足了涉外家事案件高效化解调处的需求。庭审结束后,观

---

① 余建华、叶旭耀:《跨越国界,侨乡纠纷有独到"解法"》,载《人民法院报》2021年7月13日,第5版。

调员继续对当事人进行心理疏导、跟踪回访，真正实现案结事了人和。截至2020年10月，青田法院共适用观调的案件210件，调撤率89%，服判息诉率100%。"人民观察调解团"制度在人民陪审员直接作为合议庭成员参加审判的传统方式之外，另行开辟了一条民众直接参与司法审判的通道，为民意充分反映到司法过程中增设了制度桥梁，也是对保障人民群众参与司法的有力创新。

第三，成立侨乡志愿者法律服务工作站。2017年12月，为推进涉侨诉讼服务中心系统化、信息化、标准化、社会化建设，青田法院、共青团青田县委联合社会第三方建立涉侨司法服务长效机制，发布《关于成立侨乡志愿者法律服务工作站的若干实施意见》，充分发挥涉侨志愿专家、志愿者等第三方的优势特长和桥梁纽带作用，共同做好涉侨诉讼服务工作。

（三）以"一法官一侨团"为联系机制

青田法院根据聘请海外联络员的情况，确定一个法官负责对接一个侨团，提供针对性法律服务，发挥法院对侨团纠纷化解的指导、服务和规范作用。截至2020年10月，青田法院在华侨集中分布的16个国家，选取18个侨团建立了由华侨同乡会、总商会组建的"一法官一侨团"联络机制，从四个方面开展侨团组群、法官驻群的联络工作。第一，法官驻群。根据现有海外联络员确定每个国家有一两个侨团，由办理民商事案件的法官或者助理加入侨团微信工作群，负责对接该群全部事宜。第二，法律咨询。侨团中有成员需要咨询法律问题的，可直接在群中提问或在青田法院公众号"侨乡天平"查询提问，必要时也可私信提问。第三，预防引导。法官负责对应侨团所在国家的涉侨纠纷，进行必要的预防、引导化解，积极提供及时的法律服务。第四，普法宣传。法院组织法官机械能定期普法教育、录制普法宣讲视频、转发相关法律知识。

（四）发挥公证、金融机构的协同作用

第一，发挥公证机关在家事纠纷化解中的作用。青田涉侨矛盾纠纷集中在家事和商事领域。青田法院涉侨民商事案件中，离婚、抚养、扶养、赡养等家事案件在涉侨民商事案件中占比67%。为了破解难题，更好的服务侨胞侨民，青田法院联合侨联并加强与公证机构的对接联系，搭建起涉侨离婚公证对接机制、调解协议公证等绿色通道，极大简化了涉侨诉讼文书公证程序，提升涉侨家事案件审理的效率。在涉侨离婚案件中，考虑到当事人文书公证认证需求，法院负责受理华侨需要办理的裁判文书公证认证申请。当事人可直接联系承办法官，咨询公证相关准备事宜，包括公证认证材料、时长、程序准备等信息。由法院与公证处直接对接相关认证手续，当事人的身份材料、相关委托手续、关系证明材料等直接由法院转交公证处，减少材料审核的重复流程，公证办理时间缩短至5个工作日以内。截至2020年9月，青田法院已办理涉侨家事公证38件，接受公证信息咨询650起。

第二，发挥银行等金融机构在商事纠纷化解中的作用。华侨在家乡投资经营进出口商贸是青田商事活动的主要内容，所以投资、金融、知识产权、国际贸易等领域的纠纷成为青田县涉侨纠纷的高发领域。青田侨民主要以侨商为主，涉侨金融纠纷成为涉侨纠纷多发的领域，营造法治化的营商环境，鼓励侨商回乡投资、支持侨商海外发展，既关乎侨商个体利益，也关乎青田改革发展稳定大局。2020年6月，青田法院联合县金融发展中心、中国人民银行青田县支行、丽水银保监分局青田监管组制定了《关于建立金融纠纷多元化解机制的实施意见》，通过鼓励金融机构参与涉侨商事纠纷化解，促进和保护侨商权益。在涉侨商事案件审办中，人民法院积极推动县农商行参与法院商事领域纠纷化解、个人破产重整，对因不可控因素导致创业失败或陷入担保链的债务人，通过建立个人债务重整制度对其进行信用挽救，在帮助债务人恢复信用的同时，也解决了多数商事纠纷执行难的问题。该制度具体设计是，由法院提供平台，债务人自主向法院申请启动，法院核实债务人诚信状况后，由债权人和银行选择是否进入重整程序。在债权人与债务人达成协议之后，银行为债务人提供"重整贷"盘活资金，债务人恢复履行能力，破解"债务僵局"，获得重生机会。重整成功后在一定的"监察期"内，若债务人出现不诚信行为，之前免除的债务将全部恢复执行，银行也可就"重整贷"直接向法院申请执行。2021年，青田县金融纠纷案件数量相比去年同期下降18.7%，在线调解涉侨金融纠纷176件，成功化解166件。当事人通过该机制完成债务重整，通过获取银行贷款恢复履行能力，偿还债务，重获"新生"。

四、"青田模式"对新时代"枫桥经验"就地化解矛盾特色的新发展

法律致力于实现社会的和谐发展，所以倡导人性中的合作性是题中应有之义。在国家治理现代化背景下，由全能型政府到服务型政府的转变要求构建社会治理共同体，促使国家机关、社会组织、社会成员在社会治理领域开展广泛的协同合作。人民法院构建矛盾纠纷调处化解共同体是司法机关践行新时代"枫桥经验""矛盾不上交、就地解决"的基本做法。但是，在涉侨矛盾纠纷中，这里的"地"往往是海外，所以不仅在司法实践中，而且在涉外法治理论上，都有相当的复杂性。根据《最高人民法院关于适用〈中华人民共和国民事诉讼法〉的解释》，涉侨纠纷属于法定涉外民事案件。传承新时代"枫桥经验"与创新推进涉外法治的有机结合是"青田模式"对新时代"枫桥经验"就地化解矛盾特色的新发展。自治强基、法治保障、德治教化是我国社会治理工作的重要理念。涉侨矛盾纠纷调处化解共同体作为矛盾化解组织机制的建设，在坚持自治为基础、法治为保障、德治为教化方面，发展了新时代"枫桥经验"。

第一，"青田模式"充分发挥华侨、涉侨组织、侨领的积极性、创造性，提升其自我管理、自我服务的能力，体现自治的基础作用。

首先，激发人民团体、社会组织主动参与矛盾纠纷调处化解的自觉性。涉侨矛盾需要

高效和便捷的处理程序，但司法审判具有被动性，且法院裁判对程序性要求较高，裁判规则的灵活性和协商性也比较低。此种情形下如何降低涉侨矛盾纠纷化解的经济成本和时间成本，及时有效解决空间距离造成的纠纷解决的困难，从而提升华侨、归侨、侨眷在家乡及海外生活的幸福感、安全感，是涉侨矛盾纠纷调处化解制度设计的重点。所以，发挥自治在矛盾纠纷化解中的优势至关重要。青田法院通过一法官一侨团制度，积极增进法院与涉侨纠纷当事人的沟通和联系，促进法治与自治融合，推动涉侨纠纷低成本高效率化解，成立和完善侨民同乡会、海外联络员、特约调解员、家事调查员等涉侨多元纠纷化解组织，为涉侨就地化解留出自治空间，有效减轻司法机关负荷。人民法院对诉前化解、诉调对接、仲裁调解工作进行指导，促进涉侨组织自治能力提升。

其次，动员市场主体、专业力量、金融机构等积极服务涉侨矛盾纠纷调处化解，创新体制机制，有效提升涉侨矛盾纠纷调处化解的效能。在家事纠纷化解中，基于夫妻、亲属间情感上的理解与包容，给予纠纷双方更多的选择空间。在商事纠纷化解中，因为有明确严格的规则，可协商性相对较低，尤其在重整、破产、清算领域，调解能够发挥的作用通常比较有限。法院开拓创新，促进金融机构、行业协会、商事组织等具备较强实力的社会主体参与涉侨商事纠纷化解，在执行阶段对符合条件的涉侨侨民进行信用拯救，最大限度降低损害后果，助力侨商恢复发展，为其抵御经营风险提供更好的法治保障。

第二，"青田模式"强调人民法院充分发挥职权和功能，保证涉侨组织、侨领参与涉侨矛盾纠纷化解的规范性和有效性，集中体现了法治的保障作用。

首先，加强社会力量调处化解矛盾纠纷的规范性，为社会力量矛盾预防调处活动提供法律指导。《人民调解法》第五条第二款规定，基层人民法院对人民调解委员会调解民间纠纷进行业务指导。人民法院作为司法机关，为社会组织依法、规范开展矛盾纠纷调处化解提供制度化的框架和平台，既是其行使定分止争职能的应有之义，也是法治社会建设的客观要求。青田法院以县矛调中心、法院涉侨诉讼服务中心为平台，加强对涉侨调解组织的法律指导，推动律师、仲裁委员会、行业调解组织等组建涉侨纠纷调处的专业团队，促进专业法律职业群体的专业性与涉侨调解组织有机结合，为涉侨调解工作的顺利开展提供司法保障。

其次，通过多种形式完善诉调对接和司法确认，保障矛盾纠纷调处化解"定分""止争"效果同步实现。人民调解虽然成本低、周期短，但是调解达成的协议不具有强制执行力，更多依赖于附义务方遵守和履行的自觉性。人民调解在社会治理中发挥的功能主要体现在便民利民、节约司法资源、激发社会组织活力的"定分"上。法院引导、推动人民调解的着力点还应体现为采取措施保障人民调解更好实现"止争"功能。对于当事人起诉到人民法院适宜调解的涉侨纠纷或案件，由涉侨调解组织和调解员先行调解，经法院委派或者涉侨调解组织调解达成协议，当事人申请司法确认的，人民法院依法确认调解协议效力。

第三,"青田模式"通过凝聚血浓于水的中华民族心理认同,发挥侨乡的文化治理,促进华侨群体互助、互信等公序良俗的形成,体现了德治的教化作用。

习近平总书记指出:"治理国家、治理社会必须一手抓法治、一手抓德治,既重视发挥法律的规范作用,又重视发挥道德的教化作用,实现法律和道德相辅相成、法治和德治相得益彰。"①侨乡乡贤文化发达,注重宗族、亲情,逐步产生以地缘为基础的民间沟通交往"元规则",较之法律的"距离感",更易于侨乡侨民接受。法院选聘德高望重的人员担任涉侨纠纷调处化解人员,参与涉侨诉前化解、诉调对接,不仅有利于提高涉侨纠纷的化解效率,也能够增强华侨的归属感。海外侨胞因地缘或血缘而自愿结成互帮互助、互联互通的共同体,调处化解矛盾纠纷过程中,也同时传承侨乡文化,促进中华民族心理认同。

综上所述,"青田模式"体现了人民法院协同治理,在矛盾纠纷化解制度供给方面发挥的重要作用。人民法院整合涉侨力量,对涉侨社会组织进行支持和引导,使其参与社会治理,防范化解群体性风险,激发自治的基础性作用、发挥法治的保障作用,推动德治的教化作用,提升涉侨矛盾纠纷调处化解的效能。"青田模式"不仅符合新时代"枫桥经验"的基本原理,也是我国涉外法治工作的一种创新,应当作为我国涉侨矛盾纠纷调处化解工作的典型经验在全国推广。

Research on the "Qingtian Mode" of the People's Court Constructing the Community of Mediating and Resolving Conflicts Involving Overseas Chinese

Chu Chenge Wang Yang

Abstract: The "Qingtian model" is led by the people's court, coordinated by the Federation of overseas Chinese, with the participation of domestic and overseas overseas overseas Chinese related organizations and other organs, units and organizations, and forms a community for mediating and resolving overseas Chinese related contradictions and disputes. Take overseas Chinese related organizations as the main body, domestic overseas Chinese related organizations as the link, and "one judge and one overseas Chinese group" as the contact mechanism to give play to the synergy of notarization and financial institutions. "Qingtian model" adheres to the basic concept of people – centered "Fengqiao Experience" in the new era, adapts to the changes of the main contradictions in the new era, consolidates the mass foundation of the overseas Chinese re-

---

① 习近平:《加快建设社会主义法治国家》,载《十八大以来重要文献选编》(中),中央文献出版社2016年版,第185页。

lated united front, and enhances the resilience of the overseas Chinese community to deal with risks. Adhere to and develop the basic practice of "Fengqiao Experience" to resolve contradictions locally, and extend the "land" to overseas. Give full play to the enthusiasm and creativity of overseas Chinese, overseas related organizations and overseas Chinese leaders, and embody the basic role of autonomy. Emphasize the functions and powers of the people's court, ensure the standardization and effectiveness of the participation of overseas Chinese related organizations and overseas Chinese leaders in the resolution of overseas Chinese related contradictions and disputes, and reflect the guarantee role of the rule of law. By condensing the psychological identity of the Chinese nation that blood is thicker than water, give play to the cultural governance of the hometown of overseas Chinese, promote the formation of public order and good customs such as mutual assistance and mutual trust among overseas Chinese groups, and reflect the educational role of rule of virtue.

Keyword:"Fengqiao Experience" in the new era; The people's court; Mediation and resolution of contradictions and disputes involving overseas Chinese; community; Qingtian model

（编辑：张雪寒）

"枫桥经验"视域下大调解体系的治理逻辑和制度供给[*]

王斌通[**]

摘　要　大调解体系是"枫桥经验"的基本环节，具有契合民众最小成本化解纠纷的心理需求、体现以人为本和源头治理的基本理念、适应综合治理和依法治理的现实需要的治理逻辑。正基于此，各地大调解实践不断丰富并取得突出成效，但也暴露出法律法规供给不足、社会规范供给机制亟待改进、行业调解制度供给水平参差不齐、调解员队伍建设缺乏稳定的制度保障等问题。解决这些问题，有必要从发挥顶层设计和地方立法权的制度优势、促进社会规范与国家规范的协调与对接、加强调解员管理机制的政策法律扶持、提炼和总结跨区域性的制度建设经验等方面增强制度供给。

关键词　枫桥经验　大调解　社会治理　治理逻辑　制度供给

大调解是立足于被誉为法治"东方经验"的人民调解基础之上，以人民调解、司法调解和行政调解为主干，以行业性、专业性调解为重要补充，综合利用当代中国解决纠纷的各种制度资源，在保持"开放式的结构"[①]的同时，体现深厚的中华文化底蕴和鲜明的时代发展特色的矛盾纠纷多元化解机制。作为中国基层社会治理的典型，"枫桥经验"的诞生、发展和革新始终贯穿着重视调解、依靠群众化解矛盾的底色，而大调解不但成为"枫

---

[*] 本文系陕西省教育厅科研项目"新时代'枫桥经验'与大调解体系制度建设研究"（21JK0391）的阶段性成果、陕西省"三秦学者"支持计划"西北政法大学基层社会法律治理研究创新团队"成果。文中所用数据和案例为笔者在浙江诸暨、陕西延安、广东南海等地调研所得，特对提供资料的当地政法部门表示感谢。

[**] 王斌通，法学博士，西北政法大学法治讲师，枫桥经验与社会治理研究院副院长，硕士生导师。

[①] 栗峥：《国家治理中的司法策略：以转型乡村为背景》，载《中国法学》2012年第1期，第84页。

桥经验"的基本环节和长效工作机制，也被誉为"枫桥经验"升级版的精华内容①。目前，各地在坚持和发展"枫桥经验"的同时，也着力创新和深化大调解体系②，使大调解在基层社会治理法治化的进程中日益释放出积极的治理效能。基于国家治理体系与治理能力现代化以及健全矛盾纠纷多元化解机制的需要，对"枫桥经验"视域下的大调解体系进行学理探讨、实证分析和制度反思，既有助于充分认识和发挥大调解在我国基层社会治理中的作用，增强制度供给，强化制度认同；也将裨益于大调解特色的彰显，进而为实现良法善治、创新发展新时代"枫桥经验"注入新的智慧。

一、"枫桥经验"中大调解体系的治理逻辑

"枫桥经验"的内涵在于"坚持和贯彻党的群众路线，在党的领导下，充分发动群众、组织群众、依靠群众解决群众自己的事情，做到'小事不出村、大事不出镇、矛盾不上交'"③。这种立足于发挥党政干部和人民群众两个积极性，因时制宜、因地制宜、及时高效化解矛盾的核心理念，贯穿整个大调解体系的建设。因此，"枫桥经验"中的大调解体系，有着鲜明的服务于社会治理创新、综合化解社会矛盾的治理逻辑。

（一）契合民众最小成本化解纠纷的心理需求

在改革进入攻坚期和深水区的背景下，我国基层社会治理现代化的步伐加速，基于生产生活和经济原因导致的跨区域人员流动更加频繁，熟人社会渐行渐远，后乡土社会、陌生人社会成为普遍的基层社会形态，与之相伴的是，社会阶层与社会分工不断细化，社会利益关系日渐复杂，民众的法律意识和维权观念日益增强，以婚姻、继承、合同、侵权、邻里关系为代表的传统纠纷与民间借贷、知识产权、交通事故、医疗赔偿、物业纠纷、劳资纠纷等新型纠纷交织迸发。司法机关持续面临案件激增、案多人少的压力，各级政府和执法部门所接触的新旧治理难题也有增无减。人民日益增长的美好生活需要和不平衡不充分的发展之间的矛盾具体到诉讼领域，就体现为民众维护合法权益、实现公平正义的追求与耗费更多时间、精力和经济成本之间的矛盾。尤其是种类多样、层出不穷的民事纠纷，经过一场旷日持久的官司，不仅严重消释民众的维权热情，也加剧了司法资源的紧张程度和原被告双方的各项负担。因此，在保障公平的前提下，以最便捷、最快速、最小成本的方式化解矛盾纠纷，成为民众共同的心理需求。

大调解的出现恰恰契合了这一普遍心理。作为一种源于本土而又与时俱进的纠纷化解

---

① 冯卫国：《"大调解"体系建设的"枫桥经验"——完善多元化纠纷解决机制的新探索》，载《山东科技大学学报（社会科学版）》2018年第6期，第36页。
② 21世纪初，南通等地便探索推进大调解工作机制，综合各方优势资源，致力于矛盾纠纷的化解。十八大以来，随着大调解成为"枫桥经验"的重要工作方法之一，无论是治理逻辑还是具体实践等，均出现新的变化。
③ 习近平：《习近平谈治国理政》第三卷，外文出版社2020年版，第222页。

方式，大调解既不同于极具专业化、市场化色彩的源于美国的替代性纠纷解决程序 ADR（Alternative Dispute Resolution），也有别于规范性程度更高、更加追求程序正义的诉讼程序，但在专业团队建设、调解程序保障上又兼具上述机制的优点。在"枫桥经验"中，大调解一方面保持着调解员热心周到、不拘泥于固定场所、及时介入矛盾纠纷、程序简便、效率较高的传统优势，一方面在条件许可的地方，通过与人民法院共享在线矛盾纠纷多元化解平台 ODR（Online Dispute Resolution），将调解程序融入智能化、信息化治理，使最大限度提高调解效率、节约司法资源、节省社会成本的在线调解成为民众喜闻乐见且参与意愿日益增长的纠纷化解方式。尽管在调解过程中，矛盾双方不可避免地存在相互让步所带来的权利减损的情况，但随着大调解机制依法运行水平显著提升、调解员依法调解的自觉性空前高涨，大调解对民众最小成本化解矛盾纠纷的心理需求的满足以及合法权益的保障远较以往进步。

（二）体现以人为本和源头治理的基本理念

法治是人的目的性活动，维护人的尊严是法治的"终极价值追求"[1]。大调解作为一项社会工程，首先面临着价值选择、协调和维护的问题。早在《尚书》中，就出现了"民惟邦本，本固邦宁"的著名论断，由此形成了一系列重民、爱民、富民、以人为本的主张，构成绵延数千年之久的中国传统治理文化中最富有理性的精神内核。近现代的红色革命文化以及当代的社会主义先进文化均坚持全心全意为人民服务，把人放在首位，在促进人的幸福和发展的基础上实现民族解放、国家富强。"枫桥经验"是传统治理文化与新中国社会发展现实所结合的产物，其中的大调解亦秉持了民惟邦本的传统观念与新时代"以人民为中心"的法治核心理念。在"枫桥经验"的大调解实践中，群众路线得到完整贯彻，充分依靠人民群众化解矛盾纠纷、认真对待和保障群众的正当权利，注重从程序和实体两方面维护群众的合法权益，不因强调稳定和秩序而冲击人本的最高价值、不因减少诉讼量和一味追求效率而强制调解，始终是一以贯之的基本做法。

虽然人本价值高于效率和秩序，但并不意味着依法保障人的尊严可以忽视效率和秩序价值。"法律和秩序总是文明社会赖以存在的基础"[2]。实现人的充分发展、寻求高效的矛盾化解、维持和谐健康的社会秩序，恰恰是构建法治社会和基层社会治理创新的一致追求。相较于司法的被动性，"枫桥经验"的一大特色就是主动介入矛盾纠纷，"化早、化小、化苗头"，"第一时间发现、第一时间现场化解"。由此形成的"四前工作法"[3] 和

---

[1] 李桂林：《法治价值观：以人的尊严为导向》，载《法学》2020年第4期。
[2] ［英］丹宁：《法律的正当程序》，李克强、杨百葵、刘庸安译，法律出版社2015年版，第4页。
[3] "四前工作法"，即组织建设走在工作前，预测工作走在预防前，预防工作走在调解前，调解工作走在激化前。

"四先四早工作机制"①,均强调预防为主、预警在先,通过主动的教育和调解等方式,从速解决困扰民众生产生活的各种问题,将矛盾纠纷化解在萌芽状态和第一现场,有效遏制矛盾扩大、蔓延和激化。这种为化解纠纷赢得先机,同时重视发现和消解矛盾产生根源的做法,正是"源头治理"的要义所在。在"枫桥经验"的大调解机制下,矛盾纠纷的预防和解决不再局限于各类生活矛盾频发的乡村和社区,而是扩大到司法、行政、企业等各个领域,既往的事后救济向源头治理转型,重大复杂的矛盾纠纷及群体性事件大幅减少,防微杜渐的功效进一步凸显。

(三) 适应综合治理和依法治理的现实需要

在当前的基层社会治理中,综合治理和依法治理并行不悖,前者强调协同之治,后者重视规则之治。二者并非现代社会所独有,皆为源自中国古代并在当代得到创造性转化与创新性发展,且为实践所证明了的行之有效的治理方式。西周时期,周公从治国理政的顶层设计出发,提出了"明德慎罚"的综合治理之道,后世逐渐丰富了这一认识,形成了"德主刑辅""明刑弼教"的治理方略,德法的关系在《唐律疏议》的表述最为精辟:"德礼为政教之本,刑罚为政教之用"。此外,礼乐政刑,综合为治,亦是中国传统一直提倡和奉行的治理观念。四种方式各有侧重,在分别施策的基础上又形成合力,共同服务于裨益世道民心、维护社稷安稳的需要,所谓:"礼以道其志,乐以和其声,政以一其行,刑以防其奸。礼乐刑政,其极一也,所以同民心而出治道也。"② 依法治理同样源流久远,春秋战国之际,法家主张"以法治国""以吏为师",国家法律直接向基层渗透,以致经过变法的秦国"妇人、婴儿皆言商君之法"③。此后,历代虽以儒为尊,但基层长期保持着强化内心引导的道德治理与偏重行为评价的法律治理相统一,以家训族规、乡规民约为代表的民间法与以律例典章为核心的国家法相融合的基本样态。

在"枫桥经验"中,大调解延续了综合治理的传统,并根据社会发展和治理实际,形成了各地党委和政府充分发挥政治优势,基层群众性自治组织、各行业组织及民间公益力量共同参与,警调、检调、诉调、仲调、访调等矛盾化解渠道全面对接,人民调解、司法调解、行政调解相得益彰的多调联动机制。随着科技的日新月异,大数据、人工智能等技术在更多层面和领域融入大调解之中,以技术革命引领观念更新、以科技手段破解治理难题,以综治网络推动社会服务,以"互联网+"促进公共安全,以智慧平台回应调解需求,成为丰富和发挥大调解效能的时代特色。与此同时,通过"上下互动""枫桥经验"

---

① "四先四早工作机制",即预警在先,苗头问题早消化;教育在先,重点对象早转化;控制在先,敏感时期早防范;调解在先,矛盾纠纷早处理。
② 《礼记·乐记》。
③ 《战国策·秦策》。

中大调解的制度供给持续增强①,基于自治需要而日渐完善的村规民约、市民公约、社团章程等社会规范,基于法治需要而日渐丰富的国家立法与地方立法,基于德治需要而日渐弘扬的中华传统美德、社会主义核心价值观,使基层社会治理的规范体系不断健全。依法治理不仅在道德规范、社会规范和国家规范的互补互用中有效实施,依法保障民众合法权益、依法促进社会有序发展也在法治、自治、德治的互治中进一步彰显。

二、各地构建大调解体系的实践及特色

当前,"枫桥经验"在全国的推广中不断凸显治理成效,而且,不惟其发源地浙江省诸暨市枫桥镇致力于融合传统的治理智慧和与时俱进的理念、政策和科技,在提升基层社会治理法治化、智能化、专业化水平的进程中打造"枫桥经验"的升级版;而且,全国各地在坚持和发展"枫桥经验"的实践中,也注意结合本地的经济社会发展实际和历史文化底蕴,探索、创新具有不同地域、不同行业、不同领域特色的"枫桥经验"。由此而得到充实提升的新时代"枫桥经验",已经远远超出诸暨干部群众集体治理智慧的范畴,而是名副其实的体现"枫桥人民、浙江人民和中国人民"共同贡献的"有关基层社会治理的一整套的智慧和方案"②。因此,"枫桥经验"中的大调解,既有原生地的制度探索,也有其他地方在推广"枫桥经验"中进行的制度构建,而这些地方的实践都无一例外地遵循了大调解的治理逻辑。以下主要以浙江省诸暨市、陕西省延安市、广东省佛山市南海区在创新发展"枫桥经验"中大调解体系的建设情况为例。

(一)全面系统又具体细致的诸暨实践

在"枫桥经验"的全国实践中,诸暨大调解体系的建设最具典型性和完整性,无论是依据的制度化、架构的体系化、运行的规范化都居于全国前列。这与诸暨作为"枫桥经验"原生地获得各级党和政府从领导、组织、保障等各个环节的大力支持和政策红利有关,最关键的原因,还在于诸暨干部群众自主性地根据当地矛盾纠纷化解的需要进行主动而坚持不懈的探索与完善。

首先,诸暨在2012年颁布了《关于成立诸暨市社会矛盾纠纷"大调解"体系建设领导小组的通知》,随后,具体实施意见、人民调解与行政调解、社会化调解体系、诉调对接、警调对接、检调对接等规范性文件相继出台,这些政策性的文件与广大基层村社自行制定的乡规民约、社区公约等涉及调解内容的自治规范上下联通,初步构成了大调解的制度体系。

其次,诸暨市在大调解体系构建中,注意尊重和扶持民间公益力量投入调解工作,不

---

① 汪世荣:《"枫桥经验"视野下的基层社会治理制度供给研究》,载《中国法学》2018年第6期。
② 张文显:《新时代"枫桥经验"的理论命题》,载《法制与社会发展》2018年第6期。

仅形成了涵盖医疗纠纷、劳动争议、婚姻家庭、道路交通事故、消费纠纷、学生伤害、环境保护、物业纠纷、商业纠纷、电力纠纷、建筑纠纷等十余家行业性、专业性人民调解委员会，而且，还组建了枫桥"老杨调解中心""娟子工作室"等三十多个品牌调解室，支持成立调解志愿者联合会、乡贤帮忙团等调解志愿者队伍，这些组织和工作室承担着大量调解事务，具有"民事民调"的鲜明特色，构成大调解体系的重要基石。

再次，诸暨为保障大调解依法运行，发布了一系列程序性文件，对各类调解的纠纷受理、证据收集、调解过程、协议签订、司法确认、案件回访、台账填写、卷宗保存等基本环节进行统一和规范，同时强调增强法律法规的援引，做到以情动人、以理服人与"事前讲法、事中析法、事后明法"相结合，使大调解的标准化、法治化水平大幅提升。

（二）红色文化与时代发展相融合的延安实践

与诸暨相比，延安在学习、借鉴"枫桥经验"时，非常注意将厚重质朴而又历久弥新的红色文化以及本地矛盾纠纷多元化解的实践探索，与"枫桥经验"结合起来，一边突出"枫桥经验"的引领作用，一边从文化传统和治理实际出发构建和完善"枫桥经验"延安版。就大调解而言，延安呈现出两大饶有特色的做法：

其一，从红色文化和延安精神中汲取治理经验，对社会治理现代化和大调解体系创新提出明确的标准。1940年2月1日，毛泽东在延安公众大会上提出了著名的"十个没有"，即没有贪官污吏、土豪劣绅、赌博、娼妓、小老婆、叫花子、结党营私之徒、萎靡不振之气以及没有人吃摩擦饭、没有人发国难财。这是延安时期中国共产党领导下的陕甘宁边区社会治理成效的生动反映，是边区干部群众以进步的观念和实事求是的态度谋求安定团结的社会秩序和风清气正的社会环境的真实写照。当前，延安传承和创新了这一优秀治理经验，以大调解为枢纽，各行各业都提出有针对性的新时代"十个没有"治理标准，涵盖学校、医院、市场、交通、景区、酒店、网吧、社区、网格、村组等与群众生活密切相关、矛盾纠纷多发易发、治安问题相对较多的基本领域。

其二，创造性地提出和完善"两说一联"工作机制，使大调解的内容更加丰富。"两说一联"最初是"群众说事，法官说法，干部联村"，此后，核心环节"法官说法"逐渐发展为执法者说法，即群众纠纷涉及哪个部门的事务，该部门的执法人员负责为争议双方讲解法律法规，通过调解的方式化解矛盾。不仅如此，延安干部群众还在大调解中延续了重视调解、深入田间地头调查研究、就地解决问题的"马锡五审判方式"，利用法制宣讲、法律咨询等机会在基层调处纠纷，对于行动不便的当事人专门"送法下乡"，上门调解，使调解方式灵活多样，调解结果深得人心。

（三）锐意革新和多措并举的南海实践

南海地处南国，经济发达，工业基础雄厚，改革意识鲜明，较之诸暨、延安，南海既有虚心学习"枫桥经验"、将优秀做法结合本地情况进行对接和转化的姿态,也有以改革创新精神为引领、在社会治理特别是大调解体系的构建中大胆探索新模式、新路径的果敢。自印发《关于构建共建共治共享的社会矛盾纠纷多元化解工作机制的意见》(南发〔2018〕7号)以来,短短两年,南海大调解的机制建设已初显成效,集中表现在两个领域:

一是初步形成了系统化的乡镇大调解体系。以丹灶镇为例,该镇强调"源头治理,预防在前,调解优先"的治理理念,树立系统思维,加强沟通协调,构建起"一个中心(丹灶镇多元矛盾纠纷化解中心)统筹+多部门(司法、人社、法庭、社区民警中队)驻点联合+村居基层预防"的大调解格局和"一站式接待、一揽子合处、一链条解决"的工作机制。同时,在村居、行业、部门培育和设立调解工作室,通过政府购买服务的方式引入第三方调解组织,充实专业性的调解队伍。为了推进大调解的规范管理,丹灶借助调解数据库平台,将案件录入、信息更新与以案定补、常规补贴相挂钩,促进了大调解的智慧化运行。

二是组建诉前和解和速裁中心,构筑区镇两级诉前和解网络。2019年,南海法院成立诉前和解和速裁中心,各人民法庭成立工作室,承担诉前事务的集约办理、诉前调解和民事速裁等工作职能,在纠纷化解领域,主要涉及立案庭登记确认的"民诉前调案件"(须经诉前和解和速裁中心办理的民诉前调案号的案件)和"非民诉前调案件"(须经诉前和解和速裁中心处理的立为简易程序的案件)。尤其是建立法官与专职调解员"一对一"业务指导机制,通过案例教学、现场指导等方式提高调解员的专业素质和调解技能。该中心运行以来,调解成功的案件比例和调撤率稳步上升,应入尽入、能调则调、当裁则裁、调裁对接、流畅高效、智慧精准、便民利民成为赢得法官、调解员和当事人普遍认可的共同特色。

三、各地大调解体系建设的发展难题与瓶颈

虽然各地在坚持和发展"枫桥经验"中,从社会状况、经济环境、文化传统、风土人情以及制度规范等具体层面出发,对大调解体系进行了必要的探索和改进,并在化解矛盾纠纷、维护地方稳定、促进经济发展等方面取得了一定成效。但大调解体系建设中仍存在许多普遍而棘手的难题。

(一)大调解体系的法律法规供给不足

大调解是我国社会治理中矛盾纠纷预防和化解的重要机制,而这一机制无论是构建、实施和改进,始终依据的是中央公布的各项政策性文件,如中共中央印发的《法治中国建设规划(2020—2025年)》中提出:"积极引导人民群众依法维权和化解矛盾纠纷,坚持和发展新时代'枫桥经验'。充分发挥人民调解的第一道防线作用,完善人民调解、行政

调解、司法调解联动工作体系。"①。在中央政策的推动下,各省、市、区县均出台了相应规划、意见或实施方案。这固然需要结合各地的治理实际因事施策,然而,仅就目前坚持和发展"枫桥经验"较为出色的诸暨、延安、南海而言,不仅大调解的建设方案不尽相同,各地的人员配置、经费支持、场地保障、部门协作以及各种调解组织、调解方式的联动情况也千差万别。这就导致各地的制度建设经验带有强烈的地域性的经济、文化、社会等烙印,虽然在价值层面和治理理念上具有一定的相似性,但从中总结并提炼出可供复制和推广的能够上升到跨区域乃至全国的具体经验,尚存在较大困难。

在法律法规层面,2011年实施的《人民调解法》虽对人民调解委员会的性质与组建、人民调解员的选任与培训、调解程序的开展与当事人在调解中的权利义务、调解协议的达成和司法确认等事项有所明确,但大调解的内容语焉不详,而且,《人民调解法》在10余年间未修订,许多条文简而粗疏,又缺乏与时俱进的法律细则的保障。此外,在中央已经通过《立法法》充分赋予设区的市拥有"城乡建设与管理、环境保护、历史文化保护"等方面的地方立法权的情况下,各地在大调解体系的地方立法仍极度薄弱。毋庸置疑,经过长期的实践,作为一种在"枫桥经验"中发扬光大,并实现矛盾纠纷化解资源优势互补、有机衔接、协调联动的工作机制,大调解在基层社会治理中具有独特的功能和地位。目前法律法规供给不足严重制约着大调解体系的发展。因此,大调解的相关立法考验着中央和地方两个立法积极性的发挥,也影响着基层社会的依法治理和更加具有系统性和可操作性的矛盾纠纷多元化解机制的法治化、规范化、制度化运行。

(二) 社会规范的供给机制亟待改进

在大调解体系中,人民调解无疑是最基础也最关键的一环。与司法调解、行政调解主要依靠以公权力为后盾的政策、法规不同,人民调解除了援引法律法规,更多程度上依靠的是"地方性知识"属性鲜明的"与特定的社区、地域、人群的风俗习惯、文化传统紧密相关"的乡规民约和居民公约②。乡规民约和居民公约虽然缺乏功能公权力的保障,但同样是化解矛盾纠纷的重要依据,也是体现基层民主自治的重要内容,又是以法律法规为代表的国家规范相对应的凝聚民间治理智慧的社会规范的核心组成部分。"枫桥经验"所提倡和追求的"小事不出村、大事不出镇、矛盾不上交",正是得益于乡规民约和居民公约作用的发挥。然而,在当前的大调解实践中,各地乡规民约和居民公约的发展水平快慢不一,制定程序、修订程序和监督程序均存在明显短板,民众对乡规民约和居民公约的了解程度和利用其维护自身合法权益的自觉性也各有差异。这些情况严重制约着乡规民约

---

① 《法治中国建设规划(2020-2025年)》,见国务院官网2021年1月10日http://www.gov.cn/zhengce/2021-01/10/content_5578659.htm,访问时间:2021年1月10日。
② 范忠信、武乾、余钊飞等:《枫桥经验与法治型新农农村建设》,中国法制出版社2013年版,第110-111页。

和居民公约的发展，也影响着社会规范的供给机制的稳定运行。

例如，在乡规民约的制定上，各地的探索截然不同。在"枫桥经验"的诞生地浙江省诸暨市，自2014年起，逐步在重点街道办和乡镇选取多个村庄、社区进行试点，尝试构建起"1（1套自治章程）+1（1套乡规民约或社区公约）+X（多个实施细则）"的总分有别、内容协调的社会规范体系。这些乡规民约、社区公约详细规定了农村和社区的"小微权力"清单，使治理行为和矛盾纠纷化解越来越精细化。而在其他地方，许多乡规民约、社区公约还仅仅停留在"制度上墙"的层面，不仅内容高度概括，缺乏可操作性，而且多为复制、照搬同区域或者发达地区的文本，难以体现本地的治理特点，更难以满足矛盾纠纷化解的需要。再如，目前各地制定并实施的乡规民约、社区公约普遍缺乏规范性的修订程序和监督程序，以致有些内容数年不变，或者毫无适用空间。随着立法的完善，国家规范的变动情况加剧，无论是群众耳熟能详的刑法、民法等基本立法，还是群众通过诉讼解决纠纷的程序法规定，都存在不断修订且屡出新章的现象。这就造成赖以比对的乡规民约、社区公约中的不少内容均需要及时改进，方能适应法律的变动。而现实中，这样的改进往往滞后而又缺失。至于乡规民约、社区公约的监督程序，更因社会规范本身的无法有效实施而难以保障。

（三）行业调解的制度供给水平参差不齐

行业调解既是人民调解的延伸，也是大调解中日渐丰富的新内容。由于行业纠纷经常涉及行政机关的相应职能，因而，各地在探索行业调解的实践中普遍采取协同共建的方式，整合行政机关（包括人社、公安、国土、城建、卫计、质监、工商、水务、信访等）、人民调解委员会及社会力量，分别就劳动争议、人事争议、交通事故纠纷、治安纠纷、农村股权纠纷、承包地纠纷、医疗事故纠纷、产品质量纠纷、消费者权益保护纠纷、房地产纠纷、物业管理纠纷、拆迁纠纷以及涉及行业的重大、群体性纠纷组建专业性的调解队伍。其中，最具代表性的有道路交通事故调解委员会、医疗纠纷调解委员会、婚姻家庭纠纷调解委员会、劳资纠纷调解委员会、企业或商会纠纷调解委员会等等。尤其是在经济发达的东部沿海地区，商会调解委员会依托商会平台，以乡情乡愁为纽带，凭借乡亲之间信任度高、易于沟通等优势，通过在外的"新乡贤"等①，及时化解矛盾纠纷，在调解中时常取得事半功倍的成效，既维护了各方权益，也为良好的经商和创业环境做出贡献。但是，受制于各地行业调解委员会建设水平及资金保障等影响，行业调解的制度供给仍存在明显不足。

一方面，行业调解的制度化反差明显。在经济条件较好、治理水平较高的浙江诸暨，

---

① 王斌通：《新时代"枫桥经验"与基层善治体系创新——以新乡贤参与治理为视角》，载《国家行政学院学报》2018年第4期。

为确保行业调解的规范运行,市委、市政府牵头,相继出台了一系列完善企业内部治理机构、推进企业调解工作的文件,这些文件的施行,有力推动了"综治进企业""调解进行业",并形成了"五有"(有工作机构、有调解人员、有工作场所、有工作制度、有运行机制)+"六统一"(名称统一、印章统一、场所标志统一、徽章统一、工作程序统一、文书格式统一)+"七项制度"(例会制度、工作责任制度、请示汇报制度、排查制度、登记制度、学习制度、奖惩制度)+"六个上墙"(调解人员名单上墙、调解委员会职责上墙、调解委员会任务上墙、调解工作的原则上墙、调解纪律上墙、当事人权利和义务上墙)的制度体系①。但在治理水平不一的其他地区,行业调解尚处于各自探索、各自为政的阶段,机构组织多样、人员构成多元、制度繁简不一、效果优劣有别等成为行业调解发展的共性。另一方面,行业调解的经费来源单一且薄弱。调解在更多程度上被视为一项公益性事业,调解的成功绝大多数依靠富有奉献精神,热心调解事业,具有一定的亲缘、人缘、地缘影响力和生活阅历的志愿者、调解员,经过耐心的说教和专业的技巧等来实现。而这些志愿者、调解员既是在企业、商会中,也仅仅依靠非常有限的"以奖代补"的经费维持必要的工作开支,在减少商会"会费"的今天,商会调解组织的生存压力进一步增大。这就严重地制约了行业调解的稳定发展,更遑论形成可供复制和推广的标准与经验。

(四)调解员队伍建设缺乏稳定的制度保障

《人民调解法》第14条规定:"人民调解员应当由公道正派、热心人民调解工作,并具有一定文化水平、政策水平和法律知识的成年公民担任。县级人民政府司法行政部门应当定期对人民调解员进行业务培训。"该条规定明确了调解员的任职条件,但门槛较低且相对笼统,加之当前尚无专门的人民调解职业培训院校和人才培养机构,高校中也无相应的调解专业,这就导致调解员队伍处于一个存在人员更换频繁、专业素质和综合能力无法长久保障的状态。此外,调解员队伍囿于制度建设的滞后和不足,还相继暴露出一些问题。如调解员长期处于负压状态,心理问题频发。随着诉调对接的有序开展和各地调解与速裁中心的建立,大量适用简易程序或者普通程序的民事案件分流至调解程序,调解员的办案压力急剧增加,虽有法官的一对一指导,仍经常处于案多人少、力不从心的境地。而调解员经办案件时大都面临双方当事人的唇枪舌剑、语言刺激和情绪干扰,既要有足够的耐心,高超的方法,还要有足够强大的心理。许多调解员特别是年轻调解员长时间处于矛盾双方的负面情绪之中,还要面对经费问题的掣肘,自身也要协调好工作与家庭的关系,因此往往滋生出心理疾病。这一问题亟须制度性的心理培训加以解决。

再如调解员面临的纠纷类型和化解平台日渐多样,专业技能的短板愈加凸显。在大数据时代,以"在线受理、在线调解、在线化解矛盾"为主干的线上调解平台日渐成为大调

---

① 汪世荣,朱继萍:《人民调解的"枫桥经验"》,法律出版社2018年版,第158页。

解中不可或缺的组成部分。线上平台的运行,既促进了部门、行业、群众、专业咨询机构、调解员之间的互动,也提升了矛盾纠纷化解的效率。但是,无论是浙江诸暨、广东南海,抑或陕西延安,大多数德高望重的调解员都是退休的党员干部,普遍存在年龄偏大且不善于适用智慧手段的问题,导致传统的面对面就地化解矛盾无法及时有效地与"陌生"的线上调处相衔接,而这些高龄调解员又是调解队伍中的宝贵财富。如何推动高龄调解员适应智慧化的线上调解,仍需从制度层面进行有益探索。又如,调解员作为一种强调专业素养和社会责任的职业,缺乏资格评定、等级认定等制度保障。当前,拥有心理学、社会学、法学、管理学等学科背景的年轻人不断涌入调解员队伍,调解员队伍的年龄结构、知识结构都发生了积极的变化。但由于资格评定、等级认定等立法空白,众多优秀的人才无法从非职业化的调解队伍中获得社会认同,极大地影响了调解员队伍的人心稳定和持续发展。

在上述问题中,最核心的问题是从法律法规到社会规范即整个制度体系对大调解保障的不足,这也是大调解在实现制度化、法治化、规范化运转进程中所面临的最大瓶颈。

四、"枫桥经验"中大调解体系制度供给的路径完善

解决上述问题,克服机制运行的制度性瓶颈,可以从以下几个方面着手,完善大调解体系的制度供给。

(一)发挥顶层设计和地方立法权的制度优势

大调解体系与社会治理一样,均为涉及面广、内容庞杂的系统工程,仅靠基层干部群众自下而上式的探索,虽可丰富矛盾纠纷多元化解的实践和案例,但形成跨区域乃至全域性的制度供给,尚需自上而下且协调各方的顶层设计。在大调解体系中,最普遍也最为人民群众所熟悉的是人民调解,而最考验行政部门矛盾化解智慧的是行政调解,最具法律约束力和司法公信力的是司法调解,此外还出现了类型各异、层出不穷的专业性、行业性调解,不仅有横向领域划分,而且有纵向的深度发展,呈现出纵横交错、传统调解机制与新型调解方式互补互用的新格局;同时,执法部门、司法部门、自治力量形成合力,不再各自为政,并产生了调解程序规范化、调解力量集中化、调解程序前置化、调解成效综合化的积极成效。这些宝贵经验值得通过法律法规和国家政策予以确认,再通过各级党和政府有针对性的顶层设计运用于当地的社会治理之中。如此一来,治理经验可以从个案向区域扩散,治理思维可以由重点向全面转型,大调解体系的建设也更能体现出在法治化轨道上的问题导向、需求导向和目标导向,夯实基层社会治理现代化的制度基础。

在"枫桥经验"的制度供给中,法律法规、行政规章等国家规范的制度引领作用突出,这些规范的制定与中央顶层设计相契合,是基层社会治理所必备的制度支撑,又为乡规民约、社区公约、市民公约、行业章程等具有自治性的社会规范提供了蓝本,从而使社

会治理呈现出中央立法、地方立法和社会规范层次分明的多重制度体系与上下互通、内外相维的制度供给状态。在当前中央有关大调解体系建设的立法暂付缺如而政策性文件趋于稳定的情况下，各地可以探索运用地方立法权，结合各地治理的需要和特点，从城乡建设与管理、环境保护、历史文化保护等地方治理事务的具体领域和环节出发，将大调解的运行机制、人员配备、人才培养、考核奖惩、经费保障等内容纳入立法之中，增强地方立法的供给力度，发挥地方立法在中央立法、社会规范中承上启下的作用，以地方立法平衡多元治理主体之间平等互动、合作互利、相互协商的关系①，引导干部群众崇德尊法、尚和向善，进而使大调解体系更多依靠国家政策、法律法规和社会规范所形成的合力，将权威性、稳定性牢固地矗立于坚实的制度供给之上，更好地服务于社会治理特别是市域社会治理现代化。

（二）促进社会规范与国家规范的协调与对接

虽然法律法规的不断健全挤压着社会规范的发展空间，遇到纠纷首先找法、用法，通过法律渠道维护权益也成为群众的基本共识。但毫无疑问的是，国家规范一经确立便具有一定的滞后性和局限性，社会生活的日新月异和某些古今通用的传统习惯的根深蒂固，都催生并促使了国家规范之外的社会规范的蓬勃发展。正如勒内·达维德所言："立法者可以大笔一挥，取消某种制度，但不可能在短时间内改变人们千百年来形成的，同宗教信仰相连的习惯和看法"②。一个和谐、稳定、健康的社会，必然是多种主体共同参与治理、共享治理成果，多种规范有机融合、相得益彰，公权力的行使与个人权利的主张各有限度而又相辅相成的社会。因此，在大调解体系的构建中，除了完善国家规范，更需建立一系列规章制度以确保社会规范的良性发展，这也最能体现基层社会依靠"自治解决纠纷的机制和能力"③。

首先，建立常态化的社会规范制定机制。在乡规民约、社区公约、行业章程的制定中，应形成"发起—讨论—表决—备案—宣传"的完整流程，保障自治主体的参与权、知情权、监督权，充分体现基层社会自治及干部群众共同意愿和集体智慧。其次，建立定期的社会规范修订机制。虽然社会规范自身具有较强的稳定性，但对于涉及群众切身利益的内容，仍需注意与国家规范的协调和衔接。特别是对于重要法律如《民法典》实施后法律文本中的一些新变化（人格权、基层群众性自治组织法人为特别法人、个人信息和网络虚拟财产受保护等），社会规范也应及时通过修订程序加以调整。借以克服乡规民约、社区

---

① 梁平教授认为，法院调解与行政调解之间可以通过签订合作协议等方式创新矛盾纠纷的化解机制，这对地方立法也有一定的参考价值。见梁平：《"大调解"衔接机制的理论建构与实证探究》，载《法律科学》2011年第5期。
② [法] 勒内·达维德：《当代主要法律体系》，漆竹生译，上海译文出版社1984年版，第467页。
③ 吴英姿：《"大调解"的功能及其限度——纠纷解决的制度供给与社会自治》，载《中外法学》2008年第2期。

公约、行业章程等一旦制定往往数年不变，有些内容与法律法规、国家政策及社会生活进步严重脱节的弊端。再次，建立统一的社会规范合法性审查机制。如何避免社会规范"制度上墙"却难以深入人心，避免其内容与政策法律冲突仍大行其道，除了自治主体启动修订程序自我纠正外，还应加强政府在职责范围内对社会规范的审查力度，形成稳定、统一的审查机制，使社会规范依法发挥实效。最后，建立有效的社会规范的执行和监督机制。在自治主体自行实施与监督之外，各级政府可以借助巡视巡察，定期或不定期地督促社会规范的执行情况，弥补社会规范本身威慑力、执行力、权威性不足的缺陷，检验适用成效，以国家监督机制助推基层社会自治、法治、德治路径的革新以及大调解体系的完善。

（三）加强调解员管理机制的法律、政策扶持

目前，我国已经颁布《法官法》《检察官法》《监察官法》，而《人民调解员法》仍处于空白状态。对于调解员队伍的选拔、考核与奖惩等管理事项，亟须通过政策、法律法规予以强化。一方面，可以制定《人民调解员法》，规定科学务实的调解员队伍选拔标准、专职调解员的考核标准，建立统一的调解员资格评定和等级认证制度。在诸暨市探索出台的《专职人民调解员考核标准》中，政治纪律、工作任务、业务要求等细化为13项具体内容，并关联有明确分值；另外，对于"超额完成调解案件的""成功调解重特大纠纷的""调解案例被省、市等录用的"，作为"附加分"加以专列。这套采取"自评分"与"考核分"相结合的标准在施行后，增强了调解员依法调解、依规施策的法治意识，极大地规范了调解员的言行和工作程序，并在潜移默化中提高了调解员的综合素质。这一制度性的创新无疑为立法提供了先验。同时，调解员资格评定和等级认证制度至今尚存在于探索阶段，各地在实践中虽然在配备场地、物资、服装等方面做出努力，但调解员队伍的职业化发展依然任重道远。通过制度化、常态化的资格评审和等级认证，将优秀人才、后备人才留在调解员队伍中，确保调解员队伍保持较高的稳定性和创造力，需要法律进一步确认和规范。

另一方面，建设专门性的调解员培训基地，解决调解员所需的心理、知识、技能、经验等问题。大调解体系的迅速发展，使调解员队伍已不再局限于传统观念中的专职调解员，热心调解工作和公益事业的党员干部、执法人员、司法人员、新乡贤、志愿者、新闻媒体人、仲裁员等，都以专职或兼职调解员的身份越来越多地出现在不同领域和场合。如何实现调解员队伍从庞大组向专业，既保持多元的技能特点，又坚持统一的规章制度，必须从制度供给层面给出对策。可以组建特色鲜明的调解员培训基地和涵盖法学、心理学、社会学、经济学、政治学、管理学等学科背景相融的师资队伍（包括学历欠缺但拥有丰富经验和良好口碑的资深调解员），同时建立培训标准和履职规范，通过专家授课、帮扶指导、现场观摩、心理辅导、案例教育等方式，采取集中授课、定期授课等手段，为调解员职业技能和调解水平的提升尤其是化解各类复杂疑难的矛盾纠纷提供智力支撑、平台支

持、制度保障。

（四）提炼、总结和汲取跨区域性的制度建设经验

"枫桥经验"之所以被中央认可和推广，成为基层社会治理创新的典范，正在于其自身从诞生、发展和蜕变整个过程都体现出许多具有跨区域性和推广价值的治理要素，这些要素与大调解体系的治理逻辑高度吻合，也对解决当前中国基层社会治理中出现的新旧问题有一定指导和借鉴意义。而"枫桥经验"不仅被写入十九届四中全会通过的《中共中央关于坚持和完善中国特色社会主义制度推进国家治理体系和治理能力现代化若干重大问题的决定》、十九届五中全会通过的《中共中央关于制定国民经济和社会发展第十四个五年规划和2035年远景目标的建议》、十九届六中全会通过的《中共中央关于党的百年奋斗重大成就和历史经验的决议》，也多次出现在中央有关乡村振兴、社会治理的重要文件中，成为中国特色社会主义制度体系中不可或缺的一颗明珠。大调解体系的建设同样需要优秀经验和先进制度的引领与示范。浙江、陕西、广东乃至全国各地的大调解体系建设，不仅为制度创新起着举足轻重的试验田的作用，更有望成为大调解体系的日臻完善进程中可供学习、复制、推广的"示范区"。尤其是浙江诸暨对大调解体系的制度化和规范化探索、陕西延安将体现红色基因和光荣传统的红色革命文化融入大调解体系建设之中、广东南海将改革精神与大调解体系的丰富及健全结合起来，等等，都为经济基础相同、文化习俗相融、群体性格相似、地理区位相近的同类地区大调解体系的探索提供了积极参考。对于这些经过实践检验并符合治理逻辑的优秀内容，应及时通过更高层面的制度建设予以确认。

在这一过程中，还需注意加强地方与高校、科研院所的合作，充分发挥高校及科研院所的智库作用，从理论层面对地方大调解体系建设中的方案、做法、成绩、不足等进行总结，实现严谨务实的学术研究与服务地方治理体系与治理能力提升的需要有机融合。高校、科研院所在总结经验的过程中，既可以从典型案例、优秀做法出发，凝练出具有代表性、普遍性和"样本"意义的治理经验，也可以针对调查研究和学术探讨中发现的问题结合地方治理的实际给出相应对策，还可以通过培训教育、座谈研讨等形成弥补地方调解员队伍培养和管理机制中存在的短板。现实中，许多地方也自觉与高校、科研院所接洽，通过合作课题等形式主动寻求对实践经验的理论分析，为大调解体系的持续改进提供来自高校、科研院所的调研报告和智库成果。这些方面充分说明，服务于地方实践创新的学术研究均可转化为制度改进的动力与内容，更有助于深化各地对大调解体系的科学认识，激发调解员队伍化解矛盾纠纷、参与基层治理的活力，增进制度认同，为营造和谐稳定的社会环境、提升基层社会治理效能奠定坚实基础。

除了上述对策之外，仍需看到，以大数据、人工智能等为代表的智慧手段在社会治理中日益发挥积极影响。"科技支撑""智慧治理"也成为完善大调解体系的重要内容。因此，应积极适应智慧手段的日新月异对社会治理带来的变化，通过构建、优化、完善信息

化大调解平台,实现大调解体系内各种调解线下衔接向线上衔接的转型,促进各部门信息共享、互联互通,通过统一平台协同发力,有效克服大调解机制运行中各种障碍,为群众诉求的解决节约成本,为预防、调处、化解矛盾纠纷提供便利条件,并总结经验,将可复制、可推广的内容及时上升为法律、法规,确保制度长久运行。

综上所述,随着各地坚持和发展"枫桥经验",推进基层社会治理创新进程的加速,大调解体系不仅具有特色鲜明、内涵丰富的治理逻辑,而且在协调各方力量、化解矛盾纠纷、服务民众需要、维护地方稳定等方面的作用日益凸显。为了确保大调解体系在法治轨道上良性运转,需要从法律法规等国家规范,乡规民约、居民公约、行业章程等社会规范等层面共同发力,构建上下互通、内外融洽的规范体系,为大调解体系的发展及"枫桥经验"的创新提供充足的制度供给。

Governance logic and institutional supply of Grand Mediation System from the perspective of "Fengqiao Experience"

Wang bintong

Abstract: Grand mediation system is the basic link of "Fengqiao Experience". In terms of governance logic, it meets the psychological needs of people to resolve disputes at the minimum cost, embodies the basic concept of people – oriented and source governance, and meets the practical needs of comprehensive governance and governance according to law. Because of this, Grand mediation system in various places has been enriched and achieved outstanding results, but some problems have also been exposed, such as insufficient supply of laws and regulations, urgent improvement of the supply mechanism of social norms, uneven supply level of industrial mediation system, lack of stable institutional guarantee for the construction of mediator team, and so on. To solve these problems, it is necessary to strengthen the system supply, such as giving full play to the institutional advantages of top – level design and local legislative power, promoting the coordination and docking of social norms and national norms, strengthening the policy and legal support of mediator management mechanism, refining and summarizing the experience of cross regional system construction.

Keyword: Fengqiao Experience, Grand mediation, social governance, governance logic, system supply

(编辑:彭娟)

新时代"枫桥经验"视阈下人民调解的南海实践研究[*]

杨 静 李明升[**]

摘 要 社区治理是基层社会治理的重要组成,兼具官方性和民间性,也是多元规范同时存在和作用的重要场域。通过实证分析广东佛山南海区发现,人民调解制度参与社区治理的南海实践探索值得关注,其在坚持党建引领、加强调解员队伍建设、完善人民调解经费保障、深化行业专业调解、发展新时期调解文化、融贯国家法与民间法等方面的经验做法对我国长三角地区、东南沿海等经济发达地区践行矛盾纠纷多元化解,提升基层社会治理能力具有一定的启示借鉴价值。

关键词 "枫桥经验" 人民调解 民间法 社区治理

十八大以来,以习近平同志为核心的党中央高度重视在推进基层社会治理现代化进程中坚持和发展"枫桥经验"。习近平总书记指出,"要推动更多法治力量向引导和疏导端用力,完善预防性法律制度,坚持和发展新时代'枫桥经验',完善社会矛盾纠纷多元预防调处化解综合机制,更加重视基层基础工作,充分发挥共建共治共享在基层的作用,推进市域社会治理现代化,促进社会和谐稳定"。[①]

广东作为改革开放的最前沿,城市化快速发展带来的社会矛盾纠纷"爆发"问题在东南沿海最先表现。面对这种城市化发展带来的负面效应,广东省佛山市南海区"村改居"

---

[*] 国家社科重大项目"中华优秀传统文化传承发展的立法对策研究"(项目编号:18VHJ009);陕西省"三秦学者"西北政法大学基层社会法律治理研究创新团队成果。

[**] 杨静,法学博士,西北政法大学法治学院讲师,硕士生导师;李明升,西北政法大学法治学院硕士生。

[①] 习近平:《坚定不移走中国特色社会主义法治道路,为全面建设社会主义现代化国家提供有力法治保障》,载《求是》2021年第5期。

推进彻底，全域实现社区化。我们选取广东南海作为新时代"枫桥经验"视阈下人民调解实证研究的样本，以城市社区作为国家法、民间法适用研究的场域，深入实地进行调研，总结呈现南海人民调解的创新做法，揭示人民调解的独特作用，在抽绎普遍原理的基础上结合"枫桥经验"，为人民调解制度发展提出可推广的意见和建议，以期在推动南海人民调解进一步发展的同时，为其他经济发达地区提供有益借鉴。

一、南海区运行人民调解制度的基础

"枫桥经验"的当代价值体现在三个方面："枫桥经验"在乡村社会治理中的成功彰显了文化自信；"枫桥经验"是"以人民为中心"思想的具体体现；"枫桥经验"是基层治理现代化的成功典范。[①]"发动和依靠群众，坚持矛盾不上交，就地解决问题"是"枫桥经验"的突出特点，让人民群众充分参与矛盾纠纷预防化解的全过程，这体现了"枫桥经验"在源头上和根本上预防化解矛盾。[②] 党和政府尊重人民自治，坚持民主协商，在深刻把握新时代"枫桥经验"服务群众，依靠群众的基础上，抓住调解员队伍建设这个关键，不仅在目标上服务群众，更是在方法上依靠群众。人民群众充分参与调解，不仅是"枫桥经验"的精髓，更是人民调解发展的关键。

南海区在改革春风下，完成了乡土社会到城市社会的转变，社会资本、人口、资源等诸多要素快速流动汇集，城市社区不再是固有的"城乡中国"里的"单位制社会"，"非单位组织社会"大量产生。原有的熟人汇集社区之外出现了大量陌生人汇集社区。这就要求社区治理从"纵向到底横向到边"单位制式管理向"党建引领，多元并举"的治理模式转型。[③] 社区秩序不能完全依赖国家控制的强度和力度。在治理观念上，政府在组织网络中仅是起着重要的协调和裁判作用，国家机构与社会组织群体共同作用，在党建引领下发展具有多种组织、多个层次和决策当局的治理模式。南海区在社区治理中，大力推动人民调解员队伍建设、培育志愿服务队伍、建立个人调解工作室，使人民群众广泛参与调解，为人民调解制度的运行提供了坚实的基础。

（一）建立高素质的调解员队伍

1. 调解员队伍专业化、职业化建设

南海区司法行政系统按照中央、省、市的决策部署，全力夯实人民调解员队伍建设，建立了一支人员相对稳定、专业素质高、敬业精神强的人民调解员队伍，初步形成了覆盖

[①] 何柏生：《作为先进典型的"枫桥经验"及其当代价值》，载《法律科学（西北政法大学学报）》2018年第6期。

[②] 左文君、张竞匀：《构建矛盾纠纷多元化解机制——新时代"枫桥经验"解析》，载《长江论坛》2019年第5期。

[③] 周庆智：《在政府与社会之间——基层治理诸问题研究》，中国社会科学出版社2014版，第69页。

全区的人民调解组织网络。① 此外，南海在规范调解员队伍的建设和管理，完善调解员队伍建设机制，促进调解员队伍专业化、职业化建设方面做了诸多探索，主要措施如下：

第一，通过提供经费补贴、政策支持和行政服务等方式，支持、鼓励法律服务工作者、优秀人民调解能手等社会力量参与调解工作。如通过设立心悦工作室、调解工作室，支持、鼓励"两代表一委员"②、律师、社工、心理咨询师、人民调解员和志愿者等第三方社会力量深度参与调解工作。此外南海区制定《南海区个人调解工作室管理试行办法》《南海区扶持社会第三方力量调解组织发展实行办法》《调解员和调解专家管理办法》，为社会力量参与人民调解工作提供制度支持和政策引导。

第二，充分发挥党员调解员先锋模范作用。南海区党委政府坚持党建引领，注重在全区发挥共产党员的先锋模范作用。据统计，全区党员调解员共计2304人，占全部调解员比例的71%。此外，南海区还采取多种措施增加调解员队伍中的党员人数，在调解活动中讲求"党员亮身份"，坚持服务人民，依靠人民，提高调解效能。南海区在群众信访诉求综合服务中心设立党员调解室，通过吸纳具有党员身份的老干部、老律师、老教师等群体，壮大调解员队伍的"红色力量"。

第三，建立南海区调解专家库。南海区坚持择优原则、公示原则以及动态调整原则建立了区级专家调解库，由区司法局从符合条件的候选人中择优选录，确定南海区人民调解专家名录，并向社会公布调解专家名录，每两年更新一次。调解专家库涉及法律、经济、医疗、婚姻、劳动、农村管理等领域，覆盖领域极其广泛。

2. 明确调解员的考核机制

南海区由区司法局统一负责全区调解工作的考核。一方面以《南海区矛盾纠纷多元化解工作责任清单》为标准，明确各镇街、区直部门的工作任务，将矛盾纠纷大调解工作纳入各镇（街道）和区直单位年终绩效考核的重要内容，另一方面建立了矛盾纠纷大调解奖惩激励机制，出台了《南海区矛盾纠纷大调解工作考核方案》，从组织建设、调解受理工作、联动机制、调解率以及调解成功率等方面进行细化考核。

考核作用的发挥，既要建立完备的激励机制，又要建立完备的问责机制，实行精细化管理，建立长效机制。南海区对成绩显著、贡献突出的调解员，按照南海区司法局和财政局联合颁布的《南海区调解化解矛盾纠纷"以案定补"实施办法》，根据纠纷性质、难易

---

① 截至2021年，全区共建立449个人民调解委员会，共有3225名调解员，其中专职调解员534人，兼职调解员2691人。南海区在国土、住建等矛盾纠纷多发部门成立了13个专业调解工作室，在镇（街道）设置了32个治安纠纷调解工作室、13个劳动争议调解工作室和17家个人调解工作室。

② 党代会代表、人代会代表和政协委员简称"两代表一委员"。

程度、社会影响、工作质量,逐案确定奖补标准;① 对专职调解员进行分三个档次的年度考核;② 对行为不端的调解员,譬如偏袒一方当事人、侮辱当事人、索取、收受当事人财物或者牟取其他不正当利益等行为,给予批评教育、责令改正,情节严重的,由推选或者聘任单位予以罢免或者解聘;对因排查调解不力又不上报预警而导致矛盾激化、发生严重影响社会稳定的重大群体性事件的单位和个人严格实行责任倒查,追究相关人员的责任。

(二) 培育志愿服务队伍

"作为一种实现社会整合、满足社会需求、解决社会问题的组织形态,我国社会组织已成为国家治理的重要支持力量。在政府职能转变中,多元化的社会组织在发展中接管和分担了政府转移的各种职能,补足了政府在公共事务中的功能欠缺,同时也形成了社会组织功能发挥的不同领域。"③ 南海区委区政府根据广东省的总体要求,坚持党建引领,以服务群众、依靠群众为原则,在当地借助党、团组织、社会组织积极孵化培育志愿者服务队伍和社会公益组织,并将这股力量积极应用于人民调解的实践。南海区积极鼓励成立民间纠纷调解协会,着力整合社会调解力量,搭建群众自治调解平台,推广社会公益性调解服务。例如南海区西樵镇民间纠纷协会通过向社会招募热心人士,组成了105人的志愿调解员队伍,队伍构成包括律师、教师、心理咨询师、医生、退休干部、工联会主席、青年学生等多种人群,充分发挥了志愿调解员的独特优势,取得了"民间纠纷民间调""矛盾纠纷化解在基层"的社会效果。

(三) 发展个人品牌调解工作室

南海区在各镇(街道)配备5—10名专职调解员分片负责村(居)调解工作,在各调解工作室、行业调解组织配备数量相适应的专职人民调解员,针对不同社区的具体情况,南海区选取当地有能力有名望的个人,充分发挥其人熟、地熟、情况熟的优势,建立了多个信誉度极高的"个人调解工作室",为实践人民调解制度提供了坚实的组织保障。

---

① 一般个案补贴标准分为简易纠纷、一般纠纷、较复杂纠纷3个补贴等级。简易纠纷每件补贴不少于100元;一般纠纷每件补贴不少于200元;较复杂纠纷每件补贴不少于800元。重大个案以涉案人数和涉案标的来划分不同的补贴标准,久调不结的积案或者当事人权利义务关系复杂,对社会和谐稳定有重大影响的案件,每宗补贴5000元;涉案人数50人以上(含50人)100人以下的案件,每宗补贴5000元;涉案人数100人以上(含100人)200人以下的案件,每宗补贴10000元;涉案人数200人以上(含200人)的案件,每宗补贴20000元;涉案标的金额100万元以上(含100万元)500万元以下的案件,每宗补贴10000元;涉案标的金额500万元以上(含500万元)的案件,每宗补贴20000元。表彰补贴按每年度分别评出的前十名优秀人民调解委员会、人民调解员(调节能手)和调解案例进行补贴,优秀人民调解委员会3000元,优秀人民调解员2000元,优秀人民调节案例1000元进行补贴。

② 第一档,专职调解员一年内成功调解纠纷5宗以下的,不发放年度考核补贴;第二档,专职调解员一年内成功调解纠纷5宗以上(含5宗),10宗以下的,发放年度考核补贴的70%;第三档,专职调解员一年内成功调解纠纷10宗以上(含10宗),发放年度考核补贴的100%。

③ 祁春轶:《我国社会组织的能力培育及其制度完善——以功能分析为视角》,载《法学》2020年第5期。

例如，南海区西樵镇建立了区文基个人调解工作室，充分利用区文基本人业务能力强、调解经验丰富、群众威信高的优势，积极动员司法所退休人员参与调解工作，解决了许多复杂的矛盾纠纷。再如狮山镇陈平功调解工作室、邵泳波个人调解工作室、袁刚个人调解工作室均是南海区个人调解工作室的典型范例，取得了积极的调解成效。①

习近平强调，"我们各级干部就是为了解决群众的实际问题而配备的。就是要往矛盾里走，往问题里走，要解决矛盾、解决问题"。② 南海区通过建设专业化、职业化的人民调解队伍，建立融合物质奖励和精神奖励的调解员考核机制，发展个人品牌调解工作室增强了调解员的荣誉感、进取心和责任感，激发了调解员的积极性和能动性，提升了调解员参与矛盾纠纷调解的热情，不仅提高了矛盾纠纷化解的效率，而且在一定程度上达到了"预防工作走在调解前"的效果，适应了矛盾纠纷多元化解的需要，促进了基层社会治理的发展。南海区运行人民调解制度的精髓是在矛盾纠纷多元化解平台下，强调解工作中如何在服务人民的同时，依靠人民，发挥人民的积极主动性来化解矛盾纠纷，这是"枫桥经验"的关键，也是人民调解发展的精髓，更是下一步优化提升的焦点问题，服务人民，依靠人民永远在路上。

二、南海区发展人民调解的特色

创新是"枫桥经验"的灵魂所在。近年来，为认真贯彻落实习近平总书记关于新时代"枫桥经验"的讲话以及中央对社会治理改革的一系列重大部署，南海区不断推动基层社会治理理念、手段、方法、机制创新，积极推进矛盾纠纷多元化解机制建设，通过创建区镇两级分工负责的财政保障机制，扩大了人民调解的经费来源；通过加强和发展行业、专业调解，扩展了人民调解的广度和深度；通过将人民调解、司法调解和行政调解有机衔接，形成了矛盾纠纷多元化解的网络；通过发挥大调解联动机制的作用，形成了矛盾纠纷化解横向覆盖纵向贯通的局面。

（一）创建区镇两级分工负责的财政保障机制

"目前人民调解经费主要来源于地方财政，某些地方由区县财政预算，大部分地方没有列入财政预算。经费不足是制约人民调解发挥作用的核心因素。根据不同地域经济社会

---

① 截至 2021 年 6 月，区文基个人调解工作室共受理了案件 118 宗，成功调解各类矛盾纠纷共 117 宗，成功率高达 99％。从 2018 年 8 月首家个人调解工作室——狮山镇人民调解委员会陈平功调解工作室正式成立开始，截至 2021 年 8 月，南海区共有个人调解工作室 17 家。除 2021 年 6 月才刚刚挂牌成立的狮山镇邵泳波个人调解工作室外，其余 16 家个人调解工作室 2020 年调解人民群众矛盾纠纷案件共 920 件，调解成功共 822 件，调解成功率高达 89％。其中狮山镇袁刚个人调解工作室，2020 年调解案件 184 件，2021 年 1 月至 7 月调解案件 204 件，成功率为 100％。
② 习近平：《真正的政绩在老百姓的口碑里》，http：//www.cnr.cn/shanghai/tt/20170929/t20170929_523970553.shtml? from = groupmessage，访问日期：2021 - 11 - 17。

发展程度，科学合理确定分级财政预算人民调解经费的制度十分必要"。①

根据现行《人民调解法》第六条和《人民调解工作经费保障办法》第四条②可知人民调解的财政投入主要是区县人民政府给予支持。南海区作为全国百强县之一，经济水平发达，具备为人民调解制度提供财政保障的能力，因此南海区政府结合本地经济情况，一方面，由南海区司法局、民政局联合推出《南海区扶持社会第三方调解组织发展试行办法》（南司〔2018〕16号），明确政府财政扶持方案，创造性地将人民调解的财政预算下放至镇一级人民政府，更加注重财政投入的政府基层性，在经费投入方面具有本地的独特性，形成了具有南海特色的人民调解财政保障机制。③ 另一方面，南海区还建立了符合区情的财政支出责任承担机制。为提高财政资金的利用效率，南海区重点保障派驻社区民警中队、人社分局等调解员经费。各镇（街道）调解中心专职调解员和片区专职调解员经费，以及重大矛盾纠纷个案补贴经费，由区、镇（街道）两级财政各承担50%，提高财务分配效率，规范财政资金支出的责任分担方式。

（二）完善多元联动机制

新时代枫桥经验实现了在人民调解制度中的创新发展，即遵循"自治、法治、德治"相结合理念、推动人民调解机构多元化建设、探索人民调解信息共享机制。④ 南海区通过各部门、各机构在"三调联动"⑤的基础上，讲求多元联动，将矛盾纠纷类型化，明确矛盾焦点，精准分流化简，提高了调解效率，发挥出了多元联动调解的独特价值，提升了人民调解制度的效能。南海区吸收借鉴"红枫义警""福田模式"⑥，充分发挥人民调解和公安机关行政调解，司法调解的不同优势，将人民调解与公安行政调解，司法调解相结合，创设了"警调对接""访调对接""调裁审一体化"等机制。

1. 发展"警调对接"机制

"关口前移、有机衔接"，是南海区"警调对接"机制中所采取的独特方式，南海区各辖区内民警中队积极联合治安纠纷调解委员会，在治安纠纷案件高发的楼盘、社区，工地等设置"移动治安调解室"，将"警调对接"前置到矛盾纠纷的第一线。自2020年3月

---

① 汪世荣：《新时代改革完善人民调解制度的思考》，载《人民调解》2018年第2期。
② 《人民调解工作经费保障办法》第四条：人民调解经费由区财政列入预算。
③ 南海区财政负责区社会治理体系建设的课题研究经费和调解预约平台和调解数据库系统的开发费用、有关单位购买调解服务费用、扶持区级第三方调解组织经费等资金支出，其他资金项目支出由镇级财政负责。
④ 费艳颖、赵亮：《枫桥经验视域下我国知识产权纠纷人民调解制度及其完善》，载《东北大学学报（社会科学版）》2019年第4期。
⑤ 三调联动调解机制就是人民调解、司法调解、行政调解有机结合，综合运用法律、政策、行政等手段和教育、协商、疏导等办法，充分发挥调解在维护社会稳定中的重要作用，把矛盾化解在基层、解决在萌芽状态，最大限度地减少不和谐因素，促进社会和谐稳定的一种长效机制。
⑥ "红枫义警"是浙江枫桥镇一个由热心群众为主体警民合作的平安公益类社会组织，成立于2017年7月。"福田模式"是充分发挥现有的政治优势，把基层社会治理做到精准、精细、精致和极致。参见汪世荣《人民调解的"福田模式"》，北京大学出版社2017年版。

起，桂城街道千灯湖社区民警中队治安纠纷调解委员会就主动联手金色领域社区警务室，设立固定的调解日，联合社区警辅人员，每周到金色领域社区警务室开展普法宣传、调解咨询等活动。此外，南海区为规范"警调对接"机制的运行，综合司法机关、公安机关以及律师事务所三方力量，形成了一系列工作制度，① 切实确保"警调对接"机制平稳健康运行。

2. 建立"访调对接"机制

"纠纷治理是当下中国国家治理尤其是社会治理的重要面向，而信访救济与人民调解的衔接则是完善纠纷多元治理综合机制的重要创制。"② 南海区一方面在信访局创设群众信访诉求综合服务中心，作为维护社会稳定的重要组织机构，中心整合了房地产、农业农村、劳资纠纷、涉法涉诉等社会矛盾多发领域的责任部门和第三方社会力量，统筹了人民调解、行政调解、司法调解等调解资源，打通了"访—疏—调—裁—议"矛盾化解全过程的链条，构建了有序、有效、有力的矛盾化解新格局。另一方面积极完善"镇村访调联动模式"，充分利用律师、公证员、司法鉴定、基层法律服务、法律援助等法律服务资源，积极主动参与信访矛盾化解工作。

3. 推动劳动人事争议"调裁审一体化"

"我国在构建劳动争议大调解格局的主流语境下，正经历着在传统与现代、理论与实践、制度与经验之间如何取舍的纠结。同时，现有立法虽然对劳动争议调解制度有所规制，但无论是在价值理念上还是在制度设计上，都存在错位和偏差，从而导致现有制度尚不能满足日益增长并且日益复杂劳动争议解决的客观需要"。③ 在"广佛同城化"合作的影响下，南海区经济迅速发展，成为全国民营经济最为发达的地区之一。南海区"人口倒挂"现象突出，大量外来务工人口的涌入使得南海区劳动纠纷的数量急剧上升。④ 如何及时高效地化解数量巨大的劳动纠纷，成了需要南海区政府积极面对的问题。基于此，2021年6月，南海区创建了劳动人事争议"调裁审一体化中心"。

南海"调裁审一体化中心"通过改革前台受理工作机制、完善调裁审工作规程、细化业务流程、配备团队队伍、配套场地硬件等措施，实现了调解与仲裁、调解与诉讼的有效畅顺衔接。在处理劳资矛盾纠纷上，立足于"加大调解力度、促进裁审对接、实现多元化解"的工作思路和"双方协商、政策引导、调解为主、审慎立案"的处理原则，推动调解、仲裁、监察、审判高效协作，积极化解劳资矛盾纠纷，收到了积极的治理成效，维护

---

① 参见南海区下列文件：《"警调衔接"操作规程》《警调对接工作图》《治安纠纷人民调解流程图》《调委会业务范围》《纠纷当事人权利义务》以及《人民调解协议书的法律效力》。
② 温丙存：《信访救济与人民调解的衔接逻辑》，载《中国行政管理》2020年第11期。
③ 李雄：《我国劳动争议调解制度的理性检讨与改革前瞻》，载《中国法学》2013年第4期。
④ 截至2021年5月，南海区常住人口366.72万人，户籍人口165.85万人，出现外来人口超过本地人口的"人口倒挂"现象。此外南海区劳动纠纷的数量急剧上升，以2019年为例，南海区仲裁机构受理劳动争议案件数量近6000件，人民法院审结此类案件1534件，2017年审结1439件，增长超6.6%。

了良好的营商环境,体现了法治对市场经济的促进作用。

(三)发展专业性、行业性调解组织

随着"广佛全域同城化"的不断推进,佛山市南海区经济迅速发展,利益需求日益分化多元,行业性、专业性矛盾纠纷日趋复杂,有效预防和化解行业性、专业性矛盾纠纷是人民调解无法回避的问题。为此,佛山市南海区成立了玉器、医疗、道交、金融等行业性、专业性调解委员会,依托各自专业力量对行业性、专业性的矛盾纠纷进行精准调解,切实提高了矛盾纠纷的化解成效,为实践人民调解制度提供了坚实的专业保障。例如,南海区自2001年12月成立平洲珠宝玉器协会,用于制订行业规范,调解仲裁玉器行业的矛盾纠纷。2007年10月在桂城司法所的指导下平洲珠宝玉器协会设立了人民调解委员会(简称"玉协调委会"),2013年6月,"玉协调委会"挂牌成立了"法官工作室",充分发挥了玉器鉴定、价值评估等方面的专业优势,进一步规范了玉器行业的纠纷调解工作。又如,2020年11月南海区挂牌成立"医疗纠纷一体化处理中心",探索构建由人民法院、司法局、卫生健康局以及医患纠纷人民调解委员会协同共调的"四位一体"医调机制,促进了医疗纠纷治理的专业化、法治化和多元化基础上的一体化。由于医疗纠纷的特殊性,医患双方在知识体系不对等的情况下,实际调解过程中医患双方的矛盾较其他行业纠纷更为激烈且矛盾易升级。南海区"医疗纠纷一体化处理中心"独创"背靠背工作法"[①],依据《医疗事故处理条例》《最高人民法院关于审理人身损害赔偿案件适用法律若干问题的解释》以及当地医疗行业规范处理医患纠纷,及时缓解剑拔弩张的医患关系,避免升级成为群体性事件。

南海区坚持和发展新时代"枫桥经验"创造性地将人民调解的经费列入区、镇两级财政预算,建立符合区情的财政支出责任承担机制,为人民调解制度的有效运行提供了持续稳定、强效有力的财政保障。一方面,大力发展"警调对接""访调对接""调裁审一体化"等多元联动机制,充分调动了不同机关参与矛盾纠纷多元化解的积极性,适应了广佛同城背景下满足群众信访诉求的需要,弥补了以前人民调解仅仅依靠人民调解组织"单打独斗"的短板,发挥了多主体的联动作用和地缘优势中的城际联动作用,形成了矛盾纠纷多元化解的预警机制,一定程度上达到了"治未然之病"的积极效果。另一方面,积极发展行业专业调解组织,扩展了人民调解的广度和深度,顺应了人民调解的发展趋势,适应了矛盾纠纷多元化解的需要。

三、新时代"枫桥经验"视阈下南海区实践人民调解的不足与挑战

"枫桥经验"是中国基层社会治理现代化提供了宝贵的实证案例。[②]"枫桥经验"最初

[①] 分析医患双方提出的证据和诉求之后,有针对性地与双方当事人进行沟通交流,充分倾听双方意见,注重情绪疏导,分别做双方当事人的思想工作。

[②] 汪世荣:《提升基层社会治理能力的"枫桥经验"实证研究》,载《法律适用》2018年第17期。

诞生于公安战线，主要用于治安调解，其中除少数移交司法机关，大多数依靠调解结案，因此，"枫桥经验"积累了大量的有关人民调解的经验。当下，人民调解这一化解社会矛盾的重要手段早已不仅仅局限于治安调解这一方面，开始逐渐扩展到多个领域。纵观五十多年"枫桥经验"的发展不难看出，横向上扩展，纵向上深入是"枫桥经验"不断发展的重要趋势。因此，当下人民调解的发展也要从横向和纵向两个方面考虑，横向上扩展调解的范围和领域，纵向上提高调解自身的效能。坚持和发展新时代"枫桥经验"，不仅有利于人民调解自身的完善，而且对人民调解与矛盾纠纷多元化解和基层社会治理的衔接都有重要借鉴。

（一）南海区实践人民调解的不足

从横向上看，南海区培育志愿服务队伍、发展个人品牌调解工作室、完善多元联动机制，保障了人民调解制度的运行，扩展了人民调解的范围，取得了良好成效；但从纵向看仍有不足之处，突出表现为调解员队伍建设需要更加规范、矛盾纠纷多元化解的资金市场化程度有待提高、行业专业调解发展需要更加深入。

1. 调解员队伍建设需要更加规范

一是调解员面临的纠纷类型和化解平台日渐多样，专业技能的短板愈加凸显。在大数据时代，以"在线受理、在线调解、在线化解矛盾"为主干的线上调解平台日渐成为大调解中不可或缺的组成部分，但是在南海区大多数德高望重的调解员都是退休的党员干部，普遍存在年龄偏大且不善于适用智慧手段的问题，导致传统的面对面就地化解矛盾无法及时有效地与"陌生"的线上调处相衔接，而这些高龄调解员又是调解队伍中的宝贵财富。如何推动高龄调解员适应智慧化的线上调解，仍需从制度层面进行有益探索。

二是调解员作为一种强调专业素养和社会责任的职业，缺乏资格评定、等级认定等制度规范。当前，拥有心理学、社会学、法学、管理学等学科背景的年轻人不断涌入调解员队伍，调解员队伍的年龄结构、知识结构都发生了积极的变化。但由于资格评定、等级认定等立法空白，众多优秀的人才无法从非职业化的调解队伍中获得社会认同，极大地影响了调解员队伍的人心稳定和持续发展。例如，在南海区，一些高等院校毕业的毕业生会在毕业初期加入调解员队伍，但是随着他们通过参加司法考试或者考取公务员等，许多便会主动离开调解员队伍，由此产生了人民调解队伍人才流失严重的现象，甚至在一定程度上动摇了完善人民调解制度的人才基础。

三是绩效考核与奖励激励体系有待完善。首先，评估主体单一。多元矛盾纠纷化解的评估主体以政府部门为主，这种既当裁判又当运动员的评估方式难以确保评估过程的公正、客观，评估结果的有效性也难以保障。其次，评估指标体系尚未建立，评估内容不够明确。已有的评估侧重于结果方面的评估，重视多元矛盾纠纷化解效率、效果的评估考核，对公平、公正等价值标准，以及调解过程、调解质量的重视不够，评估内容不够系统、全面。最后，绩效结果应用于奖励鼓励时，单一强调"物质奖励"和职业技能，忽视了职业道德在调解员专业素养中的首要价值，以及精神奖励在稳定人才队伍、形成社会感召力、调动社会力量积极性等方面所发挥的社会意义和长期价值。

2. 矛盾纠纷多元化解资金的市场化程度有待提高

南海区"147"多元矛盾纠纷化解工作机制①建立的时间短暂，仍处于成长、探索的初级阶段，政策制度尚处于制定、完善阶段，长效、稳定的筹资机制尚未完全建立。"147"多元矛盾纠纷化解机制运行主要依赖于区、镇两级财政，社会捐赠、集体筹资等社会化筹资渠道处于尝试阶段，社会化筹资机制的效能未得到充分发挥。同时，随着南海区经济社会发展的转型升级，多元矛盾纠纷化解服务的纵深拓展，单一化的筹资渠道和非均衡的筹资结构将难以应对日益增长的筹资压力。因此，建立筹资渠道广泛、筹资结构均衡、资金来源稳定的长效筹资机制显得尤为重要。

3. 行业专业调解发展需要更加深入

行业专业人民调解在社会矛盾纠纷化解体系中起着重要作用，对优化社会治理、维护社会稳定、完善人民调解制度意义重大。在当前时空背景下，专业性人民调解情况虽然相对乐观，但专职调解员人手短缺、调解经费不足等问题也已逐步显现。②近年来南海区行业专业调解虽迅速发展，但仍存在发展不全面问题，突出表现为组织建设、队伍建设不足、经费分配不合理。

一是南海区物业管理、玉器交易、金融领域等行业性人民调解组织建设尚未全覆盖，电子商务、知识产权等新兴领域行业专业人民调解组织尚未完全建立，行业性专业性人民调解组织占比低。截至2021年6月，南海区共有473个调解组织，其中行业性、专业性调解组织有121个，占比25.6%。借鉴比较静态分析的方法不难看出，一方面当下行业性专业性人民调解组织占比低，另一方面是专业性、行业特殊性的复杂社会矛盾急剧增加，两者之间并不能形成一个均衡状态，也就是说当下南海区的行业专业调解组织并不能完全满足行业专业矛盾纠纷化解的需要。

二是专业行业人民调解薪资保障相对不足。目前南海区专业调解员的薪资待遇机制不健全，导致经常会出现调解员刚熟悉掌握调解业务、积累了足够的调解经验后，便提出离职要求，进而从事薪资待遇更好的职业。专业调解员队伍的稳定性不足，除去专业调解员

---

① 杨静："'用最小的公章'打通最后一公里——南海'147'纠化机制与基层社会治理现代化"，西北政法大学南海项目课题组第二期结项报告（未刊稿）。"1"即1个强有力的领导体系，具体指成立区、镇两级领导工作小组，形成"党委领导、政府负责、上下衔接、权责明晰"的社会矛盾纠纷多元化解工作格局；"4"即4个有效运转的工作机制，具体包括财政投入机制、任务协作机制、多元主体培育机制、绩效考核与奖惩机制；"7"即7个功能完善的网格化实施单元，具体指7个镇（街道）出台配套意见，及时就地解决问题，聘请专职调解员分片区落实责任。

② 张西恒：《专业性人民调解付费模式二元论——以A市某区若干专业性人民调解组织为例》，载《甘肃社会科学》2018年第3期。

的个人职业规划问题外,还是专业调解员的薪资待遇问题。目前南海区行业专业人民调解员全部落实了"以案定补",但由于其个案补贴标准较低,与普通调委会调解员的个案补贴水平相同。这种待遇与行业专业人民调解工作所付出的大量时间、精力和智力成本不匹配,严重影响了专业调解员的积极性和能动性,一定程度上制约了专业行业调解作用的充分发挥,难以留住专业调解员。这不仅增加了培养专业调解员的成本,也不利于稳定人民调解队伍。

(二) 南海区实践人民调解的挑战

南海区社会经济高速发展,农村集体经济发达,矛盾纠纷日益多元复杂,呈现出跨区域、跨行业、跨部门等新特点。其中广佛同城带来的跨域治理矛盾、城市化进程中因利益调整引发的各种社会矛盾纠纷等更具有特定时代性和挑战性,与此同时,传统调解观念也早已无法适应当今矛盾纠纷化解的需要,亟须进行革新。

1. 广佛同城的挑战

南海区位于广东省中部,地处珠江三角洲腹地,东面与广州市毗邻,南面与佛山市接壤,位于广佛同城圈的关键位置。广佛同城发展,在为南海的经济发展带来诸多便利的同时,也给南海矛盾纠纷多元工作带来了巨大挑战,其中南海区人民调解面临的挑战尤为突出。学者李连江2004年首次提出政治信任度的"差序格局",即中国公众对政府的信任随着政府层级降低而递减,对中央的信任度最高,对基层政府的信任度越来越低。由于上述政治信任"差序格局"的存在,南海区的矛盾不可避免地带有了跨区域性,发生严重矛盾纠纷时,南海区的百姓更愿意采取古而有之的"上访""拦轿"等方式向更高级别广东省政府反映情况,而不是向矛盾纠纷发生地的南海区政府寻求解决办法。这就对南海区政府如何真正将矛盾化解在基层,实现枫桥经验"小事不出村,大事不出镇,矛盾不上交"的基层社会治理目标提出了新的挑战。

2. 矛盾纠纷多元化的挑战

随着南海区经济社会的高速发展,南海区的矛盾纠纷也日益多元。从矛盾的来源来看,传统意义的矛盾纠纷由过去的社区邻里矛盾、婚姻家庭矛盾、经济纠纷赔偿等常见性矛盾,转变为土地拆迁、劳资纠纷,遗产继承,道路交通事故损害赔偿等更具专业性、行业性、特殊性的复杂社会矛盾。从矛盾纠纷的主体来看,过去矛盾纠纷主体单一,多是自然人之间的矛盾纠纷。当前矛盾纠纷的主体多元化,不仅涉及自然人之间,而且涉及法人以及非法人组织,有时调解一方也会是政府机关。近年来,新生类型纠纷涉及利益较大,对调解专业性和行业性要求越来越高,这既是南海区完善人民调解制度的挑战也是"靶心"。

3. 人民调解观念变革的挑战

我国传统社会等级制度森严,法律以维护公权为首要任务,私权不受法律重视,民众的"私权"观念也较为淡薄,缺乏健全的法律关系予以调整。新中国建立前后强调调解的人民性是党在司法领域群众路线的体现,以人民为中心,注重人民利益的保护,人民的权利依法受到国家的保护,民法典等一系列法律体系日渐完备,民众依法维权的意识日益增强。

改革开放以前的南海仍是以农业社会经济结构为主,社会成员之间关系枝蔓相连,以和睦无争为准则,发生纠纷亦是寄希望于族长邻右的调解。人民调解这一为世界所仅有的"东方经验",在这片土地上发挥着重要的作用,依据法律、礼仪、习俗综合为用,"惟执法而不拟法,顺情而不矫情"①,减少了民间的讼累,有助于形成良好的社会风气。改革开放30年间,南海这块土地发生了翻天覆地的变化,工商业取代农业迅速崛起,代之而来的是民众生活环境的巨变和权利意识的觉醒,传统的人民调解观念早已不在适应当今矛盾纠纷化解的需要,如何在继承传统优秀调解文化的基础上,变革旧的调解观念,革新人们对调解的固有认识,以坚持和发展新时代"枫桥经验"为契机,充分发挥新时代人民调解的作用,助力南海基层社会治理现代化,是当前工作的一大挑战。

四、新时代"枫桥经验"视阈下南海区完善人民调解制度的优化路径

"枫桥经验"是近六十年来党领导人民创造的一整套行之有效的社会治理方案。② 新时代"枫桥经验"通过整合化解矛盾的社会资源,构建多元参与、相互强化、合作治理的解纷机制,形成一套完整的社会矛盾纠纷解决体系。③ 人民调解是矛盾纠纷多元化解机制的重要组成部分,发展完善人民调解制度要在矛盾纠纷多元化解机制这个大平台中学习、借鉴、创新新时代"枫桥经验"。

"枫桥经验"的实质是党的群众路线。南海区坚持新时代"枫桥经验"发展人民调解工作首先要紧紧抓住党的群众路线,坚持服务群众、依靠群众,其次要结合本地实际创新发展新时代"枫桥经验",指导人民调解,最后要在学习传统优秀法文化的基础上,发展新时期调解文化,实现人民调解在新时代社会治理现代化背景下,在多元纠纷化解平台基础上,实现创新性转化和创造性发展。

(一)坚持党建引领

党建永远在路上。"枫桥经验"从形成之初发展到现在,至关重要的一条,就是坚持党建引领,使基层党组织建设与基层治理有机衔接、良性互动,通过政治领导、思想引领、组织引领、能力引领、机制引领,以党的建设贯穿基层治理、保障基层治理、引领基

---

① (清)蒯德模撰,李雅旺校注:《吴中判牍》,江西人民出版社2012年版,第222页。
② 褚宸舸:《基层社会治理的标准化研究——以"枫桥经验"为例》,载《法学杂志》2019年第1期。
③ 左文君、张竞匀:《构建矛盾纠纷多元化解机制——新时代"枫桥经验"解析》,载《长江论坛》2019年第5期。

层治理。[①] 坚持党建引领服务群众，不仅是"枫桥经验"丰富发展的关键，更是人民调解领域坚持党的领导、坚持群众路线的必然要求。完善人民调解制度，必须坚持正确的政治导向，服务群众，依靠群众。南海区在完善人民调解制度中，要以增强"四个意识"、坚定"四个自信"、做到"两个维护"为政治导向，坚持"党建+"模式，发挥党组织、共产党员、共青团员的积极作用，使得个人调解工作室、社会第三方调解组织、群团组织、志愿者在夯实人民调解制度基础保障的过程中，时刻坚持正确的政治导向。对此，南海区桂城街道的熟人社区为提供了良好范本，在基层党组织的带领下，紧紧围绕"党建引领、创新服务"的治理主线，发挥社区党委和党员的"火车头"作用，带领各方实现共建共治共享的治理目标。在桂城的"创熟"经验中，创新社会治理不是简单维护社会秩序，而是要把党的领导植根于基层，扎根于人民群众之中，"服务人民、依靠人民"夯实党的执政根基。

（二）加强调解员队伍建设

1. 借鉴职业培训制度

当前我国建设有专门的法官、检察官、警官、律师等职业培训机构，进行定期、不定期的职业培训。南海区现有的人民调解员队伍水平参差不齐，影响了其对职业的认同，制约了其调解成功的概率，因此应当成立专门的研究培养基地，推进人才培养基地的建立，加强专门的人才培训。

2. 加大人民调解员专业化程度

目前的学科研究和人才培养，难以满足对职业人民调解员培训和专门人才的培养。人民调解员作为社会工作者，应当具备专门的职业道德、职业伦理，掌握专门的职业技能，人民调解应当建立并遵循专门的程序。因此，南海区需要组织专门的研究和人才培养团队，精细化地完成人民调解员的培训任务。

3. 加强人民调解员管理机制的政策、法律扶持

南海区一方面要继续完善调解员的考核标准，例如桂城司法所汇总各个调解员的案例，形成《桂城街道调解中心专职人民调解员制度汇编》，制定了专职人民调解员定期监督考察制度，从走访情况、卷宗制作情况、纠纷排查情况、日常表现等多方面对专职调解员进行考核，确保专职调解员队伍达到调解工作要求。另一方面，要根据实际尽快建立调解员资格评定和等级认证制度，通过资格评审和等级认证，将优秀人才、后备人才留在调解员队伍中，确保调解员队伍保持较高的稳定性和创造力。

---

① 张文显、朱孝清、贾宇、汪世荣、曹诗权、余钊飞：《新时代"枫桥经验"大家谈》，载《国家检察官学院学报》2019年第3期。

（三）完善人民调解经费保障

1. 细化人民调解经费分配方案

南海区要在认真贯彻落实《人民调解法》和中共中央、国务院办公厅转发的《关于进一步加强人民调解工作经费保障的意见》的精神以及"南海经验"中的"147"工作机制中的相关规定的基础上细化人民调解经费分配方案，根据不同地域和不同行业矛盾纠纷的实际状况，采取差异化的财政保障办法。

2. 建立多元化调解工作经费保障制度

南海区要积极探索采用政府购买矛盾纠纷多元化解服务，建立以政府支持为主的矛盾纠纷多元化解工作的经费保障机制。对人民调解、人事争议仲裁、劳动争议仲裁、农村土地承包经营仲裁工作所需经费，由各级政府纳入财政预算予以保障。按照谁受益、谁出资的原则，各行业主管部门应负责提供行业性调委会的调解人员报酬补贴、办公场所及必要的经费。在交通事故纠纷、医疗纠纷等领域引入保险方式促进调解，推动社会风险分担机制。对较为复杂的商事、金融证券、知识产权等专业领域的纠纷，应从政策上鼓励组建专业调解组织，按照市场化方向发展，以提供有偿服务的方式，开展专业调解服务。[①]

（四）深化行业专业调解建设

如何培育和激活其他社会化的行业调解组织、商事调解组织、律师调解组织、仲裁机构的发展，以总结推广新时代"枫桥经验"为契机，合理配置社会解纷资源，为当事人提供更多的适合的纠纷解决渠道，发挥改革的系统集成效益，是多元化纠纷解决机制改革能否持续保持发展活力的关键所在。[②] 南海区应紧紧围绕本地区社会经济发展特点，结合新时代"枫桥经验"构建重点职能部门和重要行业积极互动的行业调解员培育、选聘机制，扩大行业专业调解覆盖面，从而更好地发挥人民调解的独特作用，完善人民调解制度。

1. 积极培育专业化行业调解人员

"调解员在调解活动中发挥主导作用，这决定了调解员专业化之实质是调解专业化，调解员专业化应当符合调解专业化的具体要求"。[③] 南海区委区政府要积极引领行业协会发掘培育各自专职调解人员，整合司法机关、公安机关、人力资源和社会保障部门、妇联、工会等各方力量，指导本地区社会经济发展中的主要行业成立行业协会，如机械、门窗、汽配、旅游、不动产等行业协会，引导行业协会培育本行业调解员，走行业调解精准发展的道路。根据当前人民调解员队伍建设方案，围绕充实调解队伍，提升专业化调解水平的行业调解需求，打造由行业人员担任调解员和第三方机构聘任人民调解员共同组建的

[①] 郑家泰：《关于推动完善多元化纠纷解决机制的调研报告》，载《山东审判》2017 年第 3 期。
[②] 龙飞：《建立专业调解队伍，培养职业解纷人才》，载《中国司法》2018 年第 3 期。
[③] 李梦云：《多元解纷机制下劳动争议调解员专业化之探讨》，载《中国人力资源开发》2021 年第 7 期。

行业调解队伍。

2. 拓展行业调解工作领域和覆盖范围

为推进公共法律服务体系建设，按照《广东省司法厅关于构建公共法律服务体系的指导意见》和《广东省公共法律服务均等化规划纲要（2014－2020年）》提出的目标要求，以医疗卫生、道路交通、劳动争议、物业管理、环境保护等领域为重点，建立健全行业性专业性人民调解组织网络。同时根据各地的需求和实际，探索在征地拆迁、消费者权益保护、金融保险、信息网络、民族宗教、房屋土地、农业、林业、民政、教育、商事、物流、旅游、海洋渔业、食品药品、知识产权、新闻出版广电、工业园区、住宅小区、专业市场、旅游区、工会、妇女儿童、残疾人等行业、专业领域建立人民调解组织，不断扩大各类行业性、专业性人民调解组织网络的区域覆盖范围。

（五）发展新时期人民调解文化

"讲情讲理讲法，息怒息怨息讼"。[1] 以调解的方式化解纠纷，是中华法制文明的一大特点。国人以"和"为贵，"无讼"是中国传统主导法律文化。它强调用内在伦理道德规范百姓行为、化解矛盾纠纷，使之不再诉讼，其思想根源是"天人合一"的和谐思想，主要方式是调解。在无讼理念指引下，调解采用"多元纠纷调解依据、和缓的纠纷解决原则、方便快捷的纠纷解决程序"追求彻底化解矛盾。[2] 调解有别于诉讼，追求合情合理合法，最大限度地疏导人的情绪，着眼于人与人之间的和谐关系，讲求互谅互让，各退一步，在取得共识的同时，为案结事了打下了坚实的基础。

"在现代社会，与封建社会不同的是，'无讼'法律文化中消极因素的"存活空间"越来越小，'无讼'法律文化中的积极因素与社会主义核心价值观的内容相吻合，并且越来越呈现出与现代法治理念相融合的趋势。"[3] 人民调解是人民司法的重要内容，是新中国司法为民理念的重要体现。强调调解的人民性，就是"把屁股牢牢地坐在百姓的这一端"，在司法领域践行党的群众路线。从发端于苏区，成型于陕甘宁边区的人民调解，到20世纪50年代的枫桥经验，90年代的福田模式，到我们研究的"南海经验"，都是一脉相承地发扬了"人民调解为人民"的优秀传统。因此，推进新时期人民调解文化建设：一方面，要发扬我国人民调解的优秀法文化；另一方面，要革新传统调解观念中不适应当代调解发展要求的成分，加强人民调解普法宣传，通过舆论宣传，积极宣传人民调解的意义和作用，转变负面的传统调解观念，加强审判环节对调解书效力的认同，从而积极发展适

---

[1] 杨静、孟文静：《"基叔"：讲情讲理讲法的调解能手》，载《人民法治》2019年第18期。
[2] 马小红：《古代调解案例中的法律智慧》，http://www.rmlt.com.cn/2022/0129/639054.shtml，访问日期：2022－2－25。
[3] 王颖慧、谢尚果：《乡村振兴背景下传统无讼法律文化再认识——基于广西玉林市博白县民富村的调研》，载《河北法学》2021年第6期。

应新时代需要的现代人民调解文化。

(六) 人民调解融贯国家法与民间法

"社区治理是国家治理在基层社会的一个具体展开,兼具官方性和民间性,也是多元规范同时存在和作用的重要场域。"① 著名历史学家吴晗在《皇权与绅权》一书提出,"中国传统乡治是皇权与绅权共存共治,是国家法与民间法的冲突与融合"。② 在传统乡治里,具有稳定地缘和血缘关系的乡邻以和睦无争为准则,尊亲长官、社会贤达、族长邻右的调解里兼顾天理、国法、人情,堂上堂下的调解所依据的不仅是法,还有礼和习俗。官方或民间的居间调解者面对矛盾纠纷的化解,多是在情理法里寻找一个平衡点,以维护乡间宁静秩序为旨归,并不主张个体权利本位;居间调解者也不单纯主张国家法来进行秩序规范,而是在乡规民约、道德风俗、行会规则、儒家经义等非官方或者半官方的民间法里进行裁量衡平。

当代中国与传统中国大不相同,是"多元混合社会秩序结构"③。从制度层面看,发生了巨大变化,已然是一个现代国家形态,极具特色地屹立于世界现代国家体系之林。但在实证视角考察,中国仍处在传统和现代的社会转型进程中。传统的思想、观念、制度、文化等相互交织,或明或暗、直接或潜在地发挥着影响。如若罔顾民间规范和习俗,是收不到良好的社会治理效果的。"宗教规范、社会道德、当地习俗、家训族规、乡规民约、社团内部规则、行会规则等民间规范可以在调解补充法律不足,发现案件事实本身乃在规定性来调解案件"。④

"十里不同风,百里不同俗"。在我国这样一个地域广阔、风俗各异的制定法国家,在强调法律统一适用性的同时应当注重多元纠纷化解方式,以期在立法、司法领域均取得良好的社会效果,在静态的法律制定和动态的法律实施之间形成良性互动。目前和今后一段时间,南海在"枫桥经验"的指引下,打造人民调解的"南海特色",在既有调解组织架构基础上融贯国家法与民间法,不断总结整理南海人民调解中实际运行的民间规范是十分重要且重要的。

综上,南海区坚持和发展新时代"枫桥经验"完善人民调解制度是经济发达地区发展人民调解的创新做法,真正抓住了人民调解发展完善的"牛鼻子"。广东南海采取多种措施建立高素质调解员队伍、积极培育志愿服务队伍、发展个人品牌调解工作室、创建区镇两级分工负责的财政保障机制,发挥多元联动和行业专业调解作用等完善人民调解制度的

---

① 陈光:《社区治理中民间法的文化内生性规范作用及改进》,载《江汉大学学报(社会科学版)》2018年第12期。
② 费孝通、吴晗:《论绅权、皇权与绅权》,天津人民出版社1988年版。
③ 刘作翔:《构建法治主导下的中国社会秩序结构:多元规范和多元秩序的共存共治》,载《学术月刊》2020年第5期。
④ 参见谢晖:《论民间规范司法适用的前提和场域》,载《法学论坛》2011年第5期。

"南海经验",使得人民调解的发展步入了新台阶,解决了"富而教之",① 让人民调解这颗"东方明珠"更加璀璨夺目,对中国法治社会的高质量发展意义重大。坚持党建引领、加强人民调解员队伍建设、完善人民调解经费保障、深化行业专业调解建设、发展新时期人民调解文化、融贯国家法与民间法等优化路径是南海区进一步完善人民调解制度的重要法宝,其不仅对南海区人民调解的发展意义重大,而且具有在经济发达地区复制推广的价值,对我国长三角、珠三角等地区经济发达地区人民调解的发展同样有巨大的借鉴意义。

A Study on the Practice of People's Mediation in Nanhai under the Threshold of "Maple Bridge Experience" in the New Era

Yang Jing, Li Mingsheng

Abstract: Community governance is an important component of grassroots social governance, both official and civil, and an important field where multiple norms exist and function simultaneously. Through an empirical analysis of Nanhai District, Foshan, Guangdong Province, it is found that the Nanhai practice of people's mediation system in community governance is worthy of attention, and its experience and practices in adhering to the leadership of Party building, strengthening the construction of a team of mediators, improving the financial security of people's mediation, deepening professional mediation in the industry, developing a new era of mediation culture, and integrating national law and civil law are noteworthy to the economically developed regions of the Yangtze River Delta and the southeast coast of China. The experience and practices of the "Maple Bridge Experience" have a certain value of inspiration and reference for China's Yangtze River Delta region, southeast coast and other economically developed regions to practice the diversified settlement of conflicts and disputes and enhance the capacity of grassroots social governance.

Keyword: "Fengqiao experience"; people's mediation; folk law; community governance

(编辑:曹瀚哲)

---

① 参见《论语》:子适卫,冉有仆。子曰:"庶矣哉!"冉有曰:"既庶矣,又何加焉?"曰:"富之。"曰:"既富矣,又何加焉?"曰:"教之。"

"枫桥经验"视角下基层群众自治制度的完善

刘 力

> **摘 要** 通过对"枫桥经验"历史发展与内涵梳理,可以发现其在目标指向、内容特征、制度功能等方面与基层群众自治制度存在强关联。面对现实中基层群众自治制度存在的正式规范与基层实际脱节、非正式规范质量与治理要求仍有差距、行政权力对自治空间的挤压等现实困境,可以引入"枫桥经验"予以修正。而在引入"枫桥经验"完善基层群众自治制度则需以法治原则、全过程人民民主原则、多元治理原则为指导。就具体路径而言,可以从增强党对基层群众自治的领导、规范基层政府行政指导行为、健全村民委员会(居民委员会)特别法人制度、制定非正式规范标准、规范非正式规范制定程序等方面来推动基层群众自治制度现代化。
>
> **关键词** 枫桥经验 基层群众自治制度 多元治理 非正式规范

一、引言

实现社会主义民主政治是中国共产党始终不渝的奋斗目标。党的十八大指出"健全基层党组织领导的充满活力的基层群众自治机制"。党的十八届三中全会进一步强调"促进群众在城乡社区治理、基层公共事务和公益事业中依法自我管理、自我服务、自我教育、自我监督。"而在党的十九届四中全会审议通过的《中共中央关于坚持和完善中国特色社会主义制度、推进国家治理体系和治理能力现代化若干重大问题的决定》对"健全充满活力的基层群众自治制度"作出了重大部署。2021年7月,中共中央、国务院联合印发《关于加强基层治理体系和治理能力现代化建设的意见》,从加强村(居)民委员会规范

---

* 国家社科基金重大项目"社会主义核心价值观与完善重点领域行政基本法研究"(编号:17VHJ003)
** 刘力,法学博士研究生,湖南师范大学法学院讲师

化建设、健全村（居）民自治机制、增强村（社区）组织动员能力、优化村（社区）服务格局等等多个方面来健全基层群众自治制度。近年来，法学界对基层群众自治制度进行了较为丰富研究，但多数局限于制度本身的设计，未能与灵活多变的基层实践相结合，尤其是在"枫桥经验"提出后，少见有将"枫桥经验"与基层群众自治制度相结合的研究。从治理角度来看，随着政府、权力的变化，"如果说强调治理之下没有政府的观念过于激进，那么强调基层自治多元中心、公民参与及政府与社会合作的治理网络中的制度供给则是较为公允平和的治理之道"①。基层群众自治制度是多元共治的制度保障，引入"枫桥经验"，对发挥社会组织与公民团队在基层群众自治中的重要作用、提升村民（居民）自治的规范供给有着很大的价值。

二、"枫桥经验"与基层群众自治制度的契合

新时代"枫桥经验"的内涵是"打造共建共治共享社会治理格局中通过鼓励多元主体的参与、合作、协商整合各方优势资源，发挥整体治理效能"② 这一内涵揭示出"枫桥经验"与基层群众自治制度三个方面存在强关联。

（一）目标上都指向基层治理

"枫桥经验"形成于二十世纪六十年代初期的浙江省诸暨市枫桥镇在农村社会主义教育运动中，因取得了良好的基层治安效果，得到了毛泽东同志的批示。改革开放后，枫桥镇在给"四类分子"摘帽后，又提出综合治理社会治安理念。中国特色社会主义进入了新时代，"枫桥经验"得到了进一步发展。2018年，中央政法委召开纪念毛泽东同志批示学习推广枫桥经验55周年暨习近平总书记指示坚持发展"枫桥经验"15周年大会，中央政法委书记郭声琨发表了讲话。2019年，"枫桥经验"首次被写入政府工作报告，"推动社会治理重心向基层下移，推广促进社会和谐的'枫桥经验'，构建城乡社区治理新格局。"2021年，在《中共中央关于党的百年奋斗重大成就和历史经验的决议》中，"枫桥经验"成为共建共治共享的基层治理制度的重要经验。"枫桥经验"虽在不同时代有着不同的内涵，但也始终聚焦于基层治理。换言之，经历了长时间实践考验的"枫桥经验"始终是提升基层能力治理的重要手段。与此相似的是，基层群众自治制度设立目的也始终为了实现群众自我管理、自我服务、自我教育、自我监督，进而实现基层治理能力现代化。可以说，"枫桥经验"与基层群众自治制度目标高度一致，从而具有高度的同源性，基层群众自治制度可从"枫桥经验"吸取足够的治理智慧。

---

① 殷昭举：《基层自治：纵向分权和多元治理——基于地方治理的分析框架》，载《华南理工大学学报（社会科学版）》2011年第2期。
② 徐汉明、邵登辉：《新时代枫桥经验的历史地位与时代价值》，载《法治研究》2019年第3期。

（二）方式上都依靠群众实现自我治理

"枫桥经验"自诞生以来就与群众自我治理息息相关。最初的"枫桥经验"是指"发动和依靠群众，坚持矛盾不上交，就地解决，实现捕人少、治安好"，即通过发动群众就地批判、监督的方式，对当地的"四类分子"进行教育、挽救和改造，巩固党在基层的执政基础。[①] "依靠群众解决当地的社会矛盾"就成为"枫桥经验"较为典型的做法之一。改革开放后，尤其是在综合治理社会治安理念提出之后，"枫桥经验"由最初的改进公安工作方式，维护当地治安秩序开始向"社会综合治理"转变，在组织群众预防矛盾，富裕群众减少矛盾，服务群众化解矛盾等方面探索出了保持社会和谐的新方法，形成了"'党政动手、各负其责、依靠群众、化解矛盾、维护稳定、促进发展，做到小事不出村、大事不出镇、矛盾不上交'的社会治安综合治理的格局，其中'群防群治'是又最为突出的特点。"[②] 依靠群众来实现对基层社会的综合管理开始成为"枫桥经验"通行做法。新时代以来，党的十九大对社会主要矛盾作出了新的判断，"社会治理"取代了"社会管理"，"枫桥经验"因而突破了社会管理的桎梏，成为了实现自治、法治、德治的"三治结合"的社会治理重要手段，"枫桥经验"自始与"自治"密不可分。作为中国特色的根本政治制度，基层群众自治制度更是直接以"自治"作为规制对象。在这个制度之下，人民群众能够根据自己的意愿，依法决定要办什么、不办什么，先办什么、后办什么。可见，基层群众自治制度是新时代实现自治、法治和德治"三治结合"重要制度保障，保障人民群众"民事民办、民权民享"

（三）功能上都为划定自治空间

无论是"枫桥经验"的制度目标还是其普遍做法，其本质反映的是国家权力与公民权利在基层治理中此消彼长的关系，"枫桥经验"的成功证实了公民权利在基层治理中可以一定程度取代国家权力的干涉，甚至证明了一定范围的公民自治效果优于国家直接参与治理效果。正如浙江省诸暨市枫桥镇通过基层实践形成的"矛盾不上交""多元调解机制""乡贤治理"的做法被证实符合基层实践并是高效的。"枫桥经验"就是一种通过将一部分属于国家权力的空间让渡给社会公民，允许社会公民在划定范围内实现自我治理的社会治理经验。虽然，各地在借鉴"枫桥经验"时，所确立的人民群众的自治范围有大又小，确定的自治领域也不尽相同，但是在社会治理上还是普遍形成了一种社会各方协同参与的结构，社会方与公民个体均有自治空间而参与到基层事务的处理。"枫桥经验"对这种公民自治空间的确定，即公民可以参与哪些治理事项、对哪些事项有决定权则是由"社会管

---

① 参照于浩：《推陈出新："枫桥经验"之于中国基层司法治理的意义》，载《法学评论》2019年第4期。
② 刘磊：《通过典型推动基层治理模式变迁——"枫桥经验"研究的视角转换》，载《法学家》2019年第5期。

理"转向"社会治理"关键所在。虽然与从下而上由基层实践形成的"枫桥经验"不同，基层群众自治制度是人民群众在党的领导下直接行使当家作主民主权利一种自上而下发生的法律规范，主要国家制定颁布，由国家权力来保障执行。这是通过国家制定正式法律规范，明确规定公民在哪些领域有自治权，最终划定公民自治空间的另一种途径。虽然"枫桥经验"和基层群众自治制度形式上存在着较大的差异，但是两者的功能都是为了划定自治空间，为公民参与基层事务处理保有空间。

三、基层群众自治制度现实困境

作为正式规范的基层群众自治制度是指人民群众在党的领导下对农村村级、城市社区公共事务和公益事业直接行使当家作主民主权利的政策、法规、程序、规范的总称，更多地是由国家制定颁布，由国家权力来保障执行，是一种自上而下发生的法律规范。然而，在实践中，我国基层群众自治制度存在着严重的不足，不仅表现在"村民自治、居民自治、社会组织自治在内的基层自治制度供给有很大的发展空间"①，也体现在基层自治组织自治空间不足、自治权被压制。

（一）正式规范与基层实际存在脱节

基层群众自治制度经过多年的发展，已经形成了以宪法为根本原则，以《村民委员会组织法》《城市居委会组织法》为基础，以行政规制为支撑的国家正式法律规范体系。在这一法律规范体系发展过程中，特别是在法律体系的构建过程中，过于强调法律规范特别是国家法的立、改、废作为社会组织法治秩序生成的条件，造成法律规范体系的封闭与僵硬②，因此严重滞后于灵活多变的基层实际，如基层群众性自治组织法人制度。2017年《民法总则》就建立了特别法人制度，第一百零一条规定了"居民委员会、村民委员会具有基层群众性自治组织法人资格，可以从事为履行职能所需要的民事活动"，为基层群众性自治组织法人制度预留了空间，但是2018年底才修改通过的《村民委员会组织法》却回避了特别法人组织建设等问题，直到现在两法也未见有特别法人的规定。但是在基层实践上，民政部在2017年发布了全国首张基层群众性自治组织特别法人统一社会信用代码证书，此后，全国掀起了相应的改革浪潮。《关于加强基层治理体系和治理能力现代化建设的意见》更是提到了"坚持党组织领导基层群众性自治组织的制度，建立基层群众性自治组织法人备案制度，加强集体资产管理"，基层实践遥遥领先法律规范。同时，这种正式规范与基层实践脱节就只有依靠上级政府部门颁发规范性文件进行弥补，而又形成了红头文件治理基层社会的现象：政府红头文件效力优于其他任何规范。从现实上看，虽然这

---

① 张清：《基层自治制度的理论阐述与路径选择》，载《法律科学》2020年第2期。
② 参见前引张清文。

些文件能够有效解决基层现实难题,但是凡事需要请示上级政府的现实做法不仅直接影响了基层自治制度的有效运行,也对基层治理的正式规范的形成造成一定的压制,还引发正式规范与政府颁布的红头文件的内容冲突而造成政府违法,甚至造成基层自治制度的"民主决策、民主管理"功能彻底丧失。

(二)非正式规范质量与治理要求仍有差距

一般认为,非正式规范的产生的根源在于正式规范的匮乏,非正式规范能够被正式规范所利用,弥补正式规范所不足,成为强化国家权力的一种手段。但是,当这些非正式规范质量低下甚至违反法律强行规定,或朝令夕改,意味着非正式规范对国家治理不具有正向推动作用,甚至会引发非正式规范与正式规范之间的对抗,乃至一些非正式规范就是为了对抗正式规范而产生。在这种对抗之下,人民群众将会陷入行为不可预测的桎梏之中,治理效能将大大降低。尤其是不规范甚至违法村规民约、社区公约经常在基层出现,例如《枫源村村规民约》规定:凡发生破坏村集体形象、损害村集体利益、影响村内稳定的,按《枫源村村规民约实施细则》给予相应处罚。这意味着未存在上位法授权的情况下,枫源村通过村规民约授予了村集体的一定的处罚权,这有可能涉嫌违反现行《行政处罚法》。《村民委员会组织法》第二十七条规定了"村民自治章程、村规民约以及村民会议或者村民代表会议的决定不得与宪法、法律、法规和国家的政策相抵触,不得有侵犯村民的人身权利、民主权利和合法财产权利的内容",规定了侵犯村民自治范围的法律责任,也就是说这些非正式规范可能因违反法律强行规定而均不具有法律效力,不能够用来约束村民,但是由于司法途径维权成本高以及熟人社会的厌诉观念留存,这类侵权案件往往不了了之。此外,《村民委员会组织法》虽然明确规定了"村民自治章程、村规民约以及村民会议或者村民代表会议的决定违反前款规定的,由乡、民族乡、镇的人民政府责令改正",但是由于该法规定了这些非正式规范只需备案即可生效,那么如何提起审查、审查范围如何、乡镇一级政府是否有足够的能力进行审查,存在一定实践难题。

(三)行政权力不断挤压自治空间

我国现阶段的村民委员会、居民委员会等基层自治组织的法律渊源来自1982年的宪法修改,现行《宪法》第一百一十一条明确规定了居民委员会、村民委员会是基层群众性自治组织,就公共事务和公益事业,调解民间纠纷,协助维护社会治安等工作开展群众自治。随后,《村民委员会组织法》《居民委员会组织法》分别在二十世纪八十年代后期得以通过,并历经了多次修改。尤其是在党的十七大报告中,基层群众自治制度正式与人民代表大会制度、中国共产党领导的多党合作和政治协商制度、民族区域自治制度等一起,构成中国特色社会主义政治制度体系后,基层自治组织建设取得了一定的发展,基层多元治理开始具备一定的雏形。随着经济社会生活急剧变化,改革发展稳定任务更加艰巨,国家权力在社会生活的各个领域发挥了更为重要的作用，村民（居民）自治的集权化更为彻底，而且权力集中与结构集中同时进行，"村（居）民自治组织已不是一个社会自治单元。"① 一是因为我国基层群众自治组织就是在政府的推动下组建的，相关法律法规缺乏组织建设的支持措施，基层自治组织在人财物上都急剧依赖上级政府组织，形成了行政为主、自治为辅的工作格局也就不足为奇。二是因为国家也并未完全放弃对基层治理权力的垄断。基层政府通过签订行政任务责任书、指派"驻村干部"等各种行政指导将部分行政任务分解给基层群众自治组织，导致基层群众自治组织的功能发生了异化。例如《居民委员会组织法》，居委会主要任务包括：宣传法律法规和国家政策，教育居民；办理本地区居民的公共事务和公益事务；调解民间纠纷；协助政府维护治安以及协助政府做好与居民相关的各项工作；向政府反映居民的意见、要求和建议等。其中，"居委会宣传教育、办理、协助的职能均属于配合政府完成相关的事务和工作，只有纠纷调解才是居委会相对自主发挥作用、体现群众性自治的活动"②。为避免基层群众自治组织彻底沦为基层政府的"附庸"，国家需作出制度安排，将基层群众自治组织作为特别法人予以明确定位，为基础群众自治组织以独立身份参与基层治理保有了一定的法律空间。但在《村民委员会组织法》《居民委员会组织法》等法律法规中并未规定，基础群众自治组织如何以特别法人身份参与到基层自治的途径以及在基层自治中应当承担的具体职能仍然不明确，行政权力挤压自治空间的实践屡次发生，多元治理空间仍未形成。

四、基层自治制度纾困的原则

"传统的立法学只将范围限定在中央立法和地方立法两个领域，形成了'一元多层'立法体制"③，传统的基层群众自治制度的研究亦是如此，主要是通过立法学的角度来分析基层群众自治制度所存在的问题，并以此作为依据提出相应的政策建议。而"枫桥经验"就是一个如何加强基层基础的经验，"它发端在基层，作用发挥在基层，反过来又指导基层的工作，并在基层得到坚持发展"④，在此过程中形成的一些基层规范肯定不属于严格意义上的国家法。那么，在此种意义上，将作为正式规范的立法体制如何与作为非正式规范的民间法经验相结合，或言之，在较为僵硬的立法中为具有创造性的民间经验保留空间同时需符合法治建设的大的原则，这就需要遵循以下基本原则：

（一）法治原则

习近平同志指出"法治是国家治理体系和治理能力的重要依托。只有全面依法治国才

---

① 张清：《基层自治制度的理论阐述与路径选择》，载《法律科学》2020 年第 2 期。
② 陈尧、王哲：《中国城市基层社会自治发展的路径——以改革开放以来城市人民调解制度的发展为例》，载《上海行政学院学报》2020 年第 3 期。
③ 谢勇：《概念的成长：破解地方立法"不抵触""有特色"的理论困境》，载《求索》2017 年第 12 期。
④ 汪世荣：《"枫桥经验"视野下的基层社会治理制度供给研究》，载《中国法学》2018 年第 6 期。

能有效保障国家治理体系的系统性、规范性、协调性,才能最大限度凝聚社会共识。"①坚持在法治轨道上推进国家治理体系和治理能力现代化,做到重大改革要于法有据是实现全面依法治国的应有之义。然而,有学者认为"枫桥经验"的内涵之一是"自治、法治、德治相结合,而基层自治,不能要求它都合法;不尽合法的自治,由于它符合本地的风土人情和传统习惯,也有其合理性和生命力;相反,有些矛盾纠纷硬要依法去解决,其效果也不一定好"②。从这个角度而言,"枫桥经验"可以不遵循法治原则,甚至可以实现"良性违法"。这种观点没有认识到新时期"枫桥经验"丰富的内涵,不正确地将"枫桥经验"与国家法律相对立,没有正确认识党中央作出的"法治国家、法治政府、法治政府一体建设"的新要求。推动"枫桥经验"在基层群众自治制度中的适用必须坚持法治原则,通过法治方式与法律程序将"枫桥经验"的特殊性与基层群众自治制度中的普遍性相结合,将其纳入国家统一的法治体系中。此外,现代的法治原则早已超脱出传统的形式法制,更多地强调的是"良法善治"。中国特色社会主义法治体系不仅仅要求法律规范体系完备,更要求法律规范要满足人民日益增长的美好生活需要,这意味着过往的实证法学的"现代法律的有效性是基于对规则的解释、承认、正式的授权和同意,但不包括习惯和实践"的观点逐渐被"如果从实质法学立场看,为实现实质正义,法律多元主义给党规、政策、习惯等多种实际起作用的制度发放通行证"③ 所取代。因此,在引入"枫桥经验"完善基层群众自治制度的过程中,必须坚持法治原则,不断增强基层群众自治制度的稳定性、规范性以及可预测性,实现法治效果、社会效果相统一。

(二) 全过程人民民主原则

2019 年 11 月首次提出了"全过程人民民主",要求在基层的治理的各个不断阶段中都要贯彻民主原则,通过加大基层治理中公民参与的力度,以保证人民当家做主的权利。"全过程人民民主"体现的是实质民主,"服务于治理目标的实现,聚焦国家治理与社会发展的重大问题,不断满足人民对美好生活的需要"④,因此"全过程人民民主"有着十分完整的参与实践,包括了民主选举、民主决策、民主协商、民主监督和民主管理等各个环节,帮助公民通过各种形式、各种路径参与到国家的治理之中,保障公民的知情权、参与权、监督权落到实处。这与西方资本主义的民主有着显著的区别,在西方"选举民主"的形式下,选民虽然有权选择国家领导人,但是一旦选举完成之后,选民就被抛弃在一旁,只能眼睁睁地看着职业政客进行国家治理,而在"全过程人民民主"原则下,人民群

---

① 习近平:《坚定不移走中国特色社会主义法治道路为全面建设社会主义现代化国家提供有力法治保障》,载《求是》2021 年第 2 期。
② 朱孝清:《检察机关学习践行"枫桥经验"的几个问题》,载《国家检察官学院学报》2019 年第 3 期。
③ 参见董青梅:《"枫桥经验"中的多元法治图景》,载《山东科技大学学报(社会科学版)》2018 年第 2 期。
④ 赵永红《全过程人民民主:理论逻辑与制度路径》,载《行政论坛》2022 年第 1 期。

众不仅可以通过人民代表大会制度参与国家领导人的选举之中，也可以通过政治协商制度参与到国家大政方针的制定之中，还可以通过基层群众自治制度充分实现自我管理、民主管理，"可以有效地避免出现党派纷争、利益集团偏私、少数政治'精英'操弄等现象，具有无可比拟的先进性。"① 换言之，只有落实"全过程人民民主"原则，充分保障人民的民主权利，让人民通过真实的民主实践掌握国家的命运，切身参与到中华民族的民族复兴的伟大征程中。基于此，习近平同志进一步指出："我们要继续推进全过程人民民主建设，把人民当家作主具体地、现实地体现到党治国理政的政策措施上来，具体地、现实地体现到党和国家机关各个方面各个层级工作上来。"② 这一重要论述不仅仅确定今后的重点工作方向，还揭示了"全过程人民民主"的具体制度与领域。尤其是在最能体现民主管理的基层自治之中，城乡社区（村组）根据相关法律法规，结合本地实际，通过制定相应的自治章程、村规民约、居民公约等方式，实现村（居）民在基层公共事务的自我管理、自我服务、自我教育、自我监督。因此，在引入"枫桥经验"完善基层群众自治制度的过程中，要充分践行"全过程人民民主"原则，通过培养人民群众的权利意识和民主素质，广泛讨论、凝练"枫桥经验"好的做法，因地制宜将其转变为当地基层群众自治制度中有效规范，不断增强基础群众自治制度建设中的人民群众的参与感，为实现"全过程人民民主"提供切实的制度保障。

（三）多元治理原则

历经多年改革，我国公共行政逐渐由"政府负责的一元化管理模式"向"社会各方参与的多元合作共治模式"演变。③ 在这种行政模式转变的情况下，政府与社会的关系发生了根本性改变，社会不再仅仅是政府管理的对象与客体。"全能上帝式的政府不可能也没必要存在，若政府管理无谓事无巨细，与其说是社会民众的强烈呼声，毋宁说是时代发展的僵化异化。"④ 政府与社会乃至公民之间应该建立起平等友好的合作伙伴关系，在各自的领域空间范围内，实现国家善治。从这个意义上来说，"枫桥经验"实际上反映了"政府与社会合作共治（有限的行政权、政社合理分权）、政府管理与群众自治相辅相成（法治形式的多样化、民主政治的稳步推进）的必然性。"⑤ 这就意味着，在这种多元治理原则之下，政府应当主动划定权责范围，逐渐将一些公权力让渡给社会组织，同时通过一定的制度设计默许社会组织或者公民团体参与到社会治理之中，确保社会组织能够有效参

---

① 习近平：《坚持和完善中国特色社会主义制度、推进国家治理体系和治理能力现代化》，载《习近平谈治国理政》（第3卷），外文出版社2020年版，第123页。
② 《坚持和完善人民代表大会制度　不断发展全过程人民民主》，载《人民日报》2021年10月15日。
③ 参见江国华：《行政转型与行政法学的回应性变迁》，载《中国社会科学》2016年第11期。
④ 任维德：《社会转型与治道变革》，载《内蒙古大学学报》2004年第5期。
⑤ 曾哲、周泽中：《多元主体联动合作的社会共治——以"枫桥经验"之基层治理实践为切入点》，载《求实》2018年第5期。

与，立法上也应当为社会组织的存在与培育留有空间。例如，浙江省坚持和发展"枫桥经验"，鼓励和支持社会组织在矛盾化解、社区矫正、帮扶救助、慈善公益等领域发挥积极作用"枫桥经验"，构建起了共建共享的基层社会治理新格局。在这种制度安排之下，社会组织能够承担起解决当地的一些公共问题，有效地节约了政府行政资源，取得了良好的效果。坚持和发展"枫桥经验"，就必须摒弃传统的"全能政府""行政权万能"的观念，推动"大政府、小社会"的政社关系向"小政府、大社会"转变，树立多元共治的思维，"坚持共建共治共享，积极培育壮大人人有责、人人尽责、人人享有的社会治理共同体，最大限度激发社会组织活力，营造既稳定有序又充满活力的社会治理生态，实现政府治理同社会调节、居民自治良性互动。"① 因此，在基层群众自治制度的完善设计过程中，就需以多元共治为原则，主动为社会组织与公民团体参与基层自治拓宽准入渠道，明确社会组织与公民团队在参与基层自治中的角色地位，培育有活力的基层自治组织。

五、"枫桥经验"下基层群众自治制度具体构建

制度作为一种可再生的资源，可以为国家治理提供源源不断的势能，将"枫桥经验"引入基层群众自治制度除了坚持法治原则、全过程人民民主原则、多元治理原则，还应该根据基层群众自治制度运行的实际情况，从以下几个方面进行具体制度构建。

（一）增强党对基层群众自治的领导

"'党建引领'是新时代'枫桥经验'的政治优势和根本保证，其本质就在于把党的领导落实到基层，使党组织成为基层社会治理的'领头雁'"② 习近平同志指出，中国特色社会主义最本质的特征是中国共产党领导，中国特色社会主义制度的最大优势是中国共产党领导。因此，无论是从我国的最大的实际，还是依据"枫桥经验"，"党的领导就是基层群众自治的政治保障，决定着基层群众自治的正确方向"③，因此，进一步完善和发展基层群众自治制度首先要不断增强党对基层群众自治的领导。增强党对基层群众自治的领导的首要任务是加强基层党组织的自身建设。"基层党组织能否在基层自治中发挥领导核心作用，关键在于党组织是否有力量。"④ 推动基层党组织的规范化建设，厘清基层党组织、基层行政组织、基层群众自治组织的关系。通过政治领导、思想引领、组织引领、能力引领、机制引领着力解决基层党组织弱化、虚化、边缘化等问题，切实做到基层党组

---

① 金伯中：《"枫桥经验"的历史性贡献与重要启示》，载《公安学刊（浙江警察学院学报）》2021年第5期。
② 徐汉明、邵登辉：《新时代枫桥经验的历史地位与时代价值》，载《法治研究》2019年第3期。
③ 赵海月、赵晓丹：《健全基层群众自治制度的路径探析》，载《人民论坛》2020年第15期。
④ 晏东：《基层群众自治的中国特色、独特优势与推进路径》，载《山东干部函授大学学报（理论学习）》2020年第2期。

织在基层群众自治事务中的不越位、不缺位。除需加强基层党组织的自身建设外，还需选好配齐基层党组织书记。"党建立得住，关键要看党支部。支部强不强，主要还看'领头羊'"实践表明，基层自治的发展的关键在于是否有一支信念过硬、政治过硬、责任过硬、能力过硬、作风过硬的基层党组织书记队伍。因此，要不断拓宽选人用人渠道，把当地道德品质好、业务能力强、社会名望高的"新乡贤"选为支部书记。严格按照有关规定开展村、社区组织换届工作，杜绝流弊之风。同时建立退出机制，坚持从严管理，完善考核评价机制，让支部书记真正成为基层自治中的"领头羊"。

（二）规范基层政府行政指导行为

《村民委员会组织法》第五条明确规定了基层政府有权对基层自治组织的工作予以指导、支持和帮助，尤其是在预算财政资金充足的省市，乡镇通过提供财政补助等方式支持村庄建设的力度越来越大，使得基层政权的宏观指导能力得到显著提升。[①] 哪些基层组织更愿意遵从基层政府的指导，所获得的收益也就更大，自然而然，基层组织也就更加接受基层政府的指导。随着中国特色社会主义法律体系的建成，村民自治组织的自治权与乡镇政府的行政权开始明确分化，也"基本以法律的形式确定了乡镇政府对基层自治组织的'指导'职能"[②]。然而在实践中，一方面是不舍行政权力所带来的利益，另一方面也是基层事务"一放就乱"的行政责任倒逼，即便在我国目前在大力推进"有限政府"建设，也在着力推进"放管服"改革的现在，基层政府极易将行政指导作为另一种行政权力行使，将"指导"变为"领导"，从"直接垄断基层治理权力"变为"以行政指导代替基层自治组织决策等软干预"，这不仅能够有效避免苛受《村民委员会组织法》等法律对政府直接干涉基层自治组织的法律责任，也能将基层自治组织牢牢地把握在手中。基于此，应该比照行政处罚、行政许可等制度建立健全基层政府的行政指导的权力清单制度，明确规定当地基层政府对哪些事项有行政指导权，同时对行政指导的产生及其效果进行自我限制。

（三）健全村民委员会（居民委员会）特别法人制度

赋予村民委员会（居民委员会）法人资格是2017年实施的《民法总则》所确立的。《民法总则》将法人分为营利法人、非营利法人、特别法人，明确了居民委员会、村民委员会具有基层群众性自治组织法人资格，《民法典》继承了这一规定，村民委员会（居民委员会）开始享有独立法人资格，自此，村民委员会（居民委员会）拥有了统一社会信用代码，能以自己的名义签订合同，并独立地承担法律责任。这有效地解决了基层自治组织过于依附基层政府，改变了过往村民委员会没有集体账户，"相关财务往来经常通过村

---

① 参见余钊飞：《"枫桥经验"视野下的乡镇政府管理与村民自治良性互动研究》，载《山东科技大学学报（社会科学版）》2017年第6期。
② 范忠信、武乾、余钊飞：《枫桥经验与法治型新农村建设》，中国法制出版社2013年版，第58页。

民委员会成员个人账户进行，或者'村财乡管'"① 的情况，有助于基层自治保持自己的独立地位，更好地开展自治活动。2020年，民政部为进一步规范《基层群众性自治组织特别法人统一社会信用代码证书》颁发，经商全国人大常委会法制工作委员会，出台了《关于规范基层群众性自治组织法人有关事项的通知》，对基层群众性自治组织的名称、法定代表人、住宿、有效日期以及效力进行了一定的规定，但未对法人设立、法人治理框架、组织结构、运作流程、法律责任进行规定。可见，作为新制度的村民委员会（居民委员会）特别法人制度目前仅仅只解决了村民委员会（居民委员会）具有法人资格问题，因此，应进一步完善相应规范，推动村民委员会（居民委员会）建立现代法人制度，彻底激活其在基层自治中的主体地位。

（四）制定非正式规范标准

在目前的法治框架范围内，虽然可以进一步调整并合理设定中央立法与地方立法各自调整的空间，也可以尽可能地扩大地方立法的立法权限，尽量为非正式规范上升为正式规范留足立法空间，但将县（市）一级纳入地方立法主体仍存在着较大的困难，非正式规范的存在必不可少的现在，提高非正式规范的供给质量就成为现实选择。为提高非正式规范的供给质量，需要制定非正式规范标准，明确非正式规范应该具备的稳定性要求与形式要求。一方面要明确正式规范稳定性要求。只有在稳定且可预测的规范中，公民才可以根据稳定的法治秩序安排当下的生活、根据可预测的法治指引对未来做出合理期待，从而实现国家和社会的稳定②，这就要求非正式规范亦不能随意"朝令夕改"，以满足人民的合理预期。另一方面，要明确非正式规范的形式要求。虽然不要求非正式规范的形式标准达至正式规范，但是还是需要具备一定的规范性与明确性，不能过于"粗俗"与"口语化"，尽可能地对公民的权利义务、应为与不为都作出了规定，并通过规范文字向公民表达。

（五）规范非正式规范制定程序

诚如有学者所言，在变动不居、犬牙交错的多义的社会现实中，程序具有重要的价值，如对于恣意的限制、理性选择的保证、"作茧自缚"的效应以及反思性整合等。通过非正式规范制定程序，能够为多元利益诉求提供博弈与对话的平台。在形式正义的法律程序面前，所有基层自治当事人能充分表达并深度参与非正式规范的制定，有助于非正式规范取得普遍性信任。这就要求有权限的主管部门根据当地情况出台《非正式规范制定程序》等规范性文件，指导基层自治组织制定相应的乡规民约、社区公约等非正式规范，并对公众参与、信息公开、利益回避、表决要求等具体程序事项进行明确规定，推动非正式

---

① 王雷：《民法典有关特别法人的规定解析——从居民委员会、村民委员会和农村集体经济组织作为特别法人的相关思考谈起》，载《中国民政》2020年第13期。

② 参见李林：《推进新时代"枫桥经验"的法治化》，载《法学杂志》2019年第1期。

规范制定过程更为科学,体现多数人的意志并保障多数人的利益。

六、结语

"基础不牢,地动山摇。"习近平总书记强调:"'十四五'时期,要在加强基层基础工作、提高基层治理能力上下更大功夫。"目前基层群众自治制度存在着"自治空间虚置""自治组织活力不足""正式规范僵硬滞后""非正式规范效力不明"等诸多问题。基层治理能力现代化如果不能以基层群众自治制度的完善为推动力,那么就难以取得实效。"枫桥经验"经历了近六十年的发展,其所蕴含的"基层多元治理""发挥乡规民约等非正式规范的作用"等内涵能够为基层群众自治制度摒弃传统的"政府—社会"两元对立的观点而推动"正式规范"与"非正式规范"协调发展,有效实现多元共治提供丰富的理论资源,为破解基层自治制度发展难题提供了现实选择。

Perfection of grass – roots mass autonomy system from the perspective of Fengqiao Experience

Liu Li

Abstract: by sorting out the historical development and connotation of "Maple Bridge Experience", we can find that it has strong correlation with the grass roots mass autonomy system in terms of goal orientation, content characteristics and system functions. In the face of the practical difficulties existing in the grass – roots mass autonomy system, such as the disconnection between the formal norms and the grass – roots reality, the gap between the quality of informal norms and governance requirements, and the squeeze of administrative power on the autonomy space, the "Fengqiao Experience" can be introduced for correction. In introducing the "Fengqiao Experience" to improve the grass – roots mass autonomy system, we need to be guided by the principle of rule of law, the principle of people's democracy in the whole process and the principle of pluralistic governance. As for the specific path, we can promote the modernization of grass – roots autonomy system from the aspects of strengthening the party's leadership over grass – roots mass autonomy, standardizing the administrative guidance behavior of grass – roots governments, improving the special legal person system of villagers' committees (residents' committees), formulating informal norms and standards, and standardizing the formulation procedures of informal norms.

Keyword: Fengqiao Experience, grass – roots mass autonomy system, diversified governance, informal norms

(编辑:尤婷)

枫桥经验视阈下环境污染纠纷人民调解制度研究[*]

尤 婷[**]

摘 要 当前我国环境污染纠纷与日俱增，而在解纷机制中一般最先介入的是人民调解。人民调解具有理念先进、程序灵活、解纷高效、成本低等优势。由于传统的人民调解一般适用于人数较少、范围小、因果关系明确的纠纷，而环境污染纠纷具有跨域性、侵害认定复杂性、主体多元性等导致人民调解适用的困难。因此，在完善过程中，要以新时代"枫桥经验"为引领，不断地推进人民调解，树立生态优先的理念、建立跨行政区域的环境污染纠纷人民调解组织、加强专业队伍的建设、完善人民调解与诉讼的衔接等，为优化人民调解制度提供建议。

关键词 环境污染纠纷 人民调解 枫桥经验

改革开放以来，我国经济社会迅速发展。经济的快速增长带来了环境污染等系列的问题，如环境污染引发的纠纷日益增多，不仅对人身权、财产权造成损害，也损害环境本身，进而直接影响社会稳定与和谐发展。在解纷过程中，最先介入的一般是人民调解，即在第三方的主持下，双方当事人之间平等协商，以达成合意。由于环境污染引发的纠纷大多数是双方经济地位悬殊，如地方企业与当地居民，这些企业能够促进当地经济发展，在一定程度也受到了地方政府的保护。在最初的解纷中，面对这种纵横交错的利益关系，如何运用人民调解化解纠纷，避免矛盾的进一步升级？党的十九届四中全会决定指出：完善正确处理新形势下人民内部矛盾有效机制。坚持和发展新时代"枫桥经验"，畅通和规范

---

[*] 法治建设与法理学理论研究部级科研项目："生态损害赔偿救济机制研究"（21SFB2028）。
[**] 尤婷，法学博士，中南大学法学院博士后。

群众诉求表达、利益协调、权益保障通道，完善人民调解制度等，努力将矛盾化解在基层。鉴于此，本文结合"枫桥经验"的理论内涵，以期对环境纠纷人民调解制度的优化提供新的思路。

一、通过人民调解解决环境污染纠纷的优势

人民调解制度是解决纠纷的一种重要形式，据统计，新中国成立以来（1949年-2020年），在立法数量上，关于人民调解的法律和部门规章共42部[1]。其中1954年2部、1981年1部、1982年2部、1988年1部、1989年2部、1991年1部、2002年3部、2004年3部、2005年2部、2006年1部、2007年4部、2008年3部、2009年4部、2010年1部、2011年3部、2012年2部、2014年1部、2015年3部、2016年3部、2018年1部，这些法律法规对调解的范围、效力等作了具体的规定；在人民调解组织的规模上，截至2018年5月，我国有76.6万个人民调解委员会，其中全国共有人民调解行业性、专业性人民调解组织4.3万个，派驻有关部门人民调解工作室1.6万个，专职人民调解员49.7万人，每年调解各类纠纷达900万年左右，成功率96%以上。[2] 可以说人民调解制度已经比较成熟，这为环境污染纠纷人民调解制度的建立奠定了基础。

在环境污染人民调解上，《环境保护法》第6条规定，地方各级人民政府应当对本行政区域的环境质量负责，各级地方政府也出台了相关的配套政策，如苏州市出台了《关于建立健全苏州市环境保护纠纷人民调解工作机制的实施意见》，确定了人民调解的范围，明确了全市范围内构建环境保护纠纷人民调解三级网络，即在市级、县级、镇级全覆盖等；临安市环保局和司法局联合出台了《关于加强环境保护纠纷人民调解工作意见》，规定了要及时化解环境纠纷，防止矛盾激化等，这些文件的出台为环境污染纠纷人民调解指引了方向。我国现行的环境污染纠纷人民调解制度有如下优势：

（一）理念先进

在中华民族源远流长的历史文化中，"和为贵""家和万事兴"等价值理念一直深深的渗透在家庭伦理观念中。老子曾说过"道生一，一生二，二生三，三生万物。万物负阴而抱，冲气以为和"，其中老子认为"和"是万物生长的不可或缺的必然条件，是事物之所以会有所联系、相互因果转化的规律因素。孔子提出"和无寡""和而不同"的理念，认为事物之间的不同在于相互补充、相互协调而达到相互之间的平衡，从而促进事物之间的相互生成与发展等，正是因为这种"和"的理念影响着人们，才会使人们在理念上追究

---

[1] 不包含医疗纠纷的人民调解等法律。
[2] 我国76.6万个人民调解委员会将矛盾化解在基层，访问地址：http://www.gov.cn/xinwen/2018-05/11/content_5290021.htm，2021.12.29。

一种无诉的理念的社会。① 受儒家文化的影响，在解纷中，首先考虑的是"情"，其次是"礼"，再次是"理"，最后是"法"，② "情""礼""理"作为首要依据。在传统思想的影响下，一提到"诉讼"，大家都会认为是"挑拨是非"之类的恶行。在这种理念的影响下，决定了在乡土社会中运用最广的解纷方式是人民调解。

费孝通在《乡土中国》一书中对传统社会界定为："从基层上看去，中国的社会是乡土的"。在传统的社会中，人们以血缘为纽带，并世代定居在某一区域成为了常态。但随着经济的发展，中国的乡土社会不断变化，"乡土"特质在不断弱化，由"熟人社会"逐渐向"半熟人社会"的转变，人情变得逐渐淡薄，但是这并不意味着"乡土"特质的解体。传统的"情""礼"等一直影响着人们。加之，现代的法律体系是基于整个社会的需求而建立的，其调整范围并不能涵盖社会的方方面面，有时候也会受到某些伦理道德、习俗等因素的排斥。③ 一旦发生纠纷，人们一般会优先选择调解。人们调解员一般熟悉当地的人与事，对于矛盾产生的原因以及双方的目标期待十分熟悉。在解决时，调解员会根据双方的目标期待，尽可能地化解纠纷，并且纠纷当事人还能够继续维持人际关系。

（二）程序灵活性

在我国，村委会、居委会、派出所等都能参与解纷的调解工作，在全国范围内形成了一个庞大而缜密的纠纷调解的网络系统。环境污染有时候是突发性的，实践中，人民调解可以灵活多变，无论是在时间上还是在地点选择上都可以进行协商确定，④ 在调解过程中，并不会像审判程序一样，需严格遵从实体法和程序法。但并不意味着人民调解是无程序的，在调解过程中，人民调解程序具有两个方面的特征：

一方面，非对抗性结构的形成。调解员在调解过程中应该尽量消除当事人之间继续或产生新的对抗可能。在调解过程中，调解员要耐心的聆听双方当事人的意见，在不违反法律法规政策的情况下，可以结合"情""礼""理"等因素的进行综合考量，即调解员在调解过程中主要是以促成守法为目的，在调解过程中，主要是采取的教育、说服、感化等方式。与其他的解纷方式相比，其依据更为灵活。

另一方面，程序的自足性。调解程序的选择要与非对抗性结构相适宜的程序要素。这些要素主要包含了自愿平等原则、非公开主义⑤、调解方式、调解书的制定及效力等⑥。

---

① 参见程凯：《社会转型期的纠纷解决研究：基于马克思主义法律思想中国化的研究视角》，广东人民出版社2017年版，第138页。
② 参见丁渠：《非诉讼方式在解决水污染纠纷中的法律效果》，载《环境科学与技术》2007年第5期。
③ 参见崔玲玲：《人民调解与现代乡村治理体系之契合》，载《西北大学学报（哲学社会科学版）》2021年第2期。
④ 参见许方达：《和谐化解环境污染纠纷》，载《中国环境报》2014年9月10日。
⑤ 这里指的非公开是指不向全社会公开。
⑥ 参见郝振江：《论我国法院调解与审判的程序分离》，载《暨南学报（哲学社会科学报）》2017年第9期。

由于人民调解制度的核心是公民意思自治，即在调解过程中不违背法律法规政策的情况下，双方当事人根据现有的程序步骤进行调解，更有利于双方达成合意。

（三）解纷高效性

"一条法律，按照在使用它的字面意义时获得的最一般、最广泛的认同，可以被说成是一条规则，是为了指引一个理智人而由一个对他有权力的理智人设定的"，① 为了维护法律的权威性和稳定性，现有的法律不可能朝令夕改。然而，社会在发展过程中，各种新型纠纷层出不穷。我国对环境污染纠纷解决已经形成了相对完善法律体系，但由于法律固有的特性，在短时间内不可能进行快速修改，这就需要一种除了诉讼之外的方式来解决化环境污染纠纷。在此类情况下人民调解的运用优势明显。人民调解与其他解纷方式相比，人民调解最大的优点是化早、化小、化苗头、化关键点，及时地化解环境污染纠纷，是遏制矛盾升级转化的关键。② 而行政调解、诉讼等方式，无论是在权威等级上还是在专业都占有一定的优势，但是在化解纠纷的效率上不如人民调解，人民调解能够在第一时间、第一现场的化解纠纷，从源头化解纠纷，减少纠纷的产生，而且更有助于基层自治。

环境污染纠纷有时候受害者众多，若不及时处理容易引发群体性事件，人民调解快速的介入纠纷，能有效地防止纠纷进一步的激化，即使不能全部化解，在调解员的引领下，有助于纠纷解决朝着合法救济的方向前行，能有效地杜绝暴力事件、减少上访数量。

（四）经济成本低

人民调解是借助社会力量而建立的一种能够替代粗暴野蛮的纠纷解决方式，在彰显人类文明进步的同时，也能够体现出一种简单的经济理性——减少纠纷解决成本。粗暴野蛮的方式不能有效的维护受害者的利益，且加剧了社会治理成本。

人民调解可以平息部分的纠纷，尽量使其不转入诉讼程序，不至于造成更为严重的冲突，在一定程度上减轻了诉讼给法院带来的压力，保证了社会的稳定和谐。③ 实践中，当环境污染纠纷发生后，当事人在选择解决方式时，必然会考虑不同的解决方式对自己的不同成本要求，环境污染纠纷解决的成本包括两个方面：一方面是解决者的成本（往往表现为国家的行政成本、司法成本）；另一方面是当事人的成本。④ 毋庸置疑的是，纠纷当事者首先考虑的是自己的成本。如果纠纷当事者选择诉讼方式解决纠纷，纠纷当事人不仅需要承担相应的诉讼费还需要承担律师费，由于环境污染纠纷具有取证、鉴定等一系列难

---

① ［英］韦恩·莫里森：《法理学》，李桂林、李清伟、侯建、郑云端译. 武汉大学出版社2003年版，第243页。
② 参见汪世荣：《新时代改革完善人民调解制度的思考》，载《人民调解》2018年第2期。
③ 参见范愉：《非诉讼纠纷解决机制研究》，中国人民大学出版社2000年版，第70-71页。
④ 参见丁渠：《非诉讼方式在解决水污染纠纷中的法律效果》，载《环境科学与技术》2007年第5期。

题，要消耗大量的人力、物力，[①] 在一定程度上增加诉讼成本。而从经济角来看，人民调解不收取任何费用且没有固定的程序、场所等，对于取证、鉴定要求低等特点，能够在短时间内平息纠纷，在一定程度上也节约了实践成本，尽可能的不影响当事人的生产生活。

二、通过人民调解解决环境污染纠纷的困难

环境污染主要由企业的排污、事故性泄露、农药和其他不明污染物造成，这些污染物质直接或间接的进入到环境中，直接影响到公众的人身权或财产权，甚至影响到整个环境生态系统。据《中国环境年鉴》数据统计发现，中国环境污染纠纷数量逐年上升，[②] 环境污染问题主要是人类活动引起的，使环境质量下降或生态系统失衡，对人类的生存产生直接或间接影响。而环境污染纠纷与一般的纠纷相比更为复杂、多元，通过人民调解解决环境污染纠纷面临诸多的困难。

（一）环境污染纠纷具有跨域性

随着经济不断向前发展，环境污染纠纷不仅出现了跨行业，也出现了跨区域等现象。在化解跨域性环境污染纠纷时要对环境问题进行整理性把握：

一是环境具有整体性。环境是由水、土壤、矿藏、森林等各个要素相互影响、相互协调组成的完整平衡的系统。这些物质并不会随着人为的划分而分割，且该系统中只要一个要素发生了质的变化，就会影响整个环境。典型的如水污染，我国国土辽阔，河流众多，据数据统计，面积在一万平方公里以上的河流就有79个，在100平方公里以上的河流有5万余条，其中最长的河流是长江，长江流经青海、西藏等11个省、自治区和直辖市，只要其中的某处水受到污染，就会直接会影响这下游的水质水量，同时也影响着下游居民的生活生产。

二是环境污染纠纷具有整体性。由于环境具有整体性，那么所产生的环境污染纠纷也具有整体性。一方面，环境污染纠纷的产生可能是受多个因素的影响，使多个区域的环境受到明显的污染；另一方面，环境污染的受害者并不是某一个区域的特定人，可能是跨多个区域的众多主体，对其诉求也可能是多方面的，如经济利益、生态利益等。

传统纠纷（邻里纠纷、劳资纠纷土地承包纠纷等）人民调解往往涉及主体较少、范围较小、因果关系明确，虽然人民调解制度迅速发展，人民调解在解纷中也得到了充分的运

[①] 从审理周期看：浙江省环境民事一审案件平均审理周期为120天，上海法院环境类案件平均审理周期为103天，其中民事案件平均审理期限为141天，行政环境案件平均审理期限为62天；从司法鉴定看，涉及司法鉴定案件平均审理期限为305天。参见袁春湘：《2002年—2011年全国法院审理环境案件的情况分析》，载《法制资讯》2012第12期。

[②] 笔者在生态环境状况公报上对全国各级环保系统接到群众举报（包含电话举报、微信举报、网络举报）进行数据统计发现，在2017年共有617 843件、2018年共有696 199件、2019年共有159 290 1件，可以说环境污染仍是处于一个较高的水平。

用,但是目前人民调解主要是对区域内的纠纷进行调解,在特定的环境污染纠纷如跨区域性的环境污染纠纷中,人民调解适用仍存在困难。

(二) 环境污染纠纷的侵害认定复杂性

造成环境污染纠纷的侵害因子,对环境产生影响的途径有直接也有间接,如多个工厂超标排污引起水污染,这些可以直接影响附近的居民生活,如农药的过量使用,可能导致生态系统的变化间接对居民的身体健康等造成不利影响。需要注意的是,随着环境危机的加剧和公民环境意识的觉醒,环境污染纠纷不再是私人之间或者是单纯的经济纠纷,可能与生态环境利益交织在一起形成复杂的环境纠纷。

首先,从主体上看,环境污染纠纷的当事人往往地位不平等,[①] 在实践中,加害方往往具有很强的经济的地位,有的还受到当地政府的保护,而另一方当事人却是普通的老百姓;其次,从取证上看,由于环境污染纠纷产生原因的复杂性使人们对纠纷利益关系及纠纷责任认定等方面难以作出准确判断,[②] 而环境信息的获取不仅需要专业人员的取样、检测和鉴定,而且信息往往被信息的获取者包括相关政府各自持有而视为私人财产拒绝公开或共享。[③] 此外,一起污染事故可能是由多个因素共同造成的,而环境问题的因果证明极为困难,需要结合多学科的专业知识才能证明,人民调解在认定纠纷责任承担方面无法及时、准确地作出有效的判断,在一定程度上损害当事人的利益;最后,从获取利益上看,环境污染纠纷往往涉及多方利益,不同的部门在鉴定时也会出现差异,纠纷当事人在一定程度上觉得自己权益没有得到保障而引发新的矛盾。[④]

《人民调解法》第14条规定:"人民调解员应当由公道正派、热心人民调解工作,并具有一定文化水平、政策水平和法律知识的成年公民担任。"由此可知,在我国对于调解员的专业水平要求并不高。虽然部分地方针对环境污染人民调解颁布了一些文件,如浙江省司法厅、浙江省环境保护厅《关于加强环境污染纠纷人民调解工作的指导意见》规定对于环境污染人民调解员可以从环保行政部门及其直属事业单位和政法机关的退休人员以及高校教师、律师、法官等其他熟悉法律政策、具有调解经验的人员中选聘。实践中,人民调解一般适用于人数较少、标的额小、范围小的纠纷,如噪声污染纠纷、光污染纠纷等,这类纠纷因果关系明确、损害事实简单,容易通过人民调解解决。但是一些特殊的环境污染纠纷具有更强的专业性。典型的如水污染,人民调解在处理环境污染突发事件时存在经验不足、能力不强等问题,往往会出现"和稀泥"的情况。环境污染纠纷是当事人一方对

---

① 这里指的"不平等"主要是指经济地位的不平等。
② 参见彭丽娟:《论环境纠纷非诉讼解决机制生态化》,载《吉首大学学报(社会科学版)》2016年第5期。
③ 参见胡静:《流域跨界污染纠纷调处机制研究》,中国法制出版社2017年版第5-6页。
④ 参见彭丽娟:《论环境纠纷非诉讼解决机制生态化》,载《吉首大学学报(社会科学版)》2016年第5期。

环境造成污染所产生的纠纷,环境污染程度往往需要专业技术才能鉴定,如污染的范围、可恢复性等。人民调解员不仅需要掌握相关的法律知识还需要对应的专业知识。大多数人民调解员虽然具备了丰富的调解经验和广泛的群众基层,但是在面对新纠纷时,还停留在传统的经验中,并没有能力评估到环境污染纠纷所带来的实际损害。

(三)环境污染纠纷主体的多元性

在传统的纠纷中,纠纷是特定的主体基于利益冲突而产生的一种双边或多边的对抗行为。[①] 但是在环境污染纠纷中,有的纠纷主体往往难以确定。

一是侵权主体多元。如水污染,以长江为例,具河海大学长江保护与绿色发展研究院近期一项调研报告显示,长江流域抗生素平均浓度为156ng/L(纳克/升),高于欧美一些发达国家。长江下游抗生素排放量居全国前三位,年排放强度大约为60.0千克/平方公里,严重破坏了长江流域生态系统。[②] 抗生素的具体来源,主要是养殖用料和医药排放,[③] 但长江流域两岸相关产业的工厂却不计其数,究竟是哪家工厂排放实施的污染行为以及各工厂污染的程度如何计算,在一定程度上是很难确定和分别的,直接影响到附近的居民生活,甚至会影响到下游的居民。

二是受害者多元。在传统的社会中,受害者往往局限于同一地区,人数往往只涉及几个或十几个,且受害者与污染者相互熟悉。但是随着社会的发展,人们对环境开发利用时,对环境造成的污染可能并不局限于某个地区,往往涉及区域与区域之间、上下游左右岸之间。由于环境污染具有潜伏性和积累性,受害者人数可能多达上百,甚至上千人。如2020年浙江省杭州市西湖区双浦镇湖埠村发生自来水异常事件,事故直接影响到446户。[④]

由于主体的多元性,在解纷过程中,可能会由调解转为诉讼。近年来,人民调解与诉讼的衔接程序的迅速发展,2002年司法部发布的《人民调解工作若干规定》中首次规定了人民调解与法院工作衔接的问题,为诉调机制的建立奠定了基础,2004年发布的《关于人民法院民事调解工作若干问题的规定》第一次提出了司法确认程序,为诉调衔接提供了法律依据,2009最高人民法院发布《关于健全诉讼与非诉衔接的矛盾纠纷解决机制的若干意见》(以下简称《若干意见》),该《若干意见》第一次提出诉调衔接的目标、任务等做了详细的规定等。司法改革实施后,一系列的司法解释的文件为非诉与诉讼的衔接的完善及实践指明了道路,2012年《关于扩大诉讼与非诉相衔接的矛盾纠纷解决机制改革

---

① 参见梁平、杨奕:《纠纷解决机制的现状研究与理想构建》,中国政法大学出版社2014年版第3页。
② 南京水科生态所所长、长江保护与绿色发展研究院生态环境中心主任陈求稳教授研究发现,抗生素及其代谢产物对不具药性的微生物、浮游植物、鱼类等水生生物有潜在毒理风险,破坏水生食物链的能量传递,进而影响高营养级生物及生态系统健康。
③ 长江流域抗生素污染调查,http://www.yunfalv.com/Content - 86168.htm,访问时间:2022 - 2 - 25。
④ https://www.sohu.com/a/415667354_261796,访问时间:2022 - 2 - 1。

试点总体方案》第一次提出了"诉调",构建诉调对接平台和完善对接工作。2019 年最高人民法院发布《关于建设一站式多元解纷机制 一站式诉讼服务中心的意见》提出了要建立一站式多元解纷机制、一站式诉讼服务中心的目标。这些司法文件的出台对化解矛盾纠纷、维护社会稳定取得了显著的成效。但仍存在以下两个方面:

一方面是诉调立法缺乏系统性。我国多地积极开展了人民调解实践工作,如 2000 年上海成立了我国首个市级人民调解工作指导委员会,并取得了不错的成绩,但人民调解与诉讼的衔接仍处于探索阶段。2007 年 8 月最高人民法院和司法部联合发布《关于进一步加强新形势下人民调解工作的意见》、2009 年 7 月最高人民法院发布的《关于建立健全诉讼与非诉讼相衔接的矛盾纠纷解决机制的若干意见》、2020 年 1 月最高人民法院发布《关于进一步完善委派调解机制的指导意见》等文件中都要求健全矛盾纠纷预防化解机制,完善人民与诉讼的有机衔接、相互协调的多元化纠纷解决机制。目前对于非诉与诉讼衔接主要分为四类:第一类是强制型衔接机制、非强制型衔接机制,这类是按当事人的是否有权选择进行分类;第二类是转化型衔接机制、非转化型衔接机制,前者是案件是指案件适用的解纷途径在经历衔接机制后发生了性质的变化;后者是指衔接机制仅限于从其他解纷主体处"借力",并不会导致案件解纷程序发生性质变化;第三类诉讼主动型衔接机制、非诉讼主动型衔接机制;第四类诉前衔接机制、诉中衔接机制、诉后衔接机制。[①] 但无论是何种类型,在案件的移送中都涉及诸多问题,如对违法事件的认定、证据的移送和认定、罪与非罪的沟通交流等。但目前对于"诉调"的相关立法比较零散、抽象,导致在实践中具体如何衔接缺乏可操作性。由于现有的立法大多数是地方法规,缺乏统一立法,各地只能结合现有的司法解释或指导性意见执行,且只在管辖范围内伸展拳脚。另一方面"诉调"衔接的顺位不明。环境污染纠纷解决方式是丰富多样的,当事人在选择解纷方式时会综合自身情况进行考虑:首先,当事人在选择纠纷解决方式时会进行反复权衡和比较,考虑何种方式更有利于维护自身的合法权益;其次,受历史的影响,公众对诉讼过分的进行推崇,使我们看到法律规范制定的繁荣景象,但很难体会到法律规范数量与纠纷数量之间的此消彼长关系,实践中司法难以应对大量的环境纠纷数量;[②] 最后,环境污染纠纷解决机制是由人民调解与诉讼的有机结合,形成一个整体,在选择过程中难免会出现"多元性的无知"。

三、环境污染人民调解制度的完善

"枫桥经验"是我国基层社会治理的成功方案,经过了不断的推广与纳入新的理念,至今依然具有旺盛的"生命力"。"枫桥经验"从最初的"对敌斗争"最终演变成为"小

---

① 参见陈浩:《诉讼与非诉讼衔接机制之探——以和谐社会为语境》,载《理论研究》2012 年第 2 期。
② 参见梁平、杨奕:《解纷解决机制的现状与理想构建》,中国政法大学出版社 2014 年版,第 113 – 117 页。

事不出村、大事不出镇、矛盾不上交"的基层矛盾化解本土治理资源。而环境污染纠纷与一般的纠纷相比,环境污染纠纷牵扯的主体、利益更广,影响也更加深远,容易使矛盾进一步的激化。"枫桥经验"作为基层社会治理的标杆和典范,要发挥出应有的价值。要结合"枫桥经验"的核心价值,让人民调解在最大程度上预防或减少纠纷的发生和激化,使纠纷化解在"摇篮"中。

（一）树立生态优先的理念

伴随着经济、政治、文化和社会的发展,公民的生态意识也逐渐增强。生态优先理念是对经济优先理念的超越,它要求人们从整体性视角认识生态系统及与自然的关系,意识到自身的经济行为具有生态边界并加以自我约束,按照生态伦理的要求行为模式,从而避免生态崩溃危胁人类生存与发展。[①] 习近平同志指出:"生态环境没有替代品,用之不觉,失之难存",因此,必须高度重视生态环境保护。而将生态优先从一种理念转变成实践,必须要借助相关的法律制度,加强对生态价值的保护和宣传。

一是贯彻环境污染预防原则。"枫桥经验"的核心要义的基本原理之一是"共建",即公民在生产生活过程中应该了解环境容量、生态阈值等,在对生态环境影响尚不明晰的情况下,应该对其采取谨慎的态度,尽可能地将环境污染降到最低。

二是在环境污染纠纷人民调解制度中确立生态优先。良好的生态环境是人类生存的必备条件,除了最低限度的的物质保障外,干净的水源、充足的阳光等都是人类生存环境的重要构成因素。人类为了追求更多的物质基础,大力开发自然资源。随着工业革命的兴起,城市化和大工业的出现,人口逐步集中,加速了环境的污染。在纠纷解决中,人民调解中依然是经济至上。马克思说过:"人们奋斗所争夺的一切都是同他们的利益有关"。受经济利益的影响,个人会成为受利益驱使的"经济人",为了追求自身利益的最大化,会不惜牺牲环境为代价,对环境过度的索取以获得更多的经济利益。

将生态优先理念转为实践,需要相应的制度予以规定,即在相应的法律法规中植入生态优先的理念。环境污染所引发的纠纷并不单纯的只是人与人之间的问题,更是人与自然和平共处的问题,为了社会的可持续发展,在环境污染纠纷解决时应当受生态优先理念的制约。

三是加强对生态环境价值宣传教育。应当定期地对公众开展环境保护的教育,树立尊重自然、顺应自然、保护自然的生态文明意识。让公众了解到环境价值高于经济价值,环境中的任何物质都是有限的,且部分资源是不可再生的,当人类直接或间接的污染环境时,必然会影响社会的可持续发展。

---

① 参见李嵩誉:《生态优先理念下的环境法治体系完善》,载《中州学刊》2017 年第 4 期。

（二）建立跨行政区域的环境污染纠纷人民调解组织

"枫桥经验"的工作重心就是及时地化解纠纷，意味着纠纷需要及时的化解，防止纠纷进一步的升级。环境污染纠纷大多数具有跨域性，使传统的人民调解体系逐渐陷入了应对新型纠纷的困境。依托街道、乡镇以及环保机关等基层组织的网络关系建立跨行政区域的环境污染纠纷人民调解组织，通过横向的沟通渠道，能够进一步的吸收原有治理资源。常态的跨区域人民调解组织是及时化解纠纷的必要前提条件，因此，跨行政区域环境污染纠纷人民调解组织的建立应该包括以下几个层面：

首先，通过制度和相应的政策来实现跨行政区域人民调解的常态治理。推进跨行政区域的人民调解组织的建立，并接受有关部门的监督，专门调解环境污染纠纷，同时明确跨行政区域环境污染纠纷人民调解委员会的工作职责、任职资格等基本程序。

其次，整合现有区域内的人民调解地方法规。梳理各地区人民调解法规政策，在解决环境污染纠纷时，对一些常见的问题（如污染物排放标准、评估方式等）维持统一标准或相同的规范。

最后，通过先进的信息技术，建立信息交流平台。"枫桥经验"在基层社会治理中具有"智治化"等特征。在信息化时代。大数据、云计算、人工智能等高科技不断的渗入在各行各业。构建有效的信息沟通和共享机制，使信息能够充分、快速的交流，有利于调解员能够快速地掌握相关信息，在调解过程中能够兼顾双方利益，做出合理的判断，同时能够保障公众的知情权、监督权等。一是在信息收集上，应该设置专门的机构和队伍，保证收集的信息是及时和准确的；二是在信息整理上，有条理的梳理现有的信息，分类整理，对难以理解的专业信息简单化，并建立流域环境信息目录；三是建立反馈机制，根据公众的需求，及时调整信息，建立流域环境信息公开社会对话机制，及时化解有流域环境信息所引起的矛盾或纠纷。[1]

（三）调解人员专业化

"枫桥经验"在基层社会治理核心之一是具有专业性。简而言之，由于环境污染纠纷涉及诸多专业信息，在调解过程中不仅需要专业的技术，也需要专业的人才。环境污染纠纷人民调解是否成功与调解人员所掌握的知识、技巧以及权威等因素相关联。由于环境污染纠纷在调解过程中需要专业性知识：一是信息的解读，调解员要及时地掌握相关信息并进行分析；二是调解过程中，对相关的法律法规和政策应该熟练地运用；三在责任认定上，需要掌握一定的相关专业知识，对环境污染程度进行初步的鉴定。因此，人民调解员

---

[1] 参见王华、郭红燕、黄德生：《我国环境信息公开现状、问题与对策》，载《中国环境管理》2016年第1期。

的职业性的法律知识以及相应的经验等显得越来越重要。提高调解员的专业化可以从以下两个方面出发：

一方面，借助行政资源和社会资源化解矛盾。在聘任调解员可以从相关领域的专家或者是有关行政机关中进行挑选，这些人员应当具备法学等相关知识和丰富的环境污染纠纷解决的经验，同时针对一些较大的、复杂的环境污染纠纷事件，人民调解委员会可以以组织的名义向相关的专家或者机构进行咨询。

另一方面要注重对新任调解员的培养。在理论上，定时召开理论学习和实践指导，聘请环境法等相关领域的专家对其授课，帮助调解员了解最新的立法动态；在实践上，有针对性的邀请实务部门的人员进行技术上的指导等。环境污染纠纷往往情况复杂且是突发性的，这就需要提升调解员队伍的专业性、行业性和应变能力。此外，调解员除了掌握一定的专业能力还必须有良好的个人素养，需定期对调解员是否符合岗位要求进行观察、评价。

（四）完善诉调衔接机制

习近平在中央全面依法治国工作会议中指出"坚持和发展新时代'枫桥经验'，不断巩固提升一站式多元纠纷解决机制建设……加强矛盾源头预防化解，方便群众公众、高效、实证性地解决矛盾，更好定分止争，实现公平正义"。随着时代的发展，"枫桥经验"所蕴含的程序法内涵愈加凸显，其中就包含"多元解纷"的理念和做法。"多元解纷"方式能够有效地节约司法成本，从而快速地解决纠纷。对此，可以从以下两个方面进行完善：

一方面完善"诉调"法律规范体系。人民调解与诉讼的衔接的目的是为了能够及时化解的环境污染纠纷，保障受害者的权益、减轻法院的受案压力，促进环境污染纠纷平和低廉地解决。[1] 人民调解和诉讼都是环境污染纠纷解决系统中的组成部分。系统中的各个要素并不是孤立存在的，而是相互依赖、相互互补，从而发挥最大的功效。[2] 人民调解能够快速的化解纠纷，而诉讼是公民权利最后的保障，是一种公共性的纠纷解决机制，相比人民调解，诉讼更具有权威性和正统性。[3] 但是在环境污染纠纷解决中并不能只停留在某一种解纷方式中，而是要结合各自的优点进行互补，形成多元共治、各尽其能，更加有效地促进人与人之间、人与自然之间的和谐共处。

另一方面人民调解优先于诉讼。"枫桥经验"历久弥新而精神内核始终不变，即尊重

---

[1] 参见刘加良：《非诉调解前置主义的反思与走向》，载《政法论丛》2020年第5期。
[2] 参见赫然、张荣艳：《中国社会纠纷多元调解机制的新探索》，载《当代法学》2014年第2期。
[3] 参见范愉：《非诉讼纠纷解决机制研究》，中国人民大学出版社2000年版第35页。

人民主体地位，发动群众、依靠群众、就地解决矛盾。① 这就意味将在纠纷形成之处或将要形成时就化解。通过人民调解将分流部分案件走向法院，同时也是对案件进行一个简单的分拣，使案件产生一个由多到少、由易到难的梯度变化。

四、结语

2020年7月，习近平同志在吉林省长春市考察时指出，"一个国家治理体系和治理能力的现代化水平很大程度上体现在基层"。基层是否稳定直接关系到社会稳定，基层的治理大有可为。随着工业化和城镇化建设的不断推进，环境污染日益严重，因环境污染所产生的纠纷也逐年增多。在解纷过程中，最先介入的一般是人民调解。调解制度自古就有，有着悠久的历史文化，经过不断的完善，调解被国外学者称为"东方一枝花"，其发展历程与我国国情息息相关。人民调解制度并没有固定的程序，在解纷过程中十分灵活，几乎全部由调解人主持，并依赖于调解人的经验、技巧和声望来促成和解。② 随着社会的发展，人民调解也逐渐进入"瓶颈期"。为了破解这种困境，在人民调解过程中有必要学习和吸收新时代"枫桥经验"，以优化人民调解制度，将更多的环境纠纷化解在"摇篮"中，以便更好地维护社会和谐。

Research on the People's Mediation System for Environmental Pollution Disputes from the Perspective of Fengqiao's Experience

You Ting

Abstract: At present, my country's environmental pollution disputes are increasing day by day, and people's mediation is generally the first to intervene in the dispute settlement mechanism. People's mediation has the advantages of advanced concepts, flexible procedures, efficient dispute resolution, and low cost. Because traditional people's mediation is generally applicable to disputes with a small number of people, a small scope, and a clear causal relationship, environmental pollution disputes are cross–regional, complicated to identify infringements, and multiple subjects, which lead to difficulties in the application of people's mediation. Therefore, in the process of improvement, it is necessary to continue to promote people's mediation, establish the concept of ecological priority, establish a people's mediation organization for environmental pollution disputes across administrative regions, and strengthen the construction of professional

---

① 参见卢芳霞：《基层协商民主与"枫桥经验"创新》，载《浙江工业大学学报（社会科学版）》2018年第2期。
② 参见吕忠梅：《环境法新视野》，中国政法大学出版社2000年版，第294页。

teams, Improve the connection between people's mediation and litigation, etc. , and provide suggestions for optimizing the people's mediation system.

Key words: Environmental pollution disputes, people's mediation, Fengqiao experience

以"枫桥经验"为例的民间规范对基层司法的完善作用研究

汤冠华* 潘晨雨**

>**摘 要** 在推进全面依法治国的道路上，基层司法扮演着重要角色。而民间规范是与人民群众的生活密切关联的、具有地方特色的规范。以"枫桥经验"为例的民间规范对基层司法的运作能起到积极作用，探求民间规范的治理模式对于基层司法之完善所具有的借鉴意义，从而提高基层司法的执行力。同时，就民间规范的作用如何充分发挥的问题，要通过辩证看待民间规范的司法适用度的方式探索。
>
>**关键词** 民间规范 基层司法 "枫桥经验"

一、问题提出：基层司法的高成本化与低认可度

我国幅员辽阔，不一样的自然、人文与经济条件孕育出不一样的社会实践，不一样的社会实践形成了不一样的民间规范。社会形态复杂多变，这就产生出对不同形态人群的需要。人们扮演各自的角色且在长期的训练与重复中形成该群体特有的行为模式和思维方式，这些都将通过不同的方式在司法场域中展现出来。法律规范的制定与完善是为了解决矛盾、治理社会，然而因社会矛盾的复杂性与法律本身的固有特性，法律在运行过程中无法兼顾全局。尤其是在基层社会，法律作用的发挥往往难以达到预期的效果，基层司法的不足之处则主要体现在以下两方面。

（一）基层司法维持秩序成本较高

法律是以维护社会秩序、保障广大人民权利为目的且依靠国家强制力得以发挥作用的

---

* 汤冠华，宁波大学法学本科生。
** 潘晨雨，宁波大学法学本科生。

社会规则。法律作用的发挥与人力、物力、财力等资源的投入密不可分，这些资源由公民产出，在通过整合后被运用于社会综合管理。然而社会资源是有限的，在发挥法律作用的同时也应考虑到如何将资源利用最大化以避免不必要的浪费。在基层社会的矛盾中，占比较大的往往是一些事实清晰、权责明确且带有人情因素在内的民众间小矛盾。这些矛盾虽小，但是处理起来却没有那么轻松：若是听之任之则可能由小化大，造成较为严重的后果；若是将之诉之法院，则会产生"小题大做"的现象。又由于司法制度是实体法与程序法的结合，因此将小矛盾严格遵循程序规范进行诉讼，除过程繁杂、费用较大之外，还有一个重要的问题——造成司法资源的浪费。现当下人少案多的现象较为突出，因此单纯利用司法制度来维持基层社会的矛盾会产生较高的成本，效果也会欠佳。

治理是促进社会发展进步的必要手段，维持社会秩序是其重要目标。当下的社会发展多元化、个性化等特点逐渐突出，这使得社会治理的内容愈来愈多、难度愈来愈大，从而导致社会治理的成本越来越高。在这样的情况下，一味地通过招收公务人员来扩大治理队伍虽在短期内有效，但终究并非长久之计。因此若要在控制治理成本的情况下实现社会秩序良好这一目标，可以考虑发挥群众自治这一方法。

（二）基层司法的公众认可度低

规则是治理社会、维护社会秩序的重要工具之一，规范与法从本质上说都是社会规则。法律，不是从来就有的，它是经过社会的演化与进步逐渐发展形成的。虽然在不同性质的社会中，法律的性质有所不同，但是它们都有相同的一点，任何社会的法律都是一种自上而下的强制性规定，并且法律一旦脱离了国家强制力这一靠山就将无法运行。这就可能产生一种"知法而不懂法"的现象。基层社会中的民众接触法律的机会往往较少，因此会难以理解一些法律条文背后的真正含义。这样的情况下，人与法的距离越来越远，公众对法律的认识程度与认可程度也会大打折扣，如此在基层司法中也会影响公众对法律武器的运用以及法律作用的发挥。

基层司法所存在的这两个问题是由其性质造成的，就现阶段来说，从根本上改变的可能性相对较小。而民间规范则是民众自主性管理所形成的经验制度，是源于人们对有秩序的和谐生活的向往而形成的自发性管理规则。民间规范因其源于民众且用于民众，因此在基层社会中会有一定的民意基础，民众对其运行过程也更为熟悉，这便与基层司法的作用在一定程度上形成互补。并且民间规范的运行主体就是群众本身，该治理模式的运行成本较低、形式也会相对灵活。其中，笔者就具有代表性的浙江诸暨枫桥的社会管理制度经验为例进行分析。在"枫桥经验"中，民间规范的司法适用度是一个极具研究价值的议题。在研究这一内容之前首先要说明的是，"枫桥经验"所属的民间规范与法治并非对立，而是相辅相成。所谓新时代"枫桥经验"的主要内容为"矛盾不上交，平安不出事，服务不缺位"。① 以"枫桥经验"为例的民间规范提倡基层社会治理在法治的前提下所展开，其主要治理模式包括村规民约的制定与运用、网格化综合管理、农村社会组织的运行以及特色人民调解。

二、以"枫桥经验"为例的民间规范完善基层司法实践的必要性

民间规范作为人类社会的行为规范，在最广泛意义上具有产生于民间和在国家规范之外产生作用的特点。它所包含的内容有乡规民约、民间习惯、行业规范、宗教规范、宗族规范以及民族习惯等各个方面的规范。民间规范所具有的地域性特点使得它们能够被所在区域的人们认可遵守，并在特定的时空范围内有较强的约束力。如梁治平教授认为，作为民间法类型之一的习惯法乃是生自民间，出于习惯，具有自发性、地方性的一种知识传统。② 目前依法治国、全面建设社会主义法治国家正值火热之际，司法制度在地方得以切实贯彻落实显得尤为重要。在这一过程中，民间规范对基层司法完善的必要性主要体现在以下几个方面：

(一) 以"枫桥经验"为例的民间规范是法律规范社会化的必要过渡者

民间规范是法律规范社会化的重要途径。"小事不出村，大事不出镇，矛盾不上交，就地解决"原则是"枫桥经验"的重要呈现，它主要依靠的是群众自治，依靠群众的力量来就地化解矛盾，比如"老杨调解中心"。此调解是人性的更是理性的，这便要求在调解的过程中要确定一定的标准规则，除了民间社会设立村规民约外，最为主要的调解原则就是法律法规。枫源村中人民调解的主要任务就是将简洁精炼而又书面化的法律条文与中国特有的礼俗道德相结合，再以通俗易懂的语言表达传递给群众，通过晓之以理动之以情的方法将矛盾就地化解，这也就是法律规范社会化的过程。接下来就从三个方面来论证民间规范对法律规范社会化的必要性。

首先，对基层司法机关来说，其在基层司法的运行中缺少实践经验且存在诸多不足，法治观念的贯彻需要民间规范的经验加成。"枫桥经验"诞生于二十世纪六十年代，发展至今已经六十年有余，虽多经变革，但是在基层社会治理这一方面，其所具有的实践经验相较基层司法更为丰富。基层社会关系琐碎而复杂，这对治理规范的灵活性、社会性与顺应时代变动性有着相对较高的要求，民间规范作为区别于国家强制规范的区域性自治规范，具有较强的灵活性与社会性，并且对该地域的风土人情有着较为深刻的理解，因此实践起来会有相应较为健全的机制、较为稳定的经费来源，与较为生涩的基层司法运行比起来更为轻松。枫源村的调解机构形成在民间，生活在民间，这就使得这些民间调解机构所

---

① 李攀、陈新禄：《浙江创新发展新时代"枫桥经验"》，载《浙江日报》2018年9月7日。
② 梁治平：《清代习惯法：社会与国家》，中国政法大学出版社1996年版，第127-128页。

形成的人民调解模式往往对民间社会的生活方式、思维习惯及其变化更加清楚、灵敏,处理起民间之事也更加得心应手。假若完全脱离这些民间规范的实践经验加成,基层司法在适应基层社会这一过程中会举步维艰。

其次,对于作为治理对象的民众来说,国家层面制度讯息的传达与其接收之间缺少转化桥梁,民间规范可有效发挥这一桥梁作用。社会治理讲求上传下达,国家发出的命令往往是以法律条文、规范性文件等较为严肃正式的形式来呈现的,而对于指令所要到达的人民群众来说以平和白话的语言和形式呈现的规则更好理解。民间规范就可以作为这两者间的沟通桥梁。村规民约又被称为"软法",枫源村组织推动村规民约的重新修订,加深了群众对司法制度中所蕴含的法治理念的理解。新时代枫源村村规的内容包含"自律守法规、自爱崇和睦、自重爱家园、自觉护山水、自治享和谐"五方面,其着重规范了那些扰乱社会秩序但又不至于上庭起诉的村民不良行为,轻则批评教育、舆论谴责,中则黑榜公布[1]、微信曝光,重则取消资格(入党、建房等)、赔偿损失。通过这一办法,枫源村树立了软法在村民心中的威严,同时软法中的某些条款也与法律条款有一定的相似度,使得群众可以从熟悉的地方习惯的视角出发来看待基层司法机关进行的调解与判决,带动群众主动了解基层社会综合治理,推动群众尊法、守法、懂法、用法等法律意识的提高。由此可见,民间规范既有与民众联系的社会性又有与国家联系的规范性。因此运用民间规范来完善基层司法是必要的。

再者,中国自古以来为"礼俗社会",若想要做到法律效果与社会效果相统一单靠从他国移植而来的司法体系是远远不够的,加强法律办法和民间规范之间的联系在一定意义上来说可以有效解决这一问题。社会治理所要求达到的不仅仅是法律效果,更是社会性的效果。"枫桥经验"能够成功并且历久弥新的原因之一就是他们作为民间规范的代表能够关注到民间礼俗文化对社会治理所能起到的独特作用。中华民族几千年来受儒家文化的熏陶,讲求以"礼"治国,更讲求以"理"服人,此理所指的不仅仅是法理,还有世俗之礼,这一点在乡村的体现更为明显。因此,在目前阶段想要完全通过法律来服人相对来说还有一定的困难。而民间规范诞生于民间、发展于民间、运用于民间,这使民间规范对世俗之礼的理解和运用更加得心应手,其社会化属性也展露无遗。社会治理也应该讲求因地制宜,在中国这片土地上要想真正实现治理方式既得到老百姓的认可又能够产生预期效果,关联法律方法和民间规范是必经之路。

(二)以"枫桥经验"为例的民间规范是弥补法治局限性的必要贡献者

法律调整具有强制力的特点和滞后性的局限,民间规范与基层司法虽然都属于一定范

---

[1] 枫源村有红榜与黑榜两种榜单,上红榜的为优良品德的村民,上黑榜的为破坏村秩序的村民。村中有"上红榜,有面子;上黑榜,丢面子"的说法。

围内的地方性知识①，在地方治理实践中能共同促进地方法治建设，但是法治所具有的这些局限性需要民间规范来调和。法作为体系来说是复杂庞大的，它与宗教、道德和习惯的主要区别在于他能够代表国家对公民的权力与义务进行权威性分配。基层司法的本质是法治，法治所具有的强制性特点和滞后性的局限是固有且不可改变的，这些特质的存在固然有其作用和意义，但是若不能这些鲜明的特性进行一些调和将会导致法治在基层社会的运与群众间的距离越拉越远。在治理体系中，法律规范与民间规范目的相同但路径不同，这两者的运行路径在一定程度上有着互补性。因此，在基层治理中用民间规范来中和基层司法运行带来的距离感是必要的，且经实践证明是切实有用的。

无论是法律规范还是民间规范，其治理的对象是整个基层社会，而社会的基本组成单位是人，因此若想要让社会治理的制度能够真正落到实处且适应社会就得先把握人这一主体。人是复杂多变的，因此对人的群体的治理绝非一种治理体系就能解决的，民间规范与基层司法携手共治才可能在一定程度上满足治理群众的要求。"枫桥经验"深入贯彻以人为本的思想要义，始终强调"尊重人、关心人、依靠人、提高人、为了人"这一原则的重要性。把"相信群众、依靠群众、为了群众、服务群众"作为"枫桥经验"的核心价值也可体现出以人民为中心这一原则的重要地位，从另一角度来说，这也是"枫桥经验"几十年来不断完善、历久弥新的关键之处。新时代，枫源村推行农村社区社会组织"5 + X"治理新模式②，开展孝德助力乡村风尚。通过社会组织举办乡风文明活动，弘扬清新正气，推进农村思想文化和精神文明建设，引导村民落后思想转变，树立新时代文明新风尚，以宽容心态对待他人，减少矛盾发生。同时深入村民内部，在举办日常活动中了解近期村民面临的纠纷问题，快速把握信息来源解决矛盾，提高服务村民的质量与效率。

庞德的社会利益说提示人们要关注社会制度与法律学说的实际效果，关注法律的作用而不是实际内容，并且注重法律与社会利益之间的联系。③ 法律的最终目的是规范社会规范人类，其关键在于法律与社会利益之间的联系，这便要求我们将社会治理的重心放在治理的最终效果上，观察治理的结果是否符合社会利益。基层司法与民间规范不论哪一个都

---

① [美] 克利福德·吉尔茨：《地方性知识：事实与法律的比较透视》，王海龙、张家瑄译，中央编译出版社 2000 年，第 273 页。法律就是地方性知识，地方在此处不只是指空间、时间、阶级和各种问题，而且也指特色（accent），即把对所发生的事件的本地认识与对于可能发生的事件的本地想象联系在一起。同时，他主张在一定的文化环境的基础上进行解释，要阐释符号活动背后的观念世界，揭示文化的差异性与多样性。

② "5 + X"治理新模式："5"是指乡贤参事议事会、红枫义警分会、乡风文明理事会、580 志愿服务分会、邻里纠纷调解会、村级社会组织，"X"是指不断发展的社会组织，如红十字会、枫桥经验宣讲队、文艺宣传队、篮球队等组织。

③ [美] 罗斯科·庞德：《通过法律的社会控制》，沈宗灵、董世忠译，商务印书馆 1984 年，第 1 – 18 页和第 34 – 54 页。本书提出了社会控制论与社会利益说，论述了文明、社会控制与法律三者之间的关系，认为法律的目的是"维护、促进和传递文明"。同时提出法律的任务就是实现正义，而正义是指"在最少阻碍和浪费的条件下尽可能多地满足人民的利益"。庞德的社会利益说主张法律是利益要求的结果而不是起因，法律或法律秩序的目的和作用，并不是创造利益，而只是承认、确定、实现和保障利益。

无法单独完成这一社会任务,在如今国家法律占主导地位的时代,若想完成真正符合社会利益的,符合人民群众利益的治理,民间规范的参与必不可少。若基层司法做不到实事求是,因地制宜,将法律法规结合当地实情并实现融合,那么实施司法执行的力度将大打折扣,不适用于社会实践的基层司法治理在人民群众中的认可度与遵守度下降,不利于地方社会可持续性发展。而民间规范是在本土滋养而生,是当地人们在长期社会运作下形成的规则秩序。由此可见,民间规范是基层司法的重要资源与补充,其对基层司法的作用研究是必要的,这对于推进建设社会主义法治国家法治建设真正落地生花具有重要意义。

(三) 以"枫桥经验"为例的民间规范是治理体系多元化的必要参与者

随着时代经济文化的发展,我们的世界正在朝多元化的方向步步迈进,多元社会的发展对多元治理的要求越来越高。在枫源村中,因邻里纠纷而引发的矛盾是社区内矛盾的主体,而法院对于审判这类复杂的民间纠纷具有一定的局限性。基层法院在法庭中对民事纠纷所做出的判决具有强制力,使得败诉一方不得不履行规定的义务。因此,单纯强制力的施加并不能有效缓解矛盾双方当事人的紧张局面,甚至可能加剧双方纠葛。而此后结果则可能为一次又一次的起诉,并因此加重法院所要处理的事务,浪费司法资源,其不利影响甚至会危害社会的和谐发展。相反,以"枫桥经验"为例的民间规范注重法治与德治相结合的理念,驻村干部与社会组织长期融于现实村情之中,网格化的综合治理模式将各类矛盾纠纷在网格内精准挖掘,担任网格员的村干部或乡贤集信息收集、法治宣传、服务三项工作于一体,对于农村中时常发生的邻里纠纷可及时到达现场了解实情,且网格员对于其所管辖区域内的每家每户都有着密切联络,深入群众并获得群众信任,较之于基层法官有更扎实的民情熟悉度,能更切实了解村民诉求、解决民间纠纷,从而促成矛盾双方的相互理解,达到可持续性强的和谐共处目的。由此不难看出单一的法治体系已经无法适应社会多元化的经济文化需求,如上述网格化管理的运行模式也应在实践中多加运用,结合传统的司法治理模式共同促进多元治理体系的完善。多元化这个概念在法律中一直被强调,但是先前强调的更多的是参与主体的多元化。吴汉东教授则指出,善治是国家治理现代化的目标模式,而"现代治理的核心特质在于治理主体的多元化"。[①] 笔者认为,在当下因治理对象多样化所引起的对治理体系多元化的要求更应受到社会关注。枫源村的治理经验告诉我们,在法治制度中只依赖国家强制力执行的法律是不够的,民间自发形成的各种规范与公序良俗不可或缺,也就是说正式的国家规范和非正式的民间规范应形成互补。正式规范与非正式规范都不是完美的,两者之间的有机结合才能在促进法治治理体系多元化的同时产生现实的效果。作为正式规范的基层司法所能提供的仅仅只是法治这一方面,若要做

---

① 吴汉东:《国家治理现代化的三个维度:共治、善治与法治》,载《法制与社会发展》2014年第5期。

到自治、法治、德治三管齐下的多元治理体系，以民间规范为代表的非正式规范不可或缺。民间规范的介入使得地方治理模式趋向多元化，对基层司法治理过程中无法直接正面进行解决的复杂民间纠纷案例进行有效补充，以地方习惯的方式缓解双方民众的纠葛。如谢晖教授所言，我们在选择让司法机关来解决社会纠纷时就应考虑到一个关键问题，那就是当司法机关在解决案情却受到法律根据不足这一限制时，为了解决纠纷他们可能会求助于那些被当地人用来解决日常案件的民间规范。这便意味着从与案件息息相关的民间规范中寻求和发现法律对法官来说是可行的，在这种情况下，民间规范就与国家正式法律一样都拥有了可诉性。[1] 综上所述，民间规范为地方多元共治提供了特色地方治理经验，民间规范也为地方复杂矛盾纠纷解决的基层司法困境指引了一条新路。

社会多元治理体系存在的必要性并不仅仅存在于理论层面，"枫桥经验"在解决具体纠纷时所充分利用的多元主体更加直观清晰地展现了民间规范的融入对社会治理的作用与贡献。如2020年10月23日，枫桥镇宣某驾驶一辆小型轿车与店口镇潘家坞村潘某所驾驶的三轮电动车发生碰撞，造成三轮电动车侧翻损坏，潘某后经医院抢救后无效死亡的道路交通事故。案件发生后，死者家属请求枫桥镇调委会调解。处理此案中，诸暨市公安局交警大队事故处理中队办案民警主动与老杨调解中心联系。调解中，调解员首先分别组织双方当事人查看事故现场视频实况，明确是非对错。其次，运用依法依规、以理说服的方式，多次向双方进行疏导规劝。同时，调解员在了解到被害人儿子与肇事司机平时相处友好后，利用双方平时存在的友好关系，说服双方提出人性化的要求，以免事后两家反目成仇，结下梁子，为日后多处矛盾纠纷的爆发留下伏笔。当双方难以达成共识时，则运用亲情、人情，提出人性化的建议意见，采用折中方式解决。在二次调解中，行为人方陈述家庭兑现经济的实际困难，对自己行为过错深表歉意，鞠躬道歉，赢得受害方的动情与理解。最后在双方亲属互为让步的基础上，双方在友好的气氛中握手言和，并送上慰问金2000元。[2] 法律实施的目的是为了维持社会秩序，推进社会发展。新时代"枫桥经验"积极发挥社会组织对司法治理的促进作用，充分体现德治、人治来辅助法治建设的多元思想。同时，老杨调解中心在枫桥派出所内设立调解室等措施的背后又结合了人民调解与治安调解等多种调解来增强调解的规范性与约束力。上述模式都有利于缓和纠纷双方的矛盾，以较为温和的方式促进案件了结。基层司法机关在处理案件时若能考虑实施类似"枫桥经验"这样调动村委乡贤、社会组织、公安机关等多元主体进行分工合作的方式，则在起诉前直接解决矛盾、一审阶段内协议调解、判决裁定平衡利益冲突等司法程序过程中，都可推动纠纷多元共治体系实施的进步。

---

[1] 谢晖：《初论民间规范对法律方法的可能贡献》，载《现代法学》2006年第5期。
[2] 通过参阅枫桥派出所老杨调解中心2020年调解案例汇总档案进行分析。

三、以"枫桥经验"为例的民间规范对基层司法完善的可行性

(一)民间规范的社会性契合基层司法涉及内容

司法制度是将法律应用于实际案例,切实解决现实矛盾纠纷的过程。而民间规范所涉及的主题往往是民事人身、财产矛盾纠纷等与地方民众日常生活紧密联系的特定具体案例,所服务的对象为基层群众和组织,是一个地方人文环境的集中体现,富有生活气息,被人们称为生活中的法。民间规范包含的这些事项,也同样是基层司法所重点关注的对象。日本学者高见泽磨在考察了新中国(至1997年止)解决纠纷的方式后认为,崇尚"和为贵"精神的中国人,即使通过诉讼手段解决纠纷,也遵循"说理——心服"模式而具有调解的性质。[①] 基层司法在作为国家法律制度的一部分,更多体现在对国家法理念的地方实施与检察,是为地方群众服务,促进地方社会可持续发展的制度。因此,民间规范体现的社会经验与基层司法需解决的地方纠纷内容有着共通之处。

枫源村为全面深化法治建设,培养村民法治素养,倡导用法治方式解决农村治理中的实际问题,促进乡风文明、家园和美、自治有序,根据《中华人民共和国村民委员会组织法》和有关法律法规,经广泛征求意见,村民会议表决通过,制定了本村村规民约。其将家风家训、本土风俗等元素融入其中,表达了枫源村守法讲规矩、家和万事兴、整洁美家园、青山又绿水、小事不出村的治理理念。如"不偷盗集体他人的林木、竹笋、果蔬、水产、畜禽,一旦发现作出相应的经济赔偿""严禁违法用地、违法开采、违法取土、违法挖沙、轧砂、违法殡葬"[②] 等规范便是根据本地的自然环境以及生产生活(枫源村以前支柱产业为高岭土开采)制定。"维护集体利益,不侵占国家、村集体的财物,不无故拖欠山林、水面、土地、房产等集体承包款、租金"[③] 等规范则是针对农村偷盗侵占、拖欠租金等行为产生的财产问题进行约束。基层司法机关也常常处理该类案件,枫源村的村规民约通过将这些多发民间纠纷的司法处理模式以通俗语言进行转化,进而从社会治理方面对村民进行规范,解决基层司法机关受理琐碎民间纠纷较多导致整体司法治理效率较低的问题。由此可见"枫桥经验"所涉及管理的枫源村生活生产秩序,也正是易引起民间纠葛的领域,与基层司法所处理的内容有契合之处。

(二)民间规范的地域性契合基层司法适用范围

由于我国地方特有的血缘关系和地域关系,民间规范在这个熟人社会中,通过长期的教化而逐步形成了被广为接受的行为规则。民间规范是某个地域内民众经过长期社会实践

---

① [日]高见泽磨:《现代中国的纠纷与法》,何勤华等译,北京:法律出版社2003年版,第212页。
② 《枫桥镇枫源村村规民约实施细则》(2015年4月20日经村民会议表决通过)。
③ 《枫桥镇枫源村村规民约实施细则》(2015年4月20日经村民会议表决通过)。

探索而凝成的地方特色经验，与该地域内的生产生活息息相关，在该地域内被不断加以推广和完善，是属于该地域的地方知识。由于民间规范的地域性，不同地方的民间规范因不同的地域文化环境而异，只是在本地范围内被民众接受，适用性有限。其实这个特点恰恰与基层司法的适用在范围上具有共通性。基层司法机关是连接国家与地方司法共治的桥梁与纽带，是将国家法律制度在地方贯彻落实的重要机关，而由于每个地方的法院、检察院权力有限，所管辖的是特定地域范围内的事务，故只能对本地方发生的矛盾纠纷作出调解判决，与本地的风俗习惯有着直接接触，因此具有一定的地域性。地域性契合了民间规范的主要特点和基层司法的适用范围，为民间规范与基层司法的结合提供了广阔的空间，也为基层司法对该地域的民间规范进行吸纳、改造创造了良好前提。而且，这也表明了民间规范通过基层司法应用的方式来加以处理才能更具有现实可行性。

"枫桥经验"创新管理机制，推行网格化管理，实行基层治理"一张网"。在化解群众矛盾方面，枫源村将曾经的大悟、大竺、泰山三个自然村划分为三个网格，每个网格配备"一长三员"，即网格长和网格指导员、专兼职网格员。[①] 网格员每天进行移动管理，发现村务管理的死角与群众矛盾纠葛，并将问题及时上报，对村民的诉求问题，按照受理、分流、督办、反馈四步办理。村一级快速受理，迅速处置。处理不了，上报镇里，镇村两级协调解决。网格长与网格员通过走访、接待、电话联系多方收集的信息。"网格化"管理需要本村村民进行参与，是在枫源村的本土范围内施行的治理体系。面对村内复杂纠纷，枫源村村委还与枫桥法庭合作处理，也表明基层司法机关调整的为权限所定范围内发生的社会矛盾，具有较强针对性与专业性。"走村不漏户、户户见干部"，网格化管理有效解决了基层司法实践的最后一公里，拉近了法律与群众的距离，因此实现民间规范对基层司法的完善作用在地域上具有互通的可行性。

四、充分发挥新时代民间规范的重要作用——以"枫桥经验"创新转型为例

党中央提出新时期法治建设的十六字方针中的要求有"公正司法"。司法的公正与否，不仅在于构建一个和谐严谨的法治社会，而且在于要能够使得司法满足民众需要。郭声琨同志提出了"五个坚持"，即"坚持党的领导、坚持以人民为中心、坚持自治法治德治、坚持预测预警预防、坚持基层基础建设"的要求。在了解了民间规范对基层调解所产生的重要作用后，我们更应将民间规范等重要资源利用发挥至更大的价值。辩证看待民间规范作用，提高其对基层调解的可适用度，以期对推进中国特色法治建设大背景下的基层社会综合治理有所帮助。

[①] 庄滨滨、李国亮：《乡村治理的枫源村样本——解码"新时代'枫桥经验'"（上）》，http://www.dzwww.com/xinwen/guoneixinwen/202012/t20201223_7429737.htm，访问日期：2021-3-27。

（一）对民间规范进行有效引导规制

民间规范只对特定地域范围内的民众起风俗习惯、道德规范等约束作用，作为长期积淀的社会经验，存在一定的滞后性。农村经济发展落后、村民公民意识薄弱、农村法治建设滞后、村干部懒政怠政或权力集中等多重原因困扰着农村善治目标的实现。以前枫桥镇的治理存在靠管、吓的老办法。据记载，由于"文革"的消极影响，枫桥镇檀溪公社泉四大队一部分社员法制观念淡薄，乱砍山林、小偷小摸经常发生，社会道德风气也不好。于是这个大队党支部根据有的干部社员建议，搞了八条公约，但是没有经过民主讨论。公约的条文中规定对小偷小摸要"挂物游斗"，还有的乱罚款、剪头发、打骂等①。这样的公约没有建立在公社人员多数服从的前提下，不是该秩序下社员意志的共同体现。同时"挂物游街"等处罚方式虽对社员起到了一定威慑作用，但这侵犯了社员的人格尊严，没有考虑到犯错社员的人权保障问题，反而增强其逆反心理，产生"反正脸已丢尽，没有什么再羞耻"的思想，助长下次违规的情绪，造成最后"越体罚偷得越厉害"的局面。后干部针对乱象，统一了制订公约的思想，即做到两个"清楚"，提倡什么，反对什么，是非清楚；守法，违法，界限清楚。执行公约做到两个"为主"，即以表扬遵守法纪的为主，对违反公约的以耐心说服教育为主，不搞乱整乱罚的"土政策"。公约的修改体现了保障人权的原则。通过教化改造的形式对社员进行思想教育，从精神层面起到警醒作用。由于社员所犯错误并非大事，无须上升为法律程序，因此以耐心说服的方式进行处理既达到教育的效果又恰当保全了当事人的人格尊严。

随着社会的不断进步，特别是随着社会的流动性与开放性不断增强以及社会主义市场经济的蓬勃发展，部分以"枫桥经验"为例的民间规范已不符合现代社会的发展规律，对地方法治会起阻碍作用。这些民间规范需要采取相应措施进行有效引导规制，改善其治理氛围，使得矛盾纠纷在根源上加以防范与解决，降低群众诉讼信访频率，进而缓解基层司法运行的压力。笔者认为，有效引导和规制以"枫桥经验"为例的民间规范应从合理性与合法性两方面出发，在实质上不背离人权、在形式上不悖离法律的框架下，对其进行转型。其中可包括以下三个方面：

第一，强调个人人权的享有和保障程度应建立在对他人人权的维护和尊重上。新时代"枫桥经验"注重三治融合，其中德治建设中，枫源村村委经过对本村文化精神、文明理念的提炼，筛去以往红白喜事兴办、田埂占地为主等陋习惯思想，总结出"风正、家和、业兴、村安"五条德治理念，建立文化礼堂，弘扬新时代的村史村训。② 与此同时，乡贤参事议事会、乡风文明理事会等社会组织弘扬优秀传统文化，组织慈善公益活动，落

---

① 蔡毅：《〈治安公约〉"约"出好风气》，载《绍兴晚报》2018年9月27日。
② 笔者外婆家住枫源村，在枫源村的民主法治村简介长廊中了解到该五条理念。

实执行《枫源村崇尚文明、移风易俗倡议书》内容，引导、约束村民破除陈规陋习和封建迷信行为，促进村民形成乐于助人、心胸宽广、邻里和睦、乐善好施、生态环保等思想，让村民在耳濡目染中学习文明理念，从思想层面提高尊重和维护自我与他人人权的意识，为人处世友善为先，减少发生矛盾的前提，从源头减少矛盾发生数量。

第二，强调群体人权，决策实施体现群体意志。新时代"枫桥经验"创新决策机制，让群众当家，推行"三上三下民主治村"。"一上一下"收集议题，村两委会集体研究讨论议题，入户采集村民意见；"二上二下"酝酿方案，村两委会集体讨论收集议题，民主恳谈法律顾问专家论证；"三上三下"审议决策，村两委会党员审议，村民代表无记名投票表决。议题来源于村民日常生活中的不便以及纠纷，议题决策征求村民意见投票表决，其中村委所做的为问题收集与议题商讨，在这一过程中，村民知情权、参与权、决策权、监督权的落实和保障在很大程度上重构了村干部和村民之间的信任关系，有利于村干部和村民之间关系的良性发展，有效避免了村干部垄断决策或盲目决策的问题。"三上三下"以形式多样的基层民主协商形式，营造了良好的民众参与氛围，让众人的事情由众人商量着办，找到全体村民意愿和要求的最大公约数，有效促进群众在基层公共事务和公益事业中依法自我管理、自我服务、自我教育、自我监督，进而推进基层社会治理现代化。

第三，强调依法治理，将法律作为规范治理的前提。枫源村开辟村口法治文化公园、江边法治长廊，将法治元素深入群众视野，营造浓厚的法治氛围。完善村级公共法律服务点，与公、检、法、司建立指导调解联络站，落实农村法律顾问"六个一"制度①，将村级法治建设可作为、有作为，让群众学法、懂法、守法。建立"法润枫源"五级微信塔群，及时传达法律法规内容和收集上报社情民意，读法规、评热点、解决生活法律事务等一应俱全，让村民学法渠道更加多元和便捷。让广大党员干部群众形成办事依法，遇事找法，解决问题用法，化解矛盾靠法的法治理念。群众法治公民意识提高，减少了以武力等粗暴方式发泄情绪的方式，而是通过请求村委和调解中心进行维权，避免了矛盾激化；干部依法疏导能力增强，避免了以权压人、武断决定的陋习，用法律法规向双方进行解释，促进调解的成功。

从"枫桥经验"的转型成功中可知，引导和规制更侧重于对民间规范进行筛选，去除其中不符合公序良俗、不代表群体意志或落后于时代发展的规则从而使其有价值的制度得到更好的发展。当然，也只有剔除这些糟粕的灌输之后，民间规范才有更强动力去创造新的地方经验。因此，引导规制过程中，群众可能无法短时间抹除这些陋习的思想，但最终会形成较强的法治理念，在新时代下总结制定新的民间规范。

---

① "六个一"制度：每天至少要发一条有关法律法规的微信、每月一次下村服务、每季度一次法治讲座、每一年搞二次法律宣传教育活动、每年一份村"法治"提升建议报告、每村一卷法治档案。

（二）基层司法应辩证借鉴民间规范运行模式

民间规范是基层社会治理的重要资源，具有较高的参考价值。"枫桥经验"紧跟领导，稳抓稳打发展基层群众工作，形成了自身独特、完善的一套治理体系。司法的运行情况在一定程度上展现了一个国家、社会法律的权威与否。若一个社会的司法运行稳健而高效，那么大体就可以知这个国家的法律有较高的权威性，且国家治理相对成功。相较于民间规范，法律是依靠国家的强制力来保障实施的，是社会运行的最高准则。同时，民间规范则是形成于民间的、因自下而上的权力赋予而形成的一种自治管理制度，是为地方群众普熟于心且躬身笃行的地方经验。由此可见，民间规范与法律目的相同但是运行路径不同，假若在基层社会中基层司法活动能将民间规范的运行模式融入其中，则既能保证法律的强制力也能够从民间规范的运行中获得治理经验，实现法治与自治相结合。

因此，在基层治理这一方面，基层司法的适用范围更广，民间规范相较来说经验更为丰富。新时代"枫桥经验"的发源地枫源村设立了综治中心，实行民情通网下标准化建设①，通过综合治理来精准解决矛盾，避免不必要的工作转移到上级，做到了分工明确、各司其职：

第一，冲突问题及时知悉。村干部会定期拜访所管村户，并且运用三级分析制度对他们收集到的信息进行分析，其中重点关注群众提出的热点与难点问题。通过定期踩点考察的方式，村干部在负责的民情网络下可不断接收群众对于社会治理的新问题、对邻里关系的新矛盾，将问题纠纷的信息及时刷新，从而实现灵活化解决机制。这对基层司法实行精准对位案情而言便有较大的借鉴意义。基层司法机关接收案件量大且纠纷多，而其中有占比较大一部分是村民不满村委会决议行为、村民之间的民事冲突纠葛、农村家事矛盾之争等情形，较大程度上这些案件的矛盾冲突会上交至诉讼程序则是由于基层司法机关、公安机关程序较僵化，未及时向群众收集案情信息，导致较小纠葛不断激化。且法官、检察官对于原被告之间的利益关系、社会关系等民情并不熟悉，在判案中无法以饱满的双方视角对案情进行法律分析，审判结果可能会有偏颇或不周之处。借鉴上述定期考察模式，基层司法机关可定期在管辖地域内按区域划分，派遣域内司法工作人员与驻村干部合作展开村情调研活动，深入群众内部，及时从根源收悉纠纷矛盾，了解农村人情社会里村民发生利益冲突的根本缘由。

第二，矛盾纠纷就地化解。枫源村每周二将举行村级民情分析会，简单的村里直接解决，疑难的通过网上平台提交每月一次的镇级民情分析会加以解决，每一季度都会举行一次市级的民情分析会，加强分析研究，及时分解办理。与此同时，针对群众所反映的各类

---

① 尹华广：《农村基层党建法治化：科学内涵、时代价值与实现路径——以"枫桥经验"的创新发展为例》，载《长春大学学报》2017年第11期。

诉求村委会进行包括受理、分流、督办、反馈等多个步骤的办理，以确保事事有回复、3件、5件有着落。① 面对基层司法机关处理案件压力大，处理案件效率低的痛点，让小矛盾就地化解的模式对其提高司法治理效率，推进普法下乡工作有着参考价值。基层司法机关可联合所管地域内各级村委定期举办民情案件交流会，将期间处理的典型村民矛盾纠纷案件首先向村干部进行讲解，使其熟悉对于此类案件的法律流程，在日后针对类似轻微矛盾纠葛时可发挥自身法律储备将冲突就地化解，及时化解纠纷，把矛盾消灭在萌芽状态，无须再诉至司法机关。同时，村干部在会中向司法工作人员汇报村治理现状，众人共同研究阶段法治需突破的治理方法，将村民诉求真正落实，做到基层司法真正与基层融合，服务于基层。

"枫桥经验"在解决实际地方纠纷时，人民调解为主要的调解模式，并与法院调解、治安调解等其他调解方式相配合，从而达到高效配置资源、及时解决矛盾的目的。通过对枫桥老杨调解中心2020年调解案例汇总的分析，我们可以总结出"枫桥经验"人民调解模式在诉前调解中成功的几大法宝，若将这些调解经验也融入基层司法治理中，对于双方友好解决纠纷，达到案结事了的目的有着借鉴意义：

第一，背面结合调解法。在与双方当事人进行沟通时，调解员并不是先将双方约定在同一地点进行商议，而是通过分别上门进行疏导，了解双方诉求，从不同角度熟悉案件发生的完整过程。由于发生纠纷的双方正处于情绪激动阶段，所以贸然将他们约谈合议反会影响调解秩序，同时为了维护自身利益，双方说辞也会偏向于有利于自己的一方。而先进行"背靠背"式的交流，能让调解员从多方面了解案件起因，甄别梳理真实情形，客观分析双方要求，并在没有纠纷另一方的情形下向当事人强调法律原则与具体的法律条款，讲清应负的法律责任和民事赔偿责任，使当事人较为冷静地理解自我处境，从而提出更合情合理的诉求或底线。当双方都已明白大致内容后，调解员再采用"面对面"的方式进行交流，在调解室内对双方仍存在的诉求差距进行协调，强调和睦友好的原则，最终令双方自愿达成调解协议，让整个调解进程变得更为顺畅。

第二，折中调解法。调解过程中，为使双方当事人对结果都表示认可，调解员会在释法说理、凭据核算、实事求是的基础上，充分发挥亲情友情的调和作用，劝导受损方适当降低赔偿金额，行为方多给点人性化的补偿。相对于司法判决的一锤定音，老杨调解中心调解员采用折中调解法则提供了更宽松的责任赔偿措施，使双方对于赔偿协议有更多商量余地，而非通过法律强制力规定硬性采取行动，有利于更多参考双方实际情况，以缓和友好的方式协商达成一致意见，令双方都能以一个能接受结果的心态解决纠纷，做到案结事了，避免日后矛盾激化。

---

① 卢芳霞：《"枫桥经验"：走向社会治理》，浙江人民出版社2020年版，第128－131页。

第三，群众参与调解法。治安调解①范围有限，多针对违反治安管理行为的民间纠纷，而面对范围更为宽泛的各种民间纠纷则效力不够。因此，人民调解下的调解员在面对调解困境，双方要求无法达成一致的情形下，会充分调动群众力量进行调解。运用亲情疏导、群众力量大家聚、调动社会组织等方法，调解员与热心村民共同对双方当事人做好思想工作，以理说人。同时由于村镇存在地域限制，村里的各家各户总有着千丝万缕的联系，此时若通过了解走访可以找到一位与双方都保持亲密友好关系的群众，则对日后调解成功有着重要推动作用。如在老杨调解中心受理的一起案件中，枫桥镇泗村村民周某在村集体土地上种植蔬菜搭建的大棚被大风吹倒。在修复大棚时，同村村民魏某因其信佛，利用迷信理论阻止周某修建大棚。双方矛盾激化后，虽经调解员多次疏导，但双方当事人对经济赔偿的请求差距仍较大。事后，调解员了解到双方当事人对同村村民周同志都有信任感、亲情感。为达到就地解决的目的，调解员邀请了周同志，运用亲情调解法做好双方工作，经过规劝，双方都做出让步。案例中志愿者周同志的出现让僵持的双方发生了转变，调解员再加以反复协调，最终达到纠纷就地化解的目标。②

然而，民间规范并不属于国家法律体系中的一部分，不具有法律约束力和国家强制力。公丕祥教授指出，将民俗习惯引入司法过程中，有着正当、合理的现实需求，能够有效化解社会矛盾纠纷。民俗习惯在司法中的运用的限度和边界，主要是：运用于司法审判中的民俗习惯应当是善良的、补充性的和规范的。③因此，想要更大效能地发挥民间规范对基层司法的作用，还需要对民间规范进行辩证分析和"扬弃"，应以尊重国家法的规定为界，以辅助性规范为主，只有在国家法的调整严重背离人权、国家法存在调整漏洞的前提下，民间规范才能作为补充性规则。以"枫桥经验"为例的民间规范主要解决"大法不犯，小法常犯"的问题纠纷，面对此类问题，大量案件诉至司法机关会加重其工作负担，枫源村通过咨询枫桥法庭以及专业人士联合村委村民共同制定新时代下的村规民约实施细则，在乡风文明、美丽家园、民主自治、平安建设四个方面对乡村治理提出规范性要求。该村规民约的制定有两个方面的优势，首先明确了枫源村社会治理的具体准则，在老杨调解中心、娟子调解工作室实行调解时可以借鉴该村规对村民进行通俗解释；其次，当枫桥法庭法官审理案件遇到没有具体法律法规可适用时，该村规民约可做补充裁判依据对双方当事人的行为进行判决裁定，弥补了法律的漏洞。

当然，基层司法机关在将民间规范纳入司法程序前必须要做的是对所在地的民间规范作大量考察、调研，充分全面挖掘民间规范资源，广泛听取民众的意见建议，确保融合了

---

① 治安调解是指公安机关依法对因民间纠纷引起的违反治安管理行为的调解处理。治安调解必须具备的条件：一、必须是因民间纠纷引起的违反治安管理的行为，民间纠纷是指公民之间各种民事权益争执；二、必须是《中华人民共和国治安管理处罚法》规定的调解范围；三、必须是已经构成违反治安管理的行为，应当受到治安处罚的行为；四、必须当事人各方由自愿接受调解的意愿；五、治安调解必须是公安机关认为可以适用调解的。
② 通过参阅枫桥派出所老杨调解中心2020年调解案例汇总档案进行分析。
③ 公丕祥：《民俗习惯运用于司法的价值、可能性与限度》，载《人民法院报》2007年8月30日。

民间规范的司法系统能更高效地解决基层矛盾纠纷，进行有效的调解。民间规范赖于地方的人文环境，若是基层司法未能结合地方实际看待民间规范，则无法达到公正、中立的效果。地方在行使司法权时，要吸取那些有利于法治发展、有助于保护公民权利等充分发挥正能量的民间规范。"枫桥式"人民法庭创建活动[1]始于2013年7月。由于社会利益格局调整、公民法治意识增强以及互联网技术的发展，传统社会管理模式下的"枫桥经验"已难以适应现代治理要求，急需创新升级。同时，随着基层矛盾不断进入诉讼领域，基层法庭不堪重负。在此情况下，"枫桥经验"的内涵不断与时俱进。新时代的"枫桥经验"不但包括矛盾化解、平安建设等元素，还添加了共建共享、高效服务等新元素，将新时期"最多跑一次"等热点制度融合其中。这符合"枫桥经验"的基本内涵，具有绍兴人民法庭的特色，是吸纳民间规范进入基层司法的成功案例。

五、结语

基层司法目前面临维持秩序成本较高、群众认可度较低等问题，在推进基层法治建设中存在阻力。"枫桥经验"历经50多年的改革创新，对于地方本土资源的治理有着重要借鉴意义。针对基层司法的现状，以"枫桥经验"为例的民间规范拥有特色村规民约、特色网格化综合管理与特色人民调解模式，在法律运行实践不足，法律滞后性、程序化局限的问题上，"枫桥经验"实行自治、法治、德治三治结合的治理方式，能促进法律效果社会化，拓展纠纷解决途径，是法律规范社会化的必要过渡者、弥补法治局限性的必要贡献者、治理体系多元化的必要参与者。从"枫桥经验"解决民间纠纷的案例中看出，民间规范在社会性与地域性上契合基层司法涉及内容与适用范围，为其起完善作用提供可行性参考。同时，充分实现新时代民间规范对基层司法的完善，需要参考"枫桥经验"综合治理模式以及人民调解典型案例，为引导规制民间规范和基层司法辩证借鉴其运行模式提供指引，在保证不扼杀民间规范创造活力且不违背国家法的基础上，寻找民间规范与基层司法互融的界限与准则，最终实现多元共建、共治、共享的国家司法治理格局。

Study on the Perfection Effect of Folk Norms on Grassroots Justice Taking 'Fengqiao Experience' as an Example

Tang Guanhua　　Pan Chenyu

Abstract：Grassroots justice plays an important role in promoting the comprehensive rule of law. The folk norms are closely related to people's lives and have local characteristics. Taking

---

[1] 卢芳霞：《"枫桥经验"：走向社会治理》，浙江人民出版社2020年版，第215-230页。

'Fengqiao Experience' as an example, folk norms can play a positive role in the operation of grassroots justice. In addition, exploring the reference significance of folk norms' governance model for the improvement of grassroots justice can enhance the execution of grassroots justice. At the same time, on how to give full play to the role of folk norms, we should explore the judicial application of folk norms dialectically.

Keyword: folk norms ; grassroots justice ; 'Fengqiao Experience'

(编辑：彭娟)

学理探讨

中国传统法文化中的鬼神报应[*]
——以古典文学为材料

易 军[**]

摘 要 在中国古典文学大系中，隐含着士人追求的鬼神报应观念。通过文学的形式构建了一套正义的乌托邦，并塑造了一个庞大的观念结构。包括报应的主体、报应类型、报应结果等。鬼神报应是建构在文学系统中的一种非正式制度，具有民间非正式的诗性正义的特征。鬼神报应来源于民间信仰。鬼神报应揭示了理想与现实的差异，反映弱者寻求救济的正义伦理，也体现他们救济天下的普世情怀。由于鬼神报应属于正义的想象，人们实现正义的目标仍然是法律正义，从正义的乌托邦到法律正义，是一个必然的选择。但鬼神报应通过文学形式的确有助于传播一种正义观念，并影响到封建体制的政治秩序。

关键词 古典文学 鬼神报应 士人 善－恶

引 言

纵观中国古典文学，诗词赋、戏曲杂剧、散文小说（尤其是传奇和志怪文学）、成文的神话传说或其他文学体裁，都隐藏着庞大的法律文化体系。文学是法文化的重要载体，有重要的法律/法学功能。正如学者指出，"文学往往通过法律故事来表现作案经过、侦察手段、法庭诉讼与裁判过程，以及由此所表现出来的司法制度和作者的司法观念。"[①] 各种意象的司法成为文学的重要叙事方式，通过文学去建构符合民众认知的公正系统，正是

---

[*] 本文得到国家民委中青年英才计划人选项目（2020年度）、国家社科基金项目"法治视域下乡村习俗异化的多元治理研究"（19BFX012）等资助。

[**] 易军，法学博士，北方民族大学法学院教授。

[①] 康保成：《如何面对窦娥的悲剧》，载《中国社会科学》2006年第3期。

文学的正义诉求长久不衰的主要原因。文学成为宣泄不公平、表达利益意图和正义观念的途径。其中有两点值得重视：一是大多数中国古典文学（尤其是冤案文学）无不以报应观念为主要素材，塑造了众多经典形象；二是多数作者属于士人（士大夫）阶层，代表底层民众和大部分知识分子的正义共识。

报应文学在一些经典著作中经常遇到，如《十五贯》《赵氏孤儿》《窦娥冤》等，其中掺杂着鬼神报应内容。而《聊斋志异》、"三言二拍"几乎以鬼神报应为主线。甚至所有有关鬼神报应作品从唐（甚至更早）到清中期作为主流来书写，尤其是小说方面，其中明清两朝为甚。《夷坚志》《搜神记》《太平广记》等志怪文学有大量鬼神报应素材。纪昀的《阅微草堂笔记》有描述鬼神报应的情节。这些不同文学体裁代表民间报应正义的多重表达空间，并通过书写、叙事构建一套非正式司法，成为中国法律文化独树一帜的文本体系，进而形成独具特色的正义机制。所谓鬼神报应，即古典文学通过虚构故事情节设置一套神灵司法体系，对日常争议及事件通过本土鬼神介入的方式复仇、调处或判决，有类似于人世间的各种审理制度。这种报应是虚拟化的观念系统，它是宗教报应的一种形式。鬼神报应的观念基础是民间信仰或宗教。在科学不发达和各种神秘主义普遍弥散的古代社会，天人感应、自然天道思想和鬼神崇拜观念成为个人之间恩恩怨怨所借用的工具和寄托。鬼神报应的外在结构是鬼神司法，通过这种民间司法观念，古典文学中正义诉求以虚拟审判的形式被士人设置一套报应正义，其实就是落魄的文人通过理想司法制度来追求他们想要的结果——一种正义的"乌托邦"，进而隐喻社会现实困境和士人阶层的期求。这种想象的正义宇宙，通过文学传播抚慰着底层民众受冤意识及其伤痛心态，建构符合特定人群的理想主义天国。

法学界关注文学中法律文化的叙事，形成不同的分析范式，但较少重视鬼神司法所隐含的报应正义观念，来自社会学和人类学的研究反而更为深入。分析这个问题的意义，在于通过文学中的鬼神信仰（文学中的法律/法学）来理解传统中国正义观念的法理基础，为构建传统中国的法理学及法文化无疑不可或缺。但鬼神报应与法律、正义之间有很多问题没有得到解决，通过文学书写能实现正义吗？通过鬼神实现某种虚拟报应反映传统中国士人的何种心态？鬼神报应的法理根基如何？如何理解鬼神报应本身的属性？等等。基于上述疑问，本文就鬼神报应的结构要素分别论述，以考查其机制构造，主要有鬼神报应缘起，考查鬼神报应的渊源和依据；鬼神报应的主体，即谁来实现报应的问题；鬼神报应的类型，更多涉及报应的观念；鬼神报应的实现逻辑（因果及其果报），即因与果的归因关系及其果报的具体方式；鬼神报应的属性及社会功能做法理学的简要分析，并以整体视角系统地揭示这一套机制和观念，来看中国古代法文化隐含的传统法理学的思维逻辑。

一、报应缘起：缘与孽

鬼神报应缘起（一种实质渊源）主要基于心理学意义上的报的观念，引申出报偿正义的心态，即报应归因。古典文学素材很大部分来自对制度救济失败下的私力选择，在传统社会中这种私力选择背后是不断生产众多有冤不报的情节和正义感知，即天理难容的恶性行为判断，通过冤案抗争能够吸引公众同情和社会力量支持。"这种恶性判断隐含的天理、事理、情理、道理表现为生而具有的先验性特点，反映人们内心存在着朴素的等价有偿的原始正义观。"① 在此基础上，通常的报应表现为：以善对善、以善对恶（善报）和以恶对恶（恶报）。凡是基于这三个原则生成的任何冤案文学都成为鬼神报应之缘起（渊源）。惩罚恶行通常以神显示的上述自然理性，表现出理性的自然意义和非理性的直觉公正。它传达人与天、与地、与自然环境和神秘力量的理想化的原初秩序。可见，这种报应性正义根植于人性和自然理性本身，构成责任和惩罚的正当性依据。它告诉人们在社会法则中的道义要求和行为边界，即恶的遏制，一旦突破边界，就可能引发内在潜藏的报偿回应。与此同时，鬼神报应又天然地隐含着原始宗教、民间信仰和制度宗教，与宗教信仰相关联的心理要素植入进来，找到人与某类力量之间连接的确切的关联逻辑，以便寻求冤案事实（前定）—心理—报应之间的渊源关系，为报应提供合理的根据。根据这种逻辑、自然理性和宗教影响，就其表现来看，缘与孽是报应的两大缘起条件，并衍生出仇、冤、辱、恨、气、命等众多报应的归因要素。

宗教语境中，缘是在无时空背景、无根据情况下的一种关系注定，从而为看似无相关的事物之间提供因缘关系的根据。在冤案叙事中，缘主要反映鬼神报应主体的关系状态。明清之际的古典文学大部分都涉及这方面内容，在清中后期尤甚，表现为从人与人的未解问题转入到人与自然的关系方面，即人如何面对、理解、关联与未知自然的关系问题。报应正义的实现恰恰来自双方注定的缘，可能是孽缘关系，产生的因果逻辑解释了报应正义背后双方的关系模式。概要地说，缘是鬼神报应的逻辑起点，对报应正义起着基础性建构作用。叙事的惯常思维是：当人与未知领域发生关联后，人与自然就形成一种缘，即一个人与社会、他人、神灵以及世间万物的际遇，从而具有因缘，即缘起。传统中国人相信一切关系都是命中注定的，用"缘"的信念来强调各种现实人际关系及其发展变化的必然性，确信尘世万物具有先验性的关联。因而"缘"是一种宿命的信念，认为远在现实的关系之前，已经前定了某种特定人际关系的必然出现，而且"还决定了关系的形态、长短和结局等"②。宿命主义找到了鬼神报应的逻辑，任何果报都可以从缘起中找到因，使报的因果逻辑有着固定因缘关系。一旦这种关系进入与恶害相关的情势时，双方就是孽缘（不好的缘分）关系。无法改变的孽缘情势渗透到人生过程，这种缘可能与日常生活连接起来形成生活哲学而成为"命"。报应缘起于他人转而指向自我的宿命主义，即对本人人生过程和现实状况的无奈的认可。"命"虽然一再被人宣称为天注定且不可阻遏，即常识所言

---

① 易军：《论民间正义观》，载《人文论丛》2011年第2期。
② 沙莲香：《社会心理学》，中国人民大学出版社2009年版，第82页。

"命该如此"的超验判断，导向于认命与抗命（抗争和不服从）的两种殊途异归的人生选择，但它的基本道理仍然从因缘的不可变更的逻辑中建立起来。当然，缘不再是简单的人际关系表述，而是命运信仰下对现实的形而上的宗教承认。"命"的抗争与孽缘关系形成消极负向情绪，从而为颠覆现实的不公平提供动力。按照佛教因果观念和民间命运信仰，人们对生活充满无限幸福的"命好"的想象，但因日常过程的某些冤情、障碍打破这种预期，从而为他们的人生带来苦恼，实际上就是恶报导致"不顺"，很容易牵连到与人、自然、事物的某种缘分。如同苏力指出，"当窦娥呼唤超自然证据时，感受到一种升华的对人类悲剧命运的思考，对于人类探求或重构事实真相之局限以及由此带来的宿命的思考。"① 进一步表明，基于信仰的人生与基于现实的人生相矛盾而找不到答案时，最终求助信仰本身，通过孽镜中的报应来打破命、不顺的宿命主义观念。

如果说"缘"表达的是报应关系的先验逻辑，指向报应主体、对象之间的关系形态，那么"孽"则是行为导致的现实情态，指向报应的事实基础，如冤孽。针对普罗大众和受害人来说，"孽"是一种不正当和不道义的态势，它的前提是行为上的恶，通过恶行产生一系列负面后果。"孽"是古典文学刻意塑造的关键词，文学故事无不书写孽的伦理观。它可表行动，被社会定性为反良知、反伦理道德的恶行，如造孽。它归类于民间社会中的"罪"或自然法观念上的罪（但不能将之归为国家法律之罪），即有罪行和严重的罪过而当受强烈谴责，如罪孽。但孽不是一个确定的概念，代表传统中国的正义观念，更多指向于人格化的恶事而不是概念性的模糊想象，人们更愿通过恶行依附于某类人的评价的意义上去理解，具有极大的道义性。孽造成的负面事实和程度不同而附加的前缀也不同，严重的罪孽乃是社会对作恶者最严厉的负面评价和谴责，惩罚亦重。在传统中国社会，孽是不直接触犯朝廷或政府制定的世俗法律，但是违反社会普遍道德准则的行为，这些行为受到世人的道德舆论谴责。对于"犯罪"与"作孽"，中国民间社会把两者分得很清。"前者将会受到朝廷刑律惩罚，而后者则会遭受"天谴"，受到神灵和冤鬼惩罚。"② 正如伯尔曼所言，"罪孽不是一种实体，而是体现出与上帝的一种关系，即上帝对人的某种惩罚可能。"③ 通过这种神意惩罚才能赎回个人造成的罪孽（Sin）。④ 也即是，孽与法律、宗教是密切关联的。孽已经渗透到包括宗教、儒家哲学和社会观念的各个方面。

孽文化所产生的正义想象却是感性的，然而，它又与传统伦理联系在一起，对造孽者惩罚就带有道义色彩（即报应）。中国社会中"孽"文化概括了儒家、佛教和道家的多重关系，最终与报结合起来形成二元对立观念。正如《书·太甲中》云："天作孽，犹可

---

① 苏力：《法律与文学：以传统戏曲为材料》，生活·读书·新知三联书店2006年版，第150页。
② 马戎：《罪与孽：中国的"法治"与"德治"概说》，载《北京大学学报》（哲学社会科学版）1999年第1期。
③ ［美］哈罗德·J.伯尔曼：《法律与革命：西方法律传统的形成》，贺卫方等译，中国大百科全书出版社1993年版，第216页。
④ 参见 HerdertL. Packer. *The Limits of the Criminal Sanction*. Stanford：Stanford University Press. 1968. p. 8.

违；自作孽，不可逭。"在伦理性浓厚的中国传统社会中，中国人总把一些人"所做的坏事"极其厌恶为最大的恶，用"罪孽深重"这样的成语来概括这样的恶，从而为鬼神报应提供正当性。孽行承担的"罪"之责任实现谓遭报应，即偿还已作恶导致的罪孽。作孽形成恶因、恶事和恶行都是造孽者承担"罪责"的因由。在此，"孽"与报是同质的，报应是造孽承担最终责任及结果的一切假定条件。实际上，孽与缘构成鬼神报应之最重要的缘起之事实、行为和态势，在此基础上才有更为具体的归因事件和归因心理，进而生发出关于缘与孽的各种内外反射机制，包括仇、冤、辱、恨、气等。

古典文学关于恶的报应叙事中，"仇"是最为基本的报应正义的事实起源，简单地说，报应实际是针对"仇"形成激烈情势而对加害人进行的神罚。从微观个人的血亲复仇到共同体中同态复仇，再到利用神罚机制的复仇，它们都早已制度化，即使"是法律禁止复仇的社会中，复仇仍是一项民间法——哪怕出现在文学叙事和正义天国"[1]。仇的前提是有冤，但冤的问题得不到解决或冤导致的恶害不公正地对待，就形成冤案，成为鬼神报应的事实根据。事实上，古典文学很大部分就是冤案叙事，一种正义表达的反向事实论证。《聊斋志异》之《霍生》《窦氏》等都是典型的含冤生仇，死后变鬼复仇，实现通过鬼神司法的私力救济。冤在古语义表示受屈得不到申讼，如《说文解字》云：冤，屈也。当这种冤屈给当事人带来极大痛苦，比如被诬指为有罪，受到无情制裁时，则被冤者就会转化为对污蔑者的仇。个人遭受不白之冤在救济无法实现情况下，冤报不能实现而需要借助鬼神。正如有的学者指出，通过鬼神对恶的惩罚来解决冤抑造成的受害者苦痛，映衬底层民众和士人对申冤不济的精神平衡。[2]

受冤是一种事实，而心理上的"辱"则是与冤并列相连的另一恶事结果，都是受害者不平心态的受害哲学，由此形成的耻辱感和自尊受害。有冤有辱则有仇与恨，仇是冤屈造成的历史事实。恨是这种事实内化的心理状态。这就是怨恨，是因强抑住受害的痛苦而致使某种情感波动和情绪激动，使其不得发泄而产生的心理上的痛苦情态。其产生于对终极现实的崩塌。"越是长期置身于受伤害压抑的处境，越是觉得这种处境非自己所能控制，则怨恨就越深。"[3] 辱、恨的外在表现是"气"，即受害人未能达到期待的常识性正义衡平感觉时，针对相关人和事所生发一种激烈情感，形成心中郁积的"气"。[4] 正因为有这些让个人觉得受到不公正对待，从而在心理上产生有气的外部情绪反应，解决、释放这种情绪的负面效应的乃是报应。简言之，"气"与"辱""恨"的关系是外显与内隐的关系，后两者是没有释放气（消气或出气）而使辱、恨内隐或积淀于心里的压抑状态。人一旦受到侵害而长期得不到补偿，在心理上会形成怨的心态，表露出来是各种气愤、生气、气不

---

[1] 苏力：《复仇与法律——以〈赵氏孤儿〉为例》，载《法学研究》2005年1期。
[2] 徐忠明：《传统中国民众的申冤意识：人物与途径》，载《学术研究》2014年第6期。
[3] 沙莲香：《社会心理学》，中国人民大学出版社2009年版，第191页。
[4] 参见陈柏峰：《气与村庄生活的互动》，载《开放时代》2007年第6期。

平的失衡感。心中积怨长期积压得不到释放，则会转化为恨和仇，那么"气"的表现就越来越严重，气释放方式和程度越强。① 某种意义上说，冤、辱、恨、气等都是恶的报应正义的个人内外反应。

孽、缘以及它们引发的命、仇、冤、辱、恨、气等造成的情态共同塑造各种文学故事，隐含着报应之法理的正义谱系。其中，仇、代表恶行的关系事实和报应归因；命、恨、辱代表恶行造成的主观心态；冤、气代表恶行造成的报应程度。因果是行为与报应结果的逻辑关联，某种程度上决定鬼神报应实施及其实现程度。看出社会救济失败对应良善认知的社会反差效应，使报应正义具备现实的正当性。② 如学者指出，基于"报"的伦理准则与秩序原理，一旦人们蒙受冤抑，如若人间救济途径不能实现正义，那么冥界报应（冥判）就是一种正义诉求。③ 进以认为，现实生活的种种受屈既是古典文学的现实依据，又是报应正义反衬社会问题的合理性来源。

二、报应主体：天—神—鬼

儒道释构建的信仰体系与尘世间的法权结构有相似的等级性，实际并行共存，但又存在着相互映照和隐喻的内涵正义价值的一致。在实现正义的主体（报应主体）方面有同样的阶序等列对应。根据杨庆堃的研究，中国的民间信仰和本土宗教都存在着体系性特征。④ 其核心是对天（天神）—终极法庭、次于天（天神）的众神—中级法庭，以及鬼魂崇拜——底层法司。这个诸神体系构成一个整体、立体法权结构，形成上天—地面—地下三层政治位阶的判级制度。他们都拥有高低不等的司法职能和审判权力，⑤ 是鬼神报应的三大主体。

1. 天。法学界的共识认为，天罚的神权法思想是古代神意报应的主要渊源。⑥ 这种渊源赋予了天在报应中的核心地位。《尚书·甘誓》云："有扈氏威侮五行，怠弃三正，天用剿绝其命。今予惟恭行天之罚。"反映的是通过借助天的威力来寻求世间刑罚和报应的正当性，是古代社会的通行做法。《水浒传》水泊梁山招纳豪杰的旗子便是"替天行道"。《窦娥冤》通过曲词求助天神呐喊和怪责，"天也，你错勘贤愚枉作天！"可以看出，人们对这个有形空间有一种至高无上的直观物理感受，"给予其无限的威力想象。"⑦"天"作为中国人的信仰在此拥有最高主宰权力，是诸神统治者和最高神，是另一个法制体系的最高司法机构，也是古代政治（天道）、法律（天命）、社会（天意）等最高阶序者。韦伯

---

① 参见易军：《另一种法的正义》，载《广西大学学报》（哲学社会科学版）2011年第2期。
② 参见邱兴隆：《关于惩罚的哲学》，法律出版社2000年版，第64页。
③ 徐忠民：《传统中国人的申冤意识》，载《学术研究》2004年第12期。
④ 杨庆堃：《中国社会中的宗教》，范丽珠译，四川人民出版社2016年版，第20页。
⑤ 参见陈林林：《对古代鬼神信仰的一种法文化观察》，载《法律科学》1999年第5期。
⑥ 参见曾宪义、赵晓耕：《中国法律史》，中国人民大学出版社2020年版，第23页。
⑦ 乌丙安：《中国民间信仰》，长春出版社2014年版，第11页。

指出，天具有终极性、最高性、非时间性特点。① 阿玛萨里归纳出具有天永生不灭，监视四方，慈善，会发怒，是楷模和道德标准的人格实体。② 正因如此，天成为人们反抗社会不公正，得不到救济而诉求一种理想的公正渠道，实现正义的朴素情感表达。正如韦伯指出，天神在民众信仰里被看作是一理想抗告法庭，用以抗议尘世官吏——上至皇帝，下至级别最低官吏。③ 随着信仰的变迁，天已从宗教空间逐渐变为纯粹理性教条，诸如天道、天理的基本哲学，从而从实体崇拜向着观念信仰的转变，代表的是"义理"，即人所公认的法则、常规，也就说我们所说的天理。④ 正因如此，天仍然是人与鬼神世界的联系中介，把天理作为行为的正当性基础和鬼神司法的判案标准，穷尽救济之后最后的抗诉法庭。⑤ 可从《剪灯新话》看出天的司法功能：⑥

"我为诸鬼所困，今其死矣！可多以纸笔置柩中，我将讼之于天。数日之内，蔡州有一奇事，是我得理之时也，可沥酒而贺我矣。"言讫而逝。过三日，白昼风雨大作，云雾四塞，雷霆霹雳，声震寰宇，屋瓦皆飞，大木尽拔，经宿始霁。则所堕之坑，陷为一巨泽，弥漫数里，其水皆赤。忽闻柩中作语曰："讼已得理！诸鬼皆夷灭无遗！天府以吾正直，命为太虚殿司法，职任隆重，不复再来人世矣。"

从上例看到，通过对天的诉求，人们自我妥协地设置另一层可以释放报应情绪的意义机制。而这又体现了天罚机制的特征：首先，天包括自然实体的存在，其与地对应，它的确属于一个物理世界，又是一个扩展到社会秩序但应当符合自然规律的宏观结构，具有自然法属性。古人云：天行有常，不为尧存，不为桀亡（《荀子·天论》）。所谓服从于天实际是服从这种自然规律而不可打破的世界。其次，天是被假定的虚拟实体，是诸神之王，在古代具有政治属性。正如英国学者鲁惟一认为"天成了支持中国帝王统治权的超人力量的一个有机组成部分。"⑦ 再次，天是人世、虚拟世界的正义象征，代表天理，有不得质疑的正确性与理性，具有终极属性。正因为无限正确和被赋予无限的正义情感，天才作为所有虚拟世界和人类世界解决人间争议的共有的终极救济手段，是人在绝望时的心灵寄托和安全依靠。青天、老天、苍天、天公、上天、皇天等都被看作是极具政治意义的正义力量和最高法庭。

2. 众神。神是仅次于天的二级政治阶序体系。文学把他们塑造为能镇压暴乱，遏制传染病，逮捕犯罪，治愈疾病，控制天气，裁决矛盾，为了臣民利益干预自然和社会的功能。瞿同祖则指出神灵秩序是一个广义概念，它不仅是人们利用神秘自然力量形成威慑，

---

① ［德］马克斯·韦伯：《儒教与道教》，红天富译，江苏人民出版社2008年版，第30页。
② ［意］安东尼奥·阿马萨里：《中国古代文明》，刘儒庭等译，社会科学文献出版社1997年版，第68页。
③ ［德］马克斯·韦伯：《儒教与道教》，洪天富译，江苏人民出版社2008年版，第28页。
④ 参见田学斌：《传统文化与中国人的生活》，人民出版社2015年版，第241页。
⑤ 参见张守东：《鬼神与脸面之间》，载《清华法学》2002年第1卷，第311页。
⑥ 《剪灯新话》（卷四·太虚司法传）。
⑦ ［英］鲁惟一：《汉代的信仰、神化和理性》，王浩译，北京大学出版社2009年版，第22页。

而且"鬼神是不可欺的，邪恶的行为可逃过人间的耳目，却不能欺骗神明"。① 人们通常把鬼神相联系，实际鬼神是二分的两重世界，神是鬼的升级版，具有更高位阶有向善性的神秘力量。神处于整个世界高端，多数在地上或天上，拥有无穷力量，可以主导鬼、幽灵等地界及其之下秩序。武雅士归纳为是众神的现实主义作用，而不仅仅是信仰本身。② 在《席方平》中，席方平追求的正义来自二郎神救济，意味着这类天神秩序的官员具备较高一级司法权力，能审判地界和冥界纠纷。而极具城市司法运作隐喻的城隍是司法判官。"城隍神有等级性，除依照行政层级排列外，还有爵位序列。"③ 它的主要职能就是审判罪犯，解决争议，化解矛盾。这些功能加深民众对城隍的心理依赖和信仰。城隍信仰自魏晋之后融合各种哲学和宗教观念，从单一的信仰掺杂着善恶报应、礼仪、道德与正义观念。有的演化为阴间司法神，惩邪恶扬善意，为各种鬼神诉讼提供正义。在封建社会中晚期，城隍已经演变为由英雄人物神化后维护正义的化身。《聊斋志异》开篇以《考城隍》作为全书镇首，言宋焘死后考上城隍与孝道故事，暗示作者想要表达一种实现正义的情感趋向，向世人表达冤屈受辱的正义感，通过虚构鬼神世界中的扬善抑恶来隐喻现实世界的不公。《灌园叟晚逢仙女》讲述花神（较低级别的神）对恶少的报应：一是秋先遭受恶少欺负而得不到正当救济，甚至张委买通官府，诬陷秋先为妖人，结果司法成为张委继续霸占秋先花园的御用工具；二是花和秋先受到张委伤害，花神对张委的报应/报复也是救济自己。第一种对秋先的救济为恩报；第二种为惩罚性报复。众神同样也存在不同的样态和阶序，它们都是根据职能和地理来确定司法的管辖空间。级别较高的二郎神和城隍管辖有各自的政治领域和地域范围，而一些地方化、本地化的小神仅管辖小地域内的非正义事件。

3. 鬼。人死后鬼魂居住的地方是阴间，处于众神体系的底层。④ 阴间与人间一样有类同的法制结构，构成两种司法的空间隐喻。把鬼上升到与人一样具有意识（甚至很狡黠）的人格者，与人同样会思考，有仇恨情结，但没有固定形象描述，它相当于人世间小偷小摸一类的亚社会结构。但鬼也有不同类型，尤其是善恶分类。《夷坚志》之《马识远》杀害马识远的人被冤魂索命，最后凶手得到报应，看出这是善鬼。在《碾玉观音》中，秀秀对郭排军的复仇是通过死后变成与人无异的鬼，与崔宁再结为夫妻，并在郭立押送秀秀到韩世忠府上接受惩罚时变换形体，让郡王误认为是郭立欺妄，"把郭立打了五十背花棒。"死者变成鬼的复仇方式是借助，即通过郡王之手制造一系列假象，使凶者得到报应，这成为众多古典文学的通常路径。《碾玉观音》是中国第一篇真正的白话小说，它首创了一个范本，在于一种民间报应正义的叙事风格。人们无能为力解决关系过程中的矛盾纠结，无助而绝望时，寄希望于另一种神力实现救济。这种神力的一个共识就是人们总是认为鬼有

---

① 瞿同祖：《中国法律与中国社会》，中华书局 2003 年版，第 273 页。
② [美] 武雅士：《中国社会中的宗教与仪式》，彭泽安等译，江苏人民出版社 2014 年版，第 149 页。
③ 张传勇：《明清城隍神的等级性及其表达》，载《南开学报》（哲学社会科学版）2020 年第 3 期。
④ 乌丙安：《中国民间信仰》，长春出版社 2014 年版，第 143 页。

无穷报偿之力，并认为当活人受欺负得不到偿报时，死后变成鬼对人报应，借以慰藉自己冤屈。

鬼报除因循因果报应的宗教逻辑之外，仍遵守着报应正义之基本条件：其一是一报还一报；其二是有着原始复仇因素，以牙还牙的扯平观念而不是正当性；其三是鬼报情节受制于儒家文化影响，儒家文化是加重或减轻报的程度的变量因素。这种情形又显示出民间信仰与儒教、道家的嵌合性。正因为宗教对鬼世界及其秩序的介入与渗透，人们才在恐惧同时，又能通过宗教实现对鬼的控制。① 这样一来，人鬼世界其实是相互均衡的，无法打破。当鬼报复人时，人可以通过宗教仪式实现对鬼的反控制（如赶、打、杀、烧等），结果双方关系又回到互不打扰的均衡点上。

三、报应类型：善与恶

如前述，众多报应主体的关系呈现政治性阶序结构，从而体现出报应正义的多元追求。天神隐含着天生惩恶扬善本性，地下的鬼魂具有性本恶，少数有性本善。按照性善与性恶的正反二分秩序，善高于恶，鬼神报应的核心原则就是惩恶和扬善两大结构，两个结构都趋向于报应的正义感。通过《窦娥冤》唱词反映上述结构的二元关系：

[词云] 莫道我念亡女与他灭罪消愆，也只可怜见楚州郡大旱三年。昔于公曾表白东海孝妇，果然是感召得灵雨如泉。岂可便推诿道天灾代有，竟不想人之意感应通天。今日个将文卷重行改正，方显的王家法不使民冤。

通过唱词[词云]又揭示人、冤魂、天三者的关系和惩恶扬善原则。人世间某些不平事会影响到天的情绪，当人间伦理与天道伦理一致而在世间出现偶发性事件时，就有所谓天人感应和天道昭彰之说。若人的某些伦理符合天理的善性，则会得到感召。由此逻辑推之，鬼神司法对恶性的报应实际上也是替天行道，鸣冤昭雪，核心目的亦是为善的取向，与正式司法追求惩恶扬善的法律报应本质趋向一致。古典文学叙事都存在善恶二分关系，虽然人们喜好善报，但往往恶报成为文学关注的焦点和核心。这是因为文学故事基本都牵扯冤屈故事，各种纷争会影响到他/她对问题的价值判断，当双方置于对立关系的地位时，这种价值判断的评价就会对应于双方关系、地位，美丑、强弱、正邪相互反衬，如此则善恶之间二元对应就得以彰显。文学故事中多数当事者都会把对方置于恶或豪强恶霸的地位，本人置于善或弱势者的地位，在同一个秩序中形成对立的两种正义立场。这就是前述所及的惩恶扬善原则。鬼神报应方式就存在着恶报和善报两种。

1. 恶报。无法律状态下的所有恶报，可能都能归到复仇体系之内，恶的回报体系就是各种复杂的复仇机制。只是他们可能存在着实际暴力和观念报应之别。波斯纳把复仇分为宗教的和世俗的两类。宗教复仇主要是鬼神报应，它包括来世和今世复仇，即使是公共

---

① 参见王景琳：《鬼神的魔力：汉民族的鬼神信仰》，生活·读书·新知三联书店1992年版，第6页。

复仇,也是由神授权获得:①(1)神的复仇——来世;(2)神的复仇——今世;(3)公共复仇——由神授权;(4)私人复仇。波斯纳显然把复仇看成是指向现在与指向未来,指向现在的(3)(4)是真正的现世报,指向未来的(1)(2)为后世报和今世报。可见,在一个没有正式法律机制的社会里,任何人都不可能做出具有法律强制力的对侵犯者实施报复的承诺机制。因为缺乏制度的保障,对侵犯者本能或文化上的反应便是复仇——正如人人从小都有成为孙悟空的梦想,是他们曾经经受过被伤害的痛苦。当这种反应机制失效或穷尽救济时,辄归位于宗教的报应呐喊(观念上的复仇理想主义),一种来自鬼神的恶报。② 因为复仇基本上是最后性手段,从而使观念上的复仇更易扩散到从社会到心理的各个方面。报应鼓励、培养针对对方当事者的某些排斥性情感,比如愤怒、敏感、不宽恕,以及在受侮辱时不理性的行为。从道德角度看,以恶报获得正义是一种粗糙办法。波斯纳没有提到针对自己和针对他人的报,针对自己的现世报实际上是救赎。报应与救赎的关系,从某种意义说鬼神复仇就是救赎,只不过是从不同当事者角度出发来理解其要义,如救赎别人和救赎自己。一个人通过鬼神复仇意味着对方被通过鬼神救赎。通过鬼神复仇与救赎之间的二元对应/对立关系构成实现公正的过程。但不论复仇与救赎都是积极、主动的正义实现机制。然而,一个人通过复仇是否能使对方得到救赎?值得拷问。如果是现实世界能实现个人复仇就不会存在救赎,假使对方主动积极地承担责任解决双方争议,则通过对方救赎与个人宽恕是一种更为正当的正义。

所有关于恶的报应方式是去时间性和去空间性的,如若有空间也是通过特定时间内历史文化的复摹或夸张的描述,因而也是无结构性的先验或超验假定,为此需更多附加各种自然现象的拟神化情节渗透。通过鬼神实现报应是转借虚拟实体惩罚,诸如天罚、鬼神罚、诅咒等对侵犯者的打击,被认为是为复仇者伸张正义,为其复仇替代方式。加害人遭受暴雨、霹雷和烈日对侵害人"攻击"即是天神或不可知神灵对受害者之不平的愤怒和谴责。求助自然外,另可求助人的报应(但更多是人求助鬼神)。《搜神记》中苏娥诉冤就有死者鬼魂求助生人惩罚凶手情节:"常律杀人,不至族诛。然寿为恶首,隐密数年,王法自所不免。令鬼神诉者,千载无一。请皆斩之,以明鬼神,以助阴诛。"即使复仇者或在世者无法复仇,死后灵魂也不得安宁,变为冤鬼也要找到恶害人报仇,从而应验佛教"遭报应"的必然性,其实就是鬼神报应的司法逻辑。

2. 善报。复仇是针对某些人伤害而加以反报的行为,即以恶对恶。善报刚好相反,是基于互惠的报,即受之于对方好处并予以回报更多好处的结果。恶报是互害的报。前者两相其利,后者两相其害。虽然恶报更能体现扯平观念,然基于两相其较互害,是一种原始公平或者说扯平。善报不存在互损,而属于互惠正义。扯平与互惠正义都是报的正义,但

---

① [美]波斯纳:《法律与文学》,李国庆译,中国政法大学出版社2002年版,第105页。
② [美]波斯纳:《法律与文学》,李国庆译,中国政法大学出版社2002年版,第66页。

价值导向却不一致。古人把善报关系看成是还报的递增伦理关系，即还的要高于受恩部分，结果要求人们"滴水之恩，当涌泉相报"的恩报伦理和道义法则。通过报恩实现正义，融汇伦理、法律、宗教多方面的正义情愫。恩背后是情。① 报恩才能体现情义，故有恩不报非君子，报恩才是儒家正义秩序的基本原则。扯平的正义观只是复仇情绪的表达方式。像《张廷秀逃生救父》的故事就以恩报为主线叙事。《聊斋志异》也把恩报作为主流观念描述。《聂小倩》属于典型的恩报，作为鬼魂的聂小倩为摆脱妖怪夜叉摆布，得到宁采臣帮助回到阳间。为报答宁采臣，聂小倩决定嫁给宁为妻，并得以生儿育女和善终。而夜叉相应收到恶报的惩罚，恩报与恶报正反对应的报应看出价值不一致但结局（果报）是一致的。《珠儿》《侠女》《仙女》《锦瑟》也体现互惠正义的恩报性质。四例类似，其实是某种魂魄、妖灵或其他虚拟实体在它们所处的世界内受到不公平对待，身处于底层边缘，作为被压迫者无法实现正义，现实的弱势无力赋予另一世界无限的强力想象，并依载于神灵而被拯救或帮助，最后脱离苦海得以解脱，并回报恩情。这种互惠正义恰恰是人与灵之间的互相救助，从而实现两个世界之弱者同病相怜的正义抗争。《金玉奴帮大薄情郎》中墨稽推杀妻子玉奴，后被许工收留为义女，墨稽在许工手下做官，在许工的做媒下夫妻重新和好。但因此墨稽减寿十二年。这对应先前作恶的报应。这里的报应把果报、时运、姻缘等结合起来，说明文学中的法律有着极强的多维建构性功能，从而鬼神报应超出宗教本身范畴，与日常生活紧密关联形成一个庞大的法文化的观念体系。正因如此，鬼神观念渗透到日常生活之中，才有丰富多彩的民间报应正义故事流传四方并代际相承。

恩报和恶报都是针对他者的报，另一种针对自己的善报是福报。在宗教体系中，福报不针对具体的个人的善，它注重抽象的善，核心是个人自身德行与善行。以佛教之理，是种下善业种子因缘成熟后，现出好的善果。因此福报是善的修养，待之后不确定的时空背景中实现果报的良好结局。传统社会的福报还与刑罚冤枉有关系，把天灾看成人间致冤讼的结果，正当利益得不到解决，坏人当道，好人受辱，通过祈福、立祭或申冤张义，天灾得以消除，争议得以解决，最终好人得福而善终。这个还影响到现实司法，如佛教不杀生及因果报应信念深入人心，"执法官吏多斤斤于福孽之辨，以为杀人是造孽行为，怕株及无辜，报应自身，以救生为阴德，不肯杀戮，一意从宽。"② 也看出善行不会产生严厉裁决，而是具有福缘的结果。这体现中国人注重来生求福而使自己过得顺畅的生活需要。

福、恩、恶三报总体揭示一个隐藏的公平体系，即行恶者得恶，恶行没有好结局的恶报观念，善者善行有善果的结局。福报、恩报与恶报相互对立，而福报和恩报相互对应。恶报来自于害恶的报，恩报是对别人善行的报，福报是对自身善行的报。即使三者看起来都是追求某种公平观念，其实恶报更符合正义原则。然从道德伦理上看，恩报和福报的正

---

① 参见李拥军：《"报"文化与现代法治的暗合与分殊》，载《法商研究》2021年第1期。
② 瞿同祖：《中国法律与中国社会》，中华书局2003年版，第279–281页。

当性远比仇报要宽远得多,不再是个人-个人/神灵之间的均衡正义,而是人与他/她自己、人与社会之间为善之个人果报结局的良性关系模式,进而触及人自身心灵世界的终极和谐,以及对正义行致的人生修为,才是人世间追求的最终目标。

四、报应逻辑及实现：因与果

报应的逻辑基于因果法则,即通过缘的确切关联,尘世间不存在无缘无故的关联性和联系,必然存在有因必有果的缘,只要人与人关系进入到鬼神善恶相报的因果法则,报应之或善或恶的结果就会实现。比如,白话小说《错斩崔宁》中刘大娘子个人伸冤与救赎,文末以诗的形式总结叙事最终目的,把民间信仰的善恶关系及其因果法则关联进来,实际上这不是礼法控制而是鬼神报应的必然结果。① 于此,"因"构成恶行或善行报偿的行为基础,"果"构成报应的结果假定。从果中逆向反推事实,并寻找其中的因,从而确立因与果的内在逻辑和关联性,但重心在果而不在因,即通常所言之果报。果即鬼神报应的最终结局（结果）。

因果报应从因果论和业报论衍生而来。② 通过因果使鬼神报应获得宗教理解。不论善或是非善,宗教——主要是佛教——因果报应会带来前世、今世、后世的某种均衡特质:（1）自受性。可通俗地理解为自作自受,只要是自己造的孽缘就一定是自己去承受这种果报的宿命论思维;（2）无时空性。报应系统是一个不依赖现实世界的抽象空间。其因无时间性,其果亦无时空性。如现世不能报者可能后世报,前世不能报也会今世报。宗教的逻辑是时空永远绵延,总会在任何时空结构（其实是无时空结构）中获得果报,所以这种报应观具有较强的心理约束力。（3）确切性。在现实背景中报应是无法预知和确定实现,但终究在未来时空中一定会确定实现（时候一到,必然要报）,此构成人们得以有勇气生活下去的念想,成为法文化中正义的确定性原则。（4）报偿性。通过故事的果报实际回到宗教轮回的循环相因结构之中。其描绘的道教阴曹地府与佛教地狱都是设定因果轮回的鬼神司法及其制度体系,并设定裁判个人的果报系统,不论他/她在世上如何生活,都一定存在着类似正式司法的因果报应的报偿机制,进入天堂或地狱的受罚（果）受制于他/她前世或在世之缘（因）,即受制于前世或在世的行为构成、性质、程度和结果假定。（5）相因性。即相互间存在逻辑关系和承接递进的关联性,文学叙事的一般路径都会通过因（起因）、缘（条件）、果（结果）、报（回应）等的顺序表达陈陈相因的承袭关系。有学者直接指明这个规律,它是必然的、等值的和可转化的。③ 原因在于,古典文学的书写离不开儒道释渗透,宋以后古典文学基本上受其影响。报应正义实现一定是缘起于或善或恶行,在某些外部条件和心理条件（缘）的酵发过程中出现相应结果,从而实现报应,类似正式

---

① 原诗内容如下：善恶无分总丧躯,只因戏语酿殃危。劝君出话须诚信,口舌从来是祸基。
② 刘道超：《善恶报应观念性质试探》,载《广西师范大学学报》（哲学社会科学版）1989年第1期。
③ 郭忠：《看不见的正义：幽冥文化中的法观念》,中国政法大学出版社2015年版,第37-40页。

司法的推理判断。这个路径如下：

善恶（恶行或善行）——因（缘、孽等）——报（报应过程）——果（恶果或善果）

在因果法则观念影响下，中国人在报应方面罗织了最为复杂的还报系统。① 这些系统总体上指向报应后的假定结果（即果报）。果报实际上是对带来苦乐结果的回应，个人之行为造成他人痛苦，也要遭受同样将心比心的苦痛。个人带给他人好处或快乐，同样也会带来快乐的回应。这是鬼神报应对善恶二分结局的"司法裁决"。严格的二元背反关系告诫人们如何在善恶二分之间做出取舍，最终为分为不同报偿类型和报偿程度。正如学者指出，"报"的本质在于其运行一套对等性机制。对对等性的需求是人类的普遍心理，是人类社会的基本正义，是人类共同"善"的重要内容。② 正因交互报偿以均衡施报为基础。③ 鬼神的果报也分责任轻重的均衡和适应关系，反映报偿结果的等价性和等量性。按照这种特质，中国古典文学的果报类型有现世报（包括死报、身体报、寿报、疾报、官报）和后世报；恶果（现世报和后世报中恶行的报应结果）和善果（现世报中善行的报应结果）。可归纳为现世报的恶果、现世报的善果和后世报的恶果三大果报。

（一）现世报的恶果

现世报是在当世为现实世界所感知到的报偿机制。最严重的报应是"一命偿一命"。命偿的报应机制类似于尘世间的死刑制度，即死报。杀人偿命、以命相抵是鬼神报应最直观感受的等价和等量报偿习惯。那么，死的果报就可能出现在死者生前杀害他人或谋财害命，而又没有得到官方司法应有的惩罚，从而通过鬼神司法以死报偿的惩罚过程获得正义。《灌园叟晚逢仙女》中花神对张委的惩罚就有这层意义。反过来说张委从恶受死又印证秋先从善而升格为花神的善恶两报之对比关系。《错斩崔宁》中山大王内心反悔，暗示可能受到极为严厉的果报，其结果是，以鬼神圣旨形式作出斩立决而实现命偿，"勘得静山大王谋财害命，连累无辜，准律杀一家非死罪三人者斩加等，决不待时。"蒲松龄直接道出果报的那种正义均衡，实际上是以生命等价加等量（即命偿）来实现以恶对恶、一报还一报的报应伦理法则。

古典文学中对恶害者予以长期痛苦的恶果裁决是身体罚，罚之多者为慢性的恶疾折磨，这是鬼神司法较为严重的等价制裁。但一般性伤害的恶报系统中身体报更多反映一种等量和等价并合裁罚的报应机制，类似原始的对等复仇及各种替代罚，并通过替代罚方式以等价报应作为补充。《杜十娘怒沉百宝箱》中李甲的惩罚是"郁成狂疾，终身不痊。"另一作恶者孙富"卧床月余，终日见杜十娘在旁诟骂，奄奄而逝。"通过两人的报偿看到，这种仅次于死的身体罚，是带有终身惩罚的"等量+等价"偿付方式，它的文化和心理基

---

① 参见翟学伟：《报的运作方位》，载《社会学研究》2007年第1期。
② 李拥军：《"报"文化与现代法治的暗合与分殊》，载《法商研究》2021年第1期。
③ 覃江华：《儒家早期"报"的思想释解》，载《中南大学学报》（社会科学版）2013年第4期。

础在于"身体发肤受之父母"孝道观念,由此通过身体毁损予以心理学重击。除它罚身体外,也存在着自罚身体,成为报的补充方式。《聊斋志异》之另一篇《果报》提到:安丘为人邪荡不检,每有钻穴逾隙之行,亡何,目暴瞽,两手无故自折。文中"生"这个人"邪荡不检"属于造孽,这种行为在民间不是以某个人受害者的报实现正义,因并非一次行为造成伤害,"不检"实是一种在人们看来造成恶劣影响的个人习性,是可能遭恶果的行为。实际上,"邪荡不检"不足以死报相抵情形下,两手自折就是恶害相同的果报。这种报应与同态复仇相类似,它可以做到"以牙还牙、以眼还眼"的等量报应关系。

折寿可能是仅次于死报和身体罚的恶报方式,这实际上是对中国人追求长寿理念的打击。传统社会医学落后,营养不足,人均寿命不高,长寿早已成为人人得以实现善报的果报追求目标之一。寿报机制的通行报偿为恶行越大,折寿越多。恶性越小,折寿越短。在《金玉奴棒打薄情郎》中,莫稽减寿一纪,减禄三秩。以一纪(十二年)、三秩(减三级待遇)为标准,以折寿一纪、二纪逐级而上或减级别、俸禄待遇来对应恶行,以体现个人寿命与恶行对应的消减关系,形成等价均衡。减低寿命无异于折命,相当于半个命报的惩罚对受罚者来说是较为沉重的报应惩罚。

前述都是基于自然因素但被拟人化的人格体惩罚的恶报,另一种方式是通过鬼神的正式司法形成官报。官府判决可看作一种"报",即回报对方获得平衡的一种法律救济手段,但掺杂着鬼神的因素,正式司法与鬼神司法合谋实现报应,实际上是一种法律报应。《滕大尹鬼断家私》中滕大尹作为官方代表审理案件,虽然案件是世俗的,司法审理过程仍是宗教性的,鬼灵作为证人使案件中冤屈得到滕大尹确认,从而维护倪家儿子正当利益。关汉卿的《钱大尹智勘绯衣梦》中开封府尹钱可判斩时,判斩用笔被苍蝇抱住笔尖和爆破笔管的事件,神谶、神庙作神示,最终擒获真凶裴炎,从而鬼神司法与正式司法互补相依实现报应。概言之,司法过程中掺杂鬼灵信仰渗透与明辨,司法判决的形式掩盖了鬼神报应本质。

(二)后世报的恶果

假若现世不足以报偿时,设定未来的必然性机制就是不可见的后世报(来世报)。如来世不得超生,即使转世也可能为畜、下地狱、投生异类等果报皆为后世报。生命的时代轮转传承,从前世之因到后世之果,再到涅槃重生的轮回机制,被借入到鬼神司法审理之中,在差异空间和差异时间中实现轮回的正义。鬼神信仰(包括佛教信仰)的天堂、地狱与人世构成三个世界。"下地狱或上天堂的标准乃是人世的道德和善意,但没有固定的界尺。"[①] 而地狱则是力避所及之处,除非自身犯有恶行罪愆,善行与恶行构成人死去往天国或地狱的路标。否则,所有的恶报最严者莫过于死后下地狱,死不足以解决恶业,逐级

---

① 王璟林:《鬼神的力量:汉民族的鬼神信仰》,生活·读书·新知三联书店出版社1992年版,第67页。

而下惩罚是比死报更严厉的二次惩罚，最底层便成为最严厉的"报应刑"。在佛教轮回中，地狱痛苦是人们生前所造恶业的必然果报。众生在地狱各层依次增加的痛苦和寿命与他们曾经的善恶行为的多少有关。① 这无疑成为鬼神报应考量的一个参考情节，对死后惨遭更大惩罚对现世之人来说无疑形成心理威慑，以至于具有预防恶行褒扬善为的作用。

（三）现世报的善果

恶报（现世和后世）是零和的报应机制。相反的是，对善的果报却遵循非零和增量偿回原则，即善行之付出后将得到比之更好更多回报。如中国人都有福寿的信仰——"福如东海、寿比南山"的祝词反映的是这种信仰的浪漫期求。福与寿是中国百姓最为期待的生活状态。② 福既然备受人们推崇，理应当作为善的核心果报方式。寿的善报以增纪（一纪、二纪等）方式逐级而上递增，最高者善业最大。福的内涵更广，后代传承、身体无恙（无疾而终也是福报）、家庭和睦、事业和顺、好命等，鬼神报应的福报似乎更多指向福的整体主义观。《杜十娘怒沉百宝箱》中柳玉春与李甲、孙富不同遭遇看出，对李孙二人是恶报，对柳玉春是善终，"向承君家慷慨，以一百五十金相助，本意息肩之后，徐图报答。"《锦瑟》中王生救了锦瑟的命，而锦瑟通过以身相许成就姻缘，以缘小妾名义生子，王生得到善报，人生获得圆满。两篇小说对当事人的各个方面进行整体的正义交代，以获善果。善的果报其实为获得一种良好生命过程，而这种好结局一定与恶报相互对应，一正一反期冀民众追求正向的善的价值观。正如个人自身生命过程的健康追求不外是获得安全而获长寿生命，远比那些恶报导致的疾患缠身更能说明两者报应的反差效果，尤其在人生圆满过程中恐怕再也没有比长寿无疾而终更好的结果，两相比较而由恶向善转变，最终通过改过和积善实现人生的功德圆满。③ 这是一种中国传统正义的基本价值取向（性善论），不一定追求对对方怎样的惩罚和责任担负，过好自己就是最大的福。

五、报应属性：正义的多元融汇

关于正义是什么的问题，迄今为止没有一个固定的答案。这是因为正义受制于文化语境的制约无法给出相同标准的解释。魏德士的研究表明，即使在同一语境下也存在接近正义的不同选择模式。④ 传统中国文化影响下的正义就包含着伦理、道义、自然衡平和受害哲学的观念。⑤ 鬼神报应无不受到这些正义观念的影响和渗透，但它也有自身独特的属性和多元表征。

---

① 参见郭忠：《看不见的正义：幽冥文化中的法观念》，中国政法大学出版社2015年版，第150-151页。
② 参见翟学伟：《报的运作方位》，载《社会学研究》2007年第1期。
③ 参见［美］包筠雅：《功过格：明清社会的道德秩序》，杜正贞译，浙江人民出版社1998年版，第100页。
④ ［德］魏德士：《法理学》，吴越、丁晓春译，法律出版社2005年版，第161页。
⑤ 参见易军：《结构与过程：乡村纠纷解决中的权力研究》，中国政法大学出版社2020年版，第291页。

古典文学充斥着奇幻玄想，报应也就充满浪漫主义的诗性，被知识分子天马行空建构。因此，报应正义是一种美学，它具有民间追求的浪漫情怀。为了规避现实的残酷，文学为之塑造"人间天堂"，并把这个秩序作为人类追求的价值观。正义既然是高度抽象的政治、社会与法律哲学，又是最具主观和个人感知的社会事实，士人的文学情感和公共良知为鬼神报应塑造正义的心物合融的主体境界。故而，诗性的构设基本上是去经验化的，亦因此文学视角拓展了我们的先验边界和超验视界，使得我们能够以更全面和更人性化的态度去对待人和人性。它从全景视角和结果主义观视正义本质，并赋予情感和寄托。在道德和信息层面，鬼神报应的诗性提供弥足珍贵的视角和帮助，促使我们去寻求一种更加值得追求的、更加容易适用的正义标准。[①] 但问题又恰恰在于此，文学家毕竟不是法学家，书写必须满足"文学性"，报应只是立场和视角而非本体，通过复杂的语言系统修饰故事情节，充满暗讽、隐喻、象征和华丽辞藻包裹，并不追求故的事客观性，正义叙事仅是他们表达文学的手段，而不是追求正义本身。同时鬼神报应的反司法逻辑、反程序主义和反辩论原则，很难与正式司法一一对应。波斯纳直接指出，关于诗性正义的情调，是一种浪漫主义价值。[②] 诗性的蓝图构设很多时候不太现实，但的确反映人们追求理想世界的愿望。诗性的东西无法提供实质的社会效力，所以文学很难做到对某个问题的直白叙事，它总是转弯抹角去解释某个问题，总要把这个问题解释抹上一点浪漫色彩和无限遥想。但理想又不是无根据的，它映照残酷现实，尤其是对弱势者压迫和冤讼不公形成反差，必然把现实通过隐喻、映照或象征方式呈现在各个或明或暗角落，也就说诗性不是纯粹的，而是融合多重因素的文化阐释体系。

鬼神报应之所以深入人心，以至千年之文学叙事中一直长久不衰，是因为它贴近人性要求和生物本能，是人们最原始、最基本、最直觉和最具渗透力的正义反应，民众心目中朴素的"公平感"或"正义感"在很大程度上正是来源于此。[③] 反映自然理性和无须论证的直觉公平，正如"善有善报，恶有恶报"[④] 早已成为民众相传的谚语。任何正义的第一感知是扯平，希望失去的以某种方式再得到，或者得不到时要求对方损失同样价值的东西带来的衡平感。宗教语境中这种观念其实就是以怨报怨，最终形成冤冤相报的习俗性机制。这种正义直觉既包括了儒家所支持的"义理"，又是中国民众日常生活的先验理性。而在士人眼中，自然公平背后是追求一种个人等价/等量报偿的安全价值观，甚至追求内在的安全远比追求外在安全更符合人们对生命意义的诉求。人活于世之目的可能就是心安理得，但太多世俗的纷纷扰扰使他们恐慌与不安。通过文学构筑一个价值体系，使他/她

---

① 参见丁晓东：《走向诗性正义》，载［美］玛莎·努斯鲍姆：《诗性正义：文学想象与公共生活》（代译序），北京大学出版社 2010 年版。
② ［美］理查德·A. 波斯纳：《法律与文学》，李国庆译，中国政法大学出版社 2002 年版，第 200 页。
③ 参见徐昕：《论私力救济》，中国政法大学出版社 2005 年版，第 354 页。
④ 见《增广贤文·上》。

本人、家人、现世、后世以至整个社会都能获得理想的意义秩序，这就是中国古代知识分子以鬼神报应的方式追求社会的终极和谐，以求天下无争获得大同社会之治世之目的。各种冤案造就的悲剧性命运背后都隐含着文学人物以及作者对这个问题的整体探索。

鬼神报应的文化根据从来都做不到独立自存，之所以被当权者容忍，是因为它有意无意地与政治哲学结合，符合皇权帝国要求的政统、法统和道统原则，尤其是与儒家之义结合，把忠、礼、侠、情、信、仁、孝等伦理正义相连接，把鬼神报应正义融入传统"义"的观念秩序之中，体现报应正义的儒家化、大众化和普遍化倾向，从而鬼神报应具有相当的政治和社会基础，获得广泛层面的理解与支持，成为社会正义和政治正义兼合的复合正义观。正因如此，帝国朝廷不会强求废除或禁文与鬼神相关的冤案文学，甚至通过谕告遵鬼神、赦宥与平冤、编撰书籍、肇建法司、册封城隍等方式加以利用，[1] 有利于对皇权不下县的基层加以治理和控制，只要不危及朝廷统治，顺势利导为己所用巩固统治合法性，从而使民间报应正义成为官府政治哲学之一部分。

法文化的非世俗色彩一直贯穿于中国人宇宙观和心灵世界，影响到传统中国人对法律的价值认知。中国是一个多宗教并存的国家。外来宗教和本土宗教、制度宗教和民间信仰等交错并列形成复杂多元的宗教体系。[2] 一方面，不同宗教、信仰体系相互交叠在一起，与传统道德伦理融会贯通，并与世俗社会、官方法律形成共融性的道义正义体系。比如，《滕大尹鬼断家私》是倪老爷死后化着魂灵指示滕大尹，从而为梅氏母子申冤，公平分配家产的报应过程。在这个例子中，孝悌礼仁的儒家哲学与宗教的鬼神报应恰到好处地结合起来，把这些传统伦理与"鬼判"形成直接关联，从而"无一不为天下报"原则成为儒家哲学与宗教的共识。但鬼神报应的道义性也遵循社会内在法则，正如"从来天道何有私"反映的那种正义认同。这些事实表露出宋代儒道释融合形成的儒家宗教化和佛教儒家化的相互濡化倾向。但另一方面，不同文化系统都存在差异，关键是如何实现差异因素的共融。我们通过《白蛇传》来看不同宗教相融产生的正义价值观之别，白娘子与法海、妖与佛之间的争议，实际也反映民间信仰、道教与佛教对解释什么是公正的观念差异，暗示不同宗教对于世俗婚姻理解的矛盾和冲突。但通过儒家文化、佛教、道教、民间信仰、道德伦理和国家法律被整合在一个文化叙事体系之中，最终通过法海和白素贞的不同结局的情义理解而得以消除这种差异，这就是冤案文学和鬼神报应形成的现实背景。

考虑到封建专制体制对文学的政治控制，绝大部分文学都不会表露各个文化系统背后的价值判断，故事本身不会提供独立的道德洞见。[3] 文学叙事所具有的正义判断和报应观念还可能不是作者表述，全凭读者自己去解释，甚至根据叙事重建价值观。毫不怀疑，鬼

---

[1] 朱声敏:《鬼神笼罩下的明镜高悬》，载《云南社会科学》2014年第2期。
[2] 参见牟钟鉴:《中国宗教生态的多元通和模式》，载《宗教、法治与中国传统》（宗教与法律文丛·第一辑），当代中国出版社2016年版，第3-24页。
[3] 参见[美]波斯纳:《法律与文学》，李国庆译，中国政法大学出版社2002年版，第470页。

神报应系统内存在着这种多元价值混合的正义文化表达，进而对于什么是报应正义也存在不同解释，确实反映鬼神报应的正义多元性问题。比如，文学叙事很容易导向一种实质正义的公正观。① 但不能与同态复仇等同起来，古典文学中鬼神报应已经形成复杂的类制度化系统和观念结构，而不是以牙还牙式反击。再如，由于形式正义可能带来不正义，而实质正义又得不到实践，这样一来，实质正义（观念正义）与形式正义（正义事实）之间很可能脱节。同样之理，以鬼神司法审判来看，把世间的任何人都在鬼神审判台过一遍，以孽镜方式把人在世间的罪恶全部照得透透彻彻，体现真正的绝对正义和实质正义倾向。概言之，通过鬼神报应如何理解正义本身就是多维和多种立场的。

学术界把鬼神司法/鬼神报应看着是神意报应，语义相似，其实质不同，神意报应涉及君罚神授和君权神授，是权力来源、政治合法性的基本基础，鬼神报应只要关涉冤案本身，不涉政治。但两者又千丝万缕，鬼神报应是神意报应在文学中的反映，即违背神意是犯罪应受刑罚惩罚的终极原因，按神意对犯罪人予以惩罚是犯罪违背神意的必然结果。犯罪人因为违背神意而终于受神罚的报应。② 如果两者有间接的关联，那就是基本上接近于神判或神法——鬼神报应确实可认为是我国古代特有的一种神罚机制。但它必然与儒道释等相互渗透，故总体上不能把西方的报应理论直接冠于中国传统法文化而等同起来，正因中国传统法文化受之于本土宗教、地方习俗、传统国家政治哲学的影响，在古典文学中经过儒家文化、佛教文化、政治文化和民间文化塑造后，已经不是纯粹的神意报应系统，而是一种内涵着诗性的、自然的、道义的、多元的特殊性极强的正义文化。这体现出我国传统报应正义的人文主义法理学传统，或者如学者所说的"法诗学"。③ 鬼神报应源自民间，属于民间报应正义的一种形式，作为古代知识分子为底层民众构建的正义理想国，远离正式司法的运作逻辑、辩论原则、事实性和程序主义，根本不用仔细探索或精确论证这套制度的构成和运作技术，两者除了追求等价或等量偿报、鸣冤这一公平原则和正义这一终极目的外，实际上是南辕北辙的不同思维，因此不能用法律报应的逻辑思维去衡量鬼神报应的反常规逻辑。

六、报应的社会功能：正义观念的弥散与塑造

文学具有传播性（不识字的民众完全可以通过识字者的口耳相传）。在缺乏媒介和技术传播的古代社会，文学作品的传递为鬼神报应提供极佳的意识形态输灌渠道，有极其重要的社会弥散功能，为底层社会塑造最基本的正义文化极为重要。一些公案文学通过话本说唱或戏曲形式在市井勾栏扩散传播，无疑报应的正义观念在底层民众得到强化。④ 因

---

① 参见苏力：《法律与文学：以传统戏曲为材料》，生活·读书·新知三联书店2006年版，第279页。
② 邱兴隆：《从神意到法意：报应论的理论嬗变》，载《湖南省政法干部管理学院学报》2000年第3期。
③ 张薇薇：《"文"叙事：重构法律与文学及诗学》，载《浙江社会科学》2015年第4期。
④ 参见徐忠明：《包公故事：一个考查中国法律文化的视角》，中国政法大学出版社2002年版，第162页。

此，建立在神灵信仰基础上的报应正义确实起到塑造传统伦理、推广社会正义观念和道德教化作用。善恶有报的公平是植根在人们心中的正义理想，长期的代际相传塑造固定的社会观念，让人们有更多的生命意义和生存意义值得追求，作为信仰它实实在在地通过报应和报答的观念提供人们对终极正义之希望。[①] 因而更加让人们确信恶业必有恶果的平衡感，善者必得善果的幸福感，由此确立对善恶相报的正义追求，使社会道德界限、底线伦理和公平公正原则得以坚持，社会秩序才能保持整体的趋向良善的共识。也因此，报应信仰虽然是通过鬼神法而实现正义，但并非是对"它在"的神灵信仰而是对正义秩序的信仰。[②] 文学通过鬼神报应的正义塑造，对社会强化善恶有别的伦理控制，尤其是对恶的社会控制，而且有助于整个社会提高对生命价值的尊重和敬畏。[③]

塑造社会观念是基本的功能，文学有意无意地与正式司法勾连，从而对正式司法的公正判决提供参照，并形成一种舆论和社会压力，为判官作出正确的司法判决，提高司法审理能力，最终实现司法正义无疑有助推作用。而有的文学作品通过正式司法对鬼神报应的借助，体现一定的互通关系。《李玉英狱中讼冤》中李雄继室杀害李家幼子，虐待李家子女，被冤枉于狱中的玉英陈奏，得以昭雪，焦氏兄妹最终伏法。法官利用民众敬畏鬼神的心理，借鬼神威吓犯罪嫌疑人以此摧垮罪犯精神防线，达到查明案件事实的目的。正如瞿同祖指出，法律、审判官对鬼神借助和依赖（如求梦与神），是为补救法网的疏漏维持更多的公平，补漏审判官低下的审判能力。[④] 有学者通过《折狱龟鉴》具有神灵的反向暗示，认为神灵司法是一种信息博弈，以获得正当判决的证据。[⑤] 似乎，鬼神观念在古代作为一种可资利用的侦查手段，合乎传统司法的历史语境，对于司法官员发现事实真相、正确认定因果关系具有相当的积极意义。但是要看到，通过文学叙事再次渗透到司法救济中，司法成为外壳，起实质作用的仍是民间信仰或制度宗教构造的意识形态。而有的裁判者能够通过明察暗访乃至神鬼相助，来为冤屈者伸冤的清官受到社会赞许，其构成社会意识形态建构的核心主题。[⑥]《窦娥冤》的窦天章以正式司法形式为窦娥昭屈，这种生人救济方式仍然是通过端云鬼魂作为引子，把冤案昭告天下，形成一种人鬼之间——实是宗教与社会、民间与官方、个人与制度、亲伦与法律之间——的双向救济过程，儒道释伦理观念作为判决的基本标准。鬼神报应正义的确有助于修正法律正义的偏差，甚至在法律正义难以实现以有效替代，来解决正式司法的不足，并得以修正法律的瑕疵。

文学传播的观念输灌功能对古代社会产生多重社会意义，"在现代人的视野中，古代

---

① 参见郭忠：《看不见的正义：幽冥文化中的法观念》，中国政法大学出版社2015年版，第179页。
② 夏清瑕：《另一种秩序：法律文化中的因果报应信仰》，载《宁夏大学学报》（人文社会科学版）2006年第5期。
③ 参见李文军：《论鬼神观念对中国传统司法的积极意义》，载《河北法学》2009年第7期。
④ 瞿同祖：《中国法律与中国社会》，中华书局2003年版，第273-274页。
⑤ 吴元元：《神灵信仰、信息甄别与古代清官断案》，载《中国社会科学》2006年第6期。
⑥ 参见赵旭东：《报应的宇宙观》，载《法律和社会科学》2007年第1卷。

社会普遍存在的神灵信仰常常被视作事实探知的障碍，并被贴上愚昧的标签。这一简单化的、模糊语境的论断很可能遮蔽一些全面理解古代社会何以有序运转的重要知识。"① 实际上，当人们对失败的救济表达失望时，转而去建构一个符合自身期望的卡里斯玛的意义世界，以给继续生活下去的希望和理由，至少在心理不使自己和社会趋恶祛善，而是祛恶趋善。努斯鲍姆指出，通过强调每个人生活的复杂性和个体差异的显著性，小说打消了简单的乌托邦式政治方案，主张采取一种专注于自由同时能包容多样性的进路。通过对这些事实坚持不懈的关注，小说激起人们对正义的认同和热爱。② 庞大的文学体系其实已经蕴藏着这一系统性、逻辑性、规范性地方性知识，能够传播一种从集体无意识到形成集体意识，甚至于形成社会正义和善的意识形态的基本功能，最终达致对正义原则的社会认同。通过文学把儒教、道教与佛教连接起来，形成独有的古代正义之法理。士人抓住底层弱势者的心理共鸣，通过文学扩散的鬼神报应又具备宣讲社会正义共识的动员能力，并借以在这个法的意义世界中建构一个正义乌托邦的上层建筑。一旦理想掺杂着宗教，这种乌托邦就变成了底层民众的信念。苏力走得更远，认为中国传统戏曲通过戏剧表演的形式构建当时人们的、同正统司法意识形态相兼容的司法正义观和社会共识，为中国传统社会的道德化的司法正义制度创造社会认知条件。③ 尤其是，底层民众通过文学预想正义天国的风华，在面对尘世间苦难中对比形成强烈的反差，一定程度上激发了民众对天道正义追求的觉醒意识，鬼神报应具备了正义的道义政治和道义伦理支持，为底层反抗封建压迫提供正当性，并带动了底层民众对受冤受苦难的报应行动和抗争意识，从普遍的社会层面影响到帝国政治的社会根基。从这个意义看，鬼神报应有着类似自然法的超验性的价值超越指向，通过文学传播成为古代社会意识形态的一部分。

就鬼神报应对写它的作者来说，不但通过文学对报应观念的传播塑造社会观念，更具有反塑自身追求的政治理想的功能。以此，就不能简单地从社会视角，也可作者自身视角看待鬼神报应。这恰恰是相对的和辩证的，如何看待古典文学中的鬼神报应以历史客观主义和文化相对主义的科学立场。大多数古典文学，都会刻意塑造一种抗争获得公正情结，即使是鬼神本身也是被人们赋予其不可测的夸张力量并制造恐慌和敬畏，以此来祈福避祸、平反冤屈，正是士大夫阶层追求天下情怀的政治使命。退一步说，除了极少数通过科举入仕成为朝廷的高级官僚，古典文学作者大多官场失意，政治落寞，学而不仕或仕途不济，"好一点不外是从最底层贵族转化为最高级庶民。"④ "士"绝大多数都从"四民"中产生，尤其是未取得功名利禄，甚至他们贫困潦倒，不受重视或被贬抑，但仍自认为是以天下为己任的政治主体，保持了古代知识分子特有的气节和风骨，能够与受冤的贫苦大

---

① 吴元元：《神灵信仰、信息甄别与古代清官断案》，载《中国社会科学》2006年第6期。
② [美]努斯鲍姆：《诗性正义：文学想象与公共生活》，丁晓东译，北京大学出版社2000年版，第57页。
③ 苏力：《法律与文学：以中国传统戏剧为材料》，生活·读书·新知三联书店2006年版，第273页。
④ 余英时：《士与中国文化》，上海人民出版社2003年版，第16页。

众感同身受。但他们本身也是政治弱势者，甚至成为各个时期"文字狱"打击的对象，他们唯一能做的便是通过"文以载道"的形式来实现其政治目的。① 这种方式的作用极其有限，一方面借文学叙事传达基本的伦理底线，另一方面又受制政治操控。恐怕作者本人都不会相信世间真有鬼神存在，之所以一再宣扬，不外规避政治风险和在入世过程中具有的超脱感，从而在出世之同时又有避世之情怀，通过精神胜利法达到他们认可的彼岸。② 文学通过出世来构建与世无关的正义秩序，藉以抚平落寞或被排挤的士人阶层的命运不济，表达的是对命运抗争之后借助神祇的无奈选择。

七、代结语：正义的幻象与乌托邦的终结

从上分析看到，鬼神报应其实是一套完整的传统民间正义体系，内涵各种完整文化要素的另一种虚拟司法空间。通过古典文学叙事和塑造，这个体系包含着报应类型、报应主体、报应结果、报应缘起和报应正义属性及其社会功能等基本构成，预置了与传统中华帝国司法相类似的机制，形成两套对应性喻示但又各有风格的系统。这不仅是士人想象，也是传统社会民众普遍的心理诉求，有着极强社会适应性和生命力。它的具体结构和内容如下图示：

鬼神报应系统

报应类型				文学载体	报应主体	报应实现（果报）		报应缘起	正义属性
恶报		善报		小说	上天	恶果	善果	缘、命	诗性正义
				诗辞赋	众神	死报	福	冤、耻	自然正义
现世报	后世报	恩报	福报	杂剧	鬼怪	身体报	无疾	孽	多元正义
				戏曲	冤魂	寿报	长寿	气、辱	道义正义
				民间文学	其他	其他	圆满	恨、仇	其他

这是一套独立而富有正义幻象的卡里斯玛司法。然而，理想必然要回归现实，文学理想不但映照、隐喻现实，而且超越现实，一旦现实僭越理想，结果终致天国幻灭。由此，士人达济天下和求志于道的王官之学与残酷现实之反差打击他们的自信，而自身弱势又不足以撼动皇权帝国的政治根基时，只能以文学的神判书写来隐喻现实司法体制，终究是一种画饼充饥式的正义幻觉。正如波斯纳指出，尘世惩罚的正式体系不起作用就留给上天惩罚也是不起作用的。③ 文学是浪漫的，有着士人阶层的知识分子的激情，因此又是不太现

---

① 参见孙隆基：《中国文化的深层结构》，中信出版社2015年版，第383页。
② 参见余英时：《中国史文化通释》，生活·读书·新知三联书店2011年版，第68－100页。
③ ［美］波斯纳：《法律与文学》，沈明译，中国政法大学出版社2002年版，第105页。

实的。① 文学构建的法制不是严肃的司法过程，古典文学不是叙事体法学文本。② 通过文字自由自在虚构事实，可以随意剪裁、组构情节，缺乏司法过程的论证、逻辑关联和客观性，实际上与现实司法背离，是一种不严谨的反司法体系。"文学中的法庭更多诉诸的是道德审判，而非法律审判。"③ 基本上，文学的正义表达是作者对社会所做道德伦理化的政治倾诉。

由此，文学解决不了士人阶层面对现实的困境，离开文学浪漫与想象，当他们从文本及其人物叙事情节中走出来，回归于现实主义之日常生活时，一个虚设正义幻想与迷信的天国乌托邦俨然流水落花，面对尘世间压迫、冤情等带给他们的炎烤炙焦，大厦就此崩溃消解，不得不寻求正式的救济机制解决人世间不正义现象，直至穷尽手段后无望或绝望，转而对帝国政治体制的怀疑。结果，术（文学）与道（政治目标）很难真正契合一致，个体自觉解放被压抑的情感和个性，寄望于"得君行道"或同治天下的无果而与之分裂，由向上转而向下，他们被迫从隐喻、暗讽的文化转借转变为明面的抗争、宣泄和抨击冤案制造者及背后的体制，但作为政治上的弱势者，他们的结局又可想而知。而由此广为传播的民间报应文化早已深入人心，以至于在谚语、俗语和纠纷解决中时常呈现，成为中国传统法文化的重要部分。

The retribution of ghosts and Gods in Chinese traditional legal culture
—From the perspective of classical literature

Yi Jun

Abstract: There is the concept of ghosts and gods retribution pursued by Shirenin the Chinese classical literature. Through the form of literature, it constructs a set of Utopia of justice and shapes a huge conceptual structure. It includes the subject, type and result of retribution. The retribution of ghosts and gods is an informal constructed in the literary system, which has the characteristics of poetic justice. The retribution of ghosts and gods comes from folk beliefs. It reveals the difference between ideal and reality, reflects the justice ethics of the weak seeking relief, and also reflects their universal feelings of relieving the TianXia. As the retribution of ghosts and gods belongs to the imagination of justice, people's goal of achieving justice is still legal justice, and it is an inevitable choice from the Utopia of justice to legal justice. However, the retribution of

---

① 伊尹君：《红楼梦的法律世界》，商务印书馆2007年版，第25页。
② 沈明：《法律与文学：可能性与限度》，载《中外法学》2006年第3期。
③ 康保成：《如何面对窦娥的悲剧》，载《中国社会科学》2006年第3期。

ghosts and gods did help to spread a sense of justice through literature, and affected the political order of the feudal system.

Keyword: Classical literature; Retribution of ghosts and gods; ShiRen; Good – evil

（编辑：彭娟）

习惯法是如何编入民法典的

——以《法国民法典》的编纂为例

胡 桥[*]

摘 要 习惯与法律原本没有区分,习惯就是法律,法律就是习惯。从习惯法到成文法,再到法典法,这是法律演变的基本规律。中世纪是习惯法的世纪,这个时期的西欧实际上是一个习惯法的海洋。在法兰西,形成了南部的成文法区和北部的习惯法区长期对峙的局面。习惯法的模糊性、复杂性和混乱性,使高扬人文主义的习惯法学家们忍无可忍。他们在研究罗马法中,发现了法典化或罗马法化是法律发展的唯一前途。习惯法必须走向罗马法。于是,在15–18世纪,以迪穆林和朴蒂埃为代表的习惯法学家,对习惯法展开了私人注释和汇编。尤其是朴蒂埃将罗马法、自然法和教会法融为一体。习惯法学家的汇编行动,得到了君主和"省三级"的一致认可和支持,最终为声势浩大的法典编纂运动奠定了坚实基础。1804年,随着《法国民法典》的颁布实施,习惯法在民法典中获得了与制定法同等的法源地位,这标志着习惯法法典化的完成。法国习惯法的法典化过程,对当代中国习惯法与民间法的发展,具有"不可忽视"的借鉴作用。

关键词 习惯法 法典化 习惯法学家 《法国民法典》

一、习惯及习惯法的涵义、特征

(一)习惯的涵义及来源

博登海默(Edgar Bodenheimer, 1908 – 1991)认为,习惯乃是为不同阶级或各种群体所普遍遵守的行动习惯或行为模式。它们所涉及的可能是服饰、礼节或围绕有关出生、结

---

[*] 胡桥,法学博士、法学博士后,浙江工商大学法学院副教授。

婚、死亡等生活重大事件的仪式。它们也有可能与达成交易或履行债务有关。① 可见，习惯是人类从生活、生产中总结出来的一种不成文的行为规则。违反这种规则的直接后果不是社会组织的人为制裁，而是大自然的无情惩罚。换言之，习惯源于人类对自然的恐怖。英国法学家甄克斯（Edward Jenks，1861－1939）说，原始人一直担心自己的行为可能会招致神灵的愤怒。如果他在错误的季节播散了种子，则将颗粒无收，他会认为是冒犯了神灵。如果他冒险进入大山的结果是被风雪包围，如果他渡筏过河却遭风暴袭击，他将会举行祭祀和仪式。所以，原始人为了克服恐惧就必然确立习惯。② 因此，只有遵守这种不成文的规则，人类才能免于大自然带来的种种恐惧和惩罚。

习惯也不是一成不变的。习惯的变迁存在两种力量，其一，随着人的推理与观察能力逐步提高，他开始怀疑，一些由习惯所确立的"惯习"（usages）似乎也没有想象的安全；其二，如果旧的习惯遭遗弃，就必须采用新的习惯。新做法逐渐被引进，并被人们逐渐接受，新习惯也就逐渐替代了旧习惯。③

（二）习惯与法律或习惯法的关系

习惯不能违反，这里已经蕴含了习惯与法律或规则的内在关系。习惯与法律到底是何种关系？传统的法律渊源学说认为，习惯法（Gewohnheitsrecht）也是客观法特有的渊源。④ 也就是说，制定法或法典法事实上渊源于习惯法。故此，英国伟大的法律史学家梅特兰（Frederic William Maitland，1850－1906）说，至于1804年的《法国民法典》也只不过是一部习惯法的"普通法"，只不过在其中加入了革命元素，并去除了封建糟粕。⑤

甄克斯认为，习惯是法律最早的已知阶段，习惯并未由人制定，也未由人宣布；习惯来自检验，习惯自身确立了习惯。⑥ 这意味着，习惯就是法律，法律就是习惯。但博登海默却对此观点提出质疑，他说："人们常常断言说，法律与习惯在早期社会是毫无分别的，而且社会习惯与习惯法之间所划定的界限本身也只是长期渐进的法律进化的产物。"⑦ 可见，博登海默的观点是，法律与习惯从一开始是有差别的。这也是我们当下法理学所持的

---

① ［美］博登海默：《法理学：法哲学与法律方法》，邓正来译，中国政法大学出版社2004年修订版，第399页。
② 参见［英］爱德华·甄克斯：《中世纪的法律与政治》，屈文生、任海涛译，中国政法大学出版社2010年版，第46页。
③ 参见［英］爱德华·甄克斯：《中世纪的法律与政治》，屈文生、任海涛译，中国政法大学出版社2010年版，第42页。
④ ［德］魏德士：《法理学》，吴越、丁晓春译，法律出版社2005年版，第103页。
⑤ ［英］梅特兰等著：《欧陆法律史概览：事件，渊源，人物及运动》，屈文生等译，上海人民出版社2008年版，第207页。
⑥ ［英］爱德华·甄克斯：《中世纪的法律与政治》，屈文生、任海涛译，中国政法大学出版社2010年版，第42页。
⑦ ［美］博登海默：《法理学：法哲学与法律方法》，邓正来译，中国政法大学出版社2004年修订版，第400页。

观点。今天学界一般认为，法律演化的路线是：习惯→习惯法→成文法→法典法。故，习惯与法律或习惯法是不同的。习惯只是某一地域的规则，不具有法的一般性、普遍性特征。所以，习惯不等于法律或习惯法。只有将习惯上升到习惯法才具有全国一体遵循的法律效力。但是如果仔细辨别，博登海默的观点还是有点牵强附会。而甄克斯的观点则是："习惯是法律的忠实向导；习惯是法律中已经被暴露的部分。"① 显然，博登海默是从现代国家的角度来谈习惯法的，而甄克斯则是从人类早期的地方邦国出发的。相比而言，甄克斯基于习惯的古老性，其观点可能更符合法律的历史事实，也可能更真实地反映了习惯与法律的本质关系。

（三）习惯法的涵义、成立及特征

什么是习惯法？首先，从形式构成要素看，按照梅特兰的观点，习惯法是日耳曼规则、罗马法、教会法以及地方惯习结合后的产物（在不同时期、不同地区，这些组成元素的比例不一）。② 众所周知，日耳曼法或蛮族法是典型的习惯法。殊不知，自公元476年西罗马帝国灭亡后，罗马法在很长的历史时期内也曾经是习惯法。在10、11世纪，在阿基坦（Acquitaine）、加斯科涅（Gascony）、纳瓦拉（Navarre）以及普罗旺斯（Provence），古罗马法仍旧是居民的日常法。因此，罗马法在欧洲历史上一度也是习惯法。这就是奥克语国（country of Langue d'oc，也译为"南部语区"），即后来的"成文法区"（pays de droité crit）。③ 此外，教会法如《圣经》的习惯法性质，更是毋庸置疑。

其次，从实质层面看，习惯法（customary law）这一术语被用来意指那些已成为具有法律性质的规则或安排的习惯，尽管它们尚未得到立法机关或司法机关的正式颁布。④ 这是博登海默对习惯法的界定，但是令人不解的是，既然已变成习惯法，怎么还"尚未得到立法机关或司法机关的正式颁布"？事实上，博登海默要表达的是，习惯法与制定法的成立条件是不同的。也就是说，只要习惯具有法的规范性就可以称为习惯法，"立法机关或司法机关的正式颁布"并非习惯法成立的必要条件。但是对于制定法而言，若要成为制定法，就必须事先得到"立法机关或司法机关的正式颁布"。因此，习惯法是否成立的关键在于其是否具有规范性的内在特质，而非立法机关或司法机关的正式颁布。

总之，无论形式概念，还是实质概念，都是对习惯法的一种界定。然而，习惯法的概

---

① [英] 爱德华·甄克斯：《中世纪的法律与政治》，屈文生、任海涛译，中国政法大学出版社2010年版，第42页。
② [英] 梅特兰等著：《欧陆法律史概览：事件，渊源，人物及运动》，屈文生等译，上海人民出版社2008年版，第173页。
③ 参见[英] 爱德华·甄克斯：《中世纪的法律与政治》，屈文生、任海涛译，中国政法大学出版社2010年版，第15–16页。
④ [美] 博登海默：《法理学：法哲学与法律方法》，邓正来译，中国政法大学出版社2004年修订版，第400页。

念和类型也不是固定不变的,其实,还可以对习惯法做进一步地分类。例如,根据习惯法所适用领地范围的大小,它可分为"一般习惯法"和"特别习惯法";省的习惯法被认为是"一般习惯法",而镇的则属于"特别习惯法"。① 另外,从法律的形式渊源角度看,习惯法的形式渊源也是多种多样的。梅特兰对此做了详细列举。他说,习惯法汇编是习惯法的主要渊源之一,此外,习惯法的渊源还包括:"(1)特权宪章或市镇法则;(2)司法惯例;(3)补充上述渊源的"契据、程式(Formulas)、特许状登记簿(Cartularies)、私人法规记录簿(private registers)等;(4)商法。"②

当我们知晓习惯法的涵义后,接下来的一个重要问题就是,如何证明习惯法的成立?或者习惯法的证明标准是什么?对此,罗马法学家和教会法学家已经给出了有关习惯法的证明标准。这些证明标准体现在13世纪至14世纪期间的《法国习惯法卷集》(French Books of Customs)之中。具体是:第一,"公开的习惯法",有"万世千年的传统实践"或者使用超过40年;第二,案件诉讼过程中得到"法院认可的习惯法"(博玛诺瓦);第三,被国王或领主"认可的习惯法";第四,"私人习惯法",援用该习惯法的诉讼双方必须证明它们的存在;第五,对司法习惯有重要影响的"模式"(style),或者每个法院在司法过程中所遵循的程序(议会的"模式"、夏特雷的"模式")。③

习惯法到底有何特征?梅特兰对此做了精辟的概括。他说,所谓习惯法一般应具有如下三个特征:第一,公示性(notoriety),如果它们是秘密的,就失去了整体上的效力;第二,多样性(multiplicity),也就是说"经过了反复实践";第三,古老性(antiquity)。④ 事实上,习惯法的三大特征在上述内容中已得到了充分体现。

二、习惯法汇编的基础、原因与习惯法学家的贡献

(一)习惯法汇编的客观基础:习惯法区与成文法区

自公元476年西罗马帝国灭亡后,在法兰西境内便形成两个法区,即南部的成文法区和北部的习惯法区。梅特兰对这两个法区的划分做了详细的分析,他指出,"成文法区"和"习惯法区"的分界线,碰巧和今天划分"法国南部语"(Oc语)与"法国北部语"(Oil语)的界线几乎一致。实际上,这条界线并非是以卢瓦尔河(Loire)经过的路线划分的。实际情况是"习惯法区"延伸到了加龙河(Garonne)盆地,囊括了法国三分之二

---

① [英]梅特兰等著:《欧陆法律史概览:事件,渊源,人物及运动》,屈文生等译,上海人民出版社2008年版,第174页。
② 参见[英]梅特兰等著:《欧陆法律史概览:事件,渊源,人物及运动》,屈文生等译,上海人民出版社2008年版,第177页。
③ 参见[英]梅特兰等著:《欧陆法律史概览:事件,渊源,人物及运动》,屈文生等译,上海人民出版社2008年版,第174-175页。
④ 参见[英]梅特兰等著:《欧陆法律史概览:事件,渊源,人物及运动》,屈文生等译,上海人民出版社2008年版,第173页。

的面积。因此,"成文法区"和"习惯法区"的界限没有人们想象的那样绝对。在成文法区,也有许多地方习惯,而在习惯法地区,罗马法也从未完全失去效力。① 因此,基于南北两个法区的事实,在中世纪法国,主要适用法国习惯法和罗马法。②

当然,南北两个法区的形成不全由西罗马帝国的灭亡所致。西罗马帝国的灭亡只为南北两个法区的形成提供了客观基础,而后来的属地法原则的实施则是南北两个法区形成的根本原因。因为,10世纪时属地法原则取代了属人法制度(最早出现于867年的《皮斯托亚法令》(Edict of Pistoia))。在每名法官的管辖权限内,在每个领主的领地内,所适用的规则是"地方习惯",且只适用"地方习惯"。所有人,不分种族,无论定居还是暂时居住于某一地方,都要绝对服从该地方的"地方习惯"。③ 一言以蔽之,"所有的习惯都是确实存在的"(All Customs are Real)以及法国南北两个法区的划分,即南部的成文法区和北部的习惯法区,都是法律属地主义原则实施的结果。④

(二)习惯法的模糊性、复杂性和混乱性

"中世纪是习惯法的世纪"。⑤ 具体说,"在罗马帝国的废墟上建立起来的日耳曼国家,在相当长的一段时间内,主要适用各部落的习惯法。"⑥ 因此,有法学家说,在习惯法地区,人们需要遵守五花八门的惯例和习惯。⑦ 然而,法国的习惯法汇编描述的是一种混乱、无序、极无规则、前后矛盾的状态。每一个地区都各有自己的习惯法,所以,整个法国需要对许多种习惯法进行汇编。另外,还有一个"成文法地区"(pays de droit é crit)。在对习惯法汇编时,必须把这些各种情况都考虑进去。⑧ 梅特兰谈到此问题时说,即使到19世纪为止,欧洲其他国家的法律状况和法国的差不多,基本都是习惯法起主要作用,这些习惯法原始而模糊,许多部分都陈旧复杂,总体上缺乏罗马法的科学原则。⑨ 因此,各地复杂多样的习惯法必然引起适用法律上的不便和混乱。这种现象终于引起官方及私人

---

① 参见[英]梅特兰等著:《欧陆法律史概览:事件,渊源,人物及运动》,屈文生等译,上海人民出版社2008年版,第163页。
② 何勤华:《西方法学史》(第二版),中国政法大学出版社1996年版,第126页。
③ [英]梅特兰等著:《欧陆法律史概览:事件,渊源,人物及运动》,屈文生等译,上海人民出版社2008年版,第162页。
④ 参见[英]梅特兰等著:《欧陆法律史概览:事件,渊源,人物及运动》,屈文生等译,上海人民出版社2008年版,第162页。
⑤ Emst Andersen, *The Renaissance of Legal Science after the Middle Agess*, P. 21, Copenhagen, 1974。转引自何勤华:《西方法学史》(第二版),中国政法大学出版社1996年版,第87页。
⑥ 何勤华:《西方法学史》(第二版),中国政法大学出版社1996年版,第87页。
⑦ [英]约翰·麦克唐奈、爱德华·曼森编:《世界上伟大的法学家》,何勤华、屈文生、陈融等译,上海人民出版社2013年版,第357页。
⑧ 参见[英]爱德华·甄克斯:《中世纪的法律与政治》,屈文生、任海涛译,中国政法大学出版社2010年版,第50页。
⑨ [英]梅特兰等著:《欧陆法律史概览:事件,渊源,人物及运动》,屈文生等译,上海人民出版社2008年版,第237页。

学者的关注，官方与民间都认识到对习惯法汇编的必要性。所以，有学者说，中世纪法从一开始就表现为不成文的、口耳相传的习惯法，充其量也就见于那些为地域上或事项上受到严格限制的某个领域制定的规章中，或者体现在赋予某个人或团体的特许权中。这种状态一直持续到"法鉴"（Rechtsspiegel）出现，它架起了一道通向成文法的桥梁。①

总之，随着日后社会的不断发展和政治、经济、文化的新的需求，习惯法的模糊性、复杂性和混乱性越来越凸显出来，南北两个法区的矛盾和冲突日益严重，对习惯法的汇编便成为历史的必然。

(三) 习惯法学派对习惯法汇编的贡献

最早对习惯法进行注释和汇编的是法学家。换言之，习惯法的汇编始于私人而非官方。因此，伟大的法学家和社会学家马克斯·韦伯认为，现实中的一切"习惯法"都是法学家法，他将习惯法称为"半神秘概念（halb mythischen Begriff）"。② 为这种习惯法的学术化、理论化、系统化作出贡献的法学家，在意大利有巴尔多鲁，在法国有迪穆林、朴蒂埃等人。③ 这些法学家对习惯法的研究在法学界独树一帜，形成著名的习惯法学派。概括而言，法国15-18世纪习惯法著作所代表的习惯法学，其特点主要有：第一，以自然法的精神为依据；第二，以为政治统一服务的法律统一化为目标；第三，具有强烈的现实主义和实用主义色彩；第四，力图寻找一种体现在封建地方习惯法中的法兰西精神。关键在于，这种努力对后来拿破仑的立法活动产生了一定影响。④

事实上，对习惯法的编纂、注释早在13世纪即已开始。13世纪，在法国出现了许多由私人完成的，但具有很高权威性的习惯法集录。⑤ 具体说，1219年，法国王室禁止巴黎大学讲授罗马法之后，就出现了许多政府以及私人对习惯法的系统注释。当然，这种注释使用的原则、概念、体系以及技术和方法，主要是从罗马法中借用过来的。⑥ 在法兰西王国卡佩王朝时期（987-1328年），出现了私人习惯法的汇编，著名的有《博韦习惯法》（法国习惯法大全）等，这类汇编虽然粗糙且不完善，但为援用习惯法提供了成文化的依据。⑦ 15-16世纪，作为习惯法成文化的成果即法学家对习惯法的法理阐述作品，主要有：迪穆林的关于巴黎习惯法的著作全集；德杰恩特莱（Bertrandd'Argentre, 1519-1590）的《布利特努恩习惯法注释书》（Commentarii in patrias Britonum leges）和寇克

---

① [德] 格尔德·克莱因海尔、扬·施罗德主编：《九百年来德意志及欧洲法学家》，许兰译，法律出版社2005年版，第1页。
② [德] 魏德士：《法理学》，吴越、丁晓春译，法律出版社2005年版，第103页。
③ 何勤华：《西方法学史》（第二版），中国政法大学出版社1996年版，第87页。
④ 参见何勤华：《西方法学史》（第二版），中国政法大学出版社1996年版，第110-111页。
⑤ [日] 大木雅夫：《比较法》，范愉译，法律出版社1999年版，第161页。
⑥ 何勤华：《西方法学史》（第二版），中国政法大学出版社1996年版，第109页。
⑦ 参见何勤华主编：《外国法制史》（第五版），法律出版社2011年版，第247页。

(Guy Coquille, 1523 – 1604)的《尼韦内习惯法注释：法国法原理》(Commentaine de la Coutume du Nivernasis; Institution au droit des Francai) 等（A. West, Y. Desdevises, A. Fenet, G. M – C. Heussaff, The French Legal System: an Introduction, P. 20. London Fourmat Publishing, 1922)。①

总而言之，16世纪法国习惯法学派代表人物迪穆林在《巴黎习惯法集》的基础上，对各地的习惯法进行了注释。② 尤其是罗伯特·约瑟夫·朴蒂埃（Robert Joseph Pothier, 1699 – 1772）对习惯法的汇编贡献甚巨。朴蒂埃（波蒂埃）"通过对罗马法和习惯法的研究与总结，找到了使法国法的不同法律渊源融合为一体的方法，缩短了其与统一的法国法之间的距离。他给予罗马法以优先权，但在个案中也可以优先适用习惯法。波蒂埃的贡献不在于其思想的独创性，而是他从法律适用的角度对法国法律现状所做的总结，从而根本地减少了法律多样性所带来的混乱。"③

综上，私人对习惯法的汇编在法律史上具有重大的意义。甄克斯指出，习惯的"汇编"行动因而称得上是法律历史上一次划时代的事件，它预示着要将过去的短暂变得持久。今后，要拒绝承认一条白纸黑字的习惯已不再可能；要想说一条新的习惯事实上有着悠久的历史也会很难，因为在官方的记录上根本就找不到它的踪迹。然而，如果群体要发展进步，习惯就必须要改变。④

三、习惯法学家对习惯法的注释和阐释

（一）迪穆林对习惯法的注释和汇编

在推动习惯法的法典化进程中，习惯法学家迪穆林（Charles Dumoulin, 1500 – 1566）、克里斯托夫·德·图（Christophe de Thou）等起了关键的作用，正是这些习惯法学家为后世法国法典编纂奠定了坚实基础。⑤ 查尔斯·迪穆林（Charles Dumoulin）是16世纪法国习惯法学派的代表人物。迪穆林威望崇高但又恃才傲物，他一直希望能编纂一部"融合所有的习惯法的法典"（Oratio de Concordia et unione consuetudinum Franciæ）。⑥ 后世是这样评价迪穆林的。法国法学的第一位真正意义上的学者则是孜孜不倦的夏尔·迪穆林。他最

---

① 何勤华：《西方法学史》（第二版），中国政法大学出版社1996年版，第109页。
② 参见[英]梅特兰等著：《欧陆法律史概览：事件，渊源，人物及运动》，屈文生等译，上海人民出版社2008年版，第212页。
③ [德]格尔德·克莱因海尔、扬·施罗德主编：《九百年来德意志及欧洲法学家》，许兰译，法律出版社2005年版，第323页。
④ [英]爱德华·甄克斯：《中世纪的法律与政治》，屈文生、任海涛译，中国政法大学出版社2010年版，第44页。
⑤ 参见何勤华主编：《外国法制史》（第五版），法律出版社2011年版，第248页。
⑥ 参见[英]梅特兰等著：《欧陆法律史概览：事件，渊源，人物及运动》，屈文生等译，上海人民出版社2008年版，第212页。

伟大的成就是对巴黎习惯法的评注。①

(二) 朴蒂埃对习惯法的注释和汇编

朴蒂埃（Pothier）前期的研究对象是罗马法。他在审判实践中认识到了罗马法的出色之处，他像→多马一样，②把对罗马法的研究作为适用法国法的前提。后来，波蒂埃（朴蒂埃）的研究重点转入法国法。他首先从研究习惯法（droit courtumier）入手。有关习惯法的手写纪录中，自莫利诺斯（Molinaeus）之后的文稿模糊不清并有大量涂改，几乎无法识读。1740年《奥尔良习惯法》第一版问世后，波蒂埃在1760年的第二版中运用了他所掌握的罗马法知识将习惯法和《学说汇纂》进行比较。但这种比较仅限于一些简短的摘记和词语的说明，重点主要在于每章之前的方法总结上。这样，他通过对奥尔良习惯法的论述，克服了习惯法的地方性（Partikularität），阐明了法国法的渊源和整个法国习惯法的共性。③

朴蒂埃取得成就的基础源于他对罗马法的深入研究。④ 朴蒂埃将罗马法、自然法和教会法融为一体。在他的著作里，我们可以聆听到这位伟大法学家的声音，他坚信法律人的法律思维必须包含三大要素：在部分罗马法和大部分自然法中存在法的精神（包括朴蒂埃自己的发现）、丰富的法律实践以及庞杂多变的习惯法制度。他将这三方面的法律要素糅合成一个完美的整体。⑤

总之，朴蒂埃将当时法国的主要法律渊源罗马法和地方习惯法融为一体，加以阐发，不仅对当时法国的私法理论界和法律实务部门发生了巨大影响，也为1804年《法国民法典》的制定奠定了基础。⑥

(三) 习惯法汇编的代表性作品及其内容

习惯法汇编是法学家根据他们自己的权威对习惯法的编纂汇编，它们有时也以著述的形式出现。在法国，人们把它们称为"惯例书"（Custumals），以与16世纪时正式形成的

---

① 参见［英］约翰·麦克唐奈、爱德华·曼森编：《世界上伟大的法学家》，何勤华、屈文生、陈融等译，上海人民出版社2013年版，第359页。

② 此处的多马应跟后文提到的多玛（Domat）为同一人，Jean Domat 或者 Daumat，法国法学家，1625 – 1696。笔者注。

③ 参见［德］格尔德·克莱因海尔、扬·施罗德主编：《九百年来德意志及欧洲法学家》，许兰译，法律出版社2005年版，第322 – 323页。

④ 参见［英］约翰·麦克唐奈、爱德华·曼森编：《世界上伟大的法学家》，何勤华、屈文生、陈融等译，上海人民出版社2013年版，第363页。

⑤ 参见［英］约翰·麦克唐奈、爱德华·曼森编：《世界上伟大的法学家》，何勤华、屈文生、陈融等译，上海人民出版社2013年版，第372页。

⑥ 何勤华：《西方法学史》（第二版），中国政法大学出版社1996年版，第117页。

"习惯法"（coutumes）区别开来。①

　　13世纪以来的法国，习惯法汇编已层出不穷。例如，在1253年到1258年期间，由国王圣·路易斯（King St. Louis）最著名的顾问皮埃尔·德·枫丹编写的《皮埃尔·德·枫丹的忠告》（The A dvice of Pierre de Fontaines）或者《给一位友人的忠告》，《忠告》的主要内容是程序性规则；在1283到1302年间由一位律师或治安法官汇编的《阿尔图瓦古代习惯》（Anciens Usages D'Artois）或者《阿尔图瓦习惯法》（Coutumier D'Artois），其中还引用了罗马法、教会法的内容。大约1259年编写的《德·普朗特的司法规制》（Livre de Jostice et de Plet），主要内容是奥尔良（Orléans）的民事法律，作者不详。其中，最著名的是由官方编写的习惯法汇编包括：《圣·路易斯法令》（Etablissemennts de Saint Louis）和《博韦习惯法》（Li livres des Coustumes et des Usages de Biauvoizins）。②

　　以《博韦习惯法》为例，《博韦习惯法》的作者是博韦省的封建领主菲利普·德·里米（Philip de Remy，1246或1247-1296），他在任职期间完成了他的著作。这部著作充当了习惯法的汇编，以及关于习惯法的专门著述。③《博韦习惯法》主要来源有：第一，作者在克莱蒙特郡担任郡守时作出的判决；第二，相邻其他男爵领地通过判决所确立的习惯；第三，"对法兰西王国普遍适用的法律"，即罗马法。④ 此外，还必须要提到的是《法国大习惯法法典》的汇编。14世纪末（1385-1388）的《法国大习惯法法典》（Grand Coutumier de France）也称为"查理六世习惯法典"（Coutumier de Charles Ⅵ），作者是雅克·德·阿布雷诺斯（Jacques D'Ableiges），他先后担任查特斯（Châtres）及埃夫勒（Evreux）的郡守。这是一部私人汇编的习惯法，收集的内容大部分是有关程序［尤其是巴黎夏特雷（Châtelet Paris）的法令实践］方面的规定，具体包括法令、司法实践规范以及《巴黎习惯法》中包含的一些规则。⑤ 到16世纪，法国开始了有意识地整理、统一各地民商事习惯法，法学家们借助于罗马法的整理，将习惯法与罗马法融为一体，最终塑造出独立的、体系化的法国私法体系。⑥

　　综上，习惯法的汇编和编纂就是一个如何对待习惯，如何把习惯变成成文法的一个过程。所以，习惯法的汇编和编纂是习惯法从不成文法走向成文法的标志。

---

　　① ［英］梅特兰等著：《欧陆法律史概览：事件，渊源，人物及运动》，屈文生等译，上海人民出版社2008年版，第177页。
　　② 参见［英］梅特兰等著：《欧陆法律史概览：事件，渊源，人物及运动》，屈文生等译，上海人民出版社2008年版，第181页。
　　③ 参见［英］梅特兰等著：《欧陆法律史概览：事件，渊源，人物及运动》，屈文生等译，上海人民出版社2008年版，第182页。
　　④ 参见［英］梅特兰等著：《欧陆法律史概览：事件，渊源，人物及运动》，屈文生等译，上海人民出版社2008年版，第182页。
　　⑤ 参见［英］梅特兰等著：《欧陆法律史概览：事件，渊源，人物及运动》，屈文生等译，上海人民出版社2008年版，第183页。
　　⑥ 参见何勤华主编：《外国法制史》（第五版），法律出版社2011年版，第266页。

四、官方编纂习惯法的原因、目的与习惯法法典化的完成

(一) 官方编纂习惯法的原因[①]

习惯不是一成不变的,随着社会的迅速发展,许多习惯渐渐落伍,以致于成为国家与社会统一和发展的羁绊。对此,官方有了清醒地认识。由于私人编纂习惯法的局限性,官方不得不下定决心进行官方编纂。于是,官方便成为推动习惯法编纂的决定性力量。

甄克斯说,自15世纪时起,我们还发现了一个非常有趣的发展过程。西方习惯的不确定性与模糊性终于引起了国王们的不满,他们打算将法国建成一个强大的中央集权君主国。国王们非但没有打算改变这些阻碍他们实施新政策的旧习惯,还决定将这些习惯公布并记录下来。也许国王知道,伟大的事情需要逐步成就。也许国王想到,可以通过习惯的汇编来达到改变它们的目的,至少是可以发现一些可攻击之处。或许国王在构思一个统一的法国,并让整个法国都受一种法律来调整。[②] 梅特兰道出了官方编纂习惯法的真实原因,他说,到15世纪中叶,虽然许多习惯法已经成文化了,但真正属于官修的却很少。然而私人"习惯法著作"又远无法满足人们对习惯法编纂的需要;这些习惯法著作之中包含了过多的罗马法原理和罗马法学家学说。习惯法的主旨往往含混不清,实务中的使用范围也有待明确界定,法官们往往不得不求助于费时费力、原始的司法调查方法"图尔巴"。于是,法令内容不确定和审判效率低下这两个问题的解决就迫在眉睫了。查理七世(Charles Ⅶ)曾经计划通过一部官修的习惯法汇编来解决这二个问题。[③] 概括地看,日本学者大木雅夫的分析更为一语中的,他说:"权威主义支配下的国家总是对法典编纂梦寐以求"。[④]

(二) 习惯法编纂目的与步骤

如梅特兰所说,对习惯法进行编纂的目的是使既存的习惯法保持不变(ne varietur)。[⑤] 具体说,习惯法编纂的目的在于,从思想或精神上,使习惯法具有与制定法的同一性,使非理性的习惯,变成理性的规范。[⑥] 可见,对习惯的规范化是习惯法的法典化的前提和基础。

[①] 本文指的"汇编"与"编纂"有所不同,"汇编"主要指私人或法学家对习惯法的汇编,而"编纂"则指官方或国家对习惯法的编纂。

[②] [英] 爱德华·甄克斯:《中世纪的法律与政治》,屈文生、任海涛译,中国政法大学出版社2010年版第35-36页。

[③] 参见 [英] 梅特兰等著:《欧陆法律史概览:事件,渊源,人物及运动》,屈文生等译,上海人民出版社2008年版,第205页。

[④] [日] 大木雅夫:《比较法》,范愉译,法律出版社1999年版,第171页。

[⑤] 参见 [英] 梅特兰等著:《欧陆法律史概览:事件,渊源,人物及运动》,屈文生等译,上海人民出版社2008年版,第206页。

[⑥] 何勤华主编:《外国法制史》(第五版),法律出版社2011年版,第247页。

习惯法编纂分为以下五个步骤：第一步，由国王颁布关于编纂某省习惯法的"专门许可证"（Letters Patent），然后省长会要求属员、法院、市长和乡绅耆老收集起草"地方习惯志"，以备日后法典编纂之用；第二步，"省三级"在省首府举行会议。专家起草的"地方习惯志"提交至省议会"三级"委员会，它们在对之进行认可后，将其编成一个统一的本子；第三步，在"三级会议"中宣读正式形成的文本，会议由代表国王行使权力的"巴黎高等法院"成员作为王室专员来主持；第四步，最终形成的文本将在"三级会议"的正式会议上宣读；第五步，该习惯法的文本将由王室专员确认，并交"巴黎高等法院"备案。①

官方进行习惯法编纂的程序是法律历史的起点和亮点。甄克斯指出，这些编纂之中并没有增加新的规则。概括地说，习惯先由王室官员"草拟"，再由巴黎最高法院的若干专员审查，在习惯被宣布为法律之前，还要先提交一个由社会各行各业代表组成的大会，由这些代表认真讨论，再由他们通过。这不是走过场。②

（三）习惯法法典化的起止时间

到了代卢瓦王朝时期（1328-1589），从查理七世开始，以国王发布的敕令形式，实现了习惯法的法典化，促进了法国法的形成。在这些习惯法法典中，影响最大的是1510年的《巴黎习惯法》。③

事实上，查理七世在1453年的命令并没有被立即实施，他的继任者不得不重新发布命令，直到15世纪末，这一工作才刚刚开始，例如1494年的《蓬蒂约习惯集》（Custom of Ponthieu）等。④ 大部分编纂和公布工作都是在16世纪进行的，这一时期，还产生了许多重要的"习惯法汇编修订本"。1510年编成的《巴黎习惯集》（Custom of Paris），就是在1580年被重新修订的；1509年编成的《奥尔良习惯集》（Custom Orleans）在1583年被重订；1539年编成的《布列塔尼习惯集》（Custom of Brittany）在1580年被重订。⑤ 总起来看，1453年查理七世下令修撰当时法国的习惯法并且使之成文化，这项浩大的工程到18世纪末期已基本完成（其中小部分地区依旧保持使用非成文法的习惯直至18世纪中叶）。⑥

---

① 参见［英］梅特兰等著：《欧陆法律史概览：事件，渊源，人物及运动》，屈文生等译，上海人民出版社2008年版，第205-206页。
② 参见［英］爱德华·甄克斯：《中世纪的法律与政治》，屈文生、任海涛译，中国政法大学出版社2010年版，第37页。
③ 参见何勤华主编：《外国法制史》（第五版），法律出版社2011年版，第248页。
④ ［英］梅特兰等著：《欧陆法律史概览：事件，渊源，人物及运动》，屈文生等译，上海人民出版社2008年版，第205页。
⑤ ［英］梅特兰等著：《欧陆法律史概览：事件，渊源，人物及运动》，屈文生等译，上海人民出版社2008年版，第205页。
⑥ ［英］约翰·麦克唐奈、爱德华·曼森编：《世界上伟大的法学家》，何勤华、屈文生、陈融等译，上海人民出版社2013年版，第352页。

（四）习惯法法典化的后果及其本质

习惯法的法典化并非完全改变习惯的内容，其实，习惯被有意改动，但幅度很小。[1] 梅特兰也特别告诫，"我们不能把对习惯法的汇编看成是对民法重塑。"[2] 甄克斯对此说的更为明确，"'蛮族法典'并非新制定法，只是记录而已。"[3] "我们发现，法律与其说是被制定的倒不如说是被发现的。"[4]

归根结底，经过汇编后的习惯法仍保留了民间惯例的特征，但同时，国王的首肯又赋予它成文法的形式和效力，使它成为稳定而不容置疑的法典。具体表现为：（1）不得引用和证明所有与官方习惯法相冲突的习惯；（2）对习惯法的修改必须经过与制定习惯法典时相同的程序。[5] 这样，当习惯法的编纂完成后，习惯法便出现了两种后果：其一，使习惯法实现了罗马法化；其二，原来的习惯法传统得以继承。[6]

由于习惯法编纂是以罗马法为根本标准的，所以，在习惯法编纂完成后，习惯法传统的维持和继承只是一种理所当然的后果。其实，习惯法的罗马法化才是其最重要的后果。具体说，随着习惯法编纂的推进，罗马法在不断地同化习惯法，直到习惯法最终被编入法典，这本身就是习惯法实现罗马法化的标志。因此，习惯法法典化的实质就是罗马法化。归根结底，这一切又都是罗马法复兴的结果。罗马法的复兴"对习惯法的发展产生了巨大的影响，即法学界开始运用罗马法学中的方法和原则来汇编、注释和阐述习惯法，从中发掘各种适合当时社会生活变化的法律原则，使之成为一门比较系统的学科。"[7]

五、习惯法在民法典中的崇高地位及其成因

（一）习惯法在《法国民法典》中的地位

习惯法与罗马法、革命前的王室法令和革命时期的立法一起，成为1804年《法国民法典》的主要渊源之一。具体说，已婚妇女地位、夫妻财产制和某些继承规则都源自习惯

---

[1] ［英］爱德华·甄克斯：《中世纪的法律与政治》，屈文生、任海涛译，中国政法大学出版社2010年版，第44页。

[2] 参见［英］梅特兰等著：《欧陆法律史概览：事件，渊源，人物及运动》，屈文生等译，上海人民出版社2008年版，第206页。

[3] ［英］爱德华·甄克斯：《中世纪的法律与政治》，屈文生、任海涛译，中国政法大学出版社2010年版，第43页。

[4] ［英］爱德华·甄克斯：《中世纪的法律与政治》，屈文生、任海涛译，中国政法大学出版社2010年版，第46页。

[5] 参见［英］梅特兰等著：《欧陆法律史概览：事件，渊源，人物及运动》，屈文生等译，上海人民出版社2008年版，第206页。

[6] 参见［英］梅特兰等著：《欧陆法律史概览：事件，渊源，人物及运动》，屈文生等译，上海人民出版社2008年版，第206页。

[7] 何勤华：《西方法学史》（第二版），中国政法大学出版社1996年版，第87页。

法。① 法典从"习惯法"中吸收的主要是已婚妇女的权利限制、配偶间共同财产的占有以及继承方面的一些规定。② 并且，法典化后的习惯法不但仍具有相当的民间色彩，同时还得到了法令的稳定性和不可撤销性。③ 因此，《法国民法典》主要是罗马法和习惯法的折衷、调和。④ 毫无疑问，经过私人汇编和官方编纂，习惯法在《法国民法典》中获得了与制定法并驾齐驱的地位和效力。

（二）习惯法在法典中获得崇高地位的成因

习惯法之所以成为《法国民法典》的主要渊源之一，并获得崇高的地位，其主要原因有：

第一，罗马法是习惯法编纂或法典化的根本标准和决定性力量。从历史角度看，罗马法曾经一度也是南部地区的"习惯法"，即使在北部习惯法地区，罗马法也一直占据着统治地位。因此，梅特兰说："我说'习惯法'，我有意识地使用这一称谓，因为罗马法正是照此得以适用的。它的习惯法效力，不仅来自某些罗马时代或日耳曼时代已颁布的、现已被忘却的法律，还包括它的'地方惯习'属性和'世俗习惯'的特征。它的地位很高，统治者们在它们的主权所及的区域内，均承认它的效力。"⑤

罗马法是历史的智慧，是人们正确推理后作出的深思熟虑的表达，是人们越来越看重的，人们将之视为"超自然力量"意志的真正指引。⑥ 因此，习惯法的效力取决于国王、自然法、罗马法、教会法、实在法等的认可和支持。否则习惯法的效力就受到限制。⑦ 但是，值得注意的是，只有"一般习惯法"缺失时，才会出现求着罗马法解决问题的情形。⑧ 总之，罗马法是评判并决定习惯法效力大小的根本标准，也是推动习惯法法典化的决定性力量。

第二，习惯法学家的不懈努力。"与罗马法研究中的人文主义和复古主义倾向相对，在中世纪后期法国习惯法的发展中，由于法学家面对实践，带着实用主义态度对习惯法的

---

① 参见何勤华主编：《外国法制史》（第五版），法律出版社2011年版，第268页。
② ［英］梅特兰等著：《欧陆法律史概览：事件，渊源，人物及运动》，屈文生等译，上海人民出版社2008年版，第226页。
③ ［英］梅特兰等著：《欧陆法律史概览：事件，渊源，人物及运动》，屈文生等译，上海人民出版社2008年版，第205页。
④ 参见何勤华：《西方法学史》（第二版），中国政法大学出版社1996年版，第127页。
⑤ ［英］梅特兰等著：《欧陆法律史概览：事件，渊源，人物及运动》，屈文生等译，上海人民出版社2008年版，第162页。
⑥ ［英］爱德华·甄克斯：《中世纪的法律与政治》，屈文生、任海涛译，中国政法大学出版社2010年版，第45页。
⑦ 参见［英］梅特兰等著：《欧陆法律史概览：事件，渊源，人物及运动》，屈文生等译，上海人民出版社2008年版，第174页。
⑧ 参见［英］梅特兰等著：《欧陆法律史概览：事件，渊源，人物及运动》，屈文生等译，上海人民出版社2008年版，第173－174页。

成文化和法理解释倾注了大量精力,从而使法国的习惯法学在 15 世纪以后获得了迅速发展,为后来拿破仑时代的大规模立法提供了一定的前提条件。"① 具体说,迪穆林和朴蒂埃的习惯法汇编,为习惯法的法典化奠定了坚实的基础。可以说,如果没有迪穆林和朴蒂埃等习惯法学家的不懈努力,就不会有后来习惯法的法典化。尤其是,在《法国民法典》的起草过程中,形成针锋相对的二派,一是支持习惯法的特隆歇和普雷阿梅纽,另一是主张适用罗马法、反对习惯法的波塔利斯和马尔维尔。最终,习惯法派战胜了罗马法派。② 如果没有特隆歇和普雷阿梅纽这些习惯法学派在起草民法典中的不断坚持,习惯法能否编入民法典并赢得崇高的地位,可能得打一个问号。

第三,君主和"省三级"在习惯法的编纂中的主导作用。习惯法得到君主的默许才有效力。接下来,还要求明确地公开赞成它。所以,一部有效习惯法的产生过程几乎与法律的通过过程无异。③ 同时,编纂比较注重的是消除现有习惯法中的疑问,并旨在使编纂后的法典汇编得到"省三级"(Provincial Estates,即僧侣、贵族、平民)和皇室权力的双重认可。④ 因此,如果没有君主和"省三级"的认可和支持,习惯法的法典化也寸步难行。

第四,众多推动力量形成强大的合力。甄克斯认为,将民间法转变为欧洲中世纪法真正革新性力量的,主要包括教会法、商人法、采邑法以及罗马法。⑤ 梅特兰也说,《法国民法典》或《拿破仑法典》在编纂过程中广泛吸收的各种来源,其中主要有:习惯法(尤其是《巴黎习惯集》)、罗马法、王室法令、革命时期的法令。⑥ 可见,推动习惯法汇编或编纂事业的力量不止一种。然而,梅特兰却把这些"推动力量"称作"敌人",他说,习惯法的"敌人"很多——罗马法、教会法、自然法(natural law)以及实证法(positive law),这样,习惯法统治的领域实际上一天天地在缩小。教会法学家要求习惯法需要具有"值得肯定的""合理的"特征,还要它们与"良好道德""自然法"、"神法",甚至是"实证法"一致;最低限度来讲,习惯法必须具有"合理性"特征以及 40 年以上持续存在的历史,只有满足这些基本条件才能被承认,否则便有可能被废除。⑦ 因此,罗马法、自然法、教会法是习惯法法典化的指导思想和形式标准。其中,罗马法对习惯法的

---

① 何勤华:《西方法学史》(第二版),中国政法大学出版社 1996 年版,第 109 页。
② 参见[英]梅特兰等著:《欧陆法律史概览:事件,渊源,人物及运动》,屈文生等译,上海人民出版社 2008 年版,第 226 页。
③ [英]梅特兰等著:《欧陆法律史概览:事件,渊源,人物及运动》,屈文生等译,上海人民出版社 2008 年版,第 174 页。
④ [英]梅特兰等著:《欧陆法律史概览:事件,渊源,人物及运动》,屈文生等译,上海人民出版社 2008 年版,第 205 页。
⑤ [英]爱德华·甄克斯:《中世纪的法律与政治》,屈文生、任海涛译,中国政法大学出版社 2010 年版,第 45 页。
⑥ [英]梅特兰等著:《欧陆法律史概览:事件,渊源,人物及运动》,屈文生等译,上海人民出版社 2008 年版,第 226 页。
⑦ [英]梅特兰等著:《欧陆法律史概览:事件,渊源,人物及运动》,屈文生等译,上海人民出版社 2008 年版,第 173 – 174 页。

编纂起着决定性的作用。至此，我们终于明白"敌人"的真正涵义。正是这些"敌人"的逼迫、围剿，才在法兰西出现一场势不可当的习惯法编纂运动。

第五，人文主义也是推动习惯法编纂的力量之一。除上述推动力量外，15世纪以来法国的人文主义也推动了习惯法的编纂。[①] 人文主义对法典化情有独钟，它为习惯法的编纂注入了自然法的理性思想以及"法兰西民族的精神"。

第六，《法国民法典》是在法国"习惯法的中心"巴黎制定的，加上大部分"参政院委员"（Councillors of States）来自北方习惯法地区，此外，"巴黎高等法院"在"旧法"中也起着十分重要的作用，所以"习惯法"在法典中占优势也就不足为奇了。[②]

第七，对习惯法古老传统的珍重。法国对习惯法的尊重可以追溯到古代。[③] 作为法国所独具的特征是，在现代法形成之前，习惯法的地位具有我们今天无法想象的不可动摇性，甚至拥有决定对以后的《法国民法典》之特性的力量。这一特征归因于对习惯的特别珍重。[④] 梅特兰指出，在法国法进行一体化时，法国主要有两种较为主流的法律：罗马法精神和习惯法传统，其中后者更占优势。[⑤] 这表明在习惯法汇编和编纂过程中，习惯法自古以来占据的优势地位形成了一种势不可挡的推动力量。

第八，民法典是罗马法与习惯法妥协的结果。梅特兰支持民法典是罗马法与习惯法妥协产物的观点。他说："罗马法的原则与习惯法逐渐融合，并最终形成我们今天的'民法'"。[⑥] 日本比较法学家大木雅夫指出，《法国民法典》令人难以置信地维持了传统的思维，习惯法——特别是巴黎习惯法——被广泛地加以保护。对非婚生子的承认、所有权的善意取得、被继承人亲属的法定继承权等，无不渊源于习惯法。波塔利斯主张习惯法与成文法妥协的观点。他认为，旧法不仅无须破坏，而且应该加以保存，他在其《民法典序论》中，还专门对《法国民法典》为何是习惯法与成文法的妥协作了说明。[⑦] 因此，与其说《法国民法典》是习惯法与成文法的妥协，倒不如说是成文法向习惯法做出的妥协。

（三）习惯法法典化的局限性

习惯法的法典化并非一条十全十美的途径。因为，习惯法编纂或法典化并没有解决所有问题，仍需"革命的洗礼"。尽管在17、18世纪，穆林（Moulin）、盖伊·戈奇勒

[①] ［日］大木雅夫：《比较法》，范愉译，法律出版社1999年版，第163页。
[②] 参见［英］梅特兰等著：《欧陆法律史概览：事件，渊源，人物及运动》，屈文生等译，上海人民出版社2008年版，第226页。
[③] ［日］大木雅夫：《比较法》，范愉译，法律出版社1999年版，第161页。
[④] ［日］大木雅夫：《比较法》，范愉译，法律出版社1999年版，第160页。
[⑤] 参见［英］梅特兰等著：《欧陆法律史概览：事件，渊源，人物及运动》，屈文生等译，上海人民出版社2008年版，第226页。
[⑥] ［英］梅特兰等著：《欧陆法律史概览：事件，渊源，人物及运动》，屈文生等译，上海人民出版社2008年版，第165页。
[⑦] 参见［日］大木雅夫：《比较法》，范愉译，法律出版社1999年版，第182页，第179页。

（Guy Coquille）、洛瓦塞尔（Loisel）、多玛（Domat）以及朴蒂埃（Pothier）等法国法学家都创作出众多恢宏的作品，但对于法国而言，仍需借助大革命的洗礼才能得到一种"适用于整个法国的普通法"（Common Law for France）。[①] 此外，习惯法的法典化也并非一劳永逸。随着时代的发展，它需要及时地修改、补充、完善和废止。因为，习惯的运行也绝非如此顺利。在每一个群体之中，总有一些人会抱着旧的、有害的习惯不放，他们拒绝接受新习惯。同样，也会有一些人，总会轻率地搞创新，他们的做法会超出群体认为安全的范围。[②] 我们必须认识到，习惯法的法典化不是完美无缺的，也非一劳永逸。因此，当我们在对习惯法的优点大加赞美的同时，也不要忽略习惯法本身的局限性。

六、结语：习惯法法典化对中国的启发

法国习惯法的法典化的过程，对当代中国习惯法与民间法的发展，具有"不可忽视"的借鉴作用。从法兰西习惯法编纂的实践中，我们可以获取许多对习惯和习惯法的理性认识以及编纂习惯法的实践经验。正如一位学者所言，中世纪这样一个社会剧烈变迁的时代，与中国当前的社会巨变正可形成对照；而蛮族各国从日耳曼法转向继受罗马法，又为中国仍在进行的大规模法律继受提供了不可忽视的参考。[③] 此外，习惯法的汇编和编纂还让我们知晓，习惯法学家不可或缺的作用和罗马法的主导力量。

随着我国民法典在 2021 年 1 月 1 日的颁布实施，民法典的完善和发展必定是我国今后民事立法和司法的长期任务。如何正确处理习惯法与法典法的关系？如何把我国本土习惯、惯例纳入法典或者如何对习惯法进行汇编和编纂？如何激发法学家对习惯和习惯法的"创造性"贡献？如何解决继受法国家习惯法法典化的特殊性？这一切迟早会成为我国法学无法回避并必须正确解答的问题。

How is the customary law codified into the civil code
—Take the codification of "French Civil Code" as an example

Hu Qiao

Abstract：There is no distinction between custom and law. Custom is law, and law is custom. From customary law to statutory law, to code law, this is the basic law of legal evolution.

---

① ［英］爱德华·甄克斯：《中世纪的法律与政治》，屈文生、任海涛译，中国政法大学出版社 2010 年版，第 36 页。

② ［英］爱德华·甄克斯：《中世纪的法律与政治》，屈文生、任海涛译，中国政法大学出版社 2010 年版，第 43 页。

③ 钟云龙：《法律变迁与法学家的历史使命》（译序），载［英］保罗·维诺格拉多夫：《中世纪欧洲的罗马法》，钟云龙译，中国政法大学出版社 2010 年版，第 7 页。

The Middle Ages was the century of customary law, and Western Europe in this period was actually a sea of customary law. In France, there has been a long-term confrontation between the statutory law area in the south and the customary law area in the north. The fuzziness, complexity and chaos of customary law were beyond endurance to the customary jurists who advocated humanism. In their research on Roman law, they found that codification or Roman legalization was the only future for legal development. Customary law must move towards Roman law. Thus, in the 15th to 18th centuries, customary jurists represented by Dumoulin and Pothier developed private annotations and compilations of customary law. In particular, Pothier integrated Roman law, natural law and canon law. The compilation actions of the customary jurists were unanimously recognized and supported by the monarch and "provincial three-classes", and finally laid a solid foundation for the mighty codification movement. In 1804, with the issuance and implementation of the "French Civil Code", customary law gained the same legal source status as statutory law in the civil code. This marks the completion of the codification of customary law. The process of codification of French customary law has a "non-negligible" reference for the development of contemporary Chinese customary law and folk law.

Keyword: customary law; codification; customary jurists; "French Civil Code"

（编辑：陶文泰）

论习惯的生发路径*

周俊光**

摘　要　习惯的生发是习惯理论的重要部分。对习惯生发的考察可从事实基础与规范基础两个角度展开。从规范基础方面看，习惯的生发路径可归结为"民众普遍同意"和"第三人确认/裁判"两类。就前者言，"同意"的对象就是关于习惯的规范性意识，"同意"的可能在于习惯对于主体需求的正当性满足，"同意"的实践则大多体现为群体对于习惯的反复协商、确认、补充和完善。就后者言，当纠纷双方把关于习惯的争议提交到他们所认可的"第三人"处要求获得解决的时候，"第三人"便拥有了对相关习惯规范的确认、适用权力，这种确认、适用本质上是一种关于习惯生发相关的"外部确认/裁判"。

关键词　习惯　习惯法　生发　生成路径

　　习惯的生发是习惯理论的重要部分。既有关于习惯生发的观点，无论是主张习惯源于行为人实践行为的"实践说"，[①] 还是主张习惯源于行为人禁忌性观念的"禁忌说"，[②] 大多将关于习惯的规范性意识界作为习惯生发的一个理论预设，由此，相关分析回避了习惯

---

*　本文系湖南省社会科学基金青年项目"湘西苗、侗少数民族民间文学的法文化研究"（项目编号：19YBQ069）的阶段性成果。
**　周俊光，湖南师范大学法学院讲师。
①　"实践说"的观点是，习惯是人们在日常生活与社会交往的实践过程中所逐渐形成的，反映的是主体在特定历史条件下的主体需要和行为方式，离开人的实践来谈习惯的生发问题，不啻无源之水、无本之木。详可参见恩格斯：《论住宅问题》，载《马克思恩格斯选集》（第2卷），人民出版社1972年版，第538-539页；公丕祥：《东方法律文化的历史逻辑》，法律出版社2002年版，第220页；桑本谦：《法治及其社会资源》，载《现代法学》2006年第1期等。
②　"禁忌说"的观点是，人们基于禁忌性观念而从心灵上、精神上受到了统一、一致的驱使和限制，这种驱使和限制促使人们形成了最早的行为准则，即习惯。详可参见［日］穗积陈重：《法律进化论》，黄尊三等译，中国政法大学出版社1997年版，第65页；姜世波、王彬：《习惯规则的形成机制及其查明研究》，中国政法大学出版社2012年版，第72页；王学辉：《从禁忌习惯到法起源运动》，法律出版社1998年版，第64页等。

的规范性由来问题。实际上，作为源于民众日常生活和社会交往而来的一类规则，习惯固然有其无可争辩的事实基础——即关于特定事项的"习惯性做法"，但在其事实基础之外，同样存有相应的规范基础——即关于该"习惯性做法"的规范性意识，一种关于习惯的"应当"。本文将习惯的事实基础作为习惯生发的理论预设，将目光聚焦对与习惯相关之规范性意识的产生上，着力考察究竟是"经由什么样的神秘过程"①，才使得单纯事实性的"习惯性做法"，实现了向具有内在规范性的"习惯"的变迁，让一种作为行为规范的"习惯"，得以从民众的日常生活和社会交往中生发出来。

一、作为习惯生发路径的"民众普遍同意"

在谈到习惯，尤其是关于习惯的生发/形成话题时，一个最为常见的说法就是"约定俗成"。所谓"约定"，即"共同制定"；所谓"俗成"，即"某种事物的名称或事情的做法，大家长期共同遵守、沿用，为社会众所公认而被固定下来。"② 以"约定俗成"来表达习惯的生发，就是说习惯是经由民众的普遍同意而得到成立的："无论何种习惯，其所蕴含的规范（或者，习惯中所蕴含的人们的普遍服从）的全部义务性力量均源自所谓的公共观念（public opinion），而不是从主权者那里得到确认。因此，习惯仅仅是一种通过道德而得到执行的规范，或者仅仅是一种实在道德。习惯很可能只是通过多数人的一致同意而成为规则；其唯一的渊源或者创制者乃是自愿遵守或并非因为国家的强制而遵守它的那些人。"③ 换言之，关于习惯的民众普遍同意，构成实践中习惯生发的最常见或一般路径。

（一）什么是"民众普遍同意"？

首先，"同意"是确认行为人规范性意识存在的重要标识。从语义角度看，"同意"一词，同时兼有名词和动词意义：作为名词的"同意"，是指与他人的观点/意见相同或是类似；作为动词的"同意"，则是指对他人的观点/意见表示认可或赞同。就与习惯生发相关的民众普遍"同意"而言，当然采其动词意义，即民众"对于某一特定观点/意见的认同或是赞同"。因之，作为"同意"具体对象的"观点/意见"，当然不能直接指向业已成立的习惯法或是习惯性规则，毋宁构成习惯的相应规范要件——即作为习惯成立之主观方面要件的行为人规范性意识。由此，民众关于"习惯"的"同意"，本质上是民众对于习惯成立之"规范性意识"的"同意"。这种"同意"对于确认群体规范性意识的客观存在而言，具有重要的标示意义。从学理上看，对群体规范性意识的考察，可以区分为对规范性意识的生发考察与对规范性意识的确认考察，前者属于"科学无法诠释的领域"，④ 后

---

① 魏治勋：《民间法思维》，中国政法大学出版社 2010 年版，第 199－200 页。
② 刘万国、侯文富：《中华成语辞海》，吉林大学出版社 1995 年版，第 1418 页。
③ John Austin. *Lectures on Jurisprudence*. Beijing: China Social Sciences Publishing House, 1999：536.
④ 王林敏：《民间习惯的司法识别》，中国政法大学出版社 2011 年版，第 129 页。

者则可通过对与习惯相关的"同意"分析而得到确切说明。对规范性意识的生发考察之所以构成"科学无法诠释的领域",原因是,基于个体意识的独立存在:(1)导致个体产生规范性意识的心理动因是多样的,包括对某一特定主体需求的偏爱、热衷,或是对某一特定事物的恐惧、逃避等,都可能导致行为人产生特定的规范性意识;(2)导致个体产生规范性意识的思维方式是多样的,诸如并不符合严格因果逻辑的"附会"以及"巫术"思维等,都可能导致行为人产生特定的规范性意识。[1]

其次,"同意"是实现行为人规范性意识扩展的重要途径。纯粹个体意义上的规范性意识并不构成习惯的主观方面内容,毋宁这种规范性意识必须具有群体层面的普遍意义,即群体中的大部分成员、甚至是所有成员都具有关于习惯的规范性意识时,那种基于群体习惯性做法而来的行为规范——即习惯,才能事实性地生成。不过,就人意识存在的个体性状况而言,规范性意识的扩展必然涉及群体中其他成员对于该规范性意识的认知和接受。由此,群体成员针对某一特定规范性意识的"同意",实则构成该规范性意识之于群体层面扩展的基本途径。值得注意的是,就某一特定的习惯性做法而言,并非群体中的所有成员,都会针对其进行相关规范性意识的思维过程。毋宁这些成员的规范性意识,乃是其之于其他规范性意识的"同意"的产物。在这种情况下,行为人的"同意"行为,之于规范性意识而言同时兼有"生发"与"确认"的双重意义。另外,规范性意识之于群体层面的这种扩展,实则标明习惯作为一种行为规范,其生发、确认所必需的特定时间过程:"习惯的形成与变迁均需要一定的时间,在流动性较差、信息比较闭塞的社区,习惯的形成尤其需要长时间的积累,甚至是祖祖辈辈的口耳相传。"[2] 这种时间过程是考察"同意"时所必须予以强调和重视的要素之一。

再次,"同意"是习惯强制效力的最终来源。在谈到习惯与法律的区别时,有研究者主张以"强制"的规范效力作为区分习惯与法律的基本标准。这种观点受到韦伯的质疑。在韦伯看来,"强制"是任何规范都具有的基本属性,只不过不同类型的规范在"强制"的具体方式上存在差异。[3] 从学理上看,"强制"构成规范的基本属性,即凡是规范,必然具有其相应的"强制"效力。以规范的"强制"效力是否以其作用对象的"同意"作为必要条件,对与规范相关的"强制"则可作外部强制与内部强制的具体区分。所谓外部强制,是说规范的"强制"效力并不以其作用对象的"同意"作为必要条件,其"强制"主要是以外在且不以人的意志为转移的客观强制措施作为保证——法律就是典型的外部强制的规范类型,其外部强制的规范效力主要来源于国家权力的暴力机制。所谓内部强制,

---

[1] 关于人的"附会"以及"巫术"思维之于习惯规范产生的作用机制,详可参见魏治勋:《禁止性法律规范的概念》,山东人民出版社2008年版,第117—143页。

[2] 王林敏:《民间习惯的司法识别》,中国政法大学出版社2011年版,第112页。

[3] 参见[德]马克斯·韦伯:《经济与社会》(第1卷),阎克文译,上海人民出版社2010年版,第442—443页。

是说规范的"强制"需要以其作用对象的"同意"作为必要条件，其"强制"的实现主要是以主体之于规范而言的主观认同作为保障，同时不排除相应的客观强制措施——包括道德、习惯等多属于内部强制的规范类型。这些规范通常并不具有如同法律一般的"正式"强制措施，毋宁诸如群体异议、负面舆论、社区隔离等在内的办法，均构成与内部强制相关的"非正式"强制措施。正如博登海默所指出的那样："当这类习惯被违反时，社会往往会通过表示不满或不快的方式来做出反应；如果某人重复不断地违反社交规范，那么他很快就会发现自己已被排除在这个社交圈以外了。"①

（二）"民众普遍同意"何以可能？

从学理上看，对与"同意"相关的命题分析，大多需要从伦理学获得支持，对与习惯相关的"同意"分析亦不例外。缘于习惯的日常面向，可将与习惯相关的"同意"原因归结为是习惯之于主体需求的有效满足。不过，即便是这样的解释思路，亦需要相应的伦理学知识作为支撑。具体来讲，作为"同意"之根据的主体需求，并非指向"任意"的主体需求，毋宁这种需求必须以其相应的社会认可内容作为核心。作为习惯生发基本动力的主体需求，从类型上看可分为人的自我实现需求以及社会认可需求，人的自我实现需求是指人通过自身行为来标示自身存在的需求类型，这种需求之于现实层面的具体表达即是要求自由；人的社会认可需求是指人通过他人来对自身存在予以确认的需求类型，这种需求之于现实层面的具体表达即是要求秩序。② 就与习惯相关的"同意"而言，这种"同意"不仅要求习惯能够满足人的自我实现需求——之于现实层面，这种自我实现需求指向那些与人之客观存在和发展密切相关的具体事项，同时更要求习惯能够满足人的社会认可需求——之于现实层面，这种社会认可需求指向有那些与社会秩序之存在和维系密切相关的具体事项，且就人的自我实现需求与社会认可需求间的可能冲突而言，后者在价值位阶上必须优先于前者，即对人的社会认可需求的追求与实践必须优先于对人的自我实现需求的追求与实践。

习惯之于主体需求——特别是之于人的社会认可需求——的这种可满足性，构成习惯本身的正当属性，这种"正当"是习惯作为一种规范之于群体/社会层面成立的伦理前提。根据王海明先生的观点，"正当"作为一种社会意义上的"应当"，其与纯粹个人意义上的"应当"，在价值判断的内容上并不必然是对应的一致状态，即在个人层面上被认为是"应当"的行为，之于社会层面并不意味着必然的"应当"，毋宁个人意义上的"应当"必须同时兼顾对社会整体利益的必要关照，其才可能与社会意义上的"应当"构成重合，进而具备相应的"正当"属性："善所满足的是任何主体的需要、欲望、目的；而正当所

---

① ［美］博登海默：《法理学：法律哲学与法律方法》，邓正来译，中国政法大学出版社2004年版，第399页。
② 相关论述详可参见谢晖：《法学范畴的矛盾辩思》，法律出版社2017年版，第147－151页。

满足的则仅仅是一种特殊的主体——社会——的需要、欲望、目的，是社会创造道德的需要、欲望、目的。善是一切事物所具有的能够满足任何主体需要、欲望、目的的属性；正当则是行为及其品德所具有的能够满足社会创造道德、欲望、目的的属性……善恶是客体（一切事物）对于主体（一切具有需要、欲望、目的的生物）需要、欲望、目的的效用性，说到底，也就是一切事物对于主体目的（或合目的）的效用性：符合目的（或合目的）者即为善，违背目的（或不合目的）者即为恶。正当不正当则是道德客体（行为及其品德）对于道德主体（社会）制定道德的需要、欲望、目的的效用性，说到底，也就是行为及其品德对于道德目的的效用性：符合道德目的者，便是所谓的正当，便是所谓的道德善；违背道德目的者，便是所谓的不正当，便是所谓的道德恶。"①

由此，意味着经由民众普遍"同意"而得到确立的习惯，本身就构成一种"正当"意义上的规范类型。这种"正当"不是行为符合于行为人之目的的个人"正当"，毋宁是行为符合于社会之目的的社会"正当"。那些不具有社会"正当"或是过于强调个人"正当"的行为类型，即便能够暂时获得民众的普遍"同意"，这种"同意"也不具有习惯意义上的规范效力："习惯或法律所具有的规范性，只不过是个体行为事实所内在的道德目的指向或其内在价值向度的齐一化的结果而已，而这种'齐一化'进而规范性的获得，则是以人民大众的'同意'为前提的。当然，能够得以'齐一化'的价值，在社会价值判断标准的审视下必须是善的，否则即使它能够暂时得到齐一化，也不会具有普适性和持久性。由此，习惯或法律的规范性根本上源自每个人行为事实的内在价值向度；但社会价值判断标准的引入，使得个人意义上的'价值指向'与社会规范所具有的'规范性'在性质上存在着根本区分：个人的价值判断仅仅是基于个人利益的目的，而社会规范的'规范性'则必须首先指向'保障社会存在与发展'这一目的，即它天然地要求社会正义性的向度……因此我们可以说，普遍的社会规范的形成必然伴随着自身的正当性的成长，而完全个人的行为则未必如此。"② 当然，将与习惯相关的"正当"置于社会规范的整体"正当"中去考量，这种"正当"更多体现为"因地制宜"或"因时制宜"的地方性"正当"，这种地方性"正当"尤其与法律所关涉的普遍意义上的"正当"形成鲜明对照。

综上，作为习惯生发路径的"民众普遍同意"，其"同意"的对象是行为人（民众）关于惯习的规范性意识，而"同意"的可能则取决于惯习本身之于行为人主体需求——特别是行为人之于特定群体或社会秩序需求——的可满足程度。从学理上看，习惯之于主体需求的这种可满足性，实则已经构成习惯作为一类社会规范的"正当"属性。需要指出的是，习惯之于现实层面的生发通常需要经历特定的时间过程，在这一过程中，与习惯生发相关的诸要素内容需要实现在特定空间范围内的有效扩展。就这种扩展的内容来看，可以

---

① 王海明：《新伦理学原理》，商务印书馆2017年版，第40页。
② 魏治勋：《民间法思维》，中国政法大学出版社2010年版，第202-203页。

借助社会学的"优势合法化"来做说明。简单来说,"优势合法化"指的是社会中处于优势地位的主体,凭借其优势地位而向其他主体传播、扩散其所认为是有价值的精神或物质文化产品的全部过程。落实到习惯,"优势合法化"所指即是群体中原本具有相应习惯知识的成员,将这种习惯知识向群体中的新成员(如,新加入群体的外来人员,或是群体中的新生人员)予以阐明或实践的具体过程。正是通过"优势合法化"的具体机制,习惯才能实现之于群体层面的"无意识—有意识—潜意识"的扩展过程。限于篇幅,本文不再就这种"优势合法化"做展开说明。①

(三)"民众普遍同意"的实践表达

对"民众普遍同意"的实践考察,主要指向与"同意"相关的一系列群体行为,且这些行为多呈现为是带有公开和程序属性的合作行为。对该实践表达,可从如下三方面进行理解:其一,"同意"本质上是行为人关于"习惯"的一种内心确认,但这种确认需要以行为人外在的行为实践作为表达。由此,可以通过对民众实践行为的考察说明习惯的具体生发路径。其二,"同意"作为一种关系范畴,并不是某一单独或孤立的行为可以完整表达,毋宁是一系列与"同意"构成特定因果或密切关联的具体行为。换言之,对"民众普遍同意"的考察,不能局限于孤立的"同意"行为。其三,"同意"所指向的并非群体中某一成员或某些成员的具体行为,毋宁是群体中大多数甚至是所有成员的"同意"行为。对"民众普遍同意"的考察必须强调"同意"的普遍意义,否则习惯的正当无法得到说明。之于实践层面来看,关于习惯的"民众普遍同意",一则指向群体关于习惯的规范梳理、协商与确认,二则指向群体关于习惯的规范补充与反复记忆。下面分别述之。

首先,群体关于习惯的规范梳理、协商与确认。该实践构成"民众普遍同意"的核心内容与主要过程。一方面,群体关于习惯的规范梳理与协商,其目的正在于为"民众普遍同意"构造明确、清晰的"同意"对象——即有待于群体确认的准"习惯"规范。"一千个人眼里有一千个哈姆雷特。"就某一特定习惯而言,群体成员基于各自之实践立场,或是认知能力方面的差异,对其主张差异化的规范认识和规范效力乃是再正常不过的事。由此,针对"习惯"的规范梳理与协商就显得尤为必要——正是通过这种梳理、协商,群体中关于"习惯"的不同意见才能得到交流,进而达成一致。另一方面,之所以用"确认"来表达群体关于习惯的"民众普遍同意",端在于群体关于习惯的"同意"表达之于现实层面多表现为一种带有公开和程序性质的仪式化操作,这种仪式化操作的意义就是"确认",其可有效增进习惯作为一类行为规范之于群体的规范影响和规范效力。以广西金秀瑶族地区的"石牌"习惯规范为例。此种"石牌"习惯规范的制定,首先需要通过关于

---

① 关于这种"优势合法化"机制之于习惯层面的具体作用,详可参见韦志明:《习惯权利论》,中国政法大学出版社2011年版,第145-150页。

"石牌"习惯的梳理与协商,确定关于"石牌"习惯规范的一致意见,而后,再在这种一致意见的基础上召开全民大会,对这种"石牌"习惯规范予以表决和确认。并且,这种"石牌"习惯的落成必然伴随相应的仪式程序,即"立碑"与"吃酒"——通过这些仪式性操作,可以有效增强瑶民关于"石牌"习惯规范的内心认同与行为服从,因为其以一种带有传统"神圣"意味的方式表达了瑶民对于"石牌"习惯规范的"同意"情感。

以来古老的(石牌)有的,"文革"时打倒了。重申以前的规矩。当时意思讲,为了这个村的安全。91 年,立的前 5 天讨论,就开一天会,过后就立这个碑。苏孟军和村上的主要人商量、讨论的,随后由群众大会通过。

经过一些村组干部、老人的商量,六段屯在 1990 年腊月的一天晚上由苏孟军召集召开了全屯群众大会。六段屯每家都来一个人参加会议。"不管男女,70 户 280 多人,每家一定要来一个。决定这个法律,每家不来不行。要懂得石牌法律。"会议从晚上 9 点一直开到 11 点多。没有反对新石牌的,参加会议的人个个都支持。

在群众大会,村民推选出苏孟军、苏明旺、苏宝明、苏运生、苏新天、苏有利、苏杭胜、莫秀明(女)等八男一女为石牌委员会成员,负责实施石牌。苏孟军在六段屯比较有威信,就成为石牌委的头。

1991 年正月初一六段屯举行了立新石牌仪式,先开会由苏孟军宣布了新石牌的内容,鸣放鞭炮后就标志着石牌条规生效。当天由生产队出钱,杀了一头猪,购买了酒等物品,共花费 700 多元,各家代表吃了一顿石牌酒,表示村众要一定遵守新石牌,喝了这餐酒谁犯就绝不容忍。

当天还有喝鸡血酒仪式,苏孟军等石牌委员会成员按照历史传统喝鸡血酒,以示完成这个监督新石牌的任务。①

其次,群体关于习惯的规范补充与反复记忆。该实践构成"民众普遍同意"的重要内容与组成部分。正如法律的制定必然伴随与之相关的修改、完善活动,作为一种因应实践而生的规范类型,习惯更是需要根据群体所处之客观情势的变更而不断修改、完善。另外,习惯作为与群体实践紧密关联的规范类型,通常并不会以较为精准和明确的文字形式作为表达,毋宁直接表现为群体成员特定的身体行动或是语言交流,加之存在于群体中的必然的成员增减,由此,对习惯规范的反复强调与加强记忆就显得尤为必要。如果说,群体关于习惯的规范梳理、协商与确认构成民众之于习惯的第一次"同意",那么,群体关于习惯的规范补充与反复记忆就构成民众之于习惯的第二次、第三次……以至第 N 次"同意"。正是通过这样反复不断的"同意"过程,习惯才能实现其不断地更新并保持相应的效力。以黔西南侗族地区的"款约法"习惯为例。对"款约法"的反复强调构成了

---

① 高其才:《习惯法的当代传承与弘扬——来自广西金秀的田野调查报告》,中国人民大学出版社 2015 年版,第 242 页。

侗族群众日常生产生活过程中的一个重要事项,关于"款约法"的反复强调有其一系列"注重特定的程序和仪式"①的要求——何时、何地、何人、何为——作为指引,并且这种强调当然性地伴随对其内容的补充与完善。实际上,正是通过这种反复不断的"同意","款约法"才得以深入侗族群众心中,成为指导他们日常生活与社会交往的日常规范。

广西三江、湖南通道等侗族地区通过春秋两季的"三月约青""九月约黄",即农历三月农忙备耕和农历九月作物即将收获之时,重申款约条规;即由哪些才华出众的讲款人当众背诵款约法或其他款词。春节的讲款活动安排在农历三月举行,故称为"约青",表示春天已经来临,万物复苏,农作物将转青发绿,人们都忙于上山劳动,所以通过讲款提醒大家要按照款约的规定爱护庄稼,保护山林,同时也要注意村寨的安宁,防止扰乱破坏事情的发生,以确保生产活动的顺利进行。秋季讲款安排在农历九月初举行,故称为"约黄",即五谷丰登,收割季节已经到来,所以讲款提醒大家要爱惜自己和他人的劳动成果,不要乱偷乱拿。同时,秋冬季节还要举行各种社交活动,大家要按照祖宗传下来的规约行事。

讲款活动一般以村寨或鼓楼为单位进行,全寨或全族人都参加,由有威望的寨老、款首或款师当众背诵款约法款或其他方面的款词,并使讲款活动一直处于一种庄重而神秘的气氛中。讲款人在侗语中称为 sangh kuant(可译为"款师"或"款匠"),他们在村寨中享有很高的威望,其中有的就是款组织的头领,有的是坐师。款组织每年都要讲款,而且每次讲款都要举行隆重的仪式,一般是在款坪或鼓楼进行。讲款款师都要穿上古老的民族服装,周围有背着刀、穿着特制花衣的卫士簇拥着,并由芦笙队奏乐。讲款人每讲完一条,众人都要高声大吼"是呀"!然后讲款者就将一根草结投于神台上,以示此条已经讲完。接着再讲下一条,直至将各条讲完,由此而家喻户晓,人人皆知。②

二、作为习惯生发路径的"第三人确认/裁判"

就何谓"法律"而言,大陆法系国家通常认为,只有那些通过立法者在特定程序中所制定出来的规范文本才构成客观意义上的"法律";之于英美法系国家,则更重视那些通过司法者在特定司法程序中所适用和创造的具体规范,在他们看来,这些规范同样构成实践意义上的"法律"。可以这样理解,就法律的生发而言,包括"立法"和"司法"路径,均可产生规范意义上的法律。如果说,关于习惯的"民众普遍同意",是习惯生发中类似于法律"立法"的一种生发路径,那么,与这种"立法"相对应的,是否存在关于习惯的"司法"生发路径?本文认为,此一"司法"生发路径就是关于习惯的"第三人确认/裁判"——与关于习惯的民众普遍同意相类似,关于习惯的"第三人确认/裁判"同样构成实践中习惯生发的一种重要路径。

---

① 徐晓光:《款约法——黔东南侗族习惯法的历史人类学考察》,厦门大学出版社2012年版,第93页。
② 徐晓光:《款约法——黔东南侗族习惯法的历史人类学考察》,厦门大学出版社2012年版,第92页。

（一）关于习惯生发的群体内部确认/裁判

"法律、习惯和惯例属于同一个连续统一体，即它们之间的演变难以察觉。"① 在强调"规范性意识"之于"习惯"生发的重要意义时，韦伯曾就"规范性意识"的产生，从人的心理机制角度切入分析。在韦伯看来，人们对外部变化的反应会"导致某些生活方式的中断或重新选择一种新的标准"，因之，某些处于"不正常"状态的行为实践所产生的影响，往往就构成"创新"的关键因素。② 这就是说，人们在形成一种行为模式后，由于内在心理的因循守旧性，在没有外在挑战的情况下，往往不会改变既有的行为方式。但是，一旦出现挑战既有行为模式的不正常状态，那么关于该行为模式的"规范性意识"就会产生。在韦伯那里，这就是人的规范性意识产生的心理过程，其作用机制包括两类：一是激励，外在的激励可以促使那些从未对自身行为进行反思的人们突然意识到，"已经做了某事的人，本来就'应该'这样做"，或者那些挑战既有行为模式的人是错误的，他们"不应该"这样做——正是在这里，"规范性意识"产生了；二是同情和确认，这是指某人的态度对他人具有同情性的影响，其结果往往会产生类似的集体行动，从而促进具有相应内容的同意类型的产生，如果这种同意适应了外部环境，则因同情而产生的"应该"意识就会得到确认和加强："在任何情况下，由于强烈的激励和集中的'认同'而问世的创新，既有可能被人们认可，最后成为法律。在这种情况下，会产生习惯、甚至是针对违规的强制力行为。"③

在习惯生发的语境中，韦伯关于"规范性意识"生成的论述——即关于行为的"应当"是人在面对非正常行为时的一种反思性认识——为确认规范性意识的存在提供了一种重要的方法。具体来讲，缘于惯习本身的生活属性，习惯往往是以一种无意识或潜意识的状态存在于人的意识观念当中，正所谓"百姓日用而不知"。这种规范性意识唯有在遭遇到外界的刺激时——这种刺激既有可能指向现实世界中与习惯相反或不同的其他实践，也有可能指向行为人的习惯实践本身（即行为人对习惯的实践得不到其所预期的行为效果）——才能从那种无意识或潜意识的状态中凸显出来，成为行为人一种自发和自觉的主观意见，并进而通过行为人明确的关于行为的规范性陈述进行表达。由此，则习惯作为一种规范的客观属性才能得到切实的彰显。这就好比是说，作为一种生物体，我们每时每刻都在呼吸，但大多数时候，我们并没有意识到我们在呼吸——这个时候，呼吸之于我们而言，就是一件"自然而然"到无需意识的特定事项。唯有在我们的呼吸器官出现问题，或

---

① ［德］马克斯·韦伯：《论经济与社会中的法律》，张乃根译，中国大百科全书出版社1998年版，第20页。
② 参见［德］马克斯·韦伯：《论经济与社会中的法律》，张乃根译，中国大百科全书出版社1998年版，第22页。
③ ［德］马克斯·韦伯：《论经济与社会中的法律》，张乃根译，中国大百科全书出版社1998年版，第20页。

是在某些空气稀薄的地方，呼吸之于主体生理存在的重要意义，才有可能得到主观与客观层面的明确彰显。

当然，仅有行为人单方面关习惯的规范性主张，并不足以证立习惯的客观存在，毋宁这种规范性意识必须得到群体中其他成员的一致认可时，习惯作为一种行为规范才具有群体层面的普遍效力，进而构成一种客观实存的规范类型。这就是前文"同意"之于习惯成立的重要意义——与习惯相关的"同意"不仅标示了习惯作为一种行为规范所必须的正当属性，同时亦标示了习惯作为一类客观实存所必需的事实属性。之于现实层面来看，虽然与特定规范性意识相关的"同意"可能通过"同意人"——实践中，做出"同意"表达的主体通常指向与该规范性意识直接相关的群体成员——与"行为人"——对规范性意识做出明确表达和要求的群体成员——间的意思一致而得到确定表达，但更多时候，这种"同意"需要通过"第三人"——与该规范性意识所指向之特定行为或事项不存在直接关联的"第三人"——的居中调解或裁判活动才有可能得到实现。理由在于，缘于主体间利益立场的不同，以及认识能力上的差异，群体成员通常并不会就某一特定的规范性意识达成一致，毋宁关于该规范性意识的分歧才是现实生活中的常态状况。由此，为化解群体成员关于特定之规范性要求的分歧，一种最常见的办法便是引入外在权威——即"第三人"——通过相应的调解、裁判活动来促使群体成员达成关于特定之规范性意识的一致意见。正是在由"第三人"所主持、参与的调解、裁判活动的过程中，群体成员关于规范性意识的分歧才能得到公开的争论、交流，进而为达成与习惯相关之"同意"意见，奠定良好的实践基础。

在实践中，"第三人确认/裁判"中的"第三人"，通常指向那些得到群体成员普遍认同的权威人士，这些权威人士往往因其特定的身份/能力而在群体中享有必要的权威和权力[1]——在群体内部的语境中，"第三人"多是宗族长（之于宗族群体而言）、乡绅（之于乡村聚落而言）、寨老（之于民族村寨而言）、"阿訇"、"活佛"（之于宗教群体而言）等的权威人士——从而可以在与习惯相关的确认和适用事宜中扮演特定的重要角色。[2] 需要指出的是，虽然"第三人"参与纠纷的最终目标在于化解纠纷而非产出规范，但就纠纷解决的必要前提来看，当适用于某一特定纠纷的规范尚不确定或是存在分歧之时，"第三人"便有必要在调处纠纷之前首先确定规范。由此，"第三人"对规范——特别是习惯规范——的确定与适用，就构成其纠纷调处活动的必要前提或产物。正是在这个意义上，才可以说，通过"第三人"的确认或裁判，能够确定特定习惯规范的客观存在。如果说，关于习惯的"民众普遍同意"，渊源于行为人与习惯相关之行为实践的常规或理性状态，那么，关于习惯的"第三人确认/裁判"，则渊源于行为人与习惯相关之行为实践的异常或非理性

---

[1] 参见王铭铭：《村落视野中的文化与权力》，生活·读书·新知三联书店1997年版，第268页。
[2] 参见周俊光：《民间法的权威研究——以傣族寨老纠纷解决机制为视角》，载谢晖、蒋传光、陈金钊主编：《民间法》（第16卷），厦门大学出版社2015年版，第62－74页。

状态。换言之，行为人关于惯习的规范性意识，既有可能是行为人基于惯习之有效实践而来的"自然而然"的主动产物，同时，该规范性意识也有可能是行为人基于惯习之背反而来的"刺激—反应"的被动产物。而在后者的作用过程中，拥有相应权威与权力的"第三者"扮演着相当重要——确认并适用习惯规范——的角色。

在国家产生以前，人类的群体生活中便存在针对纠纷的相应解决机制，这其中，通过"第三人"的协调/协调尤其构成一种重要的纠纷解决方式。如生活在北美平原的凯欧瓦人，部落中负责保管"十束神物"的上层人士"土巴斗克"，同时也是部落中负责处理群体纠纷的核心人士。当一个凯欧瓦人因为受到他人的欺辱或是伤害而扬言向他人进行报复的时候，"土巴斗克"就会手持圣物及时出现，劝说发生纠纷的双方放弃复仇，并通过相对和平的方式来化解纠纷双方的具体矛盾。之于纠纷双方的当事人而言，"再倔强的男子也只能拒绝三次，第四次必须屈服，否则意味着会受到神灵的惩罚而死去，所以第四次拒绝就等于自杀。"[1] 在这种通过第三人协调/裁判的纠纷解决过程中，习惯的生发与确认通常构成其中的重要事项。以晒岩人为例，沃尔夫·莱斯·唐的马在他外出的时候被一个朋友未经许可地"借用"了，并且一直没有归还。于是，沃尔夫·莱斯·唐向部落的军事首领诉说了此事，并向军事首领询问："现在我该做什么？""什么样的行为才是对的？"嗣后，军事首领从遥远的营地带回了他的这个朋友，这个朋友对自己的行为做了令人满意的解释，并给予沃尔夫·莱斯·唐一笔大方的赔偿。事情完结后，军事首领宣布："现在我们将创造一个新的规则，即不经允许不得借马。如果不经同意而拿走别人的东西，我们将仔细检查并物归原主，如果企图占为己有，我们将给他一个惩罚。"[2]

在国家产生以后，群体中存在的这种纠纷解决机制并没有消失，相反，它们在人类的群体生活当中仍然扮演着重要角色："在中国传统社会中……大量的社会纠纷主要通过非诉讼机制来解决。"[3] 由此，通过这种"非正式"意义上的第三人确认/裁判，来产出或确定某一特定的习惯规范，不过是一桩再正常不过的"制度事实"而已。值得注意的是，在很多时候，这种经由群体内部确认/裁判而得到生发或确定的习惯规范，甚至拥有与公权力相对抗的力量。试举一例：

2014年7月，作为滇西南电网改造的配套工程，云南省P市J县人民政府欲在该县M村中埋两条500万伏的高压电线穿过寨子，在政府与村寨的接洽过程中，该村村民坚决反对该工程。理由是，该村素有"路下不埋物"的"说法"。按该"说法"，假如同意政府在村内埋线，必然会搞坏村内的风水，给村子带来灾难。随后，M村将此事交由村内"寨老"们讨论决议。在村会中，寨老们一致认为"路下不埋物"的"祖宗规矩"不能破，埋线"肯定会把我们寨子的风水搞坏掉"，加之埋线可能存在的现实风险，虽然政府会给

---

[1] ［美］霍贝尔：《原始人的法》，严存生译，法律出版社2012年版，第138页。
[2] ［美］霍贝尔：《原始人的法》，严存生译，法律出版社2012年版，第20页。
[3] 冯军：《法观念、社会治理与纠纷解决机制》，载《法治研究》2016年第4期。

村子一些经济补偿,但这些补偿不足以弥补前述隐患,遂作出不同意工程进村的决定。面对 M 村关于村路埋线一事的不合作态度,J 县人民政府没有太多的办法,只能在僵持一段时间后作出绕路的决定,转而从远离村寨的一个地方进行埋线。①

在本案中,可以清晰看到通过寨老确认而得到确定的习惯规范,即"路下不埋物"。具体来讲,根据 J 县傣族群众的佛教信仰,该县傣族村寨历来有"路下不埋物"的"说法"。根据这一"说法",在傣族村寨的公共道路下面,不能埋有任何物品,否则,这就会给走在上面的人带来"佐久"(傣语,大意是"灾难""祸害""不好的事情")。在当地的傣族村寨中,没有人会故意违反"路下不埋物",因为"路下不埋物"业已构成当地群众生活的一种自然方式。当且仅当存在外来的背反实践时,关于"路下不埋物"的规范性意识才会被激发出来,并进而成为当地群体捍卫自身生活方式的一种规范主张。在本案中,对"路下不埋物"的规范确认正是由作为"第三人"的寨老所主持做出的。正是通过寨老的实际确认,作为一种规范的"路下不埋物"才获得了现实层面的确定成立。

(二)关于习惯生发的外部确认/裁判

在面对关于习惯的不同意见时,"第三人"一方面可以通过居中的调解、协调,促使群体成员达成关于习惯的一致意见——即关于习惯的规范性意识的一致"同意",从而确定客观实存的习惯规范;另一方面,在面对群体成员关于习惯的意见缺失或是难以调和的意见分歧时,"第三人"也可能基于自身对习惯的认识而提出其认为是恰当的习惯意见,从而为纠纷的解决设定必要的规范依据。通常情况下,缘于对"第三人"在相应之纠纷解决活动中的权威认可,以及对纠纷解决目标的追求,群体成员大多会对该习惯意见表示"同意",由此,适用于特定情形的习惯规范也就得到了确定。例如,2008 年发生在广西金秀六拉村的一起相邻排水纠纷,主持调解的"第三人"就是在双方当事人无法就纠纷达成一致之处理意见的情况下,根据纠纷的具体案情和争议焦点,为双方当事人设定了一条根据"传统办法"而来的习惯规范——就该习惯而言,记录者特别强调:"事实上,对瑶族历史上的石牌习惯法,双方当事人并不一定非常清楚,只不过为了解决排水纠纷大家都可以接受。在这起人民调解案件中,习惯法成为双方形成共识的基本前提,虽然大家对其内容的理解较为模糊,对是否存在这一习惯法也认识不一。"②

换言之,当发生纠纷的双方当事人缺少关于习惯的有效意见,或是难于就彼此分歧的意见达成一致,那么,"第三人"就有可能在纠纷解决的具体过程中,根据自身对习惯的理解,提出某一适用于纠纷解决的恰当"习惯"。当然,在双方当事人对该"习惯"表达"同意"之前,该"习惯"不过是"第三人"关于惯习的一种特定规范性意识,唯有在该

---

① 周俊光:《论法治进程中民间法与国家法的二元并立》,载《甘肃政法学院学报》2015 第 5 期。
② 高其才:《习惯法的当代传承与弘扬——来自广西金秀的田野调查报告》,中国人民大学出版社 2015 年版,第 425 页。

规范性意识得到双方当事人,乃至其他无关之群体成员的普遍"同意"时,这种关于惯习的规范性意识才能被确定为是有效的习惯。就实践中看,这种经由"第三人"所主张的规范性意识,其得到"同意"的可能性通常与"第三人"本身的权威属性构成一种正比关系。当"第三人"之于群体成员而言意味着较高的权威地位,那么,群体成员——尤其是纠纷中的双方当事人——就有更高的可能性对"第三人"提出的规范性意识表示"同意",而当"第三人"并不具有相应的权威性,或是仅具有较小的权威性,那么,群体成员则不大有可能对其提出的规范性意识表示"同意"。

"权威"作为一个有效的学术概念通常与"权力"紧密关联。实际上,无论"权威"还是"权力",从内容上看都与一种作用于主体之上的强制或支配性力量密切相关,只不过相较来看,权力更多强调这种强制或支配性力量的客观存在与实际效果,而权威则更注重这种强制或支配性力量的正当来源和有效表达。[①] 人总是天生的崇尚权威,因为权威之于普通人而言通常意味着一种毋庸置疑的"正当"。也正是这个原因,行为人在面对规范性意识的分歧时,总是倾向于寻求权威的"第三人"来获得帮助。因为他们相信,拥有权威的"第三人"可以为他们之间的分歧做出有效的协调与正确的判断。不过,权威不仅意味着"正当",同时更意味着伴随"权威"而来的相应"权力"。这种"权力"意味着"第三人"可以在特定的情形中——如行为人无法就规范性意识的分歧达成一致——对行为人进行一种必要的强制,强制其接受某一特定的规范性意识,即一种关于规范性意识的强制"同意"表达。由此,"第三人"实际可以为处于纠纷解决过程中的双方当事人设定针对纠纷的特定"习惯",而当该"习惯"获得群体中其他成员的普遍"同意"之时,即构成一般规范意义上的确定习惯。对"第三人确认/裁判"的考察必须重视"第三人"及其相关的权威、权力要素之于习惯生发的重要意义。

"第三人"之于习惯生发的重要意义,可直接在"权力"范畴中得到说明。倘若"第三人"拥有调处纠纷的权力,那么,自然可为纠纷的调处提出相应的规范性意见,甚至确定适用该纠纷的特定规范——当然,这种规范性意见的提出,或是特定规范的确定,通常是以纠纷中规范的缺失或分歧作为前提。在这种情况里,"第三人"提出或确定规范的行为,构成其权力的实践行为,这种权力行为的生效并不需要以双方当事人的"同意"作为必要条件。可以这样理解,双方当事人的"同意"是针对"第三人"介入双方当事人的具体纠纷而做出的。既然双方当事人都已"同意"通过享有相应权力的"第三人"来对他们之间的分歧、纠纷进行调处,那么,他们自然不能再对"第三人"的权力行为提出异议。否则,便构成对自身"同意"表达——同时也是对权力——的违背。从学理上看,关于"第三人"调处纠纷的相应权力,既有可能指向一种社会层面的权力内容,即社会权力,也有可能指向一种国家意义上的权力内容,即国家权力。在后者的语境中,"第三人"

---

① 参见杨清望:《法律权威:来源与建构》,知识产权出版社2010年版,第15-18页。

的指向是固定的,即享有国家司法权力的具体司法者——法官。

在政治国家的语境中,法官是依据国家权力配置而享有司法权力的专门人员。之于国家中的任意群体、成员而言,其均构成一个标准意义上的"第三人"。根据其所享有的司法权力,法官当然可在司法实践的具体过程中提出或确认某一特定的习惯规范。在英美法系国家,对习惯规范的确定和适用构成其司法制度的重要组成部分,即"法官造法"。换言之,通过法官而得到确定和适用的习惯,便构成严格习惯法意义上的法律规范,其之于后来的类似案件均具有一致的规范效力。在大陆法系国家,虽然法官并未被赋予通过司法裁判来"创造"法律规范的权力,但在司法裁判的实践过程中,法官同样会碰上对习惯规范的确定与适用问题——有的时候,法官对习惯的确定与适用是出于对当事人主张与要求的回应,有的时候,法官对习惯的确定与适用是出于自身职责的必要履行,为了更好地调处纠纷——在这个时候,法官亦有必要对相关的习惯规范进行确认或适用。换言之,对习惯的确定与适用(或否定与拒绝适用)同样构成大陆法系国家法官司法实践过程中的权力事项:"法官的职权就是习惯进入司法的'印章',只有经过法官加盖上法律的'印章',习惯进入司法才有了正当的名分,习惯才有司法适用的可能。"[1]

对与习惯生发相关的"外部确认/裁判",所指正是通过法官对习惯的具体确认或适用来确定习惯。这种"外部确认/裁判"与"内部确认/裁判"的区别在于,通过"外部确认/裁判"而确定的习惯是一种具有相当司法权威与司法效力的习惯(即便在大陆法系国家,其不构成习惯法意义上的法律规范,但仍然具有相应的司法权威和司法效力),相较通过"内部确认/裁判"而确定的习惯,一则在过程上不需要以民众的普遍"同意"作为必要条件,二则在效力上具有国家权力的强制背书。因之,通过"外部确认/裁判"而确定的习惯,通常具有比通过"内部确认/裁判"所确定的习惯更强的规范效力。一般来说,在面对法官关于习惯的意见时——包括确认与否定习惯——具体纠纷的双方当事人只能表示接受(哪怕是基于强制而来的接受)。由此,一种司法意义上的习惯规范也就事实上地产生了。当然,这并不是说,在"外部确认/裁判"的语境中,作为"第三人"的法官就一定要在双方当事人之外形成新的习惯意见,毋宁这种习惯意见是在双方当事人就习惯的意见空缺,或是意见分歧情形下的一种兜底办法。如果双方当事人能够达成关于习惯的一致意见,那么,法官就不需要再就习惯提出新的意见,而是仅需要就双方当事人的习惯意见表示一种司法上的"同意"即可。

如前所述,当行为人之间存在因规范性意识差异而产生的具体纠纷时,他们将有很大的可能把纠纷交至"第三人"要求获得处理。这其中,法官正是"第三人"的一个重要选项。需要指出的是,将与规范性意识分歧相关的纠纷提交至"第三人"处要求获得处理,其暗含的一个可能就是"第三人"否认习惯的客观存在。换言之,作为习惯生发之实

---

[1] 王林敏:《民间习惯的司法识别》,中国政法大学出版社2011年版,第214页。

践路径的"第三人确认/裁判",同时也可能构成对习惯的否定意义上的实践路径。不过,这也符合本文之于习惯生发考察的一个前提性判断,那就是并非所有的习惯性做法都能经由规范性意识的获得而演进至习惯。作为一种规范的习惯的生发,毋宁是一个"大浪淘沙"般的过程,大量不符合习惯要求——如作为行为规范所必需的"正当"与"必要"要求——的习惯性做法就会在习惯生发的过程中被"淘汰"掉。当然,这里的"淘汰",指的是那些不符合习惯要求的习惯性做法,停留在其原本的行为阶段而不再具有向规范演进的可能与必要。从"淘汰"的过程看,其不仅指向那种"自然而然"意义上的"淘汰",同时也指向有"刺激—反应"意义上的"淘汰"。这其中,"第三人"——尤其是作为"第三人"的法官——针对习惯的否定性意见,便构成"刺激—反应"意义上的"淘汰"的典型代表。①

结　语

本文对习惯生发的考察,只是基于规范性视角,对习惯生发路径所做的一种理论阐释。从现实层面看,习惯的生发——即人的行为与心理实践过程——总会受到诸多外在客观因素的影响,进而呈现出各自不同的习惯样态。"法律应该和国家的自然状态有关系,和寒、热、温的气候有关系,和土地的质量、地势和面积有关系;和农、猎、牧各种人民的生活方式有关系。法律应该和政制所能容忍的自由程度有关系;和居民的家教、性癖、财富、人口、贸易、风俗、习惯相适应。最后,法律应该和法律之间也有关系,法律和它们的渊源,和立法者的目的,以及和作为法律建立的基础的事物的秩序也有关系。应该从所有这些观点去考察法律。"② 孟德斯鸠如上关于法律与其生发相关之客观因素的经典论述,同样适用于习惯。并且,相较于法律总是需要在相当程度上表达出统一与普遍适用的规范属性,习惯则缘于对其具有深刻影响的外在诸多客观因素——血缘、地缘、业缘、甚至包括神缘等——而呈现出更为普遍意义上的"地方"与"民族"特征。"十里不同风,百里不同俗"可谓是对习惯客观样态的最真实和准确写照。作为习惯生发之基本要件的实践行为,正是与这些外在于人但又对人具有重要影响的客观因素结合在一起,才产生了现实世界中形态万千、内容各异的具体习惯规范。囿于篇幅,对与习惯生发相关的血缘、地缘、业缘、神缘等诸要素,于此不再做展开。

---

① 如一些酒店所主张的"开瓶费",就不具有习惯意义上的"正当",这种习惯在进入到司法程序后自然会被法官否定其效力。相关案例可参见北大法宝:"曲连吉诉广州市白云天鲜阁酒楼返还开瓶费、赔偿损失并赔礼道歉案",访问网址:http://210.37.2.184:82/ApiSearch.dll?ShowRecordText?Db=fnl&Id=0&Gid=117526793&ShowLink=false&PreSelectId=77395256&Page=0&PageSize=20&orderby=1&SubSelectID=undefined#m_font_0,最后访问时间:2021年11月25日。

② [法]孟德斯鸠:《论法的精神》,张雁深译,商务印书馆1963年版,第7页。

On the generation of Custom Law

Zhou Junguang

Abstract: The generation of custom law is an important part of the theory of custom law. The study of the generation of custom law can be carried out from two perspectives: factual basis and normative basis. From the perspective of normative basis, the generation of custom law can be classified into two categories: "general public agreement" and "third party confirmation/judgment". For the first one, the object of "agreement" is the normative awareness about the custom law, the possibility of "agreement" lies in the legitimate satisfaction of the custom law for the subject's needs, and the practice of "agreement" is mostly reflected in the group's repeated negotiation, confirmation, Complement and complete. For the second one, when the two parties to the dispute submit the dispute about the custom law to a "third party" recognized by them for settlement, the "third party" has the power to confirm and apply the relevant customary norms. This kind of confirmation and application is essentially an "external confirmation/judgment" related to the generation of custom law.

Keyword: folk law, custom law, generation, generating path

（编辑：尤婷）

新乡贤参与乡村治理：现实需求、理论基础与机制创新[*]

——以徐州市两镇为例

王　琦[**]

> **摘　要**　新乡贤是对传统乡贤治村经验智慧的传承和创新。新乡贤与传统乡贤的本质区别在于其是建设党组织领导、政府负责、民主协商、社会协同、村民参与的乡村治理体系的产物。乡村社会"空心化"现象、村民自治制度"空转"、乡村文化道德"断裂"，以及"村两委"能力不足且缺乏制约等乡村治理困境，需要新乡贤参与乡村治理来予以纾解。中国特色的社会协同治理理论为新乡贤参与乡村治理提供了理论支撑。政府动员是新乡贤积极参与乡村治理的动力机制。新乡贤通过上传下达、调解纠纷和道德教化等方式，能够提升乡村社会自治、法治和德治建设的水平。
>
> **关键词**　新乡贤　乡村治理　社会协同　自治法治德治　社会治理共同体

古代中国的乡村治理遵循着"皇权不下县"的原则，以乡绅为主要代表的精英治村模式拥有着悠久的历史。新中国成立后，农村经济社会面貌发生了深刻变革，乡绅治村模式日渐沉寂。随着改革开放这一伟大战略的深入推进，社会主义市场经济快速发展，平等、竞争等社会思潮持续影响着乡村社会，社会主体积极参与乡村治理工作的意愿日益增强。然而，随着城镇化进程的快速推进，乡村的中青年劳动力多选择进城务工，乡村社会"空

---

[*] 国家社会科学基金一般项目《新乡贤与中国农村社会治理法治化创新研究》（编号：17BFX167）；司法部国家法治与法学理论研究重点项目《内在性视域下法治乡村的建设路径研究》（编号：19SFB1002）；中国法治现代化研究院咨询研究项目《新乡贤与新时代乡村治理体系创新发展研究》；江苏省研究生科研与实践创新计划项目《〈乡村振兴促进法〉的功能定位与立法模式研究》（编号：KYCX21_1222）。

[**] 王琦，南京师范大学法学院博士研究生，中国法治现代化研究院研究人员。

心化"现象日益严重,现在大多数留守在乡村中的村民都是老人、妇女和儿童。[①] 2006 年,在中国已经施行千年的农业税被取消,由此造成的结果是,基层政权"悬浮"于乡村,乡村治理逐渐进入困境。[②] 在此社会背景下,有学者提出,应当让一些有能力的乡村老人发挥余热,组建为新乡贤,以"政府的好帮手,群众的贴心人"为基本角色定位,助力乡村治理工作。[③] 这一种观点被提出以后,便得到了官方的认可和主流媒体的宣传报道,并在基层党委和政府的引导和动员下于实践中得到大力推行。[④]

从国家政策层面来看,"十三五规划纲要"在第三十六章"推动城乡协调发展"的第二节"加快建设美丽宜居乡村"中,提出了"培育文明乡风、优良家风、新乡贤文化"的目标要求。党的十九大强调"健全自治、法治、德治相结合的乡村治理体系。"[⑤] 2017 年 12 月,习近平总书记在中央农村工作会议上指出,"要培育富有地方特色和时代精神的新乡贤文化,发挥其在乡村治理中的积极作用。"[⑥] 2018 年,中共中央、国务院《关于实施乡村振兴战略的意见》进一步强调了新乡贤在政治建设、社会建设上的积极作用,指出要创建党组织领导的充满活力的村民自治机制,形成多层次的基层协商格局。自此,乡村社会多元主体共治的理念逐渐成为共识。这条促使我国乡村治理体系和治理能力现代化的创新之路,具有鲜明的中国特色和实践特征,也符合中国特色社会主义乡村治理现代化的内在要求。[⑦]

从乡村治理实践层面来看,新乡贤参与乡村治理的实效却不完全相同。有的地区(如江苏徐州的梁寨镇和耿集镇)新乡贤用老百姓的"法",平老百姓的事,取得了良好的乡村治理效果。但应当注意到,近年来,村庄内生性权威不足,乡村社会的公共资源分配不公引发了大量矛盾纠纷。从这一现实问题出发,本文着重运用实证研究方法,通过调研徐州市梁寨镇和耿集镇的新乡贤参与乡村治理的实践,[⑧] 尝试分析和论证新乡贤参与乡村治理的现实需求、理论逻辑与机制创新,以求教于方家。

---

① 参见方晓红:《实施乡村振兴战略的几点思考》,载《经济研究导刊》2018 年第 21 期;宋妍:《新乡贤:中国乡村振兴的价值和实现途径》,载《内蒙古电大学刊》2020 年第 4 期。

② 参见沈寨:《从"权威治理"转向"规则治理"——对乡贤治理的思考》,载谢晖、陈金钊、蒋传光主编:《民间法》(第 17 卷),厦门大学出版社 2016 年版,第 268 页。

③ 参见菅从进:《新乡贤与乡村用法力量的系统提升——以江苏省丰县梁寨镇为例》,载谢晖、蒋传光、陈金钊主编:《民间法》(第 18 卷),厦门大学出版社 2017 年版,第 339 页。

④ 参见沈寨:《从"权威治理"转向"规则治理"——对乡贤治理的思考》,载谢晖、陈金钊、蒋传光主编:《民间法》(第 17 卷),厦门大学出版社 2016 年版,第 268 - 269 页。

⑤ 习近平:《决胜全面建成小康社会 夺取新时代中国特色社会主义伟大胜利——在中国共产党第十九次全国代表大会上的报告》,载《人民日报》2017 年 10 月 18 日,第 1 版。

⑥ 习近平:《论坚持全面依法治国》,中央文献出版社 2020 年版,第 191 页。

⑦ 参见华桂宏、菅从进等:《"中国之治":治理理政新时代——江苏师范大学社科理论工作者学习党的十九届四中全会精神笔谈》,载《江苏师范大学学报(哲学社会科学版)》2019 年第 6 期。

⑧ 本文所呈现的实证数据和资料系本人与菅从进、刘广登、张兆成等老师在调研过程中获取。

一、新乡贤：对传统乡贤的传承与创新

为表达新的历史时期乡贤的特定内涵，并凸显其与中国传统社会乡贤的本质区别，本文将前者称为"新乡贤"或"现代乡贤"，而将后者称为"旧乡贤"或"传统乡贤"。

（一）传统乡贤的概念与特征

"乡贤"是指乡里在世的有德行有声望的贤达人物。只要是本乡本土形成的或走出的有德行、有才能、有声望而深被本地民众所尊重的贤人，无论在世与否，都被称为乡贤。已经去世的，属于历史乡贤；[1] 在世的是在世乡贤。生活在本乡本土的称为在乡乡贤，离开本乡本土的叫离乡乡贤。

就乡贤的内涵来说，其是指在中国传统乡土社会中德行高尚且对乡村做出一定贡献的人。因此，在乡的在世乡贤，通常可对乡村社会秩序的建设产生重要的影响。有的学者把乡贤称为乡绅，例如，"历史上，我国有自治传统，皇权止于县政，乡绅成为连接国家和社会的关键结点。"[2] 从文献角度而言，"乡绅"一词在宋代即已出现，然而被作为固定的史料用语进行使用则是在明代，[3] 特别是在明代中期以后。在明代文献中出现的同类用语中，绝大多数场合用的是"缙绅"。[4] 笔者认为乡贤与乡绅这一对概念存在区别。[5] 有的学者认为传统意义上的乡贤"多指本乡本土的饱学之士、贤达之辈、德行高尚之人。现代意义上的乡贤，既有因品德才学为乡人推崇敬重的本土精英，也包括因求学、致仕、经商而走入城市的外出精英，以及市场经济环境下在农村投资创业的外来精英，具有亲缘、人缘、地缘优势，具备丰富的经验、学识、专长、技艺、财富以及良好的文化道德修养。"[6]

就乡贤的外延来说，它应该包括传统意义上的乡绅、绅士、士绅、士大夫、及一切有利于乡里建设、秩序维持的社会贤达。[7] 显然，乡绅主要是离职、退职的封建官员及其后备人员群体。尽管在中国传统乡土社会，他们对乡里公共事务建设有所贡献，但是，由于

---

[1] 迄于明清，各州县均建有乡贤祠，以供奉历代乡贤人物。参见魏峰：《从先贤祠到乡贤祠——从先贤祭祀看宋明地方认同》，载《浙江社会科学》2008年第9期。

[2] 陈跃、余练：《社会主要矛盾转化与基层社会治理创新探析》，载《理论探索》2020年第4期。

[3] 参见姜方炳：《从革命到改革：政治话语流变中的"乡贤之治"及其行动伦理——基于"有效性－合法性"分析框架的阐释》，载《浙江社会科学》2021年第6期。

[4] ［日］寺田隆信：《关于"乡绅"》，载《明清史国际学术讨论会论文集》，天津人民出版社1982年版，第112－113页。

[5] 就乡贤的外延来说，它应该包括传统意义上的乡绅、绅士、士绅、士大夫及一切有利于乡里建设、秩序维持的社会贤达。参见徐茂明：《明清以来乡绅、绅士与士绅诸概念辨析》，载《苏州大学学报（哲学社会科学版）》2003年第1期。

[6] 马永定、戴大新、张俊牯：《乡贤及其组织在乡村治理中的作用研究——以绍兴市孙端镇村级乡贤参事会为例》，载《绍兴文理学院学报（哲学社会科学）》2015年第2期。

[7] 也有研究者对乡绅、绅士、士绅作区分看待。参见徐茂明：《明清以来乡绅、绅士与士绅诸概念辨析》，载《苏州大学学报（哲学社会科学版）》2003年第1期。

在近代社会大变局中，他们在经济、政治和文化方面多持保守态度，固守封建地主剥削阶级的立场和利益，道德品质和社会作为等方面在整体上呈现出劣质化的倾向，因此被作为"土豪劣绅"来看待，整体上是新民主主义革命的对象，尽管其中的开明人士是革命的统战对象。这导致了，乡贤这一称号，因为在特定的历史语境下等乎"乡绅"，而后者又在特定的历史时代成了被摒弃的社会群体。因此新中国成立后，"乡贤"一词长期成为了历史的陈迹。

（二）新乡贤的概念与特征

"乡贤"一词可以被理解为在乡村社会中道德高尚、学识渊博、有所奉献而被农民所敬重的人。"乡贤"这一概念，作为文化传承概念，具有超越特定历史时代及其特定历史内涵的一般价值意蕴，可以被继续使用。有学者指出，"新乡贤主要是指在农村纠纷调解及农村公共管理和服务方面发挥治理作用的社会性力量，他们主要是由土生土长的、处于体制外或体制边缘地带的农村精英、发迹于本地的经济精英及发迹于外地但仍具有农民身份的经济精英组成。从特征上看，新乡贤一般同时兼具以下几点：第一，拥有一定的财富和名望，具有超强的行动能力来致力于乡村建设；第二，能够规范自身行为，具有较高的道德素养和法律意识；第三，他们与农村存在相当程度的实质性联系，要么土生土长，具有长期的农村生活经验和工作经历，要么身体逃离农村但身份仍属农民，最终会回归农村。"① 可以说，新乡贤是对传统乡贤的历史延续与继承发展。新乡贤继承了传统乡贤的优秀品格，从历史的维度传承和发展了千百年来乡贤治村的有益经验并将之转化为现代乡村治理体系的物质与精神财富，从而有效地服务于乡村振兴建设。②

（三）新乡贤"新"在何处

无疑，正是基于中国乡土社会传统文化的延续性，新乡贤文化对传统乡贤文化有一定的历史继承性或相似性，主要体现为古今乡贤文化都倡导：品德贤良、有学识、守法守正的社会贤达人士参与乡村治理事务，惠济乡邻、热心公益，化解社会冲突，维护社会和谐有序。即在乡贤文化所要求的成员基本道德操守、学养见识、社会功能和社会认同等方面有一定的相似性。但从根本上讲，新乡贤在诸多方面，都在新时代被赋予了全新的内涵，与传统乡贤相较，发生了革命性的变化，完全是新历史时期的新成员。③

应当看到，传统乡贤尽管在治村工作中做出了历史贡献，但他们的弊端也是显而易见

---

① 沈寨：《从"权威治理"转向"规则治理"——对乡贤治理的思考》，载谢晖、陈金钊、蒋传光主编：《民间法》（第17卷），厦门大学出版社2016年版，第271页。
② 参见张兆成：《论传统乡贤与现代新乡贤的内涵界定与社会功能》，载《江苏师范大学学报（哲学社会科学版）》2016年第4期。
③ 参见王杰：《新乡贤是传统乡贤的现代回归吗？——基于新乡贤与传统乡贤治村的比较分析》，载《西北农林科技大学学报（社会科学版）》2020年第6期。

的。首先,传统乡贤的社会制度基础是专制主义的封建制度,是在专制皇权和官僚阶级的统治下的;经济基础也是以自给自足、"男耕女织"的小农经济为主。其次,传统乡贤的社会结构基础是依附于宗法制、家庭制的,人与人之间存在着强烈的人身依附关系。再次,传统乡贤秉持的社会价值观以伦理、道德为主,缺失法治思维。复次,传统乡贤的成员构成主要是以绅士、地主、富人、秀才、退休官员等本土精英,一般来说具有较高的社会地位、较丰富的社会资源和较好的经济基础。最后,由于古代中国遵循着"皇权不下县"的原则,因此传统乡贤的基本功能是维护乡村社会的统治秩序。近代中国处于社会大变局时期,传统乡贤由于存在着固有的阶级局限性,在中国共产党领导下的新民主主义革命时期被"打倒"。新中国成立以后,传统乡贤在一段时期内逐渐沉寂。

中国特色社会主义进入新时代之后,自治、法治、德治"三治"融合的乡村治理体系需要新乡贤的参与。① 村庄的内生性权威不足,需要乡贤的回归。但是此时的乡贤不应当是传统乡贤,而是新乡贤。那么,新乡贤"新"在何处?笔者认为,从徐州市梁寨镇和耿集镇的新乡贤参与乡村治理的实践中可见一斑。2014年1月,梁寨镇组织了由"五老一能"人员组成的"梁寨镇民情民意志愿者促进会",此后改组为"乡贤工作室指导委员会"(又称乡贤理事会)。② 梁寨镇的新乡贤组织和文化是镇党委、政府贯彻党的群众路线,完善党组织的领导能力,强化政府服务意识和责任,发挥村民自治功能,突出村民治理主体地位的产物。2014年11月,耿集镇街道办事处通过个人自荐、村民推举和组织审核等形式,选拔了164位乡贤,建设了"耿集乡贤工作室",后改组为耿集乡贤工作协会,形成了新乡贤的三级工作体制,并于2015年7月在民政部门正式注册,成为了全国首家"乡贤协会"。应当说,乡贤是长期生活在乡村社会的人员,尽管有些人具有干部、教师等身份和较高的社会地位,但他们一直都没有离开乡村和脱离村民,能够"发挥乡贤人熟、事熟、村情熟的特点和德高望重、说话有分量的优势化解各类矛盾纠纷,用老百姓的'法儿',平老百姓的'事儿',实现了小事不出村、大事不出镇",③ 是乡村社会中有较好群众基础的人员自愿参与乡村治理的善举,属于发挥余热的志愿者,与村民无隔阂,也是党委政府、村"两委"的重要帮手,体现出了民风淳朴、乡风贤良的正能量。

毋庸置疑,两镇新乡贤的出现,都是乡村治理创新内生性需求催生的结果,都是镇党委直面乡村群众、直面实务压力、直面基层难题,高度自觉地建设党组织领导、政府负

---

① 参见唐皇凤、汪燕:《新时代自治、法治、德治相结合的乡村治理模式:生成逻辑与优化路径》,载《河南社会科学》2020年第6期;夏红莉:《"新乡贤"与健全自治、法治、德治相结合的乡村治理体系》,载《湖南省社会主义学院学报》2018年第3期。
② 参见菅从进:《新乡贤与乡村用法力量的系统提升——以江苏省丰县梁寨镇为例》,载谢晖、蒋传光、陈金钊主编:《民间法》(第18卷),厦门大学出版社2017年版,第331页。
③ 杨旭东:《耿集办事处乡贤群体系列报道之一——移风易俗,做乡村文明新风倡导者》,载《徐州日报》2018年6月1日,第5版。

责、民主协商、社会协同、村民参与的乡村治理体系的产物。① 这一点是新乡贤与传统乡贤的最根本区别。这也决定了，新乡贤具有迥异于传统乡贤的基本特质或属性，其作为社会主体参与乡村治理的制度性出场，根本不是个别领导心血来潮、别出心裁的结果。新乡贤制度所承载的乡贤文化，尽管对传统乡贤文化具有一定的继承性，但绝不是传统乡贤文化的简单复兴，而是在中国特色社会主义新时代再创造的新乡村文明的组成部分，是新生的乡贤文化。

二、新乡贤参与乡村治理的现实需求

从古代中国到现代中国，乡村社会能否实现有序治理是关系到国家治理成效的重要因素。可以说，乡村社会的和谐稳定是国家长治久安的前提和基础。但是，在我国加快推进城镇化的社会浪潮中，乡村社会发生了巨大变化，乡村治理也面临着现实困境，这都在呼唤着新乡贤参与乡村治理。

（一）乡村社会"空心化"现象严重，乡村治理主体权威不足

在"打工潮"中，乡村社会中的中青年大量流入城市，使乡村社会失去了自治与发展的内在力量。② 在计划经济时代，人民公社是乡村社会的唯一权威主体。改革开放以后，人民公社威权模式逐渐解体，乡村社会走向了由乡村政治组织和宗族村庄地缘组织以及宗教组织等社会力量合作共治的局面。③ 然而，乡村社会精英群体的流失，以及乡村政治组织在长期的"汲取型"体制中被污名化，他们的形象认知和权威程度都被弱化。由此造成的结果是，"乡村治理内生权威的流逝和外生权威的弱化，以及村落空心化与乡村文化断裂。"④

以耿集镇为例，耿集地处苏鲁交界处，是多县、区交界之地，地理位置相对偏僻，作为贾汪区经济发展基础相对不好的农业区域，经济发展要提档升级、社会治理要根本好转，面临诸多必须依靠村民自治能力才能有效解决的难题琐事。虽然耿集有较好的文化传统，但在城乡社会二元体制瓦解转轨和市场经济大潮的冲击之下，乡村中青年人多进行进城打工，乡村"空心化"现象严重。再者，乡村社会的相邻地边纠纷、宅基地纠纷、婆媳关系纠纷、老人赡养纠纷多发，且难以解决，各个矛盾引发的上访行为多发，得不到妥善的解决。村"两委"通常从行政控制维稳角度来应对这些问题，反而导致自身与村民关系

---

① 参见梅长青、李达：《多元主体共治：新时代乡村治理创新的主要轨迹》，载《云南行政学院学报》2019年第1期。
② 参见季中扬、胡燕：《当代乡村建设中乡贤文化自觉与践行路径》，载《江苏社会科学》2016年第2期。
③ 参见白现军、张长立：《乡贤群体参与现代乡村治理的政治逻辑与机制构建》，载《南京社会科学》2016年第11期。
④ 白现军、张长立：《乡贤群体参与现代乡村治理的政治逻辑与机制构建》，载《南京社会科学》2016年第11期。

的疏离化、外在化，权威不足，尽管做了不少工作但仍不被村民们所支持和认可。新乡贤可以填补乡村"空心"，因为新乡贤与乡村社会存在相当程度的实质性联系，要么土生土长，具有长期的生活经验和工作经历，要么身体逃离乡村但身份仍属农民，最终仍会回归乡村，属于村庄内生性权威。[1]

(二) 村民自治制度"空转"情况突出，乡村无法提供优质公共服务

尽管城镇化进程客观上促使了乡村社会与外界的沟通与交流，大量劳动力涌入了城市，但是乡村社会仍然保留了不同于城市的"熟人社会"的基本特征。村民与村民之间互通有无，交流密切，血缘、姻亲和邻里关系相互交织在一起，人际交往关系错综复杂。村民自治制度正是基于乡村"熟人社会"的显著特征，尝试将村党组织和村委会的权力治村与能人治村有机结合起来，并利用村规民约、风俗习惯、家风家训、道德规范等"民间法"，实现对乡村社会的"软治理"。然而，目前我国大部分乡村地区的村民自治制度基本形同虚设，导致村民无法享受到国家政策所带来的优质公共服务，幸福感和获得感直接受到影响。

根据我国《村民委员会组织法》的规定，我国的村民自治组织体系由村民大会、村民代表大会、村民委员会和村民小组四个机构共同构成，在上述村民自治组织的机构之中，村民大会和村民代表大会是权力机构，而村民委员会和村民小组则是工作机构。[2] 从应然的角度来看，四个机构相互合作，相互分工，各自履行自己的职能，从而形成一个高效率、稳定性强的组织机构。但是从实然的角度来看，村民自治组织目前存在三大问题。其一，由于行政村区域过于庞大、人口众多，村民大会很少能够召开；其二，村委会对村民代表会议或村民大会的功能和权力侵蚀、架空严重；其三，村民小组虚置化。村民小组应是村民自治的重要单元和运行机构，但村委会成员的地位远高于村民小组的地位，可能会造成村民小组的权力被村委会剥夺。正是因为存在这些先天不足，村民委员会有权力却权威不足，村民认可度不高，对村民的管理、服务和组织动员能力不足。在进入城市反哺乡村、工业反哺农业的新时期后，村民委员会在合理利用党和国家的强农惠农富农政策，合理分配、利用和保护村上级提供资源和集体公共资源方面，其能力及其公正性更难以满足广大村民的需要。而个体农民家庭，要么平时对村委会干部的不作为无能为力，不做期待；要么在矛盾尖锐时，诉诸上访、控告，并偏重于维护自己的个体利益，甚至提出不正当要求，导致干群矛盾纠纷上交并难以解决。因此，乡村治理需要新乡贤这一村庄内生权威的参与，起到督促和监督村"两委"的作用，使得村民自治制度有效运转起来。

---

[1] 参见沈寨：《从"权威治理"转向"规则治理"——对乡贤治理的思考》，载谢晖、陈金钊、蒋传光主编：《民间法》（第17卷），厦门大学出版社2016年版，第271页。

[2] 参见刘金海：《乡村治理模式的发展与创新》，载《中国农村观察》2016年第6期。

(三) 乡村文化道德"断裂",乡村治理失范

村民的生活水平逐渐提高,与外界的交流也日益频繁。然而物质生活的改善并不能必然带来精神文明建设的成功。在一些村庄里,黄赌毒现象较为严重。有的村民爱好淫秽色情表演和非法出版物,闲暇时间则外出嫖娼;有的村民嗜赌如命,不惜借高利贷去赌博,最终导致妻离子散的情况并不少见;有的村民因好奇而去吸毒,激化了自己与家庭之间的矛盾;"有的农村攀比之风、奢靡之风严重,婚丧嫁娶、大操大办,人情礼节、不堪重负",[①] 乡村社会不良之风盛行,对乡村治理构成了巨大挑战。

梁寨镇在行政村合并后,一些村的"两委"组织处于半瘫痪状态,加上部分村干部假公济私,资源分配不公,导致国家各种惠农政策和措施一度难以有效推行,反而引发一系列矛盾,干群之间存在严重的疏离感。村民之间多以个人利益为重,几乎不顾集体利益,争强好胜、相互攀比之风日盛,尊重公益、谦让互助的良善行为稀少,一些地下教会组织和邪教组织趁机而起,笼络人心,有的还骗财骗色,甚至发生了把村民骗向死亡之路的惨剧。

这些乡村治理困境都与乡村社会内生权威不足、道德教化功能弱化具有密不可分的内在关联。[②] 新乡贤可以从社会主义精神文明的倡导力行、核心价值观的宣传教育等方面入手,规定村民在日常生活中的一些行为准则,倡导村民以积极向上的心态参与乡村社会生活,避免出现违法乱纪现象以及其他不符合社会主义核心价值观的行为。

(四) "村两委"能力不足且缺乏制约,乡村治理难有成效

在进入城市反哺乡村、工业反哺农业的新时期后,村民委员会在合理利用党和国家的强农惠农富农政策,合理分配、利用和保护村上级提供资源和集体公共资源方面,其能力及其公正性更难以满足广大村民的需要。党组织的领导动员能力不足,基层政府部门管理和服务能力缺乏、担责不足,"国家振兴乡村、反哺农业的举措因乡村治理体系和能力不足而大打折扣,并引发一系列社会矛盾。"[③] 在这种情况下,有一个由村民优秀代表组成的自愿性组织,既能反映民意民情、集中民智民力,又能对村委会行使一定的监督职能,更能协同村委会履行组织村民自我管理、自我教育、自我服务的职责,自然是打破村民委员会组织履职困境、平衡村民自治组织结构失衡的有效制度性创新。

以梁寨镇和耿集镇为例,以前作为不够有力的村"两委",在新乡贤的协同作用下,

---

① 白现军、张长立:《乡贤群体参与现代乡村治理的政治逻辑与机制构建》,载《南京社会科学》2016年第11期。

② 参见白现军、张长立:《乡贤群体参与现代乡村治理的政治逻辑与机制构建》,载《南京社会科学》2016年第11期。

③ 华桂宏、菅从进等:《"中国之治":治国理政新时代——江苏师范大学社科理论工作者学习党的十九届四中全会精神笔谈》,载《江苏师范大学学报(哲学社会科学版)》2019年第6期。

地位显著提升,作用明显增强,村民认可度高涨。过去因村民的质疑、不配合而搁置的村庄公共事务,如村庄环境卫生和废坑塘的整治,红白喜事的相互攀比、铺张浪费,村民之间经年无解的矛盾纠纷化解等问题,现在却可以在新乡贤的倡导动员下得到村民的有效配合支持而顺利推进。这既强化了村干部服务村民的信心和荣誉感,也强化了他们的威信,同时也改变了村民认为他们"光吃闲饭不干事"的看法。

三、新乡贤参与乡村治理的理论基础

新乡贤参与乡村治理不是凭空而来的,其制度实践蕴含着丰富的学术理论。具体来看,中国特色的社会协同治理理论为新乡贤参与乡村治理提供了理论支撑。

(一) 社会协同治理理论的内涵

在拉丁语和古希腊语中,"治理"一词本来指的是控制和操纵,并在一定意义上与"统治"这个词交叉使用,并泛指各种各样的和公共事务相关的管理活动,更加侧重于管理与控制。① 而随着经济社会的发展,社会分工越来越精细化,社会组织和经济组织的蓬勃发展,进一步丰富和完善了治理的对象,大大地扩充了治理的有效范围。"与统治相比,治理是一种内涵更为丰富的现象。它既包括政府机制,同时也包含非正式、非政府的机制。"② 因此,在这个层面上,"治理"一词的内涵发生了较大的变化,从而与国家层面的"统治"区别开来,特指社会层面力量包括但不限于社会组织之间的有效运行与互动的过程。从20世纪80年代开始,西方发达国家在全球化、信息化的冲击下,以及对政府失败和市场失灵的认识不断深化,公民社会的不断发育和众多社会组织集团的迅速成长,使得治理理论成了学界讨论的热门话题。③ 治理理论对旧的公共管理理论进行了全面的反思和批判,同时对新公共管理理论和新公共服务理论之合理内核进行整合,其核心观点是主张通过合作、协商、伙伴关系,确定共同的目标等途径,实现对公共事务的治理。

我国从计划经济体制走向社会主义市场经济体制,背负了传统行政管理体制的沉重负担,进行公共治理的现代转型是迫切的社会需求,但在指导理论上绝不能照搬照抄西方理论,而是应该基于中国的制度优势和实际国情,适时构建中国特色的社会协同治理理论。我国是自20世纪90年代以来,逐渐开始将"治理"运用于政治领域,十八届三中全会首次将以往的"社会管理"表述改为"社会治理"。中国共产党基于对"治理"的理解和具

---

① 参见高国富、李伟:《新时代社会治理现代化中社会伦理的实践意义和价值取向》,载《宁夏社会科学》2019年第5期。
② [美]詹姆斯 N. 罗西瑙主编:《没有政府的治理》,张胜军、刘小林等译,江西人民出版社2001年版,第5页。
③ Kapucu, Naim, Farhod Yuldashev, and Erlan Bakiev, *Collaborative Public Management and Collaborative Governance: Conceptual Similarities and Differences*, 2 European Journal of Economic and Political Studies, 39 – 60 (2009).

体实践，坚持将马克思主义基本原理与中国实际国情相结合，同时辩证地吸收了中华优秀传统文化中的治国理政思想，批判地借鉴了西方治理理论中符合我国实际国情的有益部分，开创并发展了中国特色的社会协同治理理论。这一理论迥异于西方社会以政府分权、多中心治理为核心内容的治理理论，而是坚持以中国特色社会主义道路为发展方向。在治理主体层面，中国特色社会主义治理理论以多元主体共治为核心；以开放、复杂的共治系统为基础；以对话、竞争、妥协、合作和集体行动为共治机制；以共同利益为最终产出。①

党的十九大报告和十九届四中全会都提到了"完善社会治理体制"，其中一个要素就是"社会协同"。② 我国的社会治理体制是执政党、政府、社会组织和人民群众的高水平协同共治，构建社会治理共同体。对乡村社会而言，就是要构建乡村党组织领导、政府主责、社会协同、村民参与的乡村治理的主体结构，形成以村民自治为基础、法治为保障、德治为引领的"三治融合"的乡村治理体系。

（二）新乡贤制度实践对社会协同治理理论的运用

新乡贤参与乡村治理是社会协同治理理论的内在要求。新乡贤作为社会组织，在乡村治理中要发挥协同作用。但需要指出，"社会协同"的意义不仅仅在于明确了各类社会组织对党组织领导、政府负责、民主协商、民众参与的协调、合作、同步的配合支持地位，还在于同时明确了所有治理主体，不管其在治理体系中的定位如何，都对其他主体具有协同地位、发生协同关系、承担协同责任。因为所谓协同，就是指协调两个以上的要素，形成体系或系统，协同一致地完成某一目标的过程或能力。它强调的是体系内各要素相互之间的、多层面的、复杂的主动与被动的交互作用。协同能力是指要素对要素的相辅相成、相互支持配合能力，表现了要素在体系整体发展运行过程中协调与合作的性质。

新乡贤作为协同性社会组织参与乡村治理，不仅体现了社会组织协同治理能力的提升，还意味着通过这种协同，优化了其他治理主体的治理能力，而这种能力无疑都包括其与其他治理主体的相互协同能力，从而在一定意义上可以引发整个治理体系和治理能力的"蝶变"效应。因此，新乡贤对我国乡村治理体系各主体的治理能力和协同能力的提升，是全方位的。两镇的新乡贤制度实践，具有整体提升乡村党组织领导的多元协同治理主体

---

① 参见王名、蔡志鸿、王春婷：《社会共治：多元主体共同治理的实践探索与制度创新》，载《中国行政管理》2014年第12期。

② 参见习近平：《决胜全面建成小康社会 夺取新时代中国特色社会主义伟大胜利——在中国共产党第十九次全国代表大会上的报告》。十九届四中全会《中共中央关于坚持和完善中国特色社会主义制度 推进国家治理体系和治理能力现代化若干重大问题的决定》的表述是：社会治理是国家治理的重要方面。必须加强和创新社会治理，完善党委领导、政府负责、民主协商、社会协同、公众参与、法治保障、科技支撑的社会治理体系，建设人人有责、人人尽责、人人享有的社会治理共同体，确保人民安居乐业、社会安定有序，建设更高水平的平安中国。

架构的明显实效，验证了中国特色的社会协同治理理论的科学性。

第一，强化了乡村党组织的领导核心地位及其协同治理能力。新乡贤形成于乡村党组织践行群众路线、密切党群干群关系、强化村民社会主体地位和村民自治能力以破解治理难题的乡村治理实践中，从一开始就是乡村党组织密切联系群众的中介组织。它强化了乡镇党组织的领导能力，扩大了其发挥领导力的组织平台，也强化了与村民的联系，优化了与村民的党群干群关系，提升了乡村党组织的领导核心这一地位。这体现了党组织对乡镇政府、村民自治组织、其他社会组织的领导能力，包括被强化的其与这些主体的协同能力。[1]

第二，提高了乡镇政府的治理主责能力及其协同治理能力。新乡贤从一开始就得到了乡镇政府的支持和指导，将自身定位为政府的助手。新乡贤从事的大量乡村治理事务，如法律政策宣传、矛盾纠纷化解、社会治安巡防协助、移风易俗的倡导、公共空间和公共设施的维护、环境卫生的维护、扶贫和公益设施的建设等等，也都是乡镇政府管理和服务村民的基本事务。因有新乡贤汇集民情民意，上下沟通，消除误解，化解矛盾，带头或推动进行扶贫和公益捐助等行为，有效减少了乡镇机关及其工作人员在履行职责时的盲目性、简单化做法及其引发矛盾纠纷的可能性，增强了村民对政府管理和服务工作的配合、支持力度，形成了上下共治的合力。这一治理合力不仅能够促进乡镇政府扎实推进乡村振兴战略、扶贫惠民政策，充分承担和落实自身的服务职责，还可以促使乡镇政府对新乡贤的认同和支持，还促进了村民对乡镇政府治理行为的认同、支持和配合。

第三，提升了村民委员会落实村民自治及其协同治理能力。依照《村民委员会组织法》的规定，村民委员会办理本村的公共事务和公益事业，调解民间纠纷，协助维护社会治安，向人民政府反映村民的意见、要求和提出建议。但长期以来，许多乡村因为以行政村为单位进行组织而行政村却设置、合并得过大等原因，村民委员会接受村民及其代表会议的监督机制并未有效运行，村委会在很大程度上还是乡镇党委政府任命、指定，因此自治能力并未完全发挥。一些乡村的公共事务和公益事业长期发展不力；乡村陋习和不良现象如赌博、炫富、铺张浪费等时有发生，很少有人进行干预；村民的合理要求、建议难以通过村委会直接反映到上级党委和政府。两镇新乡贤的制度实践在很大程度上改变了上述乡村自治的被动局面。新乡贤增强了村委会在村民心中的存在感，强化了村委会落实村民自治的能力，增加了村委会与其他社会组织协同处理乡村事务的经验和能力。

第四，增强了村民参与乡村治理的能力及其协同能力。村民是村民自治和乡村治理的根本主体，是乡村治理的受益者。[2] 因此，我国的乡村治理离不开广大村民的积极参与。两镇新乡贤通过鼓励和动员村民积极参与乡村治理，强化了村民的协同能力。新乡贤致力

---

[1] 参见王琦：《党的领导在村民自治实践中的实现》，载《大连干部学刊》2021年第5期。
[2] 陈晓莉、吴海燕：《创新城乡融合机制：乡村振兴的理念与路径》，载《中共福建省委党校学报》2018年第12期。

于宣传党和国家的政策法律,倡导道德规范、文明乡风、民主协商,带头并推动村民参与乡村扶贫事务、公益设施的建设,助力乡村振兴建设,强化了村民作为乡村治理主体的权利意识、责任意识和看齐意识,有益于广大村民摈弃作为乡村治理"消极对象""客体""旁观者"的主体缺位意识。村民积极参与乡村公共事务,甚至慷慨解囊,捐助公益事业和公共设施。如梁寨镇的"百姓亭"、"百姓林"、传统孝文化雕像群、法治文化广场等公共设施都是村民在新乡贤的带领和动员下捐助建设的。

四、新乡贤参与乡村治理的机制创新

梁寨镇和耿集镇对新乡贤参与乡村治理进行了一系列的机制创新,可以为其他地区提供参照和借鉴。

(一)政府动员:新乡贤积极参与乡村治理的动力机制

新乡贤的性质属于志愿者组织,梁寨镇和耿集镇的党委政府及村"两委"仅为乡贤协会、工作室提供必要的办公场所、工作设备,为主要管理人员提供非常有限的通讯误餐补贴,并不给新乡贤发放任何劳动报酬。实践中,新乡贤获得的一些物资设备、奖励和有限的统一服装,也是相关单位、企业或个人捐赠的,他们任职的动力来源于政府动员后的自愿参与。但是,为了确保新乡贤任职的连续性和稳定性,两镇还是采取了一系列措施。

2014年初,梁寨镇党委政府动员乡村老党员、老干部和优秀村民成立了"梁寨镇民情民意志愿者促进会",后改组为"乡贤工作室指导委员会"(又称乡贤理事会),成为全国率先在村挂牌成立"乡贤工作室"的第一个乡镇。[①] 梁寨镇鼓励表现优异的新乡贤通过民主程序选举成为村支书和村委会主任或成员,为新乡贤尽职履责起到了很好的促进和推动作用。耿集镇建设了"乡贤工作室",后改组为乡贤工作协会,并于2015年7月在民政部门正式注册成为全国首家"乡贤协会"。[②] 耿集镇通过编写"乡贤歌"和发布光荣榜,使得新乡贤能够更加获得村民的认可,满足新乡贤的荣誉感,从而激发新乡贤参与乡村治理的热情。[③]

新乡贤中有许多乡村老党员干部,他们信仰坚定,品德贤良,带头守法守正,对乡村社会公益事业有热情、有能力,愿意付出自己颐养天年的时间;许多优秀村民长期主事乡邻红白喜事,或帮助村民致富、救济贫困,古道热肠,乐于助人,更具有地熟、人熟、事熟的优势,享有良好的声誉和权威。在群众推荐和拥护的基础上,将他们动员和组织

[①] 参见菅从进:《新乡贤与乡村用法力量的系统提升——以江苏省丰县梁寨镇为例》,载谢晖、蒋传光、陈金钊主编:《民间法》(第18卷),厦门大学出版社2017年版,第331页。

[②] 参见陈琳:《新型社会组织推进村级治理现代化的实践性探索——以耿集乡贤工作协会为例》,载《农业经济与科技》2019年第15期。

[③] 参见王静、王宏、王虹:《保定市乡村振兴视域下新乡贤参与乡村治理研究》,载《乡村科技》2021年第2期。

起来，本身就是党和政府对他们的热情付出和社会声誉的进一步明确肯定、鼓励和鞭策。

(二) 上传下达：新乡贤落实和提升乡村自治水平的机制

新乡贤所从事的活动，多属于村民自治活动的范围，体现了村民自我管理、自我教育、自我服务的职能。新乡贤是新时代乡村社会中的精英，"其权威主要来自于村民的认同和信任，主要职能是分担村'两委'的工作，并起着辅助和补充作用。"[1]这本身就意味着扩大了村民对乡村治理事务和村民自治事务的制度性参与。正如有学者指出："从评判标准上说，国家治理体系好不好，国家治理能力强不强，一切都取决于人民群众的接受度，因为人民群众才是历史的主人。"[2]"新乡贤作为村民利益与政府管理的桥梁和纽带，既可以配合基层党组织落实国家政策，又可以作为村民民意的代表直接接轨政府，使更多的民意进入到政策设计过程中，从而更好地实现老百姓的美好愿望，优化政策体系设计，更好地协同参与乡村治理。"[3]

第一，促进新乡贤反映民情民意、集中民智民力。首先，新乡贤在志愿服务村民的第一线，与一般村民没有隔阂，他们在主事村民的红白喜事和其他帮扶救助的过程中，可以无障碍地了解村民的真实情况和心愿。一些社会不和谐因素，如亲邻之间的矛盾、无谓的攀比造成的浪费、公共资源的分配利用不公等情况，他们都可以了解得很清楚。可以说，对村民基本情况的直接了解程度，新乡贤远远高于行政村"两委"的几位村干部。其次，正是因为新乡贤有威望和亲和力，又不代表官方身份，村民对他们反映问题、表达心愿，没有压力和顾忌，并且会因为矛盾指向不针对新乡贤，使得新乡贤可以过滤掉其中的不合理因素，而避免一些直接的干群矛盾。

第二，推动新乡贤对接镇党委政府和村"两委"，化解干群矛盾，进一步拉近干群的距离，从而弱化村"两委"干部和村民之间的隔阂，强化了广大村民对乡村党政组织和领导干部的认同。新乡贤因为其自身的社会权威性和影响力，便于对村"两委"和上级干部反映村民意愿并对他们产生较大影响力。如果说，在新乡贤自发存在的状态中，这些优势是自发的、自在的，那么在新乡贤被镇党组织动员和组织化后，则变成自觉的组织行为，具有更明显的优势。正如相关媒体所报道的，新乡贤的现实身份大多数都已是一般村民，他们不直接执行上级党组织和政府布置的政治和行政事务，因此具有突出的民间色彩。因为新乡贤长时间地和村民进行了密切接触，他们对于村民的基本情况了如指掌，也比较能

---

[1] 陈琳：《新型社会组织推进村级治理现代化的实践性探索——以耿集乡贤工作协会为例》，载《农业经济与科技》2019年第15期。

[2] 彭中礼：《智慧法治：国家治理能力现代化的时代宣言》，载《法学论坛》2020年第3期。

[3] 陈琳：《新型社会组织推进村级治理现代化的实践性探索——以耿集乡贤工作协会为例》，载《农业经济与科技》2019年第15期。

获取村民的信任。他们在代表村民对村干部行使监督权的同时，还能反映真实的群众建议和意见。实际上又成了村党支部和村民委员会征求民意、构建乡村良好秩序的好帮手。

（三）调解纠纷：新乡贤支持和协同乡村法治发展的机制

新乡贤在乡村社会认真履行了矛盾调解职责，他们"积极参与各村的法律宣传、治安防范、法律咨询等平安创建活动，在本村范围内自觉开展治安宣传引导，积极调解信访问题、矛盾纠纷、生活纠纷，做好各类矛盾纠纷排查化解工作，维护本村（居）的生产生活稳定有序。"[①] 梁寨镇的新乡贤组织成立不到两年，化解社会纠纷超过1000余起，包括50余起经年积怨的矛盾纠纷。耿集镇的新乡贤自2014年起，调解案例的总数都达数百，平均调解成功率在95%以上。两镇新乡贤调解矛盾纠纷的经验都在当代被作为典型经验进行推广，相关媒体的报道也多重点着墨这点。耿集镇还编印了数期《耿集乡贤调解故事会》，重点讲述了耿集镇新乡贤成功调解乡村矛盾纠纷的经典案例，图文并茂，成为当地村民和干部喜欢阅读的乡土教育读本。

两镇建设新乡贤的基本初衷是为了化解当时多发的社会矛盾纠纷，构建和谐文明乡风。事实证明，新乡贤很好地胜任了这一任务。作为矛盾纠纷调解员的新乡贤，凭借"地熟、人熟、事熟"的特点和为乡亲们所信任的优势，对村镇各种矛盾纠纷能够进行及时、妥善地处理。[②] 这种矛盾纠纷调解，作为广义上的人民调解，在乡村治理过程中发挥了巨大的作用。与一般的行政调解（派出所）、司法调解（派出法庭）、狭义的人民调解（司法所调解委员会）不同，新乡贤调解对村镇各种矛盾纠纷掐得准"脉"，找得着"根"，摸得着"门"，打通了乡村社会矛盾化解的"最后一公里"。因此，新乡贤在乡土社会中具有不可替代的优势，可以有效化解司法和政府机构无力化解的社会矛盾纠纷。

新乡贤化解乡村社会矛盾纠纷的诸多优势，并不与乡村法治建设有碍，相反它依然建立在法治的原则之上，使得法治以"接地气""近人情"的方式落地。两镇新乡贤都把依法调解作为新乡贤化解乡村社会矛盾纠纷的基本原则之一。如梁寨镇把新乡贤调解的基本原则明确为坚持党的领导原则、坚持协助补位原则、坚持平等自愿原则、坚持依法调解原则，要求新乡贤调解工作不能违背国家法律、法规和政策，而是以它们作为主要依据，再发挥新乡贤特有的熟悉民情、内生权威、道德和情理感化等优势。耿集镇更是把新乡贤调解的工作场所放在了办事处法律服务所，将新乡贤定位为人民调解的重要体现和协助力量。新乡贤在调解纠纷、化解矛盾的过程中，也会常常虚心向司法所、律师等专业人员请教相关法律问题，把法律宣讲、法理讲述作为情理感化的基础，将情理的重心定位在法律

---

① 陈琳：《新型社会组织推进村级治理现代化的实践性探索——以耿集乡贤工作协会为例》，载《农业经济与科技》2019年第15期。
② 参见杨旭东：《耿集办事处乡贤群体系列报道之一——移风易俗，做乡村文明新风倡导者》，载《徐州日报》2018年6月1日，第5版。

和法理之上，以法律为基础"动之以情""晓之以理"。

(四) 道德教化：新乡贤倡导和厉行乡村德治建设的机制

"乡贤治村"本身即倡导品德高尚的社会贤达人士参与乡村治理，维护乡村社会的和谐秩序。可以说，促进乡村德治建设是新乡贤的最大优势。新乡贤守法守正，以自身带头示范作用和社会公益服务精神，对在乡村社会大力弘扬社会主义核心价值观和中华传统美德，培育社会公德、职业道德、家庭美德、个人品德等方面具有重要作用，并且提供了具体的制度抓手。

党和国家高度重视道德对人民群众的教化作用和对社会治理的促进作用。十九届四中全会提出"健全党组织领导的自治、法治、德治相结合的城乡基层治理体系。""注重发挥家庭家教家风在基层社会治理中的重要作用。"[1] 德治作为乡村治理体系中与自治、法治并驾齐驱的重要一环，需要在乡村治理体系的构建和乡村治理能力提升的过程中得到充分的体现。新乡贤这一在基层党委领导下自觉建立的扎根于乡土的社会组织具有天然的道德性，能够融入乡村德治体系，有益于乡村德治能力的提升。

具备良好道德品质的新乡贤对乡村德治体系和能力的提升不仅体现在静态的道德示范作用上，还体现在新乡贤主动参与道德教化的一系列动态过程中。道德教化是指用道德对人进行教育感化，使人形成稳定的道德观念，并最终实现导人向善的过程。新乡贤参与道德教化，主要是通过履行"大宣传""大倡导"等基本职责的途径展开的，发挥着道德宣传和劝善止恶的功能。主要表现为以下两个方面。

一方面，在宣传中华优秀传统道德的过程中，两镇的新乡贤有意识地将优秀传统道德从外延更加宽广的传统道德中择出，与不符合社会主义核心价值观和新时代精神文明建设精神的封建道德糟粕做区分。他们反对倚老卖老、男尊女卑、等级人格及其他三纲五常中的封建道德因素，主张将传统美德转化为孝亲敬长、尊老爱幼、男女平等、家庭和睦、诚实信用、勤俭节约、自强不息、邻里团结互助等现代家庭伦理道德；转化为言而有信、助人为乐、礼貌待人、互相谦让、济困扶危、拾金不昧、见义勇为、爱护公物、保护环境、遵纪守法等社会公德；转化为厚道、善良、守信、宽容、诚实、谦虚、正直等现代村民应有的基本道德品质。因此，对社会主义核心价值观和现代伦理道德的宣传，是新乡贤的中心工作。

另一方面，新乡贤在倡导抵制浪费和改正不良习惯等方面取得了显著成效。除了前述新乡贤移风易俗、抵制铺张浪费的诸多作为外，两镇的新乡贤对乡村社会其他不良习惯如打骂公婆、不孝敬老人、赌博酗酒、露富逞强等也实施了道德教化。新乡贤不辞辛苦，走街串户、登门做工作，牵头制定了道德规范，对乡村社会的恶俗予以废止，并对村民的赌

---

[1] 《中共中央关于坚持和完善中国特色社会主义制度　推进国家治理体系和治理能力现代化若干重大问题的决定》，载《人民日报》2019年11月6日，第1版。

博行为予以了制止和劝导,对露富逞强的行为予以了批评教育和督促改正。

总之,社会治理是国家治理的重要方面,乡村治理体系是国家治理体系的重要组成部分。① 乡村治理体系的发展,应当符合中国实际国情。新乡贤参与乡村治理是现实所需,符合理论逻辑,是有效实现乡村治理体系和治理能力现代化的现实路径。徐州市梁寨和耿集两镇的新乡贤履行了村民自我管理、自我教育、自我服务的职能,并在乡村治理实践中进行了一系列机制创新。值得关注的是,健全新乡贤在乡村治理中的准入机制、约束评价机制和退出机制等实践问题仍然需要学界进一步深入、深入地探讨。②

New Elite of Villager's Participation in Rural Governance: Realistic Needs, Theoretical Basis and Mechanism Innovation
——TakeTwo Towns in Xuzhou as an Example

Wang Qi

Abstract: New elite of villager is the inheritance and innovation of the traditional village elite of villager's experience and wisdom. The essential difference between elite of villager sages and traditional sages is that they are the product of the construction of a rural governance system with party organization leadership, government responsibility, democratic consultation, social coordination, and villagers' participation. The "hollowing" phenomenon of rural society, the "idling" of the villager autonomy system, the "fracture" of rural culture and morality, and the insufficient capacity and lack of constraints of the "two village committees" and other rural governance dilemmas require elite of villager to participate in rural governance to alleviate them. The theory of social coordination governance with Chinese characteristics provides theoretical support for new elite of villager's participation in rural governance. Government mobilization is the driving mechanism for new elite of villager to actively participate in rural governance. New elite of villager can improve the level of rural social autonomy, the rule of law, and the construction of the rule of virtue by means of uploading and distributing, mediating disputes, and moral education.

Keyword: new elite of villager; rural governance; social collaboration; autonomous rule of law and rule of morality; social governance community

(编辑:彭娟)

---

① 参见袁方成、杨灿:《嵌入式整合:后"政党下乡"时代乡村治理的政党逻辑》,载《学海》2019年第2期。
② 参见李传喜、张红阳:《政府动员、乡贤返场与嵌入性治理:乡贤回归的行动逻辑——以L市Y镇乡贤会为例》,载《党政研究》2018年第1期。

民间规范立法识别及其标准初探[*]

武 暾[**]

摘 要 学界普遍认为民间规范的识别就是民间规范的司法识别，因此学界仅研究了司法识别的标准，而未研究立法识别的标准。其实在立法场域立法者也需要对民间规范进行识别，以确定民间规范是否存在以及能否被立法运用。从语义上说，民间规范的立法识别也是可以成立的。立法者可以依据本体标准、场域标准和价值标准识别民间规范。

关键词 民间规范　识别　立法

我国的民间规范研究肇始于民间规范的司法适用或运用研究，缘此，民间规范的识别也就被纳入司法场域进行研究。学界普遍认为民间规范识别的主体是法院或法官，识别的对象是民间规范，因此民间规范的识别就指民间规范的司法识别。然而，在立法场域也需要通过识别来判断民间规范是否存在以及是否对其加以认可或制定。由此产生疑问：民间规范的识别是一般性概念，还是司法场域的专有概念？在立法场域能否使用"民间规范的立法识别"这一概念？若能，民间规范的立法识别有哪些标准？对此，学界鲜有研究。本文基于语义分析认为在立法场域可以使用"民间规范的立法识别"这一概念，并在批判借鉴有关民间规范司法识别标准理论的基础上，认为民间规范的立法识别标准包括本体标准、场域标准和价值标准。

---

[*] 本文系河南省教育厅2021年度教育法治专项课题研究项目"高校校规法治化路径研究"（编号：2021-JYFZZXKT-057）、周口师范学院2020年度高层次人才科研启动经费资助项目"地方立法吸收民间规范理论与实践研究"（编号：ZKNUC2020001）阶段性研究成果。

[**] 武暾，法学博士，周口师范学院新时代乡村建设研究院研究员。

一、民间规范立法识别的概念探索

(一) 学界关于民间规范识别的研究限于司法场域

在我国民间法研究是从研究民间规范的司法适用或运用开始的,因此学者普遍是在司法场域界定"民间规范的识别"概念的。张晓萍对其界定为"当事人对民间法的证明以及法官对民间法的确认。"[1] 王林敏将其界定为"当事人对民间习惯的证明以及法官对该习惯的认可程序。"[2] 瞿琨等认为民间规则的识别程序"包括民间规则的主张、举证以及查明三个环节。"[3] 当然也有学者不使用"识别"这一词语,而是使用了其他概念表达民间规范的司法识别。姜世波、王彬认为,"有些习惯……法官需要在当事人相反的习惯法主张中通过一系列查明方法来确定谁的主张能够成立。"[4] 魏治勋认为"适法习惯"是法官在司法过程中运用法定的识别标准对民间习惯的适法性予以检验和认定的产物。[5] 可见,不同学者虽然使用了不同标签来指代"民间规范的识别",但无一例外的都是从司法场域理解的。如此,学界就形成了一致性的认识——民间规范的识别等于民间规范的司法识别。

那么,民间规范的识别是否只是司法场域的专属概念?显然,在立法场域是需要"民间规范的识别"这个概念的。从理论上说,立法场域不可避免地涉及民间规范的识别,只有通过识别活动立法才能够判断民间规范是否存在、民间规范对立法产生何种影响、立法是否以及如何应对民间规范。从实践上讲,世界上制定法典的活动离不开民间规范的识别,无论是《法国民法典》对民事习惯的粗糙接入,还是《德国民法典》对民事习惯的精细化吸收,抑或是我国清末民国时期的法典移植,都进行了民间规范的调查和识别活动。这意味着囿于司法场域的"民间规范的识别"概念不能满足法律实践的需要,我们需要对民间规范的识别予以拓展,进而形成一个一般性概念,即不再局限于司法场域,而是以民间规范的司法识别理论为基础,将研究视角拓展到法律运行的整个环节,以此形成民间规范识别的一般理论。这既有利于满足现实需要,也有利于推动理论发展。

(二) 民间规范识别概念的拓展与民间规范立法识别概念的界定

按照《汉语大词典》的解释,"识别"具有辨别、辨认的含义。从日常生活意义上,"识别"是主体将事物进行分类和归属的活动,因此它包含"主体"和"对象"这两个要

---

[1] 张晓萍:《论民间法的司法适用》,山东大学博士学位论文,2010年,第88页。
[2] 王林敏:《论民间法的识别》,载《山东大学学报(哲学社会科学版)》2008年第5期。
[3] 瞿琨、戴燚:《民间规则的司法识别:程序、内容与机制》,载《山东大学学报(哲学社会科学版)》2012年第5期。
[4] 姜世波、王彬:《习惯规则的形成机制及其查明研究》,中国政法大学出版社2012年版,第64-65页。
[5] 参见魏治勋:《"适法习惯"及其司法功能》,载《厦门大学法律评论》2016年第2期。

素，但民间规范的识别具有专门含义，其与日常用语中的"识别"是不同的。

首先，日常用语中的"识别"作为一种纯粹"观念性概念"① 并未限定识别的主体和对象，但法学中的"识别"在主体和对象上均有限定。在国际法中，识别的对象是法律规则，识别的主体是法院，识别的中心问题是识别外国法规则和解决识别冲突。② 在民间规范的司法识别场域，识别的主体是法院或者法官，识别的对象是民间规范，识别的中心问题是判断民间规范是否存在以及能否适用或运用于司法裁判。因此，民间规范的识别的主体和对象均有特指，并非任何人都可作为识别主体，也并非识别一般事物，其主体是法律权威者，其对象是民间规范。这意味着"民间规范的识别"只是限定了识别的对象要素，并没有对主体要素限定于司法者。除司法者外，立法者也可以成为民间规范的识别主体，只有采取这种一般性理解才能够满足立法的现实需要。即立法者可以通过民间规范的识别判断民间规范是否存在、是否需要立法吸收、能否被立法吸收等等，从而在吸收、放任、排斥民间规范之间作出选择。

其次，在日常用语中"识别"的目的是"为己"，民间规范的识别是"为他"。日常生活中人们识别某物的目的是使自己获得"此物"与"彼物"的区分，以此将事物进行归属并类型化，从而帮助自己能够更好地认识世界。因此"识别"在日常生活中具有"为己"的特征。从日常意义上看待民间规范，其识别自然也可以有"为己"之目的。任何人均可识别民间规范以获得其明晰性：群体成员可以通过识别该群体规范以预期其行为是否符合规范，外来人也可识别某群体规范以确保"入乡随俗"，学者亦可识别民间规范用于理论研究，这都是"为己"识别民间规范的表现。然而，在立法和司法场域的民间规范的"识别"却不是"为己"而是"为他"。它是法律权威者判断民间规范是否存在以及是否能被法律运用的活动，其中"是否能被法律运用"是民间规范识别的主要目的。无论法律权威者作出什么判断，都直接或间接影响人们（以后）的行为和预期，也正是为了给人们一个明确的预期，法律权威者才有必要识别民间规范。因此，民间规范的识别具有"为他"之特征。

再次，日常用语中的"识别"的对象无须考量价值因素，而民间规范的"识别"却包含价值因素。一般事物之识别只需根据事物的特征进行判断即可，好坏之分不是识别的标准。例如，人们根据苹果的特征即可实现其与其他水果的区分，并不需要判断苹果的好坏，即使吃到"坏苹果"也不会否认它是苹果。然而，价值考量是民间规范"识别"的一项标准。一方面，法律有其价值目标。哈特说"法律的存在是一回事，它的价值与缺点是另外一回事……实际存在的法律就是法律，尽管我们恰巧不喜欢它。"③ 富勒认为法律

---

① ［德］伯恩·魏德士：《法理学》，丁晓春、吴越译，法律出版社2013年版，第91页。
② 宋晓：《识别的对象与识别理论的展开》，载《法学研究》2009年第6期。
③ H. L. A Hart, *Positivism and the Separation of Law and Morals*, *Philosophy of Law: A Five - Volume Anthology of Scholarly Articles*, Garland Publishing, 1994, pp. 302.

不仅与外在的道德相连而且具备内在道德性,[1] 包括普遍、广为人知、尽量不溯及既往、易于理解、不自相矛盾、不要求不可能做到的行为、稳定、规定与适用一致。[2] 其实二者并不矛盾,前者是实然认识,后者是应然认识,法律与道德在概念上分离了,但法律的确追求某种价值。另一方面,既然法律追求价值目标,法律权威者识别民间规范的主要目的在于运用民间规范,那么民间规范就必须符合法律的价值目标。

最后,日常用语中的"识别"不具有专业领域特征,而民间规范的"识别"具有专业领域特征。日常生活中人们一般是在种属之间根据事物的特征进行识别。例如,人们可以在水果中识别出苹果,这只是一种粗糙的初级识别,尚未在同种之间进行精细化识别。之所以如此,原因在于日常生活中的识别不需要一种专业性的识别,人们不需要具备专业知识并依此在苹果之中再去识别各成分的占比情况。一旦"识别"上升到专业领域就需要精细化识别了,例如,苹果种植企业并不是什么苹果都种植,苹果销售企业也并不是什么苹果都经营,他们各有各的识别标准对苹果进一步区分。民间规范的"识别"同样具有专业特征。在社会学和人类学领域,民间规范的"识别"尚处于一种"粗糙的识别",它仅仅将民间规范从各种规范中区别出来,还未在民间规范中进行精细化识别,而法学对民间规范的"识别"是一种精细化识别。宏观上,法学不仅要在社会规范(属)中识别出民间规范,而且要在民间规范(种)中识别出法律所能运用的民间规范。从微观上看,在不同的法律运行环节民间规范的"识别"有不同的标准,司法者有司法者的标准、立法者有立法者的标准。

于此,笔者认为民间规范的识别不是司法场域的专有概念,在立法场域也可使用"民间规范的立法识别"这一概念。在借鉴民间规范司法识别理论基础上,本文对民间规范的识别做如下界定:民间规范的识别是法律权威者根据一定的标准判断民间规范是否存在以及能否运用(包括立法运用和司法运用)的活动。它具有以下特征:(1)民间规范识别的主体包括立法者和司法者。(2)民间规范识别的目的在于为人们明确行为预期。(3)民间规范识别的标准既有本体标准也有价值标准。(4)民间规范的识别标准在法律运行的不同环节不尽相同,因此民间规范的识别还存在场域标准。相应地,民间规范的立法识别是指立法机关判断民间规范是否存在以及能否运用(包括认可和制定)的活动。它具有以下特征:(1)民间规范立法识别的主体是特定的,限于享有立法权的主体,主要包括人大和政府。(2)民间规范立法识别具有普适性。只要立法机关识别出一项民间规范存在并加以运用,该民间规范就具有普遍拘束力。(3)民间规范立法识别具有权威性。一旦民间规范通过立法识别而被认可或制定,就对司法产生拘束力。(4)民间规范的立法识别具有主动性。与司法识别基于当事人请求而启动不同,立法识别是由立法机关主动启动

---

[1] Lon L. Fuller, *Positivism and Fidelity to Law – A Reply to Professor Hart*, *Philosophy of Law: A Five – Volume Anthology of Scholarly Articles*, Garland Publishing, 1994, pp. 344, 350.
[2] [英]比克斯:《法理学:理论与困境》,邱昭继译,法律出版社2008年版,第101–102页。

的。(5) 民间规范立法识别标准的划分与民间规范识别标准的划分相同,包括本体标准、场域标准和价值标准。

二、民间规范立法识别的本体标准

民间规范立法识别的本体标准是立法者判断一项规范是否为民间规范所依据的标准。本体标准是根据民间规范的自身规定性而确定的,其目的在于在"民间的规范"中区别民间规范与其他规范。本体标准具有通用的性质,无论立法识别还是司法识别,它们在判断一项规范是否为民间规范时所依据的标准是一致的。因此我们可以借鉴学界关于民间规范司法识别标准的论述,探索民间规范立法识别的本体标准。参考学界所列举的民间规范司法识别的标准,[①] 笔者认为民间规范识别的本体标准至少有以下五个方面。

(一) 民间规范须具有行为趋同性

民间规范的识别首先要在"规范"与"非规范"之间进行区分,将"非规范"排除在民间规范的概念之外。规范与非规范区别的关键在于:规范使群体在行为上呈现出趋同化,而非规范仅可能使个人在行为上呈现出反复化。有学者认为习惯可分为个体习惯、群体习惯和社会习惯。[②] 这种观点在汉语世界似乎可行,因为汉语中的习惯具有多义性,个体的"habit"和群体的"custom"都可以用"习惯"表达,因此在汉语中可以有"习惯包括个体习惯和群体习惯"这样的说法,但这句话在英语世界是不可直接翻译的,我们不能因汉语的多义性而混淆了个体习惯与群体习惯在规范上的差别。其实个体习惯不具有规范性,它仅仅呈现出个体行为的反复性,而没有呈现出其他主体在行为上的趋同。行为的趋同性主要用于判断不成文的民间规范存在与否,因为不成文的民间规范只能诉诸行为的趋同性进行判断,而成文的民间规范有可供观察的文本予以参考。然而,行为的趋同性对

[①] 关于民间规范的识别标准,国外学者一般承认"古老性""合理性""确定性""持续性""一致性",对于其他标准有争议。国内学者一般承认"确定性""确信性""不违法(政策)""不违公序良俗",对其他标准有争议。参见:W. Blackstone, *Commentaries Volume 1 on the Laws of England*, London: A. Strahan, 1800, pp. 75-79. Frederick Pollock, *First Book of Jurisprudence*, Mcamillan and Co., Ltd, 1896, pp. 264-266. Salmond, *Jurisprudence or the Theory of the Law*, London: Jurisprudence Publisher, 1902, pp. 140-149. Stephen, *Commentaries on the Laws of England*, London: Butterworth & Co. 1903, pp. 20-30. F. A. Greer. *Custom in the Common Law*, Law Quarterly Review, Vol. 9, 1893, pp. 156-157. Gilbert T. Sadler, *The Relation of Custom to Law*, London: Sweet and Maxwell, Ltd, 1919, pp. 61-62. 钱国成:《民法判解研究》,台北三民书局1982年版,第2页。余启昌:《民法要论总则》,北平朝阳学院1933年版,第16-27页。梅仲协:《民法要义》,中国政法大学出版社1998年版,第9页。施启扬:《中国民法总则》,台北三民书局1992年版,第55页。王泽鉴:《民法思维与民法实例》,中国政法大学出版社2001年版,第189-190页。历尽国:《民间规范司法适用制度化相关问题研究》,载《山东大学学报(哲学社会科学版)》2009年第5期。谢晖:《论民间法对法律合法性缺陷的外部救济》,载《东方法学》2017年第4期。贾焕银:《民间规范司法适用制度化相关问题研究》,载《西南民族大学学报(人文社会科学版)》2015年第3期。

[②] 郭少飞:《论习惯的民法构造》,载谢晖、陈金钊、蒋传光主编:《民间法》(第19卷),厦门大学出版社2017年版,第34-44页。

成文的民间规范之判断也有重要的印证作用,是印证成文民间规范是否真实有效的重要依据。例如,据笔者调查,在识别某村是否存在殡葬习惯时不能仅仅依据村规民约,而应结合殡葬行为的趋同性进行综合判断,因为时常发生的情形是:虽然有关于殡葬的规定贴在墙上,但人们仍然趋于土葬。

(二)民间规范须具有规范的确信性

行为上的趋同只是满足了民间规范的客观方面,仅有行为的趋同性不能判定民间规范的存在,民间规范的构成还必须具备主观方面——规范的确信性。所谓民间规范的确信性是指人们将某一趋同行为看作是一种合乎民间规范的行为,认为按照民间规范人们有义务这样行为,否则将受到民间规范的负面评价。哈特说习惯与社会规范之间的区别有三个方面,其中最主要的区别点是习惯仅具有外在方面特征而社会规范具有内在方面特征,即习惯不被人们看作是评价行为的标准,人们不依习惯行为,不会伴有批评,即便招致批评,该批评也不具有正当性,而社会规则却被人们视作行为的评价标准,根据该标准对某一行为作出的评价具有正当性。[①] 德沃金说,判定"英国人每周看一次电影"是不是一个规范,取决于"如果一个英国人不遵守这条规则,他将会受到批评或者责备",并且该批评或者责备是义务性的,即"他没有遵守这条规范就犯了某种错误。"[②] 可见,规范的确信性是民间规范的构成要素之一,是区别规范与非规范的重要标准。

(三)民间规范须具有持续有效性

民间规范的持续有效性具体包括三个性质:(1)古老性。前文言及民间规范须具有主观方面——人们须将民间规范视作行为的评价标准,那么这种内在观点的效力从何而来?一般而言规范的效力有逻辑和经验两个来源,而民间规范的效力主要源于经验而非逻辑。民间规范是人们在长期的群体生活和交往中因应自然以及处理社会关系的结果,共同的生活经验赋予了它被普遍遵守的效力。因此,民间规范须具有古老性,必须是经过历史验证的民间规范才能被立法运用。至于民间规范的古老性程度,只是一个可接受性的标准,在不同国家和地区法律有不同规定。英格兰较为严格,习惯法必须古老到1189年才能被司法适用,[③] 美国则较为灵活,法官通过自由裁量认定民间规范在一个相当长的时间内存在即可适用。[④] 由此我国的立法可以通过民主程序确立民间规范的古老性标准。(2)持续性。持续性要求民间规范不仅是古老的而且是未中断的。持续性之所以是民间规范识别的本体标准,原因在于:一项古老的民间规范,如果其在历史进程中曾中断过,则说明它可

---

① [英]哈特:《法律的概念》,张文显等译,中国大百科全书出版社1996年版,第57-58页。
② [美]德沃金:《认真对待权利》,信春鹰、吴玉章译,中国大百科全书出版社1998年版,第49-50页。
③ 何勤华主编:《外国法制史》,法律出版社2001年版,第202页。
④ 姜世波、王彬:《习惯规则的形成机制及其查明研究》,中国政法大学出版社2012年版,第238页。

能不具备或者丧失了因应自然和调整群体关系的功能，立法不可能将一个不具有调整功能的民间规范运用于法律之中。需要注意的是，判断持续性要区分两种情形：其一是外力强制的中断，其二是群体自觉的中断。若一项民间规范不是被群体自觉的中断而是由外部力量强制中断的，在外部力量缓和时其又得以恢复并继续承担调整功能，那么仍可认定其具有持续性。（3）实效性。实效性要求民间规范需要具备活动性，即民间规范不仅是古老的、持续的，而且现在仍然是"活着的"规范。民间规范的识别不是一味地追寻古人智慧，而是要辨别古人之智慧能否适用于现在社会，若一项古老的民间规范现在仍承担着社会调整之功能，说明该民间规范具有实效性，就能够被立法所运用，反之则否。

（四）民间规范须具有权利义务分配性

权利义务的调整模式是法律的核心特征，其中权利是目的，义务是手段，权利是义务的来源，义务是权利的保障，因此，法律以权利为本位。这意味着民间规范若要被立法运用就必须具有权利义务分配性，即不仅要具有可识别的义务，而且要有可识别的权利。然而民间规范大多以义务的形式呈现，其权利表现不彰。但这并不是说民间规范不具有权利性特征，如果一项民间规范在其所设定的义务背后可以识别出权利，那它就具有权利性特征。总体而言，民间规范的义务可以分为三种类型：单向义务、双向义务和共同义务。单向义务指向的是特权，是将权利义务在不同的阶层分别进行分配的结果，反映的是一种不平等的权利义务分配方式；双向义务指向互惠权利，是将权利义务同时分配给群体中每个人的结果，反映的是一种平等的权利义务分配方式；共同义务指向的是集体的权利，此时权利与义务具有混合性，每个人既是义务的履行者也是权利的享有者。可见，民间规范并非无视权利，只不过是通过义务隐藏了权利而已。需要注意的是，民间规范的权利义务须具有确定性才能被立法运用，该确定性指的是人们违反义务须伴有明确的责任和制裁来加以强制。义务是法律给人们的行为设立的一个缓冲地带，它试图指引人们自觉履行义务，若人们忽视这个法律缓冲——不履行或不正确履行义务——那么法律可能启动责任制裁程序来强制人们履行义务。如果一项民间规范的义务只是提倡性的或者口号性的，那么该义务就无法接入法律的"权利——义务——责任——制裁"模式。例如，村规民约不乏规定有"提倡勤劳致富""反对铺张浪费"，[①] 这些规定缺乏责任制裁要素，属于逻辑结构不完善的规范，无法被立法运用。

（五）民间规范须具有相对普遍性

普遍性是法律的一个重要特征，哈特说"凡是存在法律制度的地方，就必定有这样一些人或团体，他们发布以威胁为后盾、被普遍服从的普遍命令；而且，也必定有一种普遍

---

① 基于2020年对村规民约的田野考察，见福建省福州市马尾区亭江镇东街村村规民约。

的确信，即确信如果拒不服从，这些威胁就可能被付诸施行。"① 这就意味着立法针对的主体具有普遍性，如果民间规范不具有一定的普遍性就不能被立法运用。那么民间规范的普遍性要达到什么程度才能被立法运用呢？就主体而言，在群体内部任何民间规范都不可能普遍到人人确信以及遵守的程度，只需大部分人确信和遵守即可，因为"一条规则是由人口中的大部分遵守规则的行为所构成的。"② 因此在群体内部民间规范的普遍性不是绝对的而是相对的。就地域而言，由于"十里不同俗"，多数民间规范仅在一定地域范围内有效，人们对某项民间规范的确信可能不会及于全域，只要民间规范在此地域被人们普遍确信和遵守即可。细言之，若某项民间规范在享有立法权的主体所辖地域内具有普遍约束力，它就符合本体识别的普遍性要求。若某项民间规范仅在享有立法权的主体所辖地域范围内的某一次地域具有普遍约束力，那么它可以通过三种方式被立法运用：其一是作为立法概括认可的对象，留待司法识别；其二是被仅针对次地域的立法所运用；其三是可以被享有立法权的次地域立法所运用。可见，民间规范在地域上的普遍性也不是绝对的而是相对的。

三、民间规范立法识别的场域标准

民间规范立法识别的场域标准是指立法者判定一项民间规范是否需要以及是否能够被立法所运用的标准。场域标准与本体标准的区别是：本体标准是规范性标准，采取的识别方法主要是社会实证方法，即通过社会实证发现某种事实背后受到规范指引，而且该规范符合民间规范的本质规定；场域标准是必要性和合法性标准，采取的识别方法主要是规范分析方法，即通过规范分析发现法律与民间规范的关系需要改变，并且该民间规范具有合法性。

场域标准与本体标准形成了认知上的递进关系。本体标准旨在判定一项规范是否符合民间规范的规定性，然而，这并不意味着符合本体标准的民间规范都需要或者能够被法律运用，法律在立法和司法两个场域运用民间规范时，每个场域都为运用民间规范提供了路径，并且每个场域也都为运用民间规范设置了标准，唯有符合该场域标准的民间规范才能通过其所提供的路径被法律运用。譬如，在民间规范的司法识别中，一般而言，只有当法律存在调整不能或者法律漏洞时民间规范才具有被司法适用的必要性（其他情形下民间规范的运用则仅可能起到说理的作用），也只有当民间规范具有合法性时才能够被司法适用。那么，民间规范的立法识别又存在哪些场域标准呢？

（一）民间规范需要被立法认可或制定

我们知道，民间规范不一定需要立法认可或制定，法律吸收民间规范有其限度，无论

---

① [英]哈特：《法律的概念》，张文显等译，中国大百科全书出版社1996年版，第27页。
② [美]德沃金：《认真对待权利》，信春鹰、吴玉章译，中国大百科全书出版社1998年版，第81页。

如何在国家与社会之间存在着某种界限，法律不能逾越界限去调整应该由社会调整的行为，"上帝的归上帝，恺撒的归恺撒"即是最好的表达。埃里克森在调查研究夏斯塔县牧民的生活后得出了这样的结论：基于民间规范调整，邻人之间即可有序生活。他将此称之为"无需法律的秩序"。[①] 然而，夏斯塔县的情况至少需要建立在以下基础上：（1）人们通过世代相传的方式能够明确民间规范的内容；（2）牧民们在民间规范与法律相存在冲突的情况下一般选择民间规范作为处理纠纷的依据；（3）民间规范背后的社会强制力是自足的而且不会被滥用。在此种状态下，民间规范就不需要法律认可和制定。但正如哈特所言，作为第一性规则的民间规范总是存在缺陷的，包括模糊性、静态性、社会组织压力的无效性，因而民间规范需要作为第二性规则的法律予以支持，即通过承认规则、改变规则和审判规则分别克服上述三种缺陷，在这个意义上，法律的本质是第一性规则和第二性规则的结合。[②] 亦如博汉南所言，非法律制度有一些难题是自身难以克服的，表现为权力的滥用与不公等，这些难题的克服需要法律的介入，从这个意义上说，法律毋宁是非法律制度的再制度化。[③] 因此，夏斯塔县的情况可能仅是一个特例：第一，并非所有的人都能够明晰民间规范的内容，在一个群体中，或多或少，总有一部分人对民间规范抱持怀疑态度；第二，在法律与民间规范发生冲突时，也并非所有的人选择民间规范作为依据；第三，社会权威的力量既可能是不足的也可能是滥用的，因而导致民间规范的不稳定。民间规范只要出现三种情形中的任何一种缺陷，就可能需要借助法律的力量予以支持。于此，判断民间规范是否需要立法认可或制定，至少包括以下三个选择性标准。

首先，民间规范需要成文化。在民间规范的本体识别中，我们说一项规范必须是明确的才具备民间规范的性质，然而始终存在这种情形：一项民间规范在某些人看来是明确的，而在另一些人看来它是不明确的。这种情形主要发生于不成文的民间规范的识别上。因为不成文的民间规范是通过记忆维系的，是通过口耳相传而传承的，而记忆总是不牢靠的，口耳相传也总是会发生变异的。这就需要通过成文化的方式解决民间规范的模糊性问题。因此，如果民间规范不具有成文化需求，那就根本不需要立法予以吸收。

其次，民间规范需要法律作出改变。法律不可避免地存在漏洞、模糊以及与民间规范相冲突等问题。若一项民间规范本不应该被忽视，但立法者的确忽视了它，法律就产生了法律漏洞，那么民间规范就有了立法需求。[④] 若法律存在模糊问题，人们不知道自己遵守

[①] 参见［美］埃里克森：《无需法律的秩序——邻人如何解决纠纷》，苏力译，中国政法大学出版社2003年版。
[②] ［英］哈特：《法律的概念》，张文显等译，中国大百科全书出版社1996年版，第93－98页。
[③] ［美］保罗·博汉南：《法律和法律制度》，原江译，载［英］马林诺夫斯基：《原始社会的犯罪与习俗》，原江译，法律出版社2007年版，第122－124页。
[④] 法律漏洞的填补有诸多方法，其中民间规范的司法运用是其中之一。但司法运用的成本较高，而且存在判决的不统一性、法官不愿意运用民间规范、法官不敢运用民间规范等问题。这种情况的存在促使民间规范需要被立法吸收。

民间规范是自治还是违法,那么民间规范同样产生立法上的需求。若民间规范与法律存在冲突,而且通过立法吸收民间规范可以解决冲突,那么这也使民间规范产生立法需求。反之,倘若民间规范与法律规定具有一致性,即使是移植而来的民间规范也不需要法律作出改变,因而也就不需要被立法认可或制定。

最后,民间规范需要法律力量的介入。倘若社会权威始终被人们相信,那么一切问题都可以迎刃而解。即便部分人对民间规范抱持怀疑,通过社会权威的解释就可以获得一致性;即便法律存在模糊、漏洞或者与民间规范相冲突等问题,但只要人们倾向于诉诸民间规范处理纠纷,就可以解决问题(这涉及法律目的的落空)。然而,社会权威难免存在两个问题:权力弱化和权力滥用。前者导致民间规范缺乏有效救济,后者导致民间规范不具有稳定性。在此情形下,民间规范就需要借助法律力量予以介入。反之,如果社会权威始终保持着一种不仅自足而且克己的力量,能够有效地维系民间规范,公平地处理纠纷,民间规范也就不需要被立法认可或者制定。

(二)民间规范能够被立法运用

这里的"能够"是从实证层面理解的,而不是从价值层面理解的。从实证层面理解,这里的"能够"是一种合法性判断。合法性有广狭二义,广义的合法性指的是民间规范符合法律原则或法律精神,狭义的合法性指的是民间规范符合法律规定。

如果立法者要制定一部法律,并且要在立法中运用民间规范,此时的合法性标准应当从广义上界定。因为民间规范没有违反任何具体的法律规定,只要民间规范不违反法律的基本原则和精神便具有合法性,能够被立法运用。如果立法者是在修改一部法律,并且要在修改过程中吸收民间规范,那么此时的合法性标准也应当从广义上界定。因为民间规范并不一定要与既有法律规定相符合,只要民间规范比既有法律规定更能体现法律的基本原则和精神,那么该民间规范就具有合法性。同理,如果立法者在修改法律时,发现民间规范不是与该法律的既有规定相违背,而是与立法者所制定的另一部法律的既有规定相违背,也要看民间规范与既有法律规定到底谁更能体现法律的原则和精神。一句话,法律不是被发明的,而是被发现的。因此,是否符合法律原则和精神是判定民间规范是否具有合法性的重要标准。

当然狭义的合法性也是一项重要的标准,它的主要目的在于确保立法必须符合权限、程序以及下位法不违背上位法。[①] 由于民间规范的合法性是一种实体性标准,因此民间规范的合法性也就不包括程序标准。我国《立法法》对立法主体的权限作出了详细规定,立法吸收民间规范不能超越权限。例如,设区的市人大及常委会仅可对"城乡建设与管理""环境保护""历史文化保护"等方面的事项制定地方性法规,诸如人身、财产等方面的

---

① 严存生:《法理学》,法律出版社2007年版,第100页。

民间规范是不能被设区的市立法所吸收的。我国《立法法》同时规定了法律的位阶，总体规定是：下一级的法律不能违背上一级的法律；各级法律不能违背宪法；自治条例和单行条例可以变通法律和行政法规，但不得违背法律和行政法规的基本原则，也不得对宪法和民族区域自治法的规定以及其他有关法律、行政法规专门就民族自治地方所作的规定作出变通规定。立法者在制定法律时，一定要根据这些规定判断一项民间规范是否违背上位法和宪法。有学者在研究民间规范司法识别的合法性标准时，将法律分为授权性规则、任意性规则和强行性规则。认为如果法律是授权规则或者任意性规则，那么只要民间规范不违背法律的原则和精神就具有合法性，如果法律是强行性规则，那么民间规范就不得违背该强行性规则，否则就不具有合法性。[①] 也有学者认为，不论是任意性规范还是强制性规范，只要民间规范不违反法律的原则和精神就具有合法性。[②]

笔者在赞同他们共识和解决他们的分歧基础上，认为民间规范立法识别的合法性标准可以具体从以下三个方面确定。

第一，如果上位法明确规定某种民间规范具有合法性，如上位法规定某种民间规范具有优先性、补充性和辅助性地位，那么下级立法机关应当按照上位法的规定直接认定此种民间规范具有合法性。

第二，如果上位法没有规定或者仅存在任意性规定，那么民间规范就无所谓违反法律规定，只要不违法律的原则和精神即可。

第三，如果上位法存在强行性规范，要区别公法和私法，在公法中，民间规范只有不违背强行性规范才具有合法性，在私法中则未必。例如，即使法定继承、物权种类等是一种强行性规范，即使民间规范违反了该规范，但只要它不违反法律的基本原则和精神就是合法的。

四、民间规范立法识别的价值标准

民间规范立法识别的价值标准是立法者判断民间规范是否符合法律所追求的价值目标的标准。价值标准是一种道德性标准，主要采取价值分析方法，主要考量民间规范与法律在价值追求上的一致性。通过"本体标准——社会实证""场域标准——规范分析""价值标准——价值分析"，民间规范的立法识别才能最终完成，才能确定一项规范是民间规范——需要立法运用且具有合法性——符合法律的价值追求。

在民间规范的司法识别中，民间规范的价值标准乃是不违背公序良俗。但在民间规范的立法识别中，民间规范的价值标准除了不违背公序良俗之外，还必须综合考量其他价值追求。法的价值追求是多元的，具体的法律规范不可能同时追求多种价值，因为它们之间

[①] 张晓萍：《论民间法的司法适用》，山东大学博士学位论文，2010年，第91页。
[②] 王林敏：《民间习惯的司法识别》，山东大学博士学位论文，2010年，第118页。

可能存在冲突，因此具体的法律规范总是在调和价值冲突。① 这意味着，判断民间规范是否符合法律的价值追求只能是具体的，切不可武断地认为只要民间规范违反了法律所追求的任何一个价值目标就将其排斥在法律之外。基于此，笔者认为，民间规范的价值标准乃是选择性的标准，只要民间规范符合具体的法律规范所追求的价值目标就可以被认定为符合立法吸收的价值要求。

秩序是法律的最基本的价值追求目标，民间规范必须符合法律所追求的秩序目标。秩序之所以是法律的最基本的价值追求，原因在于：第一，法律的直接目的就是要追求一种秩序。社会只有在有序的状态下才能良好地运行和发展，然而社会并不总是有序的，失序与有序总是在社会历史中交替出现。法律的直接目的就是要维系一种秩序，最大限度地避免失序。第二，秩序是法律存在的基础。没有秩序法律就无法存在，即使存在也是徒具形式，根本不具有有效性。因此法律一旦创立就必然将追求秩序作为首要的目标。第三，秩序是法律追求其他价值目标的基础。法律要想追求民主、自由、平等、正义都必须在秩序的框架内进行，没有秩序的约束，这些价值追求无异于"水中月""镜中花"。为了某种价值追求我们可能需要打破既有秩序，但即使是"打破秩序"也必须是有序的。既然法律追求秩序，那么能够被法律运用的民间规范也必须追求秩序，否则二者便不具有契合性。谁都不能否认，民间规范也追求秩序，不追求秩序的民间规范是不存在的，但是民间规范所追求的秩序可能与法律所追求的秩序是不同的。在法律看来，某些民间规范所追求的秩序并不是法律所欲求的秩序。例如，某些民间规范保留了同态复仇、血亲复仇、连坐、决斗、游街、禁闭、驱逐等规定，这些规定无疑具有秩序价值，但这种秩序在法律看来毋宁是一种无序，法律正是基于对这种秩序的否定以及对新秩序的追求而设立的。因此，民间规范不仅需要追求秩序，而且需要其所追求的秩序与法律所追求的秩序具有一致性，才有资格被立法予以吸收或运用。②

平等一直都是法律所追求的价值目标之一，民间规范必须符合法律所追求的平等目标。从法律产生开始，法律就与平等密切联系在一起。在原始社会，人们是一种原始的平等。③ 到了阶级社会不平等的现象出现了，同时法律也产生了，法律既是维护不平等的工具，也是克服不平等的工具。无论中国的还是西方的法制史都是一部不平等与平等的斗争史，奴隶主阶级、地主阶级、资产阶级、无产阶级依次用自己的平等观对抗前者的平等

---

① 例如，四川泸州的"二奶遗产继承案"依据公序良俗判案可能是有问题的。遗嘱继承规则所主要保护的价值是财产处分自由，而不是公序良俗。本案用公序良俗判案可能符合法律的外在道德，但难免侵犯了法律的内在道德。

② 当然，法律所追求的秩序是动态的，民间规范所追求的秩序虽然被现在的法律所否定，但这并意味着法律不可以在将来基于某种需要又承认它，同样，民间规范所追求的秩序虽然被现在的法律所认可，但也并不意味着法律不可以在将来基于某种需要又否定它。

③ 参见［德］马克思、［德］恩格斯：《马克思恩格斯选集》（第4卷），中共中央马克思恩格斯列宁斯大林著作编译局编译，人民出版社1972年版，第82-93页。

观,在一次次的斗争成功之后,新的平等观念被法律予以落实。因此平等一直是法律追求的价值目标之一。关于什么是平等,大致有两种观点。一种观点认为平等就是两个主体间的对等对待。例如,马克思说,平等就是人意识到别人是和自己平等的人,人把别人当作和自己平等的人来对待。① 另一种观点认为平等就是主体同等对待其他主体。例如,斯宾诺莎说"执行法律的人……对每个人的权利都一样地加以保卫,不羡慕富者,也不蔑视穷者。"② 其实平等应该兼有这两种含义,平等首先是主体间的平等,但为了保障平等必须有一个享有权力的第三者,这个第三者在享有权力之前与其他主体是平等的,通过机会平等人们赋予了他权力,当他不行使权力时他仍然与其他主体是平等的。从平等的两种含义看,民间规范必须符合两种平等标准才能被法律吸收。首先,民间规范必须反映成员间的对等对待关系,维护特权的民间规范不能被法律运用。其次,民间规范的实施必须平等地适用于其成员,存在歧视的民间规范不能被法律运用。

自由是法律始终追求的价值目标,法律既追求自由又限制自由,这两个方面对民间规范识别有不同的要求。法律始终反映着人们对自由的追求,与平等一样,无论中国还是西方的法制史都是一部自由的成长史。之所以说是成长史,原因在于自由不是绝对的而是相对的,法律既追求自由同时也限制自由。霍布斯说"人类天然之自由,必由国法为之节制。"③ 洛克说"法律按其真正的含义而言与其说是限制还不如说是指导一个自由而有智慧的人去追求他的正当利益,……法律的目的不是废除或者限制自由,而是保护和扩大自由。"④ 可见,法律追求自由乃是其目的,而法律限制自由则是其手段,法律总是要保障一部分自由,同时也要限制一部分自由,而法律的发展就是其所保障的自由与其所限制的自由之比逐渐增大的过程。既然法律兼有追求和限制自由两层含义,那么判断民间规范是否符合法律所追求的自由就可以从两方面探讨。第一,如果法律承认某种自由,而民间规范限制该自由,民间规范是否能被立法运用?第二,如果法律限制某种自由,民间规范解放该自由,民间规范是否能被立法运用?笔者认为,对于前者而言,我们一定要认识清楚,法律从来不否定民间规范可以根据具体的情况对法律承认的自由予以限制,但以民间规范是基于自由意志形成的为限。例如,学校、企业等都可以根据具体的需要进一步限制法律所认可的自由,但该民间规范必须是成员自由意志的体现,即以自由的方式限制自由,如此才不违背自由之精神。对于后者而言,一般要持否定态度,因为法律限制某种自由而民间规范解放该自由将导致法律的失效,法律一般不会运用一个足以导致它失效的民间规范。只有法律认识到应该解放并且真正解放了该自由时,才能吸收这种民间规范。例

---

① 参见 [德] 马克思、[德] 恩格斯:《马克思恩格斯全集》(第2卷),中共中央马克思恩格斯列宁斯大林著作编译局编译,人民出版社 1957 年版,第 48 页。
② 于浩成、段秋关:《中外法学原著选读》,群众出版社 1986 年版,第 420 页。
③ [英] 霍布斯:《利维坦》,黎思复等译,商务印书馆 1934 年版,第 174 页。
④ [英] 洛克:《政府论》(下册),叶启芳等译,商务印书馆 1983 年版,第 35 - 36 页。

如，家庭联产承包责任制，就是通过这样的方式从一种民间规范上升为法律的。综合这两点，可以凝结为一句话：对于自由而言，一般情况下民间规范只能严于而不能宽于法律才能被立法运用。

当然，除了秩序、平等、自由之外，法律还可能追求其他价值，效率、正义，甚至是科学，都可以成为法律的价值目标。效率价值比较好判断，只要民间规范是群体福利最大化的体现，并且不损害群体外的人的福利，就具有被法律吸收的资格。正义价值难以判断，但基本上学者关于正义的判断都是从平等、自由、效率上探讨的，罗尔斯认为正义有两项原则，一是"最大的均等自由原则"，二是"差异原则"，前者是平等与自由的体现，后者是效率的体现。因此，无须通过抽象的正义概念，通过平等自由考量民间规范即可。对于科学而言，应当区分两类法律，一类是促进科学发展的法律，我们暂且称之为"科技法"，另一类是其他法律。只有科技法才以科学为价值追求，而其他法律并不一定如此，人们不一定要遵守"过量摄入盐可能引发心脏病"这一规则。前者一般不会涉及民间规范的运用问题，仅可能存在的情况是，某个科学研究机构的内部规则更有利于促进科学的进步，从而被法律推广。后者并不以科学为标准来运用民间规范，例如，在司法是否认可凶宅习俗时，科学没有出场的机会，信仰无须以科学为根据。[①] 但这也并不是说所有违反科学的民间规范都能被法律吸收，这要诉诸良善性标准，即如果一项民间规范被公认为是反文明、反人道的，那么它就不具被立法运用的资格。总而言之，民间规范的价值考量是多方面的，笔者仅是在秩序、平等、自由三个方面做了初步的探讨。

结　语

学界将民间规范的识别局限在司法场域，提出的民间规范司法识别的标准不能满足立法的需要。从语义上讲，民间规范的识别应当是一个一般性概念，包括司法识别和立法识别。民间规范的识别标准包括本体识别、场域识别和价值识别，其中民间规范的本体标准对司法识别和立法识别具有通用性，但民间规范的场域标准、价值标准对立法和司法而言是不同的。推而广之，在执法场域也可能存在民间规范的识别，以确定民间规范是否存在以及是否需要被执法考量。对于民间规范的执法识别本文未予探讨，可以推测，执法识别的本体标准与上述本体标准是一致的，而区别在于执法识别的场域标准和价值标准上。这昭示着民间规范识别理论需要拓展，从司法识别理论迈向民间规范识别一般理论。如果给出这个一般理论的初步框架的话，那就是民间规范的识别应当以本体识别为基础，以民间规范的立法识别、执法识别和司法识别为主干。

[①] 王林敏：《民间习惯的司法识别》，山东大学博士学位论文，2010年，第76页。

A Preliminary Study of the Legislative Identification of Folk Norms and Their Standards

Wu Tun

Abstract: Scholars generally believe that the identification of folk norms is the judicial identification of folk norms, so the academic circles only study the standards of judicial identification, but do not study the standards of legislative identification. In fact, in the legislative field, legislators also need to identify folk norms to determine whether folk norms exist and whether they can be applied by legislation. Semantically speaking, the legislative identification of folk norms can also be established. Legislators can identify folk norms based on ontological standards, field standards, and value standards.

Keyword: folk norms; identification; legislation

《民法典》第 10 条中"习惯"的司法适用：识别、顺位与限定要件

邵彭兵

摘　要　《民法典》第 10 条确认了"习惯"的法源地位，彰显出民法规范体系的开放性。"习惯"的司法适用首先应当对其识别。该条款指涉的"习惯"实质上是习惯法，包括一定社群内主体对社会惯习的规范性法之确信与反复、持续特定行为的事实上习惯的主客观要件。事实上习惯界定标准中理论论及的缺乏与裁判实践理解的模糊性，需要进一步具化该标准。适用顺位上，习惯法优先于民事规范中的任意规范、非涉及公共利益和社会秩序的强制规范，其优位性应当从民事合同扩展至物权、继承、婚姻家庭等领域。习惯法作为裁判依据需要符合两项限定要件：存在待决规则的"开放性"法律漏洞，以"外部救济"手段的习惯法予以填补；通过价值范畴的公序良俗检练，导入合乎特定时代社情的良习理念。

关键词　习惯法　民事规范　公序良俗　民法法源

一、问题的提出

对于习惯法的重要性，拉德布鲁赫曾说，"规定人类意愿和行为的法则存有三种：道德、习惯和制定法。人类历史上，首先产生的是习惯，其次是习惯分化了的制定法、道德。习惯规则作为传统的东西，它将'合规性'上升为'合法性'。"[①] 新中国成立以来，我国于 2017 年 3 月通过的《中华人民共和国民法总则》首先将"习惯"确定为法律渊源，

---

* 国家社科基金项目"我国西南民族地区民事习惯与乡村治理的经验与模式研究"（编号：18BFX015）。
** 邵彭兵，南京师范大学中国法治现代化研究院博士研究生。
① ［德］拉德布鲁赫：《法学导论》，米健译，商务印书馆 2013 年版，第 13 页。

填补民事制定法的法律漏洞。继而《中华人民共和国民法典》（以下简称《民法典》）第10条更是以"'习惯'入典"的形式进一步地确立'习惯'的法源地位，扩大了法源体系，"处理民事纠纷，应当依照法律；法律没有规定的，可以适用习惯，但是不得违背公序良俗"。这可以说是我国民事法典编纂取得的重要成就，在立法层面承认了人们长期生产生活实践中一种惯习的存在，彰显出民法规则体系的开放性。

然而，一个规范有效力和它有实效是两个不同说法，[①] 法律效力与法律实效属于两个不同范畴。"习惯"效力源于共同体实践，但它规范上的法源效力并未得以司法实践的落地化，无论就判决文书的说理部分抑或是裁判依据部分言，法院主动适用第10条的"习惯"都显得较为消极。有学者通过分析商事"习惯"适用的案例数据，观察出当前法院选择其填补成文法漏洞的情形并不多见，在中国裁判文书网检索7130份裁判文书，筛选196份作为样本后，得出"只有6件援引适用，且大多案例仅存在裁判文书的说理部分"[②]现象。"习惯"的法源地位体现在法官的裁判依据，说理部分援引只是表象地加固法律效力。若仅在说理部分适用"习惯"，则没有根本上发挥它的法源效力，使其呈现一种空心化趋向。那么，法典化时代"习惯"如何司法适用，体现它分配民事权利义务的作用？这个问题可以置换为："习惯"何谓，是事实上习惯还是习惯法？（后续论述前提）"习惯"与民事规范的适用顺序是什么？如何理解"法律没有规定"法律漏洞和"不得违背公序良俗"的成文法适用要件？因为只有准确理解这些问题，克服法律认识的障碍，才可能使司法者查明和适用"习惯"，构建案例的裁判依据，弥补静态的法律规则与不断变动的社会现实之间隙。

二、司法适用的前提：《民法典》10条"习惯"的识别

（一）习惯、习惯法的内涵阐释

长期以来，学者们在讨论习惯、习惯法的概念识别时，常常有意无意地混淆了二者的内涵，或片面强调从国家机关认可的标准予以区分两者，认为习惯法的法律效力来自于主权国家的认可、立法者的明示或默示同意。但国家认可的强制力只是习惯法和通过国家认可上升为制定法的习惯的一项区分标准，且该项标准并不是第一性、基础性的，社会成员对一般习惯的规范认可（法之确信）是比较习惯、习惯法的基石。包含规范性的法之确信是习惯法成立的根本条件，它在一定区域内得以社会成员的认可，使习惯法成为对主体具有约束性、权威性的行为规范，具有一定法律规范性因素的行为模式。

本文以习惯法为分析对象，在对习惯法进行解释前，识别习惯的概念有助于从外延上更好地把握习惯法内涵，认识其特点、属性、功能。所谓习惯，指一定范围内社会主体表

---

① 参见［奥］凯尔森：《法与国家的一般理论》，沈宗灵译，中国大百科全书出版社1995年版，第44页。
② 参见陈洪磊：《民法典视野下我国商事习惯的司法适用》，载《政治与法律》2021年第4期。

现出的行为模式或心理状态的客观事实描述,① 又称事实上习惯,以一种观察社会现象的"外部立场"切入,具有描述性的意蕴。该种事实上习惯缺乏主体确信的规范意义,不具有法律意义的约束力,② 与制定法非处于同一逻辑层面,属于一地域的风俗、社会惯习、道德传统的经验累积。例如,少数民族的不吃猪肉行为是一项风俗习惯,它是一定区域传统的日常事实行为,将它描述为一项社会习惯是适合的,但因缺乏任何法律规范性因素而不能视为习惯法。只有具有调整不吃猪肉行为的规范存在,如存有记载"伊斯兰民族内谁吃猪肉,谁就要受到惩罚"的典籍、碑文等,该事项才是被成员和法官确认的法效力依据,可以视为法律适用来源的习惯法。按照这种认知,被纳入国家法律体系的"习惯"与事实上习惯是有区别的,前者指涉的是习惯法,属于依据某种权威性和社会性,具有一定法律规范效力的行为模式,我国《民法典》第10条的"习惯"即指向于此。

习惯法是由习惯发展而来,它是依据一定范围内传统惯习或心理情态,具有被社会成员承认和实践的法律规范性,以主体行动或心理模式所反映出的行为规范。既往研究将主权者认可与社会成员认可并列,强调习惯法的国家强制性,但主权者的认可首先源于社会生活本身,根本上习惯法来自民众生活的规范性实践。试举一例,贵州省某地苗族习惯法规定:乱挖别人的田砍地区、私自阻断田水、乱砍杉木和别人田地休息处挂衣服的树丫等罚银8两8钱。③ 该习惯法与不吃猪肉习惯不同,它是社会各组成分子所反复实施,且具有规范性的法之确信,法之确信的规范性使习惯法区别于一般习惯,裁判者若遇到类似案情,在没有法律的规定下就可以适用这一当地习惯法作出判决。所以,可以说,凡存有习惯法的区域一定具有习惯的事实基础,而由于习惯不具有一种法律规范性的意义,存在习惯的某地不一定产生习惯法。《民法典》第10条的"习惯"具有规范性的效力,规范拘束力是作为法源的习惯法的要件。作为法源的习惯法,就是可以提供这种规范来源,且作为判决法律效力的来源。④ 在此意义上,民众和法官广泛实践了的法之确信,就是事实上习惯具有的规范效力,规范意义使一般习惯成为了习惯法。

(二)《民法典》第10条的"习惯"是习惯法:法之确信与事实上习惯

一般认为,《民法典》第10条构成了我国民法法源条款,学界对此几乎没有争议。⑤

---

① 参见黄金兰:《也论习惯与习惯法——接着〈论习惯与习惯法〉一文说》,载《民间法》2012年第11卷。
② 参见彭中礼:《论习惯的法律渊源地位》,载《甘肃政法学院学报》2012年第1期。
③ 参见张文显主编:《法理学》(第三版),法律出版社2007年版,第130页。
④ 参见王聪、陈吉栋:《论习惯法与事实上习惯的区分》,载《上海政法学院学报(法治论丛)》2017年第6期。
⑤ 参见雷磊:《习惯作为法源?——以〈民法总则〉第10条为出发点》,载《环球法律评论》2019年第4期;梁慧星:《〈民法总则〉重要条文的理解与适用》,载《四川大学学报(哲学社科版)》2017年第4期;石佳友:《民法典的法律渊源体系——以〈民法总则〉第10条为例》,载《中国人民大学学报》2017年第4期;李建伟:《法源意义上习惯与习惯法合一论——以商事习惯与商事习惯法为视角的研究》,载《政治与法律》2021年第11期。

然而，对第 10 条"习惯"的性质及效力来源问题，学者们分歧颇大，争论不断。有人从法的确信立场，认为该处"习惯"指涉习惯法，① 与一般习惯不同，习惯法是持续较长时间的、不间断的、立足在法之确信上的习惯。② 单纯一般习惯只是事实上的持续、固定行为，缺少被民众和法官承认的规范效力之依据，没有受法律拘束之人和司法机关的确信。所以，习惯法的成立具有客观和主观两项要件：一是人们对某种事实的反复、持续实践，一是人们对该事实的规范确信。后者是区分习惯法和事实上习惯的核心标准，若仅具备一定社会民众的惯习行为，缺失法之确信的要素，应为事实上习惯。例如，王泽鉴先生认为台湾民法第 1 条属于法源条款，是指习惯法，而该条款以外的条文系一般惯行，欠缺法之确信，无补充制定法的效力。③ 其实，"确信说"是一种历史法学的表征，强调习惯法的效力来自共同体精神，体现"直接的民族确信"。"法律已然秉有自身确定的特性，其为一定民族所特有……将之联结一体的，乃是排除了一切偶然与任意所由来的民族共同信念，对其内在必然性的共同意识。"④ 紧接着，萨维尼在《当代罗马法体系》中更是直接说到："习惯法可以在较为狭窄的范围内通过真正的共同法意识而产生，即以一种纯粹依据民族的方式产生。"⑤

相反观点是将《民法典》第 10 条的"习惯"识别为事实上习惯，将规范性的法之确信的因素予以排除。主要理由有：（1）制定法时代，民间习惯被确信具有法律效力的认识难以形成，法之确信渐已脱离一般民众的共同意志趋向空心化，今日的习惯法很少是由人民产生。⑥（2）判断是否构成法之确信的标准并非十分清晰。它既涵盖一般民众的主观心理状况，也需要法官达到内心确信的程度。法官出于降低职业风险的考量，通常会选择严格适用现有法律条文，⑦ 并未真正在意对法之确信标准及通过公序良俗过滤习惯的判断权。（3）通过文义解释、体系解释否定习惯法词语成立。就第 10 条后半款"不得违背公序良俗"来说，但书规定表现法律体系的一致性，若采取"习惯法说"将导致法律（习惯法）却需要被审查的悖论——适用机关以公序良俗检验。⑧ 当然，也有学者不加区分地

---

① 参见王利明：《我国〈民法总则〉的成功与不足》，载《比较法研究》2017 年第 4 期；史尚宽：《民法总论》，中国政法大学出版社 2000 年版，第 29 页；龙卫球、刘保玉主编：《中华人民共和国民法总则释义与适用指导》，中国法制出版社 2017 年版，第 39 页。
② 参见［瑞］高朴、［瑞］施密特：《瑞士民法：基本原则与人法》，纪海龙译，中国政法大学出版社 2015 年版，第 70 页。
③ 参见王泽鉴：《民法总则》，中国政法大学出版社 2001 年版，第 58 页。
④ ［德］萨维尼：《论立法与法学的当代使命》，许章润译，中国法制出版社 2001 年版，第 7 页。
⑤ ［德］萨维尼：《当代罗马法体系：法律渊源·制定法解释·法律关系》（第一卷），朱虎译，中国法制出版社 2010 年版，第 71 页。
⑥ 参见吴从周：《试论判例作为民法第 1 条之习惯法：为我国判例制度而辩护》，载《台大法学论丛》2010 年第 2 期。
⑦ 参见赵忠奎：《"可以适用习惯"的司法应对：以逾期加价条款为样本》，载《社会科学》2021 年第 2 期。
⑧ 参见张志坡：《民法法源与法学方法——〈民法总则〉第 10 条的法教义学分析》，载《法治研究》2019 年第 2 期。

使用习惯法和事实上习惯，认为该条制定法未带有"法"字，已经为扩大解释"习惯"提供了空间。① 意思是称谓并非首要，只要符合法源开放性的规范目的，容纳自生自发秩序中更多的"未阐明"社会规则，习惯法、事实上习惯的二元界线可以取消。语言是功能性的，但并不表示言说界定是不必要的，概念清晰、逻辑缜密仍是法体系的最低限度。对该观点，笔者持保留态度。

通过分析学界在"习惯"定性上的观点及理由，本文认为第10条的"习惯"是指习惯法，它需要同时符合事实上习惯与法之确信的要件。习惯法是民族精神的规范体现，是立法者理性不及的未认知物体，其效力基础来源于一定区域内民众对惯习的法感，法感的实质是某个共同体凝结的法之确信，指涉经验事实和价值伦理的面向。我国习惯法的表现形式多样，有乡规民约、少数民族习惯法、民间法、行业惯例、交易习惯、判例等，这些非正式规则类似一种"活法"的效力，发挥着社会内在自发的力量，契合"惯行流行之生活（交易）圈中人之主观上的态度"。② 以少数民族习惯法为例，它是民族地区依据民间风俗、传统精神生成的天然安排和内生规则，类似一种"自生自发的秩序"，③ 属于浓厚自治色彩的社会规范。人们遵守习惯法规则，通过石牌制度解决内部矛盾，或接受乡贤组织的协调、调解，不是由于习惯法的法律义务要求，毋宁说是出自尊重民族历史、维护民族核心价值的道德信念使然。这种信念属于一定社群长期理性和规范实践、非主权者认可而形成的正当确信，可以上升习惯法成为实质性渊源据以参考。"事实上习惯说"主张原始意义的习惯规则几乎全然丧失，现代习惯法难以由民众生成，渐以空心化，且司法机关处于判断地位的规避适用加剧了这一趋向。然而，一方面，地域是主体的活动载体，任何地缘的单元或集合体都孕育习俗惯例、文化意识的维度。事实上不仅大至国际、民族可以形成国际惯例、民族习惯法，小至县域、乡域都有可能产生规范效力的习惯法，与制定法共同起着调整主体行为的功能，可正当地成为法官的裁判规范。另一方面，尽管现代社会法之确信的判断权由司法适用机关掌握，法官成为法之确信的裁量者，出现司法确认习惯法现象。但该现象也仅说明法官是"必要确信"的判断者，法之确信产生于长时间的规范性交往实践，源自主体的自发性创造，它的生成者仍是一定社群的民众、行业人员，根本上来源人们的经验补给。

（三）事实上习惯判断标准的具体化

与聚焦讨论法之确信司法标准的情形相比，学界对事实上习惯的具体适用标准则较少

---

① 参见汪洋：《私法多元法源的观念、历史与中国实践：〈民法总则〉第10条的理论构造及司法适用》，载《中外法学》2018年第1期。
② 参见黄茂荣：《法学方法与现代民法》（第五版），法律出版社2007年版，第12页。
③ 参见［英］哈耶克：《法律、立法与自由：规则与秩序》（第一卷），邓正来等译，中国大百科全书出版社2000年版，第67页。

论及，在"什么是一定社群内民众的反复、固定事实"问题上没有形成共识，理论论及的缺乏对既有司法实践也产生了"适用情形和具体内涵未确立一致标准，缺失适用范围的具体分析和合理认定"① 影响。因此，在"习惯法说"的基础上进一步识别事实上习惯的判断标准是一个迫切紧要的问题。我国最高人民法院审委会通过的《合同法解释（二）》曾对交易习惯的司法认定特征作了类型化处理，其中第 7 条②规定一般主体、经常使用、地域范围三个要件。法律是积累社会事实的理性化，作为判断习惯法外在客观要件的依据，司法解释在法规范层面对形式部分作出的认定，能够帮助理清一项社会行为符合什么样的标准可以构成事实上习惯的疑惑。

1. 主体民众性。法之确信的判断权在于法官，但产生法之确信的事实惯习土壤却需依靠一般民众的培育。习惯是主体的基本共识，这种共识外化于人们的规律行为，表现为一定社区内人们行为的相似性、重复性。事实上习惯应为受调整的民众所认同，受某一行业或者专属领域的市场交易主体所共识，这是习惯法具有法源地位被自觉服从的"实质性理由"，"实质性理由"本身就是正当的要求，立基于主体性的事实上习惯具有内容上的正当性。在成都高赛尔股份有限公司与深圳圣世文化珠宝有限公司定作合同纠纷一案中，③ 法官便是依据习惯产生于市场交易主体的信赖，认为双方当事人应当知晓本行业领域的某些民事惯例，它构成交易时的重要基础事实，是当事人双方经常使用的行为做法，进而在此基础上作出"同行业的双方应当清楚知晓'红刚玉'不等同于天然红宝石"的解释。

2. 长期持续性。习惯的形成和变迁需要一定时间的积淀，显现自身的普遍公认性。我国民事交往实践历史悠久，在民事领域存在着众多经常使用的行为，早在《民法典》制定之前，《物权法》第 85 条④即已规定了最早的习惯条款，它首次作了司法裁判可以适用习惯的规定。该条文并不是对短期生活的立法回应，而是长期实践中总结的经验，用以处理土地上自然物或建筑物的相邻所有人涉及的通风、采光和日照等相邻权纠纷。在陈某某与徐某某相邻权案中，法官依据当地形成的长期习惯意识——新建房屋的烟囱不能面朝他人家庭的大门，否则将影响另一家的"好运"——劝告陈某某另寻位置建造烟囱，调处了双方睦邻关系。⑤ 同样地，近期的类似裁判还有梁某与梁某 1 排除妨害纠纷案件、⑥ 肖述

---

① 江苏省南京市中级人民法院（2015）宁民终字第 4921 号民事判决书。
② 最高人民法院《关于适用〈中华人民共和国合同法〉若干问题的解释（二）》第 7 条规定：下列情形，不违反法律、行政法规强制性规定的，人民法院可以认定为合同法所称"交易习惯"：（一）在交易行为当地或者某一领域、某一行业通常采用并为交易对方订立合同时所知道或者应当知道的做法；（二）当事人双方经常使用的习惯做法。对于交易习惯，由提出主张的一方当事人承担举证责任。
③ 四川省成都市中级人民法院（2021）川 01 民终 1781 号民事判决书。
④ 《物权法》第 85 条规定：法律、法规对处理相邻关系有规定的，依照其规定；法律、法规没有规定的，可以按照当地习惯。
⑤ 参见公丕祥主编：《民俗习惯司法运用的理论与实践》，法律出版社 2011 年版，第 117 页。
⑥ 阜新蒙古族自治县人民法院（2019）辽 0921 民初 1651 号民事判决书。

刚与绵阳市宇发房地产开发有限公司物权保护纠纷案件①等。这些"案例群"都体现出长期自发形成的关于相邻关系的物权习惯，可以应对不动产土地使用及建筑物界限区分的纠纷，实现主体之间财产归属或流转关系的权益恢复。当然，除了《物权法》提及的相邻关系习惯外，民事习惯还包括婚姻家庭习惯、继承习惯、丧葬习惯等，②它们也是当事人反复采取或经常适用的做法，具有强烈地大众认同性，反映了一段时间内长久稳定的社会事实。

3. 地域性。一定地域的条件是指习惯在多大的空间范围内被民众认可和行为，习惯涵盖共同体的面积为多少。地域的空间属性是法律发展的方式变项，任何法律形态都具有特定范围的地域因素，缺失自然空间条件的惯习行为无异是没有指向的盲目飞行。只有某一经常性做法形成于一定单元，被人们普遍知晓，具有内容的确定性，才具备地域效力的外观特征。清末民初变法修律过程甚为重视习惯的地域条件，当时大理院正卿上书"调查各省民情风俗"，请求在通行一国范围习惯外，调查局地习惯。并指出"凡是民商法修订之始，皆当广为调查各省民情风俗所习为固常，而于法律不相违背，且为法律所许者，即前条所谓不成文法，用为根据，加以制裁，而后能便民，此则编纂法典之要义也。"③调查省域成法，体察礼教民情，是识别习惯法外观标准的重要渠道。尽管我国民法典编纂过程中未对全国各地的民商事习惯予以调查整理，但其具备的地域性仍不可或缺，尤其对司法适用言，识别"在一定范围内是否作为习惯存在、是否受本地宗族观念影响"④的标准具有相当意义。

三、习惯法与民事规范的适用顺位

习惯法与民事规范（制定法）的关系顺位是《民法典》第 10 条习惯法适用面临的重要问题。总则第 10 条以制定法没有规定为由运用习惯法，而分则却屡有规定习惯法与民事规范竞合适用的情形，甚至合同编第 480 条、515 条、558 条、599 条等规定按照交易习惯发生民事法律效力，优先民事规范或者私人协议前处于首位法源位置。习惯法与民事规范何者优先适用，历来颇具争议。依据习惯法对民事规范的优先程度，主要分为两种观点：第一，不优先说。习惯法劣后于民事规范，其具有补充民事规范的效力，只有在缺乏民事规范的前提下方可适用习惯法。如我国《民法典》第 321 条规定的天然孳息和法定孳息取得制度，该条款属于任意规范，仅在没有实体性规定下，习惯法才可以作为人民法院裁判依据。民事规范的优先性本质上是由制定法属性决定，作为制定法内容的民事规范是

---

① 四川省绵阳高新技术产业开发区人民法院（2019）川 0792 民初 1927 号民事判决书。
② 参见侯国跃、何鞠师：《我国〈民法典〉第 10 条中的"习惯"之识别》，载《甘肃政法学院学报》2021 年第 2 期。
③ 眭鸿明：《清末民初民商事习惯调查之研究》，法律出版社 2005 年版，第 25 – 26 页。
④ 浙江省温岭市人民法院（2018）浙 1081 民初 7116 号民事判决书。

司法适用的权威理由，法源分量较高，法律拘束力强，以此裁判能够增强法律的稳定性和预测性。第二，优先说。优先说又分为部分优先说[1]和完全优先说。[2] 部分优先说主张，民事规范有任意规范和强制规范两类，习惯法应优先于民事任意规范，尊重当事人的内心意愿，以应对频繁、复杂的民事活动交易。但出于国家管理需要，习惯法应劣后于强制性规定。完全优先说主张，习惯法不仅优先于任意规范适用，且对民事制定法中的强制规范，习惯法也不应该严格受其限制，具有充足理由及论证可以推翻强制规范优先的设定。笔者认为完全优先说具有一定的合理性，习惯法优先任意规范，并劣后一些非涉及公共利益的强制规范，释放民事主体发挥主观能动性的可能。

具体而言，首先，习惯法优先于民事任意规范适用。习惯法是当事人之间长期从事某种交易所形成，若当事人之间持续、重复某种行为进行交易，实施民事法律行为，由此而形成的合理信赖将会使当事人相信某一类行为会发生相同的法律效果。根据当事人的约定文本进行体系解释与当事人的交易习惯更能够符合当事人的内心意思要求。[3] 任意规范是指当事人可依其意志排除系争规定之适用或修正其内容，[4] 它与强制规范共同构成民法规范的最基本分类，强调在发生争议后当事人意思未予对其表示——如所有权交付何时转移、物品瑕疵担保责任如何处理、标的存在多项如何行使选择权等——直接通过法律规定的形式填补双方意思表示的不足，以外在规定补充当事人的约定。尽管，相比强制规范，任意规范是"基于自治理念注重当事人的意思表示，贯彻合同自由原则"[5] 的体现。但是，它仍旧属于立法者建构的一项"规范"话语，未达到"事实"惯习更加契合私法自治的程度，缺失习惯法的"社会层面一般人对之普遍遵守的法之确信"的深厚基础。利用任意规范事后揣测民众的法律行为，倒不如适用某一行业或某一领域订立合同时所知道或者应当知道的做法与经常使用的做法，推定民事主体的真实意思，调整合同当事人之间的利益关系。

针对习惯法与任意规范的适用顺位，具体可分为三种情形：其一，当事人没有约定适用习惯法，法官也无法确认存在习惯法，仅具有任意规范的裁判依据时，应适用任意规范填补交易漏洞；其二，存在交易习惯（当事人约定或法官识别确认），也存在任意规范，但二者出现法律规范适用的竞合状态。在此情形下，若适用习惯法更贴合表意人的内心真意，其应具首要法源地位，反之，据以任意规范替代；其三，习惯法与任意规范同时适用，二者不相互竞合。具体又分为两类，A类：当事人约定以民事交易习惯为裁判标准，

---

[1] 参见郑玉波：《民法总则》，三民书局1979年版，第40页。
[2] 参见陈洪磊：《民法典视野下我国商事习惯的司法适用》，载《政治与法律》2021年第4期。
[3] 参见许中缘：《论任意性规范——一种比较法的视角》，载《政治与法律》2008年第11期。
[4] 参见朱庆育：《民法总论》，北京大学出版社2016年版，第50页。
[5] 参见王轶：《论合同法上的任意性规范》，《社会科学战线》2006年第5期。

存在所谓的"约定习惯",① 该时适用"约定习惯",亦是对当事人意思自治的尊重,于私法理念无违。例如,在广州鎏星贸易有限公司诉中外运——敦豪广东分公司等航空运输损害责任纠纷一案中,② 有学者主张如果当事人选择适用金法郎折合的国际惯例,排除采用任意规范的《关于调整金法郎与人民币折合率的通知》,那国际惯例的效力低于国内法的强制性规范,但高于国内法的任意性规范。B类:尽管当事人未加约定,但法官依据案件事实识别出应当适用的习惯法时,为不丧失某一交易主体在该交易区域的信任基础,③ 不打乱某一行业或某一领域的地域交易秩序,④ 确定习惯法优先适用应当无疑。因传统习惯法渐以空心化,当事人约定有限,现代习惯法主要是法官续造法律形成,B类情形更为多见。在杜志华与许永强等民间借贷纠纷一案中,⑤ 法官在双方当事人没有明确约定杜志华的还款是本金还是利息的前提下,主张认定"款项给付系基于家庭内部成员而发生的资金融通,存在着与普通商事交易不同的还款抵扣习惯",从而没有适用最高人民法院《关于适用〈中华人民共和国合同法〉若干问题的解释(二)》第21条的补充性任意规范。

不过,需要注意的是,民事规范除了任意规范外,还有强制规范。强制规范指不论当事人的意思如何,均应适用的规定,⑥ 主要体现在物权、继承、婚姻家庭领域。强制规范首先应优先习惯法适用。因为强制规范的正当性基础是国家与社会公共利益、市场交易安全与秩序等事项,这一规范排除民众自由约定某种意思,界定民事行为的自治边界,是为了维系公共生活和社会一般利益。然而,除涉及交易秩序、公共利益等非自治领域的强制规范外,习惯法应是优于一些强制规范。因为立法者的有限理性,使之设定的规范并不能完全满足当前和未来较长时间的生活和交易需求,强制规范因其形式性、限制合同自由的因素难以应对现实纠纷。台湾民法就曾基于物权法定与社会现实冲突,严格施行物权法定原则影响市场经济发展的负面效应,将第757条修改为"物权除依法律或习惯外,不得创设",通过有条件地承认习惯法创设的物权满足市场经济交易需求,实现民事主体的意思自治、交往自由。也就是说,习惯法的优位性不仅应在合同领域的任意规范上更多体现,也应当扩展到物权、继承、婚姻家庭等非涉及重大社会公共利益的强制规范层面。

四、《民法典》第10条中"习惯"司法适用的限定要件

《民法典》第10条后半款规定"法律没有规定的,可以适用习惯,但不得违背公序良

---

① 参见李可:《中国习惯之法源地位的发生条件、应然顺序及模式选择》,载《江苏社会科学》2019年第1期。
② 广东省广州市萝岗区人民法院(2008)萝法民二初字第64号民事判决书。
③ 参见许中缘:《论商事习惯与我国民法典——以商事主体私人实施机制为视角》,载《交大法学》2017年第3期。
④ 参见周林彪:《商业行规的类型化及法律适用》,载《浙江工商大学学报》2019年第5期。
⑤ 北京市第三中级人民法院(2018)京03民终11364号民事判决书。
⑥ 参见韩世远:《合同法总论》(第三版),北京大学出版社2011年版,第176页。

俗"。与习惯法成立需要规范性的法之确信和事实上习惯的主客观条件不同，这里涉及是已成立的习惯法如何具体得到法律适用，怎样通过"法律没有规定"、"不得违背公序良俗"的要件进入裁判领域。

（一）在法律漏洞下予以"外部救济"

《民法典》第10条属于法源条款，表征法律漏洞下可以适用习惯法。法律漏洞是指现有法律规范无法有效调整社会现实，或是由于制定法对特定案件没有设定规则或是由于适用制定法而显失公正的。拉伦茨将前者称为"开放性"漏洞，将后者称为"隐蔽性"漏洞。① 显然，第10条针对的应是"开放性"法律漏洞，需要按照"事物本质"进行类推填补，只有在此情形而非依据制定法裁判明显不合理时，习惯法才具有适用的正当性。因为，存在制定法前提下，法官适用习惯法的裁判空间几乎是空白，除非案件涉及是前述的任意规范或涉及非重大公共利益的强制规范。"开放性"法律漏洞下，依据习惯法填补——准确说应是"法外习惯法"②——不仅在我国民法典第10条有所体现，包括我国台湾地区民法第1条、《瑞士民法典》第1条第2款等都可予以视之。至于法律漏洞是否客观存在，不仅法官可以依职权调查，当事人也可以主动申请核实。

既然，成文法难免出现缺陷，存有"开放性"漏洞，那么通过一定的救济方式就是必要的，习惯法出场解释法无明文规定的模糊意义无疑是一种最佳手段。它事实上传统悠久、被人确信，规范上具有权威性、可诉性，相比较类推适用、法律解释、原则裁判、效力识别等方法有着更强的填补效力。有些基于法律"内部救济"的观点认为，法无明文规定且依当下法律解释仍不能知其法意，方可适用习惯法，③ 阐释法律意义应首先进行类推适用，④ 甚至还有"在民法基本原则仍能不断发挥拾漏补缺功能的当下，习惯的适用余地并不大"。⑤ 然而，这些"内部救济"方法都主张将习惯法径直赋予次要地位，没有同等对其考量。法律漏洞不仅可以"内部救济"，也可以"外部救济"。习惯作为法律"外部救济"的最主要手段，就是授权司法可以适用习惯。可以说，类推适用和习惯法解释没有方法论意义的高下，有的只是立基裁判合理性、民众可接受性的程度区别，法律因为合理性而为人们所接受，民间法因为合理性而为人们所遵循。⑥ 基于司法适用的实质理性，把外部准则通过裁判途径吸纳到纠纷解决中，作为案件的规范根据，能够勾连法律规范外的

---

① 参见［德］拉伦茨：《法学方法论》（全本·第六版），黄家镇译，商务印书馆2020年版，第473－474页。
② 瑞士司法实践将习惯分为"法内习惯法""法外习惯法"及"反法习惯法"，"法外习惯法"指对制定法漏洞进行补充而形成的习惯法，又称补充性习惯法。参见李敏：《〈瑞士民法典〉"著名的"第一条——基于法思想、方法论和司法实务的研究》，载《比较法研究》2015年第4期。
③ 参见彭诚信：《论〈民法总则〉中习惯的司法适用》，载《法学论坛》2017年第4期。
④ 参见许瀛彪：《〈民法典〉时代习惯法源司法适用探究》，载《法治论坛》2020年第3期。
⑤ 参见孙宪忠、宋江涛：《民法总则制定需处理好的若干重大问题》，载《河北法学》2017年第1期。
⑥ 参见谢晖：《论民间法对法律合法性缺陷的外部救济》，载《东方法学》2017年第4期。

社会事实，弥补司法裁判合法性的危机。

其实，"可以适用习惯"的条款规定，已经立法承认了习惯法具有更强地漏洞填补的效力说服性，先于类推适用等方法。因为，法律适用始终是要面对社会事实，将自生自发秩序的习惯法作为依据，符合现实社会私主体的基本共识和价值准则，能够满足民众普遍的法感情，相比寻求内部规范更为妥当、合乎情理。例如，在一起"顶盆过继案"①中实质上便显示出习惯法规则与类推适用竞合角逐，严格地比附援引类似规定有失正当的情形。该案纠纷没有法律规定，存有漏洞填补条件，若通过教义学的法律论证替代本可适用的习惯法解释方法，径直类推适用无因管理规定，将产生顶盆人石忠某为避免被顶盆人石君某的利益受损失而进行管理或服务的表象。不仅导致裁判结果难以使当事人信服，而且也违背公序良俗原则，丧失了"顶盆过继"这一富有"慎终追远"的价值传统。相反来说，与之类似的"顶盆过继案"，若非存在"开放性"法律漏洞，应当依法决断，即使习惯法在场也不得违背。

（二）通过公序良俗的价值检练

"不法古，不修今，因世而为之治，度俗而为之法。故法不察民之情而立之，则不成"。法律因俗，公序良俗对习惯法的检练早在清末民初变法修律就有所体现。《大清民律草案》首次引入了公序良俗的概念，②将此作为一项基本的价值原则，后来，民国《民法总则》更是直接赋予公序良俗筛选习惯法的效力，第2条规定"民事所适用之习惯，以不背于公共秩序或善良风俗者为限"。习惯法的法律适用必须通过公序良俗的判定要件，符合递候转正的资格审查，这构成后世民事立法的一项基本标准。

公序良俗内涵何谓？为什么起着衡量习惯法司法适用的重要作用？谢晖先生认为，"公序良俗是兼及事实和价值的一个概念，"③但准确地说，它应属于立基自然理性的价值道德范畴，是一个国家及社会生活的一般价值伦理。公序良俗可以类型为公共秩序和善良风俗。善良风俗是指国民日常生活之实践的道德律，它不同教义的法律规范，而是归于道德体系，是一种道德上的善良行为动机或意识。④ 在此意义上，善良风俗是一个价值概念无异。与善良风俗相比，学界对公共秩序的定性争议则要大得多，有学者认为它是现行法规则及其基础的原则、制度构成的"规范秩序"，架构在社会秩序、风俗与法律之间的标准。⑤ 但事实上，公共秩序也包含了典型的价值宣示功能。公共秩序指涉社会一般利益，利益是满足和实现权利愿望或需求而产生的，性质上具有基本的伦理属性。社会公共利益

---

① 具体案情参见彭诚信、陈吉栋：《论〈民法总则〉第10条中的习惯——以"顶盆过继案"切入》，载《华东政法大学学报》2017年第5期。
② 《大清民律草案》第50条规定：不得违背公共秩序或善良风俗而限制自由。
③ 谢晖：《论"可以适用习惯""不得违背公序良俗"》，载《浙江社会科学》2019年第7期。
④ 参见张文显：《二十世纪西方法哲学思潮研究》，法律出版社1996年版，第398页。
⑤ 参见陈林林、严崴：《公序良俗的法理分析：性质、类型与适用》，载《南京社会科学》2021年第3期。

的内核其实是社会公德和一般价值要求,① 它需要借助价值评价明晰其内容。

公序良俗原则的价值属性决定了它是习惯法适用的最佳"过滤仪器",是法官对习惯规则合法性予以权衡的保障。因为,价值本身具有灵活性、时代性,公序良俗作为一项不确定概念和一般条款,它的开放性和变动性特征,能够将习惯调整的社会关系因时代发展的需求而纳入公序良俗原则的调整范畴,使习惯法必须通过特定时代实情和价值潮流的检验方可运用。公序良俗对习惯入法的修正作用,利于裁判者由一个单纯的"找法者"渐变为一名加工习惯法的"造法者"(褒义),更好发挥案件事实的"查明"功能和规范民事行为的"限制"功能,② 助益淘汰一些不符合一定时空的恶习旧惯,导入真正合乎主流价值的良习理念。鉴古知今,案例法理,民国大理院时期的两起裁判即具有此智识。在上告人穆金布与被上告人李臣忠与案外人那永海不动产先买权纠纷一案中,③ 涉及"吉林旧惯,凡土地买卖,本族、本旗、本屯有先买权"问题上,大理院裁判认为尽管该种风俗符合事实上习惯、法之确信及法律漏洞要件,但"为公共秩序计,断难予以法之效力"。因为若保留宗族土地不予外流,将限制所有权的处分使用,不利地方经济流通之便利。然而,在与之相似的"原佃先买权"案件中,大理院第 239 号判例却另指出,"原佃户则于所佃地辛勤开辟,既阅数十百年,平日即倚为生命,原业主于出卖之时,予以先买之权,于公共秩序及利益亦绝无违背,断无本族、本旗、本屯之素无关系者可比。"④ 两起相似的案件,大理院通过公序良俗的检练对旧有不良习惯予以区分处理,考量个案实情,导入适应社会发展之理念,排除了不符合时代潮流的旧习。这似乎呼应孟德斯鸠曾对"改变一个国家的风俗习惯有什么自然的方法"的回答:"应通过习惯去改变习惯法所确定了的东西,如果用法律去改变本该用习惯改变的东西,那是极糟的策略。"⑤ 这里的"习惯"其实是公序良俗,它起了价值检练的功能,以其资格审查能够助益习惯法去芜存菁的发展。

Judicial Application of "custom" in Article 10 of civil Code:
Identification, Sequence and Qualification Elements

Shao Pengbing

Abstract: Article 10 of the Civil Code confirms the legal source status of "custom" and

---

① 参见指导性案例 89 号:"北雁云依"诉济南市公安局历下区分局燕山派出所公安行政登记案。
② 有学者分析公序良俗具有三个层次的司法功能,还有被直接用以裁判的"适用"功能。参见孙梦娇:《公序良俗司法应用之法理分析:功能、理据与实证机制》,载《法制与社会发展》2020 年第 2 期。
③ 参见黄源盛:《民初大理院公序良俗原则的构建及其法理》,载《法学》2021 年第 5 期。
④ 黄源盛:《民初大理院与裁判》,元照出版有限公司 2011 年版,第 209 页。
⑤ [法]孟德斯鸠:《论法的精神》(上册),张雁深译,商务印书馆 1961 年版,第 310 页。

shows the openness of the normative system of civil law. The judicial application of "custom" should first identify it. The "custom" referred to in this article is essentially the customary law, including the subjective and objective elements of the actual custom of the subjects in a certain community who are convinced of the normative law of social habitus and repeated and sustained specific behavior. As a matter of fact, the lack of theoretical discussion and the fuzziness of judgment practice in the standard of custom definition need to be further formulated. In order of application, customary law takes precedence over arbitrary norms in civil norms, compulsory norms not related to public interests and social order, and its primacy should be extended from civil contract to property right, inheritance, marriage and family. As the basis of judgment, the customary law should meet two limiting requirements: there is an "open" legal loophole in pending rules, which should be filled by the customary law of "external remedy"; Through the inspection and practice of the public order and good customs of value category, the good habit idea in line with the social situation of a specific era is introduced.

Keyword: customary law; civil norms; public order and good custom; civil law source

(编辑:陶文泰)

皇帝偏好如何影响司法判决

——以清代"节烈旌表"类案件为例

武剑飞[*]

> **摘　要**　皇帝作为清代司法实践过程中的最高决策者，其偏好对于司法裁判结果有着十分明显的影响。在"音效隔离"的状态下，由于不同主体对皇帝行为的观察存在差别，他们对皇帝偏好的理解也会有所差别。在清代"节烈旌表"类案件中，皇帝的表达偏好更多是"禁止殉夫"和"打击奸情类犯罪"。在官员眼中，皇帝的外显偏好可能是"严控请旌"和"严惩罪犯"；而在百姓心中，皇帝的外显偏好则可能是鼓励妇女"守节"和"抗节"从而获取旌表。这种认知差别可能正是皇帝所希望的，并且直接实现了皇帝的真实偏好，即旌表制度稳定运行和皇权统治的稳定。
>
> **关键词**　皇帝偏好　殉夫　殉节　音效隔离

引　言

在清代司法体制中，皇帝既是法律制度的推行者，又是司法裁判的重要一环。首先，皇帝通过颁发律例条文来推行相应的法律制度。其次，皇帝直接参与特定案件的审理以及负责死刑案件的审定批准。可以说，在整个清代司法实践的过程中，皇帝的偏好不仅影响着律例条文的制定和颁发，而且直接决定着相关案件的审理结果。因此，在讨论清代司法制度运行时，皇帝的偏好是不可忽视的一个因素。而在清帝国的进程中，为了实现强化皇权统治、维护礼教风化的政治意图，如何建构合理有效的"旌表"体系，以何标准来筛选、规制和奖赏数量庞大的妇女群体，可谓清帝国政治和法律的重要问题。为了实现规制

---

[*] 武剑飞，中山大学法学院博士生。

妇女行为、助推"妇女守节"的制度预期，明清的制度设计者不仅制定了繁复众多的律例条文，而且建构了相对完善的"旌表"制度。

然而，回顾有关"烈妇旌表"类案件的法律史研究，学者们将目光更多地集中在案件审理的官员身上，探讨的是官员与妇女或者其他百姓之间的互动，却往往忽视了皇帝在案件裁判中的重要作用。例如，苏成捷（Matthew H. Sommer）通过研究清代有关寡妇的诉讼案件，发现妇女会利用国家旌表"烈妇"来谋取财产利益的最大化。正因为官员重视贞节，或者说官员的裁判往往会有"贞节"的导向，因而迫使妇女主动或者被动地去践行"贞节"。[①] 戴真兰（Janet M. Theiss）则以《刑科题本》中886个婚姻奸情类案件为素材，探讨了诉讼案件中官员面对"贞操"和"父权"冲突时的裁判倾向。[②]

通过考察清代烈妇旌表案件中的皇帝裁判，可以看出，"烈妇旌表"遮掩住的是皇帝、官员、妇女甚至罪犯等多方主体的博弈。在这类案件的审理过程中，皇帝扮演着十分重要的角色。纵观"烈妇旌表"案件，大致可以分为两类：其一是国家对"殉夫"身亡的妇女予以旌表的案件（以下简称"殉夫案件"）；其二是国家对因遭受调戏、逼迫、凌辱、强暴等情形而"殉节"身殒的妇女给予旌表的案件（以下简称"殉节案件"）。面对"殉夫"案件，皇帝一方面下旨"禁止给予殉夫妇女旌表"，另一方面在实际操作中却依然旌表、奖励"殉夫"的妇女。这意味着尽管皇帝表面希望妇女不要轻生，但其实际行动却鼓励着妇女"殉夫"。在"殉节"案件中，皇帝则一方面要求严惩罪犯、保护妇女，另一方面却在实际裁判中以"着停决"的方式免除了绝大多数罪犯的死刑。换句话说，皇帝的偏好与百姓之间的行为出现了偏差。这看似矛盾的行为应当如何解释？

本文拟对清代"烈妇旌表"类案件进行相应地梳理，借助"音效隔离"（acoustic separation）的理论框架着重探讨皇帝对此类案件所做的决策，试图剖析皇帝的偏好实际上是如何影响官员、妇女、罪犯等多方主体的具体行为的。皇帝的偏好会促使资讯"选择性传播"（selective transmission），有利于官场和普通百姓之间的分离，从而实现"音效隔离"的状态。在"音效隔离"的状态下，官员和百姓接受着不同的规范资讯：其中，官员掌握着裁判规则（decision rules），而百姓只需要了解行为规则（conduct rules）。[③] 下文将主要讨论三个问题：第一，清代各位皇帝对"殉夫"和"殉节"有何种偏好；第二，百姓对"殉夫"和"殉节"的固有看法；第三，百姓对皇帝偏好的理解为何会存在偏差。

[①] See Matthew H. Sommer, *Sex, Law, and Society in Late Imperial China*, Stanford University Press, 2000.

[②] See Janet M. Theiss, *Disgraceful Matters: The Politics of Chastity in Eighteenth-Century China*, University of California Press, 2004.

[③] 关于"音效隔离"理论的讨论，参见 Meir Dan-Cohen, Decision Rules and Conduct Rules: on Acoustic separation in criminal law, *Harvard Law Review*, vol. 97, no. 3, 1984。

一、皇帝的偏好

皇帝的偏好包括内心的真实偏好、表达偏好（explicit/expressed preference）和外显偏好（revealed preference），且三者未必完全相同。首先，皇帝的真实偏好是指其个人内心真实的想法和喜好。实际上，皇帝本身又包含两层身份，他既是一个独立的个体，同时也是帝国的统治者。诚如康托洛维茨所说，"国王在他里面有两个身体，即一个自然之体（body natural），一个政治之体（body politic）"。① 为了维护社会稳定和皇权稳固，皇帝内心的真实偏好也可能不得不屈从于某种社会风俗、习惯。因此，皇帝的偏好并非单纯的个人情感体现，我们需要结合具体的语境来分析皇帝的偏好。其次，为了能够迅速引导官员和民众的行为，皇帝会通过颁发谕旨、律例等方式主动宣扬和展现一定的偏好，即为皇帝的表达偏好。最后，皇帝的外显偏好则是指他人（官员、百姓）通过皇帝的言语表达和行为表达等推测出的偏好。一般而言，地方官员和百姓很难直接获取皇帝的真实偏好。因此，地方官员通常是根据谕旨、律例和上级官员的指示等推测皇帝的偏好，而百姓则主要是通过地方官员的行为、皇帝颁发的谕旨和律例等推测皇帝的偏好。

在"烈妇旌表"类案件中，皇帝的偏好在一定程度上影响着"烈妇"的认定。"烈妇"通常是指以死"殉节"或"殉夫"的已婚妇女，而妇女以死"殉夫"或"殉节"并非一定会得到清帝国的认可。当皇帝偏爱此类"烈妇"且给予旌表奖励时，"烈妇"的身份才可能会被官方认可。那么皇帝是否偏爱"烈妇"呢？换言之，清代各位皇帝对待"烈妇"问题时的表达偏好和真实偏好是什么？与此同时，在官员心中皇帝的外显偏好是什么，而在百姓眼中皇帝的外显偏好又是什么？接下来将分别围绕"殉夫"烈妇和"殉节"烈妇就这两个问题作具体探析。

（一）皇帝偏好与"殉夫"烈妇

清代各位皇帝对妇女"殉夫"的行为有着截然不同的态度，甚至同一个皇帝在统治时期的不同阶段对妇女"殉夫"的态度也有所不同。但是，这种态度的变化仅能表明皇帝的表达偏好发生了变化，却未必意味着真实偏好也发生了变化。无论是赞成抑或是反对妇女"殉夫"，皇帝的表达偏好都是为真实偏好所服务的。皇帝的真实偏好始终都没有改变，即维护皇权稳固和统治稳定。为了实现其真实偏好，皇帝会根据当时的具体情况不断调整自己的表达偏好，以更好地引导官员和百姓。

在清代统治初期，皇太极曾下旨："妇人有欲殉其夫者，平居夫妇相得，夫死许其妻殉，仍行旌表。"② 从上述规定来看，清初的统治者是允许妻子"殉夫"的，甚至主动通

---

① 参见［德］恩内斯特·康托洛维茨：《国王的两个身体》，徐震宇译，华东师范大学出版社2018年版，第77页。
② 《清太宗文皇帝实录》第17卷，载《清实录（第五册）》，中华书局1985年版，第229页。

过旌表来表彰正妻"殉夫"。在清朝的统治过程中，皇太极是少有的通过谕旨明确表明赞成妇女"殉夫"的皇帝。明末士人阶层的宣扬，使得"殉夫"行为已经具有"忠诚"和"贞节"的双重社会意义。在清代政权初期，统治者为了获取民族认同感和政权的合法化，赞成甚至鼓励妇女"殉夫"便是可以理解的。统治者从国家层面对"殉夫"行为给予肯定和鼓励，妇女的进一步实践越发促使百姓对"殉夫"予以认同。然而，这在一定程度上导致了"殉夫"妇女的数量急剧上升。

为了防止更多的妇女轻生，康熙屡次下令禁止妇女"殉夫"。康熙二十七年曾颁发谕旨："况轻生从死，事属不经，若复加褒扬，恐益多摧折，嗣后夫没从死旌表之例应停止。"[①] 从上述谕旨中可以看出，康熙帝似乎想要减少"殉夫"妇女的数量，一方面可能是要体现"圣祖仁皇帝"的仁政亲民、爱民如子；而更重要的一方面则是，妇女"殉夫"已经成为一种常见的现象，如若不加干涉，一味地鼓励会导致更多的妇女以及贞女死亡。此外，还有可能导致民众为了旌表奖赏逼迫妇女死亡的案件逐渐增多。皇帝想要通过谕旨在一定程度上抑制妇女"殉夫"，但又不想放弃规制妇女行为的机会，因而在律例规定中又留下了操作的空间："若有必欲从死者，告于部及该管官，具以闻，以俟裁定。议政王、贝勒、大臣、九卿、詹事、科道官会同确议奏焉。"

这样的规定实际上与大清的立法旨意格格不入。诚如徐忠明教授指出："律例旨在维护身份秩序，打击各种各样的犯罪行为。"[②] 从成本收益的角度来看，皇帝决定将"殉夫"这类并不直接危机帝国统治的婚姻案件交由群臣议奏，显然极大浪费了朝廷的资源。更不用说，妇女"殉夫"与否需交群臣议奏本身便有些"不近人情"。所谓"清官难断家务事"，妇女"殉夫"本来属于婚姻家庭内部事宜，而且本质上涉及夫妻感情问题。在民众的眼里，妇女"殉夫"的初衷是因忍受不了丈夫离世带来的悲痛，想要与其共赴黄泉。其间情意深浅几许恐官员难以判得。诚然，亦不乏因为忍受不了独自生活和生存的艰辛或者被夫家、母家逼嫁而不得已自杀守节的妇女。但前者仍属于家务事，后者自可以作为命案进入一般的审转流程，似乎无须额外的议奏程式。

制定这样繁复的程式来审核妇女可否"殉夫"未必意在为妇女"殉夫"的行为开门，更可能是希望在不完全禁止妇女"殉夫"的前提下，引导妇女不要有草率轻生行为，从而避免因为过多妇女轻生而引发的秩序动荡。那么该条律例真正重要的不在于程式本身，在于程式构建出来的时间。换言之，此条律例的规定并非真的要将妇女"殉夫"的行为程式化，而是皇帝想要通过设置复杂的程式形成一个漫长的冷静期，尽量减少那些因其他因素冲动"殉夫"的妇女。试想，如果妇女"殉夫"真要通过以上的流程来实现，至少需要花费几个月甚至几年的时间。通常而言，妇女的悲痛情感在丈夫刚刚离世的时候是最强烈

---

① （清）昆冈等修：《清会典事例（第五册）》，中华书局1991年版，第503页。
② 徐忠明：《社会与政法：在语境中理解明清契约》，载《吉林大学社会科学学报》2018年第3期，第149页。

的。但若要经过上报、议奏和颁发谕旨等一连串复杂的流程，随着时间的推移，妇女"殉夫"的意愿则会慢慢淡化，并最终被消磨掉。

如果说康熙帝意识到妇女"殉夫"已经成为一种常见的现象，因而下令杜绝不顾一切盲目轻生的行为，而容忍真正为忠贞而"殉夫"的妇女。那么雍正时期，颁发的诸多律例几乎都是在限制任何情形的"殉夫"行为。从雍正时期的相关律例来看，雍正对于烈妇没有丝毫的偏爱，甚至是有些抵触，以致旌表的数量相对而言比较稀少。妇女"殉夫"并非都是因为失去丈夫后因内心悲痛而轻生。许多贫困妇女"殉夫"，是因为贫穷难以过活抑或是激愤冲动下的非理智行为。此类妇女"殉夫"，更多的是在以死逃避责任；假如帝国过于宣扬"殉夫"，可能会导致众多仿效者自尽。至于在颁发禁令之后依然给"殉夫"的烈妇旌表的做法，雍正则将之解释为用以体现哀矜下民之心的例外："殉夫而殒命者，往往有之……且有邀恩于常格之外者，仰此圣祖仁皇帝哀矜下民之圣心，固如之周详而委曲也。"① 该谕旨表达的一个核心内容就是，皇帝给予烈妇旌表并不是为了激励更多的妇女"殉夫"，而是给已经自尽的妇女有所安慰。

及至乾隆时期，清代旌表的数量开始大幅度增加。这主要是因为乾隆对待旌表的各个对象十分"博爱"。无论是未嫁的贞女还是已婚的妇女，乾隆几乎都会给予旌表。哪怕礼部在议定意见中明确提及了"禁止殉夫"之禁令。例如："乾隆元年，顺天府尹以未婚之女自缢殉夫，题请旌表。经部定议，节烈轻生，事在奉旨禁止之后，不便准旌具题。奉旨，着加恩旌表。"② 而与乾隆皇帝对"殉夫"行为的宽容态度相对应的，是他对"殉夫"女性之身份等级的严苛。乾隆要求"殉夫"的妇女不应当是再醮之妇，这恰恰说明了他对贞节的推崇与宣导。

由上可见，康熙、雍正和乾隆三位皇帝的表达偏好都是禁止妇女"殉夫"。然而，在实际的裁判中，皇帝都会或多或少地允许官员请旌以及准予旌表。皇帝反复地准予旌表，则可能导致官员推测出皇帝的外显偏好是赞同妇女"殉夫"，从而尽可能地上奏请旌。百姓也可能在皇帝屡次旌表妇女、树立典范之后，推测出皇帝偏好"殉夫"烈妇。皇帝的表达偏好和外显偏好便会出现分歧。皇帝的表达偏好是禁止妇女"殉夫"，这有利于更多的百姓、妇女爱护生命。在官员和百姓眼中，皇帝的外显偏好是给予旌表激励妇女守节，这有助于规制妇女、百姓的行为。这种差异可能正是皇帝所设想的，他一方面希望百姓爱护生命，另一方面并不放弃规制百姓行为的机会。只不过皇帝需要把握好中间的尺度，既不能造成过多的妇女自尽，也不能完全没有"殉夫"守节的妇女。一旦皇帝认为这种平衡被打破，就会调整自己的行为，希望改变官员和百姓眼中皇帝的外显偏好。例如，"数年以来，因各省奏请旌表烈妇者尚少，朕是以格外加恩，准其旌表。今数日之内，题奏殉夫尽

---

① 《清世宗宪皇帝实录》第67卷，载《清实录（第七册）》，中华书局1985年版，第1018页。
② （清）昆冈等修：《清会典事例（第五册）》，中华书局1991年版，第508页。

节、烈妇烈女，多至十数人。"① 雍正皇帝认为，短短数日之内竟然有十多人"殉夫"，这意味着平衡可能会被打破。因此，雍正开始调整自己之前的行为，着令地方官员敦促百姓爱惜生命。"着地方有司……懔宣谕之后，仍有不顾躯命，轻生从死者，不概予旌表，以长闾阎愤激之风。"②

(二) 皇帝偏好与"殉节"烈妇

至于"殉节"案件，大致可以分为两类：一种是因家人、亲友或者他人"逼嫁"，妇女被迫自尽（以下简称"逼嫁案件"）；另一种是因他人侵犯（包括暴力行为和言语）妇女贞节，妇女羞愤自尽（以下简称"贞节案件"）。在"殉节"案件中，官员的刑事裁判结果在很大程度上决定其是否会为妇女题请旌表。同样，皇帝也会根据案件裁判结果决定是否给予妇女旌表。刑事裁判所涉及的律法主要包括两条：一是"守志条例"③，二是"谋财条例"④。在"逼嫁案件"中，官员为烈妇请旌引用的律例通常是"又孀妇抚子守志，因亲属逼嫁投缳，原非激烈轻生，照五十二年贞女例旌表。"⑤

虽然逼嫁案例涉及人命，但是清代各位皇帝对此类案件并没有过多的关注。首先，"逼嫁案件"相关的律法几乎没有改变。一方面，官员请旌援引的律例一直沿用的是康熙五十四年的大清会典则例，之后许多案件在题请旌表时甚至简化了引律部分，仅写为"捐躯明志，节烈可嘉，相应题请旌表，以维风化。"⑥ 另一方面，刑事裁判所依据的律法也几乎没有变化。"守志条例"和"谋财条例"只在乾隆和嘉庆年间有过两次修改，之后一直沿用到清朝末期。这表明该类案件并没有发生复杂的变化，案情一直相对比较简单。同时也说明皇帝没有过于关注此类案件，因而也没有颁发过多的律法干涉此类案件的审判。

其次，皇帝参与决策的逼嫁案例并不是很多。从《起居注》的记载来看，乾隆时期总共有20件逼嫁案例进入了皇帝的视野，而其中明确准予旌表的更是少之又少。道光时期，《起居注》也只是记载了五件逼嫁案件。⑦ 实际发生的逼嫁案例远比官方记载的多，现今留存在第一历史档案馆中的许多题本在《起居注》中就鲜有被提及的。这充分说明了《起居注》记载的案例数量从侧面反映的一个事实就是，皇帝并没有过多的参与此类案件。

---

① （清）昆冈等修：《清会典事例（第五册）》，中华书局1991年版，第507页。
② （清）昆冈等修：《清会典事例（第五册）》，中华书局1991年版，第507页。
③ "其孀妇自愿守志，母家夫家抢夺强嫁，以致被污者……"参见（清）薛允升：《读例存疑点注》，胡星桥、邓又天主编，中国人民公安大学出版社1994年版，第211页。
④ "凡谋占资财，贪图聘礼，期功卑幼用强抢卖伯叔母姑等尊属者，拟斩监候……"参见（清）薛允升：《读例存疑点注》，胡星桥、邓又天主编，中国人民公安大学出版社1994年版，第218页。
⑤ （清）昆冈等修：《清会典事例（第五册）》，中华书局1991年版，第503页。
⑥ （清）全士潮、张道源等纂辑：《驳案汇编》，何勤华、张伯元、陈重业等点校，法律出版社2009年版，第58页。
⑦ 参见中国第一历史档案馆编：《乾隆帝起居注》，广西师范大学出版社2002年版；以及联合报文化基金会国学文献馆整理：《清代起居注册（道光朝）》，联经出版社事业公司1985年版。

从官员上报的案件数量来看，逼嫁案例肯定是减少了。官员没有上报更多的逼嫁案件，一是许多案犯罪不至死，二是逼嫁案例中的妇女很少会得到旌表。皇帝对此类案件的偏好决定了官员在裁判此类案件时更多的是当作普通刑事案件处理，而很少会为妇女提请旌表。

在妇女旌表的相关案件中，"贞节案件"是案情最为复杂、审理难度最大的，其具体包括调奸、强奸等案件。清代历任皇帝对待被侵犯贞节的妇女态度是有所不同的。康熙十一年议准："强奸不从，以致身死之烈妇，照节妇例旌表。地方官给银三十两，听本家建坊。"① 自此之后，凡是强奸不从因而"殉节"的妇女基本都能获得旌表。从这一点来看，清代各位皇帝对于未失贞节、以死抵抗的妇女都是比较认同的。至于被强奸已成的妇女是否能得到旌表，则需要根据具体情况讨论。

在清代嘉庆以前，并没有关于"强奸已成"的妇女能否被予以旌表的直接规定。笔者翻阅康熙、雍正和乾隆时期有关"强奸已成"的案件，也没有发现有关此类妇女获得旌表的实例。这意味着康熙、雍正和乾隆皇帝还是比较注重妇女的"清白之身"，他们认为只要妇女"失身"就不能再得到旌表。官员也没有为"强奸已成"的妇女上奏请旌。可见，"失身"妇女不得被旌表成了一条不成文的规定。嘉庆年间颁发的谕旨，集中解决了"贞节案件"中妇女能否获取旌表的问题。首先，"凡强奸已成本妇被杀之案，如凶手在两人以上，则显系屠弱难支，当略其被污之迹。原其抗节之心，应与强奸不从因而被杀者，一体旌表。"② 其次，"倘凶手仅止一人，则当详究被奸之妇，有无捆缚情形，被杀之时，有无别生枝节。"③ 这两条律例表明皇帝不再注重妇女"失身"与否，而是支持妇女极力反抗暴行。这也意味着皇帝从之前的十分看重妇女"清白"转而注重妇女抗节之心。最后，"至强奸已成，强徒业已远扬……年终汇题，照被人调戏羞愤自尽旌表之例，减半给予。倘死在越日，即行扣除，以示限制。"④ 这意味着即使妇女不是当即捐躯明志，数日之后"羞愤自尽"也是可以得到旌表的。

综上所述，皇帝的表达偏好在不同时期经历了变化。嘉庆之前的皇帝更加注重妇女的"清白"，因而在律例中和实际裁判中都倾向于为"清白"的妇女予以旌表。从嘉庆皇帝开始，逐渐转为注重妇女的抗节之心。而皇帝的表达偏好是通过律例、谕旨等传递给官员和百姓的。官员首先接收到皇帝的谕旨，然后再将相关的资讯传递给百姓。因此，官员和百姓接收到的资讯难免会有所不同。这导致官员和百姓对皇帝外显偏好的判断也有所差别。特别是，其中一部分官员并不会积极地传递此类资讯。如果百姓没有接收到相应的资讯或者理解的不对，他们具体该如何行为呢？换言之，百姓是否有自己业已习惯的行为规则？

---

① （清）昆冈等修：《清会典事例（第五册）》，中华书局1991年版，第503页。
② （清）昆冈等修：《清会典事例（第五册）》，中华书局1991年版，第516页。
③ （清）昆冈等修：《清会典事例（第五册）》，中华书局1991年版，第516页。
④ （清）昆冈等修：《清会典事例（第五册）》，中华书局1991年版，第516页。

二、"烈妇"的民间意义

由于"殉夫"和"殉节"行为本身就具有一定的社会意义,民间社会对妇女"殉夫"或"殉节"行为已经形成了相应的评价系统,百姓对妇女"殉夫"和"殉节"总保持着自己固有的理解和看法。因此,即使没有皇帝偏好的干扰,百姓也会按照自己的规则行为处事。

(一)"殉夫"的民间意义

妇女以死"殉夫",一般具有"忠"和"贞"的双重意义。"殉夫"行为被明显赋予"忠诚"的象征意义主要出现在明朝末期。李东阳认为,"古恒以忠臣烈女相配,谓委赘与致命之义以同也"。[①] 当时的士人官僚阶层,面对宦官把持朝政的黑暗现实却无能为力。因而许多敢言的士人都借助女性的"贞烈"来讽刺和抨击群臣的无能。"于乎!死生亦大矣,彼粉黛笄袆之人,乃顾若自烈邪?"[②] 在时人眼里,"妇"相较于"臣"更无见识和礼义素养。但"妇"尚且能做到对"夫"的"贞烈",标榜"仁义道德"的臣子却无法做到"忠君",在时人看来实属悲哀。真正践行道德的却是被认为没有接受过多少"礼义"熏陶的妇人。士人阶层借助"殉夫"来抨击当时的"群臣",这或多或少都赞扬了妇女的"节烈",间接推动了妇女"殉夫"的行为。

在民间社会中,地方志等资料记载了许多妇女"殉夫"时出现的"异象",以此来宣扬妇女的"节烈"。例如,"程烈妇,名德辉,钥女也……卒之夕有白气起于室中,赤鸟翔于户内,生平作诗甚多,卒前一日尽焚之"[③]。同样的例子比比皆是。这类似于神话般的异象描述无疑提高了普通百姓对妇女"殉夫"的认可度。此外,还有许多传记、诗歌等用来记录和歌颂妇女"殉夫"的行为。由此可见,烈妇在民间社会有着积极的象征意义,得到了平民百姓、地方乡绅以及文人政客的认同和支持。民间社会的这种认可导致妇女会将保持贞节的行为内化,作为约束自己行为的准则。而从明清开始推行的旌表制度,表明官方承认并鼓励妇女的"殉夫"行为。"贞节牌坊"、"埋葬银"等荣誉和物质奖励更加进一步促使妇女的"殉夫"行为。因此,百姓理解的"殉夫"是可以获得良好声誉评价和物质奖励的行为。

(二)"殉节"的百姓理解

不同于通常会被赋予极高社会评价的"殉夫"妇女,"殉节"妇女由于其离世原因的

[①] (明) 李梦阳:《六烈女传》,载 (明) 李梦阳:《空同集》,上海古籍出版社 1991 年版,第 529 页。

[②] (明) 李东阳:《封孺人张母姚氏墓志铭》,载 (明) 李东阳:《怀麓堂集》,上海古籍出版社 1991 年版,第 527 页。

[③] 天津市地方志编修委员会编著:《天津通志·旧志点校卷 (上册)》,南开大学出版社 1999 年版,第 458 页。

复杂性，在民间社会得到的评价往往不同。通常而言，那些抗击贼寇、主动赴死的妇女会获得较高的评价。如果妇女是被人侵犯贞节而羞愤自尽的，那么百姓对其则评价不一。首先，绝大多数人都会认为妇女被人侵犯贞节是一件"丑事"。"丢脸"不仅仅是对妇女自身来说，更多的是对其家人而言。因此，许多案例中，妇女的家人都会选择隐忍不报。例如，在李笃图奸杨氏一案①中，丈夫李贵廷当被问及为何隐而不报时，他供述道："因是丑事，恐怕声扬出去被人耻笑，没有通知乡、地禀报。"从家人的态度来看，假如上述案例中的妇女不羞愤自尽，整件事情就会被隐瞒下来。尽管杨氏最后被皇帝旌表了，但是人们普遍还是会认为妇女被侵犯是一件"丑事"。即使妇女内心想要获得公道，但家人更希望此事能够隐蔽的处理或者隐忍下来。

其次，妇女内心更需要的是家人尤其是丈夫能够为其讨一个公道，而并不是一定要通过"殉节"以明志。在众多"殉节"案例中，妇女最终选择自尽更有可能是因为家人没有立即去找案犯理论或者没有找到案犯。在妻子眼中，丈夫没有及时为其讨公道可能是更加严重的一个事情。例如，在卢六图奸卢杨氏一案②中，已死卢杨氏的丈夫卢芳供述："小的当把女人劝慰，应许找寻卢六理论。哪知女人总是羞愧，到第二日早上，乘小的睡熟，在屋内吊死了的。"尽管丈夫答应了去找卢六理论，但是妻子没有看到丈夫想立即为其讨还公道。夫家和娘家没有及时在事发后去讨回公道，自尽就成了她们宣泄委屈的无奈之策。

最后，妇女选择自尽可能只是为了保护家人和自证清白。在调奸、强奸等一些涉及暴力报复的案件中，妇女通常会主动选择自尽。一般来说，妇女会选取两个时机自尽：一是被侵犯后立即自尽而亡；二是告知家人情况后，家人实施暴力报复行为后自尽。从相关案例来看，妇女立即自尽而亡的反而较少，绝大多数都会选择先将情况告诉丈夫后再自尽。例如，在吴八调奸魏群之妻王氏一案③中，据魏群供述："乾隆元年九月初十日晚上，小的到家查问情由，女人对小的说她在炕上纺花，吴八近来吃烟把灯戳灭了捏她的手。小的听说这话心里气恼，就摸了根棍去找吴八要打他出气，到他门首骂了几句。小的回屋看见女人王氏已吊死在那里。"在上述案例中，家人在妇女被侵犯后立即去寻仇。妇女通过死亡不仅证明自己的确被侵犯了，而且也为家人携带工具寻仇提供了借口。丈夫携带工具寻仇很有可能会出现重伤甚至人命，妇女的自尽成了帮家人开脱的有力理由。

综上所述，百姓一方面认同贞节观念，一方面也认为妇女被人侵犯是一件不值得宣扬的事情。即使妇女及其家人认为应该讨还公道，也通常会选择私下隐蔽地处理。面对无暴

---

① （清）鄂弥达：《题为直隶曲阳县民李笃图奸李贵廷之妻杨氏未成致氏缢死议准绞监候事》，乾隆二十一年六月初六日，中国第一历史档案馆藏，档号 02 - 01 - 07 - 0622 - 010。
② （清）董诰：《题为河南永城县民卢六图奸卢杨氏致氏缢死议准绞监候事》，嘉庆十七年十二月初八日，中国第一历史档案馆藏，档号 02 - 01 - 07 - 2487 - 020。
③ （清）徐本：《题为山东曹州府范县人吴八调奸魏群之妻王氏致氏自尽身死拟绞监候事》，乾隆二年七月二十六日，中国第一历史档案馆藏，档号 02 - 01 - 07 - 0047 - 002。

力性质的犯罪，妇女都会希望丈夫能够出面为其讨取公道。在此类案件中，妇女一般只是受到了言语的侮辱或者轻微地肢体接触。一旦丈夫没有能够为其讨取公道，妇女选择自尽的可能性将会增加。在强奸已成的案件中，首先，妇女就很有可能因为身体被玷污而愤恨自尽；其次，妇女会以死来证明自己的清白、惩罚案犯等。总而言之，贞节案件的发生都是因为他人的介入，打破了妇女原有的生活状态。妇女选择"殉节"可能是因为内心愤恨羞愧，也可能是以死来证明自己的清白、保护家人以及惩罚案犯。一旦出现命案，就会进入刑事审判程式。妇女的死亡便成了惩罚案犯的手段和强有力的证据。只有在刑事结果确定之后，主审官员才会选择性地为"殉节"妇女的请旌。因此，皇帝认为旌表"殉节"妇女是在鼓励妇女极力抗节，安慰已故妇女。但是对于普通百姓而言，他们本质上都不愿意见到妇女"殉节"。因为"殉节"不仅意味着妇女和家人遭遇了一件不光彩的事，而且妇女被他人侵犯很有可能会失去生命。

三、皇帝偏好与"音效隔离"

在清代皇帝眼中，"殉夫"烈妇和"殉节"烈妇的出现都是为了制度的稳定运行。皇帝的真实偏好无非是有效运行的制度和稳固的皇权统治。旌表烈妇只不过是保证制度运行的一种工具，是皇帝表达偏好的方式之一。如前文已述，皇帝通过调整自己的实际行为从而改变其在他人眼中的外显偏好。这意味着，实际操作和律例表现出的偏好可能不一致。例如，律法规定了"禁止殉夫"，但是皇帝依然会给予部分"殉夫"的妇女旌表。但在律法已经明确规定了"禁止殉夫"的情况下，皇帝为何能够确信妇女会违背律法规定选择去"殉夫"，而官员也会选择为妇女上奏请旌？一种可能的解释便是：裁判规则和行为规则存在分离。更进一步说，皇帝的偏好促成了"音效隔离"的状态，分离了官场和普通百姓。其中，皇帝和官员掌握着裁判规则，百姓只需要了解行为规则。

学者米尔·丹－科恩（Meri Dan－Cohen）在1984年基于"音效隔离"的实验，提出了裁判规则和行为规则分离在刑法和现实中的可能性。他认为，"音效隔离"的条件便是在一个虚构的世界中，只有官员知道裁判规则的内容，而公众只知道行为规则的内容。因为法律规则的"选择性传播"，我们的法律体系近似于这个想象的世界。[1] 在现实社会中，"音效隔离"很可能只是部分存在的。正如任何现实社会中都无法做到绝对的"音效隔离"，因而也不太可能做到完全的"音效泄露"。一旦一个社会可以划分为"公众"和"官场"，它可能已经达到了部分"音效隔离"的状态。因此，法律可能试图通过使用特殊措施来隔离部分资讯，增加特定规范资讯向特定物件传输的可能性。[2] 这意味着，实际

---

[1] See Meir Dan－Cohen, Decision Rules and Conduct Rules: on Acoustic separation in criminal law, *Harvard Law Review*, vol. 97, no. 3, 1984.

[2] See Meir Dan－Cohen, Decision Rules and Conduct Rules: on Acoustic separation in criminal law, *Harvard Law Review*, vol. 97, no. 3, 1984.

的法律制度分别向官员和公众传递不同的规范资讯。在清帝国中，皇帝的偏好有助于社会（尤其是官员和民众）形成"音效隔离"的状态。在皇帝偏好的影响下，官员和百姓接受着不同的规范资讯。

(一)"殉夫案件"的规则

虽然"禁止殉夫"的律例最初是由康熙皇帝颁发的，但真正竭力推行的还是雍正皇帝。雍正十三年的"殉夫禁令"，可以说是整个清帝国时期有关"殉夫"的规定影响最为深远的一条律例。它一直延续到乾隆皇帝在位，甚至贯穿了整个乾隆时期。虽然在乾隆六十年的皇帝生涯中，几乎所有的官员都在"殉夫"的请旌奏折中提到了这条禁令。但是，从《乾隆起居注》的记载来看，只有26位妇女的"殉夫"行为是在雍正"殉夫禁令"之前。纵观整个乾隆时期，只有8位"殉夫"的烈妇（烈女）是在禁令之后没有授予旌表的。[①] 这意味着，几乎所有在禁令之后上奏请旌的"殉夫"烈妇（烈女）都给予了旌表。

昭告天下的"殉夫禁令"为什么不被百姓遵守？首先，百姓本身有自己的行为规则。妇女们从小接受到的规范资讯应当是注重贞节。民间社会对妇女"殉夫"的肯定，会促使妇女将珍视贞节的行为准则内化。当皇帝设立的行为规则——"禁止殉夫"并不是十分有效的时候，百姓则会按照自己的规则行为处事。通常而言，皇帝准予旌表才会值得大加宣扬，从而起到良好的示范作用。而百姓很少有机会能够知晓妇女"殉夫"后得不到旌表的消息。因此，妇女们得到最实际有效的资讯便是"殉夫"会得到皇帝的旌表，且附带有物质奖励。

其次，在清帝国的社会政治环境体制下，皇帝、官员和百姓之间的资讯传递不一定十分准确、及时。皇帝先通过谕旨、律例等宣扬自己的偏好，官员在知晓皇帝的表达偏好后需及时向百姓传递此类资讯，即向各地尤其是偏远乡村地区传达"圣意"。百姓在明确皇帝的表达偏好之后开始去实施相应的行为。官员随后会收集百姓的行为，将此类资讯回馈给皇帝。而皇帝则根据官员上奏的资讯，调整或者维持制度的运行。在整个过程中，几乎所有的关键资讯都是官员负责传递，因而就会出现很大的随机性。

最后，从"殉夫禁令"的内容来看，雍正时期的"殉夫禁令"主要有两条：其一是雍正六年谕，"傥训谕之后，仍有不爱躯命蹈于危亡者，朕亦不概加旌表，以成闾阎激烈之风，长愚民轻生之习，思之思之。"[②] 其二是雍正十三年谕，"仍有不顾躯命，轻生从死者，不概予旌表"。[③] 在实际操作中，这条"殉夫禁令"更多是阐释皇帝禁止旌表的理由。至于雍正十三年的谕令，看似在指责"乡曲愚民"无法理解皇帝爱惜百姓性命的圣意。实际旨在责备地方官员办事不力，未能及时领会皇帝的偏好，未能广泛传达皇帝的意图。

---

① 中国第一历史档案馆编：《乾隆帝起居注（第三册）》，广西师范大学出版社2002年版，第282页。
② （清）昆冈等修：《清会典事例（第五册）》，中华书局1991年版，第507页。
③ （清）昆冈等修：《清会典事例（第五册）》，中华书局1991年版，第507页。

"今数日之内，题奏殉夫、尽节烈妇烈女，多至十数人。"① 此句表明，雍正对于官员们短期内集中题奏众多"殉夫"妇女的不满。虽然这些妇女可能并非在同一时期"殉夫"，但是当官员将其积累在一起请旌则会触动皇帝的内心。雍正对于这些妇女不予旌表，一方面是对自己谕旨未达的不满，另一方面是对数量众多的妇女"殉夫"可能引发不良后果（例如，男女数量失衡、逼嫁盛行等）的担忧。即使是极力反对"殉夫"的雍正皇帝，也只是表明此后对妇女"殉夫"行为不再予以旌表。"殉夫禁令"既没有对频繁请旌的官员予以惩戒，也没有对未能阻止妇女"殉夫"的家属予以惩戒。因而，作为一项没有强制性手段保证的行为规则，其实施的可能性以及效果则会大打折扣。

皇帝给予旌表的行为不仅影响着百姓，而且影响了官员掌握的关于是否题请旌表的裁判规则。作为妇女"殉夫"案件的裁判者，官员通常会更加关注"殉夫"的具体细节。当官员认为该"烈妇"的故事能够打动自己且符合旌表的条例，他们可能会因为内心的认同和政绩的考虑从而上奏请旌。当官员熟识之人有符合旌表条件的，他们也会优先考虑为自己邻里、朋友、亲人提请旌表。例如，"澍奉讳归里之次年，言其事于史柘溪方伯，方伯恻然，迭饬具状。岁丁卯，乃得汇题被旌。"② 官员是否请旌、以及为谁请旌都有自己的判断。然而，皇帝更多关注的是妇女"殉夫"的"数字"和背后制度的运行。与其说清帝国某位皇帝更加偏爱烈妇或者节妇，不如说每位皇帝都更加偏爱制度的有效运行和皇权统治的稳定。旌表制度能否有效的规制和激励妇女行为，从而维护清帝国的统治秩序才是重点。当妇女"殉夫"的"数字"变化过大，皇帝会首先考虑制度运行是否出现了问题。如果短期内"殉夫"的数量激增，则意味着制度激励过于明显导致妇女频繁轻生或被迫自尽。此时，尽管有官员为符合旌表标准的"殉夫"妇女请旌，皇帝也可能援引"禁止殉夫"的条例不予准旌。假如在一定时期内，"殉夫"的数量急剧下降接近为零。这可能意味着制度的失灵，此时皇帝考虑的则是加大激励措施或者制定其他相关的律例来促使制度尽快有效地运行。

在整个过程中，官员们请旌的数量和频率从侧面反映了制度运行的具体状况。因而，皇帝准旌与否考察的一个标准便是一段时间内"烈妇"的数量。例如，咸丰皇帝认为："各省岁终汇题，不过二三十人，未必遽开轻生之渐。若给予旌表，亦足以激薄俗而励纲常。"在咸丰皇帝眼中，每年二三十人是合理的"殉夫"人数。因而，在旌表制度运行过程中，皇帝的个人喜好只是决定了每年旌表"殉夫"烈妇的数量。清帝国想要维持旌表制度，即使律法多次强调"禁止殉夫"，皇帝也会根据制度运行的情况给予"殉夫"的妇女旌表。

总而言之，在"殉夫"案件中，皇帝设立了"禁止殉夫"的行为规则希望百姓能够

---

① （清）昆冈等修：《清会典事例（第五册）》，中华书局1991年版，第507页。
② （清）陶澍：《澧州唐氏女贞节记》，载（清）陶澍：《陶澍集（下册）》，岳麓书社出版社1998年版，第39页。

爱惜自己的生命。为了能够有效地规制妇女,皇帝和官员掌握着旌表与否的裁判规则。清帝国给予"烈妇"旌表,看起来是妇女、官员和皇帝三者之间的互动。但是在某种程度而言,更多是官员与皇帝之间的一种博弈。在旌表的整个过程中,可以说官员掌握着一定的主动权。因为在获取资讯方面,皇帝是被动的接受者。在大部分情况下,只有当官员上奏请旌之时,皇帝才能知晓本年度到底有多少烈妇和节妇。不可否认,官员掌握着请旌的主动权可能导致部分官员在旌表的过程中出现徇私的情况。此外,皇帝如果大规模的旌表"殉夫"烈妇,也可能导致"音效泄露"。具体而言,如果皇帝不加分辨的同意一切旌表会使官员和百姓都推测到皇帝偏好"殉夫"烈妇,从而促使百姓和官员不假思索的实施"殉夫"和请旌的行为。

(二) "殉节案件"的规则

"殉夫"案件中的妇女通常是自愿、主动自尽,一般不会涉及刑事问题。因此,"殉夫"案件往往只是简单的界定问题,即"殉夫"的妇女是否有资格被国家认定为"烈妇"。而"殉节"案件的案情相对比较复杂,主审官员需要先解决刑事案件事实认定的问题。在刑事问题解决之后,官员才会附带处理妇女"旌表"的问题。

前文已述,"殉节"案件主要包括逼嫁案件和贞节案件。具体来说,"逼嫁案件"一般涉及以下几个裁判要点:一是逼嫁之人与被逼嫁的妇女之间的亲属关系,二是妇女自身是否甘愿守志,三是逼嫁之人是否有谋占资财或贪图聘礼的意图和行为,四是被逼嫁的妇女是否自尽。从上述裁判要点来看,"逼嫁案件"的审理相对比较容易。在"逼嫁案件"中,逼嫁之人往往会捏称妇女自愿改嫁,从而获取"娶主"的信任。此时,逼嫁之人和"娶主"的口供都不太可信。官员更倾向于通过案件其他人证的口供和妇女自尽的事实来得出妇女甘愿守志的结论。例如,在陈玉隆强嫁寡媳彭氏一案①中,陈玉隆的二儿子陈宗万供述:"嫂子彭氏守寡,从没说要改嫁得话……十五日,父亲叫小的牵马送亲。嫂子沿路啼哭说,父亲并没告知,就把她许嫁了人。小的因是父亲做主不敢违拗。"上述案例只是简单罗列了部分证人的口供,在实际审判中官员可以获取多个口供互相验证的。这主要是因为在逼嫁案例中,涉案人员包括逼嫁之人、说媒之人、娶主等等。由于说媒之人和"娶主"的责任并不同于逼嫁之人,诚实供述很有可能免除处罚。从旌表的数量来看,皇帝对逼嫁自尽的妇女并不是十分感兴趣。官员即使最终认定妇女是因人逼嫁而死,也很少为此类妇女上奏请旌。

贞节案件争议的焦点会因为是调奸或强奸案件而有所不同。在调戏案件中,争议焦点在于案犯是否仅限于语言调戏还是存在手足勾引的行为。在强奸案件中,官员则会关注妇

---

① (清)刘统勋:《题为四川马边厅陈玉隆强嫁寡媳彭氏致氏自缢身死议准徒杖事》,乾隆三十三年十二月初七日,中国第一历史档案馆藏,档号 02-01-07-1093-003。

女是否进行过反抗,以及是否已被强奸。由于"贞节案件"一般发生在较为隐蔽的无人空间,因而此类案件绝大多数情况都缺乏直接的目击证人。又因为案件发生之后,妇女通常会选择将发生过程告知丈夫之后再选择自尽(此外,还有在案件发生过程中直接身死的妇女)。因此,这类案件中妇女的家人、案犯都会极力辩护。妇女一方为了证明清白、获取旌表会极力坐实案犯的犯罪行为,而案犯一方为了减轻处罚则会捏成通奸或者否认部分犯罪行为。

此类案件涉及的案情比较复杂,相关的律例也十分繁多。例如,强奸亲属未成或调戏本妇,导致其夫与父母亲属及本妇羞愤自尽者,俱拟斩监候。如果强奸已成,其夫与父母亲属及本妇羞愤自尽者,俱拟斩立决。① 从旌表的角度来看,官员大概率会为强奸未成或者调戏导致自尽的妇女请旌,而清代的各位皇帝在很大程度上也会给此类"殉节"妇女旌表。如果是强奸已成,嘉庆之前的各位皇帝并不会给予妇女旌表。而嘉庆皇帝为了能够给予强奸已成妇女旌表,对烈妇的认定标准和刑事案件的裁判规则做了极大的调整。在刑事案件判定上,如果案犯是两人以上就应当认定妇女是寡弱难支被强奸。如果妇女有被捆绑的痕迹,也应当认定妇女是被强奸。这条裁判规则的修改在很大程度上改变了官员的裁判倾向,自此之后妇女以死"殉节"都有可能被认定为强奸。

在因奸逼人自尽的案件中,绝大多数案犯都会被判处斩监候和绞监候。如果妇女被认定为因奸自尽,那么皇帝将会予以旌表和埋葬银等奖赏。乾隆皇帝曾在上谕中提出:"烈妇之死,由于该犯之调戏,若将该犯轻入缓决,非所以重名教而端民俗,不得轻纵。"② 因而从条例来看,皇帝似乎想对案犯处以较重的刑罚以规制此类犯罪。皇帝的态度直接影响到官员的裁判倾向,因而官员大多都会以"绞监候"和"斩监候"的裁判结果上报。但是从实际操作来看,皇帝最终并没有对此类案犯处以极刑:

> "但强奸未成,本妇因调戏羞愤自尽者,其中情形不一,朕办理勾到之时,自有权衡。如果一线可原,仍当免勾。即经一次免勾之后,下年即可改为缓决。如系停止勾到之年,入情实者,不得改缓决。"③

从《起居注》记载的案件来看,皇帝对于此类案犯最后的批语大多是"尚无手足勾引,着停决。"这意味着,皇帝的表达偏好是严惩此类案犯,杜绝此类案件的发生。而百姓只需要知道强奸、调戏等是违法行为,实施该行为会受到相应的处罚。官员需要及时掌握刑罚轻重的变化,以迎合皇帝的偏好。因此,官员在明确此类案件的裁判规则后就会在

---

① 亲属包括:内外缌麻以上亲,及缌麻以上亲之妻、若妻前夫之女、同母异父姐妹等。参见(清)薛允升:《读例存疑点注》,胡星桥、邓又天主编,中国人民公安大学出版社1994年版,第608页。
② 杨一凡主编:《清代秋审文献》,中国民主法制出版社2015年版,第13页。
③ 杨一凡主编:《清代秋审文献》,中国民主法制出版社2015年版,第13-14页。

案件中体现相应的裁判倾向。

既然刑事案件的裁判结果在很大程度上决定了妇女获取旌表的情况，那么妇女以及家人就会极力促使刑事裁判的结果有利于己方。这意味着，妇女（自尽）和家人的诸多行为都是为了获取刑事裁判的胜利。而皇帝的真实偏好是制度的稳定运行和皇权的巩固，对于不直接危及统治的犯罪，皇帝都会选择酌情处理。因此，皇帝一方面在律例中表达了对此类犯罪实施严惩，另一方面在最终勾决之时会酌情处罚案犯。百姓最终了解到的资讯多是案犯受到了处罚，以及被害妇女获得了旌表。至于案犯被判处何种刑罚，以及刑罚的轻重除了当事人可能并没有过多的人去关注。百姓和官员接受不同的规范资讯不仅促使百姓依法行事、官员依法裁判，而且满足了皇帝的相应偏好。

结　语

在法律制度的推行过程中，难免会受到各种外部因素的影响。诚如瞿同祖所言："条文的规定是一回事，法律的实施又是一回事。某一法律不一定能执行，成为具文。社会现实与法律条文之间，往往存在着一定的差距。"① 皇帝是清代司法实践中常常被人忽视的重要一环。皇帝作为清代司法实践过程中的最高决策者，其偏好对于司法裁判结果有着十分明显的影响。皇帝一方面通过谕旨、律例表达自己的偏好，另一方面根据自己的真实偏好裁判案件。官员不仅负责接受皇帝传递的资讯，而且需要将相关的资讯再传达给百姓。在这个资讯传递过程中，皇帝的偏好和官员的行为促成了"音效隔离"的状态。百姓和官员接受着不同的规范资讯，其中官员需要掌握裁判规则而百姓只需要了解行为规则。具体而言，在清代的"烈妇旌表"案件中，皇帝偏好的作用体现得尤为明显。在此类案件中，皇帝的偏好不仅决定了妇女是否忠贞，而且控制着罪犯的生死，甚至还影响着官员的裁判行为。而官员作为案件的直接审理者，其进行裁判不仅要考虑律法条例，而且需要在一定程度上迎合皇帝的偏好。正是因为这种"音效隔离"的状态，才会促使百姓行为、官员裁判都能够按照皇帝的偏好运行。

How preferences of emperors affected judicial decisions:
A study on cases of chastity women and the commendation system in Chi'ing

Wu Jianfei

Abstract: Preferences of emperors, the highest – level maker of judicial decisions, had great effect on judgments. Given the situation of "acoustic separation" the knowledge of prefer-

---

① 瞿同祖：《中国法律与中国社会》，中华书局2003年版，导论第2页。

ences of the emperor deduced from observation of his behaviors might vary from people to people. When it came to cases of chastity women and the commendation, emperors in Chi'ing explicitly preferred to a ban on human sacrifice for one's own dead husband and severe punishment given to offenders of crimes of adultery. Officers held the view that the emperor preferred to a high standard for chastity commendations and severe punishment of crimes, while the folks thought the emperor encouraged the female to preserve chastity and fight to defend her chastity. Such difference between knowledge held by different groups might be expected by the emperor. It helped the emperor achieved his true goal, which was to sustain the operation of the commendation system and the rule of the emperor.

Keyword: preferences of the emperor, human sacrifice for one's own dead husband, die to defend one's chastity, acoustic separation

(编辑：田炀秋)

论中国民法典的社会文化基础与民间法源意涵

杜 鑫[*]

摘 要 中国近代历史上曾有数次民法典编纂活动的开展,基本模式是围绕中国传统社会中的文化基因、习俗规范、道德与价值观念等具有"民间法"特征的内容要素展开的。而中国民事法律体系的构建过程中——尤其是民事法律的现实文本中,基本原则、法治精神等根本性内容的拓殖土壤大都来源于此。本文以围绕中国民法典中的非正式法律渊源因子所构成的抽象化系统为核心,将"立法中的传统主义""民事习惯调查活动的内在动因""有主次之别的法的二元体系""'民间法'理念的法治实践应用"四个论述模块次第展开,深度发掘"民间法"之学术概念在当代中国"民法典"时代学理性阐发与民法法治实践工作中的双重价值。

关键词 民法典 社会文化 规范体系 民间法

一、问题的提出

2020年《中华人民共和国民法典》作为中华人民共和国第一部以"法典"命名的法律正式颁行,涵盖了物权、合同、人格权、婚姻家庭、继承、侵权责任等七编的内容,充分体现了其在中国社会主义法律体系中的基础地位,凸显了社会主义市场经济体制的基本法角色。事实上,自中国近代以来,无论是民法典的编纂活动,还是民事法律法典化的过程,都有一个不可忽视的落足方向——即民事法律的制定、法律条文的汇编、法典的最终形成均要与国家、民族和人文社会所共同认可的文化价值理念相契合,在聚合蕴涵民族精

---

[*] 杜鑫,中央民族大学法学院在读博士研究生。

神、传统观念、治理经验的多元化民间规范链条的基础上,深挖孕育民商事法律体系内容的社会、文化土壤,体现出"全民共行"的法律特色。故而所谓"中国民法典的法源意涵"就是中国传统社会中那些有关人们交易习惯、亲属关系、侵权赔偿、契约订立历来所遵奉的行为模式和指导精神在民法典编纂文本中的体现,《中华人民共和国民法典》第十条"处理民事纠纷,应当依照法律;法律没有规定的,可以适用习惯,但是不得违背公序良俗"的规定非常明确地指出了我国民事立法所坚持的价值取向和原则立场,其与"民间法"概念所涵盖的宏观视域下的社会规范网络是同源一脉的,因此在社会各领域均以高速态势向前发展的背景下,成文法也必然会发生以适应社会变化为前提的综合性调整,如立法解释、司法解释、条文修改等方式,而这一过程中起到指引性作用的还是那些已经"发生过""存在着"的指导整个人类社会运转的自然哲学、社会道德、文化风俗、价值追求等能够反映所谓"民法精神"的理论体系,这即是本文所牟求的论证目标:中国民法典的产生、施行所倚赖的社会文化基础,就是"民间法"概念扎根与渗透的土壤。

  此外,关于"民法典的编纂过程究竟是民事法律的'去传统化'并加以重构,还是对'传统法''民间法''习惯法'等加以继承并置于较高的法律位阶层次"这一问题的讨论也是民法典出台以后在实行过程当中所要面对的理论疑难点。就民法典所调整的社会领域与法律关系而言,它是建立于社会环境围绕"人身关系""财产关系""商事运作""私权利救济"等矛盾谋求相对平和且能够长期运作的规范机制的目标上的一套法律文本,也因之天生就拥有与人文社会同属一脉的文化基因,就中国民法典编纂的历史来看,以清末《大清民律草案》的修订为发端,立法者开始注意到了民间传统规范于法制近代化发展的重要意义,开展了一系列的民事习惯调查活动;至南京国民政府修订的《中华民国民法》得以颁行,也承继了民事习惯调查的立法事前工作的基本方法,且有意借民事立法来推动自下而上的"规范体系综合运动",借以实现民国国家的独立与统一;中国共产党在中华苏维埃政府时期和抗日战争边区政府时期对民事立法的初步探索,集中于婚姻与财产两大模块,颁行了一系列的单行民事法律;新中国建立初期,在毛泽东"不仅刑法要,民法也需要"[1] 的指示下,对民法典的立法工作也在断断续续地艰难开展;改革开放后,在社会主义市场经济体制的催生下颁布了《中华人民共和国民法通则》,到 2020 年 5 月正式颁布了《中华人民共和国民法典》。从这样一段历史沿革中我们明显可以感受到民事立法与社会宏观发展方向的紧密联合,在具体文本的细目编排上又深刻地根种于民间习惯与社会传统的基因土壤之中,故而究竟如何理解中国民法典在编纂历史中的成长路径,现有的民法典在传统文化血脉上是否有着拈连不断的"血缘关系","民间法"这一把"偏锋侧进"的长剑又该如何继续活跃于民法典时代,实是当下不得不殚精竭虑,通而透之的前沿问题。

---

[1] 张生主编:《中华人民共和国立法史(1949–2019)》,法律出版社 2020 年版,第 187 页。

二、中国民法典编纂历史中的"传统主义"

中国最早的民法典编纂活动始于近代，在世界性的民法社会本位思潮和西方现代化的立法技术与法制观念的冲击下，以"新政"等政治性变革运动为发端的中国法制近代化历史也呈现出多元化的样态。针对体例而言，沈家本、伍廷芳等主张需尽快"民刑分置"，减少户婚、析产、租赁、买卖纠纷引发的刑罚规制①；针对立法指导思想而言，王宠惠、胡汉民在"三民主义"的社会化价值立场下，主张将西方民事立法的"确权主义"改良为以"社会本位主义"为主，调整民事法律关系的立法原则②。新民主主义革命后，中国共产党人以"土地革命""根据地建设"等革命方针为指导，在"婚姻法""土地法"等法律部门中倾注了反对封建社会对人身关系、财产关系等领域的消极影响，主张民事法律的良性运转。改革开放前后，为了适应社会主义市场经济体制的建立，全国人大常委会成立了民法起草小组，于1986年4月颁布了《中华人民共和国民法通则》，在初步上解决了人身、财产平等的社会主义法律关系，也框定了一系列主体所享有的民事权利。但总体而言，民事法律立法的指导思想始终难以剥离"传统主义""民间立场"等理论特性，这一点不仅在学理中有着较为丰富的表达，更具象化地体现在各个历史时期的民法法典之中。

（一）"传统主义"在民事法律理论中的学理表达

中国民事法律理论中最为重要的便是注重中国社会传统礼俗文化秩序体系中的诸多要素内容，即所谓的"传统主义"，其具体的表现便是与西方民事法律理论核心——"确权主义"并不相同的"社会本位主义"。中国古代律法的制订通常集中于国家权力和社会公共安全秩序的保障，"刑"与"令"的颁布通常也不会涉及有关私人利益的钱债、田宅、婚姻、身份、析产等"民间细故"。故而萌发于自下而上的"乡土社会"的民间规范体系通常具有"规范的零散性和理论体系不完善、调整方法的附属性、规范主体的平等性缺失、对伦理名分的极度重视、世俗性和礼制化"等特点。也因之而使得西方民事法律关系中对个人权利的偏重支持的特性在中国近代民事立法、法典编纂的文本内容中并不突出，代之以"以个体角色为媒介，串联起整个社会群体之内的人身财产关系网络，旨在维护整个国家、民族、地方区域、血缘亲族的良性氛围"这样的法律主旨。

19世纪末20世纪初，莱翁·狄骥所主张的消抹公私法之间二元对立的鸿沟，以社会连带关系来衡量一切法律关系、划分权利与义务的观念催生出了关于"公""私"价值衡

---

① 参见陈范宏：《清末民国民法总则编立法探赜及启示》，载《中国政法大学学报》2017年第6期。
② 参见谢东慧：《政法精英与民国民法典编纂》，载陈小军主编：《私法研究》（22卷），法律出版社2018年版，第4页。

量的法律理念。[1] 这与中国传统社会所奉行的治理观念无疑在价值立场上达成了一致。沈家本在主持修订《大清民律草案》时就主张"要以学习西法之长与实现中国本土化的使命并行不悖,将中国传统社会治理体系中的礼俗、习惯等加以保留"。欧宗祐在其1933年《民法总则》中指出"宪法对公民权利的过分赘述,容易引发公私法领域的适用混乱,强分二者之间的区别并不利于法律的推行"。新民主主义革命时期,尽管缺少法典形式的民事法律文本,但中华苏维埃共和国中央执行委员会也出台了如《中国土地法大纲》《中华苏维埃共和国婚姻法》等法律,也表达了"在当前的社会历史时期,以革命运动为主流的时代背景下不具备过分主张个人权利、明确财产关系的客观条件,要以土地制度、婚姻关系的变革作为先导次第达成建立现代民事法律体系"的法制目标。

综上我们可以看出,沈家本订立"立民法而行之"的法制目标后,以张仁黼、戴鸿慈分别为立法保守主义和平衡主义代表的围绕《大清民律草案》的论战及之后民事习惯调查和最终形成的法典草案来看,在近代法典编纂的中国路径上不单纯是西式技术型立法和中式汇编型立法的"二取其一";之后的胡汉民、余榮昌,也并不受到英美立法顾问所指导的方案约束,不仅试图整合"判例法"纳入习惯法体系作为法律正式渊源的一部分,更进一步选择性地吸收了《大清民律草案》中适于当下的内容;而作为新民主主义革命主导力量的中国共产党更是奉行"马克思理论中国化"的工作宗旨,把"传统主义"与"民间立场"两大特性融入了法制工作的方方面面。

(二)"传统主义"在法律文本中的逻辑构架

以《大清民律草案》为代表,清末民法编订集中于法典,1908年以沈家本等人组成的修订法律馆为主导,聘请日本法学家松冈正义为顾问,同时还建立了礼学馆针对"亲属法""继承法""婚姻法"等部分会同编纂工作。在立法宗旨层面包括四点:一是注重民法典内容的普遍通行价值,符合人类社会的一般规律;二是法典要体现明确、科学的法律理念,不能笼而统之;三是法典必须贴合中国社会的传统民情,以西人之立法技术体现国人之文化特色;四是民法典的修订必须展现其作为近现代法典调整法律关系的效率性。这四项基本原则贯穿于《大清民律草案》的体例中,其分为"总则编""债权编""物权编""亲属编""继承编"五个模块。国民政府建立后,自1929年起由立法院牵头,在中华民国法制局的基础上组成民法与商法起草委员会,以"总则编""商法编""亲属编""继承编"的顺序于1930年12月正式完成《中华民国民法》的修订,形成了中国历史上第一部正式民法典。

在中国共产党主导的工农民主政权时期,在反对封建地主阶级、官僚资产阶级,保障

---

[1] 参见李文军:《民国民法理论中的社会本位表达》,载陈小军主编:《私法研究》(20卷),法律出版社2016年版,第55页。

工农群众利益的革命目标指导下,中华苏维埃政府以土地法、劳动法、婚姻法等领域为核心,完成了新民主主义民事法律体系的初步构建,但由于苏区政权的不稳定性,同时受到共产国际在具体工作上过度干预的影响,也并未形成完备、科学的民法典。到了抗日战争时期,根据地与边区政府的建设相对较为稳定,中国共产党也形成了以毛泽东为核心的领导集体,在宏观上确立了"结合中国实际来推进一切革命工作"的方针,一方面有限的承认《中华民国民法》,另一方面在土地、婚姻、财产等方面制订了一系列单行法规,如《晋察冀边区减租减息暂行条例》《晋察冀边区婚姻暂行条例》《陕甘宁边区人权财权保障条例》等。

新中国成立以后,关于民事法律的立法活动断断续续,一方面是由于民事法律调整领域十分繁杂,在建国初期也缺乏相关的立法、司法经验,无法形成一部行之有效,覆盖面广泛的民法典;另一方面,在社会主义经济建设时期,在民商事、经济法领域长期存在以政策指导替代法律调整的情况,直到改革开放初期才产生了以《中华人民共和国民法通则》为发端的一系列民事单行法规,辅之以最高人民法院的司法解释、指导案例所形成的民事法律体系。《中华人民共和国民法典》出台后,基本涵盖了民事法律可调整的社会领域的方方面面,基本解决了原本《民法通则》中缺少人格权编、学界关于物文主义与人文主义的争论、债法是否需要单独成编等问题,尤其是《民法典》第十条:"处理民事纠纷,应当依照法律;法律没有规定的,可以适用习惯,但是不得违背公序良俗。"这样的表述,使得风俗习惯、交易惯例、司法判例和理论学说等非正式法律渊源可以通过立法中法典编纂的删除、修订和增补,司法过程中的司法解释等形式成为为《民法典》所认可的正式法律渊源。

三、基层社会治理互动模式下的民商事习惯调查

民事立法活动相比宪法、刑法、行政法等有着更为繁杂的调整领域,各编、章节所调整的法律关系也有着明确的指向性,如婚姻、物权、人身权利、侵权责任等,相关的民事立法、法典编纂的过程当中必然要对调整该法律关系的传统、习惯进行考察,结合社会主义立法原则的科学立场对其不适应当下社会环境的部分加以剔除,谋求"良法"的最终结果。同时为了兼顾空间疆域内不同民族群体之间针对同一民事法律关系其各自并行的习俗与传统规范,如何在这样一个多线性进化的习惯法样态模式下找出其共通之处,形成一部"为天下共行之",具有覆盖式约束力和调整能力的法典也对立法、法典编纂工作的事前专门性调查有着十分必要的需求。同时民事习惯调查的过程也是探寻"民间法"如何发挥自身工具价值,补益于实际性立法工作的理论、实践路径。

(一)"纵向"——"民间规范体系"的历史传承性与工具价值

民商事习惯调查始于清末,其出发点在吸纳以具有长期乡土生命力的民间习俗、规范

等具有调整社会关系、分配社会资源作用的"不成文法",并将其不符合法典编纂精神的部分加以修改或剔除,保留其中不悖于法律且能够达到"便民"效果的部分,使得最终形成的法典不仅具有确立法律权威性的特性,更要使其能够颁行于国家空间疆域内的各个地区和社会领域的各个层级,为广大民众所遵奉。

自秦之后,中国乡村、市镇就普遍存在着自发的地方性分级和分组的团体结构,其各自的首脑人物也往往充当着政府代理人的角色。出于将一般的行政组织贯彻于县令及其属吏以下的现实困境,统治者通常会从当地居民之中选拔出可以信任且能够在帝国管控中发挥一定作用的人来担任所谓的"官人"。此外,宗族式的乡村构建模式也发挥了极大的作用,政府利用这一规模性的团体能够在监督居民、宣传教化方面高效地将政治信息传达至每一个居民个体,而这样的社会结构也能以所谓"宗族意识""乡规民约"等民间、乡土社会规范体系在其内部形成比国家律法更具有威慑力的管控(这种对违制的成员进行逐出本团体的惩处反而最能威胁到诸成员的生存、生活利益,因而极具管控力度)。同时,除了这种镇压性的措施外,对以农业为社会生产基础的广大中国基层社会而言,垦荒、赈灾、生产这些基本生产活动自然无法由中央直接下达相关的指令,也只有当地的官员、乡贤、乡民自身才清楚事关地方或自身利益的具体事务应当以怎样的轨迹来进行。包括各地的乡学、书院教育虽也以本朝奠定的文化教育基调为主要教授的内容,但在具体的操作中,具有地方特色的价值体系和伦理道德主张往往就生发与这些形形色色的土地之上(尽管大部分哲学理论体系的构建和进路依然无法摆脱有利于封建专制统治或政府主导和牟求的意识形态)。由于民间规范体系的调整对象在整个国家空间疆域范围内不具有普遍性特征,能够建立这种"公私互动"的联系的,也仅仅止于府、县一级的机关,所以以古代中国"皇权不下县"的政治模式来看,民间规范体系拥有着极大的自我生长空间。

故此,清末、民国时期的民事习惯调查也是期冀克服客观环境与技术提炼的障碍,通过吸纳民间习惯、传统规范,试图落实以法律手段改造社会的根本初衷。在实际操作中,清末宪政编查馆与法律修订馆以《各省调查局办事章程》为先导,收取了《直隶调查局法制科第一股调查书(一)》《山东省调查地方绅士办事报告清册》《山东调查局编辑民情风俗报告书》《吉林调查局文报初编》等多个省份的调查报告书,采用直接问答与陈述、整理记录的方式形成了丰富的关于民间民事习惯规范的资料库——《调查民事习惯问题》。[1]《大清民律草案》之中也不乏相关条文对传统民间规范的直接吸收:《大清民律草案》一共1569条,《调查民事习惯问题》一共348条,其中内容重合的部分213条,尽管从绝对数量和文本比例来讲,民事习惯调查对于民法典编纂的意义或当趋于保守立场,但多达二百余条的内容重合部分也说明以民间规范、传统治理模式等为主要构成的"民间法"体系在民事法律关系领域相对于宪法、刑法等法律部门有着更为强大的适应性。

---

[1] 参见陈斌:《不可承受之重:民国法典编纂时刻的习惯调查》,载《西部法学评论》2020年第2期。

（二）"横向"——民族习惯法良性互动的培植探索

中国作为一个拥有长久历史的统一的多民族国家，其独特的地理空间和丰富的地形单元孕育了这片土地上形形色色的民族。上古时期，首先在黄河流域产生了由"三皇五帝"所领导的部落联盟——事实上这就是最早的由族群、部族组成的政治、军事联盟。在夏商周时期，以中原汉民族为主的民族国家逐渐形成，虽然此时王朝对地方的控制力比起部落联盟时代已经大大增强了，但地方，尤其是边疆地区的非主体族群仍然拥有高度的政治、经济、文化自主性，如"三苗""东夷"等。① 秦统一六国之后，"大一统"观念开始固化于王朝的统治思想体系。而行政建制上不从属于中央王朝的边疆地区便因其不稳定的态势而成了各个封建王朝的心腹巨患。唐朝对西南少数民族采用羁縻政策，承认当地土著贵族，封以王侯，纳入朝廷管理。宋、元、明、清几个王朝称土司制度。王朝国家所固有的"天下观"致使古代中国对疆域范围内的控制力度自中心区域起呈扩散式的弱化。这也决定了边疆地区的各个民族群体能够以其原生的、以原始自然视角所确立的宗教文化信仰体系作为其社会以平稳的秩序性运行的宗教哲学规范。与中原汉地不同，边疆各民族地区，其民族群体自身所奉行的有关伦理、道德、文化、价值理念等具有社会规范性质的体系通常集中体现在其所信奉的宗教教谕之中。

由此我们可以看出，在封建社会长期的边疆外缘化政策指导思想的作用下，边疆民族地区与中原地区所奉行的一套规范习俗、治理模式基本属于两条历史进化路线，彼此之间具有一定的封闭性，而一旦刺破这种壁垒，两套不同文化土壤所孕育的规范体系又会制度逻辑的差异性产生冲突矛盾，如藏族的"赔命价"习俗，彝族的"家支制"等都与近现代法制文明的内在理念相冲突。清末民初的民法典编纂过程中，相关的参与者也注意到了这样的情况，故而在最初的民事习惯调查活动中选择了暂时搁置的做法，民国十六年，汤铁樵在《司法公报》上发表文章《各省区民商事习惯调查报告文件清册叙》，其中就指出"……俾得合力齐举，此都七年事也。于是各省除边远外，络绎册报，堆案数尺，浩汗大观……"。② 但随着近代民族国家逐渐形成的历史趋势，对外的独立主权和对内的管控地位无疑会产生统治集团对"自益"的无限趋向可能，公共利益、国民普惠、民族共进等民族国家本身应当承担的义务出现缺位的情形。这种"寡头"式的政体无疑是对民族国家位格意义的践踏，如此，宪制政体针对法权的安排和设计方案便能帮助民族国家在形成之后积极地完成内部各相关主体的受托义务，完成"文明共同体"向"法律共同体"的转化。故而民事法律在涉及民族因素的内容领域内是在宪法层面的先行修订下慢慢推进的，如新疆地区自清中期平定大小和卓叛乱之后，尽管采取了政教分离原则，将立法、司法、执法

---

① 参见范文澜：《中国通史简编》，北京联合出版公司2020年版，第42页。
② 陈斌：《不可承受之重：民国法典编纂时刻的习惯调查》，载《西部法学评论》2020年第2期。

权力归于清政府行使，但在民事领域则依然未能摆脱"因俗而治"的长期惯例，依然允许习惯法的规制作用。杨增新统治新疆时期，首先从商事法律关系着手，利用引进"公司"这一现代经济运营的组织模式，使得清政府于1904年颁布的《公司律》得以在新疆完全推行，并后以"遵奉中央法统"的口号开始全面引进近代法律体系，为日后新疆地区的近代化发展奠定了一定的法制基础。

四、民事法律秩序"动态"——"静态"二元结构特征的价值指向

民事法律作为不同于宪法、刑法等公权力浸入较为广泛的私法体系，它的主干内容和常规化的法律理念通常不随着政权的更替、国家体制的改革、民族文化体系的重组而发生倾覆式的变化，民间土壤和文化基因的印记往往伴随着一部民法典在不同历史时期甚至不同国家的修订与颁行。西方民法典编纂史上有几部极为重要的成果，包括《奥斯曼帝国民法典》《法国民法典》《德国民法典》等。以《奥斯曼帝国民法典》为例，在通常的认知中人们都把其作为伊斯兰教法的别样化阐发，但在梳理具体文本的过程中不难发现，除却借鉴土耳其习惯法的传统规范外，其有着大量直陈优士丁尼《学说编纂》中"古法的各种规则"一编下的内容，传统罗马法体系中关于"借贷"（信托、质权）、"合同"（交易规则、交易习惯）的部分独有法律概念也在其中占有一定的篇幅，而《法国民法典》这种天生就具有"自由主义""市民精神"属性标签的欧陆国家所编纂的文本成果就更不能剥离自"希腊化"时代就延续下来的古俗了。[①] 因此，仅就民事法律而言，其不仅依赖于社会运动发展背景下的内外力"修正"，更为重要的是也要明确"常法"之所以得以延存于世的根本原因。

（一）民事法律法典化"常法"形态的对世价值

世界历史上第一部真正意义上的民法典当属拿破仑执政时期所修订的《法国民法典》，在此之前，世界各国的民事法律施行都以"讼听例判"的形式存在，这种偏重"实用主义"的做法也催生出了英美法系的判例法传统特点。但无论是司法实践中检索法律依据的需要，还是法律文本内容存储量的累积，甚至立法的事后调整与法律专业的教育培训都要求拥有一部能够基本满足上述四项的实在化法典。

中国的法制文明系统虽然不存在近代大陆法系意义上的民法典，但在整个法制体系的建构方面依据自身所亟待解决的社会问题，加以固化和改造的社会关系，在以"乡土性""国家性"为根基与目标的建设路径方面形成了自身较为独特的构造。如以"律典"作为法律体系稳定的基石，以其他辅助性的法律形式加以补强。自秦统一天下以后，中央集权

---

① 参见朱明哲：《"民法典时刻"的自然法——从〈法国民法典〉编纂看自然法话语的使用与变迁》，载《苏州大学学报（法学版）》2016年第2期。

模式下的国家宏观性建设要求致使法律层面上的"统一"理念也颇为盛行，韩非曾言："欲成方面圆而随其规矩，则万事之功形矣。"① 故而以刑名之学为先导的法律编纂理念由刑事法律（刑律）、行政法律（会典）等公法性部门逐渐辐射到了民商事法律为主的私法领域。而在这一过程中法律系统编纂技术也不断地成熟，最为典型的便是明清时期由"律典"与"条例"统编的"律例"。在司法裁判领域中，"律"与"例"无疑是结构与功能紧密联系的一个整体。而近代以来大陆法系国家民法典的编纂，其相关的民事立法经验，对中国近代民事法律立法的思想理念、编纂技术、司法实践等活动产生了深远的影响。清末《大清民律草案》的编纂、大理院司法裁判制度的发展，以及南京国民政府的《中华民国民法》的最终颁布，都确确实实地继承了这一理念的指向性意涵。

究其原因，不出其三，首先，从政治意义层面讲，在社会阶段转型的关键时期，国家构建的诸多要素必须以趋于"联结"的原则进行规模化的重组，以防止因空间疆域内区域团块化发展异化所导致的"规范差异"引发自下而上的分裂趋向。《德国民法典》编纂的历史背景就建立在以普鲁士和奥地利为代表的数百个诸侯国分而治之的局面之上，其疆域内部的税收标准与货币体系杂乱无章，因而第二德意志帝国建立以后，联邦议会立刻着手并在短期内就完成了《德国民法典》的编纂工作，也使得在经济、商事层面德国获得了重生的机遇。② 其次，就民事法律本身而言，其承载的往往是一个国家全体社会成员群体所共同认可的文化价值取向，这种观念上的群体倾向性对于国家层面下的总体布局与微观治理无疑是一把"密钥"，如"民法三原则"的存在价值不单单是对法律解释和司法活动的立场性把控，其更为深远的意义在于它承载了传统道德价值观念的内容，在规范位阶较高的层次决定了今后法律制定与修改的整体方向，尽量避免"恶法"之治。最后，就司法实践来看，民法典的编纂更有利于提高司法活动的效率，尽管有人以"穷举法"指出民法典本身必然会因社会的发展而出现无法兼顾的滞后性漏洞，但不可否认，民法典就小额诉讼案件、简易程序案件等有着毋庸置疑的速裁推动力，这种"逆向趋近"的方式也是反映一国"良法善治"的法制追求的具象化表现。

（二）"民间法"规范体系的运动特性对民事法律文本的即时补充价值

自秦汉大一统以来，中国封建社会的政治（朝廷）、文化（太学）、经济（六部百司）诸领域的权威体系均集中于以皇权为中心，构建于朝堂的中央行政体系，所谓"朝廷"。这样的权力构架下，中央拥有把握政治舆论导向、道德价值判断、司法审结等诸多事务的最终决定权，这就致使"天下士子皆趋之"的现象——官僚阶层皆以能够出任中央官员为目标，其子弟及寒微出身的知识分子也都期望通过科考或是投附来在朝堂之上谋以一席之

---

① 【战国】韩非：《韩非子·定法》，北京联合出版公司2015年版，第27页。
② 参见邢来顺：《德国通史》（第四卷），江苏人民出版社2019年第1版，第197–198页。

地。但这并不意味着传统中国社会中央主导建构下的制度体系的就是能够制约一切社会领域的终极律法,相反,民间对于这种"绝对权力"的制衡绝不缺乏相应的土壤。

自先秦时期的"百家争鸣"起,这种看似是对哲学、政治、文化等相关理论的争论与思辨,其实质上充满了对政局、君主、贵族政治的评论与分析——以至于成为一些"想要替代君主成为治理国家的直接'经理人'"的理论家们的战场。以孔子为发端的"子学时代"中就已经开始了这种试图建立"朝野二分"的理念模型(但实质上并无推翻政府和统治者的意愿和目的)甚至无意识地形成了一种以士子、贵族、知识分子为主体的独特的政治文化圈(或"沙龙")。在这样的思想氛围下,中国传统哲学就存在自主化更新的倾向性,如孔子针对春秋当世初兴的"法治"思潮颇感忧虑,其出于对礼治文化固有的崇尚立场,从礼治与法治的相互关系、道德观念对民众价值观取向的重要意义、法治的"无讼"目标、中国传统"人治主义"的历史现实出发对构建社会规范体系的重心提出了当以"礼"为本的看法。战国时期,孟子、荀子以民本思想为基础,试图将整个国家社会置于自下而上构建的秩序规范体系内,而非由君主、政府、贵族等主导的以律法和行政来实现统治秩序的推行和扩张。到了汉代,儒家积极吸收法家对于国家治理层面的有效经验,主张以"隆礼"为基础,"订立至法以周天下",且不主张废除刑罚;另一方面其在对官僚、士子集团的能力、修养、个体及团体互动关系的塑造方面也有着不断地变化与发展。

由此可知,传统中国社会游离于国家宏观法律体系之外的自有规范体系会随着外部环境诸要素的变迁而产生自我重塑(当然这种民间性、乡土化的"规范体系"并不是为了对抗国家公权力而产生,相反它往往有着弥补国家制定法覆盖领域缺失的作用,有助于国家制定法更好地施行),这种运动特性对于宪法、刑法、行政法等部门的影响意义或许并不明显,但对于民事法律而言——尤其是法典形式却是能够无限趋近于效率化司法、合理化执法的重要途径。尤其在当代中国基层治理的特殊模式下,明确化、细致化的民法典更有助于"止讼",使得民事案件的相对主体能够以"自助"的形式参照法律文本、自由缔结合同、公平分配责任,这一点在乡村地区和民族地区尤为明显。

五、"偏锋侧进"——民法典模式下"民间法"现实意义的再萌发

"民间法"尽管更多的是一套有关民间规范、传统习俗、社会原生系统中的抽象要素的学理性总结,尚未以等同于国家制定法的面貌出现于中国法制体系之中,刘作翔教授在《回归常识:对法理学若干重要概念和命题的反思》一文中就指出:"这些年中国法理学界乃至法学界对于法的泛化的理解,现在什么都是法,法无所不在。法和法律的二元论为这种法的泛化提供了一种理论支持。法和法律的二元论认为,法和法律是分离的,法是一种意志的体现,法律只是法的一种表现形式,在法律之外,还存在着其他法的形式,例如习惯、道德、宗教、乡规民约、企业自制规范等。法理学应该警惕和纠正这种对法的泛化

的理解。"①

但是，法律作为国家制度构成的重要组成部分不应当被过度地强调其工具价值和即时性，不能因实践之中存在部分政策性变动而左右法律走向的情形，陷入政策大于法律的认识误区。一国法律之传承性不仅体现在纷繁复杂的历史文本之中，法律领域的技术性借鉴（潘德克顿流派的立法技术）、特色诉讼制度的剖解式沿用（马锡五审判方式）、民族传统道德观念的法律化表达（民法的基本原则），都承载了一个国家在历史长河之中对自身"文脉基因"的自然选择。而《民法典》颁布之后，尽管在诉讼程序的实际运作之中会出现一些变化，法典化的法律形式也蕴含着国家层面"照章办事"的法制倾向性，但随着中国法律体系的不断完善，机械化的司法、执法理念已经不再是司法实践之中的主流景象，以学理性解释和习惯规范为代表的非正式国家法律渊源被隔阂的壁垒有了消除的可能，因此，或可以科研院所为基本单位，建立以"备咨询"为功能定位的"民间规范数据集成库"，以牟求"民间法"学理探讨之实践进路。

（一）"民间法"对民法典法律精神内核的塑造价值

"民间法"作为一种法律修辞学视角所阐发的有关以民间规范、社会习俗等为代表的具有调整社会关系、解决特定领域或群体矛盾的一整套规范体系的概念性总结。② 故而它并非真正意义上的法，在传统中国的历史发展过程中，其实际上是籍由王朝国家"天下秩序"的统治格局导致的政治辐射力正向递减的特点所产生的"自有秩序"，但这种秩序体系并非以牺牲国家管控力为代价而存在，相反，它相对于国家制定法而言与基层社会有着更为紧密而直接的文化土壤联系，从精神内核上遵循着自然法学派所主张的"天然道德"，同时又以对调整领域和特定群体"弥而周之"的细致观察为基础，牟求着机制调整效率的最大化——这一点在商业行纪当中尤为明显。而"民法典"这种由"学说编纂"进化而来的法律形式在早期的理论基础大部分来源于自然法学家，相对于实证主义催生出的公法体系（当然并不是说实证主义就是自然主义的对立面，只是各社会发展阶段的不同产物而已）更适应于市民社会与乡土社会的自我管理。

从《中华人民共和国民法典》总则编第一章的十二条内容来看，其根本目的在于"保护民事主体的合法权益，调整民事关系，维护社会和经济秩序，适应中国特色社会主义发展要求，弘扬社会主义核心价值观"。在具体原则上遵循"自愿""公平""诚信"三个方面的要求，且明确指出可以以"不违背公序良俗的习惯"来弥补立法漏洞。我们可以看出，这些映射出来的理念无一不是"民间法"体系所赖以存续的社会道德与传统文化中的核心内容，"民间法"具体到个性外在表现而言，实质上是人们反复援用并确信其具有

---

① 刘作翔：《回归常识：对法理学若干重要概念和命题的反思》，载《比较法研究》2020年第2期。
② 参见谢晖：《民间法作为法理学的一种常识》，载《原生态民族文化学刊》2020年第6期。

拘束力的行为规范，历史法学派认为，法与习惯都源于民族精神，[①] 那么国家制定法在将"规范"转化为"律法"的过程中最核心的不是以科学化的语言明确被调整的法律关系、主体等，也不是单纯以确立"国法"的权威性为目的，我们从《中华人民共和国民法典》第一条的表达中也可以看出，根本的落脚点还是在于维护良性的社会环境，并在经济稳步发展的基础上回归于社会主义核心价值观的道德建设上来，故而"民间法"内在精神层面建设的直接性资源（传统道德、文化价值观念）就是《民法典》不断促动自身向法制现代化更高层次迈进的有效阶梯。

（二）关于建立"'民间法'数据集成库"的基本构想

民事法律渊源的具体种类包括："制定法""对民法规范的解释性文件""国家政策""习惯""判例"等。在《中华人民共和国民法典》颁布之前，"习惯"的效力并未在民事法律文本中作出一般性的规定，具体认可习惯的条文也没有出现；"判例"在我国的民事法律体系当中也不是正式的国家法律渊源。而2020年《中华人民共和国民法典》第十条规定："处理民事纠纷，应当依照法律；法律没有规定的，可以适用习惯，但是不得违背公序良俗。"这一条无疑以正式法律条文的形式赋予了"习惯"在特定情形下可以作为民事法律渊源被适用的可能。那么，所谓"习惯"之界定又该以怎样的依据来敲定呢？在司法实践当中，裁判者一般都会倾向于回避笼统术语的明确解释，《民法典》第十条这种仅仅停留于宏观赋权的方向性指导尚不具备使具体习惯进入法律体系运行的完整条件，故而应当借助当前"司法大数据"汇总工作的潮流，建立起一个以合乎民法基本原则与民法法律精神的民间习惯为主要构成的数据集成库，以期达成在司法实践当中落实《民法典》第十条的效果。

从性质上来讲，"数据库"的建立首先要与国家立法机关、司法机关达成具体领域的合作对接，以授权取得的形式框定信息采集的具体标准和检索机制。"数据库"本身并非作为国家法律体系的一部分而存在，应当在具体案件中涉及《民法典》第十条中的情形时，根据已经收录的相关民间习惯内容，结合《民法典》的基本原则与精神立场做出完整的学理性分析与司法意见，以辅助性角色介入到司法实践的裁判过程中。形成具体的裁判文书并结案后，这种"民间法"意义下的习惯便可以在之后的阶段以"对民法规范的解释性文件"的趋向成为中国民事法律体系的正式渊源。从内容构建上来讲，"数据库"的建立应当是以科研院所为基本单位、科研立项为基本形式、以相关科研领域的学者为主要参与人员，将学理性与实践性有机结合的繁杂工程。在具体细目的编排上，要注意甄别"传统习俗""民间规范""行纪习惯"等模块的科学划分，同时还要兼顾地域性、人文

[①] 参见侯国跃，何鞠师：《我国〈民法典〉第10条中的"习惯"之识别》，载《甘肃政法大学学报》2021年第2期。

性、民族性等特点的影响因子,有些习惯尽管为某一地区的固定群体所遵奉,具有较高的矛盾调解的权威性,但因其存在范围较为固化,故而也不必当作影响《民法典》施行大方向的主浪流,如部分偏远地区小范围的原生习惯法,有些习惯虽然在纵深跨度上的作用不那么关键,但其在特定社会发展阶段的覆盖范围甚为广远,却是不可轻忽的立法、修改的着眼点,如网络环境中正在形成的"习惯"。

"民间法"概念的提出已经颇具年头,相关的学术论著与理论流变业已形成了相对丰富、多元的研学体系,唯一的缺憾就在于在中国部门法的实践当中很少能够明晰化地看到它的身影,这于"萌其聆教而言之"的吾辈后学而言,不可不引为小小的遗憾,也正基于此种情由,更当抓住"民法典时代"所赋予的机遇,展其所精、强其所纯、盛其所长,紧紧抓住"民间法"这一法理学理念的理论富矿,使其肩负起极具中国法治文化特色的重要担当。

On the Social Cultural Basis of China Civil Code and the Confucius of Folk Law

Du xin

Abstract: In the history of China's modern history, there have been several civil code compilation activities. On the one hand, the historical inevitability of the legal system is nearly modern, and on the other hand, the cultural idea in traditional Chinese society has revealed the significant impact on national legislation. This article is at the heart of an abstract system consisting of informal legal origin in the Chinese Civil Code, which will "legislate in the traditionalism", "the internal motivation of civil habits", "there is another law. The binary system ", " The Practical Application of "'Folk Law' Concept" "The four discussion of the module", in the case of the "civil law" theory in the era of civil – Civil Code, the double value of its theory and practice can be played.

Keyword: Civil Code; Social culture; Normative system; Folk law

(编辑:尤婷)

经验解释

民族地区村规民约在乡村治理中的作用现状与优化路径
——以广西河池市巴马瑶族自治县为例

郭剑平 黄月圆 何 涛[**]

摘 要 党的十九大报告中提出健全自治、法治、德治相结合的乡村治理体系。民族地区乡村治理具有特殊性，关注村规民约等民间规则助推乡村治理尤为重要。民族地区村规民约根植于乡土社会，是乡村自治的表达、法治的补充和德治的载体，在乡村治理中发挥着巩固村民自治、落实基层民主、促进纠纷解决、维护村庄秩序、引领道德风尚以及推进移风易俗的重要作用。实践中，限于村规民约的部分内容与国家制定法相冲突、制定与执行程序缺乏必要规范、司法机关认可程度不高等方面的影响，当前民族地区村规民约在乡村治理中的作用发挥面临困境。我们应通过加大基层普法力度、提升基层公务人员法律素养、实现多元主体共同参与监督和管理、完善备案审查机制、明确司法适用原则和纳入司法审查范围等体制机制的优化，进一步发挥村规民约在乡村治理中的作用。

关键词 村规民约 乡村治理 民族地区

民族地区村规民约是由少数民族地区村民通过村民会议并结合本村实际共同商议讨论制定，具有道德教化、乡风文明培育以及村庄秩序维护等功能，体现村民自我管理、自我教育、自我服务的综合性规定。当前对民族地区村规民约的研究具有重要意义。从宏观来

---

[*] 国家社科基金项目（编号：18BFX015）；广西地方法治与地方治理研究中心项目（编号：GXDFFZZ202001）。
[**] 郭剑平，法学博士，广西师范大学法学院教授，博士生导师，广西地方法治与地方治理研究中心研究员；黄月圆，广西师范大学马克思主义学院博士研究生；何涛，法学硕士，桂林市中级人民法院法官助理。

看，民族地区村规民约的制定和完善是构建社会治理新格局，健全党组织领导的自治、法治、德治相结合的城乡基层治理体系的保障之一。民族地区村规民约是乡村治理中的"自治与德治"的典型代表。一方面，民族地区村规民约的制定、执行是在我国《村民委员会组织法》（以下简称《村委会组织法》）的框架下展开，是实现基层群众自治的体现；另一方面，民族地区村规民约根植于乡土社会，是千百年来中国优秀传统文化的传承和发扬，其中包含有大量的道德培育与教化内容，是当下"德治"的重要表现。从微观来看，民族地区村规民约根植于村民的生产生活，在保障基层民主、促进基层群众团结互助、改变不良风俗、解决民间纠纷、管理公共事务以及促进乡风文明建设等方面都发挥了重要作用，在乡土社会具有很大的作用空间。民族地区村规民约所体现的最直接的价值在于规范和便利村民的日常生活，引导村民培育新风尚，是实现国家治理与社会调控、居民自治良性互动的重要表现形式。从实际来看，民族地区村规民约不仅是传统乡约制度的当代延续和发展，更是当代民族习惯法传承和弘扬的重要方式。所以，研究民族地区村规民约在乡村治理中的作用具有重要的理论意义与实践价值。

一、民族地区村规民约在乡村治理中的作用体现

（一）巩固村民自治

中国传统社会有着悠久的自治传统，传统社会的自治是相对于国家统一行政管理模式，以乡绅、宗族等传统权威为代表的自治，为此有"皇权不下县"、"县下行自治"的说法。民族地区村规民约的制定和执行是村民自治在基层社会的伟大实践。村规民约的制定是根据法律的相关规定展开，制定过程由村民共同参与，能最大限度体现村民意志。坡月村是巴马瑶族自治县甲篆镇下辖的行政村，近年来依托其优渥的自然环境以及特有的"长寿资源"吸引了众多候鸟人定居。根据相关资料显示，坡月村于2017年10月31日在村部四楼会议室召集全体村民召开村民代表会议，结合坡月村实际情况以及在根据《关于坡月村集体资源归属问题》（2014年5月7日）制定的村民自治条约的基础上，审议通过了《坡月村村规民约》作为村民的基本行为准则。《坡月村村规民约》第三条规定："凡村内大事要事，严格按照'四议两公开'的程序讨论通过，由村两委负责实施，监委会监督落实。"除此之外，该村村规民约对于其他村内事务的处理、集体资源的管理、村民待遇以及村规民约的制定与修订程序均有提及。不难看出，实践中民族地区村规民约无论是在制定主体、制定内容或是制定程序上，都体现了其在巩固村民自治中的重要作用。

（二）落实基层民主

民族地区村规民约是落实基层民主的体现，主要表现为"四个落实"：首先，落实民主决策。从法律规定的村规民约的制定主体的广泛性来看，民族地区村规民约由大多数的村民共同决策，其产生是民主决策的结果。其次，落实民主管理。无论是从制定主体、制

定内容、制定程序上来看，民族地区村规民约的制定和执行都是体现村民共同参与、共同管理的过程，落实了基层民主管理。再次，落实民主监督。民族地区村规民约的约束对象是村落范围内的所有村民，其制定和执行也必将受到全体村民的监督，是民主监督的重要体现。最后，落实民主协商。不难发现，民族地区村规民约的制定是村民共同商议、讨论的结果，其制定过程是民主协商的过程，是村民合意的表达。应当说，民族地区村规民约是落实民主决策、民主管理、民主监督、民主协商的集中展现。随着民族地区村民法治观念的不断提升，村民在制定执行村规民约的过程中能充分发挥主观能动性，利用村规民约维护自身合法权益的意识也不断增强。近年来河池市法院系统推行"一村一法官"制度，实现了司法职能向广大乡村延伸、服务乡村法治建设的根本目的，因而加大了对民族地区村规民约的司法指导并取得了显著成效，民族地区村规民约在保障村民自治、落实村民民主权利的重要功能日益彰显。

（三）促进纠纷解决

案例一："金项链案"①

近年来巴马瑶族自治县甘蔗产业发展迅速，县政府决定在 A 村修一条"甘蔗路"，从而便利该片区村落的甘蔗产销。A 村的气候、土壤非常适合甘蔗种植，但多年来受限于交通原因，妨碍了 A 村甘蔗产业发展，不利于村民生活水平的提高。由于"甘蔗路"的修建需经过村民 B 房屋的后方，受到村民 B 的极力阻挠。村民 B 受迷信思想影响，认为此路修建后位于其房屋正后方，犹如一根"吊颈绳"悬其头上，不是一个好征兆，其生产生活必受此路影响，因此坚决反对。村两委多次动员仍不见成效，法院挂职工作人员 C 便对其进行劝解。C 从情理法多角度进行调解，告知村民 B 此路修建后，非"吊颈绳"悬起头梁，而是一根"金项链"，村民 B 今后将更加"顺风顺水"。且修路一事得到村委和其他村民同意，依 A 村村规民约之规定，修路一事也是村规民约规定的集体公益事业，B 不得违反。经过劝说，村民 B 同意了修路方案。

从以上案例我们可以发现，民族地区村规民约在纠纷解决过程中具有国家法不可替代的优。当然，案例中法院挂职工作人员并不局限于村规民约的规定，而是以村规民约为载体，结合了地区风俗习惯以及自身多年基层工作的经验巧妙化解纠纷，避免了矛盾的扩大化、复杂化，此类情形在民族地区纠纷化解中较为常见。以上案例中，修路作为村庄公益事业，不仅符合广大村民的利益和村规民约的相关规定，更符合国家法律和政策。但仅仅依靠国家法律和政策，又不能有效地解决矛盾纠纷，既受到村民的排斥，又造成村两委和政府的工作难以开展的双重矛盾。因此，民族地区矛盾纠纷的化解需要充分借助村庄的内

---

① 本案例通过对巴马瑶族自治县一位有多年驻村工作经验的法官进行访谈整理，访谈时间 2020 年 11 月 5 日。

生资源，运用村规民约等村民内心认可度更高的一些规范加以解决。在与部分村落的村干部、县区法官的访谈过程中得知，民族地区矛盾纠纷的化解，并不是依靠明文规定的国家法律和政策就能实现目的，更多时候需要通过讲人情、讲风俗习惯、讲村规民约的方式来解决矛盾纠纷，这也证明村规民约在促进纠纷解决过程中仍具有积极作用，是矛盾纠纷化解中不可忽视的重要力量。

（四）维护村庄秩序

案例二："禁止养狗"案①

巴马镇新民社区是巴马瑶族自治县设立的易地扶贫安置点社区之一，其社区居民主要由附近 10 个乡镇的建档立卡贫困户构成。据社区干部阐述，新民社区人员庞杂，人口素质参差不齐，社区广泛存在饲养家犬的现象。家犬的饲养不仅对新民社区居民的人身安全造成威胁，给社区环境卫生也带来了巨大的隐患。社区干部见此现象较为普遍，且难以遏制，遂在两委班子的集体讨论后，召集社区居民开展村规民约的制定，并在村规民约中明确了禁止养狗的相关条款，社区养狗的现象才有所好转，社区居民在村规民约的约束下规范了自己的行为。该社区两委班子的一名干部阐述："他们养狗没有错，但是我们村规民约要禁止这一行为。为什么呢？我们社区有 984 户居民，如果家家户户都养起来了，甚至都放出来，那可不得了！所以我们不制定这个条约也是行不通！"

有序压倒无序，凡是在人类建立了政治或社会组织单位的地方，他们都曾力图防止出现不可控的混乱现象，也曾试图确立适于生存的秩序形式。② 民族地区村规民约对村庄秩序的维护最主要表现在对村民行为的规范和约束上。案例中，民族地区村规民约通过对村民行为的有力约束，达到了村庄秩序维护的目的。村庄秩序的稳定是乡村治理有效的关键所在，而乡村生活的有序性不仅符合村民的预期，也更能满足村民对美好生活的期待。调研中有村干部反映，当前网络通信的发达，村民接触信息的渠道逐渐增多，法律意识也在不断增强。而这一现象又使得当前村庄工作面临尴尬局面，部分村民以自身行为并未达到法律处罚的程度不服从村两委班子的管理，导致村庄陷入无序状态。显然，诸多涉及村民日常生产生活的相关事务，法律难以、也无法面面俱到规定之，不少行为不加以制止将对村庄管理带来隐患，而通过制定村规民约的形式对村民加以约束是最好的形式，案例中的"饲养家犬"问题便是最好的例证。

（五）引领道德风尚

新时代的乡村治理将德治与自治和法治相并列，德治的重要性可见一斑。一直以来，

---

① 本案例通过对巴马瑶族自治县新民社区村干部进行访谈整理，访谈时间 2020 年 11 月 5 日。
② 参见［美］博登海默：《法理学：法律哲学与法律方法》，邓正来译，中国政法大学出版社 2017 年版，第 233 - 242 页。

乡村建设存在过度重视经济发展而忽视村民精神文明建设的现象，由此造成了乡村社会当中出现了诸多不和谐的音符，增加了乡村社会的不稳定因素。为此，在农村地区塑造良好的社会风气以及营造积极进取、文明向上的社会风貌，将为农村经济的发展提供精神支撑。在调研的巴马瑶族自治县甲篆镇百马村坡那屯中，该村村民在村规民约的引导下逐渐形成了道德自律，取得了显著成效。坡那屯十分注重乡风文明的建设工作，并通过村规民约引领村庄道德风尚，主要表现在两个方面：（1）开展宣传教育活动，弘扬乡风文明。坡那屯通过将村规民约"上墙"的方式，在各家各户的正门墙壁上悬挂纸质村规民约，倡导居民"守约""执约"。（2）开展评议活动，强化乡风文明。近年来，坡那屯联合县政府评选出了"最美家庭""最美媳妇"以及"孝老爱亲"荣誉称号，通过评议活动树立了乡风文明的榜样。实践证明，坡那屯旅游业的快速发展以及村民生活水平的不断提高，离不开其通过村规民约等形式对村庄道德风尚的培育。近年来，坡那屯不断推进乡村治理，逐渐形成了"党支部引领理事会＋协会"治理模式（见图2）。值得一提的是，理事会的重要职能在于监督执行村规民约，并在此基础上开展生态文明以及乡风文明建设。"坡那模式"是民族地区村规民约引领道德风尚的典型经验。

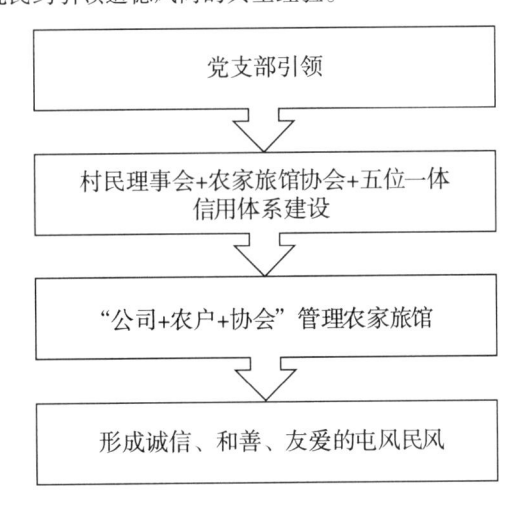

```
党支部引领
    ↓
村民理事会+农家旅馆协会+五位一体
信用体系建设
    ↓
"公司+农户+协会"管理农家旅馆
    ↓
形成诚信、和善、友爱的屯风民风
```

图2　坡那屯党支部引领"理事会＋协会"治理模式

（六）推进移风易俗

乡村治理有效不仅需要国家法律的推动，更需要道德教化的支撑。改革开放以来，民族地区经济社会快速发展，产生了许多新变化，也带来了许多新问题。经济条件的改善使得部分农村掀起了铺张浪费之风和攀比之风，无论喜事丧事都大操大办，在造成了资源的严重浪费的同时也助长了农村的不良风气。为此，民族地区为推进移风易俗作出了不懈努力，取得了较好成效。在凤凰乡长和村，其村规民约规定："创建社会主义精神文明，移风易俗，崇尚科学，反对搞封建迷信活动、邪教组织及其他不文明行为，树立良好社会风尚；喜事新办，仪式从简，提倡新型婚礼，反对铺张浪费；丧事简办，厚养薄葬，严禁在林区燃放烟花爆竹，破除陈旧规俗，反对大操大办。"而对于违反村规民约规定事项的村民，将给予责令停止行为、列入本村失信黑名单等处分。除此之外，凤凰乡长和村还成立有"四会机构"，分别为"红白理事会""道德评议会""禁毒禁赌会"以及"村民议事会"。在四会机构下设组长、副组长以及成员若干名，共同负责四会机构职责的履行。在"一约四会"的共同保障下，长和村移风易俗工作稳步推进，促进了村民良好风尚的形成并助推乡村治理。

二、民族地区村规民约在乡村治理中作用发挥困境及原因分析

（一）民族地区村规民约在乡村治理中作用发挥困境

1. 部分内容与国家制定法相冲突

通过对收集的资料进行整理后发现，当前民族地区村规民约仍存在部分内容与国家制定法相冲突、相抵触的问题。所略乡弄神村于2017年9月1日通过了《弄神村村规民约》，根据《弄神村村规民约》第三条规定：严禁乱放牛、马，造成农林作物的损失除赔偿损失外，再处100元至500元以下的罚款，公告五天后称为无主处理（此处"称为无主处理"是指公告五天仍无人认领的牛马按照无主物处理，村民的表述欠规范）。从以上村规民约的条文我们可知，民族地区村规民约存在违规设置罚则的情况。显然，根据法律相关规定，村民委员会并非法定的罚款主体，没有罚款的权限。由于罚款直接牵涉到村民的财产权益，具有较强的震慑力，往往导致村民与村民之间或者村民与村委会之间冲突频现，难以调和。又如，在甲篆镇坡月村，根据《坡月村村规民约》第四章节第一条第二款规定："婚出男女如户口仍在本村，但常年不在本村居住者，自婚出之日起继续享受一年村民待遇，一年后无论户口是否迁出，均不再享受村民待遇。"此项规定直接否定了作为"出嫁女"的集体经济组织成员的资格并剥夺了其所享有的村民待遇，是对村民个人权利的侵犯。根据我国《妇女权益保护法》以及中共中央办公厅、国务院发布的《关于切实维护农村妇女土地承包权益的通知》，农村妇女不仅享有与男子同等的权益，如何组织和个人也不得以结婚、离婚等理由损害妇女权益。村委会"一刀切"的管理模式显然有违立法精神，不仅容易造成矛盾纠纷，更侵犯了村民个人的合法权益。

2. 制定与执行程序缺乏必要规范

民族地区村规民约在乡村治理中作用的发挥离不开规范的制定和执行程序，但就目前的情况而言，民族地区村规民约的作用发挥与实际的预期存在一定的差距。第一，民族地区村规民约的制定。通过我们的调研和访谈，部分村屯中的村规民约存在《村委会组织法》第三十条规定的应当及时公布的事项却未公布，如部分村屯的村规民约中存在国家计划生育政策的落实方案、村两委协助政府开展工作的相关规定以及一些涉及村民利益的条款，此类事项参照法律规定属于应当及时公布的情形，而我们发现，对于涉及以上事项的

村规民约仍未通过"上墙"等形式予以公布，显然不符合规定。与此同时，访谈中我们发现，少量村屯在制定村规民约后，并没有按照要求及时向乡镇人民政府进行备案，导致部分地区村规民约暴露出的问题不能及时得到纠正，从而制约了民族地区村规民约在乡村治理中作用的发挥。第二，民族地区村规民约的执行。调研过程中，我们还发现民族地区村规民约存在执行难、无统一执行标准等问题。不少基层法官以及村两委干部反映，民族地区村民教育文化水平不高，对法律知识的了解方式极为有限，规则意识相对欠缺，导致部分村民在村两委的"执约"过程中不服管、不听劝、不受罚，严重影响了村规民约的执行效果。而民族地区村规民约的执行事关村庄公共事务的顺利开展，与村民切身利益相关，理应有一套相应完整的执行程序。但从收集的资料来看，鲜有对"执约"过程有明文规定的相关条款，"执约"过程相对随意。

3. 司法机关认可程度不高

司法机关对民族地区村规民约的认可与否很大程度上取决于其对民族地区村规民约司法适用的态度。有学者指出，村规民约"法"的属性决定了村规民约民事司法适用的价值性、国家法的法律漏洞决定了村规民约民事司法适用的必然性。[①] 民族地区村规民约作为内生于乡土社会的规范，其能否在司法实践中得到认可和正确处理，关系到民族地区村庄秩序的稳定和人际关系的和谐发展。通过访谈和调查后发现，当前司法机关对民族地区村规民约的认可程度不足，这一问题也主要表现在其司法适用的情形上。有些基层法官表示，关于村规民约的司法适用问题是一个较为棘手的问题，处理不当将会导致民族地区群众矛盾的升级以及基层社会秩序的不稳定。显然，司法实践中对民族地区制定、执行程序规范的村规民约加以认定，将增强村民对民族地区村规民约的内心确信和认同，强化其在乡村治理中的作用。司法的确认是民族地区村规民约作用发挥的有力保证。如若各项程序均符合法律规定，被村民所熟知和遵守的村规民约在合法合理的前提下处理矛盾纠纷时却难以得到司法的确认甚至被撤销，这将造成怎样的后果？这势必会导致民族地区村民对村规民约内心认同的崩塌。当前，司法裁判强调法律效果和社会效果相统一，而在实践中对于涉村规民约案件（较多关于村民资格的认定及村民待遇的享受）的处理极为复杂，尚无相对统一的处理模式和认定标准，处理不当将极易产生群体性纠纷，最终损害了司法的权威，更不利于民族地区的团结和稳定。

（二）民族地区村规民约在乡村治理中作用发挥困境的原因分析

1. 法律专业知识匮乏

限于经济社会发展的不平衡、法治人才的缺失等原因，民族地区法治宣传教育相对滞

---

① 参见郭剑平：《乡村治理背景下村规民约民事司法适用的理论阐释与优化路径》，载《西南民族大学学报（人文社科版）》2020年第8期。

后。实践中民族地区村规民约暴露出来的诸多问题,归根结底可以总结为对国家法律的不知悉、不了解,没有形成相对完善的法律意识和规则意识。首先是村民法治教育的缺失。访谈中,无论是行政机关工作人员、司法机关工作人员还是村干部,都多次强调村民法律观念的欠缺、规则意识的欠缺,基层琐事的处理往往运用的不是法律条文,更多是将法律条文与"人情关系"相结合的方式进行处理,"轻规则"而"重人情"是处理村民琐事的常态,长此以往将难以促进基层群众法治意识和规则意识的提高。其次是村干部守法、用法意识不强。通过访谈我们发现,当前民族地区村干部在处理村庄事务、解决矛盾纠纷过程中,一些明显违反国家法律和政策的村规民约仍然作为村庄事务和矛盾解决的依据,这显然有损村民合法权益以及村规民约的公信力。最后是部分基层公务人员法律素养有待提高。根据《村委会组织法》的相关规定,村规民约制定后需要向乡镇人民政府进行备案审查,对于有违国家法律和国家政策的村规民约有权责令改正。实践中,民族地区村规民约的备案审查流于形式,工作的成效有待进一步提升。

2. 缺乏有效的指导和监督

总的来看,民族地区村规民约未能形成有效的指导和监督合力。第一,村民是村规民约的制定者、参与者和监督者。民族地区村规民约是村民合意的产物,内容条款涉及面广,其制定和执行深刻影响了村民的日常生产和生活。因此,村民对村规民约的监督显得尤为重要。但在实践中,由于村民自身的法律知识的欠缺,对村规民约制定和执行的监督显得力不从心。与此同时,不少村民对监督权不加重视,消极怠慢,认为只要不侵犯自身利益,就并不想"惹是生非"。第二,村委会作为自我管理、自我服务、自我教育的基层群众性自治组织,享有自治权,依法对村民负责。但实践中有些村委会成为了一个"上传下达"的中间角色,未能充分行使职权。第三,乡镇人民政府作为《村委会组织法》规定的法定监督主体,未能充分行使自身的备案审查权。实践中,有些民族地区村规民约的内容仍然存在与国家法相悖的情形。

3. 司法适用性不强

在涉及特定领域的纠纷解决上,民族地区村规民约的司法适用价值应当引起我们的重视。如若在司法实践中忽视民族地区村规民约的司法适用价值,将会导致村民的反感,甚至破坏地区长久形成的风俗习惯,不利于纠纷的解决以及民族地区的团结稳定。[1] 结合实际来看,当前民族地区村规民约司法适用性不强的原因在于欠缺统一的司法适用标准,即法官对于民族地区村规民约何时可作为裁判依据的问题难以把控,造成了司法适用的混乱。在司法适用性上,主要讨论以下方面:第一,对于制定主体、制定内容以及制定程序均符合《村委会组织法》规定的民族地区村规民约,法官是否适用便存在一定的主观随意性。对于相对保守的法官而言,定会严格按照成文法的规定进行裁判,这种裁判方式将最

---

[1] 参见陈寒非:《风俗与法律:村规民约促进移风易俗的方式与逻辑》,载《学术交流》2017年第5期。

大程度地保证案件的"有法可依",但久而久之会造成司法适用标准的僵化,不利于民族地区村规民约司法适用性的提高。正如有学者指出,当前村规民约的司法适用标准比较僵化,司法机关在涉村规民约案件中往往以法律条文作为唯一的依据,造成村民的反感。[①] 在司法裁判中,司法机关不仅需要考虑如何准确无误地适用国家法律,更需要关注民族地区村规民约的产生背景、形成依据等现实状况,在涉村规民约的纠纷中灵活处理,避免一味强调国家法律的适用导致民族地区村规民约司法适用标准的僵化。第三,就比较具有前瞻性的法官而言,对于符合《村委会组织法》相关规定的民族地区村规民约的司法适用要坚持什么样的原则也是值得探讨的问题。为此,也只有在一个相对明晰的司法适用原则上对民族地区村规民约的司法适用进行宏观上的指导,才能从根本上提高其司法适用性。

三、民族地区村规民约在乡村治理中作用发挥的优化路径

(一) 加强法律宣传和教育

1. 加大基层普法力度

加大基层普法力度的主要对象是民族地区的广大村民以及村干部。第一,作为村民合意的表达,民族地区村规民约由村民会议共同商讨和制定,直接服务和作用的对象系广大村民,而村民法治观念的提高是保证民族地区村规民约合法化、规范化的关键。因此,民族地区村规民约的完善需要培育村民的法治思维,使得村民对国家法律和政策进一步了解。第二,村干部是村民中的精英,其遵法、守法、用法的方式和态度都将为广大村民所效仿,形成连带效应。与此同时,村干部在村规民约的制定、执行、报备中扮演着重要角色,对于村干部法律观念的培育显得尤为重要。本文在对走访的村屯进行实地调研后发现,对于民族地区广大村民以及村干部的基层普法具有必要性、紧迫性和现实性,基层普法活动有待大力加强。

结合调研实际来看,加大基层普法力度可以从以下几个方面开展:第一,基层人民政府可以通过定期安排法律专业人才入村开展法律知识宣传讲座,为村民普及国家法律以及国家政策,借此加强村民对法律法规的了解。第二,基层人民法院可以定期安排司法工作人员通过专题的形式入村开展法律宣传和教育,为村民提供系统的法律知识教育,而不能仅停留在零散的、不成体系的法律知识。第三,基层人民政府可以贯彻"送法下乡"的理念,派驻司法助理人员长期驻村,为村民提供法律专业知识的解答,对民族地区村规民约的制定和执行提供建议。[②] 只有提高基层群众的法治观念,坚持思想理念转变先行,才能实现民族地区村规民约与国家法律的有效衔接,从而使其在乡村治理中的作用得以充分

---

① 参见乔淑贞:《乡村治理视野下村规民约的法律依据与司法适用问题研究》,载《农业经济》2020年第1期。
② 参见覃莹:《农村基层治理中村规民约的法治化研究》,中共四川省委党校2018年硕士学位论文,第48页。

彰显。

2. 提升基层公务人员法律素养

民族地区村规民约在乡村治理中作用的发挥离不开基层公务人员的指导和监督，而基层公务人员的法律素养的高低决定了其管理水平和服务水平，决定了其是否能对民族地区村规民约的指导和监督中充分履行职责。民族地区村规民约的备案审查是保证其合法性、规范性的关键。针对实践中民族地区村规民约的备案审查流于形式、未能充分实现与国家法的调适和衔接的问题，本文认为，很大一部分原因在于民族地区基层公务人员法律素养的相对欠缺。基层公务人员法律素养提高的积极作用体现在以下方面：第一，能胜任对民族地区村规民约的备案审查职责，及时发现和纠正其不合法、不合理的条款；第二，能在村规民约的制定和执行中给予充分的指导和帮助，使民族地区村规民约能有效落实到村民的日常生产生活，为民族地区社会秩序的稳定以及纠纷解决打下坚实基础；第三，促进规则意识的形成。规则意识有助于基层公务人员从思想上转变工作方式和工作方法，良好的规则意识是胜任工作职责、保证在民族地区村规民约的制定和执行中给予指导和帮助的关键。第四，起到良好的带头作用。基层公务人员主动学法、遵法、守法和用法，对于村民法治思维的形成和培养具有潜移默化的重要影响，从而为民族地区村规民约内容的完善提供预设和前提。

(二) 加强对民族地区村规民约的监督和管理

1. 实现多元主体共同参与监督和管理

民族地区村规民约在乡村治理中作用的发挥需要多元主体的共同参与和协助。村规民约的形成过程是政府科学指导、村委会有效组织以及村民的积极参与，从而实现基层政府与村委会、村民多元主体协同共治的局面。[①] 针对实践中民族地区村规民约制定与执行程序缺乏必要规范的问题，本文认为，多元主体共同参与监督和管理是根本出路所在。通过调研得知，民族地区村规民约的监督主体包括乡镇人民政府、村委会以及村民。实践中，人民法院在涉村规民约纠纷中的判决将从实质上影响村规民约的效力。因此，人民法院也是民族地区村规民约的监督主体。总的来看，民族地区村规民约的监督主体包括乡镇人民政府、人民法院、村委会以及村民。

由于诸多原因，现实中各监督主体难以形成共同参与监督和管理的局面。为此，需要从以下方面加以改进：第一，基层党委和政府部门要鼓励村民积极参与公共事务，提高村民参与村务的热情，培育村民的主人翁意识。在定期的普法宣传教育中培育村民的法治观念，为民族地区村规民约的制定和执行建言献策打下良好的智识基础；第二，村委会领导

---

① 参见赖先进：《发挥村规民约在社会治理中的耦合协同效应和作用》，载《科学社会主义》2017年第2期。

班子作为村庄的精英,应当成为国家法律和政策的宣传者,服务于村庄实际和村民,而不能拘泥于对基层人民政府的行政命令的"上传下达"。与此同时,村委会要充分发挥主观能动性,在村规民约的制定和执行上严格把关,为民族地区村规民约的制定和执行保驾护航;第三,乡镇人民政府在村庄的管理中扮演了极其重要的角色。实践中,乡镇人民政府不应局限于乡村的经济指标,应当加强对村务实际的指导,关注民族地区村规民约的制定和执行,积极回应村民的诉求;第四,人民法院在审理涉及民族地区村规民约的相关案件时,可以对其中明显不合法、不合理的内容条款提出司法建议,在保证"案结事了"的同时,通过司法的权威对民族地区村规民约进行确认或者监督,维持村民对村规民约的内心确认并间接提高司法的权威。只有在以上主体的共同参与和努力之下,民族地区村规民约在乡村治理的作用才能得以充分发挥。

2. 完善备案审查机制

乡镇人民政府规范行使备案审查权意义重大,关系到民族地区村规民约作用的充分发挥。尽管我国《村委会组织法》第二十七条对村规民约的备案审查作出了规定,但是缺乏对乡镇政府不作为的处罚以及救济途径的法律条款,导致对民族地区村规民约的备案审查流于形式、问题丛生。本文认为完善备案审查机制应当从以下方面着手:第一,落实个人责任制。乡镇人民政府在涉及对民族地区村规民约备案审查工作时,坚持落实到个人负责,避免审查时出现消极怠慢、敷衍了事的现象。第二,拓宽审查范围。乡镇人民政府开展民族地区村规民约的审查工作时,应当重点审查其合法性问题,保证民族地区村规民约内容上的合法。与此同时,乡镇人民政府更应当对其合理性进行审查,对于不合理的内容也要提出修改、完善的建议,并督促村委会抓紧改正和落实。第三,探索驻村法律专业人才审查模式。"一村一法律顾问"制度是乡村法治建设的现实选择。[①] 在探索民族地区法律人才驻村的同时,不仅能实现对民族地区村规民约报备前的审查,减少乡镇人民政府的工作压力,更能保证其制定和执行的规范化,兼顾民族地区村规民约的合法性以及合理性。

(三) 提高民族地区村规民约的司法适用性

1. 明确司法适用原则

提高民族地区村规民约的司法适用性,最快且最有效的方式莫过于探索出一套直接、明晰的司法裁判标准。然而,联系实际我们可以发现,这种方式不仅耗时长、难度大,更忽视了涉民族地区村规民约个案的特殊性,不利于维护广大村民的利益。显然,当前对涉民族地区村规民约案件司法裁判标准的探讨不合时宜。因此,在探索司法裁判标准不切实际的情境下,对涉民族地区村规民约案件适用原则的明确更具有现实意义。

[①] 参见魏竞超:《"一村一法律顾问"制度下法治乡村建设新路径探索》,载《农业经济》2021年第8期。

第一，坚持民族地区村规民约的司法适用地位的原则。民族地区村规民约根植于乡土社会，有学者将其归属于少数民族习惯法的范畴，是一类在民族地区乡村具有"准法"性质的规范。① 实践中不少法官认为，民族地区村规民约具有鲜明的"地域性"和"民族性"，往往难以查证和操作，且认为自身没有适用民族地区村规民约的义务。法官对民族地区村规民约的认同和适用极为有限，对于其价值和功能认识也不够真实和全面，从而将其排斥在司法适用的范围之外。殊不知，民族地区村规民约不仅符合维护民族地区经济社会的稳定，更符合新时期乡村治理的要求。因此，司法机关要破除对民族地区村规民约的偏见，坚持民族地区村规民约的司法适用地位。

第二，坚持法律效果和社会效果相统一的原则。相对的封闭性和生产生活的落后性，使得民族地区普遍存在经济基础薄弱、城乡发展差距较大、教育、卫生以及文化事业也落后于其他地区的情况，给社会治理带来不小的难题。② 村规民约的产生有着特定的历史背景和深厚的社会基础，这一特征在少数民族地区表现更为明显。当前民族地区村规民约是少数民族习惯法的重要表现形式，在民族地区纠纷解决当中甚至有国家法难以替代的价值。③ 因此，在民族地区，司法机关应当破除"唯法律是从"的裁判思路，应当对于民族地区村规民约的司法适用地位有清晰的辨识，从而避免出现纠纷不能及时化解，在判决执行的过程中甚至又产生新的纠纷，纠纷双方反而更加"缠诉"的局面出现，在彰显司法权威的同时坚持法律效果和社会效果相统一。为此，对于涉村规民约纠纷的案件，坚持民族地区村规民约的司法适用地位，坚持法律效果和社会效果相统一显得尤为重要。

2. 纳入司法审查范围

一般认为，司法审查是指司法机关对于立法机关以及行政机关制定的法律、法规及其他行使国家权力的活动进行审查，并通过司法裁定予以纠正的行为。④ 结合我国《行政诉讼法》等法律的规定，司法审查的范围仅针对具体行政行为（行政机关通过行政权力对特定的公民、法人和其他组织作出的事关其权利义务的单方行为）做出，并可附条件审查抽象行政行为（行政机关制定的法规、规章及其他具有普遍约束力的决定和命令）。结合上述规定来看，民族地区村规民约显然不在司法审查的范围之中。但从我国实际情况出发，对民族地区村规民约的司法审查实属必要，主要基于以下原因：第一，民族地区村规民约的制定得到国家法律的认可，且需经乡镇人民政府的备案审查，在一定程度上体现了国家意志性；第二，民族地区村规民约旨在保护公民的人身权益和财产权益、维护社会秩序的稳定，其制定精神与法律相一致，在民族地区甚至发挥了国家法难以替代的效用；第三，

---

① 参见潘善斌，宋才发：《民族地区乡村治理的法治探讨》，载《学习论坛》2020 年第 5 期。
② 参见季晨，周裕兴：《乡村振兴背景下少数民族农村社会治理面临的新问题及应对机制》，载《贵州民族研究》2019 年第 4 期。
③ 参见郭剑平：《侗款的变迁及其与侗族地区纠纷解决机制研究》，载《现代法学》2012 年第 5 期。
④ 参见泉峰：《司法审查制度初探》，载《江海学刊》2001 年第 6 期。

民族地区村规民约是基层民主政治的产物，是我国基层民主在乡村的重要实践，是社会主义民主政治的创新和发展。综合以上原因，考虑到当前我国民族地区村规民约应用于司法实践存在的困难，司法机关可以考虑将民族地区村规民约纳入司法审查的范围，明确法院对村规民约的司法审查，[①] 从而保护村民的合法权益、保障基层民主的落实。当前，民族地区村民利益诉求逐渐多元化，涉村规民约的案件必然逐年上升，法院将民族地区村规民约纳入司法审查范围，借此规范其制定内容、制定程序和执行程序，将会减少法院讼累，避免不必要的纠纷产生，从而实现双赢的效果。在此基础上，法院的司法审查行为更能体现司法的权威，在法治教育相对欠缺的民族地区达到法律宣传和教育的目的。

四、结语

民族地区村规民约在政治、经济、文化相对落后的少数民族聚居区域发挥了重要作用，其生成具有特定的历史背景以及深厚的社会基础，在民族地区得到村民的普遍遵循。通过调研得知，当前民族地区村规民约不仅契合构建"三治结合"的乡村治理体系，更是我国乡村振兴战略的重要一环。民族地区村规民约是自治的表达、法治的补充以及德治的重要载体，是提升我国乡村治理水平的重要抓手。但限于实践中民族地区村规民约仍然存在部分内容与国家法相冲突、制定与执行程序缺乏必要规范以及司法机关对民族地区村规民约的认可程度不高等问题，其在乡村治理中的作用发挥也受到影响，有待从加大基层普法力度、提升基层公务人员法律素养、实现多元主体共同参与监督和管理、完善备案审查机制、明确司法适用原则、纳入司法审查范围等方面优化相关体制与机制，进一步释放村规民约在民族地区乡村治理中的更大作用。

The Role of Village Regulations and Folk Agreements in Rural Governance in Ethnic Areas: Current Status and Optimal Paths
—Take Bama Yao Autonomous County in Hechi City, Guangxi as an example

Guo Jianping, Huang Yueyuan, He Tao

Abstract: The report of the 19th National Congress of the Communist Party of China proposed a sound rural governance system that combines autonomy, rule of law, and rule of morality. Rural governance in ethnic areas is unique, and it is particularly important to pay attention to folk rules such as village regulations and folk agreements to promote rural governance. Village

---

[①] 参见郭剑平：《乡村治理背景下村规民约民事司法适用的理论阐释与优化路径》，载《西南民族大学学报（人文社科版）》2020年第8期。

rules and regulations in ethnic areas are rooted in rural society. They are an expression of rural autonomy, a supplement to the rule of law, and a carrier of rule of virtue. They play a role in consolidating villager autonomy, implementing grassroots democracy, promoting dispute resolution, maintaining village order, and leading morality in rural governance. Fashion and the important role of promoting the change of customs. In practice, it is limited to the impact of some of the content of the village regulations and civil agreements in conflict with national laws, the lack of necessary norms for formulation and implementation procedures, and the low degree of recognition by the judicial organs. The current role of village regulations and civil agreements in rural governance in ethnic minority areas is faced with Dilemma. We should increase the level of grassroots law popularization, improve the legal literacy of grassroots public servants, realize the joint supervision and management of multiple subjects, improve the filing and review mechanism, clarify the principles of judicial application and include the scope of judicial review and other system and mechanism optimization, and further give full play to the village rulers. The role of about in rural governance.

Keyword: village regulations and folk conventions; rural governance; ethnic regions

(编辑：张雪寒)

清商城县《谢氏族谱》
土地买卖契约文书探究

李俊杰[*]

摘　要　族谱契约文书是散件契约文书的描述性再现，具有散件契约文书基本形制：契首、契中、契尾。清商城县《谢氏族谱》所载土地买卖契约文书，契首首先载明立契人，1人或多人，而不载明立契人的地址，这是族谱契约文书的一个特点。从契中内容上看，主要载明土地买卖契约性质、"过割"状况等，而民间乡规对规范族谱土地交易秩序起着重要作用。族谱契约文书在契尾形制方面，相比散件契约文书缺乏过割的详细手续，这是其瑕疵，但其中人与立契人，以及中人与中人之间关系，通过族谱可以对其有进一步了解，这是其他契约文书不具备的，这也是族谱契约文书一大优势，可以更好地探讨契约文书参与者之间的关系。

关键词　清朝　族谱契约文书　土地买卖

商城县位于河南东南部，鄂豫皖三省交界处，也是北方人历史上南迁以及南方人回迁的一个重要地方。商城县《谢氏族谱》"谢氏创修谱序后"载："周宣王封申伯于谢，子孙以为氏。宋末玄通公始自上蔡迁于固陵（今河南固始），明朝时分建商城，今居邑南之上方山石门楼"。[①] 且商城县处吴楚之地，贯南北思想，融中原和吴楚文化，此方面在商城县族谱契约文书当中得到了充分证明。而商城上方山谢氏北宋从会稽移居上蔡，后又移居商城县，在此生产生活当中，留下了大量契约文书，并刊入族谱。此对了解清中晚期淮河流域人们经济生活以及民间乡规提供了重要史料，具有重要的探究价值。

---

[*] 李俊杰，法学硕士，周口师范学院副教授。
[①] 谢联科：《商邑上方山谢氏宗谱》，清光绪三十三年，河南商城。

一、商城县《谢氏族谱》契约文书基本情况

商城县《谢氏族谱》所载契约文书反映了距离商城县城130里左右，清代中晚期上方山居民的真实生活状况。清嘉庆年间编纂的《商城县志》载："上方山关门河水出焉。距城一百三十里，巅有古寺。关门河水东有吕仙山，有冠石山。"① 而《谢氏族谱》所载契约文书包括从清顺治到宣统年间所载契约文书26份，包括土地买卖、赡养、房屋等等方面内容，其中涉及土地买卖（归并）等契约文书17份，为研究鄂豫皖地区民间乡规提供了重要史料。

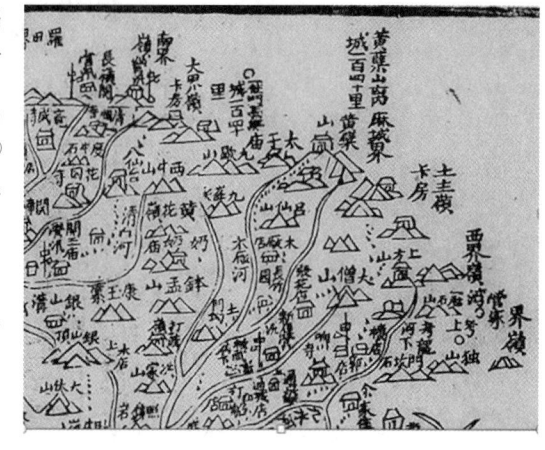

从土地买卖契约文书性质来看，白契12份，红契5份。从土地买卖契约文书时间分布来看，雍正1件、乾隆3件、道光4件、光绪9件。从契约内容来看，买卖水田、房屋等综合契约文书5件，单独买卖水田、竹园、水田4件，买卖阴宅的4件，土地等归并、交换契约文书4件。

清嘉庆《商城县志》所载商城全图上方山区域截图

二、商城县《谢氏族谱》土地买卖契约文书形制

清代商城县《谢氏族谱》契约文书，只是散件契约文书在族谱当中的描述性再现，具有散件契约文书形制：契首、契中和契尾，但又具有其特色。族谱契约文书可以结合族谱、地方志当中的有关信息，可以更好地探讨族谱契约文书中当事人、参与人（包括中人）之间的关系，这是其他契约文书不具备的，也是其独有特色。现就搜集整理的商城县《谢氏族谱》中土地买卖契约文书有关形制进行分析。

如：

> ［M0809508］立卖约人谢杨氏同子×荸，今因负债无出，商同族戚，情愿将门首祖遗，经分、得分水田叁斗五升，共计三坵，凭中出卖与谢×祠名下永远为业，当议时值价钱捌拾串文整，上载册粮壹亩壹分，在天安里第八甲谢×才（注：×荸父亲）名下，过割完纳。……其有界址：东齐卖主塘头为界，南齐河心为界，西齐谢×凰田界为界，北齐人行路心为界，四界具（俱）明，并无包卖

---

① （清）武开吉：《商城县志》，清嘉庆八年。

存留，脱业偿盆。尽在价外包清。恐口无凭，立卖约为证。

  实价领足

  永不重书

  凭中

  ×信李×× 丁×× ×崇 ×凰谢×昆 谢×学 ×保 ×爵 ×典 ×友 联×荨亲押。

  光绪四年十月初六日立 依口代笔谢×兰

  由［M0809508］契约文书了解到，契首直接载明出卖人"立卖约人谢杨氏同子×荨"，说明出卖人为谢氏母子二人，再没有其母子二人的其他个人信息，包括年龄和地址等。而契首直接载明立契人是商城《谢氏族谱》契约文书的重要形制之一，其不同仅在立契人人数的区别，且不书写立契人的地址，这是族谱契约文书重要特色之一。而散件契约文书"书写不同的仅在住地（里、都、图）和人数（一人或数人）的区别"①。

  契约文书的形制要件之二是立契程序方面须征得"本族祠堂或亲族"优先购买者同意。虽然清朝法律没有明确规定，关于优先购买权的相关规定，但优先购买权已经成为自宋元以来，中国民间社会传统习惯，并一致对民间土地买卖产生深刻的影响。因为族谱契约文书区别与散件契约文书的一个重要标志就是买方主要是本族成员或本族祠堂。通过对河南商城《谢氏族谱》所载契约文书可以了解到，商城县《谢氏族谱》契约文书土地买方当事人，都是谢氏族人或谢氏祠堂，商城《谢氏族谱》所载契约文书，买方是本族祠堂的占其契约文书的70%。且此契约文书没有外姓人购买本族土地的契约文书刊入本族族谱，这体现了"族人利益优先"原则。在《谢氏族谱》所载契约文书当中，没有载"投请房族、先尽房族"的用语，而是直接载明"商同族戚"用语，这实际上是征询族戚对购买此块土地的意见。另外载明××土地"出卖与谢××（祠）名下，永远为（管）业"，不载明买主的具体地址，不直接称呼"买主"等，这是族谱契约文书的重要特色之一，也体现本族优先购买权。

  另外，清代契约文书优先购买权征询族戚意见以后，还要征询所卖土地"四邻"的意见，这已经形成了草拟契约文书的传统习惯，甚至"我们在清代大多数买卖契约中都能看到'先问房亲，次问四邻，着价不买'等语"②。而［M0809508］契约文书虽然没有明确载明征询"四邻"意见，但由契约文书四至和中人可以了解到，此契约文书四至"东齐卖主塘头为界，南齐河心为界，西齐谢×凰田界为界，北齐人行路心为界"，但契约文书契尾中人里面"×凰"，也就是所卖土地西邻"谢×凰"，作为中人参与到契约文书当中。

---

① 杨国桢：《明清土地契约文书研究》，中国人民大学出版社2009年版，第14页。
② 刘高勇：《清代买卖契约研究——基于法制史角度的解读》，中国社会科学出版社2016年版，第96页。

因此可以了解，此契约文书签订以前，一定征询了谢×凰的意见，"着价不买"。这也说明，商城县《谢氏族谱》所载契约文书优先购买权，有的明确写进契约文书里面，如"商同族戚"，有的暗含着已经征询了其他优先购买权的意见，如四邻人员作为中人，参与到契约文书当中。这也充分说明，河南商城《谢氏族谱》契约文书已形成"先商议房亲，明写契约中；再问四邻，暗含中人里"优先购买权的形制，已经形成河南与安徽交接地方族谱契约文书一个形制习惯。

而清朝法令并没有规定"亲邻的优先购买权"，甚至限制"亲邻的优先购买权"，这是因为"清朝的最高统治者还是大多数地方官吏，普遍认为优先购买权的普遍存在是清代民间田宅交易纠纷增加的最重要的原因"①。为此，清朝统治者不支持优先购买权。但商城《谢氏族谱》契约文书普遍存在亲邻优先购买权问题。这充分说明，自宋元以来的民间优先购买权，一直到清朝，已经成为民间约定俗成的乡规，成为民间土地买卖契约文书优先考虑的问题。

契约文书形制第三个要件是所卖土地来源必须合法，与散件契约文书是一致。《大清律例·户律》"盗卖田宅"条规定："凡盗卖、换易及冒认，及侵占他人田宅者，田一亩，屋一间以下，杖五十。田五亩，屋三间，加一等，杖八十，徒二年，系官者，各加二等。"为此，立契人草拟契约文书，必须载明所卖土地的来源，甚至有的契约文书直接载明"上手契几纸"，有的契约文书还须找原中人作为新契约文书的中人，以证明土地来源的合法性。而江苏有的族谱所载契约文书明确载明"原中人、邻中人"，目的就是起到一个证明作用，就是证明其土地来源传承有序性、合法性。

如江苏润州《贾氏族谱》② 契约文书：

立永杜卖荒白山文契人凌××，……立此杜卖荒白山文契，子孙永远执业，存照。

宣统三年　月　日，立永杜卖荒白山文契人凌××。

凭亲姑母人　　李凌氏

凭亲姐丈人　　王××

原中人　　　　王××

邻中人　　　　蒋××

凭

中人　　　　　孙××

中人　　　　　段××

---

① 刘高勇：《清代买卖契约研究——基于法制史角度的解读》，中国社会科学出版社2016年版，第96页。
② 贾其恒：《贾氏宗谱》，民国十八年，江苏润州。

中人　　　刘××
中人　　　张××

而商城《谢氏族谱》契约文书当中所卖土地来源主要有两种，一是祖遗所得，祖遗所得占契约文书数量的绝对多数。有的载"祖遗""祖遗分得""分得"用词，这实际上都是祖遗所得或累世同居分家所得。这也说明所卖土地等财产来源的合法性。而商场《谢氏族谱》契约文书契尾"中人"没有明确写明"原中人"、"邻中人"，但族谱契约文书买卖双方以及中人主要是本族人或同里人，相互都熟悉，且对土地来源也较熟悉，没有必要对中人分那么详细，这也是族谱契约文书与散件契约文书不同点。

如：

商城县《谢氏族谱》所载契约文书的土地来源

［M0809913］立卖约人谢××，今将××今分得分竹园一段兰竹、桂竹，土在树木，一并出卖与谢××祠名下子孙，永远为业。当议时值价钱××文整，比日亲领无欠，……四界俱明，并无包卖、存留。自卖之后，无得异说，恐口无凭，立此卖约为证。

凭中

谢×科　谢×第　谢××　彭××　谢成×　谢×明　卖主亲押

光绪二十九年十月十六日立　依口代笔××

二是土地来源为购买所得，此种情况为土地重要来源之一。

如：

《谢氏族谱》所载土地来源为购买所得契约文书

［M0809610］立吐退字人周××，今因负债无出，凭中说和，情愿将先年所买谢成×，上万山中畈水田壹斗，龙井冲水田贰斗，庄房壹间，土载大小树木，壹并吐退与谢××祠名下，永远为业。当议时值价钱伍拾串文正，比日亲领无欠。上载册粮壹亩四分，在天安里周××名下，过割八分，周××名下过割六分完纳，……四界俱明，并无包卖，存留。自吐退之后，永无异说，此证原约并付。

添注十一字，无涂改。

契明价足领钱另书

同

叔祖×田　谢成×，谢××。

光绪十六年冬月十四日，依口代笔周×南

由此契约文书可以了解到，此所卖土地及其财产来源，购买于契尾"中人"谢成×。在此契约文书当中，谢成×作为中人，实际上是原立契人，起到其证明土地来源作用，以保证其立契人所草拟土地买卖契约文书内容的合法性。但也由此可以了解到，商城《谢氏族谱》作为中人虽然没有直接载明中人的来源，但也可以推测，有原中人、邻中人、原立契人。

契约文书第四个形式要件也就是立契人所进行的买卖交易，须是立契人内心意志的真实表达，不是受到胁迫等而进行交易，是其"情愿"出卖所属土地等财产，这是契约文书的核心要件，每份契约文书都应必备的条件之一，直接牵涉到契约文书成立与否。

河南商城县《谢氏族谱》所载契约文书，都载有"情愿"二字，已形成了契约文书约定俗成的固定形式。《大清律例·户律》载："若强占官民山场、湖泊、茶园、芦荡及金银铜锡铁冶者（不计亩数），杖一百，流三千里。"因此，立契人草拟契约文书载明立契人"情愿"等用语，以说明立契人是自愿出卖，不是"强占"，以避免不必要的麻烦。

当然，随着契约文书的发展，已经形成契约文书的固定格式，族谱契约文书与散件契约文书在形制上大致一致，只是在一些细节方面是有一定差异，特别是买主。族谱契约文书的购买方主要是本族祠堂，其次是本族成员，没有第三者。另外，从契尾看，族谱契约文书的中人主要是本族成员，甚至父子、叔侄、兄弟等关系，没有妇女作为中人的。

综上，契约文书的成立必须具有立契人与买受人，以及立契人必须出自自己内心的意愿，意思表达真实，出卖自己来源合法的财产的行为。

三、契约文书的立契人必须符合相关规定

由上面契约文书的形制可以了解到，立契人不但要具备民事行为能力，还要具备一定的身份，二者都具备的情况下，才能成为合格立契人，才能有资格处分相关财产，否则，就是无效的行为。

如：商城《谢氏族谱》由家长签订的土地买卖契约文书

[M0809913] 立卖约人谢××，今将龙井卫，今分得竹园一段兰竹、桂竹土在树木，一并出卖与谢×祠名下子孙，永远为业，当议时值价钱捌串五百文整，比日亲领无欠，其有四至边界，东齐××为界，南齐××为界，西齐××为界，北齐××为界，四界俱明，并无包卖存留。自卖之后，无得异说，恐口无凭，立此卖约为证。

凭中

谢×科　谢×第　谢×德　彭××　谢×会　谢×明卖主亲押

光绪二十九年十月十六日立　依口代笔级三。

由《谢氏族谱》了解到，[M0809913] 立契人谢××生于1850年，契约文书签订于光绪二十九年（1903），也就是契约文书签订时，谢××53岁，年龄、身份都具备，对家庭财产由完全的处分权，可以单独作为立契人。

但在实际土地等财产买卖交易当中，有一部分契约文书的立契人不完全具备此条件，不具备一个"合格"的立契人，也就是对财产没有处分权，契约文书是否有效力的，值得探究。

第一儿子处理财产，父亲作为中人参与当中，契约文书效力问题。中国古代实行"累世同居共财"的家庭模式，家庭的所有财产属于家庭每一个家庭成员。但这并意味着家庭每一个成员都有处分家庭财产的资格。《大清律例》规定："凡同居卑幼，不由尊长，私擅用本家财物者，十两，笞二十，每十两加一等，罪止杖一百。"这充分说明，大清律例赋予了家长对家庭财产的绝对处分权，而卑幼无权处分家庭共同财产。但从《谢氏族谱》所载契约文书了解到，家长在世的情况下，其子在一定的条件下也是可以处分共同财产的。

如：

[M0809507] 立换约 [人] 谢×漠，今将××鱼塘壹口换与谢氏祠名下管业，换来祠屋四间，院子壹口，狮子头山壹段，山下后洼平地壹块，议明下找祠钱肆拾串文，其塘界仍照旧规，恐后无凭，立换约为证，找钱付讫无欠。

同户众
×相　×朝　谢×大　谢×忠　谢×佐　谢×瑞
道光二十六年八月二十日立　谢×新笔

由《谢氏族谱》了解到：谢×漠父亲谢×相，字×吉，八品寿官，生于乾隆辛卯年（1771），卒于咸丰元年（1851），而其儿子谢×漠，生于嘉庆乙巳年（1809），为谢×相独子。而合同签订于道光二十六年（1846），也就是说合同签订时，谢×相75岁，其儿子谢×漠37岁，从现在民法典上来看，已经具备完全民事行为能力。但在当时，父亲在世的情况下，其子是没有资格独立处理家庭财产的。但由 [M0809507] 契约文书可以了解到，立换约人谢×漠，在当地也有一定的地位，父在世的情况下直接交换祖上财产，且其父作为"中人"参与当中，这只能说明其子处分财产的行为，得到了其父的同意。在此情况下，其子处分财产的行为，视为具有处分土地财产的资格。

第二，原配协同侧室所生长子，出卖家庭财产的资格问题。《谢氏族谱》所载契约文书 [M0809508] 中的"立卖约人谢杨氏同子×萼"，通过其族谱可以了解到，谢杨氏丈夫谢×才卒于咸丰十一年（1861），而其契约文书签订于1878年，也就是说，契约文书签订时，其丈夫已经去世17年。于是，谢杨氏取代其夫成为家庭财产的管理权，而没有取得处分家庭财产的资格。但无夫妇女可以与其成年儿子一起作为立契人，已经成为当时一种乡规习俗，并被当时社会和司法实践认可。但谢杨氏并没有自己亲生儿子，只有一个嗣子，而谢×尊实际是谢杨氏丈夫与侧室所生庶子。由此可知：契约文书［M0809508］谢杨氏与其侧室所生庶子，一起作为契约文书的立契人，在社会实践当中，得到了认可，也就是取得处分相关财产权利的资格。由此可以推测：当时无夫妇女取得处分财产的乡规习俗，首先是协同嫡子，其次是庶子，再其次嗣子，再其后是侄子以及远方族人等，而自己是不能单独处分财产的。

第三，无夫妇女协同夫侄媳妇处分家庭相关财产资格问题探究。

［M0809306］立归并约人谢×相、谢王氏同侄媳洪氏，今将下畈水田壹石九斗，塘下田一斗××等项一并在内，出归并与谢×祠名下，永远管业。当议时值价钱××正，清手领足无欠。上载册粮××亩××分，并过割完纳。其界东齐×为界，西齐×为界，南齐抵×为界，……自卖之后，永无异说，恐后无凭，立归并字为证。

同中
……

道光四年三月十八日立　　依口谢×先笔

由［M0809306］契约文书可以了解到，谢王氏同侄媳洪氏，与谢中相一起把财产归并与谢氏祠名下，且契约文书当中，谢×相与谢王氏是并列一起的，说明谢王氏其夫应当与谢×相同辈。但通过《谢氏宗谱》可以了解到：而谢×相夫人为谢黄氏，这就把其妻子排除在外。而谢×相只有一个胞弟谢×佐。而其弟生于乾隆五十二年（1787年），卒于道光二十七年，而合同签订为道光四年（1824年），合同签订时谢×佐才37岁，仍在世。另外谢×佐配偶为徐氏，继配为何氏，这也充分说明谢王氏不是谢×相同胞弟媳。且谢王氏《谢氏家谱》也无据可查。但有一条可以了解到，谢×相作为其一支的长子，谢王氏丈夫应当也是同谢×相出于同宗的另一支，双方有共同祖上的财产，双方共同处理财产。这说明，谢王氏与其侄谢洪氏二者都不具备独立处分财产的资格，但是二者与谢×相一起，可以单独处理共同财产，得到了当时风俗习惯的认可。

第四，兄弟几个处分共同财产，兄弟几个必须共同作为立契人。兄弟几个累世同居共财，兄长协同兄弟几个，须共同作为立契人。如果兄长或兄弟去世，须协同侄子共同作为立契人，兄弟一人不可以单独处理祖上遗留共同财产。

如：

[M0809609] 立卖约人谢×炜、×焕、×仁、×会、×先、侄×品,今因无钱使用,仝议弟兄,情愿将龙井卫分得分水田贰分、庄房贰间、门窗户扇、石碌、稻场、鱼塘、菜园、出路、余基一并出卖与谢×祠名下子孙永远为业……。自卖之后,无得异说。恐口无凭,立此卖约为证。卖主亲押。亲手领足,永不重书。

凭中

……

光绪十八年十月十八日　依口代笔谢×一

由《谢氏族谱》了解到,[M0809609]契约文书谢×炜、×焕、×仁、×会、×先,与×品的父亲×彩是同胞五兄弟,而兄长×彩已于光绪二年（1876）年去世,其他兄弟四人协同侄子×品共同作为立契人,处分分得水田。也就是说,兄弟几个处分祖上共同财产,兄弟有不在世的情况下,必须协同侄子,如没有侄子,须协同兄嫂,共同作为立契人,此才具备处分共同财产的资格,此契约文书才能获得当时买方的认可。

综上,作为立契人处分财产权利,须具备处分财产的民事权利能力,也必须具备处分财产的身份资格。作为一家之长,拥有家庭财产的绝对处分权;而一家男主人去世以后,其家女主人只取得管理财产的资格,缺乏处理财产的身份地位,不可以单独作为立契人。如果女主人处理其管理财产,必须协同有处分资格的儿子,共同作为立契人。同居共财的同胞兄弟,处分共同财产,须共同作为立契人,缺少任何1人,处分共同财产的资格是有瑕疵的。

四、《谢氏族谱》土地买卖契约文书有关内容解析

在明朝,随着永佃权的发展,出现了土地所有权和使用权者逐渐脱离现象,进而出现"一田两主、一田三主"现象,到了在清朝,土地买卖契约文书交易"地骨"或"地皮"脱离现象更加严重。"田皮"和"田骨"是中国传统民间对土地使用者与所有者的不同称呼,这就是中国历史上独特的"一田两主"现象,从民法理论上看,就是土地所有权和使用权属于不同的所有人。而从《谢氏族谱》土地买卖契约文书来看,应当存在"一田两主"现象,因为土地的买者主要是本族祠堂,谢氏祠堂拥有大量土地,不可能一个人耕种。这就是《谢氏族谱》土地买卖契约文书主要是"地骨",即所有权的转移,而"地皮"使用人不一定发生变动。且通过对搜集整理的有关族谱契约文书来看,族谱所载土地买卖契约文书主要是土地所有权的买卖,很少涉及地皮的买卖。而"地骨"与"地皮"最重要的不同是"地骨"所有人向官府负责交纳赋税,而"地皮"拥有人负责向"地骨"所有人交纳地租。"地骨"的转移按照清朝《大清律例》的有关规定,须要进行过割交纳契税,而地皮使用人的变动,无须进行过割,甚至不必通知"地骨"所有人。甚至可能导

致出现"地皮"使用人拖欠地租,"地骨"所有人讨要地租找不到"地皮"使用人问题。"'一田两主'在有清一代不仅从来没有得到官方法律的认可,而且被认为是导致民间田宅交易增加,官方税粮征收无着的罪魁祸首。"①"地骨"的交易、过割主要依据大清律例,清政府为了打击土地交易脱逃契税,不断修改相关法令,当时人们仍然想法脱逃契税。到了清朝末期,土地交易不过割的现象成为常态,政府律例对土地买卖契约文书的规范失效,而最后规范"地骨"、"地皮"交易正常进行的主要靠民间乡规。可以说,当时政府法令对土地买卖契约文书起着规范作用时,民间乡规与政府法令对民间土地买卖相持起着约束作用;而当政府法令失效时,民间乡规的作用进一步彰显。

(一)"地骨"交易的契约文书

在清朝"一田两主","一田三主"都普遍存在,也就是土地上面"地皮"与土地下面的"地骨"属于不同的人,特别是通过散件契约文书,可以看到"一田两主"现象普遍存在。而通过商城《谢氏族谱》所载土地买卖契约文书来看,其土地买卖契约文书都是"地骨"交易,没有地皮交易。推测可能是立契人把土地"地骨"卖给或归并与本族祠堂以后,立契人仍然享有"地皮"的使用权。通过所签订的契约文书,推测应当是这种情况。《谢氏族谱》所载契约文书,特别是"红契"契约文书,普遍使用如此的格式。

> 立卖约人谢×,情愿将×今分得分水田×分……一并出卖与谢×祠名下子孙,永远为业,当议时值价钱×拾串文,上载册粮×亩×分,东至××,西至××,南至××,北至××,在天安里第×甲谢×名下,过割完纳……,自卖之后,无得异说,恐口无凭,立此卖约为证。卖主亲押。亲手领足,永不重书……。
>
> 凭中
> ……
> 清年号××年××月××日 依口代笔××

《谢氏族谱》所载土地买卖"红契"契约文书,普遍使用"永远为业""永远管业"等用语,但仅仅从这些词来看,不能认定这些契约文书买卖的是"地皮"还是"地骨"。但后面载有"上载册粮,×亩×分,在天安里第×甲谢×名下,过割完纳",二者结合来看,土地买卖判定应当是"地骨"交易,而不是地皮交易,而地皮可能仍然归立契人使用。由此可以认定,商城《谢氏族谱》所载红契契约文书主要是"地骨"交易,而不是地皮交易。

---

① 刘高勇:《清代买卖契约研究——基于法制史角度的解读》,中国社会科学出版社2016年版,第212页。

（二）土地买卖以白契为主，但红契也占一定的比例

族谱所载土地契约文书，由于当时条件限制，不可能把契约文书复制到族谱当中，只可能对原契约文书内容和形式进行文字描述，载入族谱当中。而在对《谢氏族谱》搜集整理当中，发现阴宅以外，清光绪22年前涉及的土地买卖，都履行了相应"过割"① 完纳手续，这占《谢氏族谱》契约文书的46.7%。而在此后，有关契约文书就没有过割完纳手续，占其契约文书的53.3%。而《谢氏族谱》修订于光绪三十三年，且敢把违反当时《大清律例》的契约文书载入家谱，自寻麻烦，这是不现实的。这只能说明清末期契税监管松了，惩罚轻了，此是由多种原因造成的。首先是当时对土地买卖过户管理确实松了。当时地方基层官员只重视税赋的征收完纳，而对于税赋缴纳人缺乏管理。其次，买卖双方出于经济利益考虑，特别是同族之间土地交易，契约文书里面没有"买、卖"用词，而使用"归并"一词。这一方面出于同族之间血缘、亲情关系，另一方面土地交易不进行过割，避免交纳过高的契税及其他支出。据有关资料载：清末期，"买契之税，有加至四分五厘、五分、六分六厘者②"，远高于清初期的百分之三的收取。且清末期经济状况恶化，清政府在契税征收的各个环节增加收执项目，如要求民间订立契约购买官颁契纸，以及再加上基层官员的勒索等，也导致清末期白契增多的重要原因。

（三）土地交易过于频繁与碎片化，民间法规范了民间土地交易

从《谢氏族谱》中可以了解到，《谢氏族谱》中契约文书所卖土地没有一块超过四亩的或超过四斗的，且交易频繁。这可能与商城县多山地有关。清嘉庆八年编制的《商城县志》载："邑境万山重叠，百派交流，颇形杂沓。"这也是导致田地多碎片化的一个重要原因。

如：

> 立卖约人谢×炜、×焕、×仁、×会（家谱载为×绘），×先，侄×品，今因无钱使用，仝议弟兄情愿将龙井卫今分得分水田贰分……出卖与谢绳武祠名下子孙永远为业……。
>
> 光绪十八年十月十八日　依口代笔谢级二

如：

---

① 判断族谱契约文书是红契还是白契，只能通过"过割"字眼判断契约文书到底是白契还是红契。且族谱"红契"没有散件红契应有的如印铃，粘贴契尾的过割相关手续等，这是族谱契约文书的不足。
② 《皇朝续文献通考》卷4，《征榷考二十·杂征》，民国四年本，第188页。

> 立归并字人谢×炜,今将×分得分山场一分,情愿出并与谢×祠名下,子孙永远管业……。
>
> 光绪廿二年七月廿日立　依口代笔张映朋

再如:

> 立卖约人谢×会、谢×炜、×先、×达、侄×品,今因无钱使用,商仝叔侄情愿将×祖遗今分得分水田叁斗共计贰垭……,凭中出卖与谢×祠名下子孙,永远管业,当议时值价钱×串文正,比日亲领,无欠,上载册粮五分,在天安里谢×才(应为成彩,×品父亲)名下,过割完纳……。
>
> 光绪廿二年八月初八日　依口代笔谢×三

由上面谢氏族谱当中的契约文书可以了解到,从光绪十八年到光绪二十二年的四年时间内,谢×炜及其兄弟共进行了三次土地出卖,其中光绪二十二年一年就进行了两次土地买卖,这充分体现了土地交易的频繁;且三次交易的水田、山场分布在不同的地方,且数量分别为二分、一分、五分,这充分体现出了产权细碎化比较严重。土地交易的频繁与土地交易数量碎片化,导致土地向规模化集中,有利于农业生产的。但清税赋征收以及土地买卖交易的法令出现简单化甚至前后矛盾现象,民间习惯为民间土地交易有序发展提供了重要保障。也就是说民间法弥补了清政府土地交易不足和混乱的局面,规范了民间土地交易的秩序。

(四)民间习惯:土地优先购买权生命力在于本族经济利益

根据杨国桢对明清土地买卖结构研究指出,中国封建社会始终存在着地缘与血缘结合的乡族共同体。在乡族共同体内部,个人的活动和对其土地和财产的支配是存在的,亦即有私人土地所有权,但私人的土地权利受到乡族共同体的限制和支配,这在私人土地的继承、让渡、买卖时,表现尤为明显。[①] 前面已经谈到过,民间土地先买权之所以存在,因为民间血缘、地缘因素以及民间交易的强大的习惯。而"民间田宅买卖中先买权的强大生命力还在于先买权所承载的实际经济功能。"[②] 因为《大清律例·户律·户役》规定:各处卫所官军人等及灶户,置买民田一体坐派粮差,若不纳粮当差,致累里长包赔者,俱问罪,其田入官。"可见清代土地先买权实际上和清代的赋税征收捆绑在一起的,也就是说同里宗族的赋税是捆绑在一起的,本族祠堂为了本族的永续发展也必须购买本族,甚至同

---

① 杨国桢:《明代土地契约文书研究》,人民出版社2016年版,第4页。
② 刘高勇:《清代买卖契约亚久——基于法制史角度的解读》,中国社会科学出版社2016年版,第97页。

里所卖土地。而日本学者岸本美绪对明代契约文书先买权的研究，他认为先买权的存在，与其说这种习惯势力来自血缘共同体关系残留下来的限制，不如说是当时人们对土地自由流动性所采取的一种防卫措施。① 这实际上是岸本美绪只看到土地自由买卖的现象，并没有把握族人对土地买卖限制后面经济利益以及对族人发展的影响。

（五）《谢氏族谱》中土地买卖当中的"绝卖"与"活卖"

一般情况下，清代土地交易有两种方式：一种是允许卖主日后回赎的"活卖"；一种是不允许卖主日后回赎的"绝卖"，这是当时民间存在的两种土地交易乡规。在传统社会当中，土地的"活卖"与绝卖都存在存在着"回赎"与"找价"风俗习惯。此传统习惯对民间土地交易市场带来不稳定因素，也使民间因土地纠纷、矛盾增加，诉讼不断，特别是影响着清政府契税的征收。在乾隆十八年前，由于"典"与"卖"不分，对清政府的契税征收不利。在乾隆十八年颁布的《大清律例·户律·典卖田宅》中规定：

> "嗣后民间置卖产业，如系典契，务于契内注明回赎字样，如系卖契，亦于契内注明绝卖永不回赎字样。其自乾隆十八年定例以前，典卖契载未明，（追溯同年）如在三十年以内，契无绝卖字样者。听其照例分别找赎。如远在三十年以外，契内虽无绝卖字样，但未注明回赎者，即以绝卖论，概不许找赎。如有混行告争（要求找价回赎）者，均照不应重律治罪。"

此规定有利于稳定基层土地交易，有利于清政府契税的征收，且明确规定了"卖契，亦于契内注明绝卖永不回赎字样"，明确规定了绝卖契约文书的格式。绝卖有专用的文契，有官府制定的样文和印刷的格式。

而通过商城《谢氏族谱》契约文书来看，族谱绝卖契约文书也形成自己的格式。从名称上看，土地绝卖契约文书与活卖契约文书，名称上没有严格的区别，都称为"卖契"。只是在契约文书里面，明确载明"永不许加补回赎"的字样，以表示卖主与原土地切断关系。

如：

> [M0810317] 立卖约字人李×还，商同父×栋，兄×建、×臣，情愿将经分祖遗七斗街座西向东至大领下到山脚正脑包二洼，出卖与谢×敦名下子孙，永远为业，……自卖之后，永不许加补回赎，比日价资，亲领无欠，恐口无凭，立卖

---

① ［日］岸本美绪：《明清契约文书》，载［日］滋贺秀三，寺田浩明：《明清时期的民事审判与民间契约》，法律出版社 1988 年版。

约字为据……。

　　光绪三十三年冬月十二日立　　李×还亲押

此契约文书可以说是《谢氏族谱》所载绝卖契约文书的标准格式，但此土地买卖契约文书，没有履行过割手续，也就是"白契"。从现在民法理论上讲是不受法律保护的，没有真正的土地权属易主。因此，契约文书虽然明确载明"永不加补回赎"，但是不受法律保护的，卖主从法理上仍然可以"找贴"与"回赎"。而前面已经谈到过，商城《谢氏族谱》所载契约文书在清光绪22年后，都是白契，没有红契。虽然是白契，可以说是当时人们约定俗成的一种乡规，"诚实守信，履行契约"，没有出现找贴和回赎现象，可以说，民间乡规起来重要作用。

（六）清末里甲制度对乡村土地买卖仍有很大的控制力

一些学者认为，康熙五十一年（1712），清廷颁诏实行"永不加赋"政策，雍正年间，又全面推行"摊丁入亩"政策，从而使里甲制度失去了存在的意义。到乾隆三十七年（1772），清政府正式宣布"嗣后编审之例，著永行停止"，里甲制度废除了，取而代之的是保甲制度。但从《谢氏族谱》中契约文书可以了解到，里甲制度并没有废除，并在清末一直存在着，且对乡村土地买卖、赋税征缴等进行着实际管理。清嘉庆年间编纂的《商城县志·坊里》载："里自固始分者二十有六，为商城、隆溪、泰苏、胡泰、独山、平陂、通城、方山、石潭、人山、清溪、阳山、梅山、隆门、双溪、和丰、官山、南溪、仙潭、三河、三水、石塘、万安、天山、枚溪、安城。里各分十甲，明末寇蝗交作，户口消而田地荒，其现存丁地又混隶于固籍。国朝定鼎，知县卫真元酌其户口之盈绌，田地之多寡，一里不敷当年一甲，爰并为十二里，亦各区十甲。"其中谢氏所居住的上方山所属"天安里领保四，曰：枚武店上保（距城九十里）、枚武店下保（距城五十里）、青白河上保（距城九十里）、青白河下保（距城一百二十里）。"且也载："每里各有单头，主催纳钱粮，每保各有保正、甲长，牌头主稽查，保甲有乡约主宣讲条约，有地方催办公事。"① 在《谢氏族谱》清光绪年间契约文书当中，惯用在契约文书"天安里第八甲、天安里第七甲、天安里第一甲"名下等用语。这一方面说明当时在此地实际仍然存在着里甲制度，另一方面说明里甲制度仍然对乡村各个方面有很强的控制力。因为谢氏本族土地登记由里甲控制着的，这在谢氏族谱契约文书当中得到充分体现。《谢氏族谱》契约文书有这样的用词，如"上载册粮壹亩壹分，在天安里第八甲谢成才名下，过割完纳"，"上载册粮壹亩壹分，在天安里第一甲谢成才名下，过割完纳"，"上载册粮壹亩四分，在天安里周九思名下，过割八分，周德丰名下过割六分完纳"等，这充分说明当时里甲对乡村土地交易、甚

---

① （清）武开吉：《商城县志·坊里》，清嘉庆八年。

至赋税的控制。

结　语

《谢氏族谱》契约文书是散件契约文书的描述性再现，具有散件契约文书基本形制：契首、契中、契尾要件。契首首先载明立契人，在当时情况下，家长拥有绝对处分共同财产的权利，如家长去世，其夫人只是取得家庭共同财产的管理权而不是处分权，如果自己处分财产，须协同儿子等亲人处分家庭财产，但不载明立契人的地址，这是《谢氏族谱》契约文书的一个特点。

随着明朝永佃权的发展，到了清朝出现了"地骨"与"地皮"脱离的现象，进而出现"一田两主"甚至"一田三主"的现象。但从商城《谢氏族谱》土地买卖契约文书来看，《谢氏族谱》所载土地买卖契约文书主要是同族或同里之间的"地骨"即所有权的买卖，而买方主要是本族祠堂。清光绪二十二年前的土地买卖契约文书都进行"过割"，族谱契约文书对"红契"只是载明"过割完纳"字样，至于官府印钤以及官府过割的相关手续是没办法显示的，这是族谱契约文书的特色也是缺陷，也形成族谱"红契"特色。另外，族谱契约文书的一个重大特色是契约文书的购买方主要是本族祠堂或族人，没有外姓人员购买本族土地载入本族祠堂的，也体现出了族人的优先购买权，而族人的优先购买权一方面是防止本族族人财产的流失，而关键的是维护本族的经济利益，可以说官府的赋税征收制度与基层的乡规共同促进族人优先购买权的实现。

族谱契约文书的"绝卖"与"活卖"在契约文书名称上没有严格的区分，一般情况下，都成为"卖契"，只是"绝卖"契约文书在契约文书内容里面加上"永不回赎"或"绝不回赎"字样，但《谢氏族谱》绝卖契约文书有大量没有完成"过割"手续，从法理上将，不是严格意义的"绝卖"。而商城上方山谢氏土地的买卖仍然受到基层官员的干涉，包括土地的交割、赋税的征收，可以说，整个清朝土地买卖受到基层政府与本族势利的双重干涉，而两股势利在不同时段，此消彼长，衡量两股势利消长的标准主要体现在"红契"与"白契"数量的对比。而清光绪二十二年后，《谢氏族谱》契约文书都不进行"过割"，都是"白契"，这也意味着民间乡规占据主导地位。而民间乡规对基层契约文书的影响值得深入探究。

**Study on Land Purchase Contract Documents
of Surname XieClan in Shangcheng County of Qing Dynasty**

Li Junjie

Abstract: The genealogical contract document is the descriptive reproduction of the separate contract document, which has the basic form of the separate contract document: the beginning of the contract, the middle of the contract and the end of the contract. One of the characteristics of the contract documents in surname Xie clan of Shangcheng County in qing Dynasty is that the name of the person who made the deed is listed at the beginning of the deed, but not the address of the person who made the deed. From the point of view of the content of the deed, the land purchase contract documents are mainly the transfer of ownership between the same clan or village, and the buyer is mainly the ancestral temple of his own family, which is an important feature of the clan contract documents. In addition, there is no strict distinction between "never sell" and "live sell" in the genealogical contract documents, but the words "No redeem" or "never redeem" are contained in the "never sell" contract documents. Surname Xie clan land sales contract documents mainly "white contract (no official seal on the contract)", but also a small number of "red contract (official seal on the contract)", and maintain the good order of grassroots land transactions mainly rely on folk regulations. Folk regulations play an important role in regulating the order of genealogy land transactions. Genealogy of contract documents in the tail shape, compared to other contract documents there are some defects, but the man with the sign, and human and human, the relationship between through clan can have a further understanding, this is other contract documents do not have, it is also clan contract documents a big advantage.

Keyword: Qing dynasty ; genealogy contract documents ; land sale

(编辑：曹瀚哲)

建国初期乡村纠纷处理秩序的重构

——以苏北"群众办案"运动为例[*]

唐华彭[**] **吴伟强**[***]

摘 要 建国初期的土改和镇反运动彻底瓦解了乡村的固有经济基础和传统权力结构,乡绅完全退出了乡村治理舞台,乡村纠纷需要新的处理秩序。"群众办案"运动,是建国初期重构乡村纠纷处理秩序的一次重要实践探索,是革命理念和乡土实践相结合的产物,体现了极富中国特色的法制智慧。对此进行学术研究,有助于增强人们对建国初期法制建设的深入理解,纠正那些因简单照搬西方法治理论而形成的错误评判,为"制度自信"提供历史依据和学理支持。

关键词 群众办案 乡村 纠纷处理秩序

处理纠纷是乡村生活的重要组成部分。在"皇权不下县"的传统中国,大部分乡村纠纷由乡绅依据人情事理或乡约民规等民间法予以调解处理。时至清末民国,尽管近现代法制已然建立,但封闭的广大乡村仍然大体保持着旧有的纠纷处理秩序。1949年中华人民共和国的建立则完全不然——建国初期的土改和镇反运动彻底瓦解了乡村的固有经济基础和传统权力结构,乡绅完全退出了乡村治理舞台,不再(能)处理乡村纠纷。不过乡村生活仍在继续,乡村纠纷需要新的处理秩序,所以中华人民共和国开始了艰难的探索。就华东而言,其于1952年下半年借着司法改革"批判旧法、树立新法"的东风,掀起了一场轰轰烈烈的"群众办案"运动。这场运动是中华人民共和国成立初期重构乡村纠纷处理秩序的一次重要实践探索。

---

[*] 国家社科基金项目(14CFX007)、江苏高校哲学社会科学研究重大项目(2021SJZDA015)的阶段性研究成果。
[**] 唐华彭,历史学博士,江苏大学法学院副教授,硕士生导师。
[***] 吴伟强,江苏大学法学院硕士研究生。

概况而言,"群众办案"运动就是借鉴群众运动的经验,发动人民群众参与办理案件。被发动起来的群众就是"办案群众",他们在干部和法官的组织下办理案件,就是"群众办案"。经由"群众办案"运动形成的"群众办案"经验,是中华人民共和国成立前三十年乡村纠纷处理秩序的重要组成部分,在改革开放后乃至当下仍然发挥着重要作用。笔者认为,"群众办案"是革命理念和乡土实践相结合的产物,体现了极富中国特色的法制智慧,属于习近平总书记在论及法治时所指的"我们的历史文化、我们的体制机制"。① 通过"群众办案"对建国初期乡村纠纷处理秩序的重构进行学术研究,有助于增强人们对中华人民共和国成立初期法制建设的深入理解,纠正那些因简单照搬西方法治理论而形成的错误评判,为"制度自信"提供历史依据和学理支持。

为了展现和剖析"群众办案"运动的具体面貌,本文主要以1952年苏北的"群众办案"运动为例展开。此处的"苏北",是指自1949年4月成立至1952年12月撤销的省级行政区,下辖扬州、泰州、盐城、淮阴和南通五个行政分区。

一、理念的重构:为什么要"群众办案"

对于传统中国而言,"群众办案"是亘古未有之事,它实则源于列宁的人民专政思想。列宁对此有过专门论述:"人民,无组织的、'偶然'聚集在一个地方的居民群众,亲自登上舞台,亲自执行审判……这就是革命人民的专政。"② 以列宁为首的布尔什维克将这一思想贯彻至苏维埃政权建设中,将法院定位成"吸引全体贫民参加国家管理的机关"③。这些俄国革命的理论和经验被中国共产党人吸收后,很快演变成红色革命的重要组成部分。

据笔者目力所及,1923年海陆丰农会下设的仲裁部,是中共领导下"群众办案"的最早记录。该部由彭湃亲任委员,组织农民裁断了大量案件。④ 北伐时期,中共在两湖发动群众参与审判土豪劣绅。在苏区时代,群众可依"陪审员"的身份参加庭审。1943年形成的"马锡五审判方式",是"群众办案"发展的重要阶段。谢觉哉将其定性为"政府和人民共同断案"。⑤ 随着毛泽东的批示以及媒体的大力宣传,"马锡五审判方式"成为新法制的标志。

1952年下半年,华东将"群众办案"作为重构乡村纠纷处理秩序的理念选择。华东

---

① 《习近平在中国政法大学考察时强调 立德树人德法兼修抓好法治人才培养 励志勤学刻苦磨炼促进青年成长进步》,载《人民日报》2017年5月4日,第1版。
② 吕世伦:《列宁法律思想史》,黑龙江美术出版社2018年版,第452页。
③ 中央政法干部学院编:《马克思列宁主义关于法律和革命法制的理论》,法律出版社1958年版,第196页。
④ 彭湃:《海丰农民运动》,作家出版社1960年版,第31页。
⑤ 谢觉哉:《关于调解与审判》,载王定国等编:《谢觉哉论民主与法制》,法律出版社1996年版,第137页。

局不断强调:"依靠群众办案,不但是突击清理积案的有效方法,而且是人民司法工作的根本方向。"①《解放日报》《文汇报》《新华日报》《苏北日报》等华东报刊纷纷发文宣传"群众办案",各地领导高度重视,纷纷组织大批人员赴乡村展开"群众办案"运动。笔者认为:"群众办案"之所以能够作为处理乡村纠纷的理念选择,除了其与生俱来的红色基因外,还隐含了华东对建国初期国家司法状况和乡村生活实际的深刻体察——华东发起"群众办案"运动前的法制史料即可见一斑。

第一,国家对乡村的司法供给严重不足。建国伊始,虽然人民司法机关快速建立,但司法干部严重缺编。以苏北为例:1950年各县市人民法院缺编超过30%②,且这种情况长期未得改善。需要注意的是,国家对乡村的司法供给不仅量少而且质弱。相当一部分司法干部不愿或不会深入乡村,不善利用农民语言和乡土逻辑处理乡村纠纷,而偏向甚至习惯采取程序主义的方式办理案件。这种现象用当时的革命话语来表述就是严重的"旧法观念和旧法作风"。

史料显示,人民法院对"旧法观念和旧法作风"始终抱有严肃的警惕之心,经常用思想教育的形式对司法干部进行政治规训,并适时通过乡村巡回审判培育"新法观念和新法作风"。但大部分司法干部是外来干部或新生干部,对当地乡村的历史、风土、人情、世故和语言均缺乏也难以了解,亦欠缺因行政级别而生的权力和权威,再加上干部数量匮乏,故对深入乡村总是心有余而力不足。

因此,建国初期的人民法院根本无力完成处理乡村纠纷的重任,积案重重。至1952年苏北各级人民法院共累积案件达24585件!③缓解积案压力,是华东发起"群众办案"运动的重要诱因。

第二,新生的乡村干部处理乡村纠纷不力。土改和镇反运动后,乡村的权力中心转移至乡村干部,但他们无法游刃有余地处理乡村纠纷。1951年苏北发现:"在调解工作上,过去区里没有专门调解机构;自实行新编制后,都由区里民政助理员负责办理。但由于中心工作繁重及干部缺乏重视,一般存在着拖拉不负责任的作风。部分乡虽然成立了调解委员会,但缺少领导上的指导与具体帮助,因而流于形式。"④显而易见,这份检查报告不仅坦承了乡村干部处理乡村纠纷不力的事实,也点明了其中的原因所在。

"中心工作繁重及干部缺乏重视"是重要原因。建国初期乡村干部承接了上级交办的各类事务,异常繁忙和辛苦,同时收入和待遇极其有限。黄炎培先生考察苏南时发现:

---

① 《中共华东军政委员会政法党组关于司法改革运动第三号报告》,载《斗争》第178期,1952年。
② 《苏北人民法院1950年工作总结报告》,载《江苏省十年来司法工作主要资料》,江苏省高级人民法院1959年编印,第62页。
③ 《苏北司法改革运动报告》,载《江苏省十年来司法工作主要资料》,江苏省高级人民法院1959年编印,第134页。
④ 华东苏北联合检查组:《苏北区婚姻法贯彻执行情况检查报告》江苏省人民委员会办公厅:《苏南苏北行署和江苏省人民委员会档案资料汇报》,1958年12月,第67页。

"乡长半脱离生产,只领一些津贴,村长村干不脱离生产,连津贴都没有,而工作的繁忙有时日夜都不得休息。"[①] 相对发达的苏南如此,苏北恐怕亦如此甚至更差。"都有区里民政助理员负责办理"是另一重要原因。"区"是建国初期设置于"县"与"乡"之间的行政级别,对于"区里民政助理员"而言,他无力深入至每个乡村,无法掌握那些属于每个乡村独有的生活逻辑和话语体系,所以自然难以有力地处理乡村纠纷。

这一情况表明,建国初期的乡村干部没有形成处理乡村纠纷的有效力量,亟须进行改革,这是华东发起"群众办案"运动的重要动力。

第三,乡村熟人社会的格局稳固未变。虽然随着新中国由农业国向工业国转型,一些农民进城务工,但这没有撼动乡村熟人社会的格局。

乡村熟人社会的格局,使得"群众办案"得以可能。熟人社会的案件主要发生在熟人之间,案情多不复杂,是非不难判明,群众凭借"雪亮的双眼"容易辨析。以1950年上半年苏北各级人民法院受理的民事案件为例:婚姻案件比重最高,占40.26%;农民间的土地纠纷次之,占11.43%;而属于陌生人社会的工商业纠纷和劳资纠纷分别占4.86%、2.36%。[②] 另外,熟人社会特有的拘束力,使得不是法官的"办案群众"可以凭借职务、年龄、辈分、舆论等资源取得办案权威,当事人也才可能在宗族、街坊、人情、面子、舆论等压力下接受"群众办案"。此外,中国的乡村人多地少,是典型的"拥挤社会"[③],有着独特的纠纷处理特征。例如:个人权利的边界不清晰也不追求清晰,权利实现不强调及时完全而主张谦让忍让顾全大局,因为"低头不见抬头见"。这就使得调解而非审判才是处理乡村纠纷的主要方式,所以欠缺法律知识的群众也能在一定条件下办案。

熟人社会的格局是华东得以发起"群众办案"运动的环境要素。

二、主体的重构:怎么发动"办案群众"

在"皇权不下县"的传统中国,乡绅在乡村治理中拥有巨大的权力和权威,可以据此裁断曲直。新中国的土改和镇反等运动彻底改变了基层权力格局,乡绅的权力和权威土崩瓦解,"乡绅办案"不复存在,但这并不意味着处理乡村纠纷的新主体会自动生成且被群众接受。群众动员在这一转型过程中发挥了巨大作用,成功地改变了乡土社会有关纠纷裁断的既有认知和惯习,打造出了成千上万的愿意并能够裁断基层纠纷的"办案群众",其与人民法院和乡村干部共同构成了乡村纠纷处理的新型主体。需要指出,这些群众动员手段虽来源于业已形成的革命经验,但在实施过程中并非简单照搬,而是围绕"办案"这一主题进行了灵活调整。如苏北在"群众办案"运动中主要采取了如下动员方式:

---

① 《黄炎培访察苏南土地改革报告》,中共江苏省委党史工作委员会、江苏省档案馆编:《苏南行政区(1949—1952)》,中共党史出版社1993年版,第307页。
② 苏北人民行政公署办公厅编印:《苏北统计》(1950年上半年),第27页。
③ 陈柏峰:《拥挤社会的法治》,载《南风窗》2014年第25期。

首先，转化话语形式，激发农民"办案"的热情。应当承认，受文化水平和视野范围所限，一般农民对"办案"较为冷漠。苏北发起群众办案运动之初即发现，广大农民仍沉浸在旧有认知和习惯中，对"办案"严重缺乏热情。当时就出现了风凉话："狼咬狗也好，狗咬狼也好，横竖有干部，不关我的事。"① 对此，苏北积极进行话语调整，将"群众办案"转化为人民当家作主的豪情话语，由此激发农民"办案"的热情。

转化的关键在于对比。苏北各地仿照土改和镇反中的"控诉会"，组织大批群众揭批旧法观念和旧法作风的罪恶。揭批流程经过了精心设计——法院领导检讨→表明改造决心→群众代表发言→揭批反面人物→当场拨乱反正；揭批注重情感渲染，强调逐渐达至高潮。这些动员技巧的娴熟应用，将旧法制的反动、低效和不公展现得淋漓尽致。在此基础上，向广大农民充分宣讲和展现"群众办案"的种种优势，使其明白"群众办案"不仅能够"合情合理地、迅速地解决问题"，还能"加强司法干部的群众观念，密切人民政府和人民的关系"。② 两相比较下，早已扎根于人心间的当家作主的豪情壮志喷涌而出，广大农民自然地激发了对"办案"的极大热情。邳睢县81岁的王学礼老人感慨说："前清打官司要跪下来，国民党时代也是这样，现在人民政府办事真公道，办事都跟老百姓商量，我长这么大年纪才看到头一回。"还有群众说："人民法院把案子交给我们参加处理，真是想不到的，这才是真民主啊!"③

其次，塑造榜样典型，催生农民"办案"的信心。不难想象，面朝黄土背朝天的广大农民，首次接触"群众办案"这一新生事物时，极易表现出严重的信心不足。苏北有群众反映："办案是官家的事，我们不懂政策法令，怎么办得好？"④ 如何催生农民"办案"的信心，是和"如何激发热情"同样重要的难题。

史料显示：苏北各地纷纷塑造榜样典型，期望以此催生农民"办案"的信心。这些榜样典型主要指调入法院担任审判员的普通农民，他们不懂法言法语甚至文化水平有限，但却凭着对群众路线的理解和坚持，打开了工作局面，获得群众认可。他们从信心不足到信心满满的心路历程，经过报纸和广播的大力宣传后，轻松化解了农民对"办案"的心理束缚。如《苏北日报》大力宣传的苏北人民法院审判员胡立珍：她来自淮阴农村，刚到法院工作有"怕文化水平低，不能做好司法工作"的顾虑；但是经过学习和实践，她很快就明白了"人民司法工作主要是反对'坐堂问案''关门办事'和文牍主义的，它要求树立依靠群众、联系群众、便利群众的作风和制度"⑤，不久便打开了工作局面。胡立珍式的榜样典型，在当时苏北各地的报刊宣传中比比皆是，给予了广大农民对"办案"这一新生事

---

① 《中共苏北区委员会关于司法改革工作情况的报告》，载《斗争》第183期，1952年。
② 《中共苏北区委员会关于司法改革工作情况的报告》，载《斗争》第183期，1952年。
③ 《中共苏北区委员会关于司法改革工作情况的报告》，载《斗争》第183期，1952年。
④ 《中共苏北区委员会关于司法改革工作情况的报告》，载《斗争》第183期，1952年。
⑤ 胡立珍：《认真学习，做好人民司法工作》，载《苏北日报》1952年10月14日，第3版。

物极大的同理心支持,"办案信心"由此成功生发。

再次,派遣工作队,树立农民"办案"的权威。点燃农民对"办案"的热情和信心,即深刻地改变了乡村关于纠纷处理的传统认知,但非常明显,除此之外还应当赋予农民相应的"办案"权威,而权威只能来自国家政权的外部赋予。苏北在发起"群众办案"运动时,习惯性地使用了派遣工作队这一动员手段。由从各机关抽调的党政干部所组成的工作队,带着上级的指示和要求,分片包干,奔赴乡村。如同土改或镇反运动那样,他们成为国家权力延至各个乡村的纽带,将源自革命国家的权威传递至每个"办案群众"。

以苏北邗江县头桥工作队为例:1952年10月,邗江县委派遣了一支由党政干部、法院工作人员和乡村积极分子组成的共计十余人的工作队,进驻头桥乡,负责头桥、九新、安帧等七个乡的群众办案运动。头桥工作队将选拔"办案群众"作为一项重要政治任务下派到每个乡村,要求乡村干部"物色积极分子,作为调解委员",具体选拔标准是"要政治清白的贫雇农民或革命知识分子,青年妇女(妇女、男子各占半数,最好是受压迫的妇女)"。① "办案群众"经乡村干部初选、头桥工作队审核后就正式产生了,他们经由工作队的确认而获得了办案的权威。经此过程,头桥工作队共认定七个乡的"办案群众"亦即普通农民150人。② 据统计,在"群众办案"运动期间,苏北共在乡村发动"办案群众"39977人!③

当然,苏北近四万人的"办案群众"中,不免有滥竽充数或素质低下者:"一些成分不纯或不称职的人当选了调解委员,如有的地方把反动会道门、蜕化干部和二流子拉近调委会,把有三个老婆的当了调解主任,要十几岁的女孩子做调解委员"。④ 苏北发现后立即下令整改,并对"办案群众"的选择标准进行了细化——"历史清白、公正无私、能积极为群众办事",主要是农民群众中的"积极分子、烈军家属、劳动模范、人民代表和教师等"。⑤ 值得注意的是,这一标准的设定没有简单仿照土改中的"阶级标准",而是注重了"办案群众"的身份、知识和能力优势。

三、内容的重构:"办案群众"如何办案

如上文所述,新中国彻底改变了两千余年传统乡村的经济基础和权力结构,国家权力全面下沉至乡村的每个角落。在此基础上形成的新型乡村纠纷处理秩序,必然迥异于传统

---

① 《北洲区头桥联防七个乡的司改工作总结》,江苏省档案馆藏6013—002—0043。
② 《北洲区集体调解统计表》,江苏省档案馆藏6013—002—0043。
③ 《苏北司法改革运动报告》,载《江苏省十年来司法工作主要资料》,江苏省高级人民法院1959年编印,第131页。
④ 《苏北司法改革运动报告》,载《江苏省十年来司法工作主要资料》,江苏省高级人民法院1959年编印,第132页。
⑤ 《苏北司法改革运动报告》,载《江苏省十年来司法工作主要资料》,江苏省高级人民法院1959年编印,第133页。

社会的"乡绅办案",要在国家力量(人民法院和党政干部)不足的前提下将乡村纠纷处理置于国家权力的有效掌控之中,还要服务于改造、建设和发展乡村的宏伟战略,亦要符合乡村的熟人社会逻辑。平心而论,同时实现这些目标并不容易,而"群众办案"是其中的关键所在。苏北"群众办案"运动显示:乡村中的"办案群众"并非独立地开展办案,而是在乡村干部和人民法院的组织下参与办理案件。由此,乡村干部、人民法院、"办案群众"相互交搭、磨合和调试,最终重构了一套可以满足上述诸多目标的新型乡村纠纷处理秩序。

其一,乡村干部主导"群众办案",将乡村纠纷处理完全置于国家权力体系中。

在传统中国,绝大部分乡村纠纷系在国家权力体系外由乡绅处理。费孝通先生曾说:"传统中国,理想中的乡村权力结构是二元体系的,绅权与皇权。地方上的事情是由社区的绅士所管辖的,是中央当局难于干涉的。"[1] 但这显然不符合新中国对乡村权力结构的安排。在司法机关和乡村干部力有不逮的情况下,"群众办案"起到了重要的权力延伸作用——将乡村干部嵌入由"办案群众"组成的人民调解组织中,由其主导他们调解处理乡村纠纷,由此将乡村纠纷处理全面而深刻地纳入至国家权力体系中。

在苏北,"群众办案"运动的重要内容之一即在乡村建立人民调解组织。苏北行署主任惠浴宇说:"要在发动群众中,选择群众中的积极分子,建立与健全区、乡调解委员会的组织。这是今后改进和加强人民司法工作的重要基础。"[2] 为此,苏北决定在乡村每个区级人民调解组织中配备专职调解干事1人,这些调解干事从区委委员、乡长、指导员、民政干事、建设干事中选拔。据统计,苏北505个区共配置专职调解干事463人,占91.7%。[3] 此外,苏北还决定乡村区级调解组织主任由区长或副区长兼任,专职调解干事则任副主任。

由此,乡村干部被深深嵌入至人民调解组织中,这些具有行政能力和行政权威的乡村精英,通过指挥"办案群众"展开调解,全面掌握了乡村纠纷处理的动态情况并适时进行干预。在射阳县,乡村干部加入射海区人民调解委员会后,即对"办案群众"提出了明确要求:(1)各乡10天调解一次、各村5天一次;(2)提早或延迟调解,要及时总结汇报;(3)调解后须送区校阅;(4)特殊案件先请示后调解。[4] "群众办案"解决了国家正式力量不足与国家掌控乡村纠纷处理意愿之间的矛盾。

其二,人民法院组织"群众办案",将国家法作为乡村纠纷处理的基本准则。

传统中国乡村纠纷处理的基本准则是民间法,即"老人的权威、教化以及乡民对于社

---

[1] 费孝通著、惠海明译:《中国绅士》,中国社会科学出版社2006年版,第52页。
[2] 惠浴宇:《彻底进行司法改革工作》,载《苏北日报》1952年9月4日,第1版。
[3] 《苏北司法改革运动报告》,载《江苏省十年来司法工作主要资料》,江苏省高级人民法院1959年编印,第133页。
[4] 《射阳县司法改革运动全面总结报告》,江苏省档案馆藏件6013—002—0043。

区中规矩的熟悉和他们服膺于传统的习惯"。① 质言之,国家法在解决乡村纠纷中居于次要地位,但这明显不符合新中国改造乡村的战略要求。需要明确:虽然国家权力已然下沉至乡村的每个角落,但不等同于国家法会自动地取代民间法成为被农民所认可的纠纷处理基本准则。"群众办案"在此过程中显示出了强大的威力,是乡村纠纷处理准则转换的重要手段。

例如:以乡村民间法来看,"打老婆"是合法的甚至在一定程度上是合理的,"打倒的媳妇,揉倒的面"。但以中华人民共和国国家法来看,"打老婆"显然不符合《婚姻法》的规定。如何能让国家法在乡村落地生根,被广大农民内心接受并使其改变既有习惯,是建国初期司法机关面临的难题。建湖县白果乡村民张步元,"常打老婆,不洽老婆吃,女人割自己在土地改革中应分的人口田的稻子,他还用刀砍女人"。"群众办案"运动时,建湖县人民法院审判员伍善夫负责处理此案,他首先对当事人和"办案群众""进行政府政策、法令的教育,特别详细地解释婚姻法",然后组织"办案群众"进行讨论,再由已经转变认识的"办案群众"对当事人进行劝解和调解。② 这些"办案群众"都是张步元的亲属或邻居,他们成功地利用了宗族、辈份、面子和舆论力量,使得当事人接受了《婚姻法》,并充分认识到了自己的错误。建湖县人民法院利用此种办法"大力贯彻国家政策法令,经两天时间六十多件积案已解决四十五件(内有十件是婚姻案件),当时就有十户自动和解"。③

我们通过以上案例可以看到,"群众办案"在转换乡村纠纷处理准则时发挥了巧妙的作用。国家法虽有国家权力作为保障,但不能亦无法强行取代民间法,需要借助乡村社会认可的权威资源才能在乡村中扎根。作为积极分子"办案群众",在率先接受国家法后,利用其在乡村熟人社会中的优势地位,既"柔性"又"强力"地促使纠纷当事人认可国家法,体现了国家权威力量和乡村生活逻辑的有机结合!

其三,利用"群众办案"的规模效应,凸显乡村纠纷处理秩序的治理功能。

传统中国的乡村纠纷处理,属于"一事一调"式的手工作坊模式,其教化、育人和治理功能"隐而缓"。"敢叫日月换新天"的新中国则不然,其乡村纠纷处理要服务于改造、建设和发展乡村的宏伟战略,应凸显其社会治理功能。从群众运动中走来的"群众办案"具有天然的规模效应,能够批量式地快速处理乡村纠纷,满足国家对乡村的社会治理需求。苏北在"群众办案"运动中经常运用的集体调解即是如此。

集体调解由人民法院主导政策、乡村干部具体指挥、"办案群众"大批参加,形成了

---

① 梁治平:《乡土社会中的法律与秩序》,王铭铭、王斯福主编:《乡土社会的秩序、公正与权威》,中国政法大学出版社1997年版,第417页。
② 《建湖县人民法院在司法改革后 干部深入调查解决积案作风大转变》,载《苏北日报》1952年10月14日,第3版。
③ 《建湖县人民法院在司法改革后 干部深入调查解决积案作风大转变》,载《苏北日报》1952年10月14日,第3版。

轰轰烈烈的集体调解氛围,以此打通人民法院、乡村干部和人民调解组织。集体调解一般由如下步骤构成:(1)人民法院通过乡村干部了解纠纷的基本情况;(2)人民法院与乡村干部一道根据性质、难易、缓急等标准对纠纷进行分类;(3)召开集体调解动员大会,由人民法院讲明政策;(4)乡村干部将纠纷按类别派发给"办案群众",交代政策;(5)"办案群众"根据政策展开调解,这往往在会场中集体进行;(6)达成调解协议,纠纷解决。集体调解充分利用了人民法院的政策优势、乡村干部的权威资源和"办案群众"的熟人身份,既坚持原则又灵活机动,通过轰轰烈烈的办案场面实现了快速化解纠纷的目标。

例如:苏北"群众办案"运动的典型单位海门县人民法院,在同南等乡按上述步骤展开集体调解。其先后召开了乡干会议、党员团员干部人民代表联席会议、村民大会、村民代表大会等,共发动"办案群众"178人。"九月一日展开集体调解,法院同志与调解委员、代表等共同发动群众办案,两天内即解决了案子二十五件,计刑事八件,都作成判决;民事十七件内判决四件,作成和解笔录的有六件,双方协议解决的五件,终止二件;案件类型包括地主复辟、重婚遗弃、土地侵占、偷窃、诬告、离婚、损害赔偿等。""有力地配合了当前的庆祝国庆、查田定产、秋收秋种等中心工作"。①

依靠"群众办案",苏北在运动期间共处理案件 28392 件②,大部分积案得到有效解决,乡村纠纷处理面貌焕然一新。

四、"重构"为视角:如何评判建国初期的法制建设

论及中华人民共和国成立初期的法制建设,不少人只会看到硬币的一面——清末变法修律以来近现代法制变革进程的中断——而不会看到硬币的另一面——中国共产党对社会主义法制道路的伟大开创。以本文主题为例,中华人民共和国成立初期乡村纠纷处理秩序的重构,从本质上反映了中国共产党人对新中国法制建设的艰辛探索。对此,我们须从三个维度来理解:从历史任务而言,中华人民共和国成立初期国家的主要任务是改造乡村,为发展工业特别是重工业积蓄力量,以实现民族复兴的"弯道超车",所以国家要对包括纠纷处理在内的乡村事务进行全面掌控。从国家能力而言,中华人民共和国成立初期的司法机关和乡村干部力量相对薄弱,没有能力运行和维持以高度程式化为主要特征的现代司法模式,也没有能力单独深入乡村开展调解,故其无法向乡村提供足够的国家司法供给,必须借助其他力量来处理乡村纠纷。从社会环境而言,建国初期的乡村仍然维持着熟人社会的格局,故千百年来的"乡绅办案"虽已消亡,但职务、宗族、辈分、年龄、面子和舆论等可凭此进行调解的社会资源大体不变。以乡村为革命主战场且对乡村有着深刻理解的

---

① 《海门县人民法院在同南等乡实验群众性办案有良好效果》,载《苏北日报》1952年10月10日,第3版。
② 《苏北司法改革运动报告》,载《江苏省十年来司法工作主要资料》,江苏省高级人民法院1959年编印,第134页。

中国共产党人,敏锐地体察到了这些国情要素,从乡村实际出发,丰富完善革命理念,形成了"群众办案"经验,积极构建了人民法院、乡村干部和人民调解组织相互交搭、支持和配合的乡村纠纷处理秩序,实现了国家意志、政府能力和乡土实践的有机结合。黑格尔有言:"合理的就是现实的;现实的就是合理的。"① 我们应当走出西方法治理论的局限或束缚,不能天真地认为只有在法庭、办公室、会议室里才能进行法制变革,从而忽略这些来自田间地头带着乡土气息的非经典意义上的法制探索。

从乡村纠纷处理秩序的重构我们可以看出,中华人民共和国成立初期的法制建设呈现出了强烈的"实用主义传统或实践主义精神"。② "重构"系对源于革命斗争年代的"群众办案"不断地打磨和完善,使之成为可反复使用的制度性经验。例如,来自群众运动的"群众办案"有着天生的非理性要素——苏北在发起"群众办案"运动时,新沂县北草乡的乡村干部"组成纠察队,并组织打人小组,将小偷、'私'生孩子的寡妇、匪伪家属共13人关押起来,日夜进行审讯,逼迫承认错误,结果有曾成仁等12人被吊打,全乡被斗的共计70人。"③ 对"群众办案"中的这些过火行为,苏北、华东乃至中央均及时纠正:"惟依靠群众办案一点,必须有一个范围,盲目地漫无限制地普遍动员群众办案,是不适当的,应该避免。"④ 正是由于诸多类似于此的调试,"群众办案"方能源于群众运动而高于群众运动,演变成乡村纠纷处理秩序的主要内容。

诚然,中华人民共和国成立初期的法制建设欠缺韦伯所言的"形式理性",但这却是那个时代主题的真实反映。黑格尔反对"孤立地、抽象地"看待法制,提出法制是"与构成一个民族和一个时代特性的其他一切特点相联系的"。⑤ 聚焦到本文主题我们可以看到,中华人民共和国成立初期的乡村处于剧烈变动的时代,这时要形成概念清晰、逻辑通顺、体系稳定的纠纷处理秩序,无异于痴人说梦。只有靠"群众办案"这种富含"动员与自愿""说服与强制""国家法令与乡土逻辑"的"矛盾体",方可有效应对剧变乡村中的纠纷处理重任,尽管它不符合人们津津乐道的"法治"。

中华人民共和国成立初期的法制建设为后人留下了宝贵财富。以乡村纠纷处理秩序的重构为例,1954年人民调解制度的建立、1963年枫桥经验的形成,其核心均是"群众办案"。中华人民共和国成立前三十年间,虽然国家主要法典没有出台,公检法机关萎缩甚至被砸烂,但乡村纠纷处理始终大体处于有序状态,这得益于"群众办案"的充分运用。改革开放以后,虽然乡村发生了翻天覆地的变化,但"群众办案"没有完全过时(名称已经变化),网格化、大调解、委托调解、"新乡贤"等纠纷处理模式的核心内容之一即

---

① [德]黑格尔:《小逻辑》,王义国译,光明日报出版社2009年版,第21页。
② 黄宗智:《中国法律的实践历史研究》,载《开放时代》2008年第4期。
③ 《苏北司法改革运动报告》,载《江苏省十年来司法工作主要资料》,江苏省高级人民法院1959年编印,第132页。
④ 《华东军政委员会政法党组司法改革运动第三号报告》,载《斗争》第178期,1952年。
⑤ [德]黑格尔:《法哲学原理》,范扬、张企泰译,商务印书馆1961年版,第12页。

是发动群众处理纠纷。"群众办案"这一历经近七十年的乡村纠纷处理秩序,完全可以通过不断创新在乡村振兴战略中继续发挥重要作用。期望本文可以为我们在法治方面的"制度自信"提供历史依据和学理支持。

The reconfiguration of country dispute settlement in the initial stage of new China
—take the movement of "handling cases by the masses" in northern Jiangsu for example

Tang Huapeng, Wu Weiqiang

Abstract: The land reform and suppressing counter – revolutionary in the initial stage of new China thoroughly smashed the economic foundation and power structure of the country. Country gentlemen completely withdrew from rural governance, so the country needed new dispute settlement. The movement of "handling cases by the masses", was an important practical exploration on reconfiguration of dispute settlement, and was the product of the combination of revolutionary ideas and rural practices, representing the wisdom of the legal system with Chinese characteristics. Academic research on the subject can increase the understanding of legal construction in the initial stage of new China, correct the prejudices formed by simply copying Western theories of the rule of law, and provide historical basis and theoretical support for "institutional confidence".

Keyword: handling cases by the masses; the country; dispute settlement

(编辑:陶文泰)

法律漏洞分类的反思与重构[*]

曹 磊[**] 王书剑[***]

> **摘 要** 对法律漏洞进行分类的目的主要是为了提升立法科学性以避免漏洞产生，以及根据漏洞类型选择正确的漏洞填补方法。传统法律漏洞分类多从立法者视角出发，关注法律规范本身逻辑结构的融洽性，却忽视了法律只有在适用时才存在真实漏洞的特征，导致现有分类难以为司法实践提供有效指引。为解决这一理论与实践脱节的问题，需要从立法中心主义转向司法中心主义，通过司法者的视角，以"规范与事实的不调适状态"为标准构建漏洞类型与填补方法相关联的法律漏洞类型体系。
>
> **关键词** 法律漏洞 法外空间 漏洞类型 漏洞填补方法

法律不能也不应该管理人类社会生活的全部。法律对于某种事项没有作出规定，可能是法律出现了漏洞，也可能是某种事项归属法外空间，本应归道德、风俗习惯、乡规民约等民间法管理。只有待决事项属于法律应当管辖，但未能作出规定或未能作出妥当规定的情况，才能认定法律出现了漏洞。法律漏洞只是对法律出现违反计划的不圆满性的一种统称，其可以根据一定的标准划分为不同的类型。目前的法律漏洞分类有很多种，但大多数分类对于法律漏洞的认知是绝对的、静止的，忽视了法律漏洞的相对性特征。本文在反思现有法律漏洞分类存在的局限性的基础上，提出了动态漏洞观，对法律漏洞进行四分法分类，旨在为法官在司法过程中填补法律漏洞提供方法论指引。

---

[*] 国家社会科学基金后期资助项目"法律漏洞及其填补研究"（编号：21FFXB058）。
[**] 曹磊，法学博士，山东师范大学法学院硕士生导师，济南市中级人民法院四级高级法官。
[***] 王书剑，山东师范大学法学硕士。

一、立法者视角的法律漏洞分类

(一) 二分法分类

文献上多采用某种区分标准将法律漏洞作两种相互对应的区分,即二分主义(der Dualismus),这种分类方法的优点是分类标准统一、容纳性强,当然,随之而来的缺点是精细度不高。二分法分类主要有以下六种:

1. 自始的漏洞(anfängliche Lücken)与嗣后的漏洞(nachträgliche Lücken)

此分类以法律制定时法律漏洞是否存在为标准。自始的漏洞是法律制定时业已存在的,亦称为原本的漏洞(Primäre Lücken),赫克(Heck,1858–1943)称之为第一次漏洞。例如,原《物权法》制定时,对于物权请求权是否适用诉讼时效制度并未做出明确规定,即属于自始的法律漏洞。[①] 自始的法律漏洞出现的原因有多种可能。如立法者可能首先纵览了根据其计划而在调整领域中出现的所有问题,但没有认识到其遗漏了某些问题。还可能是出于各种原因,立法者对已认识的问题有意识地不予规定。由于立法没有给出一个明确的调整方案,所以人们就将这种调整寄托于法学研究和司法实践的发展。还有可能因为在不同的政治力量内部尚未实现统一认识,所以立法无能力调整或者不愿意调整。因此,自始的漏洞又包括认知的漏洞与未认知的漏洞两种(详见下文)。嗣后的漏洞为法律制定时并不存在,系因情事变更产生的法律漏洞,即在法律规定颁布之后才出现的漏洞,又称为"继发的法律漏洞"或者"派生的法律漏洞",赫克称之为第二次漏洞,黄茂荣称之为演变式体系违反。嗣后的漏洞出现是因为在法律颁布的时间点(T1)和适用的时间点(T2)之间经过新的发展后,应当得到调整的事实情况(受到技术或者经济影响的生活事实)或多或少地发生了重大变化,如果得到调整的生活领域的结构在T1和T2之间发生了重大变化,那么对这些新的事实行为就没有法律规定存在。立法对它们一无所知,它们也不可能得到立法的评价。[②] 简言之,随着时间的推移,规则调整的客体发生了变化,导致法律对其评价发生了改变。例如,随着科技发展出现了立法时尚不能预料的基因编辑行为,法律未对其作规范,此即嗣后的漏洞。嗣后的漏洞也可能这样产生,即立法的价值观通过其他领域新法律的颁布而生效,但这种新的价值观却与现行法律之间有着紧张关系,偶尔有着公开的矛盾,亦即价值冲突漏洞。

2. 认知的漏洞(bewußte Lücken)与未认知的漏洞(unberwußte Lücken)

此分类以立法者在制定法时是否对法律的不圆满状态已有认知为标准。由于很难在事后证明法律漏洞是否为立法者所认知,因此二者都被看作自始的法律漏洞。认知的漏洞是立法者在制定法律时对系争问题已有认知,但认为最好在法院与学术界的共同努力下逐步

[①] 该法律漏洞已被《民法典》第196条消除。
[②] 参见[德]伯恩·魏德士:《法理学》,丁晓春、吴越译,法律出版社2013年版,第355页。

完成，以免由于操之过急而作出不成熟的、僵硬的规定，以致妨碍社会生活的自由发展及法律的进化。① 认知的漏洞主要包括两种：一是对法学和司法实践的授权；二是一般条款和不确定概念。未认知的漏洞往往是由于立法者的过失或者疏漏所导致，对应予规定的问题未作回答。需要注意的是，立法者的过失或者疏漏导致的规定错误或矛盾不属于未认知的法律漏洞。虽然漏洞和错误同属于法律上的缺陷，但法律适用者对二者的弥补却需采用不同的方式来完成。对于法律漏洞形成的缺陷，法官通过漏洞补充来完成；而对于法律错误造成的缺陷，法官则需通过法律修正来消除。

3. 开放的漏洞（offene Lücken）与隐藏的漏洞（verdeckte Lücken）

该分类由德国法学家拉伦茨（Larenz，1903－1993）提出，以嗣后的漏洞中制定法对系争问题是否有规范为标准。② 此类划分以法律对依规范的意旨应予规范的案型是否进行规范为标准，开放的漏洞是始终未进行规范，隐藏的漏洞是虽有规范但未对该案件的特别情况给予考虑，即规范范围过宽或过窄。开放的漏洞又称为明显的漏洞，是指"就特定类型事件，法律欠缺——依其目的本应包含之——适用规则"。③ 质言之，如果法律对依规范意旨应予规范的案型未加规范，那么法律就存有开放的漏洞。当某个规范的非完整性很明显时，认定法律存有漏洞相对简单。在此，法官仅需要认定立法在表达规范的时候忽略了对法律适用而言是必需的组成部分。这种不完整性一般也称为"纯粹的"或"公开的"漏洞。隐藏的漏洞，是指就特定类型事件，法律虽然含有得以适用的规则，惟该规则——在评价上并未虑及此类事件的特质，因此，依其意义及目的而言——对此类案件并不适宜。④

4. 真正的漏洞（echte Lücken）与不真正的漏洞（unechte Lücken）

该分类由德国法学家齐特尔曼（Zittelmann，1852－1923）提出。真正的漏洞指法律对应予规范之案型根本未加以规范，相当于拉伦茨所称的规范漏洞。不真正的漏洞是指法律对应予规范的案型，虽有规定但缺少对一般规定的限制规定而构成漏洞，相当于拉伦茨所称的规整漏洞。⑤

5. 全部漏洞（Gesamtlücken）与部分漏洞（Teillücken）

该分类由德国法学家达姆（Dahm，1904－1963）提出。该分类以法律对于特定事项是否有所规范，或者虽有规范但不完全为标准。对某种案型根本没有法律规定的，即属全部漏洞，相当于拉伦茨所称的法条漏洞和黄茂荣所称的全部残缺式体系违反；对于该案型有规范但不完全的，属于部分漏洞，相当于拉伦茨所称的规范漏洞和黄茂荣所称的部分残

---

① 参见黄茂荣：《法学方法与现代民法》，法律出版社2007年版，第429页。
② 参见［德］卡尔·拉伦茨：《法学方法论》，陈爱娥译，商务印书馆2003年版，第254页。
③ ［德］卡尔·拉伦茨：《法学方法论》，陈爱娥译，商务印书馆2003年版，第254页。
④ 参见［德］卡尔·拉伦茨：《法学方法论》，陈爱娥译，商务印书馆2003年版，第254页。
⑤ 参见［德］卡尔·拉伦茨：《法学方法论》，陈爱娥译，商务印书馆2003年版，第251页。

缺式体系违反。例如，《民法典》第 146 条第 1 款对于虚假行为的效力作出了规定，但对于虚假行为是否可以对抗善意第三人未作出规定。

6. 表述漏洞（Formulierungslücken）和评价欠缺型漏洞（Wertungsmängelslücken）

该分类由德国法学家齐佩利乌斯（Zippelius，1928－2020）提出。表述漏洞存在于这样的情况下，即法律本身从字面上来看没有提供一项完整的行为指示，① 等同于部分漏洞。表述漏洞产生于制定法、习惯法和判例法都没有对一个法律问题给出直接回答的地方，一般是立法者无意为之。某些特殊的情况下，立法者也可以有意为之。例如，《民法典》第 1124 条规定，受遗赠的人应当在知道受遗赠后 60 日内，作出接受或者放弃遗赠的表示；到期没有表示的，视为放弃受遗赠。但是，该法对于受遗赠人作出接受遗赠的意思表示对象和方式均未作出规定。

（二）其他分类

由于二分法未能很好地解决漏洞类型与补充方法之间对应关系的难题，一些学者尝试通过法律体系最主要的特征或要求——无矛盾性——为标准，对法律漏洞进行分类。主要有以下三种分类：

1. 规范漏洞（Normlücken）、法律漏洞（Gesetzeslücken）、冲突漏洞（Kollisionslücken）与法漏洞（Rechtslücken）或领域漏洞（Gebietslücken）

此分类由德国法学家魏德士（Rüthers，1930－）提出。魏德士以"整体"作为衡量非完整性的标准，将法律漏洞分为如下四种类型：①规范漏洞：某个法律规范本身是不完整或不清楚的。②法律漏洞：从立法者的评价计划来看，在某个法律中缺少必要的规则。易言之，依根本的规整意向，应予规整的问题欠缺适用的规则，称为法律漏洞。③冲突漏洞：如果某个法律的两条规则可能涵摄同一事实，并且因此导致相反的法律效果，那么就存在冲突漏洞。当然，这些冲突无法通过"后法优于前法""新法优于旧法""特别法优于普通法"等法律冲突选择规则进行选择或逻辑分析，否则就构不成漏洞。④法漏洞或领域漏洞：法律对于某一生活领域完全没有作出规定，而这一领域根据法律往来的结果和法律共同体的期待必须在法律上有所规定，那么可以说存在"法漏洞"或"领域漏洞"。②

2. 法内漏洞、有据式体系违反与无据式体系违反

此分类由我国台湾学者黄茂荣提出。法内漏洞包含两种样态：一为需要评价地予以补充的法律概念之引用（即不确定概念）；二为授权式类推适用。法律上所运用的概念，除部分概念是确定外，如数字、男人、女人、配偶等，绝大部分是不确定概念。不确定概念又以其不确定的程度分为两种：一种是内涵不确定，但外延是封闭的；另一种是内涵不确

---

① 参见 [德] 齐佩利乌斯：《法学方法论》，金振豹译，法律出版社 2009 年版，第 92 页。
② [德] 参见伯恩·魏德士：《法理学》，丁晓春、吴越译，法律出版社 2013 年版，第 351 页。

定，外延也是开放的。前者被称为封闭的不确定概念，如危险、物、违法性、犯罪、法律行为等；后者被称为开放的不确定概念，如重大事由、合理、显失公平、善意等。封闭的不确定概念的适用可以借助法律解释方法完成，因此法学方法上所谓的法内漏洞，必须是开放的不确定概念。开放的不确定概念主要包括类型式概念及一般条款，它必须经过评价加以补充，才能被适用到具体案件。这类概念的特征在于其具有开放性，即其可能的文义不足以确定其外延，因而可能超出立法者设计该规范的初始计划。立法者在初始设计时，不知道如何才能做到清楚地加以规范，于是不得已求助于开放式的概念，期望弹性地、演变地对生活事实加以规范，以免挂一漏万。因此，这种开放性不确定概念所引起的计划的不完整性，属于已认知的法律漏洞。这种不完整性是立法者有意识地留下，并希望法律适用者主动加以补充的，因此又可称为授权补充的漏洞。授权式类推适用是立法者授权以类推适用进行填补的漏洞，如为了避免繁琐和重复，采用"准用""亦同""有同一效力"等用语，或为了避免挂一漏万而采用"例示"规定，或进行空白规定，即立法者明示以"习惯"或"善良风俗"为裁判标准的规定，这类规定属于委托立法的性质。虽然"习惯"对法律有在"委任立法权限内"补充地或优位地受适用的资格，但它们终究尚未演变成习惯法，从而不具备法律的性质。因此，让出来给习惯的那个空白，便构成一个"法内漏洞"。[①]

法律体系内部应当是没有矛盾的，一旦有矛盾，就形成法律秩序中的体系违反。有据式体系违反即是德国通说意义下的法律漏洞，其特点是构成该漏洞的不完整性的违反计划性。该违反计划性构成了要求补充该法律漏洞需有立法计划上的依据，因该漏洞的认定及补充有法律计划上的依据，所以称之为有据式体系违反。有据式体系违反包含五种样态：一是规范矛盾，是在数个不同的法律规范对抽象之同一法律事实加以规范，并赋予不同法律效力的情况下产生的"冲突"。"冲突"导致规定之间选择困难或相互废止，因此，规则冲突应作为漏洞看待。即不能化解的体系违反。二是价值判断矛盾，价值判断矛盾为存在于两个以上类似案型之规定（关于利息、股利与租金之规定）间的矛盾；而规范矛盾则为同一案型之规定间的矛盾。三是准竞合式体系违反，指两个以上经济功能（或目的）相同，但只其中当事人之一方（如债务人方）不同之法律关系的并存状态。四是残缺式体系违反，具备两个特征：（1）由法律已有的规定已明白显示，立法者若无疏忽，当已加以规定；（2）它们不属于前述规范矛盾、价值判断矛盾及准竞合式体系违反的案型；特别是它们不能通过类推适用或目的性扩张弥补它们的缺陷。五是演变式体系违反，是指由社会的、经济的、科技的变迁所产生的新事物或新解决方案所引起的矛盾。[②]

无据式体系违反即拉伦茨提出的"开放的漏洞"。法律体系的开放性要求或容许超越

---

① 参见黄茂荣：《法学方法与现代民法》，法律出版社2007年版，第386－393页。
② 参见黄茂荣：《法学方法与现代民法》，法律出版社2007年版，第396－420页。

法律的"法律补充",在这个意义下,这些基于交易上的需要或生活事实的性质,或法律伦理原则被认为应予补充的法律上不完整状态的存在,虽然不与历史上立法者的意思或立法计划相违,但它显然使一部分重要的社会生活无法获得所需要的法律保障。该欠缺保障的状态与法律的意旨,即与追求正义在人类共同生活中的体现相违反,因此具备漏洞的属性。这类漏洞均系自始的漏洞,而不会是嗣后的漏洞。因为没有现成的法律计划可以违反,只是根据理想的法律计划进行的法律续造,它们在法律上便没有通说意义上的"据点",[1] 因而被称为无据式体系违反。

3. 禁止拒绝审判式漏洞(Rechtsverweigerungslücken)、目的漏洞(Teleologische Lücken)、原则或价值漏洞(Prinzip – oder Wertlücken)

该分类系德国学者卡纳里斯(Canaris, 1937 –)在《法律漏洞之确认》一书中提出。禁止拒绝审判式漏洞,全名应为"基于法官不得拒绝裁判原则而认定的漏洞",是指对于某一个问题,法律根本就没有给出任何答案,导致法官无法在表面的法律规定中找到答案作出判决。此时,法官要么选择拒绝裁判,要么必须发展出规则适用到这个法律问题上,但法治原则又要求法官不得拒绝裁判,如此一来,法官只能发展规则进行漏洞填补。此即禁止拒绝审判式漏洞,又称为功能漏洞,因为此时法律秩序的功能出现了紊乱。

目的漏洞,指在禁止拒绝审判式漏洞之外,基于法律目的之要求采用类推适用、目的性扩张等予以填补的漏洞。如果立法在对某一规定的表达中,忽略了根据所遵循的规范目的应当对某一事实行为作出例外性规定,那么就常常会在实践中出现漏洞。这种例外性规定的欠缺即称为"目的漏洞"或"例外漏洞"。换言之,某一规范在其清晰的文义中包含了根据同样清晰的、规范目的不应该包含的同类案件。卡纳里斯认为,此类漏洞主要应当通过类推适用、目的性限缩、目的性扩张、举轻以明重或举重以明轻原则等进行填补。[2] 需要注意的是,要认定目的漏洞存在困难,因为不清楚一个法律规范在多大程度上表达了规范的目的,也就是立法或立法者"原本"目的和"真正"意愿是什么,所以常常出现不确定性。[3]

原则或价值漏洞,指某一原则或法律价值已被证明为现行法秩序一部分,但在实证法却未获得足够的具体化。[4] 例如,民事诉讼法中公认的"禁反言原则""一事不再理原则",民法中的"禁止权利滥用原则",立法上均不完善,即属于原则漏洞。按照卡纳里斯的观点,此处的法原则或法价值,要么基于总体类推来自实证法本身,要么基于法理念,要么基于事物之本质。对此种法原则或法价值的确认,从积极肯定的角度而言,要求

---

[1] 参见黄茂荣:《法学方法与现代民法》,法律出版社2007年版,第426页。
[2] 参见 Canaris, aaO. S. 141. 转引自黄茂荣:《法学方法与现代民法》,法律出版社2007年版,第438页。
[3] 参见[德]伯恩·魏德士:《法理学》,丁晓春、吴越译,法律出版社2013年版,第357页。
[4] Canaris, aaO. S. 142. 转引自黄茂荣:《法学方法与现代民法》,法律出版社2007年版,第438页。

总体类推法理念或事物的本质能够支持此原则；从消极否定的角度而言，要求对此种法原则或法价值的实现不与实证法相违背。①

（三）对立法者视角分类的评价

上述诸多分类，或是以立法时的认知情况，或是以规范的有无，或是以规范的完整性、表述的准确性为标准进行分类，但无论何种标准，均是从立法者视角展开的，其特点是将法律规范作为解读对象，关注法律规范、文本自身的圆满性以及法律体系内部的融洽性，是一种单向度的评判。从认识论上看，自始的漏洞与嗣后的漏洞之分类，能让人们认识到法律漏洞的流动性，法律会随着时间推移而发生变化，原本圆满的法律可能出现欠缺，原本不圆满的法律也可能会随着时间推移而自我修复。对于立法工作，立法者视角的分类使人们认识到法律漏洞存在的必然性、法律漏洞的成因、特征和形态等，这些成果可以提升立法科学化水平，最大程度上减少漏洞的存在和发生。有些分类，为法官选择补充方法提供了理论上的指引。如拉伦茨提出，对于开放的漏洞优先透过类推适用方法填补，隐藏的漏洞则适用目的性限缩方法填补。卡纳里斯指出，目的性漏洞可以通过类推适用、目的性限缩或扩张、轻重举等方法予以填补。但整体而言，立法者视角的漏洞分类并不关心司法实践，未对司法实践供应太多可操作的知识。如认知的漏洞与未认知的漏洞之分、真正的漏洞与不真正漏洞等分类，根本没有顾及司法实践。即使部分学者论及漏洞类型与补充方法的对应关系，亦浅尝辄止，未进行全面深入的研究。立法者视角的法律漏洞分类最大缺陷在于，其并未将法律规范与待决事实结合起来进行判断，以此视角观察的法律规范圆满状态是主观的、独断的，得出了刻舟求剑式的结论。同时，因其并不考虑待决事实的具体情形，自然无法实现漏洞类型与补充方法之间的关联。如全部漏洞与部分漏洞，表述漏洞和评价欠缺型漏洞，目的漏洞、原则或价值漏洞和禁止拒绝裁判式漏洞等分类，根本无法从漏洞类型上看出应当选择哪个甚至哪些漏洞补充方法。② 随着法治的发展和立法的完善，法学研究已从立法中心主义转向司法中心主义，这要求我们对立法者视角的漏洞分类进行反思，提出满足司法者需求的新分类。

二、司法者视角的法律漏洞分类

（一）司法者的需求

郑永流教授称，"由规范到事实的具体化不是按图索骥，实为在对二者进行等置中发

---

① Canaris claus – wilhelm, *Die Feststellung von Lücken im Gesetz*, *eine methodologische Studie über Voraussetzung und Grenzeder richtlichen Rechtsfortbildung praeter legem*, 2. Auflage, Berlin, *Duncker & Humblot*, 1983. pp. 113 – 114.

② 参见舒国滢等：《法学方法论》，中国政法大学出版社2018年版，第396页。

现法律。"① 法律适用是一种判断活动，是将法律规范与事实进行涵摄的推理过程。法官应当将规则与事实进行结合，即将个案事实向规则进行提升，同时将规则进行具体化，使规则向个案事实延伸，在此过程中，法官的目光应当在规则和事实之间往返流转，当两者能够妥当结合并生成正当结论之时，裁判过程即告完成。反之，当法律规则无法涵摄相应事实，借助法律解释方法仍然无法达至目的时，规则与事实出现无法调和的不对应，法律适用则转入漏洞补充阶段。裁判过程是一个动态的调适过程，对法律的获取和效果评判必须发生在适用过程中。正如陈金钊教授所言，"法律规范与待决案件之间并非都是完全对应的关系，在案件事实与法律规范关系的对接是需要人的思维活动。"② 依法裁判原则要求法官根据法律进行思维，在欲进行裁判时首先要进行法律获取，即寻找推理的大前提。能够服务于司法裁判需要的漏洞分类之所以要体现法律规范与待决事实之间的调适状态，是因为法律是否存在漏洞是相对而非绝对的，法律适用的效果具有相对性特征。"任何法律的存在总是历史的、具体的，没有永恒不变的所谓正义的法律，自然也就没有永恒不变的正义，我们只能在具体的、历史的解释中去理解和适用法律，并以此为追求具体正义的规范性限度。"③ 单纯对法律规范本身作出是否圆满、是否妥当的评判是没有现实意义的。

接下来，将"车辆皆不得进入公园"④ 禁令视作法律规范，进行呼应事实的实证分析。假设该禁令面对以下五种事实：事实一，驾驶员 A 请求驾驶私家车驶入公园，理由为开车方便携带随身物品。事实二，家长 B 请求推儿童车进入公园，理由为带幼儿入园游玩。事实三，消防员 C 请求驾驶消防车入园，理由为扑灭园内火灾。事实四，游客 D 请求在公园里开设的游乐场赛道内驾驶卡丁车，理由为娱乐。事实五，飞行员 E 请求驾驶私人直升机在公园降落，理由为到公园游玩。对五种事实进行涵摄分别得出如下结论：事实一至四中，A、B、C、D 均请求自己的车辆在公园内通行，均属禁止行列。事实五中，E 驾驶的直升机并非车辆，不在禁止范围，应准许通行。那么，这些结论都妥当吗？需要逐一检验。事实一中，私家车属于被禁止范围，不准许 A 的请求符合立法目的，结论并无不妥。事实二中，儿童车进入公园并不会破坏公园的环境，亦不会对游客的人身安全造成威胁，如果禁止入内，则侵害了携带儿童的游客利益，这并非禁令追求的结果。事实三中，消防车进入公园会破坏公园的安静并对游客造成安全威胁，但禁止消防车入园将导致火灾无法及时扑灭，而火灾会对公园环境及游客造成更大损害，两害相权取其轻，结论不言自明。事实四中，因游乐场必定设置于公园内的独立空间，驾驶卡丁车在赛道内行驶不会造成危险，如果禁止，则损害游乐场经营者利益。事实五中，直升机在公园内起降带来的危

---

① 郑永流：《法律方法阶梯》，北京大学出版社 2012 年版，第 26 页。
② 陈金钊：《法律人思维中的规范隐退》，载《中国法学》2012 年第 1 期。
③ 魏治勋：《为什么法治必然要求法律解释》，载《求是学刊》2016 年第 6 期。
④ 禁令设置的背景及目的：曾有车辆在公园内通行撞伤游人，为维护公园环境及保护游客安全而作此禁令。参见 [英] 哈特：《法律的概念》，许家馨、李冠宜译，法律出版社 2011 年版，第 117 页。

险甚于车辆,如果允许通行,则属典型机械执法。

从适用结果看,法律规范在面对不同事实时表现出完全不同的应对效果,既有得心应手,亦有力不从心甚至无所适从。法律是否出现漏洞、出现何种类型的漏洞取决于待决事实,亦即其面临的任务。就像一只漏勺,当用来捞水饺时,其上之漏洞得以按照设计者的意图发挥功能,该漏洞不存在违反计划的不圆满;但当其用来盛汤时,便难以完成被安排的任务,此时的漏洞便呈现出不圆满性。基于上述分析,本文主张,能够满足司法者需求的漏洞分类,需要转换为司法者视角,以规范与事实的不调适状态为标准进行划分。

(二)司法者视角的具体分类

如上例所展现,法律适用并非简单的三段论推理可以完成的,社会事实总是千变万化,要求法律规范以不变应万变是不切合实际的。舒国滢教授将法律适用疑难情形分为四种:(1)法律规则(规范)及法律语言有其意义的"波段宽度"(Bandbreite),具有一定的模糊性,因为法律概念有其核心意义(core meaning)和开放结构(open texture);(2)法律规则(规范)发生冲突;(3)实在法律规则(规范)存在规定上的漏洞,即现实中发生的案件没有任何事先有效的法律规则(规范)加以调整,(4)在特定的案件中,所作出的裁判可能背离规则(规范)条文的原义。[1] 第一种情形,通常可以通过法律解释方法予以解决,但如果所运用的"解释"已超出语义最大射程,则法律于此时已出现不周延漏洞,或是未能将本应包含的事项进行包含,或是未将本应剔除的事项予以剔除。例如,《民法典》第1180条规定,因同一侵权行为造成多人死亡的,可以以相同数额确定死亡赔偿金。此处的"相同数额"从目的上看是为了体现"同命同价",但这种表述过于模糊,未明确是否考虑死者年龄、户口类型等因素,在司法实践中即可能出现漏洞。第二种情形,如果运用法律规范冲突选择规则无法化解冲突,则出现规范冲突漏洞。其他两种情形下,法律均出现漏洞。可以看出,舒国滢教授对法律适用疑难情形所作分类,即是从司法者的视角,对法律适用过程中法律规范对待决事实不同涵摄效果的描述。瑞典法学家佩岑尼克(Peczenik,1937-2005)将法律漏洞分为四类:(1)不充分的漏洞:制定法对某个特定的案件缺乏规定;(2)不一致性的漏洞:制定法以一种逻辑上不一致性的方式调整一个案件;(3)不确定性漏洞:制定法以一种模糊的方式调整案件;(4)价值上的漏洞:制定法以一种道德上不可接受的方式调整案件。[2] 该分类亦系司法者视角。

在借鉴上述观点的基础上,结合多年司法实践经验及本土表述习惯,以规范与事实的不调适状态为标准,笔者认为宜将法律漏洞分为四种类型:(1)规则空缺漏洞。法律应有规定但没有规定,即依法律的规定或其整体脉络,对于系争事实,法律应当予以规范却没

---

[1] 参见舒国滢:《从方法论看抽象法学理论的发展》,载《浙江社会科学》2004年第5期。
[2] See Aleksander Peczenik, *On Law and Reason*, Springer, 2008, p. 18.

有规范，或者虽然有若干指示，但欠缺期待中的规则。(2) 规则不周漏洞。此处所指规则不周，不包括可以运用法律解释方法可予明确的含义模糊和歧义，仅指所用"解释"方法已超出文义最大射程的情形。(3) 规则冲突漏洞。指对待决事实有两个以上的规范可供适用，不同的规范指引的裁判结果不同或有矛盾，并且，相互冲突的规范无法通过冲突选择规则进行选用或排除。(4) 规则悖反漏洞。指严格适用现有规则，会出现不合立法本意的严重不正义结果的情况。在法律出现目的悖反的情形时，乍看之下并未欠缺可资适用的规则，所以这种漏洞是隐藏的。① 杨仁寿认为，当法律适用出现与法目的的违背，且运用法律解释方法加以阐释仍无法切合社会之要求，此时，法官应认定其为恶法并拒绝适用。② 因为，法官有责任对法律执行后果的妥当性进行思考，如果法律适用的结果严重违背正义原则，法官得以背离法律而适用正义标准来判案的，尤其是在一些极其特殊的案件中，法官可以社会所公认的正义准则裁判案件。法官这种背离法律的行为，博登海默称之为"个案平衡"。③

（三）法律漏洞相对性的表现

本文分类的目标是准确描述法律规范与待决事实相对应时所表现出的不调适状态，其效用究竟如何，可结合上述案例进行讨论。

对事实二，儿童车是否属于禁止通行的车辆？车辆，指陆地轮式、链式和轨道式运输工具的总称，包括火车、汽车、人力车和畜力车等机动车和非机动车。儿童车属于人力车，当然属于广义的车辆。从立法目的看，禁令禁止通行的车辆应当是具有高度危险性的机动车，而非儿童车等危险性极小的非机动车。因此，禁令中使用的"车辆"一词，含义过宽，包含了本不应包含在内的"非机动车"。此时，需要将车辆含义限缩至其核心含义——机动车，便可将儿童车排除在被禁止范围之外。当然，此时所运用限缩方法，究竟是法律解释方法中的限缩解释，还是漏洞补充方法中的目的性限缩，则需讨论上述将"车辆"限缩至"机动车"的方法，是否已经切割到了车辆一词的核心语义，显然，此限缩方法属于解释方法，并未超越车辆一词的语义射程。在对规范对事实涵摄不调适进行消除的同时，也可以确认，就事实二而言，禁令（法律规范）并不存在漏洞。

对事实三，消防车属于车辆，且系机动车。对禁令而言，消防车、救护车、警车等具有救灾、救护性质的车辆不应在禁止范围。如果禁止进入，不符合立法目的。禁令设置者对此未能事先作出有效安排，法律出现不圆满，此时，事实二种所运用的限缩解释方法无法完成解释任务，因为将"消防车"排除在车辆之外已经损及"车辆"的核心文义。此

---

① 参见［德］卡尔·拉伦茨：《法学方法论》，陈爱娥译，商务印书馆2003年版，第254页。
② 参见杨仁寿：《法学方法论》，中国政法大学出版社2013年版，第10－11页。
③ 参见魏胜强：《法律解释权研究》，法律出版社2009年版，第162页。

时，应当确认法律出现规则不周漏洞，需要借助目的性限缩进行填补。①

对于事实四，此时出现不调适的原因，不在于车辆一词含义与范围，而需从"公园"一词入手，公园里的游乐场当然属于公园的一部分，因此，将禁令中的"公园"范围限缩至"公园里的公共区域"，亦属于目的性限缩方法。此时，禁令出现的同样是规则不周漏洞。

对于事实五，驾驶直升机在公园里起落的危险性类似于或甚于驾驶机动车在公园里通行，会影响到公园环境的安静、威胁到公园里游客人身的安全。但是，禁令未禁止直升机进入公园，运用法律解释方法不能消除上述不调适。此时禁令对待决事项缺少的规范，并不能通过目的性扩张方法予以包含。因为，无论如何扩张，都不能将车辆的含义扩张至直升机。此时，应当确认禁令出现了规则空缺漏洞，需要以类推适用方法予以填补。②

(四) 司法者视角所作分类的效用

其一，展示法律漏洞的相对性。通过上文案例可以直观的看到，作为法律规范，在遇到不同事实时表现是不一样的，这就是本文一直强调应当从司法者视角评判法律是否出现漏洞的重要原因之一。详言之，法律漏洞的相对性是指：没有待决事实，任何法律规范都不能被判定存有漏洞；有了待决事实，法律规范才有可能出现漏洞；随着待决事实样态的增加，法律出现漏洞的可能性增加；待决事实的不同，影响着法律规范的不圆满状态，进而产生不同的漏洞类型。掌握法律漏洞的相对性可以辩证地讨论法律漏洞问题，不会再执拗地就法律规范本身讨论漏洞的有无及其类型。

其二，指引漏洞补充方法选择。本文分类能够让司法者在识别漏洞是否存在及漏洞类型的过程中，实现漏洞类型与补充方法之间的关联。法律漏洞的识别需要借助解释方法，解释方法主要的任务是确认漏洞的有无，如果解释方法可以解决问题，则法律未出现漏洞，反之，法律出现漏洞。当然，这一判断是学界的通说。当确认法律出现漏洞之后，就涉及漏洞补充方法的选用问题，这是法律方法领域持续争论的重要问题，涉及漏洞补充方法的选择规则，即漏洞类型与补充方法之间有无对应关系，如果有，关系如何？学界目前对此尚未达成一致意见。上述演示可以看到，在尝试对法律漏洞进行填补的过程中，涉

---

① 所谓目的性限缩，系指对法律文义所涵盖的某一类型，由于立法者之疏忽，未将之排除在外，为贯彻规范意旨，乃将该一类型排除在该法律适用外之洞填补方法而言。参见杨仁寿：《法学方法论》，中国政法大学出版社 2013 年版，第 200 页。

② 所谓类推适用，就法律未规定之事项，适用类似事项之规定者也。参见李宜琛：《民法总则》，台北正中书局 1977 年版，第 24 页。有观点认为，直升机较车辆更具有破坏性和危险性，车辆被禁止通行，直升机当然应被禁止。这种解释方法属于当然解释。当然解释的法理基础是"举重以明轻、举轻以明重"。而其中的"重"与"轻"是指案件中的"法律事实"，可见，当然解释适用前提是两种法律事实具有"轻""重"之分。例如，驾驶车辆在公园里通行与竞逐，两行为之间"轻""重"可比较，即"通行"危险性轻于"竞逐"，"通行"被禁止，"竞逐"当然不被允许，此即当然解释方法。然而，驾驶直升机通行并不一定比驾驶大型车辆通行的危险程度更高，两者可能是相当的。因此，在事实五中，当然解释不具备适用前提。

补充方法应用的尝试，能够妥当填补漏洞的方法通常被认为是正确的，在漏洞类型的判断和补充方法的选择之间，存在着一种相对确定的对应关系。本文的分类，也许无法完全实现漏洞补充方法之间选择规则的建立，但起码，这种探索是有明显效果的。

与其他分类一样，本文分类也有其局限性，如无法将魏德士称之为"法内漏洞"的"对法学和司法实践的授权""一般条款与不确定概念"两种特殊漏洞纳入其中；在今后日益复杂多样的案件中，本文分类也一定会出现超乎当前所料的其他问题。

三、司法者视角分类之案例解读

惟有对法官司法过程进行探寻和研究，才能全面而客观地展示法律的真实面貌。[①] 将上述分类理论结合司法实例进行分析，可以验证分类的实用性。

（一）规则空缺漏洞之案例解读

以上海佳华企业发展有限公司（以下简称佳华公司）诉上海佳华教育进修学院（以下简称佳华学院）股东知情权纠纷案为例。佳华学院系由佳华公司出资设立。2010 年，佳华公司向黄某等三人转让了部分股权。后因出资份额争议诉至法院，法院经审理认定佳华公司持有佳华学院 50% 的出资份额。2015 年，佳华公司要求查阅佳华学院的董事会、监事会会议决议以及学院账目等资料，遭拒，佳华公司将佳华学院诉至法院。一审法院认为，佳华学院并非企业，不适用《公司法》相关规定，佳华学院的章程并未规定出资人享有查阅上述资料的权利。佳华公司的主张不具备法律和章程上的依据，故判决驳回其诉讼请求。[②] 二审法院认为，民办学校出资人的合法权益应当受到法律保护，但法律对该权益具体内容未予明确，这需要探求法律规范的意旨，结合其他法律解释方法进行确定。作为民办学校的出资人，其享有的合法权益未脱离民事权利范畴，理应包含知情权。具体应当为了解和掌握学校办学和管理活动等重要信息的权利。学校章程、董事会会议决议、监事会会议决议、财务会计报告和会计账簿等资料是记录和反映学校的组织与活动、资产与财务管理等内容的重要载体。出资人只有在获取上述信息的基础上，才可能参与学校的重大决策、要求合理回报及行使监督权。佳华学院章程规定，佳华公司享有参与重大决策、选择管理者及取得合理回报的权利。佳华公司在学院章程中规定的合理回报具有财产性特征，直接或间接与财产相关，属于法律所要保护的合法权益，合理回报的实现离不开知情权之保障。民办教育促进法在总则部分做了明确规定，国家保障民办学校举办者的合法权益。而总则是概括地表述，贯穿于法律始终的立法思想、价值取向、基本原则等一般性、原则性与抽象性的内容，就立法目的而言，举办者的合法权益应当包括知情权在内的各种

---

① 参见崔林林:《严格规则与自由裁量之间》，北京大学出版社 2005 年版，第 191 – 192 页。
② 参见上海市奉贤区人民法院（2016）沪 0120 民初 511 号民事判决书。

权利和利益，举办者有权知悉学校办学和管理等活动的信息。佳华公司主张其作为举办者，在知情权方面理应享有相应的权利的主张，依法予以支持。[1] 二审法院撤销了一审判决，改判支持了佳华公司的诉讼请求。该案被遴选为公报案例，案例裁判摘要部分写明："营利性民办学校举办者主张行使知情权的，人民法院可以类推适用公司法相关规定。"[2]

本案中，一审法官未探讨"法人型民办非企业单位股东的权益"是否属于法律应当保护的利益，但从其后续表述看，法官认定佳华公司要求查阅相关资料的请求权属于应当由法律保护的权利。法官发现与案件联系最为紧密的法律规定为公司法，但认为佳华学院并非企业，因此公司法相关并不适用于本案。同时，学院的章程亦未对此权利作出规定，故直接以无法律依据为由驳回了佳华公司的诉讼请求。从论证情况看，法官确认法律出现了漏洞，但不认为自己负有对漏洞予以填补的职责和权限，进而作出一审判决。二审法官认为"民办学校出资人的合法权益应当受到法律保护，但法律对该权益具体内容未予明确"，结合上下文论证可知，法官认定本案出现规则空缺漏洞。法官虽然在判决说理部分，没有明确其填补法律漏洞的方法，但最高人民法院公报案例中裁判摘要可证实，法官实际上是类推适用了公司法相关规定[3]，填补了案件中的法律漏洞。本案可以印证，只有面对待决事实时，法律才能被认定是否出现漏洞。本案出现之前，谁会去讨论现行法律关于"法人型民办非企业单位股东的知情权"问题是否存在漏洞呢？社会生活是无限丰富的，更是不断发展的，法律漏洞必然会随着时间的推移和新诉求的产生而不断出现。

（二）规则悖反漏洞之案例解读

以原告西安闻天科技实业集团有限公司（以下简称闻天公司）与被告李某某确认合同无效案为例。2016年4月，原、被告签订商品房买卖合同一份，约定由被告购买原告开发建设的紫杉庄园项目房屋一套，单价每平方米8000元，总价1204000元。签约当日，被告向原告付清全部购房款。此时，原告尚未取得商品房预售许可证。2018年2月12日，原告将被告诉至法院，以其在合同签订时并未取得商品房预售许可证为由，请求确认双方签订的商品房买卖合同无效。此时，涉案房屋市场价为每平方米24000元左右。一审判决认为，依照《最高人民法院关于审理商品房买卖合同纠纷案件适用法律若干问题的解释》（以下简称《商品房买卖解释》）第2条规定，房地产开发商在取得商品房预售许可证之前销售房屋的，应认定商品房买卖合同无效，在起诉前取得商品房预售许可证的，可以认定商品房买卖合同有效。本案中，原告在起诉前仍未取得商品房预售许可证，故双方签订

---

[1] 参见上海市第一中级人民法院（2016）沪01民终4642号民事判决书。
[2] 参见《最高人民法院公报案例》2019年第2期。
[3] 从判决说理看，法官实际上参照了多条公司法的规定，其中直接类推适用的条款系《公司法》第98条，该条规定，股东有权查阅公司章程、股东名册、公司债券存根、股东大会会议记录、董事会会议决议、监事会会议决议、财务会计报告，对公司的经营提出建议或者质询。

的商品房买卖合同应为无效。本院已向李某某释明合同无效之后果，因法庭辩论已经终结且李某某仍坚持其答辩意见，故其可另案起诉。①

一审判决作出后，社会各界一片哗然，继而在网络上引发激烈的讨论。批评一方声势浩大，主要理由是一审判决结果严重违背正义。"任何人不能从其自身的过错中受益"是一项基本的法治原则，为了规范房地产市场的交易秩序，法院不应轻易认定合同无效，特别是避免通过法院判决形式纵容恶意毁约的不诚信行为。本案中，商品房买卖合同签订时房价为每平方米 8000 元，而案件审理时市场价格为每平方米 24000 元左右，一审法院认定合同无效，将使恶意的违约方闻天公司因无需继续履行合同而获得房屋增值收益，这样的判决结果对于善意的购房人而言是冷酷无情的。综合观之，反对认定合同无效的观点与一审判决冲突的核心在于：本案合同效力认定的法律适用效果是否违背正义达不可容忍的程度，以至于法官可以自己的正义观和价值判断背离法律作出判决。这一点，透过判决中"本院已向李某某释明合同无效之后果……故其可另案起诉"的表述可以看出，法官对本案判决结果实际上是无奈的，其已经力所能及的对李某某进行诉讼救济指引。法官给出的指引是，李某某可另行起诉闻天公司要求其承担缔约过失责任，赔偿因合同无效而造成的房屋差价以弥补自己的损失，如此一来，闻天公司并不会因为自己的恶意毁约而获得收益。况且，如果不认定合同无效且闻天公司不能取得相关行政许可，那么，房屋买卖合同能否实际履行？是否会因民事判决而使行政机关对房地产企业的监管职能落空？实际上，一审法官并非未意识到该案裁判结果的不正当性，只是认为李某某可以通过另行起诉索赔的方式进行救济，本案判决结果违背正义并未达不可容忍的程度，于是在法官事后的道德评判和立法者预先的价值判断之间进行衡量时选择了尊重后者。

其实，一审判决更深层次心理基础在于大家对于法治形成了这样一种共识：法官背离法律或者不依法裁判案件就是司法的不法，就是最大的司法不正义。② 法官对制定法的服从，实质上是对立法权的尊重。同时，"法官是法律忠诚的实施者和捍卫者，但绝不是法条的奴仆"③，法官负有对法律适用出现不正义结果进行修正的权力和责任。然而，法律适用违背正义的程度通常不应由法官决定，而应当取决于社会主流的、普遍的价值观。这就形成了一个悖论。法官依法独立行使审判权要求在具体的裁判过程中不能将争议问题公之于众，由公众投票进行表决。因此，在判决作出之前，这种主流价值判断只能是一种理想的应然状态，法官无法更不可能与当事人、社会民众进行沟通协商。如果法官最终的判决结果与主流价值判断相一致，则判决自可取得较好的社会效果；反之，社会主流价值的判断则会以多种途径进入更高审级法院的价值考量之中。判决引发超乎预料的批评说明一

---

① 参见陕西省西安市长安区人民法院（2018）陕 0116 民初 2519 号民事判决书。
② ［英］麦考密克：《法律推理与法律理论》，姜峰译，中国政法大学出版社 2005 年版，第 71 页。
③ 李俊晔：《民事立法变革与司法裁判中的拉德布鲁赫公式——以我国民法总则为视角》，载《人民法院报》2018 年 6 月 28 日。

审法官对该案的判断与社会主流价值发生了偏离，汹涌的民意促使二审法院召开会议对该类案件进行研讨，以更大范围听取各方价值判断及意见。① 案经审理，二审法院认为："闻天公司在自身合同目的已经实现的情形下，非但不积极履行应尽的合同义务，面对房地产市场出现的价格大幅上涨，反而主张合同无效的做法，违背诚实信用原则。闻天公司虽然违反了有关商品房预售应当取得商品房预售许可证明的规定，但并不必然导致其签订购房合同的民事法律行为无效。闻天公司提起本案诉讼的真正目的在于获取超出合同预期更大的利益，其行为显然与社会价值导向和公众认知相悖。为弘扬社会主义核心价值观，彰显司法公正，本院对此行为不予支持。"② 二审法院认为严格依法裁判得出结论之不正义达到了不可容忍的程度，进而选择对法律的背离。从判决说理可以看出，违背正义达到不可容忍的程度是一种主观的、相对的价值判断标准，法院为了使判决更加具有可接受性，其对正义的判断适用了"社会价值导向和公众认知"的标准，亦即，法官会争取在说明理由时实现自己的价值判断与社会主流价值判断相一致。

本案是一件具有典型意义的规则悖反案例。规则悖反漏洞的认定，对于大陆法系法官而言，是一件非常困难的事情。通常情况下，规则悖反并不是立法者在法律文本制定时已经埋下了"恶"，恰恰相反，任何法律在制定之时都会经过严格的推敲、反复的论证和修改，文本自身是极少存在悖反的。回到本案，《商品房买卖解释》第2条关于"房地产开发商在取得商品房预售许可证之前销售房屋的，应认定商品房买卖合同无效"的规定，本身并不存在不妥，自该司法解释出台后，成千上万的案件已经据此规定作出公正判决。唯因此前的案件，均系购房者以原告身份起诉开发商要求确认合同无效，以实现退款退房的目的。而本案的开发商反其道而行之，意图恶意利用规则获取利益，才导致法律规范呈现出悖反的一面。这进一步印证本文所持"法律漏洞是相对的，漏洞的有无及类型取决于待决事实"的动态漏洞观是正确的。

四、结语

王泽鉴先生说，法学家最主要的任务是帮助法官写好判决。此言甚是。法学家专司法学研究，法官专司审判。司法通过个案审判为法治作出贡献，法学研究的主要贡献则并非仅在论文和专著本身，而是通过作品向司法实践提供的智识支持和方法指导。法学研究对于法律漏洞的分类一直在路上，这些分类为人们更加深刻全面地认识法律漏洞奠定了理论基础，为科学立法提供了策略和方法，部分分类给予司法实践以指引。辩证唯物主义认知观要求，对事物进行分类必有明确的目的，法学分类的目的在于更加深入地认识法学问

---

① 从网上报道的消息看，西安市中级人民法院紧急召开研讨会确定了房地产类案件五项审查原则：一是严格审查，防止恶意诉讼；二是树立诚信原则及合同实际履行原则；三是坚守"不能让违法者因违约而获益"的宗旨；四是积极与相关部门联系沟通，吃透房地产调控政策；五是要注重依法保护弱势群体合法权益。
② 参见陕西省西安市中级人民法院（2018）陕01民终8145号民事判决书。

题的本质。随着认识的不断进步，人们总是在不断地发现旧有分类方法未曾关照过的事物，从而需要对建立在旧的认识基础之上的分类体系进行相应的修正甚或彻底的改变。[①] 人类的理性是有限的，而研究的对象却处于无限地发展中，这决定分类的局限性。为了克服已有分类的局限，唯有继续分类和重新分类。当然重新分类不能是简单的新瓶装旧酒，不能是重复劳动，而是在对研究对象深入认识基础之上的再分类，再分类不必然是对旧分类的抛弃，而是对先前分类成果的进一步发展。

The Reflection and Reconstruction of Legal Loopholes Classification

Cao Lei, Wang Shujian

Abstract: The main purpose of classifying legal loopholes is to improve the scientific nature of legislation to avoid the generation of loopholes, and to choose the correct method of loophole filling according to the type of loopholes. The traditional legal classification of loopholes mostly starts from the perspective of legislators, pays attention to the harmony of the logical structure of legal norms themselves, but ignores the characteristics of real loopholes only when the law is applicable, which makes it difficult for the existing classification to provide effective guidance for judicial practice. In order to solve the problem of disconnection between theory and practice, it is necessary to shift from legislative centralism to judicial centralism and construct a legal loophole system, which is based on the standard of "the state of incompatibility between norms and facts" from the perspective of the judges and prosecutors.

Key words: legal loopholes, extra – legal space, loophole type, loophole filling method

（编辑：郑志泽）

---

① 王长发：《法学分类方法的局限性及其克服》，载《黑龙江社会科学》2007年第4期。

全面三孩政策下隔代辅育文化习俗法律支持体系构建[*]

黎 林[**]

摘 要 面临托育服务总量不足和配置失衡的问题，祖辈成为婴幼儿日常照料责任的主要承担主体，三孩政策实施后，这一现象会更加普遍。隔代辅育在解决幼儿抚育困境的同时，也产生了包括人身、财产权益纠纷在内的诸多法律问题。诉讼纠纷反映出隔代辅育法律地位不明确、祖辈人身权益被制度性忽视等法律困境，并且揭示了隔代辅育经济压力大、配套措施不完善等现实问题。在现行制度框架内，解决这些问题，关键在于要认识到隔代辅育的身份关系属性，并且在《民法典》第1043条强调民本位和家庭价值的视野下，不宜完全使用财产法逻辑解决隔代辅育纠纷。此外，由于隔代辅育的凸显的社会价值，除完善司法路径外，还应当构建辅育成本分担机制，完善辅育配套机制，多角度支持隔代辅育。

关键词 隔代辅育 隔代探望权 辅育成本 长期照护保险

一、问题提出

在市场经济迅速发展的当代社会，大部分的工薪家庭都是双职工同时就业，普遍面临工作和抚育的矛盾。在面临工作或其他不得已因素的不能全身心照顾婴幼儿时，许多父母

---

[*] 本文系国家社科基金重大项目"积极老龄化的公共政策与法治问题研究"（项目编号：19ZDA158）子项目"积极老龄化的公共政策与法律体系构建——基于年龄平等理念"的阶段性研究成果，并受到湖南大学哲学社会科学青年学术提升计划项目"新妇儿发展纲要（2021－2030）中的重点法律问题研究"的资助。

[**] 黎林，湖南大学法学院博士研究生。

优先的考虑便是求助于有丰富经验的祖辈，祖辈帮助照料孙子女有助于子代平衡工作与家庭。[1] 有学者调查发现，由祖辈照料和看护三岁以下孙辈幼儿的情况占到了全部被调查家庭数的80%左右。[2] 在我国，隔代辅育[3]不是现代工业社会才有的产物，从久远的农业社会开始，三代同堂的家庭生活便已经有隔代教养和照顾的文化传统与习俗，[4] 同时，受家本位的传统伦理思想、[5] 多子多福、重视血缘关系和家族延续观念的影响，隔代辅养往往被视为祖父母理所应当的职责。[6] 这既是由我国国情所决定的幼儿家庭照看、启蒙和教育的巨大社会需求，也是由我国千百年来形成的祖辈关心孙辈培育的优秀文化传统决定的精神需求。2021年5月31日，中共中央政治局审议并通过《关于优化生育政策促进人口长期均衡发展的决定》，提出实施一对夫妻可以生育三个子女政策。严格的人口政策限制造成低生育率，这一点不容否认，但是政策放宽之后，并没有即时出现人口反弹性增长。2016年以来的研究表明，官方和民间婴幼儿照顾资源缺乏已经成为制约我国生育政策实施效果的重要因素。[7] 在此背景下，国家也在大力发展托育服务体系以满足广大育龄夫妇婴幼儿照护服务需求，但是构建托育服务体系需较长时日，在过渡阶段，充分发挥具有即时性和安全可靠性的隔辅育的作用，是补齐公共服务短板、破解婴幼儿照料难题的有效模式。此外，隔代辅育对推动积极老龄化也具有正向影响。[8] 祖辈照料正为老年人提供了可以发挥其智慧与活动力的机会，成为其参与家庭活动、传承家族文化的重要途径之一。随着生育政策的调整、育儿成本的升高，未来将会有更多的老年人或主动或被动地投身到照顾孙子女的工作中来，隔代辅育的现象将会更加普遍。

事实上，学术界对隔代辅养的研究不在少数，国内与隔代辅育相关的研究成果自"二

---

[1] Gray A. *The changing availability of grandparents as carers and its implications for childcare policy in the UK. Journal of Social Policy*, 557–577（2005）.

[2] 参见刘中一：《从西方社会机构托育的历史趋势看我国托育机构的未来发展》，载《科学发展》2018年第1期。

[3] 目前学术界使用较多的与隔代辅育相近的概念有隔代抚养、隔代抚育、隔代照顾、中老年人照料孙子女等，因为缺乏统一界定，不同研究根据研究需要采用不同定义。总体来说，根据祖辈参与抚幼程度，可以分为三大类：第一类是父母缺失、完全由祖辈抚养的隔代家庭；第二类是祖辈提供隔代抚养或看护，父母周末或者定期与子女一起生活，在这种模式中，孩子的养育和照顾都是以老人为主，父母为辅；第三类是祖辈到子女家来进行帮忙带娃，这种模式是以小家庭为主，老人为辅。本文研究对象为第三类，采用隔代辅育的表述，主要指的是在当前的新生代家庭中，年轻父母迫于现实压力忙于工作，祖父母或外祖父母与子女一起生活，辅助年轻父母参与孙子女、外孙子女的日常看护、生活照料、教育辅导，并投入时间、精力、金钱、情感等的行为。

[4] 参见郑佳然：《代际交换：隔代抚养的实质与挑战》，载《吉首大学学报（社会科学版）》2019年第1期。

[5] 参见梁军，刘玲：《浅论隔代教育的"相隔"与"相融"》，载《沈阳教育学院学报》2011年第5期。

[6] 参见宋璐，冯雪：《隔代抚养：以祖父母为视角的分析框架》，载《陕西师范大学学报（哲学社会科学版）》2018年第1期。

[7] 参见刘中一：《多措并举 加强0~3岁幼童托育工作》，载《人口与计划生育》2016年第11期。

[8] 积极老龄化是指，老年人退休后仍要继续保持活跃，积极参与家庭、社区甚至国家的活动，健康、参与和保障是"积极老龄化"的三个核心概念，它强调重视老年人的社会价值，促进其参与到社会、经济、文化、精神和公民事务中，为国家、社区、家庭及其本人的发展做出积极的贡献。

孩"政策实施后日益增多，主要从探讨隔代辅养的类型、动机，[1] 对家庭代际关系的影响，[2] 对家庭收入的影响，[3] 隔代辅养对孙辈的影响，[4] 对祖辈的影响，[5] 对育龄妇女就业的影响，[6] 影响隔代辅养的因素，[7] 与退休等相关制度的关系，[8] 隔代辅养同妇女生育意愿、家庭生育决定、整体社会生育率的关系[9]等方面展开。纵览现有文献，大多是从社会学、人口学、经济学方面进行研究，为数不多从法学视角研究隔代辅育的文献，主要集中在祖辈探望权方面，包括是否应给予祖辈探望权、[10] 隔代探望权的权利属性[11]以及祖辈探望权的权利构成，[12] 缺乏对隔代辅育法律制度的整体关注。隔代辅育在缓解托幼困境的同时，也给祖辈带来了就业压力、精神压力、物质压力。[13] 祖辈因人身权益、财产权益问题诉诸公堂比比皆是，这些法律问题未得到应有重视，隔代辅育行为仍被视为自然形态和天经地义的习俗，祖辈处于"志愿者"和"义务化"状态。若隔代辅育文化习俗长期缺失法律保障与支持，特别是对于三孩，祖辈因年事已高，隔代辅育可能也将面临有心无力、难以为继的尴尬局面。本文拟聚焦于探讨隔代辅育中常见的法律问题，在此基础上提出解决路径：一是应该如何从法律上对隔代辅育行为进行定性？隔代辅育是民众自发的习俗或文化传统，还是受法律保护的民事行为？二是隔代辅育涉及的法律纠纷是否具有特殊性，是否可以从现有法律制度中寻找解决路径？三是参与隔代辅育的祖辈是否享有相应的权利

---

[1] 参见宋璐、冯雪：《隔代抚养：以祖父母为视角的分析框架》，载《陕西师范大学学报（哲学社会科学版）》2018年第1期。

[2] 参见金文龙：《代际合作理论视野下的隔代照料——兼议中国家庭的个体化》，载《安徽大学学报（哲学社会科学版）》2021年第3期。

[3] 参见邓悦、郅若平、王俊苏：《隔代抚养对于劳动力收入的影响效应——基于"中国企业—劳动力匹配调查"（CEES）的经验证据》，载《北京师范大学学报（社会科学版）》2021年第2期。

[4] 参见邢淑芬、梁熙、岳建宏、王争艳：《祖辈共同养育背景下多重依恋关系及对幼儿社会—情绪性发展的影响》，载《心理学报》2016年第5期。

[5] 参见何庆红、谭远发、彭争呈：《隔代照料对祖父母健康的影响——基于CHARLS数据的实证分析》，载《人口与发展》2021年第2期。

[6] 参见宋健、周宇香：《中国已婚妇女生育状况对就业的影响——兼论经济支持和照料支持的调节作用》，载《妇女研究论丛》2015年第4期。

[7] 参见李芬、风笑天：《照料"第二个"孙子女？——城市老人的照顾意愿及其影响因素研究》，载《人口与发展》2016年第4期。

[8] 参见封进、艾静怡、刘芳：《退休年龄制度的代际影响——基于子代生育时间选择的研究》，载《经济研究》2020年第9期。

[9] 研究表明，隔代抚育对生育存在显著正向作用的结论。参见周鹏：《隔代抚育的支持者特征研究》，载《北京社会科学》2020年第3期。2020年9月，上海市妇联、市妇儿工委办开展的家庭生育行为影响因素及政策支持实证研究也印证了这一结论。该课题调查显示，在祖辈能提供隔代照料情景下，42%尚未生育孩子家庭未来三年确定生育，是不能提供隔代辅育家庭的2.8倍。祖辈不能提供隔代照料情景下，39%尚未生育孩子家庭未来三年确定不生育，这一比例是能提供隔代照料家庭的3倍。参见傅佩文：《完善家庭政策优化生育环境》，载《新民晚报》2021年1月20日。

[10] 参见庄绪龙：《"隔代探望"的法理基础、权利属性与类型区分》，载《法律适用》2017年第27期。

[11] 参见邱江：《祖父母隔代探望权应予适度保护》，载《人民法院报》2017年11月15日。

[12] 参见陈丹、靳英：《隔代探望权行使的现实困境及其司法应对》，载《黑龙江社会科学》2019年第4期。

[13] 参见陈英姿、孙伟：《照料史、隔代辅育对我国中老年人健康的影响——基于Harmonized CHARLS的研究》，载《人口学刊》2019年第5期。

且应履行何种义务？法律是否有必要对祖辈在隔代辅育中享有的权利及义务予以专门规定？

二、隔代辅育法律纠纷类型化分析

（一）隔代辅育纠纷类型

近年来，越来越多的祖辈为了维护自身权益，开始寻求司法救济。截至 2021 年 6 月 15 日，笔者通过中国裁判文书网，以"祖父母""隔代抚养""隔代照料""隔代抚育"等关键词进行检索、去重和删除非检索目标裁判文书后，共检索到 417 例与隔代辅育相关的案件。① 发现主要涉及两大类纠纷：一是人身权益类纠纷案件，人身权益类纠纷主要是祖辈因要求对孙辈进行探望而引发的纠纷。本次共检索到 110 例隔代探望权案件。由于隔代探望权无确定的法律依据，在基本事实相同情况下，往往呈现出"同案不同判"的结果，其背后的法学理论和司法逻辑值得深思。二是财产权益类纠纷案件，财产权益类纠纷又可以细分为带孙费用纠纷和财产损害赔偿纠纷。带孙费纠纷并非严谨的法律术语，主要是祖辈以参与孙辈照料产生了费用从而向子女进行索要而产生的纠纷。财产损害赔偿纠纷主要是祖辈在参与孙辈照料过程中发生的祖辈受伤或者孙辈受伤导致的侵权损害赔偿问题。因财产损害赔偿纠纷样本量较小，仅有 1 例，本文不做展开分析。

（二）司法裁判现状及分歧

1. 人身权益类纠纷

从案件的裁判结果来看，支持祖辈探望孙辈的比重较大，判决驳回祖辈要求探望诉讼请求的比重较小。支持祖辈诉讼请求的理由主要有以下五种：一是基于公序良俗和伦理道德。该观点认为允许祖辈探望孙辈符合公序良俗要求，也是弘扬传统美德的内在要求，在不影响孙辈正常生活的情况下，支持祖辈探望有利于亲属间感情融和，符合社会大众认知。同时，《民法典》第 8 条也规定了从事民事活动不得违反公序良俗，不让祖辈探望孙辈有违公序良俗。② 二是基于亲情血缘关系。该观点认为在婚姻家庭领域，案件审理要考虑人情因素，特别是基于血缘关系的伦理亲情。若祖孙建立了深厚的感情，孙辈突然被从祖辈身边带走，祖辈难以接受也是人之常情，没有必要人为地制造痛苦，隔离亲情。③ 三是对未成年人人格健全及身心发育成长有着积极意义。该观点认为探望不仅是成年人的一种权利，从有助于未成年人健康成长视角来看，探望同样也是一种义务，与亲属密切友好

---

① 限于裁判文书公开上网的相关规定和操作，数据库能直接检索到的案件有限，相信各地法院审结的案件应还有很多。
② 江苏省无锡市中级人民法院（2015）锡民终字第 01904 号民事判决书。
③ 江苏省丰县人民法院（2020）苏 0321 民初 3356 号民事判决书。

的交往有助于塑造未成年人健全人格，符合《未成年人保护法》的保护原则。① 四是基于法无禁止即可为原则。该观点认为《婚姻法》第38条（即《民法典》第1086条）并没有做出禁止祖父母探望的规定，根据法无禁止即可为的原则，祖父母可以对孙辈进行探望。② 五是有助于祖辈获得精神慰藉。该观点认为孙辈是祖辈重要的感情寄托，探望孙辈是祖辈获得感情慰藉的重要途径，如果不允许祖辈进行适时探望，有悖于中华民族的传统美德，与构建和谐社会的理念更是背道而驰。③

在判决驳回的案件中，法院的理由主要有两种：一是认为祖父母、外祖父母不是探望权的权利主体。该观点认为探望权的主体是由法律规定的，祖辈以探望权纠纷起诉，其并非适格主体，不享有探望权。④ 二是认为隔代探望权没有法律规定。该观点认为根据法律规定，行使探望权的主体为未成年人的父或母，现有法律没有关于祖父母或外祖父母对孙子女或外孙子女行使探望权的相关规定，因此在孙辈监护人明确表示不同意祖辈进行探望的情形下，祖辈要求探望的请求，没有法律依据，无法支持。⑤

2. 财产权益类纠纷

从案例检索结果来看，司法实践中将该类案件分为三种案由进行审理：一是抚养费纠纷，此类案件占比较高，共搜集179件，占比达58.31%，在此类纠纷中，大部分法院根据当地生活水平酌情支持祖辈要求子女支付孙辈抚养费的诉讼请求，但是也有一些法院以基于传统习俗及血缘亲属之情而看管照顾孙子女是纯粹道义上家庭成员之间相互帮助的行为等理由驳回祖辈诉讼请求。⑥ 二是无因管理纠纷，祖辈以没有法律义务抚养孙子女，却承担了抚养孙子女的责任，符合无因管理法律规定为由，据此主张带孙过程中为孩子花费的各项费用。⑦ 根据我国法律规定，在父母有抚养能力的情形下，抚养孙辈并非祖辈的法定义务。⑧ 但因为我国法律中还没有"带孙费"的相关法律规定，所以法院援引无因管理的规定进行裁判。因缺乏明确的法律规定，祖辈在以无因管理为由主张带孙费过程中，也会面临法律难题，比如难以提供具体证据证明其存在无因管理行为而面临败诉，⑨ 再如法院基于构建和谐家风的角度出发，认为原被告双方应消除对立、实现和解恢复情感，从而驳回祖辈诉讼请求。⑩ 三是劳务合同纠纷，此类案件中一般存在口头或书面约定，祖辈以

---

① 江苏省无锡市中级人民法院（2015）锡民终字第01904号民事判决书。
② 河北省石家庄市中级人民法院（2019）冀01民终10732号民事判决书。
③ 江西省南昌市西湖区人民法院（2019）赣0103民初1692号民事判决书。
④ 四川省平昌县人民法院（2020）川1923民初2998号民事判决书。
⑤ 北京市昌平区人民法院（2015）昌民初字第12717号民事判决书。
⑥ 广东省英德市人民法院（2020）粤1881民初2074号民事判决书。
⑦ 湖南省怀化市鹤城区人民法院（2018）湘1202民初3021号民事判决书。
⑧ 有负担能力的祖父母只有在父母已经死亡或父母无力抚养的情况下，才会对未成年的孙子女有抚养的义务。
⑨ 河北省高级人民法院（2017）冀民申3910号民事判决书。
⑩ 江苏省无锡市中级人民法院（2020）苏02民终346号民事判决书。

劳务合同纠纷为由主张带孙劳务费，在笔者统计的案件中，此类案件仅有 6 件，其中 1 例是在离婚协议约定了祖辈代为辅育并约定了费用，因有书面协议获得法院支持，① 其余案例均是口头约定，大部分法院从缺乏劳务合同视角出发否认劳务关系的存在，但也有法院从辅育事实出发，认定事实上形成了劳务关系。②

三、司法裁判分歧凸显隔代辅育法律困境和实践问题

（一）隔代辅育面临法律困境

1. 隔代辅育行为法律性质不清晰

受情感及传统家庭伦理因素影响，祖辈照料被私化为祖辈的道德义务，尽管现代法律制度对于法律问题和道德问题进行了界分，但是隔代辅育这类既有道德因素又有法律因素的问题，法律并没有对其清晰认定。司法实践中对于隔代辅育行为法律性质没有清晰的认识，主要存在四种观点：一是认为隔代辅育是基于血缘亲情的无偿帮扶行为，祖辈与孙辈不具有法定抚养被抚养关系，隔代辅育是祖辈作为家庭成员基于血缘、亲情所实施的帮助、帮扶行为，亦是祖辈的自愿行为，在没有特别约定的情况下应视为一种无偿行为。③论者进一步指出，《民法典》第 1043 条也规定了"家庭成员应当敬老爱幼，互相帮助，维护平等、和睦、文明的婚姻家庭关系"，据此，祖辈照顾孙辈应纳入互相帮助的范围，但是值得思考的是法律的这种倡导式的规定能否构成一种义务的设置，甚至是超越明确规定的抚养义务配置？二是认为隔代辅育是默示的合同行为，祖辈参与孙辈照料是经过与子女协商一致的行为，本质上是合同约定的行为，在双方没有约定对隔代辅育行为要支付费用的情况下，祖辈参与孙辈照料的行为只能认定为无偿行为，属于双方合同关系中的默示条款。④ 祖辈若对当初自愿、无偿照料孙子女的初衷反悔，属于对已经履行完合同的任意否定，是违背法律和合同约定的。三是认为隔代辅育构成无因管理，祖辈隔代辅育不存在法定义务，也没有与子女明确约定的情况下，属于为避免他人利益受损失进行管理或者服务，符合我国民法关于无因管理的构成要件，形成无因管理之债。⑤ 四是认为隔代辅育构成劳务行为，在祖辈与子女约定照看孙子女且子女同意支付照看费用的情形下，祖辈与子女之间构成劳务关系。⑥ 隔代辅育性质不明晰会直接关系到法院对于隔代辅育当事人关系的认定，进而影响裁判结果。

---

① 广东省深圳市中级人民法院（2018）粤 03 民终 14838 号民事判决书。
② 江西省萍乡市中级人民法院（2017）赣 03 民终 277 号民事判决书。
③ 山东省济南市中级人民法院（2021）鲁 01 民终 9 号民事判决书、贵州省黔南布依族苗族自治州中级人民法院（2018）黔 27 民终 132 号民事判决书。
④ 参见伊路芳菲：《请求权检索裁判实例：祖父母索要孙子女代养费不予支持》，https://www.163.com/dy/article/GCEF2D6D0521D5A7.html，访问日期：2021-6-20.
⑤ 重庆市第三中级人民法院（2015）渝三中法民终字第 01739 号民事判决书。
⑥ 广东省深圳市中级人民法院（2018）粤 03 民终 14838 号民事判决书。

2. 祖辈主张人身权益缺乏法律依据

在研究隔代辅育过程中，我们总是容易用"朝下"的视角来关注隔代辅育问题，比如研究这种教养模式给孙辈教育带来的影响等，而忽略了老年人在这一过程中作出的权利需求。隔代辅育，要付出费用、时间、精力等，毫无疑问是一件吃力的事情，但是祖辈抚养孙辈，并不是简单照顾，而是陪伴孙辈共同成长，孙辈也带给爷爷奶奶天伦之乐，这种精神层面的伦理回报大多也是祖辈照料的重要动机。但是这一精神层面的需求可能会随着父母离婚而受到影响，祖辈想探望未跟随其生活的孩子却没有明确的法律依据。最高人民法院法官在《关于当前民事审判工作中的若干具体问题》中提及，祖辈是否享有探望权应结合情感、风俗等伦理因素进行综合考虑，法律应保持适当的谦抑性，避免对家庭和未成年人的生活造成不利影响。原则上，只有父或者母享有探望权，但是若祖辈在子女去世或者无能力抚育等特殊情形下尽抚养义务的，可以将祖辈纳入探望权主体范畴。① 最高人民法院发布的《第八次全国法院民商事审判工作会议（民事部分）纪要》也体现了该观点。此后，《民法典（草案）》一审稿根据司法实践增加了隔代探望权的规定。② 《民法典（草案）》二审稿又对此作了修改完善，③ 民法典（草案）三审稿删除了隔代探望权的规定，主要理由是目前各方面对此尚未形成共识，暂不在民法典中规定，祖辈要求探望孙辈，可通过与直接抚养的一方协商或通过诉讼解决。但是，通过诉讼解决也面临着缺乏法律依据而不被支持的境况。事实上，司法解释早已承认了祖辈辅育对于孙子女发展的积极作用，根据《最高人民法院关于适用〈中华人民共和国民法典〉婚姻家庭编的解释（一）》第47条规定，在裁判子女抚养权归属时，司法解释认可祖辈照料对孩子的有益之处，并将祖辈照料作为考量因素，那缘何在设置探望权方面，又担心立法明确探望权可能会影响孩子健康成长？有能力的祖父母在子女无力抚养时要承担法定的抚育义务，但是法律却不对其权利诉求予以回应，承担抚育义务的同时却得不到探望孙子女权利的保障，存在权利义务不一致的情形。立法不对隔代探望权进行规定，而交由司法进行个案裁量，这不仅让祖辈的情感诉求处于不确定状态，增加其主张权益的障碍，如何在个案裁判中进行有效解释，也对法官提出了更高的要求。

3. 财产权益纠纷背后情与法的价值冲突

从法律视角来看，父母有抚养未成年子女的义务，但祖辈在子女有抚养能力的情况下，对孙辈没有抚养义务。老人向子女索要带孙报酬，从财产法上讲无可非议。从判决结果及援引的法律来看，尽管反映出法律在该方面的规定是相对缺失的，但"啃老"行为在

---

① 参见程新文：《最高人民法院关于当前民事审判工作中的若干具体问题》，载杜万华主编：《民事法律文件解读》（总第134辑），人民法院出版社2016年版。
② 父母离婚后，祖父母、外祖父母探望孙子女、外孙子女的，参照适用父母探望子女的有关规定。
③ 明确父母离婚后，祖父母、外祖父母在对孙子女、外孙子女尽了抚养义务，或者在孙子女、外孙子女的父母一方死亡的情形下，可以参照适用离婚父母探望子女的有关规定，探望孙子女、外孙子女。

司法上也受到了否定性评价。① 但有观点认为祖辈向子女主张隔代辅育费用，会将隔代辅育蜕变成纯粹的金钱关系，传统文化的含饴弄孙将与花钱雇佣保姆无异，若隔代辅育费用被广泛宣传，家庭亲情、人伦秩序就会受到冲击。② 这实质反映了婚姻家庭法与财产法的冲突与衔接问题，家庭财产关系的主体是家庭成员，理应纳入婚姻家庭法调整范畴，但是其本质上也属于财产关系的一种类型，不可能不受到财产法的牵制。③ 若放在家庭伦理视角看待该问题，家庭是一个整体，祖辈照顾孙辈是基于血缘亲情，并非毫无缘由。若基于法治思维思考该问题，祖辈无法定义务照顾孙辈，因照顾孙辈有所付出，应当得以获偿。现在司法实践中，对祖辈主张隔代辅育费用的诉求，之所以出现"同案异判"的现象，重要原因就是在面对婚姻家庭法与财产法冲突时做出了不同的选择。

（二）隔代辅育纠纷凸显实践问题

1. 祖辈面临隔代辅育经济压力

透过带孙费纠纷，我们应读懂其背后蕴藏的社会问题。祖辈会因为照顾孙辈而把子女告上法庭索要带孙费，算是比较极端的案例，老人索要带孙费，不仅是亲情问题，更是民生问题。祖辈的无奈之举确实也反映出其在照料孙辈过程中的经济窘境。基于我国的基本国情，当下我国一直强调家庭为主的抚育原则。祖辈作为家庭抚育的主力军，与子女及孙子女共同生活，从形式上看与传统家产制下同居的生活状态类似，但是本质上已然与传统社会不同。传统社会奉行同居共财，即共同收益、共同消费，乃至共同积蓄，随着现代家庭的小型化、核心化，已然演变为同居共享而非共有财产，④ 换言之，祖辈并没有对子女财产的处分权。尽管在家庭伦理视角下，父母子女仍是一体共存的关系，但是法律已然将父母的地位由财产共有人身份转化为共享人，意味着对祖辈经济权利的削减。在家庭层面，除非子女主动给予祖辈钱款，否则祖辈仅能依靠自有财产来维持或者支持隔代辅育行为。从社会生活层面讲，对隔代辅育的认识囿于家庭范围，祖辈难以从国家或者社会得到经济支持。在祖辈参与辅育丧失工作机会，没有经济来源，其经济压力不可谓不小。

2. 隔代辅育配套法律制度不完善

目前我国社会公共服务对隔代辅育的顶层设计前瞻性不足，对隔代辅育的支持力度相

---

① 此前江苏省立法禁止"啃老"，还有论者认为，法律管不了家务事，嘲笑这是浪费立法资源。但是，从老人索要带孙报酬的现实来看，立法禁止啃老，老人对"无偿保姆"角色说"不"，有其必要性与合理性。参见2011年3月1日起施行的《江苏省老年人权益保障条例》第15条第2款：有独立生活能力的成年子女要求老年人经济资助的，老年人有权拒绝。
② 参见周俊生：《"带孙费"不是普遍现象，父母的付出亦非天经地义》，载《人民日报》2019年9月20日。
③ 参见曹薇薇、黎林：《民法典时代夫妻房产赠与纠纷中的司法判决冲突及解决》，载《妇女研究论丛》2021年第2期。
④ 参见金眉：《婚姻家庭立法的同一性原理——以婚姻家庭理念、形态与财产法律结构为中心》，载《法学研究》2017年第4期。

对不高。一是住房改善服务不足。居住形式是影响隔代辅育资源可及性的重要因素，选择隔代辅育的家庭有较强的就近住房、扩张住房等现实诉求，但目前相关政策对此缺少倾斜与回应。《国务院关于印发中国老龄事业发展"十二五"规划的通知》就已经提出要支持代际同居，引导开发代际亲情住宅。政策层面的倡导需要在操作层面具体落实才能真正发挥其对家庭支持的引导作用。由于实践中后续的房产政策没有深入贯彻这一政策理念，因此，这些政策对家庭养老的支持作用没有得到充分发挥。房地产市场作为宏观调控的重要对象，在出台政策过程中，国家层面并未认识到结合住房政策鼓励代际同居的必要性。比如针对小面积的户型征收低税率契税，而对大面积户型征收高税率，诸如此类的政策没有针对多代同居的大面积住房予以购房优惠，这无意中加速了家庭居住的小型化，[1] 使隔代辅育可能性进一步被削弱。二是健康保障和医疗卫生服务不足。老年疾病预防及康复服务发展不充分，基层医疗卫生条件差、优势医疗机构资源紧张、老年人慢性疾病支出负担重、异地就医住院结算和门诊报销难度大等。三是社区支持服务不足，老年隔代辅育者难以从社区获得其所需的缓解照料压力、提升照料质量、调剂老年生活等方面的支持服务：其一，隔代辅育需祖辈融入新的生活环境，对祖辈生活质量关注度不高。祖辈随着子女生活，面临新环境适应、语言沟通、与子女家庭关系、社会隔离等诸多难题。目前，我国尚未给隔代辅育的祖辈，尤其是数量庞大且多年往来奔波却从未寻求援助的进城隔代辅育的农村祖辈以应有的回应。其二，祖辈难以获得"喘息"服务。由于照料主体多年近花甲，健康状况衰退，多有"有心无力"之感。老人若病倒，双薪子女家庭"两端"同时失守，加重子女负担。研究表明，当祖辈在面临当身体感觉不适时，有超过80%的老人选择"等家务忙好、子女可以代为照看孩子或可以陪同时再去就医"，这种含辛茹苦以至于忽略自我健康的行为方式在肩负隔代辅育责任的不同类型的祖辈身上都是比较常见的。[2] 当祖辈成为抚育的主力时，全身心扑在婴幼儿身上，因缺乏临时照顾等补充托育服务，老人很难有休息空间。

四、隔代辅育纠纷的裁判规范及法律支持体系构建

中国的现实情况和历史传承都凸显出隔代辅育的优势，为保证该模式的可持续性，须为其正名，通过制度化去义务化、志愿化，承认其社会价值。祖辈是隔代辅育服务的直接供给主体，保障祖辈的切身权益并为其"赋能"，是隔代辅育得以良性循环、健康持续的基础。因此，为提高隔代辅育能力，一方面应规范隔代辅育纠纷裁判规则，另一方面，国家和社会应当对隔代辅育予以法律制度层面的支持和帮助。

---

[1] 参见彭希哲、胡湛：《公共政策视角下的中国人口老龄化》，载《中国社会科学》2011年第3期。
[2] 参见吴祁：《进城抚养孙辈的祖辈的生活困境及其消解路径》，载《城市问题》2018年第12期。

（一）隔代辅育纠纷规范化裁判路径

1. 重视隔代辅育中的身份关系属性

我们应当认识到，权利义务的配置和一个国家的文化传统密不可分，但文化传统也在发生着变迁。① 隔代辅育纠纷通过诉讼途径解决，不再是简单的家长里短，而是公民权利意识的觉醒和法治观念进步的表现。隔代辅育纠纷两种处理模式，一边是以情感和道德为纽带的传统家庭取向，涉及血缘亲情、家庭伦理等，另一边是以权利和利益为核心的现代法理主张，涉及祖辈的意思自治、权利意识等。若过于强调照顾的情感面向并将其与祖辈照顾孙辈幼儿的天性相连结，这无疑是将祖辈照料的价值与重要性隐形化，并将祖辈照料私化为祖辈的道德义务，进而让祖辈身处照顾责任压迫的不利位置。若过于强调通过财产法逻辑解决隔代辅育纠纷，对于家庭和睦也将构成挑战。因而，裁判者应当立足全局，结合《民法典》中相关家事制度相关规定，进而对具体案件综合判断。本文认为隔代辅育的大背景是家庭伦理思维，在《民法典》第1043条强调民本位和强化家庭价值视野的情况下，应当以尊重意思自治、兼顾保护付出方为基本原则，对于祖辈的合法权益要予以保护，为实现促进家庭、家教、家风建设的立法目标，在处理隔代辅育纠纷过程中要重视当事人之间的身份关系，宜在家庭本位视角下处理相关纠纷，不宜完全陷入财产法的逻辑。

2. 隔代辅育人身权益纠纷裁判规则

在家庭本位视角下处理人身权益纠纷，不宜以法律没有明文规定为由拒绝祖辈的探望诉求，更多的应考虑血缘、亲情以及祖孙感情等因素。笔者认为在司法实践中应当支持祖辈享有探望权。主要理由有三个：一是权利义务对等原则的内在要求。② 首先，我国《民法典》规定了特定情形下有负担能力的（外）祖父母对于未成年（外）孙子女的抚养义务，《继承法》第11条规定了孙辈可以继承祖辈财产的情形，这些法律规定展示了祖辈与孙辈不可割舍的权利义务关系。其次，隔代辅育更多强调的是祖辈对孙辈的照料责任，祖辈从隔代辅育活动中获得的更多是含饴弄孙的精神愉悦回报，这种精神回报得到法律支持应在情理之中。二是隔代养育蕴含亲情伦理价值。祖孙朝夕相处形成的浓厚"祖孙情"，这种因血缘、身份关系而产生的情感，不因父母离婚、去世等因素而消逝，理应得到裁判的承认和尊重。如果法律忽视这种伦理价值，排斥祖父母隔代探望的合理诉求，有违社会公众期待。"情理"的判断与取舍是司法裁判必须考量的因素。正如前文所言，大部分判决对隔代探望持肯定态度，社会媒体舆论也几近一致的认同。尽管媒体的肯定并不绝对意味着正确与正当，但却透视着社会主流观念的价值认同。在大多数人看来，虽然《民法典》第1086条规定探望权的权利主体是离婚后不直接抚养子女的父亲或母亲，但现实中

---

① 参见侯学宾：《法律该不该支持"带孙费"》，载《检察日报》2018年10月31日。
② 参见毛柏林：《祖父母或外祖父母也应享有探望权》，载《人民司法》2008年第17期。

祖辈探望孙辈是一种正常情感需求。① 三是保护隔代探望权符合祖辈和孙辈的共同需求。一方面，对于孙辈而言，与祖辈保持情感交流，有利于为孙辈健康成长创造良好条件；另一方面，对于祖辈而言，祖辈探望权得以尊重，有利于从精神层面慰藉长辈，体现了法律的人文关怀。

3. 隔代辅育财产权益纠纷裁判规则

隔代辅育财产纠纷本质上反映了社会转型期间需要重新审视与构建新型的价值观念，重视利益主体多元化下的利益诉求，迎接现代消费社会对家庭传统伦理的挑战。带孙费纠纷事实上涉及三个主体，两层法律关系。第一层是父母与子女之间的抚养与被抚养关系，抚养未成年子女是父母的义务；第二层是祖辈与孙辈的照顾与被照顾关系，法律并未明文规定该关系的性质。在带孙费纠纷中，祖辈都是根据第二层法律关系提出诉讼，在祖辈没有抚养义务的情况下，带孙费也不等同于抚养费，自然不应当将带孙费问题纳入抚养费纠纷框架下进行处理，实际上法院所支持的大多是祖辈在照顾孙辈过程中所支出的费用，并非法律意义上的抚养费。从财产法视角出发，祖辈在没有法定或约定照顾义务的情形下，付出了费用，适用无因管理的规定是比较妥当的，根据法律规定，在子女有抚养能力的情形下，祖辈并非抚养义务承担主体，无论祖辈基于何种原因照顾孙辈，都不能改变这个事实。但是回归家庭伦理视角，祖辈参与孙辈照料本就是基于血缘、亲情的自发行为，将其视作无因管理行为，岂不是将家庭成员的关系陌生化。毕竟，"家庭""亲情"本就与"奉献""付出"紧密相关，无法完全用金钱衡量，更多的要注重亲属纽带。从家庭伦理视角出发，家庭成员有权从家庭中获得生存、发展所需的基本物质与精神支撑，隔代辅育行为让包括子女在内的家庭成员受益，承担更多义务的家庭成员理应有获得经济补偿的权利。《民法典》第1088条以此为基础规定了家务劳动补偿制度，并且在《婚姻法》第40条的基础上，将家务劳动补偿由单纯的"夫妻约定"变为"约定与法定相结合"。笔者认为隔代辅育费用纠纷可以参照家务劳动补偿制度予以适用，因隔代辅育挤压了祖辈自身发展的时间和精力，往往会减少职业收入和经济收入，导致谋生能力较低，生活水平下降，据此，祖辈有权以承担更多家庭义务为由向子女主张辅育孙辈的费用，该种处理模式既平衡了组织的物质需求，也有利于维护和睦的家庭文化。

（二）隔代辅育法律支持体系构建

1. 隔代辅育统筹中的法律规范完善

建立健全法律制度是构建未成年人性权利保护体系的关键。根据现实需要，在立法时需要解决如下问题：首先，应提升隔代辅育的法律地位。要通过法律手段促进隔代辅育从"家庭自主负担"的"边缘"地位转向关系"国计民生"的"战略"地位。比如英国通过

---

① 参见孟亚生：《隔代探望能否成为法定权利》，载《检察日报》2015年9月30日。

《儿童与青年法》（Children and Young Persons Act）明确了祖父母是替代父母履行抚养义务的最佳主体，当儿童不能与父母一起生活时，祖父母是最好的照顾主体。① 美国，2008年出台的《促进成功和增加收养法》（Fostering Connections to Success and Increasing Adoptions Act）首次明确了祖辈在儿童照顾中的重要角色，并且明确提出鼓励祖父母参与隔代辅育。② 其次，理清隔代辅育的性质、地位、特点，从法律层面明确照顾者福利支持内容。国家不仅要倡导隔代辅育行为，而且还通过立法对其予以保障，以法律形式规定隔代辅育支持的主要内容、受益资格、支持标准等，确保有法可依，有据可循。为鼓励隔代辅育，美国出台《隔代抚养支持法》（Supporting Grandparents raising grandchildren Act），授权成立联邦咨询委员会作为专门的机构以整合资源，为隔代辅育照顾者提供更完备的支持。③ 此外，美国还通过税收手段激励祖辈参与隔代辅育，《国家养老金法规》（State Pension Regulations）将为隔代照料者提供的国民保险缴税抵扣制度以法律形式固定下来。④ 最后，制定完善托育替代服务机构准入、运行等方面的监管标准，为祖辈提供优质的喘息服务。婴幼儿照护是不间断的劳动，照料者难免身心俱疲，对于祖辈无力负荷照顾劳务或无法提供适当照顾的情况应予以理解和体谅，并辅以其他福利托育服务方案提供托育服务，让祖父母有喘息的机会。⑤

2. 健全辅育成本分担法律制度

伴随着国家生育政策的转型，人们逐渐意识到生娃不仅是家事也是国事。⑥ 既然孩子事关国家利益，与他们相关的生育/养育费用就不应仅由家庭承担，⑦ 这一观念演化为"儿童应该受到国家的保护和照顾原则"，并被诸多国际条约予以吸纳、确认。《儿童权利公约》（1989年）第3条和第18条明确规定了缔约国应对儿童予以保护和照顾以保障儿童享有幸福，并且认可儿童应受到特殊照顾和帮助。《公民权利和政治权利国际公约》《经济、社会、文化权利国际公约》《残疾人权利公约》对儿童的这一权利也予以了明确规定。上述国际法文件对儿童抚育的公共性问题及社会价值进行阐述和肯定，并且对于政府在处理儿童抚育公共性问题中的责任和角色定位也有明确的规定，即在构建社会化儿童抚育机制过程中，应当由政府发挥主导作用。缓解隔代辅育中祖辈经济压力，要从改变生

---

① Legislation. gov. uk. "*Children and Young Person Act 2008*". http：//www.legislation.gov.uk/ukpga/2008/23/contents，2021-06-15.

② Grandfamilies. org. *Fostering Connections Summary&Analysis.* http：//grandfamilies.org/Topics/Notification-of-Relatives/Notification-of-Relatives-Summary-Analysis，2021-06-15.

③ CONGRESS. GOV. "*S.1091 - Supporting Grandparents Raising Grandchildren Act*". https：//www.congress.gov/bill/115th-congress/senate-bill/1091/text，2021-06-15.

④ Legislation. gov. uk. "*The Social Security（Miscellaneous Amendments No. 4）Regulations 2017*". https：//www.legislation.gov.uk/uksi/2017/1015/regulation/17/made，2021-06-15.

⑤ Valeria B，Bruno A，Arnstein A. *Patterns of Grandparental Child Care across Europe：the Role of the Policy Context and Working Mothers' Need. Ageing &Society*，845-873（2016）.

⑥ 参见张一琪：《生娃是家事也是国事》，载《人民日报海外版》2018年8月6日。

⑦ [英]罗素：《婚姻革命》，靳建国译，东方出版社1988年版，第135页。

育成本模式入手，推动健全政府、社会协同分担体系，合理划分各主体间的责任。

一是由政府分担。隔代辅育客观上分担了政府的责任，缓解了福利性和普惠性公共服务的压力，基于改善老年群体福祉虑，政府应建立隔代辅育津贴制度。隔代辅育具有使用价值、市场交换价值以及可供持续消费的剩余价值，不应其未进入市场定价而否定其经济价值。隔代辅育支持体系的构建应将祖辈作为重要利益相关者，做出整体性制度安排。从劳动补偿层面肯定祖辈照顾工作的价值，给处于帮助照顾孙辈幼儿的祖辈发放一定数额的津贴，或出台相关政策保障来城市帮助照顾孙辈幼儿的农村老年人享受所在城市的最低城市生活保障。

二是由社会分担。保险是化解和转移风险最有效的办法，社会分担辅育成本的主要方式就是探索将隔代辅育纳入长期照护保险制度范畴。① 有些国家通过年龄来确定长期照护保险制度的适用对象，比如日本，将他们的长期照护保险对象明确限定为68岁以上的老年人口，即使有失能情形但未达到年龄也不纳入。② 有些国家从公民社会权视角出发，坚持普惠主义，主张把照护对象扩展为全体失能者，比如德国《护理保险法》规定，确实有需要照护的群体，可以享有相关服务，而不受年龄限制。③ 现阶段我国立足于当前经济社会发展水平，将给付对象限定在失能老年人特别是65岁以上失能老人，希望将优先资源优先用于特别需要的群体。④ 本文建议，在具备条件的情形下，长期照护保险的给付对象可以扩展至婴幼儿。这是因为长期照护评判标准应该为"是否能独立生活"，而不应该设置是否参保以及年龄等制约性及排他性条款，这是社会保险不同于商业保险的客观要求。

3. 强化隔代辅育配套法律制度协同

加强积极老龄化与隔代辅育的政策衔接，为隔代辅育创造条件。建议在规划积极老龄化相关政策时能增加家庭托育的考虑，以协助祖辈事先做好准备，确实展现其智慧与能力。一是延迟退休政策或应更加柔性。在面临劳动力稀缺和退休金缺口的背景下，国家适时出台延迟退休政策，是合乎国情的战略举措。在家庭有强烈抚育需求的情形下，有些老人延迟退休意愿较弱，事实上，退休后参与照顾孙辈也是另一种就业模式，⑤ 与正常职场就业不存在本质差异。所以，可以考虑增加政策柔性，即赋予适龄退休老年人自主选择权，不应让"夕阳红"异化为"夕阳慌"，进一步优化延迟退休政策与隔代辅育政策的契合度，避免隔代辅育难以实现。二是要实施有利于家庭养老及隔代辅育的住房政策。其

---

① 长期照护保险制度是老龄化的伴生制度，旨在向失能人群、特别是重度失能人员的基本生活照料及相关医疗护理提供资金和服务保障。
② 参见曹信邦：《中国失能老人公共长期护理保险制度的构建》，载《中国行政管理》2015年第7期。
③ 参见郝君富、李心愉：《德国长期护理保险：制度设计、经济影响与启示》，载《人口学刊》2014年第2期。
④ 参见曹信邦：《中国失能老人公共长期护理保险制度的构建》，载《中国行政管理》2015年第7期。
⑤ 参见穆光宗：《成功老龄化之关键：以"老年获得"平衡"老年丧失"》，载《西南民族大学学报（人文社科版）》2016年第11期。

一，将"适老性"建筑标准纳入保障房建设和城市旧房改造，以达到无障碍要求。其二，鼓励子女和父母同住的政策支持。从政府支持角度来看，可以规划设计"母子型"的房屋结构，便于子女和父母同住。其三，对愿意与父母同住的子女，从房屋贷款、住宅补贴等方面给予支持和引导。三是建立面向祖辈群体提供服务的学习平台，提升祖辈科学抚育能力。将老年人终身学习政策与祖辈照料技能学习整合起来，在社区中大力开展常规化、专业化、科学化的幼儿照料知识和技能的培训和讲座，以弥补祖辈照料者在科学育婴知识储备方面的不足。这类工作在欧美、东亚、东南亚国家与地区已开展多年，有相当成熟的运行机制与模式，如科罗拉多州立大学的"隔代抚养祖辈网站"、基于社区的"展现健康祖辈"计划等。[1]

五、结论

无论是基于情感性还是工具性目的，也无论是主动或是被动，隔代辅育是当下中国家庭抚育的客观模式，是幼有所育的重要保障。隔代辅育可能是两代人的主动选择，也可能是迫不得已的无奈之举。我国现行隔代辅育支持法律制度的短视性、临时性、应急性特征明显，缺乏稳定的预防性制度安排，以及对老年人发展性与权利性需求的精准定位与回应。[2] 伴随着老龄社会人口结构和社会经济结构的变动，家庭处于压力增加和能力下降的失衡状态，传统隔代辅育模式受到挑战，并且随着老龄化程度的加深，在缺乏政策支持的情况下，这种模式与老龄社会的不相适应还会加剧，[3] 在一定程度上不利于隔代辅育的长期推行。面对隔代辅育存在的诸多法律问题，要充分认识到处理隔代辅育纠纷应在家庭伦理框架下进行，不宜完全适用财产法规则，同时，针对隔代辅育纠纷反映出来的老年人隔代辅育所承担的压力及面临的现实难题等，应根据我国的现实国情，从三代人的代际关系出发设计相关政策，以积极老龄化的理念，为他们实现老有所为的人生价值提供必要条件。

Construction of A Legal Support System for Cultural Convention of Skip - Generation Raising Based on the Third - Child Policy

Li lin

Abstract：Grandparents are mainly responsible for looking after infants and young children

---

[1] 参见吴祁：《进城隔代抚养的祖辈生活满意度及其影响因素》，载《南通大学学报（社会科学版）》2017年第5期。

[2] 参见李连友、李磊、邓依伊：《中国家庭养老公共政策的重构——基于家庭养老功能变迁与发展的视角》，载《中国行政管理》2019年第10期。

[3] 参见李运华、魏毅娜：《老龄社会与我国学龄前儿童保育模式的变革》，载《贵州社会科学》2018年第4期。

since shortage of daycare services and unbalanced configuration in China, which will become a universal phenomenon after the third – child policy is implemented. Although skip – generation raising is a solution to children raising, it also leads to a myriad of legal issues, such as disputes involving personal and property rights. Lawsuits have demonstrated legal predicaments, such as the undefined legal status of skip – generation raising, and the personal rights and grandparents' interests being institutionally overlooked and unveiled practical problems such as great economic pressure of skip – generation raising and incomplete supporting measures. To address these issues in the current institutional framework, it is essential for understanding the relationship attributes of skip – generation raising. According to Article 1043 of the Civil Code, related disputes should be handled from the viewpoint of emphasizing the people standard and family value, and the logic of property law is not completely appropriate for addressing disputes involving skip – generation raising. Moreover, a mechanism for sharing the cost of skip – generation raising should be also established apart from perfecting the judicial pathway for the social value highlighted in skip – generation raising. Further, skip – generation raising should be supported from various perspectives through improving the supporting mechanism for skip – generation raising.

Keyword: Skip – Generation Raising; Intergenerational Visitation Right; Child – Rearing Costs; Long Term Care Insurance.

(编辑：彭娟)

纳西古训的生态习惯法文化解析[*]

——以"人与自然是兄弟"为中心的展开

乔 茹[**]

摘 要 纳西古训中蕴含着朴素的生态法文化，对纳西族地区的自然生态的保护发挥着独特的作用。"人与自然是兄弟"的纳西古训更是与习近平生态文明思想不谋而合，它是对人与自然关系的辩证认识。选取丽江古城与白水台进行比较性分析，解析纳西古训生态法治实践价值。该古训是去人类中心主义与民间规范内生性延展的具体体现，是民族文化与社会治理的深度融合。对纳西古训的生态法文化的深度解读，有助于继续保护民族地区自然生态文明建设，促进生态治理体系的完善和现代化治理能力的提升。

关键词 纳西古训 人与自然是兄弟 生态习惯法

人类是命运共同体，保护生态环境是全球所面临的共同挑战和共同责任。[①] 保护生态环境日益成为影响一个国家乃至世界可持续发展的重要因素。保护生态环境应该成为发展的题中应有之义。[②] 纳西古训是纳西族人依据自身认识与传统习惯对当地生态与社会发展思考的结果。"人与自然是兄弟"的文化传承深深地烙印在纳西族人的血液之中，延伸出诸多生态习惯法，逐渐形成了独具特色的生态法文化。

一、古训"人与自然是兄弟"的概述

在悠久的历史长河中，纳西民族对大自然的崇拜所形成的"署"文化结合本地民族特

---

[*] 基金项目：云南省哲学社会科学创新团队科研项目"西南边疆生态安全格局建设研究"（2021CX04）。
[**] 乔茹，南京师范大学法学院博士研究生。
[①] 《习近平谈治国理政（第三卷）》，外文出版社2018年版，第360页。
[②] 《习近平谈治国理政（第二卷）》，外文出版社2018年版，第392页。

色日渐形成的纳西所独有的特色文化，其虽历经几番巨大的社会变革却仍生生不息。"署"文化，不仅与我国古代文化一脉相承，与西方文化也异曲同工，西方文献记载中也多次对爱护大自然提出过呼吁，"但是我们不要过分陶醉于我们对自然界的胜利。对于每一次这样的胜利，自然界都报复了我们。"①

（一）古训的来源

1. 东巴古籍的记载

东巴经是纳西族东巴教的经书，也是纳西族文化的百科全书。相传，东巴经是纳西族东巴教始祖丁巴什罗在白水台东边的山洞中修行时与门徒第一次用象形文字撰写而成。传说在远古时期，人和龙是同父异母的兄弟，因同父异母其关系并不亲密，他们的关系被东巴神话形容为："家畜和野兽，不会同吃一丛草，客人和主人，不兴同过一座桥。"②后来人与龙分了家，人类开始肆意破坏自然，如："故意在山泉边杀野兽来剥皮，血水腥味充满了洁净的山泉；天天上山打猎，不让我家的马鹿与山骡自由地吃鲜草，射走马鹿还杀了山骡；阴坡黄猪掉进陷阱，阳坡红虎被弩毒死……九座山头森林砍完了，七条箐谷树木烧完了……"③在人对环境破坏以后，龙的生存遭到威胁，于是龙霸占了天地、所有的树木、泉水，使人再无立足之地。人走投无路，到大神丁巴什罗处状告龙霸占其家园之事。在大神丁巴什罗的调解之下，龙和人约定天地仍归人，但在其间划定龙的居所，树木、泉水等也归于人，而人必须祭祀龙；约定人类可以适当狩猎，但是不能过多；人类不能污染水流湖泊；亦不能劈山炸石。

"人与自然是兄弟"的古训在纳西族人中代代相传。在纳西族人看来，人和自然（"署"）是一种相互辩证的关系，他们既血脉相系又矛盾重重。其中龙对大神丁巴什罗所控诉的人破坏环境的种种现象，都是现实生活中千百年来人类切实对自然实施着的劣行，这说明早在纳西族文明初期，人们就厘清了人与自然的辩证关系，并且明白人必须与自然和谐相处的道理。

2. 东巴的传承

东巴在纳西语中是指"山乡诵经者"，意译为智者，是纳西族的知识精英④，更是纳西族文化的使者。东巴不像佛教的僧侣那样"职业化"，东巴以劳作为生，逢重大祭祀活动时才进行主持和布道，或者有人做了冒犯大自然的事，需要东巴举行仪式祭自然神以赎罪。东巴文是纳西族古老的象形文字，它是东巴用来撰写东巴教经典和记载史料的文字。

---

① 马克思恩格斯文集（第九卷），人民出版社2009年版，第559－560页。
② 《东巴经典选译》，和志武译，云南人民出版社1994年版，第111页。
③ 《东巴经典选译》，和志武译，云南人民出版社1994年版，第111页。此为龙向大神丁巴什罗诉说的人对自然所犯下的罪行，同父异母的龙与人由于人对环境的破坏，继而龙逼迫人走投无路诉诸大神丁巴什罗，最后在大神丁巴什罗的调解之下达成和谐相处的共识，这可以看成远古时代最早的生态诉讼。
④ 杨福泉：《杨福泉纳西族论文集》，民族出版社2009年版，第226页。

这种象形文字一直掩盖在历史的面纱之下，收录在著名历史学家方国瑜的《纳西象形文字谱》中。在1922年美国学者约瑟夫·洛克因公到西南地区后被纳西族的象形文字和文化吸引，于是在丽江考察27年之久，出版了《纳西语——英语百科辞典》等著作，他是第一个完整地把纳西族象形文字公之于众的学者。"人与自然是兄弟"这一古训和其他的纳西族文化一样，经过东巴在祭祀或者日常生产生活中的传承和坚守，逐步使所有的纳西族人世代口耳传承。

（二）古训的内涵

"人与自然是兄弟"是纳西族人与自然同属一员、有共同的来历，人与自然同体合一思想最突出的表现。从远古时期的传说开始，纵使人与自然神分了家，各自占有属于自己的领地，但还是融为一体的。人破坏了自然环境，自然神对人类进行了惩罚，继而人与自然神的纠纷得到大神丁巴什罗的调解，此后人与自然神便依照约定两兄弟重修旧好。在纳西族的文化里，人与自然浑然一体，从纳西族的民居建筑、村镇规划中都可窥一斑。纳西族家家养花、户户种草，即使自家庭院再小，纳西族人也会种上花花草草；纳西族民居顺山而建或傍水而修，其间尽种浓密的树木或竹林……正如东巴经《压呆鬼·开坛经》中记载的："我们住在村子里，不曾让山林受到损坏；住在大地上，不曾让青草受到损坏。即使打猎，也不射杀小红虎，不对白云深处的小白鹤下扣子，不撬大石头堆，不砍大树，不捅湖底……"① 纳西族形成了崇拜自然的生态道德观，东巴经创世史诗《崇搬图》中就有建神山的传说，"转山节"也是源于纳西人早期对自然的崇拜。在漫长的历史发展过程中，纳西族形成了具有丰厚文化积淀的"山崇拜"、"植物崇拜"和"动物崇拜"。②

二、"人与自然是兄弟"对纳西族聚居区生态的影响

纳西族人"没有人类中心主义的主观征服自然、主宰自然的意识，不会对大自然进行随意的侵犯……"③ 改革开放以来，现代文明席卷中国大陆，社会的发展可谓日新月异，高楼林立。以纳西人聚居的丽江古城和白水台为例，探析古训对纳西族聚居区的生态影响。古训"人与自然是兄弟"的习惯法传承使得纳西族人与自然保持着非常和谐的状态，人与署是平等的主体，人类不征服署、亦不主宰署。

（一）纳西族古训对丽江古城生态的影响

1. 纳西族文化传承对丽江古城环境的积极影响

束河古镇位于丽江的西北方向，是纳西先民在丽江地区最早的聚居地之一，是保存较

---

① 杨福泉：《略论纳西族的生态伦理观》，载《云南大学学报（哲学社会科学版）》2008年第1期。
② 参见杨桂芳、丁文婕、葛绍德：《世界文化遗产：丽江古城旅游》，民族出版社2005年版，第81–83页。
③ 陈金全：《西南少数民族习惯法研究》，法律出版社2008年版，第167页。

为完好的重要集镇,也是丽江古城的旅游名镇,在 1997 年已经被列入了世界文化遗产名录,属于国家 4A 级旅游景区。丽江早在旧石器时代就有了人类的踪迹,在城镇出现以前,纳西族人把玉龙雪山奉为神山,于是就在此地修筑庙宇进行祭祀,名为北岳庙。① 这是丽江最早的城镇雏形。唐宋时期纳西先民逐渐迁徙至此,这一时期纳西族还是"依江附险,酋寨星列,不相统摄"的状况。元朝是丽江古城形成的关键时期,丽江纳西首领成了中央任命的官员,中央在云南设中书省在丽江设路宣抚司。当时的纳西首领修建丽江城,由于其木姓,修城筑郭则有"困"之意,故丽江城没有修筑城墙,于是丽江古城山水相间、与自然完全融为一体,是纳西族人与自然同体合一最为鲜明的体现,当然这也得益于丽江古城天然的军事要塞地位。

纳西族人把水视为最圣洁之物,丽江古城也因纵横交错的水流而更显生机、灵动。东巴经《迎净水》中这样记载:"出来的太阳有九个,所有人都热得坐不住,活儿也做不成,饿了没饭吃,渴了没水喝。所有人都互相商量要去寻找水,天上的神灵指点,要寻找水的母亲,经历千辛万苦,人们终于迎来了净水。"② 由于水来之不易,人们早已饱受无水之苦,纳西族人就在东巴经中做了关于保护水的规范和一些行为习惯,所以在东巴经中我们常常可以看到这样的禁令:不能在水流中洗涤污物,不能在水源处大小便,不能丢弃污物到水中,不能在水源处宰杀牲畜以免血秽污染水源……正是由于纳西族人对水的崇敬,人们自发地保护水资源,自觉地遵守环境习惯法,无论是黑龙潭喷涌的泉水,还是玉龙雪山积雪融化而来的玉河水,或者是白龙潭的神泉,抑或是清溪水库的水源都因纳西族人内发的与自然同体和不破坏任何自然物的理念得到了很好的保护,古城的生态环境也由此而别具一格。上个世纪 50 至 90 年代,丽江古城有"高原姑苏"之称,小桥流水、户户垂杨,山水相间、鸟语花香。

纳西族人的智慧还体现在古城中独特的水系利用方式"三眼井"上。丽江古城中除了纵横交错的水流之外,最让人耳目一新是三眼井。在泉水喷涌的地方,挖掘三个高度依次递减的水潭。第一个水潭用于饮用;第二个水潭用于洗菜、洗炊具;第三个水潭用于洗涤衣物。纳西族人严格约定三个水潭各司其职,不得随意在其他水潭洗涤物品,否则会受到严厉的惩罚。三眼井周围古树林立,劳作之余的纳西族人们在古树下乘凉闲谈,此时的他们真正与自然融为一体,丽江古城也徜徉在山水林木间,真正成为自然之树上的硕大之果。

2. 纳西族文化退守对丽江古城环境的消极影响

1997 年丽江古城被列为联合国世界文化遗产,此后,丽江古城成为民族生态旅游开发的圣地。为接待游客,丽江兴修新城,纳西族居民开始迁出古城居住,原本古朴寂静的古

---

① 公元 7 世纪,云南处于南诏时期,云南王异牟寻以苍山为中心,以封禅的形式把苍山封为中岳,把玉龙雪山封为北岳,故在玉龙雪山山麓修建的庙宇成为北岳庙。

② 东巴经《迎净水》,和芳讲述、周汝庄译,丽江县文化馆 1964 年 9 月 29 日印存。

城酒吧林立、客栈成行，古城少了往日的祥和安宁。据统计，丽江古城的游客接待量从1995年的84.5万人次增加到了2016年的3519.19万人次，增长了41.6%，旅游业的总收入也从1995年的3.3亿元人民币增加到了2016年的608.76亿元人民币。① 古城内的商铺数量从最初的零星分布到现在的1306家，其中餐饮店从47家增加到144家，客栈数量从6家增加到136家。② 古城旅游业繁荣的背后，是生态环境的惨重牺牲，以水为例，古城每日用水量为6万立方米，日排污为3万立方米，③ 用水量远远超过了玉龙雪山融水的速度，排污量也远超污水处理系统的处理量。

外地游客鱼贯而入导致纳西族居民纷纷搬离古城、原住民大量流失。1986年底，丽江古城有居民4269户，15279人。至1999年底，有5001人迁出古城，即13年间，有32.7%的人口迁离古城。与此同时，迁入古城的非纳西族居民也很多，从1987年至1999年，累计有1350户4051人迁入古城居住。这样的人口置换，使古城的居民呈现本地纳西族文化与非本地文化同时共存的情况。④ 另外，丽江古城的纳西居民住房从2000年的61处减少到2006年的43处。⑤ 原住民的流失，纳西文化的退守，对古城的生态环境无异于当头棒喝。古城的一山一水都是养育纳西族人的乳液，他们呵护每一滴水、栽花种树，他们对自然特殊的感情和各种保护环境习惯法的实施与遵守，一并随着他们的退出而在古城了无踪影。

(二) 纳西族古训对白地生态环境的影响

1. 纳西族东巴文化发祥地的生态环境

白地位于迪庆藏族自治州香格里拉县三坝纳西族乡，被纳西族人奉为东巴文化的发祥地，是东巴教的圣地，在纳西人心中地位非同寻常。传说东巴教始祖丁巴什罗在白地修行，教授门徒，各地的信仰者都来白地朝拜，"白地为东巴教圣地，出过阿明大师，有著名的白水台和阿明灵洞圣地，象形文字和东巴经书保持古老独特风格，是东巴文化形成的中心"。⑥ 白地浓厚的纳西文化让这片土地长久地保持着独具魅力的风貌。最具特色的就是有"仙人遗田""玉泉银台"之称的白水台。白水台泉水喷涌处古树林立，因泉水中富含碳酸钙，在地质运动中演变成硅酸盐溶地貌，泉水中的碳酸钙遇氧气及阳光照射就会发生化学反应，日积月累就变成白色的碳酸钙微粒沉积下来，形成了鳞次栉比的梯田状流水。阳光照射下波光粼粼、耀眼夺目，蓝天映衬下优雅娴静、心旷神怡，自下而上观赏又觉雄奇万分。白水台也是纳西族宗教活动的中心，每年二月初八都会在这里举行盛大的祭

---

① 此数据来源于云南省丽江市旅游发展委员会的公布。
② 此数据引自解晓丹：《丽江古城水资源存在问题及保护措施》，载《新西部（理论版）》2016年第5期。
③ 此数据引自解晓丹：《丽江古城水资源存在问题及保护措施》，载《新西部（理论版）》2016年第5期。
④ 参见杨福泉：《策划丽江》，民族出版社2005年版，第349–350页。
⑤ 参见解晓丹：《丽江古城水资源存在问题及保护措施》，载《新西部（理论版）》2016年第5期。
⑥ 和志武：《纳西东巴文化》，吉林教育出版社1989年版，第57页。

天仪式和歌舞会,纳西族把白水台奉为圣地,对当地环境爱护有加故此地长久保持着优良的自然环境,至今仍未遭受明显的破坏。

2. 纳西族古训与白地生态环境的交互关系

白地仍保持着她的风姿,未受外界活动的侵染,与其为纳西族文化圣地密不可分。从地理位置上看,白地位于迪庆藏族自治州,无论是地域观念还是行政区划,让这个纳西族聚居地夹杂在藏族的地域范围内。白地要想进行旅游开发是极为困难的,基本上所有的游客到了丽江古城就不会再去同样是纳西族文化地的白地,主要还是因为白地交通不便,景点知名度不高。笔者发现这恰恰是白地的幸事,正因如此白地的生态环境才得以维持原貌,白水台的古树才愈加神采飞扬、圣洁的泉水才愈加清澈耀眼。

从纳西文化的传承上看,白地的原住居民保持在1287户,4021人,极少外出务工或迁居。[①] 原住民的稳定意味着纳西文化的根就还在、纳西古训的传承还在、纳西族人对环境的呵护还在、纳西族人与自然的兄弟情谊还在。所以,白水台的纯净就像一面镜子,映射的是纳西族人与自然是兄弟的这种人与自然和谐相处的模式,映射的是纳西族人对白地一草一木、一山一石的爱护。

(三) 古训的传承与退守对纳西族聚居区环境影响的对比

民族的血液和骨子里内发的气质会感染其脚下的土地,那片土地会因为那样的气质而生出耀眼的文化明珠。人与自然是兄弟的古训传承浸透了纳西族脚下的土壤,其繁衍生息的地方都因为这种对自然独有的情感而熠熠生辉,丽江古城的举世闻名、白水台的洁净无瑕都得益于纳西族人对自然环境的爱护、得益于纳西古训对草木鱼兽、山水石林的保护。

"四方街的绿水间,白水台的古树下"是喧嚣的都市中多少人日夜向往的地方。但是由于纳西文化在两地的不同传承,和旅游开发对两地迥异的影响,如今,四方街污水横流、人员嘈杂,南来北往的面孔、南腔北调的语言,商业气息浓重、纳西文化无处藏身……而白水台的泉水依旧圣洁清澈、灵动耀眼,白水台的古树依旧雄姿摇曳,古树下纳西族人依旧夜夜笙歌,古老的纳西语依旧悠扬在神泉古树间,纳西族的古训及神话依旧鲜活生动……

显而易见,两地原住居民的流失与否、纳西文化的退守与否,与当地生态环境的保护有着不可分离的关系。丽江古城由于其优越的地理位置及各历史时期的政治经济文化中心地位,南方丝绸之路和茶马古道均在此设驿站,来往的各地商旅都会在此驻足。随着丽江被列为世界文化遗产,涌入的旅客大大超出了古城的接待能力。于是人们开始修筑新城,居于古城的原住民迁居至新城,其房屋或出租或出售给外地居民。纳西族人的迁出,带走了纳西族人与自然是兄弟等古训,带走了纳西族呵护古城一山一水的传统,带走了人与自

---

① 此数据来源于香格里拉县三坝纳西族乡白地村人民政府网。

然同体合一的精神。外来的商业人士即使换上了纳西民族服饰、学会两句纳西语，但他们与古城的自然环境还是格格不入的，垃圾随意倾倒、水资源肆意浪费、纳西民居大量改造，致使玉龙雪山的积雪量越来越少、黑龙潭水源遭到破坏、玉河水质下降、清溪水库受到污染。白地处于迪庆藏族自治州之间，虽是纳西族东巴文化的发祥地，无论是地理位置还是经济政治远远落后于丽江，这也使白地免于过度开发，对当地纳西文化没有形成冲击。白地村是纳西族居住的主要地区，该地的原住居民没有外迁的迹象，有的短暂外出打工，还是会回到当地，其原生的纳西文化气息较少受到外界的冲击。这里的纳西族人们除了平日的劳作，常举行盛大的纳西族活动，最热闹的是二月初八的祭天仪式和歌舞会。人们依然保持着纳西族人与自然同体合一的生态理念，人与自然是兄弟等古训在这里仍然人人遵守。即使有少量的游客慕名而来观赏白水台，也没有超出白水台的环境承受力。

三、古训"人与自然是兄弟"在法律中的价值

通过丽江古城和白水台的对比反映出了纳西古训对生态文明和生态法治建设的价值所在。生态法是一个以生态整体主义为价值理念追求、以生态整体利益为分析起点、以生态法律行为为核心范畴、以生态法律关系为调整对象的法。① 纳西族的"神山圣湖不是迷信，而是文化与传统"。② 从远古时期形成的人与自然神是兄弟观念，作为古训世代传承，纳西族在处理与自然的关系时，并没有自居万物的主宰。古训"人与自然是兄弟"是纳西族人内发保护环境的动因，也是纳西族聚居区人地和谐的关键。纳西古训衍生的生态法治实践基本涵盖了法律运行的立法、执法、司法、守法等基本环节，其基本内容包含与水有关的生态习惯法、与山林相关的生态习惯法、与动物相关的生态习惯法等方面。据此，从生态立法价值、生态司法价值、生态执法价值三个维度对古训"人与自然是兄弟"进行挖掘，彰显其在法律中的价值。

（一）纳西古训所蕴含的生态立法价值

纳西古训源于东巴教的神话故事，具有浓厚的宗教色彩。"宗教是人类史上一种古老又带有普遍性的社会文化现象，对少数民族社会的各个方面产生了并继续产生重大而深远的影响"。③ 宗教对少数民族的这种"重大而深远的影响"在纳西族人的聚居区更为明显。东巴教是纳西族的本土宗教，纳西族人在生产生活中都恪守东巴教经典，破坏环境的行为之后也会自觉接受惩罚。如，东巴教故事《普称乌路》中记载："纳西人普称乌路在神山脚下建立山寨，挖沟取水，捕杀动物，因为过度的索取而遭到了自然神的报复，不得已只

---

① 参见陈志荣：《论生态法的界定——环境法从广义向狭义的回归》，载《东南学术》2016年第4期。
② 陈金全：《西南少数民族习惯法研究》，法律出版社2008年版，第162页。
③ 熊文钊：《民族法学》，北京大学出版社2012年版，第279页。

能找大神丁巴什罗调解，通过祭祀等方式来化解自然神的愤怒"①。可见，东巴教对人与环境关系的协调不仅人人遵守、人人信服，也世代相传，是纳西族人在生产生活中恪守底线。

《东巴经》中规定有禁止人类破坏自然的各种的律令，这些禁律的内容非常具体可操作，比如，不得随意丢弃死禽于野外；不得随意挖土采石；不得在水源之地杀生宰兽；不得滥搞毁林开荒等。②每个地域，自然气候和空气湿度都有所不同，经过长年累月的经验总结，纳西族人会因地制宜地进行耕作，并且在特定的时间内禁止猎杀活动。立夏时节是动植物生长发育的关键时期，因此纳西族人在此期间是禁止砍伐和猎杀动物的。纳西族的生态习惯法已经成为纳西人恪守的行为准则，这根源于"人与自然是兄弟"的生态法理念已经深入人心。这一理念指导着乡规民约的内容规范，也指导着纳西人处理人与自然关系。

（二）纳西古训所蕴含的生态司法价值

纳西古训的生态法治实践的不足之处时体系性不强且较为琐碎。在此，主要以生态纠纷解决方式为例进行解读：

前文中提到人类对大神丁巴什罗提出的控诉、大神丁巴什罗对人与自然纠纷的调解以及自然神向大神丁巴神罗的辩护。虽然出现在古老的纳西族东巴经典中，但可看作是一种现代的纠纷解决机制，是最早的生态诉讼模式。③从人与自然两兄弟重修旧好，人类从此对自然保持敬畏之心，不再破坏环境的文化心理可知，这种纠纷解决机制得到了很好的遵守与执行。"人与自然发生纠纷时要及时解决，人类必须约束伤害自然的行为。人与自然如果发生纠纷，人类要主动去承担责任，化解矛盾。"④由此可见生态纠纷解决方式不是一个新的环境法学概念，早在纳西族文明初期就已经存在并且得到了很好的施行。

（三）纳西古训所蕴含的生态执法价值

古训"人与自然是兄弟"的理念不仅体现在纳西族的习惯法中，也体现在环境执法过程中。纳西族的执法队伍除了政府行政建制的人员外，还普遍存在类似"长老会"的民间组织。这些组织属于基层环境保护中的执法组织，该组织由民主选举产生。20世纪50年代前，纳西族聚集地的丽江县白沙乡玉湖村就存在类似的"长老会"，在当地名称叫作

---

① 郭夷平、樊国盛、陈坚：《"曙古"人与自然是兄弟——丽江纳西族乡规民约的环保意识以及对古城保护的启示》，载《山西科技》2008年第1期。
② 杨福泉：《纳西族文化史论》，云南大学出版社2006年版，第458页。
③ 参见张忠民：《一元到多元：生态诉讼的实证研究》，法律出版社2016年版，第4页："生态诉讼界定为因人为活动导致环境污染或生态破坏，从而对他人的人身权、财产权、环境权、能源权或生态本身等造成损害或损害之虞而发生争议，进而请求人民法院进行诉讼活动的总称。"
④ 李群育：《纳西族〈东巴经〉说：人与自然是兄弟》，载《民族团结》1998年第10期。

"老民会","老民"是对入选该组织人员的称呼,只有德高望重的村民才能入选。老民并不是终身制,而是每隔三年选举一次。"老民会"具有乡规民约的制定权,居中调停民事纠纷权以及选举产生环境执法人员的选举和任命权。"老民会"可以选举产生"管山员"和"看苗员"等,管山员负责保护山林,监督乱砍滥伐行为,看苗员负责管理田地安全,监督破坏庄稼的行为,如果有违反乡规民约的村民,交由"老民会"依乡规民约进行处罚。

少数民族地区由于其特有的文化背景和原生的生态纠纷解决模式,有天然的条件督促环境污染个体或企业自觉修复生态环境、整改污染行为。纳西族对人类破坏环境的惩罚重点在于人与自然关系的修复。人类破坏环境之后,主动恳求自然的原谅,恢复生态原貌,或种树或清理污染源头,出于敬畏之心此后绝不再犯。丽江县白沙乡龙泉行政村的各个村落一直保持有制定环境保护内容的乡规民约,比如庆云村村规民约第11条规定:不管是集体林和公有林,一旦发生火灾,应立即组织全体公民参加扑灭,不来者罚款10-30元。仁里村村规民约第10条规定:如偷砍一棵青松,如是可以做横梁以下的木材,罚款100元;横梁木料罚款200元;横梁以上的木料罚款500元。被罚者必须在3日内交款,如抵触不交,召开全体村民大会来裁决。除了乡规民约中规定的执法措施外,为了避免"管山员"等执法人员因亲属关系等个人因素导致执法不力,社区会请非本村以外的人员来担任"管山员",以此来保证执法的公正性和客观性。纳西族聚居地区在环保执法过程中自发性地产生了符合本地特色的生态保护习俗,这些自发性的自治组织和执法措施在环境保护中起到了非常突出的作用。

综上所述,我国《环境法》对环境的治理模式为政府,政府——企业,政府——企业——民众三种,确保了环境责任承担主体环环相扣,大大推动了环境治理工作的开展。但不可否认的是,少数民族地区由于其特殊的文化背景,对自然生态环境的维护发挥着独特的作用。前文从生态立法价值、生态司法价值、生态执法价值三个维度挖掘古训"人与自然是兄弟"在法律中的价值。在充分挖掘古训价值的同时,必须充分尊重民族地区特有的本土文化。本土文化有一种内发的力量推动民众自发地保护环境,这种自发的行为是世代相传、经久不息的。

现代环境治理往往忽略了各地区的本土环境,没有将地方性的文化支撑纳入环境治理方式中,"当生态环境问题不容忽视时,主流社会在思考人与自然的关系、探讨生态环境保护途径时,在某种程度上依然忽视本土人群的主体性,认为少数民族的难处就是贫困,牧民需要的只是温饱,故而注重资金和技术支持,而不注重牧民主动参与能动建设,不仅环境保护效果很难令人满意,而且最终威胁本土人群的文化生存。"[1] 本土文化对一个地

---

① 马晓琴、杨德亮:《地方性知识与区域环境保护——以青海藏区习惯法为例》,载《青海社会科学》2006年第2期。

区环境的影响无可取代,如丽江古城,千百年的纳西文化使古城散发迷人的风姿,当纳西文化逐渐抽离后,生态环境每况愈下。现代环境治理体系除了对环境污染者施加重罚、对环境监督部门施加改善环境的压力,一定程度上会取得治理效果,但并未从根本上解决环境问题。

"纳西族民众心目中的朴实的生态观是只有不污染水源,人们才能用上洁净的水;只有不过度破坏水资源,神灵才不会发大洪水来惩罚民众;只有上游水的洁净,下游可利用的水才会水不断,周而复始。用现代环境资源法原理阐述则应该是水资源的经济价值与生态价值得到平衡。"① 现代环境治理要求的经济价值与生态价值,用纳西人古朴的话来说,就是人对自然尊重、爱护,不破坏自然,不污染环境,自然也会馈赠于人。花最小的成本获得环境保护的最大成果、得到自然最丰厚的回馈。

四、古训"人与自然是兄弟"的当代启示

古训"人与自然是兄弟"是纳西族人千百年来逐步形成的对人与自然关系的辩证认识,影响着纳西族生态法文化。纳西族的"署"文化承载了人与自然和谐统一的哲学智慧,"署"文化对纳西人有着潜移默化的影响,纳西人自非常年幼时期就会受到长辈的谆谆告诫,不得污染和破坏环境,具体到细微之处便是不得乱丢垃圾、不得随意捕杀游鱼。② 尊重自然、敬畏自然不仅是存在于东巴经之中一种字面的法,而是已经成了纳西人内心的一种行为规范。这种环境传统习惯法已经融入了纳西人的日常行为规范之中,通过上述丽江古城白水台两者的对比就明显能得出古训的重要价值。

(一)立法理念和立法技术的借鉴

根据东巴经所记载的,人与自然("署")的关系犹如亲兄弟姐妹,这揭示了署文化中所体现的人与自然相互依存,并不存在主次之分,也不存在人与署谁为中心之观念。与去人类中心主义相对的是人类中心主义,人类中心主义的核心内容在于人类对动物的残忍虐待会导致人类对人的残忍,这个论断可以通过物种主义得到很好的解释。③ 人类对动物的残忍是因为在物种上人类要优越于动物,可是在人类内部关系上,也不乏存在人种优劣论,故人类中心主义不断被批判。"人与自然是兄弟"这一生态伦理观念践行了"去人类中心主义"的价值追求,纳西族文化所传承的这一人与自然并非敌对,也并非你优我劣的关系格局对当下的生态文明建设具有非常好的导向作用。纳西族的古训所承载的是人类与动物、生态以及自然友好、和平的关系格局,这一关系格局是促进人类可持续发展的重要

---

① 陈金全:《西南少数民族习惯法研究》,法律出版社2008年版,第168页。
② 杨福泉:《生死绎影系列·魂路》,海天出版社1999年版,第166页。
③ 参见丁毅超:《人类中心主义的正当性——斯克鲁顿动物伦理观及其评析》,载《浙江社会科学》2021年第7期。

理念。社会经济高速发展的当下，全球面临生态危机，动物的多样性减少，环境污染情况仍在发生，淡水资源紧缺，冰川融化……为了破解生态危机，除了从立法层面、执法层面等加强生态建设，还必须要牢固树立"生命共同体"和"文明共同体"的伦理价值观。①

国家制定法除了要重视环保理念建设外，还要吸收少数民族生态习惯法的优良传统。民间规范价值的重要性还体现在其作为法律渊源的重要内容之一，其与法律构成了我国法律渊源的重要内容。法律是最主要的法律渊源，但并不是唯一的法律渊源。② 我国《民法典》第 10 条确立了"习惯"的法律渊源地位，民间规范在很多场域与民间法、习惯法相通"人与自然是兄弟"这一古训中所蕴含着富有其传统特色的法律文化，基于这种文化因子的传递造就了诸多的"规范"形式，这些形式和国家法律共同成了调整社会关系的治理手段。这就在是民间法与国家法的互动过程中，民间法以自己独特的作用方式来弥补了国家法在一些地区的渗入问题。纳西族人从细微处着手进行乡规民约的制定，这样详尽的基层习惯法规范对人的行为起到了很好的规范作用。我国的制定法因其适用的普遍性，因此不可能做到非常的详尽和具体。此时就需要充分发挥基层乡规民约、村民规章以及社区街道管理办法等制度的优越性。基层自治组织对当地所处的气候和自然地理环境更为熟悉，在国家制定法框架下，可以细化生态环境保护的个人义务，通过增强民间规范的可操作性，能够大大促进基层环境治理水平和治理能力的提升。

（二）生态司法的溯源治理

我国法院案多人少矛盾尚未发生改观，诉讼爆炸的当下，如何多元化解纠纷以及推动纠纷的溯源治理成了案件分流和一次性纠纷解决的重要课题。司法是公平正义的最后一道防线，是化解矛盾纠纷的最后手段，如果生态环境纠纷单单依靠司法资源来解决不利于纠纷的溯源治理。生态司法除了面临司法资源紧缺的现状，还面临司法成本高昂的现实。司法成本包括诉讼费用，交通费等金钱成本和当事人的时间成本，一些发生在基层集体内部的小纠纷如果完全依靠司法途径加以解决，必然会导致当事人的讼累和司法系统的不堪重负。因此借助民间自治组织，依靠乡规民约和有威望的"老民"来进行居中调停和纠纷化解，更有助于接近纠纷的溯源治理。

纳西古训"人与自然是兄弟"应该归到哪一概念下加以升华和解读？做出这一定性的前提为明确各个概念的内涵和界限。尽管有学者认为概念的界定并没有那么重要，但是如果概念不清，就会导致没有明确的沟通平台，也就缺乏了学术对话和交流的基础。③ 将该

---

① 参见陈正府：《多元与共生：本体论视角下的野生动物与人类生存伦理》，载《广西民族大学学报（哲学社会科学版）》2021 第 3 期。

② 参见彭中礼：《为国家政策辩护——基于〈民法总则〉第十条的思辨》，载《探索与争鸣》2019 年第 7 期。

③ 参见刘作翔：《民间法研究要有大视野》，载《人民法院报》2020 年 8 月 7 日。

古训归入国家法律规范层面？抑或是民间规范层面？区分标准一般是作为国家规范层面的制定法规范是由法律要件和法律效果构成的，具有强制性，而民间规范则不然。民间规范往往自觉于本土内部，具有传统性和很浓厚的本地文化色彩，具有软法的性质。"人与自然是兄弟"就是根生于纳西族内部，由古老的传说世代相传，这一传说通过口耳相传的方式，在本地内部形成了一种约束人们行为的方式，而且这种约束来自每个个体内心对这种规则的认同，最终实现了人与自然和谐共处的目标。纳西古训"人与自然是兄弟"显然是一种内生性的社会规范，是通过集体内部产生的一种约束规则来进行社会治理的方式。民间组织利用当地的民族文化来进行调解基层纠纷，通过司法途径以外的方式将矛盾纠纷化解在基层，是当下溯源治理和多元纠纷解决的重要内容。我国自古就有人与自然和谐共生的传统存在，如《庄子·齐物论》提到"天地与我并生，而万物与我为一"。

（三）生态执法力量的多元参与

自然界是人类赖以生长的基础，[①] 自然环境对人类生存和发展的重要性是不言而喻的。徒法不足以自行，保护自然环境离不开有效的执法手段，否则任何规范都将成为一纸空文。纳西古训"人与自然是兄弟"的道德伦理观是纳西人不断丰富和创新环境执法手段的根源所在，如若生态环境在纳西文化中一直处于不被重视的地位，纳西人的环保意识和环境执法理念也不会走在文明的前列。纳西族人实行的"管山员"和"看苗员"等执法队伍，都是对当代生态文明建设极具借鉴意义的举措。在生态法治建设中，要丰富地区的环保执法手段，加强基层对破坏生态环境行为的监督、举报、制止和防范作用。各个地区要结合自身实际情况结合本土优势和特色，探索适合本地环境保护执法的方法和举措。发挥少数民族的"族长"等长老的优势作用，号召地区精英人士加入基层自治组织为环境执法工作增添活力。扩宽公众参与环境执法的渠道，增强公民个人的主人翁意识。

纳西族生态习惯法中的环境执法凸显了全民参与的理念，当遇到大火时，全体村民均有义务进行灭火。在纳西族的环境执法中，参与执法的力量呈现多元化趋势，除政府行政机关外，"老民"、外乡人、护林小组等各种力量都有参与。这就启示在当下的生态法治建设中，要充分发挥少数民族执法成本低、执法效率高的巨大优势。纳西族的生态习惯法优势就在于能够以较低的社会成本解决环境保护中的问题。纳西族"人与自然是兄弟"的生态习惯法对纳西人而言已经内化于心，外化于行，是纳西人社会生活的基本准则。如有族民违反村规民约，会受到习惯法的制裁还会受到舆论的压力，国家法的执法成本在这种环境治理模式下执法成本几乎为零。

结　语

冯骥才先生曾言："火车全速行驶开得太快，我们手里总得抓点东西吧。只有从传统

---

① 《马克思恩格斯选集（第四卷）》，人民出版社1995年版，第222页。

文化里面找到我们的'把手'才能找到我们安稳的椅子。"纳西古训属于原生态民族文化，是纳西族人千百年来生态法治实践的经验。生态文明建设在我国现代化建设过程中的重要性日益凸显，加强生态文明建设不仅需要"硬法"来治理，也需要"软法"来参与。《环境法》等相关立法从制定法的角度为我国生态文明建设提供了法治保障，纳西族古训"人与自然是兄弟"等民间规范从习惯法的角度为我国生态文明建设提供了范本。

Cultural analysis of ecological customary law in Naxi ancient teachings
—Centering on "man and nature are brothers"

Qiao Ru

Abstract: Naxi ancient teachings contain simple ecological law culture, which plays a unique role in the protection of natural ecology in Naxi areas. The ancient Naxi motto that "man and nature are brothers" coincides with Xi Jinping's thought on ecological civilization, which is a dialectical understanding of the relationship between man and nature. Select the ancient city of Lijiang and Baishuitai for comparative analysis, and analyze the practical value of ecological rule of law in Naxi ancient teachings. This ancient teaching is a concrete manifestation of de – anthropocentrism and the endogenous extension of folk norms, and a deep integration of national culture and social governance. An in – depth interpretation of the ecological law culture of Naxi ancient teachings will help continue to protect the construction of natural ecological civilization in ethnic areas, and promote the improvement of the ecological governance system and the improvement of modern governance capabilities.

Keyword: Naxi ancient teachings; man and nature are brothers; ecology; de – anthropocentrism; endogenous

（编辑：尤婷）

论乡贤对民间规范的传播[*]

冯建娜[**]

摘 要 乡贤对民间规范的传播结构表明,乡贤这一具有特定地位的人推动民间规范在乡土社会被广泛知晓,构成的是一种信息传播的基本机制。制度赋予了乡贤在乡土社会的地位,并基由这种地位在制度上明确了乡贤应承担对民间规范的传播义务。乡贤对民间规范的传播法理在于通过乡贤的地位将传播渗透到乡民的认同体系中,因而是一种修辞性的治理。因而,对于制度治理的正当性方案构建而言,乡贤传播民间规范折射出的良善治理路径应被当下采纳。

关键词 乡贤 民间规范 传播

民间规范的治理是治理结构中的重要组成部分,对于民间规范需要面向的乡土社会来说,其往往需要乡土社会的精英推动这种传播以实现民间规范在乡民中被广泛知晓。通过对传播行为与传播效果的分析,乡贤的治理维度得以展现,这种治理维度同时也会促进民间规范的认同度。针对这样的治理现象,我们需要关注的问题是:乡贤传播民间规范需要遵循何种制度?乡贤对民间规范的传播应达到怎样的效果?结合民间规范治理的视角和背后蕴涵的法理,我们将有效回应上述问题,以实现对民间规范治理先进性的纵深推进。

一、民间规范的传播结构:传播主体—民间规范—受众的关联

信息的传播离不开传播者、信息本身和信息受众。通过传播载体,传播者基于传播技术实现信息的传达,并且在必要时,需要信息的接收者反馈信息传播的情况。民间规范通过语言文字实现对特定社群的利益调整,有效调整的前提在于,社群成员对民间规范有所

---

[*] 本文系研究阐释党的十九届四中全会精神国家社科基金重大项目"完善弘扬社会主义核心价值观的法律政策体系研究"(项目编号:20ZDA055)的研究成果。
[**] 冯建娜,厦门大学法学院博士研究生。

认知，因而需要通过信息的传播推动民间规范内容的传递。这使得民间规范的传播主体、民间规范本身和民间规范的受众形成有机关联。民间规范的有效传播具体表现在，传播活动使得受众能全面知晓民间规范的内容、调整方式、调整目标。但民间规范的传播在实践中存在着瓶颈，比如传播渠道的不畅通、传播受众对信息的接受度不足、传播受众对传播主体的不信任、传播主体的传播能力不强等。其中传播渠道的不通畅关涉的是传播活动依托的外在技术，而传播主体和传播受众的问题，则涉及传播本身的方法——尽管只是"涉及到"而并不全在于此。民间规范传播的有效性问题是研究社群治理的重要着力点，回归传播行为的基本结构，则是寻求提升传播信度与效度方法的基础所在。

民间规范的传播本质上是契约的体现。因为传播意味着传播主体和传播受众之间的信息互动。就民间规范而言，这种传播意味着传播主体将民间规范的内容和理念向民间规范的治理对象示明。从而，信息传播和信息接受的关系意味着就民间规范的"示明"问题要形成合意。蒋先福指出，契约关系"基于当事人之间的自由合意而建立，同时也因当事人之间的不自愿、不合意而解除"。① 民间规范的治理意味着乡民只有认同并遵守该规范，才能被社群接纳，反之，不认同、不遵守该规范就要接受被社群排斥的后果。而这种"认同"与"遵守"表现为对民间规范的传播的服从。民间规范的制定者在特定社群范围内有义务告知民间规范的受众民间规范的调整问题，民间规范的受众也应当通过认知、熟悉民间规范以实现对其的遵循，并且这种"遵循"也或多或少基于一种利益层面的追求，也因而通向了蒋先福所说的"合意"，而不能仅仅理解成一种"被迫接受"。二者在告知－了解的过程中形成约定，即就民间规范的传播者对民间规范的解读所形成的"意义"为标准。所以，站在契约层面来看，传播行为的完备也体现了传播主体和传播受众之间的契约关系。就民间规范治理而言，治理主体期望民众接受民间规范并服从民间规范治理，民众则需要理解民间规范对其的利益关联，这就需要治理主体承担传播义务，开悟受众的民间规范观念。在这一层面，传播主体通过对民间规范的传播将实现治理的合意。毕竟，契约的本质在于利益交换后的共识，这体现在乡贤传播民间规范的同时，治理主体与治理对象实现了利益交换，也是强化双方合意的重要方式。在传播场域下构造的具体契约关系与契约法理，下文会作出进一步阐述。有学者将"传播"界定为三种类型：共享、影响和互动。② 民间规范的传播也体现了这三点——民间规范的信息共享、民间规范对受众的影响、民间规范的传播者与受众的互动。落实到民间规范的传播上，我们可知，信息共享是前提，用民间规范影响受众的心理与行为是目的，而传播者与受众的互动是方式。对民间规范传播制度的分析，就在于实现对这三者的有机融合。

民间规范的传播背后的意义在于，这种传播不是由传播者简单地逐字阅读民间规范，

---

① 蒋先福：《契约文明：法治文明的源与流》，上海人民出版社1999年版，第22页。
② 参见夏雨：《法治的传播之维》，长江文艺出版社2013年版，第38－40页。

它还涉及传播者对民间规范会形成怎样的解读。其中,"解读"意味着对民间规范的诠释,"诠释"的本质在于主体间的信息交融而非仅仅是单向度的信息传递,因而它绝不是对民间规范的逐字阅读,甚至不只是对组成民间规范的字词下定义——尽管逐字阅读和下定义也很重要,它充分体现对民间规范的外在表达与内在精神的深度理解,是将自身的主体性与民间规范的融合呈现出来。这意味着民间规范的内容和精神,甚至民间规范的传承过程都通过传播活动达到了受众的内心世界。并且,民间规范的传播使得受众能够形成对民间规范的"前见"[1],换句话说,民间规范的受众对民间规范的"前理解"在一定意义上与传播的方式、传播所指向的民间规范内容、理念密切相关。而这种"前见"使得受众对民间规范的调整形成预判,也将潜移默化地影响其在未来的生活生产中对民间规范的遵循。传播关联着不同的主体,因而对传播者的要求很高。笔者结合对乡贤的研究,旨在通过探求乡贤的角色定位,分析其在社群治理上所能发挥的作用,推动乡贤对民间规范的传播,由之探索民间规范传播的维度。

二、乡贤传播民间规范的制度所指

乡贤承担的特定社群治理角色在乡村治理层面发挥着重要作用,这种作用得益于乡贤在相应社群中的地位。岑大利通过对中国传统乡贤治理的考察了乡贤的领袖地位:"乡贤作为一个居于地方领袖的社会集团,它所扮演的角色,往往是以维护本地区社会利益的面貌出现的。"[2] 中国传统社会的农村地区存在大量的乡贤对治理活动的广泛参与现象。比如明清时期的乡贤主要包括两类人:一类是致仕、卸任甚至坐废的回乡官员;以及现任官员家乡的亲戚子弟;一类是府州县学的生员、国子监的监生,以及在乡试、会试中及第的举人和进士。[3] 因而,传统乡贤属于封建阶级体制内的知识分子,形成了与封建社会的意识形态紧密关联的文化知识和文化修养。这就表明,乡贤的示范效是基于这种学识的积累而产生的,其通过制度表现出来,而对指向乡贤地位制度本身的产生与运行原理,应从这种学识积累中寻求。在中国古代社会,个人学识往往与儒家的意识形态挂钩,"学而优则仕"的理念和知识-国家意识形态高度关联的结构使得学识的拥有往往本身就蕴涵着治理能力的拥有,所以,制度将赋予乡贤一定的权力,尤其是非正式制度对乡贤的威权塑造起到了相对较大的作用——乡土社会的治理更多依托于乡土自生自发的秩序,正式制度往往不宜替代乡村的自发性制度,而且对于民间规范的传播而言,由于民间规范本身大多源于

---

[1] 伽达默尔曾说:"一切自我认识都是从历史地在先给定的东西开始的,这种在先给定的东西,我们可以用黑格尔的术语称之为'实体',因为它是一切主观见解和主观态度的基础,从而它也就规定和限定了在流传物的历史他在中去理解流传物的一切可能性。"参见〔德〕伽达默尔:《真理与方法——哲学诠释学的基本特征》,洪汉鼎译,上海译文出版社1999年版,第387-388页。对于民间规范的传播而言,传播的"在先给定"同样形塑了它的流传效果。

[2] 岑大利:《中国历代乡贤史话》,沈阳出版社2007年版,第134页。

[3] 岑大利:《中国历代乡贤史话》,沈阳出版社2007年版,第8页。

社群成员的自发性，从传播效果来看，通过非正式的制度推动着同样作为非正式制度的民间规范的传播，更能体现出民间规范应有的自发性价值，乡民的主体性在其中被充分尊重，民间规范也就更容易被乡民所接受。需要注意的是，尽管民间规范的发生机制是一种源于乡民生产生活的自生自发的机制，但并不意味着乡民能够准确认识到这种"自生自发"的秩序，苏格拉底的"认识你自己"之所以能成为哲学经典命题，原因之一也在于，人类对于自身的认知存在不足。对于民间规范而言，乡民自我认知的不足使得乡贤作为先觉者的"自觉"传播显得很有必要性。具体而言，乡贤在非正式制度的作用下，需要承担一定的教谕义务，这就包括了对其所生活的社群的礼俗的传播，以促进社群对这些规范的沿革、内容和意义的了解。当然，对于乡民而言，也有聆听、学习、领悟乡贤传播民间规范的义务，比如在文堂陈氏乡约的讲解活动中，对于长年不赴约黡会簿上没有记名的，就被宣布为"硬化预民"，被整个宗族所唾弃①。既然乡贤承担着推动乡村社会利益整合的职能，而传播民间规范又是这一职能的重要组成部分，这就意味着对乡民而言，其需要通过对乡贤的服从以实现二者在利益取向上的合意，反之，其对乡贤权威的悖逆往往会招致利益的减损。这即是笔者上文所说的、基于乡贤民间对民间规范的传播形成的"契约关系"。

乡贤传播民间规范已经形成了如下典型实例。在北宋熙宁九年（公元1076年），陕西汲郡的儒士吕大钧在蓝田建立了吕氏乡约，吕氏相约设约正一至二人，由公正贤明的乡贤担任，任期不定。作为约正的乡贤，每月在定期的集会上，讲解约文，教育约民。② 明朝正德年间，王守仁巡抚南赣，命各县族姓建立"乡约"，乡约大会于每年十五日举行。开会当天，同约来到，约赞击鼓，约重一齐走到香案面前，按次序北面跪下，听约正读告谕。③ 从隆庆元年（公元1567年）起，在地方官的倡导下，徽州各地纷纷组织了讲乡约会。这种讲乡约会，或依地缘关系，或依血缘关系组织起来。④ 乡约的活动与南赣乡约大致相同，也是在每朔望日，乡民聚集于公约所，听"齿德俱优者"宣读圣谕六言，宣读完后，讲评乡民善恶，书入簿中。上述乡约充分体现了中国传统社会的不同社群构建的制度对乡贤传播民间规范提出了要求，这其中，乡贤作为一族的有名望之人，主导对乡约的传授。并且乡约的讲授往往要结合具体情状，包括乡约的内容、相应习俗对乡村生产生活已经产生的治理效果、社群成员本身的利益形态等因素。另外，这种讲授通常是"和风细雨"式的，主要是乡贤的个人魅力而非暴力强制在传播过程中发挥作用。尽管民间规范到了正式实施阶段有时会诉诸强制力，但在传播阶段，应主要以传播主体——乡贤——与乡民之间的亲和力为抓手，寻求乡民对民间规范的内在认同作为民间规范的治理前提，从而

---

① 参见岑大利：《中国历代乡贤史话》，沈阳出版社2007年版，第127页。
② 参见岑大利：《中国历代乡贤史话》，沈阳出版社2007年版，第123页。
③ 参见岑大利：《中国历代乡贤史话》，沈阳出版社2007年版，第123—124页。
④ 岑大利：《中国历代乡贤史话》，沈阳出版社2007年版，第126页。

实现对民间规范的地位之确定——在乡贤与乡民之间搭造治理桥梁以实现乡贤主导下的共治。

除了乡贤本人就民间规范问题对乡民的言传身教之外，乡贤对民间规范的传播有时也需要依托仪式，比如上述的击鼓等仪式就体现了传播主体利用节奏实现对传播场域的气氛渲染。另外，在文堂陈氏乡约的讲解结束后，要开始升歌，钟鼓各击三声，歌诗童生唱"孝顺之首章"，唱完，又击鼓磬各三声。然后是进茶点、圆揖。① 不可否认，仪式性之于规范的信仰确实具有一定的影响力，伯尔曼对法律和宗教仪式的关系所作的阐述说明了这一点："法律的各项仪式……也像宗教的各种仪式一样，乃是被深刻体验到的价值之庄严的戏剧化。这不仅是为了反映那些价值，也不仅是用来表明一种肯定它是有益于社会的价值的理知信念。而且是为了唤起把它们看作是生活终极意义之一部分的充满激情的信仰。"② 尽管伯尔曼针对的是国家层面的法律，但是仪式之于国家法的作用所体现的法理在民间规范传播上是相同的。当民间规范的传播依托于特定仪式的时候，的确通过外部环境的渲染，从乡民的心理层面强化了其对民间规范的认同，但作为传播主体的乡贤更多的还是基于个人魅力对传播活动起着推动作用。比如在上述徽州地区的讲约活动中，讲约者必须具有高超的语言表达能力和较高的道德水准，而吕氏乡约的约文讲解者也被要求必须是"公正贤明者"。另外，从上述的乡约会举办情况来看，虽说活动的展开存在"仪式"的作用，但这些仪式在不同场域呈现的形式有别，但无论其面向的是何种形式的民间规范讲解场域，乡约的传播主体的知识储备和道德水准都被预设为高水准的，而通常符合上述条件的人是乡贤。可见，人们意识到讲约活动的重心在于，乡贤通过知识的具备形成的自身魅力，而非外在的气氛渲染。

无疑，这些制度赋予了乡贤对民间规范的传播义务。乡贤作为乡村事务的领袖，承担着基于民间规范教化乡民的职能，教化的目的之一则在于促进乡民服从民间规范的治理——毕竟，民间规范是实现社群治理的重要手段，因而这种教化包含了向乡民传播民间规范。通过乡贤对民间规范的内容和性质的全面讲解，乡民就民间规范的内容与精神形成了一定的意识，甚至会有乡民在这过程中对其形成了信仰③，这就意味着，乡贤传播民间规范的目的得到了实现。当然，从另一方面来看，制度也对乡民施加了服从乡贤教化的义务。比如光绪十八年（公元1892年），湖南巡抚卞颂臣规定所属九府四州六厅学官选择地方绅士，每月定期某日在城乡市镇人烟稠密处认真宣讲《圣谕广训》。同时，为便于监督，他又令州县官员会同学官按日将某人在某地宣讲几次，逐一开报④。尽管《圣谕广训》在

---

① 岑大利：《中国历代乡贤史话》，沈阳出版社2007年版，第128页。
② ［美］伯尔曼：《法律与宗教》，梁治平译，生活·读书·新知三联书店出版社1991年版，第48页。
③ 法律信仰本身是一个综合性的概念，它是社会主体对社会法律现象的知识、情感、意志、心理等各种心理因素按照某种结构而形成的对法律的极度尊敬和崇奉。参见刘旺洪：《法律意识论》，法律出版社2001年版，第210页。同样地，对于民间规范的信仰而言，也意味着对民间规范形成精神上的升华。
④ 参见岑大利：《中国历代乡贤史话》，沈阳出版社2007年版，第132页。

规范渊源上属于国家政策，但里面很多内容与当时中国的乡民习惯是高度一致的。而之所以将《圣谕广训》在乡村社会广泛传播，更多面向的也是其与乡村习俗关联较强的部分以实现乡村生活生产的秩序。除了外在的制度作用之外，乡贤自身的内在驱动力也是其承担民间规范传播工作的关键。岑大利考察了乡贤的心态时指出，有的乡贤渴望有所作为，对乡里的事业有一定的责任感。① 因而他们会自发地推动乡村治理，而投身到传播民间规范的工作中，也是他们乐于做的。无论推动传播活动的是外在的制度义务还是乡贤内发的驱动力，传播者-传播受众之间的契约关系，通过传播制度表现出来。传播制度这时与民间规范之间形成了规则上的相互嵌套：传播制度的目的在于推动民间规范的认知，因而在制度性质上，其需要服从民间规范本身，是民间规范具有的实质内容和外在的表现形式，形塑了乡贤对其的传播方式。而民间规范的传播，又必须在传播制度所界定的轨道上实施。

乡贤传播民间规范的原理本身通过制度的表达体现出来，而这种表达只是浅层次地勾勒出这种传播的机理。对于乡贤传播民间规范的深层次法理分析，需要透过这种浅层次的描述，探索其背后潜在的制度逻辑。因而，乡贤传播民间规范所遵循的治理维度，基由此种制度所指铺陈开来。

三、法理分析：民间规范基于乡贤传播的修辞治理

结合乡贤的特点，我们不难看出，乡贤的学识和为官经历能够强化民间规范传播的力度、拓宽传播的广度。就古代乡村乡贤为我们确立了典范，就其权威基础而言，有学者指出，对其的孕育一则是宗族血亲的势力提供基础，二则是熟人村落中乡贤威望日积月累，三则是乡贤祠对乡贤具有成熟的引导作用，加之统一的儒学教化尊卑传统②。这其中，血族宗亲的势力和乡贤祠的因素可以合并，因为这二者都反映出村落对乡贤地位的认同的结果。这也引出了一个逻辑上的问题：它们的性质是"村落认同的结果"，因而也就不是乡贤权威确立的原因，所以真正确立这种乡贤地位的是第二点，它强调了威望的产生需要通过"积累"。这种由量变到质变的"积累"具体表现在，基于乡贤的智识性、人生经历以及制度本身赋予了乡贤较高的社会地位与治理角色，而上述因素的形成并不是一蹴而就的，是乡贤自身通过长期的学习、经历以及长期和乡民接触所形成的，这些令乡贤在乡民的心理层面有意或无意地构建一种权威，而这种权威将促进乡民对其传播的民间规范的接受。这两个维度，都体现的是制度传播具有的修辞性。所谓修辞性，意指"以言行事"，正如奥斯汀所言："说出句子本身就是做我应做或在做的事情。"③ 并且，言说是以"以言

---

① 参见岑大利：《中国历代乡贤史话》，沈阳出版社2007年版，第245页。
② 许裕婷、李学兰：《新乡贤文化建设研究——以传统乡贤产生机制为视角》，载《现代化农业》2019年第11期。
③ ［英］J.L. 奥斯汀：《如何以言行事》，商务印书馆2019年版，第9页。

取效"为目的的行动,"话语施效行为总是某些结果"①。乡贤对民间规范的传播,正体现乡贤通过语句的表达以实现乡民对民间规范的认同。扎雷夫斯基认为,当代修辞学的重要问题之一是"读者和听众如何理解文本和表演者修辞的界限与范围,修辞的权威性是如何在听众和读者身上展现的"②。乡贤通过言说实现民间规范在乡民社会的认同,是民间规范治理的修辞之维,且乡贤在乡民社会的权威会通过对民间规范的传播行为本身表现出来。亚里士多德将理性修辞所需的条件界定为人品、情感和理性③,通过此三者实现语言运用的说服目的,乡贤在传播民间规范时也要依托此三种力量,具体表现为:需要通过传播依托的语言载体的完备性实现民间规范对受众的渗透,而乡贤的个人魅力,是推动这种渗透的重要精神性因素,当然,要把这种精神性呈现出来,必然需要外化为传播语言的表述艺术,并且这种"呈现"是必然要做的,否则,乡贤无异于一个被人们供奉的神,只在人们的内心世界实现一种通过对乡贤本身的智识崇拜而形成的精神享验,但其没有在治理活动中切实发挥作用,久而久之,乡贤的地位也会下降。民间规范所内蕴的面向乡民心理需求和国家治理需求的品质,本身也是一种特定时空下的理性,因而会随着时空的变化而变化,但其中的传播原理不会变,无论是对传播行为本身而言,还是传播主体的个体魅力作用,尽管目的都在于揭示民间规范这一客观事实,但对语言的运用以实现语言-心灵的和谐的重要性与对客观事实的揭示之重要性并驾齐驱。

郑金雄在描述公共事件中的意见领袖的地位时强调了"名望"发挥的重要作用,但同时也提出,对"领导者"的权威的强调并不是说要人们放弃理性和人们自身的主观性,而是以承认和接受为基础的,即"理性地"承认他人在判断和洞察力上胜于自己,在这之后才存在对领导者的一定意义上的服从,所以,服从权威意味着理性地领悟到自身的局限性,而不是一种盲从。④ 对乡贤而言,传播民间规范的时候需要的不只是对乡贤魅力的依托,如何通过传播活动面向乡民的内心,是增强传播效度的重要因素,而乡贤魅力只是这种心灵渗透的方式之一。在传播民间规范的乡贤看来,民间规范对乡民的调整之所以具有必要性,原因就在于它的生发原理与乡民的心理世界高度融合,也与乡民的生活之间具有高度的契合力,因而民间规范的传播艺术就在于通过语言的结构和感染力凸显民间规范与乡民意识之间的结点。另外,乡贤也会有意识地运用自身的学识和对社会的影响力,将其树立起来的文化权威、政治权威融入民间规范的传播上,这种对传播的效应期待就源自乡民之间的亲和度——乡贤的文化结构和为官经历与乡土社会的发展受儒家思想支配,这一价值观也是不同乡民心理世界的公约数。并且,乡贤-乡民之所以能在人际关系上形成接

---

① [英] J. L. 奥斯汀:《如何以言行事》,商务印书馆2019年版,第101页。
② David Zarefsky, Institutional and Social Goals for Rhetoric, *Rhetoric Society Quarterly*, Vol. 34, No. 3 (Summer, 2004), pp. 27~38.
③ [古希腊] 亚里士多德:《修辞学》,蓝纯、高秀平、王强译,外语教学与研究出版社2011年版,第15-17页。
④ 参见郑金雄:《公共事件传播中意见领袖角色分析》,载《中国政法大学学报》2014年第3期。

榫亦是不能用逻辑推演的方式证成的，这种关系在乡村社会的正当性在于，从乡民的心理层面对乡贤的容纳以实现对其传播的民间规范的"迁移性接纳"，乡民因乡贤在其崇拜体系中占据了的重要地位，而对民间规范传播所依托的语言文字形成了高效接受，尽管语言文字只是传播的载体而不是民间规范的实质内容，但是对其的吸收是了解并认同相应民间规范的重要前提条件，当然，上述的"迁移性接纳"在这里也同样适用，乡民对语言文字的亲和性会转移到对其指向的具体对象——民间规范——的亲和性上。如果用韦伯提出的三种治理模型来分析乡贤治理，则该种治理属于传统型与卡里斯玛型的混合。因为其一方面其合法性是建立在遗传下来的（"历来就存在的"）制度和统治权力的神圣的基础之上，并且也被相信是这样的[①]。对中国的乡土社会而言，支撑乡贤治理合法性之一的因素就是这种流传下来并产生群体心理支配力的儒家传统。同时，乡贤因"被视为……其他人无法企及的力量或素质，因此也被视为'领袖'"[②]。乡贤的角色所关联的传统伦理促进对其的社群权威的建立，而社群权威的建立表明，对乡贤的角色认同深入到社群成员的心理——没有内心的认同，"权威"则无从谈起。在传播民间规范的时候，民间规范所关联的传统伦理、传统伦理塑造的乡贤角色型塑了这一社群权威。可见，乡贤对民间规范的传播是通过威权和语言艺术以打动民众的心灵实现的。

谢晖曾提出："只要一种规则赋予了人的意义追求、人的价值需要，那么，它就是制度性事实。"[③] 通过上述乡贤传播民间规范的修辞之维的探究，民间规范的制度性充分体现出来，因为民间规范的传播包含了作为传播者的乡贤对其的价值追求，甚或说，将乡贤作为民间规范的传播者，本身就体现了民间规范基于意义追求与价值需要的制度性，因为通过乡贤对传播活动的主导作用，所形成的治理模式在于，基由传播艺术实现对群体心理的关照以寻求乡民对社群规则的内在认同。精神的推动效应源自儒家文化传统在乡民心理层面的深度植入，当然，这种意识形态的植入本身也是传播的重要目标之一，基于传统所形成的权力意识和传统本身所指向的利益关系，乡贤的知识权威得以树立起来。另外，这种以基于传统构造的权威为出发点，所形成的治理本身既是治理的修辞维度，也是乡贤治理的其他修辞维度的前提。换句话说，乡贤对民间规范的传播所体现的制度修辞，是围绕着乡贤在社群中建立的权威而展开的。

修辞治理旨在通过治理对心灵世界的关照实现治理受众对治理规则的心悦诚服，李琦在研究宪法的政治修辞时提到，宪法"作为文本以修饰现实政治，或者说是对现实的公共权力的修辞。陈述事实，确认现状，宣告目标，是基本的修辞方式"[④]。就乡贤对民间规

[①] ［德］马克斯·韦伯：《经济与社会（上）》，林荣远译，商务印书馆 1997 年版，第 251 页。
[②] ［德］马克斯·韦伯：《经济与社会（上）》，林荣远译，商务印书馆 1997 年版，第 269 页。
[③] 谢晖：《论法律价值与制度修辞》，载《河南大学学报（哲学社会科学版）》2017 年版。
[④] 李琦：《作为政治修辞的宪法——宪法的另一种面相乃至宪法的另一种类型》，载《厦门大学学报（哲学社会科学版）》2014 年第 6 期。

范的传播而言，传播所运用的语言艺术同样是对基层治理的"言辞修饰"，用以陈述民间规范的事实、确认民间规范的治理现状并确定民间规范的治理目标。基于对民间规范的传播，乡贤治理的本质——对乡村的修辞性治理得以呈现。而这种修辞性治理，通过治理主体的语言艺术，实现了治理主体与治理受众之间的精神利益结点之探寻。

四、乡贤治理视野下的民间规范传播——制度传播中个体魅力的融入正当治理的方案

乡贤对民间规范的传播意味着乡贤的个人魅力对乡土社会治理的推动，个人魅力会产生一定的治理效应。关键在于，我们基于此形成相应的民间规范传播方案，也要落足于个人魅力对治理的推动。基于上述对乡贤传播民间规范的现象与法理的分析，在乡村振兴的背景下，针对新乡贤的治理角色之定位，我们形成了相应的制度构建方案：

第一，在制度上鼓励乡贤对民间规范的传播与对民间规范纠纷处理的结合。针对围绕社群民间规范的纠纷，乡贤应在参与处理纠纷的同时，发挥其上述的乡贤个人魅力以推动民间规范的传播。这种传播具体表现为，面对纠纷两造，提炼出解决纠纷所需的民间规范，将纠纷与民间规范的关联、民间规范的制定目的以及纠纷两造所关注的利益问题综合起来宣传，通过乡贤的表达艺术和乡贤在相应社群中的权威实现纠纷两造情绪的平复与对民间规范的认同，最后形成合意，并且促进其他乡民结合纠纷事实形成对民间规范的情境化学习，树立乡里乡亲和睦友爱的意识。

第二，现有乡村治理已经沿袭了一定时期的基由村内德高望重之人对民间规范的传播传统，并取得了一定的治理效果，因而应继续沿袭下去。但时移事易，传统的乡贤被"新乡贤"取代——旧社会的乡绅代表的是地主阶级，随着封建社会的解体，传统乡绅已逐步退出历史舞台。共产党获得执政地位催发了新乡贤的崛起。人民公社等制度使得党组织在乡村社会的领导地位确立起来。现有的乡村治理中，基于党的领导和村民对党组织的拥护，村支书的个人"魅力"使得其被村民信赖。另外，村长对于乡村治理也发挥了重要的领导作用。所有，应充分发挥村支书、村长或其他德高望重的村民的示范性，推动其对民间规范的传播。当然，尊重已有乡贤治理的前提在于，要充分尊重乡村自治。国家不应干涉符合上述原则的乡村自治规范发挥作用。

第三，对于不同乡贤之间就民间规范的解读所存在的差异，应由村委会予以协调，在努力促进乡贤意见一致的同时，就他们针对民间规范的解读存在的意见相左但所追求的治理目标能够并存之处，应推动"同情性理解"，也在向乡民传播的同时传递出这种不同的解读及其所指向的治理目标，同时亦鼓励、包容乡民对民间规范形成不会触碰到规范原则性问题的多元解读。

第四，国家制度要甄别乡村内部民间规范的正当性与乡贤传播行为的正当性，综合判断相应的民间规范内容与对民间规范的传播方式是否契合人权利益（正当性）、能否被国

家法所包容（合法性）。对于契合人权利益、能够被国家法所包容的民间规范且乡贤传播方式正当的民间规范，应按照尊重乡村自治的方式，维护乡贤对其的传播，而对于不具有正当性的民间规范与乡贤对民间规范的不正当传播，国家应予以禁止。

第五，司法如果需要援引民间规范，而当个案涉及对民间规范的证明问题时，乡贤对民间规范的传播面和传播力度应作为重要的标准予以查明。亦即，法官通过相应的证明材料能够证明乡贤对民间规范的传播频率、传播方式和传播效果，从而查明其在社群中的认知度与认同度，而只有认知度与认同度达到一定程度，才能证明民间规范通过乡贤的传播成了社群行为的规范，自然意味着该种民间规范的规范渊源，也才能将其作为评判案件的重要依据。

第六，警惕乡贤在传播民间规范过程中可能会存在的知识垄断。新时代的乡村治理应遵循共治原则，即使乡贤对于民间规范的传播起到了重要作用，其他村干部、村民的治理主体角色要守住，因而要推动上述治理主体参与到对民间规范的协商中。警惕中国传统乡村治理中乡贤对知识的垄断——这种"垄断"在很多时候是基于当时的教育水平和社会阶层的划分使得乡民的知识水平不高、乡贤又掌握了乡民不具备的知识——而使得乡村治理表现出乡贤"一言堂"的局面，尤其要避免在理解民间规范时，乡贤通过对知识的垄断，形成对民间规范的独断的、仅对其自身有利的解释，从而背离基层治理需要的共治共建共享的格局。因而要通过制度的建构，实现多元主体参与对民间规范问题的探究渠道的形成。当然，这里也包含了对民间规范的实质内容审查之意——民间规范只有惠及各主体，才能促使多元主体探讨之。

乡村振兴战略的实施要求之一是推动"治理有效"，有效的治理则不能离开乡村发展中自生自发形成的民间规范，而乡贤作为乡村的一分子，本身是熟知所在乡村的民间规范的。同时，乡贤作为乡村的精英智识，有能力施展传播民间规范的艺术。总之，通过彰显乡贤智慧的方式，民间规范治理的合理化程度又会更上层楼，治理的效度也会大大增强。

法治的核心在于制度治理，但制度治理并不意味着摒弃人在治理中的作用，相反，人在治理活动中也承担着重要角色，所谓"徒法不足以自行"，没有人的参与，再良善的制度也不能落到实处。关键在于我们应怎样看待具体治理场域中的人。乡贤在其身处的具体村落中所起的治理作用，不只型构的是一种传统制度文化，其在治理效果和治理正当性上，能够为法治社会提供制度养分。将乡贤的魅力融入民间规范的传播上，实现民间规范对乡村成员的行为整合，是民众的利益所在，也因而是"良法之治"的体现。当然，传播民间规范只是乡贤治理的一个环节，并且对民间规范的传播不限于乡贤的作用。笔者的研究视角终究具有有限性，期望之后的学者就民间规范的传播维度能寻求更多的研究切入点，这既能推动民间规范的治理，也会在理论上促进笔者思考乡贤传播民间规范的新路径。

On the Dissemination of folk Norms by the Villagers

Feng Jianna

Abstract: The structure of the dissemination of folk norms by the villagers shows that the villagers, who have a specific status, promote the folk norms to be widely known in the local society, which constitutes a basic mechanism for information dissemination. The system gives the villagers a position in the local society, and based on this status, it is clear that the villagers should bear the obligation to disseminate the norms of the people. The law of the dissemination of folk norms by the villagers is that the dissemination penetrates into the identity system of the villagers through the status of the villagers, so it is a kind of rhetorical governance. Therefore, for the construction of the legitimacy scheme of institutional governance, the path of good governance reflected in the dissemination of folk norms by the villagers should be adopted at present.

Keyword: Rural Sage, Folk Norm, Disscmination

司法裁判中的风水纠纷

胡星妃[*]

摘 要 风水作为一种民俗规约,广泛存在于乡土社会中。司法裁判中风水纠纷的类型主要包括物权类、合同类和侵权类三类,其产生原因有特定的历史文化基础、社会信仰基础和个人利益基础。对司法裁判中法院处理风水纠纷不同思路的分析主要是从实然和应然角度展开,其中实然角度主要评述法院处理风水纠纷时的不同做法,即不予受理的法律依据和按诉的利益处理与制定法"一刀切"的合理性;应然角度则对"风水权"确权理论和民间法调适国家制定法具体路径予以分析和论证,包括善用民间规范推动调解和解、引入地方风水专门知识信息、强化裁判文书论证说理过程等。实证分析和理论研究表明,司法裁判应当慎重对待风水纠纷,从而为实现社会稳定奠定基础。

关键词 风水纠纷;民间法;诉的利益;风水权

一、引言:为什么要研究风水

风水一直是乡土社会运行规则的一部分。大到宅基地选取和房子的风位朝向,小到结婚前男女双方合八字和喜酒礼仪良辰吉日的选取,都需要用到风水知识。比如俗话说:"阴地照向子孙,阳宅发大财源头",说的就是宅基地的选取要讲究风水,这句俗语的意思是,好风水不仅能影响子孙后代,也能影响自身财运。许多农村地区的人民能够心照不宣、代代相传讲究风水,除却认为风水能对自身家庭气运产生影响外,还源自文化传统的沿袭。"乡土社会中前人用作解决问题的方案,尽可以抄袭用作自我的生活指南"。[①] 小农经济自给自足的特征,带给社会充分的稳定性和封闭性,使得乡土社会中前人总结的经验

---

[*] 胡星妃,中南大学法学院2021级硕士研究生。
[①] 参见费孝通:《乡土中国》,北京出版社2004年版,第83页。

能得以世代相传并为后人提供生活的解决方案，在前人经验基础上形成的风水规则和风水学就是这样一套生活解决方案。

值得注意的是，风水虽作为行事交往的规则被广泛用于乡土社会，却因此引发了许多纠纷，起诉到法院的风水纠纷在司法实践中的处理方式和结果也不全然一致。部分学者注意到这点，尝试将风水纠纷引入民间法领域进行理论分析，如有学者从风水纠纷视角出发来讨论民事习惯司法适用困境出路[①]，从个案赣南村庄风水纠纷开始来研究习俗的发源地位[②]，也有学者从清代个案风水纠纷入手来探究清代民事法源问题[③]，指出民间习惯法处理乡土社会中的风水纠纷时所具备的特殊价值[④]，更有学者分别从实体[⑤]和程序[⑥]两方面对风水纠纷的解决与民间法的调适作详细探讨，说明农村风水纠纷成因特点和相应对策[⑦]。从这一系列现有的研究成果来看，学者们都比较关注民间法调适风水纠纷的可能性和民间法法源地位等问题。对于法院处理风水纠纷的不同思路（即认为其系封建迷信不属于民事诉讼受理范围因而不予受理和根据诉的利益并按照国家制定法直接处理）以及隐藏这些思路背后的法理依据等问题却并未有学者予以过多关注和论述。

因此，本文尝试通过分析司法裁判中法院处理风水纠纷的不同思路及背后的法理依据，来说明民间法调适处理风水纠纷的可行之处和具体方法，并试图解决风水纠纷这一小窗口映射下我国制定法在面对民间法时无所适从的困境。文章主要分为三个部分，第一部分总结展示风水纠纷类型与产生原因，第二部分详细评述司法裁判中法院处理风水纠纷时的实然处理思路，第三部分尝试提出法院处理风水纠纷的应然思路（包括理论反思和具体路径），力图通过此三部分来说明法官应如何把握风水纠纷中制定法与民间法的"互动关系"，并做出合理裁判。

二、司法裁判中风水纠纷的整体样态

为实现研究目的，同时也为研究风水纠纷不同处理思路背后隐藏的基本法理，本文采取实证分析研究方法，对司法裁判中的风水纠纷整体样态进行考察。鉴于中国裁判文书网和北大法宝上有关风水纠纷的案例较少（只有16份左右），因而数据来源主要选自把手案

---

① 参见姚澍：《民法典视野下民事习惯司法适用的困境与出路——以风水案件为中心》，载《华侨大学学报（哲学社会科学版）》2021年第3期。

② 参见王秋月：《论习俗的法源地位及实现路径——以赣南村庄风水纠纷解决为例》，载《华中科技大学学报（社会科学版）》2018年第32期。

③ 参见魏顺光：《清代的民事法源问题再探析——以巴县档案中的坟产讼案为中心》，载《湖南警察学院学报》2013年第25期。

④ 参见李鹏飞：《有冤难申终和解——清水江文书所见清代一桩风水纠纷事详解》，载《民间法》2018年第21期。

⑤ 参见马文：《风水纠纷的解决与民间法的适用：情境、道路及规则》，载《民间法》2015年第2期。

⑥ 参见马文：《风水纠纷的解决——兼论民间法适用的程序规则》，载《河北法学》2015年第33期。

⑦ 参见林德尚：《农村争"风水"引发的纠纷特点成因及对策》，载《人民调解》2004年第7期。

例网（案例较为齐全）。截至 2022 年 6 月 4 日，笔者通过在把手案例上的本院认为一栏输入"风水"这一关键词，一共搜索出 1784 个普通型案例和 49 个高院案例与风水二字相关（只是有风水二字，不一定是风水纠纷）。本文随机选取其中主要纠纷内容为风水纠纷的 224 份裁判文书作为样本来进行分析，以实现对风水纠纷整体样态的精确理解。

图 1 对不同省份的法院处理和解决风水纠纷的情形进行了统计。统计发现，全国共有 28 个省份的法院对风水纠纷有不同程度的处理和解决。其中处理风水纠纷最多的省份（前三名）分别为江苏、广东、广西，在数量上占有绝对优势；之所以江苏处理风水纠纷的裁判文书最多，是因为该省出现了多人告同一个公司的案例，且被告公司败诉，苏州法院判决被告公司败诉的一个重要理由就是风水问题不应成为情势变更的事实要件借口而迟延履行交房义务。同时，图 1 也告诉我们，沿海地区的风水纠纷处理数量总体上多于内陆地区，这说明风水纠纷的发生根植于特定地区的文化土壤，有些地区的文化土壤蕴含了丰富的风水文化，因而在此文化根基上发生的风水纠纷数量也会多于其他地区。沿海地区因商业贸易发达和出海需求（如生意开张和出海黄道吉日的计算选取）促生了对风水的普遍信仰，基于此推动了许多风水纠纷的发生。由此可见，地域是分化辨析风水纠纷分布特征的一个重要因素。

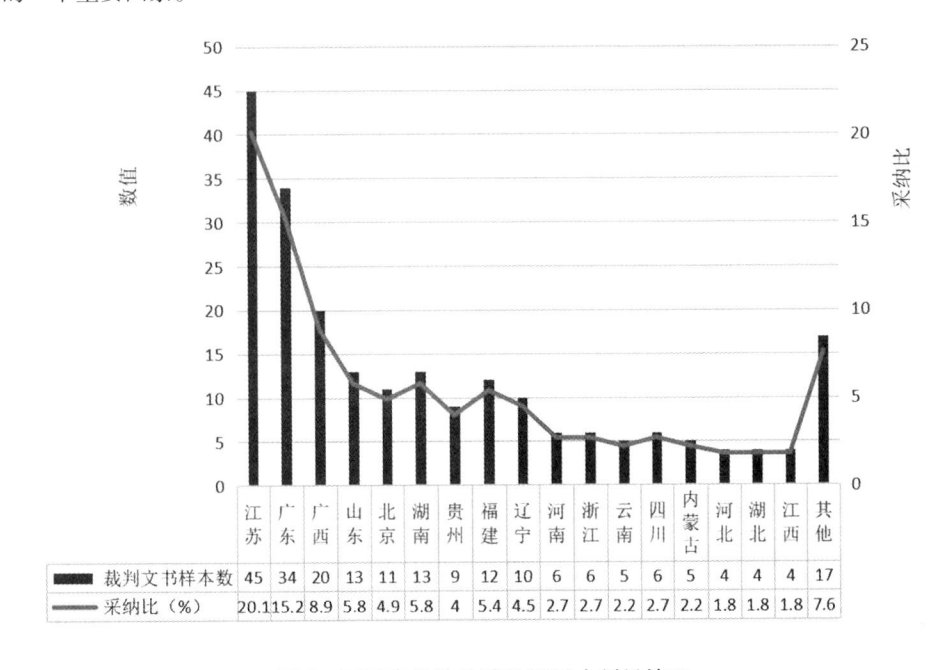

	江苏	广东	广西	山东	北京	湖南	贵州	福建	辽宁	河南	浙江	云南	四川	内蒙古	河北	湖北	江西	其他
裁判文书样本数	45	34	20	13	11	13	9	12	10	6	6	5	6	5	4	4	4	17
采纳比（%）	20.1	15.2	8.9	5.8	4.9	5.8	4	5.4	4.5	2.7	2.7	2.2	2.7	2.2	1.8	1.8	1.8	7.6

图 1 不同省份的法院处理风水纠纷情况

图 2 对不同级别法院视野下风水纠纷处理情况进行了统计。统计结果表明，处理风水纠纷最多的法院是中级人民法院，其比率高达 86.61%，；基层人民法院和高级人民法院基本持平，比率分别为 6.7%。这说明，尽管风水纠纷一般发生在基层社会，基层人民法院也办理一定数量的案件，但是绝大多数的案件最终都会上诉到二审法院后才终结案件，

因而出现中级人民法院处理风水纠纷的裁判文书数量远远高于基层人民法院和高级人民法院的情况。另一方面，还需思考的是，基层人民法院处理风水纠纷案件的数量比率远低于中级人民法院的原因还可能在于，真正发生在乡土社会中的风水纠纷根本不会诉至基层人民法院，就算诉至基层人民法院，法院也大都首先尝试在纠纷当事人之间调解，调解成功后直接以调解书结案，而不出具任何需要公布的裁判文书。此外，解决风水纠纷的诉讼渠道主要对准中级人民法院这一现象也不禁让我们反思，基层人民法院受理风水案件时究竟扮演了多少份量的角色以及基层人民法院面对风水纠纷时如何平衡司法裁判与主持调解的关系等一系列问题。

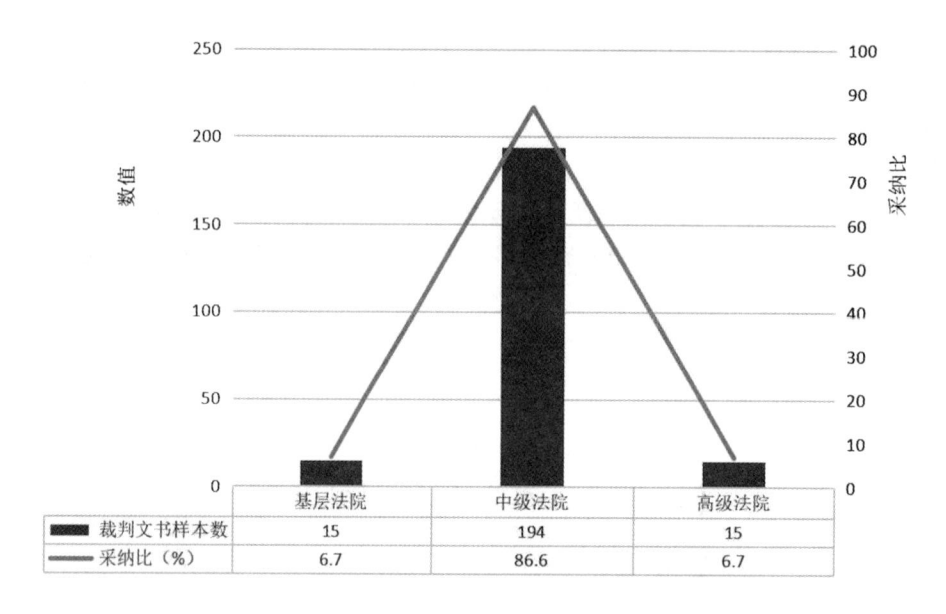

	基层法院	中级法院	高级法院
裁判文书样本数	15	194	15
采纳比（%）	6.7	86.6	6.7

图 2　不同层级的法院处理风水纠纷情况

图3对不同案件类型下法院解决风水纠纷的情况进行了初步统计。从统计数量来看，合同类型、侵权责任类型和物权类型是样本案件主要案件类型，分别占比高达38.4%、14.3%和13.4%。其中合同类型主要表现为因风水问题引发的商品房买卖纠纷，譬如凶宅以及因房屋风水布局等引发的合同解除和合同撤销等；侵权责任类型主要表现为风水纠纷导致的侵权责任损害赔偿（包括人身损害赔偿和财产损害赔偿等）、雇佣责任和因安全保障义务产生的侵权责任等；物权类型则突出表现为相邻关系类、恢复原状和排除妨害等。这三种类型之所以占比最高，主要是因为大部分风水纠纷的日常表现形式和争议焦点都指向民事范围，特别是隐藏在风水纠纷背后的诉的利益，也主要是涉及房屋买卖、致他人人身财产损害和物权法定归属等方面。通过图3，我们不仅可以了解法院解决风水纠纷时涉及的不同案件类型，也能在此基础上进一步分析风水纠纷的具体类型，进而把握司法裁判中风水纠纷的整体样态。

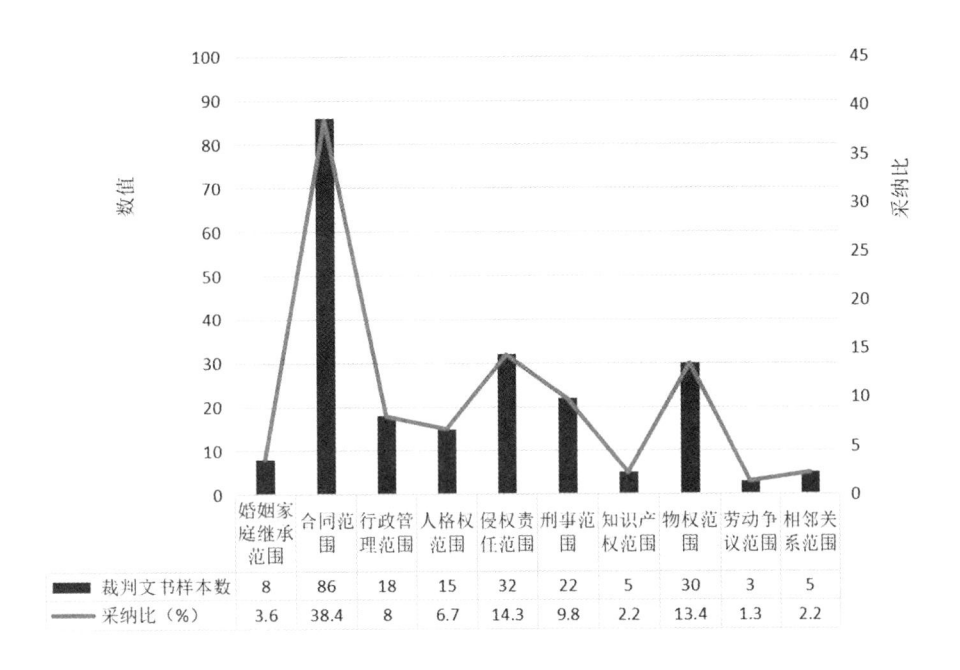

图3 不同案件类型下法院解决风水纠纷的情况

	婚姻家庭继承范围	合同范围	行政管理范围	人格权范围	侵权责任范围	刑事范围	知识产权范围	物权范围	劳动争议范围	相邻关系范围
裁判文书样本数	8	86	18	15	32	22	5	30	3	5
采纳比（%）	3.6	38.4	8	6.7	14.3	9.8	2.2	13.4	1.3	2.2

三、司法裁判中风水纠纷的具体类型与产生原因

说明风水纠纷类型与产生原因前，首先必须探讨风水纠纷的法理意涵。目前学术界就风水纠纷并没有给出明确定义，认为很难具体定义风水纠纷。的确，无论在民事领域还是刑事、行政领域都没有这样的类型化纠纷。然而通过分析因风水问题产生纠纷并诉至法院的案例，我们会发现，风水纠纷着重指向诉的利益，若涉诉利益蕴含风水，则可以认为这是因风水问题产生的纠纷，进而认定为风水纠纷。需要指出的是，本文论述的风水纠纷包括类型，处理思路等主要特指民事领域的风水纠纷，对于刑事、行政领域本文不予赘述。

（一）风水纠纷类型

1. 物权类

（1）相邻关系类。

风水纠纷中最为普遍化的类型为物权类中的相邻关系类，通常表现为通行关系、通风采光关系等。通行关系中的风水案例如广西壮族自治区横县人民法院（2020）桂0127民初680号民事裁定书，针对被告杨增福等人主张原告杨泽雄房屋的通道占用了坟地并前去拆除通道而引发纠纷的案件事实就属于相邻关系中的通行关系类。通风采光关系中的风水案例则主要涉及邻里间房屋墙面高度走向等方面,如著名的"风水墙案"①,原告建设自家宅基地时,墙基一个屋角直指被告家的大门,被告以原告墙角似"剑"直指他家,影响风水为由,将已建成的 0.6 米墙基推倒被原告诉至法院的事实以及"高墙案"② 中原告新屋落成,却因被告在自己新建的房屋后砌了一堵高墙,严重影响了原告自家房屋的采光,为此,原告与被告多次交涉未果后诉至法院的事实皆属于相邻关系中的通风采光关系类。

(2) 物权所有权类。

风水纠纷物权类中另一类类型集中表现为物权所有权类,涉及因风水矛盾引发的物权归属问题。如浙江那边著名的"马桶案"③,夫妻双方离婚析产时对仅剩的马桶产生争执,女方坚决带走嫁妆马桶,男方坚决不让,原因是嫁妆中的马桶在浙江当地又被称为"子孙桶",男方认为女方拿走了这马桶是故意让他们家断子绝孙,此类因地方风水产生的物权归属问题即属物权所有权类。

2. 合同类

(1) 可撤销合同关系类。

风水纠纷类型之二为合同类,其中较具代表性的为可撤销合同关系类,主要表现为一方当事人故意欺骗他人使他人陷入错误而与之订立合同的行为。如"黑龙江省大庆市让胡路区凶宅案"④,原告一次性全款买下房子后才得知房子之前吊死过人,属于名副其实的凶宅,但购买房屋时被告并没有告知实情,原告遂诉至法院,法院认为不能因为传统观念宣布合同无效,只能从精神上给予原告一定的补偿。此类因风水问题产生的凶宅说法并进而引致相应的房屋买卖合同纠纷即属于可撤销合同关系类。

(2) 劳务合同关系类。

风水纠纷合同类类型中还表现为劳务合同关系类,涉及因风水矛盾引发的劳务提供问题。如"苏州黄某风水先生不当得利案"⑤ 中原告曲某 2 请被告在东北"做法事"并结算给被告 112000 元劳务费。之后被告声称大法事不包括在为八栋楼做开光法事(包含家人的算命和祈福、风水的化解)等 20 万元内,因此多次向原告曲某 2 的女朋友刘某某索要费用,最终被原告曲某 2 诉至法院要求确认此服务合同系无效合同,被告黄某某之前所收的 112000 元不当得利款项应予返还等类似因风水矛盾引发的劳务纠纷,就应归属于劳务合同关系类。

---

① 参见马文:《风水纠纷的解决——兼论民间法适用的程序规则》,载《民间法》第 16 卷,第 238 页。
② 陈松柏:《疑心"对门"坏风水,邻居巨资建"高墙"》,http://xnxfy.chinacourt.gov.cn/article/detail/2015/05/id/2848166.shtml,访问日期:2022-05-27。
③ 温网编辑:《离婚后双方争抢"马桶"法官当老娘舅现场调解》,http://news.66wz.com/system/2012/10/30/103415663.shtml,访问日期:2022-05-27。
④ 参见郑金雄、戴建平、魏炜:《审判风水纠纷》,载《人民法院报》2006 年 11 月 17 日。
⑤ 参见江苏省苏州市中级人民法院(2021)苏民终字第 2581 号民事判决书。

3. 侵权类

(1) 人身损害侵权类。

风水纠纷类型之三为侵权类，其中较具代表性的为人身损害侵权类，主要表现为因风水问题致一方当事人损害。如"排水管人身损害案"① 中被告朱某1认为原告家二楼卫生间排水管通风口对其正门影响风水，于是持锤子将该通风口敲掉。原告准备找其理论时与被告朱某1、朱某2发生争吵，随后双方扭打到一起，并在此过程中造成原告多处骨折，原告随后诉至法院要求被告承担赔偿责任的案件事实。此类风水纠纷系当事人一方具有过错，属一般侵权，造成他人人身损害应归属于人身损害侵权类。

(2) 精神损害侵权类。

风水纠纷侵权类类型中还有精神损害侵权类，主要表现为风水纠纷一方当事人所遭受的精神压力和精神损伤。如"八卦镜案"② 中原告认为被告在阳台悬挂八卦镜行为给自身带来了极大精神压力和精神损害，遂起诉至法院要求被告拆除八卦镜并赔偿精神损失费100元的事实，就应划归于风水纠纷侵权类中的精神损害侵权类类型。

(二) 风水纠纷产生原因

1. 历史文化基础

风水作为乡土社会中的一种民俗规约深耕于特定文化土壤，并以此为根基形成了地区特定的风水文化。"风水民俗作为中国古代社会人们在长期的生活实践中不断累积而成的一个涵盖了宅居建造观念、经验、技术和理论的文化系统的本质"③。讲究风水成为乡土社会中人人默认、并行不悖的运行法则，彰显了中国古代天人合一及和谐共生的哲学思想与文化底蕴。乡土社会中风水纠纷的产生表面来看落脚于吉凶二字，其实质则在于和谐状态的打破。风水纠纷中的双方当事人不仅打破了彼此间的和谐共生状态（很多风水纠纷发生在乡土社会中熟人、邻居之间），也打破了人与自然的和平相处状态（住宅选址讲究天人合一的和谐）。

此外，乡土社会中个人与群体能够心照不宣、代代相传讲究风水，更源自文化传统的沿袭。乡土社会的封闭性与自足性使得社区状态极为稳定，许多当时无法解释的社会现象（有些现在也无法解释）被前人总结出一套风水规则用以解释这些现象，口口相传给后人以便指导日常生产生活实践。如古代婚姻"六礼"中的"纳吉"就是合男女双方二人八字，以测算二人是否能够相伴共生（许多"克夫""克妻"现象无法解释）。

2. 社会信仰基础

风水纠纷频繁发生原因之二在于其具有深厚的社会信仰基础，这种深厚的社会信仰基

---

① 参见福建省福州市马尾区人民法院（2016）闽刑初字第189号刑事判决书。
② 参见马文：《风水纠纷的解决——兼论民间法适用的程序规则》，载《民间法》第16卷，第239页。
③ 周耀明：《传统风水文化的民俗学分析》，载《广西民族学院学报（哲学社会科学版）》2004年第3期。

础的积累首先得益于急功近利的社会风气引发的对个人成功玄学的追求与热捧。尤其在改革开放后,随着我国市场经济的不断发展,以市场为主导的资源分配一定程度上更是助长了这种社会风气,直接导致社会成员彼此之间无止境的追逐攀比,并在这一过程中区分出所谓的成功者与失败者。"社会上对于风水的笃信执着和孜孜不倦的追求,与"怀急好竞,强弱不肯下人"的急功近利思潮结合,彼此的风水边界交错重叠,社会纠纷就由此而起"[1]。无数追求成功的人士开始前仆后继地分析这些个案,却发现除了自我努力和个人优势等应具备的相关因素外,还有一些无法说清道明的偶然性因素——如运势和命运等在起作用。为探究清楚此类因素,乡土社会中的前人开始集思广益并建立了一整套风水学说,代代传袭给后人以提供参考方案。处于相对稳定社会结构中的后人在接收到这些风水学说知识后,也逐渐习惯将自身亲历或是道听途说的个案成功中的未知偶然因素归结于已知的风水学说以寻求解答,进而得出结论认为个人成功往往跟风水运势挂钩。个人若想成功,不仅需要自身的运势命途佳,还需要家族宅基地、祖坟地址的风水好[2]。许多地方也盛传因风水而改名换址、自此人生转运并成功的事例,这些都进一步佐证了风水与成功的绑定连结是导致人们孜孜不倦追求好风水并将其视为信仰的主要原因。

其次,风水学说的神秘性特点也是导致社会如此信仰的重要原因。许多风水学说知识,如《易经》、阴阳五行八卦等非行内人不能明白,甚至在有些民间社会中还流行风水先生只传给瞎子的行内规矩,这些现象和做法都给风水增添一分神秘性色彩。可以说,流传至今的风水知识不仅是前人经验的总结,更是远古时代祭祀文化的传承,代代相传给人营造一种信仰力量。最后,风水还作为一种心灵寄托表达了人们对于美好生活的向往和亲友的祝福与忧思,人们往往选择寄情于风水以应对生活中那些无法妥善解决和预料之外的情况,从这点来看,外部环境的变化也会推动风水知识内化于心并逐渐成为人们心中信仰这一进程。

3. 个人利益基础

除上述原因外,风水纠纷得以产生的另一重要原因还在于当事人之间的个人利益冲突。纠纷发生时,由于涉案双方当事人都是从各自利益出发,因而会提出彼此相悖的利益诉求,若此时双方的利益诉求没有得到及时有效的解决,就会衍生利益冲突问题并最终发酵为风水纠纷。事实上,"风水观念与人们的生存空间密切相关,它作为一种生存边界或者资源,具有"挤出"效应,械斗和纠纷因此而起,大量的诉讼案件也与此相关"[3]。随着商品经济不断发展,自清代起,人口无穷增长与资源有限既存现实两者之间产生了明显的

---

[1] 吴建新、衷海燕:《明清广东人的风水观——地方利益与社会纠纷》,载《学术研究》2007年第2期。
[2] 例如笔者家乡就有龙脉的说法,认为个人日后发展与宅基地选址息息相关,宅基地的选取最好坐落在龙脉之上,且房子应背靠山、前临水,门前地势开阔,一览无遗,只有满足这些条件后才能称之为好的宅基地选址。
[3] 吴建新、衷海燕:《明清广东人的风水观——地方利益与社会纠纷》,载《学术研究》2007年第2期。

拉锯割裂。许多人为争夺有限的生存资源和各自利益（如山林、水源、地产等），多以风水学说作为借口，用于挑起争端、引发社会关注并寻求传统乡土社会广泛认同与政府支持等目的。以"乾隆年间周智安等开挖煤炭案"①为例，原告周珩将被告周智安（系从堂兄）诉至县衙，认为被告之子私自开矿行为有碍祖坟风水；被告则辩称开挖煤洞地方距离祖坟有二里之余，这么远的距离并不会破坏祖坟风水，且山里共有6个煤洞，其子只开挖了其中1个，原告此举有独霸所有煤洞的主观恶意。表面来看，此案中的双方当事人是因坟地风水问题而引发的纠纷，实则双方都是以坟地风水作为借口来争夺煤矿的产权归属，归根结底，双方都是从各自利益出发而引发的利益冲突。许多发生在现代乡土社会中的风水纠纷也同样具备此种特点，从近几年法院处理的风水纠纷案例来看，有些当事人会选择如法炮制，尝试将风水当作争求自身利益的借口，因而法院在处理此类风水纠纷时，往往会尝试穿透风水的表面来抓住案件核心利益争议焦点，这一做法正是出于避免案涉当事人将风水作为法律规避手段的目的和需要。

四、司法裁判中风水纠纷的处理思路

通过分析法院处理风水纠纷时的不同做法，可得出风水纠纷有相对不同的处理思路，如不予受理和按"诉"的利益处理。通过分析法院不同处理思路背后隐藏的法律依据和法理意涵，可从侧面看出民间法对国家法的挑战。

（一）司法实践中的实然处理思路及其评述

1. 不予受理的法律依据

搜索中国裁判文书网中有关风水纠纷的裁判文书，可知法院处理思路之一为直接不予受理。如广西壮族自治区横县人民法院（2020）桂0127民初680号民事裁定书认为"坟山风水纠纷实质具有封建迷信色彩，不属于人民法院受理民事诉讼的范围"②，其法律依据就在于《民事诉讼法》中第122、126、3条等相关规定。"起诉必须符合下列条件：……（四）属于人民法院受理民事诉讼的范围和受诉人民法院管辖"；"人民法院应当保障当事人依照法律规定享有的起诉权利……不符合起诉条件的，应当、在七日内作出裁定书，不予受理"。民事诉讼法所指受理范围是指"公民之间、法人之间、其他组织之间以及他们相互之间因财产关系和人身关系提起的民事诉讼"。司法实践中有些法院认为风水纠纷因性质不归属于公民之间、法人之间、其他组织之间以及他们相互之间因财产关系和人身关系提起的民事诉讼而被排除在民事诉讼受理范围之外，不符合起诉条件故而不予受理。至于对于民事诉讼受理范围边界和指涉范围以及风水纠纷是否处在这一范围内等一系

---

① 参见王晓飞、张朝阳：《利益、治安与风水：清代巴县档案中的采矿纠纷》，载《西华师范大学学报（哲学社会科学版）》2017年第5期。
② 参见广西壮族自治区横县人民法院（2020）桂民初字第680号民事裁定书。

列问题，法院几乎没有在裁判文书中进行任何详细说明和论证。这一普遍性的司法实践现状引发了一个根本性命题的思考，即民事诉讼受理范围指涉边界究竟多宽，是否应扩大民事诉讼受理范围等。追问这一根本性命题不仅基于是司法实践的需要，也是界分定义民事诉讼受理范围理论的必然。

2. 受理并做实质性处理

（1）按"诉的利益"处理。

为规避上述法院不予受理带来的司法弊端，有法院尝试追击风水纠纷背后隐藏的"诉的利益"，希望通过识别与案件对应的"诉的利益"和具体指向的法律关系等手段来依法作出裁判，这一处理思路我们暂且称之为按"诉的利益"处理。"所谓'诉的利益'是指与他人发生民事纠纷时，民事权利受到侵害时需要运用民事诉讼予以救济的必要性与实效性"[1]。司法实践中，法院为解决实际矛盾纠纷和凸显其定分止争的作用，往往通过对民事诉讼解决的必要性和实际性两个标准的判断等方法来解答风水纠纷是否应归属于民事诉讼受理范围这一关键性问题。然而，由于没有清晰明确的度量标准，因此法院很难界定"诉的利益"范围。除此之外，"诉的利益"判断也一直是学术界的争议话题，有关民事诉讼受理范围指涉边界究竟多宽，是否应扩大民事诉讼受理范围等疑难理论至今仍没有形成统一的学说解读。针对现有民事诉讼法中有关受理范围过窄的问题，有学者更是建议将"其他涉及诉的利益"也纳入民事诉讼受理范围，并在必要性和实效性的判断标准之上又探讨性地给出两个参考性标准：社会主流价值取向和公共政策[2]。对此，笔者认为关于"其他涉及诉的利益"的界定应做一定限制，风水纠纷应按照"诉的利益"纳入民事诉讼受理范围，但不是归为"其他按诉的利益"，而是应穿透风水纠纷的表层追究具体案情指向的法律关系的涉诉利益性质。以著名的"马桶案"为例，争夺风水马桶事实背后隐藏的是离婚时夫妻共同财产的界定以及析产时物权所有权的归属问题，这属于公民之间的财产关系，符合民事诉讼法中有关受案范围的界定。若涉案一方当事人提起诉讼，法院应当受理并依据民法典中的婚姻家庭编中有关离婚财产归属和物权编中物权所有权的法条及相关司法解释予以处理，而不是再去将此纳入"其他诉的利益"范围。因此，从此点来看，风水纠纷应按诉的利益性质划分并归属于民事诉讼法定受案范围。

（2）制定法"一刀切"。

上文已述及风水纠纷的处理依据不应建立在盲目扩张"其他诉的利益"范围基础之上，而应按与案件相对应的诉的利益直接处理。的确，将风水纠纷按诉的利益性质划分并归属于民事诉讼法定受案范围的做法可以避免诉的利益边界无限制扩张和不明晰状态带来的诉的利益界定混乱问题，但这又引发了新的质疑：此做法是否具有制定法"一刀

---

[1] 参见廖永安：《论诉的利益》，载《法学家》2005年第6期。
[2] 参见常怡、黄娟：《司法裁判供给中的利益衡量：一种诉的利益观》，载《中国法学》2003年第4期。

切"的风险? 毕竟风水纠纷深深根植于乡土社会的特定文化土壤,不同地区、不同民族的风水文化和风水规则并不相同,某些我们日常生活中习以为常的规则或话语,可能在讲究此类风水习俗的当地乡土社会中会产生不一样的影响。好比日常交往中骂对方"龟儿子",有些地方和民族只当是日常类骂人的词汇,然而有些地方和民族却将此类骂语同严重侮辱人的性质挂钩①。当类似的风水纠纷诉至法院时,虽说国家制定法的介入能够提供强制力后盾并快速解决纠纷矛盾,但处理的结果是否真正合理,双方当事人是否认为法院将纠纷解决的意义落到实处?这恐怕还值得法院在面对具体案例时根据案件事实、情境做出相应调整变化。

以电影《秋菊打官司》为例,首先,电影两处纠纷起因,一是秋菊的丈夫骂村长"断子绝孙",二是村长踢了秋菊丈夫的"那个地方",都反映了风水文化带给了乡土社会各方面的影响。在许多农村风水文化中,子嗣绵延对于一个家族和地区乡土社会的稳定和传承的意义是十分重大的。家族后代的繁盛是家族运势流传下去的重要方式,如果一个家族的人丁兴旺,则意味着这个家族的势力将长久的流传下去。秋菊的丈夫骂村长"断子绝孙"和秋菊认为村长不应该踢丈夫的"那个地方"都说明了当地农村对于子嗣这一风水文化的看重。其次,秋菊向国家机关"讨说法"的关键两处,一是当地司法调解员的试图调解,二是村长被公安机关行政拘留,以及秋菊最后对于"只是要个说法"的疑惑,都揭示了国家法的"一刀切"面对地方民间风俗的无所适从。事实上,不仅是电影中的秋菊需要个"说法",许多现实生活中的风水纠纷的争议焦点也在于"要个说法"。法院在面对此类因地方风水引发的纠纷时,除了按诉的利益分类积极处理外,还应适当"消极应对",即真正了解纠纷背后的风水文化根源和纠纷解决的实在意义后再做出相应调整性处理,而不是直接按照国家制定法千篇一律地"一刀切"。最后,"任何法律制度和法律实践的目的都不是为了确立威权,而是为了实际解决问题,调整社会关系"②,电影《秋菊打官司》结尾村长被公安机关带走以行政拘留的解决方式与秋菊"要个说法"的诉求中间出现脱节的局面就足以说明国家制定法的出现和作用并没有实际解决问题(秋菊要说法),也没有调整社会关系(之后秋菊一家被村里人如何看待,邻里之间的关系相处等)。可以说,此处国家制定法的出现,只是机械适用了放之四海而皆准的法条规定,确立了属于自己的威权,并没有解决秋菊的困境以及和村长的纠纷。因而面对国家制定法处理风水纠纷时"一刀切"的局面,如何引入、适用民间法规则就值得我们进一步探讨。

---

① 台湾省彰化县潘姓男子在神明会开会时,不满陈姓男子发言,骂对方"龟儿子",彰化地院法官判潘姓男子无罪,但台中高分院法官认为,潘姓男子所言,是以粗鄙语言在公共场所骂特定人,又足以损害特定人声誉,因此改判潘姓男子拘役20天并处罚金。
② 参见苏力:《法治及其本土资源》,北京大学出版社2015年版,第30页。

(二) 司法实践中的应然理论思路及具体路径

1. 理论思路

通过北大法宝检索风水纠纷,可发现裁定不予受理的裁判文书共有 6 份,均分布在广西壮族自治区内。观察这些裁判文书后,还发现一个有意思的现象,即同一法院处理同一桩风水纠纷时先后作出了彼此矛盾的司法裁定:广西壮族自治区南宁市横县人民法院最初作出的(2015)横立民初字第 18 号民事裁定书中针对被起诉人未经同意暴力橇出并毁灭起诉人祖先墓的水泥砖、破坏家族风水的行为裁定其系封建迷信而不予受理;随后广西壮族自治区南宁市中级人民法院在(2015)南市立民终字第 302 号民事裁定书中做出纠正,认为此案属于民事诉讼受理范围并指定横县人民法院管辖;之后广西壮族自治区南宁市中级人民法院又作出(2016)桂 01 民终 2961 号民事裁定书裁定此案系封建迷信,不属于民事诉讼受理范围。从广西省南宁市这三份裁定书可看出,不仅是基层法院,就连中级法院在处理风水案件时也根本很难把握风水纠纷的涉案性质以及民事诉讼受理范围边界,因而确定民事诉讼受理范围边界以及风水纠纷的涉案性质就显得尤为必要。

(1)从民事诉讼受理范围到"诉的利益"。

面对民事诉讼受理范围无法律明文规定的理论现状和司法实践混乱情况,学界对此进行了理论性的探讨。一般认为,研究民事诉讼受理范围必然离不开的"诉的利益"理论,"诉的利益"理论是判断案件是否属于可裁判事项的基础性要素。"从'诉的利益'这一概念发挥作用的途径来看,显然它体现了裁判者运用自由裁量权在司法裁判供给对象这一问题上所进行的利益衡量,即司法者在考虑是否对某一特定的争议作出司法判断时,必然涉及对各种利益进行衡平,而后在此基础上来决定当事人的申请事由是否属于可裁判事项"①。"诉的利益"作为一种前置性过滤机制,通过筛选掉那些不由法律保护的利益来确定民事诉讼受理范围。它具备一定的判断标准,即判断纠纷案件是否有进行诉讼的必要性和实效性。根据这一判断标准,伦理道德领域和行政管理领域的纠纷就被排除在外。因而要想判断风水纠纷是否属于民事诉讼受理范围,首要必须判断其是否具有进行诉讼的必要性和实效性。"所谓诉讼的必要性是指法院有必要通过裁判来解决纠纷;诉讼的实效性则指法院能够实际有效地解决纠纷。②置入风水领域中,若要判断风水纠纷诉讼的必要性和有效性,必须首先界定厘清风水纠纷与封建迷信这二者间的区别。实际上,风水并不等同于简单的封建迷信,尽管有些风水知识是糟粕,但总体而言它是立足于乡土社会中特定文化土壤的民俗规约,是总结前人经验基础上世代相传为后人提供生活的解决方案,因而其覆盖范围远不止封建迷信。从这点出发,由风水问题引发的纠纷不应全部归属于封建迷信

---

① 常怡、黄娟:《司法裁判供给中的利益衡量:一种诉的利益观》,载《中国法学》2003 年第 4 期。
② 参见杨军:《诉的利益研究》,中国政法大学博士学位论文,2007 年,第 17 页。

而不予受理，反之往往涉及当事人的具体利益，为此诉至法院的此类纠纷有必要通过诉讼解决，且能够有效实际地解决。就此点而言，风水纠纷符合"诉的利益"判断标准，属于民事诉讼受理范围，不应简单等同于封建迷信而被排除在外。

(2) 从"诉的利益"到"形成中的权利"。

有学者对上述关于风水纠纷属于"诉的利益"和民事诉讼受理范围的推论持怀疑意见，认为"民事诉讼法定受理范围过窄，民事诉讼受理范围还应包括'其他具有诉的利益'的民事案件"①。这些"其他具有诉的利益"的民事案件突破了民事诉讼法定受理范围，"尽管没有明确的实体法依据，正当利益者仍得以寻求'其他具有诉的利益'，并将在此过程中发展得来的这一救济性权利称为'形成中的权利'"②。"形成中的权利"是由"诉的利益"扩张理论发展而来，它顺应了由法律保护利益到值得法律保护的利益趋势，解决了司法实践中因"诉的利益"限定导致的民事诉讼受理范围过窄问题而引发的排除保护困境，能让法官在实际案例中不断发展并丰富"诉的利益"理论范围。从"诉的利益"到"形成中的权利"反映了从利益确定标准到利益范围标准理论的变迁，法官能在此过程中从消极被动变为积极主动处理利益纠纷，衡量利益优先。可以说，"形成中的权利"给许多没有明文法律保护的权利给与确定性保护，为研究下文所述的风水纠纷中的"风水权"确权打开思路窗口。

(3) 从"形成中的权利"到"风水权"。

鉴于法院在处理风水纠纷时前后不一致的路径给法秩序的统一带来的影响以及司法实践中面临此类纠纷引发的民间法与国家制定法冲突时如何取舍并妥善解决的困境，有学者提出应当对"风水权"进行确权，将其归类于'形成中的权利'，进而认定为"诉的利益"并最终归为民事诉讼受理范围③。有关"形成中的权利"予以司法保护的论证，学者认为应符合以下要件："诉讼请求为具体民事权利义务关系、救济的民事权益为正当权益、需保护利益为现实存在、排除法律不能保护事项"④。按此要件，风水能够确权为"风水权"。尽管如此，笔者却认为，仅因风水纠纷无法找到实体法依据就将其归属于"形成中的权利"进而确定为"风水权"未免有些草率。首先，风水纠纷只是众多不包括在现行民事诉讼法受案范围中的一种类型纠纷，倘若针对一种国家法找不到明确法律依据的纠纷类型随意进行确权或直接将其划分为"诉的利益"，恐怕之后司法实践更难有一个清晰明确的标准来确定受案范围。其次，回到本文最先开头的风水纠纷类型，可看出尽管涉诉利益跟风水相关，但本质还是未逃出各类民事纠纷的性质类型。从法院后续的判决也可得知，因风水引发的纠纷究其根本可划分到民法中各个法律部门下的相应法律关系，或是物

---

① 参见江伟：《民事诉讼法学》，复旦大学出版社2002年版，第141-142页。
② 参见邵明：《论诉的利益》，载《中国人民大学学报》2000年第4期，第120页。
③ 参见马文：《风水纠纷的解决——兼论民间法适用的程序规则》，载《民间法》第16卷，第239页。
④ 参见张芳芳：《"形成中的民事权利"之诉权保护研究》，载《政法论丛》2004年第2期，第39页。

权的相邻关系，或是侵权赔偿关系，或是可撤销合同关系等，法院可根据风水纠纷的具体法律指向关系进行相应裁判。最后，"形成中的权利"目前在学术界也是众口不一，支持这一主张的学者尽管对其受到司法保护的确定标准进行了探讨，但仍没有形成统一共识的标准。因此，在此情况下贸然确权"风水权"可能具有一定风险和实践困难，仍值得仔细考量。

2. 具体路径

（1）善用民间规范推动调解和解。

观察民间风水纠纷的诉讼解决过程，可知最终有两种解决方案：一是按照"诉的利益"识别法律关系和争议焦点后根据国家制定法相关规定进行讼诉化处理；二是诉讼过程中通过引入国家制定法相关规定和民间法的相关规范来促成纠纷当事人调解或和解。在这其中，善用民间法的相关规范来推动风水纠纷的调解与和解不失为民间法调适国家制定法的一条良好路径。这是因为，风水纠纷往往发生在一定区域内的乡土社会中，具有明显的地域性、民族性特征，反映了乡土社会中邻里之间、人与自然之间的不和谐状态（上文已述及风水纠纷背后蕴含的"天人合一"思想和乡土社会封闭性、稳定性特征），这种不和谐状态突出表现为邻里之间以及人与自然之间发生的矛盾与冲突。要想很好地解决这些矛盾与冲突，就需要应用到民间法中蕴含的广泛的、约定俗成的、极具包容性和调适性的家族、民间规约。然而，利用民间规范来推动风水纠纷的调节和解有以下几点需注意：一是民间规范的调解和解功能只是国家制定法的补充；"凡乡村社会的宗教规范、社会道德、民间习俗、乡规民约、社团内部规定等，统统都属于民间规范的范畴，都可以成为法官寻求替代现有法律之不足的裁判规范"[①]。只有在国家制定法没有涉及或穷尽列举以及无法解决当前困境的规范领域，民间规范才能得以适用并解决纠纷矛盾。二是要尊重现有的民事调解和解机制；使用民间规范进行风水纠纷的调解和解时，要充分尊重现有的民事调解和解规则机制，适合先行调解的要先行调解，调解应以便利纠纷当事人、快速解决纠纷为导向。三是坚持诚实守信的原则；许多风水纠纷发生的原因皆是一方当事人在市场经济活动中不遵守诚实守信原则造成的，如频发的"凶宅案"。因此，应尝试并善用民间规范中内蕴的诚实守信原则精神来调整解决此类失信的风水纠纷。

（2）引入地方风水专门知识信息。

风水是由地方民俗风化衍生而来，具有地方特色的风俗知识和民间风貌，因此可考虑在风水纠纷中引入地方风俗专门知识信息来进行民间法的调适。具体来说分为以下几点：第一，地方基层法院可考虑建设当地风水民俗信息库以方便法院度量裁判；国家制定法在处理风水纠纷时有个明显弊端就是没有包括地方特色的风水民俗文化的个案化处理规范，许多法院在处理风水纠纷时根本没有理解纠纷背后的文化内涵就选择"一刀切"，很多当

---

① 谢晖：《论民间规范司法适用的前提和场域》，载《法学论坛》2011年第3期。

地特色的说法习俗,如浙江一带将女方带过去的嫁妆马桶视为"子孙桶",如果不具备这方面的地方风水民俗专门知识信息,就很难说将纠纷解决的意义落到实处,因而在地方基层法院建立当地风水民俗信息库就显得尤为必要。第二,基层法院还可推动设立具备风水方面专门知识的人才流动站建设;随着国家制定法范围扩张,乡土社会中民间规范的生存空间日趋减少,许多地方风水民俗甚至面临消失的危险。这些日趋渐微的风水文化知识只有求教于有这方面专门知识的人才能获得解答。此外,"由有风水方面专门知识的人出庭就专业问题进行说明。既能帮助当事人澄清不当认识,理解裁判理由,也能够弥补法官知识结构的局限性,从而帮助法官科学、客观地认定案件事实,公正、合理地作出案件裁判"①,因此基层法院可考虑推动专门知识人才流动站建设以解决国家制定法"一刀切"带来的窘迫局面。三是关于基层法院;地方风水知识信息的引入主要瞄准基层法院,是因为我国大部分风水纠纷的发生和解决都发生在基层法院,它是最直面也是最贴进民间社会风水习俗的层级法院,中、高级法院可建立在基层法院引入的地方风水知识信息之上进行案件衡量,因而由基层法院引入地方风水专门信息库、推动设立风水专门知识人才流动站再合适不过。

(3)强化裁判文书论证说理过程。

国家制定法解决风水纠纷时除了机械适用相关法律规范的缺陷外,还有裁判文书说理的单一论证等弊病。例如广西壮族自治区南宁市横县人民法院(2015)横立民初字第 18 号民事裁定书中直接写明:案涉被起诉人未经同意暴力橇出并毁灭起诉人的祖茔墓的水泥砖、破坏家族风水的行为系封建迷信,不属于民事诉讼受理范围而不予受理。随后广西壮族自治区南宁市中级人民法院(2015)南市立民终字第 302 号民事裁定书做出纠正:根据《民法通则》(已废止)中对公民个人财产受法律合法保护,禁止任何人破坏毁灭的规定,最终判断此案属于民事诉讼受理范围并指定横县人民法院立案受理。上述两份裁判文书涉及的争议焦点均涉及民事诉讼受理范围以及案涉挖坟行为的定义,对此争议焦点两份裁判文书却都没有清晰有逻辑的文书论证说理过程,只是引用了民事诉讼受理范围和公民私有财产受法律合法保护的法律条文进行单一的论证分析。因而,在面对与既有法律规范并不完整对应的风水纠纷时,强化裁判文书的论证说理过程对于促进民间法的调适作用就具有其独一无二的意义。具体来说可分为以下几点:

第一,强化裁判文书事理说明;裁判文书的事理说明是基础,后续的法律依据和裁判结论都建立在此基础之上。风水纠纷的事理说明不应仅落脚于基本事实,更应说明纠纷背后的风水文化意涵和当地风水民俗。探究风水纠纷标的背后的文化意涵意在让法院了解纠纷发生原因和环境背景、阐述纠纷争议焦点在当地社会的代表意义和重要影响程度,因而强化裁判文书论证说理过程首先必须强化裁判文书事理说明。

第二,强化裁判文书法理论证;撰写风水纠纷裁判文书时,法院极容易出现因法条简

---

① 参见马文:《风水纠纷的解决与民间法的适用:情境、道路及规则》,载《民间法》2015 年第 2 期。

单机械化适用引发的法秩序混乱，起初认为风水纠纷属于封建迷信不予受理，后续又根据案涉标的和争诉利益属于民事诉讼受理范围中的人身关系和财产关系予以受理。对于风水纠纷究竟属于封建迷信还是民事诉讼受理范围这一争议问题，法院在裁判文书中并没有进行详细的法理论证。尽管现行民事诉讼法并没有对其受案范围进行详细规定，但法院仍可尝试确定民事诉讼受理范围的大致标准，通过对风水纠纷背后的文化意涵探究，将其涉及的民间法中的民事关系和争议焦点与法律层面的性质定义和法律关系对应起来，来说明风水纠纷是否应归属于民事诉讼受理范围。

第三，强化裁判文书情理诠释：风水纠纷裁判文书的撰写难点在于风水纠纷中出现了与国家制定法不同的额外因素。由于国家制定法中并没有包含地方特色的风水类民俗规约，因而处理个案化的风水纠纷时就难以避免法理与情理的冲突。强化风水纠纷中裁判文书的情理诠释，不仅体现了民间法调适国家制定法的功能，也将纠纷解决的意义落到了实处。具体来说，"情理的选择与运用要与社会主流价值观契合一致，不能与民众的普遍观念存在过度偏差，力求做到法理情协调一致"①。因此，可考虑在裁判文书司法三段论的基本推理形式中融入地方风俗和人情伦理，通过文书正文加入或文书后另附风水民俗的材料说明等形式向纠纷当事人和社会公众展示得出裁判结论的推理路径和情理依据等。此外，裁判文书的情理诠释应与裁判文书事理说明、裁判文书法理论证连结起来，风水纠纷的裁判文书应先以案件事实说明为基础，再叙之以法理依据，最后再释之以情理，三者环环相扣，层层递进方能强化裁判文书说理论证过程，并促进民间法的调适功能。

结　语

风水纠纷反映了传统乡土社会中的民俗规约对于近现代社会变革期间引进的国家制定法的抵制，对司法裁判中风水纠纷处理思路的理性反思则反映了法律多元背景下民间法与国家制定法之间的冲突与调适。从司法裁判中风水纠纷两种不同的处理思路出发，不仅是为了将其定义为一种类型化纠纷，更是为了通过从这一小窗口来讨论民间法的调适。其中不予受理思路引发的对"风水权"确权的思考，探索出从民事诉讼受理范围到"诉的利益"，从"诉的利益"到"形成中的权利"，从"形成中的权利"到"风水权"确权这样一条层层递进理论进路。按"诉的利益"分类和国家制定法"一刀切"处理思路则又牵涉出民间法调适的具体路径的逻辑思考。文章通过对这两种处理思路的运行说明与理论探索，指出"风水权"确权的核心争议，提议直接对风水纠纷涉诉利益进行分类后，划归于民事诉讼受理范围并给出民间法调适国家制定法"一刀切"弊病的可行路径，对司法裁判中风水纠纷处理思路的法理反思进行了初步探索和论证。但对于民间法调适风水纠纷的具体路径，本文只是提出几条初步的建设性建议，还有待进一步细化。

---

① 雷磊：《法教义学的基本立场》，载《北大法律评论》2016 年第 2 期。

Geomantic omen disputes in judicial adjudication

Hu Xingfei

Abstract: Geomantic omen, as a folk custom, widely exists in the local society. The types of geomantic omen disputes in judicial adjudication mainly include property rights, contracts and torts, which arise from specific historical and cultural basis, social belief basis and personal interest basis. The analysis of the different ideas of the court in dealing with geomantic omen disputes in the judicial adjudication is mainly carried out from the perspective of actual and what should be, among which the actual perspective mainly comments on the different practices of the court in dealing with geomantic omen disputes, i. e., legal basis for not accepting the case and the rationality of dealing with the interests according to the lawsuit and the one – size – fits – all formulation of the law; From the perspective of "what should be", it analyzes and demonstrates the theory of " rights of geomantic omen" and the specific path of folk law to adjust the national legislation, including making good use of folk norms to promote mediation and reconciliation, introducing local geomantic expertise information, and strengthening the reasoning process of judgment documents. Empirical analysis and theoretical research show that judicial adjudication should treat geomantic omen disputes carefully, so as to lay the foundation for social stability.

Key words: geomantic omen disputes; folk law; interests of civil lawsuits; rights of geomantic omen

(编辑：彭娟)

制度分析

民间借贷案件审理中电子数据认定的概要分析

——以 2017—2019 年 353 份裁判文书为样本[*]

蓝寿荣　李圣瑜[**]

摘　要　电子数据已经成为民间借贷纠纷案件中常见的证据。在民间借贷中，不少当事人之间借贷活动没有签署合同或者借条，但会以支付宝转账、微信转账等方式来提供借款。民间借贷纠纷案件发生的经济性和传统社会生活方式的叠加，使得各地法院审判也有差异，表现为对电子数据认定标准、采信情况有出入。需要法官在审理时，凭借经验、结合当地的社会经济生活实际，特别是社会运行规则和生活常识，运用法学理论和司法技能，进行合理的逻辑推理。在民间借贷纠纷案件审理中，要正视电子数据的证据作用；推广民间借贷公证，目前还不可行；不能因为被告不出庭，就简单地判决被告败诉；有些简单明了的案件，孤证也是可以定案的。

关键词　民间借贷　电子数据　证据认定　民间习惯　生活常识

手机的普及已经使人际交往信息电子化，民间借贷的资金往来也是在手机上完成，自然在发生纠纷后，当事人就会提交手机上的电子数据记录作为证据。这些电子数据，之前很多时候被称为电子证据，包括很多当事人的起诉状和法院的判决书，因为是相对于传统的书面证据而言的，说法形象、通俗，所以文中有时会表述为电子证据。在大众的认知

---

[*] 江西省高校人文社科重点研究基地 2019 年度招标项目"乡村振兴背景下的金融立法问题研究"（JD19087）。

[**] 蓝寿荣，南昌大学立法研究中心、南昌大学法学院教授，主要研究方向：法社会学、经济法学；李圣瑜，南昌大学法学院硕士研究生，研究方向：金融法学。

里，这些通信工具代表个人身份，具有特定性，当事人提交的通过通信工具所呈现的电子数据，在证明了其真实性与当事人真实身份的基础上，被法官所采信。然而，在实际业务上，由于科技进步太快，法律的稳定性势必带来制度建设相对滞后、需要逐步完善①，加上民间借贷人情因素带来的私密性，法官要认定手机信息等电子数据作为证据并不容易。

一、民间借贷纠纷涉及电子数据案件的收集整理

为直观地了解民间借贷纠纷案件中电子数据的使用情况，笔者在中国裁判文书网上查询，在整理相应的案例发现现象上与我们凭借常识作出的判断基本一致，就是使用手机信息进行民间借贷沟通和资金往来普遍。以 2017 年到 2019 年 3 年时间为例，以关键词"微信聊天记录"搜索民间借贷民事案件的判决书，有关民间借贷案件中"微信聊天记录"作为电子数据的案件的数量从 2017 年开始呈现爆发式增长。

从图中可以看出，2017 年相比 2016 年就增长了 214.06%，此后该数据也一直保持持续快速增长。在此基础上，以"电子证据"为关键词，查询 2017 年至 2019 年 3 年时间的民间借贷一审案件的判决书，得到的有效分析样本共 353 份②，其中 2019 年 137 份，2018 年 126 份，2017 年 90 份，基本上涵盖并体现了大多数民间借贷案件中有关电子数据使用类型情况。从当事人的借款形式上看，有以下几种类型，第一类是双方签订了借条、欠条、借款合同等传统书证的；第二类是在无借条、借据、欠条等证据的条件下，直接通过转账形式，或者通过口头约定进行借款；第三类是双方当事人在网络借贷平台上注册会员，基于各自所需在平台上签订电子借款合同，出借人将闲置资金通过平台发布找到急需资金的借款人以赚取相应的利息，平台方收取相关手续费，这一类借贷双方当事人基本上都是相互原本不相识的陌生人，当借款人无法按期还款时，也容易引起纠纷。本文中主要

---

① 电子数据作为新的证据形式，已经被广泛使用并引起司法界的高度重视，但电子数据本身如同电子产品一样发展迅速、更新换代频繁，致使关于电子数据的法律规范和司法规则也在探索完善之中。2012 年修订的《民事诉讼法》第 63 条首次将电子数据作为独立的证据种类之一，为电子数据确立了法律地位。2015 年《最高人民法院关于适用〈中华人民共和国民事诉讼法〉的解释》第 116 条："电子数据是指通过电子邮件、电子数据交换、网上聊天记录、博客、微博客、手机短信、电子签名、域名等形成或者存储在电子介质中的信息"，对电子数据的定义进行阐释，进一步明确电子数据的范围。鉴于司法实践中的问题，广州南沙法院在全省率先出台《互联网电子数据证据举证、认证规程（试行）》并于 2018 年 5 月 1 日起开始试行，对当事人提交的电子数据方面与法院采信电子数据方面过程作出较为详细的指引。2020 年 4 月 26 日，深圳市版权协会宣布成立《互联网著作权案件电子证据取证指引》课题小组，目标在于将研究成果转化为福田法院的电子数据司法实践中的指导性文件。广东省各地区法院的若干做法，为规范电子数据规则在民间借贷中的运用起到了试行作用。2020 年《最高人民法院关于民事诉讼证据的若干规定》中电子数据举证、审查与判断的规定，将会有利于明确电子数据审查判断规则。2021 年 12 月通过修改、2022 年 1 月 1 日起施行的《中华人民共和国民事诉讼法》规定，第 63 条证据包括："（五）电子数据"，"证据必须查证属实，才能作为认定事实的根据"；第 138 条法庭调查按照下列顺序进行："（三）出示书证、物证、视听资料和电子数据"。

② 在中国裁判文书网上以"民间借贷"为关键词，在高级搜索一栏中的"全文搜索"中输入"电子证据"，案件类型选择"民事案件"，审判程序选择"民事一审"，文书类型选择"判决书"，选取 2017 – 2019 年度的判决时间，共查询到 736 份判决书，剔除系列案件及无关案件，最终保留 353 份作为分析样本．

探讨的是当事人之间直接发生的借贷活动，不涉及通过网络平台发生的借贷纠纷问题。

从所选取的案件来看，大约超过一半以上的借贷双方当事人都会以签订借条、借款合同等方式进行借款，占样本总数的56.94%，还有37.68%的双方当事人借款没有签订合同或出具借条等书面形式，可见在民间借贷中存在不少的借贷活动是没有签署合同或者借条的。尽管现在普法宣传是多渠道全覆盖、持续几十年，但在民间借贷中，双方当事人大部分都是熟人、亲朋好友，基于双方的相互信任关系，会在第一时间以支付宝转账、微信转账等方式来提供借款，往往忽视了借条等书面凭据。相应地，在诉讼中，有的提供录音录像[①]，有的提供转账凭证[②]，有的以微信聊天记录方式借款[③]等，以证明双方当事人存在借贷关系。

根据353份判决书的样本进行初步统计分析，初步可以看出各地法院对电子数据（的）审查情况受经济发展程度影响较大，体现了不同经济地理区域的差异性。从案件样本所涉地域分布可以看出，东部经济发达地区的民间借贷案件数占样本总数的一半左右，为49.86%，其中广东74个、浙江24个、福建23个、江苏22个和山东16个；中部六省的案件数有89个，占样本总数25.21%，其中江西28个、湖北和河南各为21个、湖南14个、安徽11个、山西4个；西部地区的案件数分布为，四川18个、云南13个、广西11个、陕西省9个、贵州和内蒙古各6个；东北地区的辽宁6个、黑龙江4个和吉林1个。由此可见，民营经济发达的地区，民间借贷诉讼案件也多。

相应的，经济发展程度不同的区域，法院对于电子数据的审查情况也有所差异。有的法院要求提供源存储介质进行核对，有的法院要求对电子数据进行公证或提供固化报告，还有的法院直接认定电子数据为案件证据。在广东省的74个案件样本中，深圳占47个，通过分析这47个样本案例我们发现，有28个案件当事人出具了由深圳市版权协会出具的电子数据固化报告，9个案件当事人将电子数据与源存储介质进行比对，法院会采信该电子数据，其余剩下的10个案件当事人只是提交了相关电子数据，法院对当事人因未提供电子数据固化报告或未出具源存储介质比对而不采用该电子数据的纠纷案件有8个，有1个案件所显示的电子数据不被法院采信的理由是当事人提交的电子数据不足以证明借贷事

---

① 参见李鹏与张辉、熊德全民间借贷纠纷一审民事判决书，（2018）辽0782民初2178号，中国裁判文书网，发布日期：2019-3-21。原告提供了手机通话录音光盘和银行卡存款回单，法院经审查后认定，录音光盘里被告已经承认了借款事实，且认定该电子证据具有客观真实性，予以确认，因此认定了借贷事实的存在。

② 参见刘俊环与王艳君、张丙芬民间委托理财合同纠纷一审民事判决书，（2019）黑1224民初1513号，中国裁判文书网，发布日期：2019-12-29。原告只提供了转账记录证据，法院经审理后认定双方并未约定原告承担投资理财风险，双方的权利义务内容符合民间借贷的特征，属于名为理财，实为借贷的情形。

③ 参见刘攀与周丹民间借贷纠纷一审民事判决书，（2019）鄂0116民初2301号，中国裁判文书网，发布日期：2019-8-30。原告仅提供的原被告之间的微信聊天记录电子证据，法院经审理后认定，原告提交的微信聊天记录符合电子证据形式要求，具备证据效力，可作为本案定案的依据，本院依法予以确认。

实的发生。① 而在福建、浙江、江苏等地区，法院对电子数据的认定标准较高，侧重于对电子数据与源存储介质进行比对，若当事人无法提交电子数据的原始载体，则一般情况下不会采信该电子数据。② 由于电子数据无外在有形固定形状，不会一开始出现就是原初状态的固定不变，容易被盗取、篡改甚至销毁，自然也就会衍生出各种第三方机构对电子数据采取的保全、固化等形式。第三方机构提取、固定电子数据的方式，除了传统的下载、截屏、实时打印、存储打印、录像、照相、文字记录之外，还可以利用软件将上网的过程同步录像以及运用区块链存证技术，在 2018 年 6 月杭州互联网法院"首次对采用区块链技术存证的电子数据的法律效力予以确认。"③ 可见，民营经济较发达、借贷纠纷案件发生数量较多的东部地区，电子数据在民间借贷纠纷案件中的证据作用越来越明显。地区间的民间经济差异，影响民间借贷案件，也影响电子数据的司法认定。

二、民间借贷纠纷案件审理的电子数据证据审查问题

民间借贷案件中的电子数据信息记录能够为法院采信，当事人提交的电子数据信息记录要具有证据能力。民间借贷是实践性的契约活动，在案件审理过程中，证据作为事实认定的基础性材料，对案件性质判断起了关键性作用。互联网时代电子数据普遍化，与以前能直接证明民间借贷案件的传统书证一样，电子数据也成为民间借贷中常见的证据。

（一）民间借贷电子数据司法审查总体概况

在选取的 353 份样本案例中，判决认定电子数据的有 232 份，部分认定的有 35 份，不认定的有 86 份。从所涉及的电子数据总体认定情况，法院认定电子数据证据成立的比例高达 65.72%，可见，司法审判对于电子数据的证据认定说明了民间借贷中电子数据的证据作用。与其他证据一样，只有对电子数据进行真实性、关联性和合法性的审查，才能对其证据效力作出准确判断，因而有将近四分之一的案件，当事人提交的电子数据信息记录因各种原因不被采信。法院对相关电子数据不认定和部分认定的 121 个案件，占比为 34.28%，具体分析法院不认定的理由有 5 种，包括对真实性不认定（66 份）、关联性不认定（33 个）、真实性和关联性都不认定（14 个）、合法性不认定（3 个）以及对三性都不认定（5 个）。

---

① 参见陈若丹与高迅民间借贷纠纷一审民事判决书，（2016）粤 0391 民初 2442 号，中国裁判文书网，发布日期：2018-8-6。
② 参见丁志才与崔雪寒、吉远维民间借贷纠纷一审民事判决书，（2017）苏 0981 民初 1377 号，中国裁判文书网，发布日期：2018-5-29。该案中，原告提交了借条、微信聊天记录截图，法院认为原告提交的微信聊天记录截图"系复制件，未能提交电子证据的原始载体，本院不予确认"。
③ 吴帅帅：《杭州互联网法院首次确认区块链电子存证法律效力》，载新华网 http://www.xinhuanet.com/legal/2018-06/28/c_1123051280.htm. 2020-10-22 访问。

(二) 民间借贷电子数据真实性的审查

法院审理案件,是以证据之间相互印证为前提,确认证据链条完整性,从而证明待证事实的真实性。就电子数据而言,其形成和发展离不开现代技术的不断进步,电子数据一经形成就留下了其原本最初的状态痕迹,能够客观真实地反映事物本来的面貌,但同时也存在其易被篡改、伪造和删除的弊端,让真实性受到影响。认定电子数据的真实性,要从电子数据来源、生成、存储、传输、保存等过程进行综合判断,审查证据来源的真实性、证据内容的真实性,只有这两方面均保留与证据形成时的最初状态的同一性时,方能满足证据真实性要求。鉴于民间借贷当事人之间的熟人关系基础及其可能存在的私密性,特别是一些较长时间以前的借贷活动,法院要对民间借贷电子数据的真实性进行审查,有一定的难度。在收集的案例中,最常见的就是当事人因未能提供电子数据的原始载体,而无法核实双方真实身份,法院也因无法核实其真实性而对电子数据不予认定。

从样本案例看,当事人提交的电子数据,主要包括微信聊天、QQ 聊天、短信等形式的文字记录截图,以电话、语音等方式的相关录音录像记录,以支付宝、微信支付等各类转账记录截图。聊天记录易被伪造和删改,其真实性易受到影响,保证微信聊天等记录的真实性,是决定该类电子数据可采性的关键。对相关文字记录截图的真实性审查,应考虑与源文件和双方的真实身份进行核对,看是否有其他证据相互印证。电话等录音录像记录的,要看内容上的完整性、来源上的真实性。录音录像易篡改和伪造,要通过技术手段甄别,看是否有篡改、伪造和删除增减,及是否有原始载体等其他证据相互印证。对转账记录截图的真实性,考虑转账行为是否真实发生、能否对双方真实身份进行核对,及是否有其他证据相互印证。目前支付宝实行实名制,使得支付宝转账记录的真实性容易确定,当然要确定关联性尚有一定难度。在当事人对提供的证据提出合理怀疑时,面对原告提供的电子数据,常见情况是对方当事人对其真实性有疑问,认为原告提供的相关电子数据也应该提交原始的储存介质,若能提供证据用以反驳或证明自己的观点,则法院往往会不认定该电子数据的真实性;若只提出疑问却不提供任何可以证明观点的证据,则法院一般会采信该电子数据。

(三) 民间借贷电子数据关联性和合法性的审查

对电子数据的关联性进行认定,着重审查电子数据与待证事实是否有实质联系,从电子数据信息与案情真相之间的关联度、电子数据信息与其他证据之间的关联性等方面进行综合判断。法院认定当事人提供的电子数据若能与其他非电子数据之间相互链接,形成前后完整的证据线索,就能作为证据使用。如洪某某诉郑某某借款 50 万元未还一案,原告提供微信聊天记录和支付宝账户电子数据,"通过微信聊天方式,双方于 2017 年 6 月协商约定由原告出借 50 万元给被告",法院依法认定原告提供的微信聊天截图内容真实有效且与支付宝转账事实、手机用户等形成相关证据链,相互印证被告欠原告 50 万未还的事实①。

从案件情况看,微信聊天等文字记录截图等作为证据,要求数据记录的内容与主体身份、与案件的待证事实之间有关联,否则,不应予以认定。由于微信等社交软件的聊天记录具有虚拟性,昵称会随时修改,使用者也具有极大的不确定性,且只需要账号和密码就能直接登录使用,因此也不能排除盗号的可能性。对此类聊天记录进行关联性审查的难点,在于如何将聊天记录中主体还原为社会实际当中的当事人。能够确定联系的即可认为与本案有关联性。支付宝等各类转账记录截图作为证据,要考虑转账记录与当事人之间的意思表示是否有关联、是否是基于当事人的真实意思表示、是否真实体现案件事实,及是否有其他证据相互印证。

还有,证据的收集主体和证据形式应具有合法性,电子数据的显现、收集和提取等,也应严格按照法定的程序和方法进行。样本案例中所显示的 3 份,都是因不符合电子数据形式要求而被法院不予认定,从而将该电子数据排除在外。② 从法官的司法实践经验来看,最高人民法院颁布的证据规定明确非法证据判断标准,法院对于证据合法性问题所持态度应保持谨慎,除非是以违反法律、法规等禁止性规定的方式侵犯他人重大权益,一般不会因合法性问题排除证据效力。③ 即当事人未违背法律规定而提供的电子数据,法院会认定为合法。在民间借贷案件审理中,法院对电子数据不认定的理由,更加侧重于对其真实性、关联性的质疑,而对合法性提出质疑的情形则较少,也说明在民间借贷中蓄意的违法取证行为不多。

三、民间借贷纠纷案件审理的法官自由裁量问题

民间借贷纠纷案件发生的经济性原因和传统社会生活方式的叠加,具有明显的地方生活习惯因素,使得各地法院审判从现象上具有差异,表现为对电子数据认定标准、采信情况有出入,这就需要法官在审理时,结合当地的社会经济生活实际,特别是社会运行规则和生活常识,运用法学理论和司法技能,进行合理的逻辑推理。

---

① 参见洪小明与郑志东民间借贷纠纷一审民事判决书,(2019)粤 0802 民初 1956 号,中国裁判文书网,发布日期 2020 - 1 - 13。
② 参见邓勇军与官定兵民间借贷纠纷一审民事判决书,(2017)渝 0112 民初 22584 号,中国裁判文书网,发布日期 2018 - 12 - 17;魏伟与李华高、曾琴民间借贷纠纷一审民事判决书,(2017)豫 0102 民初 5885 号,中国裁判文书网,发布日期 2018 - 7 - 2;原告黄勇诉被告王官甫、郑长华民间借贷纠纷一审民事判决书,(2016)川 0802 民初 4524 号,中国裁判文书网,发布日期 2017 - 8 - 9。
③ 参见陈朝毅、朱嘉蹊:《法常变而道不变:电子证据审查与认定规则研究——以 200 篇民事判决书为分析样本》,载《司法体制综合配套改革与刑事审判问题研究——全国法院第 30 届学术讨论会获奖论文(上)》2019 年第 6 期,第 729 页。

(一) 内心确认问题

司法审判，需要依据审判规则对电子数据进行审查，要求证据之间形成完整证据链。不同于传统证据的稳定性能，电子数据易篡改、易删除及恢复程序烦琐的特点，使其在审查与认定的过程中存在诸多意想不到的困难，需要法官结合实际自由裁量，形成内心确认。内心确认的过程，是基于自由心证的过程。"自由心证原则是指，法官在认定案件事实的过程中，对于证据方法（证据资格、证据适格）、证据资料以及事实推定等事项，法律一般不作规定，而是交由法官依照经验法则予以判断的原则"[1]。自由心证的内容主要包括两个方面："一是诉讼证据的证明力及其运用，完全由法官凭自己理性的启示和良心的感悟来自由地判断；二是法官对案情的认定，必须在自己内心深处确实相信是真实的"[2]。依凭自由心证原则对案件事实进行认定，使法官按照良心和理性的指引进行合理判断，并不意味着法官可以完全"自由"，只是相对法定证据原则而言，在证据认定方面可以在法律规定范围内自由裁量。民间借贷纠纷中，当事人提交了借据等有形的书面证据以证明借贷事实时，由于传统书面形式证据直接证明借贷关系存在的习惯认知，被告又不能提供相反证据予以反驳借贷事实的证明时，法官会倾向于认为借贷事实存在，即法官的"内心确信"更倾向于认为原告所主张的借贷事实存在。在当事人提交电子数据用以证明借贷事实成立时，法官往往会基于传统认知心存怀疑，对以此证明借贷事实存在的倾向程度不大，而要由当事人提交其他证据以相互印证才会逐渐建立起"内心确信"。可见，在案件审理中，"不同的证据对案件事实的证明价值或证明作用是不同的。在特定情形下，某一特定证据所具有的价值或作用的判断只能交由法官按照经验法则自由心证予以认定。"[3] 电子数据在民间借贷案件中的证明力也应如此，特定情况下需要依靠法官的自由心证做出裁判。针对民间借贷中所涉及的电子数据，"人民法院应当按照法定程序，全面、客观地审核证据，依照法律规定，运用逻辑推理和日常生活经验法则，对证据有无证明力和证明力大小进行判断，并公开判断的理由和结果"[4]，在无法判断电子数据的真实性和关联性时，法官应依据法理建立起对相关电子数据的"内心确信"，判断真实与否，作出公允的判决。

(二) 事实推定问题

法官审理，采信电子数据，要求该电子数据具有证明事实的效力，能够充分证明待证

---

[1] 张卫平：《自由心证原则的再认识：制约与保障——以民事诉讼的事实认定为中心》，载《政法论丛》2017年第4期。
[2] 刘金友：《证据理论与实务》，法律出版社1992年版，第22页。
[3] 张卫平：《自由心证原则的再认识：制约与保障——以民事诉讼的事实认定为中心》，载《政法论丛》2017年第4期。
[4] 见2015年《最高人民法院关于适用〈中华人民共和国民事诉讼法〉的解释》第105条。

的事实，即证据的证明力。"证明力是证据所反映的事实对案件中的待证事实有无证明作用以及在多大程度上证明待证事实的反映。对于证据证明力的'力度'强弱作出机械规定，而往往依赖于法官的自由判断。"① 对民间借贷诉讼中所涉及电子数据的证明标准，司法公正的要求是应该达到高度盖然性标准程度，即"在证据对待证事实的证明无法达到确实充分的情况下，如果一方当事人提出的证据已经证明该事实的发生比不发生具有高度盖然性，法院即可对该事实予以确认。"②

当事人提交的电子数据，能够与借条原件、转账记录等其他证据相互印证，自然也就构成了事实认定的证据。在陈某某与张某某民间借贷纠纷一案中，原告贾某某主张被告林某某、徐某某向其借款46万余元未还，原告向法院提供了借条原件、微信聊天记录截图、银行转账记录、信用卡消费记录、证人证言等证据，法院经审理后认定借条证据来源合法、内容真实，予以采信，认为微信聊天记录截图属于电子数据证据，与证人证言、银行转账记录等互相印证，"均确认林英微信账号与原告举证的林英微信账户是一致的，因此对该微信聊天记录予以采信。"③。在林某与孙某、郑某借款纠纷一案中，原告林某为主张借款事实向法院提交了微信聊天记录、银行交易明细清单等证据，法院审查后认为微信聊天记录属于电子证据，"原告林佳提供的上述证据内容明确且与本案直接关联、互相印证，构成对其主张事实的充分证明"。被告郑某抗辩与原告之间不构成民间借贷关系，但未能举证证明该款项属于其他款项，抗辩不成立。法院根据2001年《最高人民法院关于民事诉讼证据的若干规定》第17条规定，并结合全案证据从而认定原告主张的事实具有高度盖然性而依法认定借贷关系成立。④

在有的纠纷案件中，原告提交传统的书证已经显示了证明作用，虽然被告提交了电子数据信息记录，由于被告所提交的电子数据单一，起不到证据证明力的作用。在董某某、董某某等与李某某借贷纠纷中，董某某主张被告李某某向其借款15万元未归还，原告向法院提交了借条原件、微信聊天记录、微信转账记录截图等证据，法院审理认为认定借条原件，但"原告提供的证据3系微信聊天记录和微信截图，属于电子数据的范畴。电子数据虽为法定的证据类型，但仅靠微信打印件和微信截图很难证明相关事实。因为昵称、头像与真实身份是否吻合，需要技术人员或者网络公司协助确认。同时微信截图的证明力也较低，因为它是片段性的，传达内容有限，并且截图的真实性、合法性很难确定。现原告未能提供其他证据予以印证其完整性及真实性，也未确认聊天记录中双方当事人身份的真

---

① 肖琳：《民间借贷纠纷中"孤证"案件的法律适用——以100份民间借贷孤证案件判决书为分析样本》，载《海南大学学报（人文社会科学版）》2016年第1期。
② 唐丽英：《论优势证据的内涵》，载《兰州学刊》2003年第5期。
③ 参见贾丽君与林英、徐建永民间借贷纠纷一审民事判决书，（2018）闽0122民初3479号，中国裁判文书网，发布日期2019-10-14。
④ 参见林佳与孙艳艳等民间借贷民事判决书，（2018）闽0102民初6922号，中国裁判文书网，发布日期2019-10-21。

实性，故本院对该证据不予采信。"① 如黄某某诉米某某、王某某民间借贷纠纷一案中，被告欠原告5万元逾期未还，原告向法院提供了借条2份和短信记录证据，在审理过程中，法院主要针对借条的真实性进行审查，也对借条上的笔迹进行专业技术鉴定，而对短信记录电子数据是否认定并未作出明确答案，最后法院认定借条属于真实有效的，作出被告应偿还原告欠款的判决。② 很明显，法院对于借条等传统书证和微信聊天记录截图等电子数据的审查，更倾向于认定借条等传统书证的真实性、合法性。

依据规定，"当事人对自己提出的诉讼请求所依据的事实或者反驳对方诉讼请求所依据的事实有责任提供证据加以证明"③，如于某某诉谷某某、崔某某借款24万元未还一案，原告向法院提交银行转账记录、微信聊天记录等证据，被告对原告的银行转账记录没有异议，"对'微信聊天记录'的真实性虽有异议，但未提供证据予以反驳，故对原告提交的'微信聊天记录'的真实性，本院亦予以采信"。④ 同理，"没有证据或者证据不足以证明当事人的事实主张的，由负有举证责任的当事人承担不利后果"⑤，如刘某诉周某借款纠纷一案，原告只提交了与被告之间的微信聊天记录，被告未出庭质证，法院对原告提交的微信聊天记录进行实质性审查后，认为原被告之间"借款的事实有双方的微信聊天记录予以证实，其关于借款的内容完整，符合作为电子数据的形式要求，具备证据效力，可作为本案定案的依据，本院依法予以确认"⑥。通说认为，"孤证是指单个证据，单个证据由于不能形成相互印证的证据闭环，一般并不能作为定案的依据"⑦。孤立的电子数据证据，因不能相互印证，也无处印证，很难证明与案件事实的关联度与真实性，因此不建议作为定案依据。但是在民间借贷纠纷案件中，如果案情简单，能够确定借贷事实，仍然是可以作为证据定案的。⑧

（三）生活常识问题

审理裁决有些民间借贷纠纷案件，需要依据常识说明裁判理由。民间借贷经济活动具

---

① 参见董福生、董新福等与李德军民间借贷纠纷一审民事判决书，（2018）赣1130民初396号，中国裁判文书网，发布日期2018-10-19。
② 参见黄丽霞与米龙军、王娟民间借贷纠纷一审民事判决书，（2018）冀0110民初1908号，中国裁判文书网，发布日期2019-6-19。
③ 见2001年《最高人民法院关于民事诉讼证据的若干规定》第2条。
④ 参见于彩雯与谷丽芳、崔某1民间借贷纠纷一审民事判决书，（2017）鲁0321民初685号，中国裁判文书网，发布日期2018-1-3。
⑤ 见2001年《最高人民法院关于民事诉讼证据的若干规定》第2条。
⑥ 参见刘攀与周丹民间借贷纠纷一审民事判决书，（2019）鄂0116民初2301号，中国裁判文书网，发布日期2019-8-30。
⑦ 陈希：《民间借贷案件电子证据认定问题研究》，载《社会科学家》2019年第2期，第116页。
⑧ 《最高人民法院关于审理民间借贷案件适用法律若干问题的规定》第17条规定，"原告仅依据金融机构的转账凭证提起的民间借贷诉讼，被告抗辩转账系偿还双方之前借款或其他债务，被告应当对其主张提供证据证明"。这条规定事实上赋予单一的金融机构的转账凭证可以作为定案依据的法律地位，但仅能作为例外处理。

有浓厚的民间性，有着借贷情形的花样无数及其若隐若现的活生生烟火气，体现当地的社会生活习惯，使得电子数据在民间借贷案件中的性质认定也要考虑其民间性特征。法官审理中，需要注意从当地社会生活实际出发，依据日常经验，进行逻辑推理，以最大程度理解和复原实际情况。当原被告之间关系比较特殊时期，比如恋人关系，所形发生的微信红包、支付宝转账等，由于原被告之间关系特殊，且进行多次转账红包交易，而微信聊天记录里有的并未明确说明是借款或者赠与，法官在判断时，会依靠社会一般常识进行判定。如原告彭某与被告罗某的民间借贷纠纷中，原被告也是情侣关系，恋爱期间的双方相互转账记录有67笔，"提交的被告微信号截图、微信转账记录截图、聊天记录截图，经与原件核对，来源合法，内容客观真实，能互相印证"，从原告提交的微信转账记录看，原告曾多次在同一日小额转账数笔给被告，不符合日常交易习惯，"虽然被告罗犁未出具借条，但结合原、被告之前的恋人关系和双方的微信聊天记录来看，被告罗犁作出了愿意还款的意思表示，说明原、被告之间确实发生了借贷事实"[1]。在原告白XX与被告李XX民间借贷纠纷一案，法院查明"恋爱期间，两人多次通过微信、支付宝进行转账交易，互有资金往来，交易金额不等"，单笔高于100元的认定为借贷关系[2]。此案件中，法官对小额转账或小额红包认定为赠与，对一些大额款项（比如金额超过1000元）则认定为借款，从而确定原被告之间的借贷关系。如果双方恋爱共同生活，可能情况又不一样。2019年广西桂林秀峰区人民法院受理一起民间借贷纠纷案，原告谭某与被告付某原系情侣关系，双方自2016年认识后一起在桂林同居生活三年多，同居恋爱期间，原告通过微信和支付宝方式向被告累计转账32次共计近7万，后双方因某种原因分手，谭某因此要求付某还钱，付某未偿还，故引起此纠纷。在诉讼期间，原告仅提交转账凭证和微信聊天记录，并未提交证明借贷合意的凭证，而双方在恋爱期间互转的资金基本用于双方生活消费支出、过节赠与的礼物、过节费等，有一部分资金还是原告要求被告的代购机票费用。因此法院认为，"原、被告在恋爱期间因双方具有亲密关系且为维系和发展双方感情，共同生活消费、赠与财物、发送红包等情形都较为常见，且本案中双方在此期间的资金往来数额较小，均在10000元以下，可以视为即时赠与"，原告与被告之间的资金往来的借贷关系不能成立。[3] 由此可见，一般性的男女恋爱交往与共同居住生活性的恋爱生活，还是有明显区别的，法官需要凭借生活常识和社会经验去判定。

---

[1] 参见彭芸琬诉罗犁民间借贷纠纷一案民事判决书，（2019）湘0381民初3042号，中国裁判文书网，发布日期2019-11-30。

[2] 参见白文静与李延鹏民间借贷纠纷一审民事判决书，（2019）豫0425民初1001号，中国裁判文书网，发布日期2019-10-21。

[3] 参见谭德辉与付文青民间借贷纠纷一审民事判决书，（2019）桂0302民初1361号，中国裁判文书网，发布日期2019-12-16。

四、余论

民间借贷活动具有典型民间性。我们常规的想法是，只要没有借钱，是绝不会写借条的，但是实际生活上，民间交往要复杂得多。在民间借贷纠纷案件中，起诉方提供了被告写的借条或借钱的电子数据，但是否据此认定借贷法律关系的成立和有效，还要细加思量。民间借贷合同是实践性合同，当事人之间借贷行为的有效需要以金钱的交付为成立条件，然而百姓之间社会交往的复杂多变使得借条的出现背景也是多种多样、奇奇怪怪，如有人已经偿还了所借的钱，觉得问心无愧，觉得没必要收回借条；有人是情感纠纷，一时头脑发热就写了借条；有人是欠了赌债，写了借钱条；有的是吹牛可以办成事，收了钱后事没办成，就写了借条；有更具娱乐性的，是有人相互打赌，敢不敢写借条，于是就写了借条等等。有借条或借贷的电子数据呈现，代表着存在借贷关系的可能，但不是一定就有借贷的事实。在民间借贷的案件审理中，大部分的被告会来应诉，但也有不少被告不出庭，其中有极少数是觉得"自有公道天理"，"自己不欠钱为什么要去"，所以法官在审理纠纷案件时，需要综合判断案件的借贷事实和法律关系，不能因为被告不出庭就简单地判决被告败诉。

民间借贷活动蕴含社会复杂性。民间借贷的当事人行为，是一个系列行为的整体，存在于社会运行的系统之中，当事人提交的电子数据是单个的，但这种单个是当事人系列行为的一个截面，是整体之中的一个点。这就需要法官依据当事人双方提交的材料和表述，当事人之间借贷的习惯及目的、场合，依据个人社会经验、生活习惯常识，特别是对当地社会运行规则的体验，进行逻辑推演。比如依据当地社会传统，了解当事人之间作为熟人或朋友关系的程度，双方各自的社会身份、家庭背景、经济实力、业务活动及其相互之间的往来背景、往来频繁原因、往来纠纷类别，本次借贷纠纷的借钱缘由、出借人资金来源、交付金钱的细节、付钱方式、借款人收钱后的钱款用途走向，判断案件证据的认定、借贷当事人整个行为顺序的衔接，也可以发现是否有一方强迫另一方写借条的欺压行为、金额大小与缴款方式不一致的疑点出现、双方当事人串通虚假诉讼等。在庭审中，当事人对于不利于自己的事实自认，法官也要作案件的分析，不能有了当事人的自认就直接认可，因为民间借贷中熟人关系和私密性决定了当事人对于不利于自己的自认，可能发生虚假诉讼的风险[1]。至于在民间借贷中推广公证机构公证，从源头上固定借贷关系的事实，使其成为法定证据能力和具有更强的证明力。这一思路的动机是很好的，但是事实上并不可行。例如，村民不愿意为了公证额外出支出。

民间借贷活动有着明显的时代性。市场经济冲击着人类活动空间的每一个角落，即使在偏僻的山寨，村民生活也是与时俱进，除了老年人，几乎是手机人手一部，纠纷案件涉

---

[1] 参见蓝寿荣：《民间借贷虚假诉讼的逆向选择与司法应对》，载《政法论丛》2019年第1期。

及电子数据是必然。有的法官会觉得，微信等电子数据容易删改不安全，主观上总会有意无意地轻视其证据作用。从民间借贷的实际来看，如果存在当事人作假，传统的书面证据与当前的电子数据没有区别，很多时候当事人的手机信息留存更有证据价值。当事人提交电子数据作为诉讼证据，法官可以把这些证据作为了解案件事实的若干痕迹指引，也可以作为判断案件的直接证据。从法官分析案情的视角看，当事人提交的电子数据，就是了解案情事实的"出水小荷尖尖角"，值得顺藤摸瓜、透视真相，也可能就是纠纷裁决的直接证据。手机短信、微信聊天记录、电子邮件等电子数据可以作为证明借贷合意的直接证据，具有证明力。鉴于电子数据的技术性，对于电子数据的司法审查判断，需要运用技术手段、逻辑推理和结合日常经验法则，以最大程度复原实际情况。

On the judicial determination of electronic data in the trial of private loan disputes
—This paper analyzes 353 judicial documents from 2017 to 2019

Lan Shourong, Li Shengyu

Abstract: electronic data has become a common evidence in private loan disputes. By searching China judicial documents website, 353 first instance judgments of electronic data in private lending cases from 2017 to 2019 are selected. It can be seen that the electronic data problem of private lending is folk. In private lending, many lending activities have not signed contracts or note, but will provide loans by way of Alipay transfers and WeChat transfers. Because of the superposition of the economic factors and the personal relationship of the parties, the courts in different regions have different judgments, which shows that the standards of electronic data identification and the rules of admissibility are inconsistent. This requires the judge to use legal theory and judicial skills to carry out reasonable logical reasoning based on experience, local social and economic reality, especially social operation rules and common sense. In the trial of private loan dispute cases, we should face up to the proof ability of electronic data in private lending cases; at present, it is not feasible to popularize credit notarization; we can not simply judge the defendant to lose because the defendant does not appear in court; some simple and clear cases can also be decided by solitary evidence.

Keyword: private lending, electronic data, civil litigation, folk custom, Common Sense

（编辑：张雪寒）

多元协同视域下的五治结合：
渊源、意涵及实现路径[*]

向 达[**]

摘 要 新时代背景下，探索中国治道模式的协同创新是较为迫切的时代课题。中国传统的礼法体制蕴含着深刻而丰富的中国之治的经验和智慧，如礼治、德治、自治及德法融合等，现代政法体制蕴含着"政治"、法治、智治等治理元素，在历史唯物主义和辩证唯物主义思想指导下对二者进行协同创新必将产生中国之治的新思想、新模式，"五治结合"即是其重要产儿。"五治结合"吸收了礼法传统的礼治、德治、自治、德法融合等元素，从政法体制中衍化出政治、法治和智治的智慧，创新了新时代中国特色社会主义的治道模式。凝结了传统与现代、古今与中西治道智慧的"五治结合"，蕴含了契合时代之治的内在品格和外在张力，必将对现代中国之治产生重要影响，尤其在乡村法治、基层治理、民族法治等领域的治理实践中具有广阔的应用空间。

关键词 多元协同 五治结合 礼法体制 政法体制 治理现代化

韦伯科层管理和泰勒科学管理的有效性都印证了传统社会的"可估算"与"可控制"的特征，然而随着社会的复杂性和不确定性的与日俱增，其"不可估算"和"不可控制"的特征越发明显。为了实现高效的社会治理，需打破线性因果机械的治理思维，在科层管理和科学管理基础上发展协同治理模式。协同治理的经典模型是 SFIC，它是由安塞尔和戈什通过对多个国家不同领域的 137 个案例采取"连续近似分析法"提炼出来的，包括初

---

[*] 2021 年湖南省教育厅重点项目《民间法促进武陵山片区五治结合的机理、路径及机制研究》（21A0342）及 2022 年湖南省社会科学成果评审委员会项目《民族精神视域下德法融合的法律主体建构研究》（XSP2022YBC286）阶段性成果。

[**] 向达，法学博士，吉首大学（法管学院）副教授，硕士生导师。

始条件、领导推动、制度设计和协同过程四个关键变量。协同治理的整合框架是柯克·爱默生等学者在对 SFIC 模型进行改进的基础上提出来的，其核心是"协同治理机制"（Collaborative Governance Regime，简称 CGR）。柯克等强调，CGR 包括"共同动机""参与原则""联合行动能力"三个要件，只有在三个要件的综合作用下，才能为协同治理行动提供充足动力。[①] 协同治理理论是协同学与治理理论的融合创新，体现了民主法治时代的治理风貌。

多民族国家呈现了更明显的多参数、非线性、模糊而动态的社会样态，是实行多元协同治理融合创新的理想场域。费孝通先生定性了中华民族多元一体格局，并用"各美其美、美人之美、美美与共、天下大同"概括其文化自觉思想，对当下中华民族法治文化建设具有重要启示意义。礼法体制是中国古代主流治理模式，现代治理模式则是政法体制。有学者认为后者取代前者是理所当然，研判失于武断。能否辩证而理性的在大治理视野下将二者融合创新，凝练新时代治理新模式？其实传统的礼法体制蕴含着深刻而丰富的中国之治的经验和智慧，如自治、礼治、德治、德法融合等[②]，而现代政法体制蕴含着三条主轴线：政法内部关系、政法外部关系、政法与执政党关系，是政治、法治的思想基础，因此，在历史与辩证思维框架下，结合现代高科技治理工具，将礼法与政法融合创新，必将产生新时代中国特色社会主义治理新模式。"礼以道其志，乐以和其声，政以一其行，刑以防其奸。礼乐刑政，其极一也，所以同民心而出治道也"[③]。2019 年新年伊始，习近平总书记提出了"五治结合"（政治、自治、法治、德治、智治）的初步构想，党的十九届四中全会进一步明确了"五治结合"的思路。学界对"五治结合"研究甚少，实务界也较为缺乏相关实践经验。"五治结合"是"三治结合"的补充和完善，体现了生产力发展方向对国家和社会治理的推进，具有重要的理论价值和实践意义。本文以"多元协同"为视角分析五治结合的内在机理及实现路径，探索中国现代法治的协同治理模式。

一、问题的提出

1971 年，西德的理论物理学家赫尔曼·哈肯创立协同学，他认为协同学即"协调合作之学"，旨在发现事物结构的普遍规律。1989 年，世界银行的《南撒哈拉非洲：从危机走向可持续增长》报告首次提出"治理危机"（crisisin governance）的概念。其后，"治理"的概念在学术界广泛流行。在《我们的全球伙伴关系》中，"治理"一词被阐释为：各种公共的或私人的个人和机构管理其共同事务的诸多方式的总和，它是使相互冲突的或

---

① Kirk Emerson，Tina Nabatchi，*Collaborative Governance Regimes*，Georgetown University Press，2015，P. 37.
② 参见黄文艺：《中国政法体制的规范性原理》，载《法学研究》2020 年第 4 期。
③ 《礼记·乐记》，载陈戍国点校：《四书五经》，岳麓书社 2003 年版，第 565 页。

不同的利益得以调和并且采取联合行动的持续的过程。① 美国学者安塞尔和戈什概括了合作治理的六大特征：合作是由公共部门或者机构发起；参与合作方包括非政府成员；参与者直接参与决策过程；合作形式是正式的，并且由集体共同作出决策；合作的目标是作出一致决策；合作的焦点是公共政策或公共管理。亨廷顿认为，高水平的政治参与和高水平的经济发展相伴随，经济越发达的社会越倾向于给予公众政治参与更高的价值。

协同治理是多元主体基于目标的一致性、相互信任和功能互补基础上而形成的协商式合作关系，在结构塑造基础上能产生整体治理效应，从而使治理提质增效。协同治理用多元性社会的差异性整合超越了单一制国家政治特质的秩序性要求，是治理的高级形态。SFIC 模型的协同过程首次使用环形结构替代传统的线性过程，对协同主体之间的关系及互动情况给予了充分的关注，展示出协同过程的动态性与复杂性态势。目前 SFIC 模型已运用于公共服务、环境治理、灾害治理等多领域中。多元协同治理的科学性、实用性使其成为现代治理模式的新宠，这种格局对中国现代治理的创新提供了重要启示。

2019 年新年伊始，习近平总书记提出完善党委领导、政府负责、社会协同、公众参与、法治保障的社会治理体制，为"五治结合"奠定了理论基础。5 月，民政部副部长詹成付阐述了政治领导、法治保障、自治为基、德治滋养、智治支撑的"五治合一"的机理，明确了"五治结合"的内容。7 月，中央政法委秘书长陈一新系统阐述了在市域社会治理现代化中发挥"五治结合"功能的问题。10 月，党的十九届四中全会指出：必须加强和创新社会治理，完善党委领导、政府负责、民主协商、社会协同、公众参与、法治保障、科技支撑的社会治理体系，进一步完善了"五治结合"的思路。以上论述表明"五治结合"思想在政治政策层面已基本达成共识。

学术界有钱科峰（2019）、潘丽云（2019）、徐平、包路芳（2019）、左伟清、刘尚明（2019）等对"五治结合"进行了研究，取得了一定的研究成果。但总的来看，学界对"五治结合"的研究尚处于碎片化阶段，还需要努力深入和整合。从学理和法理角度看，相关研究在以下层面具有较大的拓展空间：一是研究视角上应突破古今和中西比较视角，引入"多元协同"视角，将其置于全面依法治国、国家治理现代化及大数据时代背景下进行系统的研究。二是模式构建上应注重国家法、民族法治、乡村法治、基层治理、民间法等的融合，力争在特定区域的问题空间中深化理论向度、开拓实践空间。三是研究方法上除了使用理论分析，应注重能动的经验主义方法的应用，加强法学与人类学、社会学、民族学等多学科理论和方法的融合创新。因此，不论从哪个角度看，当下中国法治都需要多元协同理论的介入。

二、多元协同视域下五治结合的渊源

作为一种新型的治理模式，"五治结合"不是空穴来风，它有其深厚的历史文化渊源

---

① 参见赵琛徽，孔令卫：《供给侧改革背景下老年人照护模式的选择意愿》，载《人口与经济》2017 年第 6 期。

和现代理论基础,主要表现为传统的礼法体制和现代的政法体制的融合。

(一) 传统礼法体制

礼法体制是中国古代的治理模式,顾名思义是由礼与法相结合而构成的复合型治理模式,它是中国古代治理模式的主轴,是中国传统之治的智慧和经验的典型,也是中华法系的基本特征。礼法体制以儒家的礼和法家的法为依托,在理论上融摄了儒、法、墨、黄老等诸家思想,在实践上与时俱进,在历史的大熔炉中淬炼提升,成就了其古代主流治理模式的至尊地位。礼法体制至少可追溯到西周。在"敬德保民""敬德慎刑"思想主导下,西周建构了"礼刑"治理模式,这是中国古代礼法体制的最早模式。西周"礼刑"体制奉行"礼主刑辅","礼之所去,刑之所取,失礼则入刑,相为表里者也"。[①] 礼为里,刑为表,礼为本,刑为用,二者协同维护着西周的江山社稷的稳定。这种"礼主刑辅"的治道模式,朱熹所谓"刑者,辅治之法,德礼则所以出治之本"[②]。其治道智慧主要体现在"礼者禁于将然之前,而法者禁于已然之后"[③],且"政刑能使民远罪而已,德礼之效,则有以使民日迁善而不自知"[④] 之效。如果说西周的"礼刑"模式欠缺深层次的理论建构的话,那么东周战国时期的黄老学弥补了这个遗憾。黄老学在道家思想的基础上综纳百家,对"礼刑"思想进行了深入的理论整合和实践探索,在"道生法"的基础上建构了"刑德并用""文武并行"的"隆礼重法"治道模式,涉及道、儒、法、墨、兵、名、阴阳五行等诸家,一改过去"道术将为天下裂"的单线型智识结构,彰显了"道术将为天下合"的理论气度,[⑤] 对先秦末期——尤其荀子的治道思想的整合成型产生了重要影响。后经董子的论证和实践,"隆礼重法""德主法辅"的治道模式成为中国经久不衰的主流治道模式,这为五治结合中的德治、法治、自治的融合提供了基础。

(二) 现代政法体制

柯勒在对文明的更迭论述中指出:"文明乃是按照这样一种方式向前发展的,亦即在现存的文明中有着唾手可得的新文明的更替,新价值也会不断地从旧文明中得到产生。"[⑥] 礼法体制虽然有其优点,且从逻辑上看"德主法辅"是没有问题的,但如果在实践上缺乏对法治的足够重视,"德主法辅"的治理逻辑比较容易在实践上导入"人治的任性",这为误入专制提供了温床,无法实现法治和人权的真正实现。中国古代专制社会的循环往复

---

① 范晔:《后汉书·陈宠传》,载:《二十五史》(全本),新疆青少年出版社1999年版,第177页。
② 朱熹:《四书章句集注》,中华书局2011年版,第55页。
③ 戴德:《大戴礼记·礼察》,https://so.gushiwen.cn/guwen/book_235.aspx,访问日期:2021-08-16。
④ 朱熹:《四书章句集注》,中华书局2011年版,第55页。
⑤ 参见向达:《〈黄帝四经〉"隆礼重法"的治道意义探析》,载《吉首大学学报》2017年第4期;《〈黄帝四经〉"法主德辅"的治道精神及其意义探析》,载《南昌大学学报》2017年第5期。
⑥ Lehrbuch der Rechtsphilosophie, 1, para, 5.

便是这种治理怪圈的典型表征。早在 1945 年时,毛泽东和黄炎培讨论如何跳出历史周期律的问题时就说道:"我们已经找到新路,我们能跳出这周期律。这条新路,就是民主。"① 其解决问题的思路也是以民主破解专制的桎梏。如何保障民主,从而实现国家的长治久安呢?习近平总书记将问题的解决之道落实于法治,他说:"法治兴则国家兴,法治衰则国家乱。什么时候重视法治、法治昌明,什么时候就国泰民安;什么时候忽视法治、法治松弛,什么时候就国乱民怨。"② 1949 年 10 月中央政法委的成立标志着中国政法体制的建立,自此中国终于跳出了长期以来的专制的历史周期率。新中国政法体制的发展经历了专政逻辑——维稳逻辑——治理逻辑三个阶段,分别对应于新中国成立到改革开放之间、改革开放到十八大及十八大之后,本文所讨论的政法体制主要指的是第三阶段的政法体制。与第一第二阶段的政法体制相比,第三阶段的政法体制实现了一系列的转变,彰显了新时代国家治理现代化的优势,如从政治思维转向法治思维与政治思维的贯通,从维稳向维权和维稳的结合,从偏好秩序向活力和秩序相结合,从公共管理向公共服务和公共管理相结合。③ 习近平总书记的上述论断便是第三阶段政法体制的典型写照,这为多元协同视域下的五治结合模式的构建提供了基本遵循。

(三) 多元协同视域下的五治结合

"五治结合"是在传统礼法体制和现代政法体制基础上协同创新的治理模式,诠释了价值和文明更迭的内在规律,正如罗斯科·庞德所言:"我们必须使人类的活动达到一定程度的有序化,并且通过这种秩序来限制人们的行为,确定个人的职责,以保护现有的价值和推动新价值的产生。"④ 五治结合是一体多元的逻辑架构,下面以现代的政法体制为例,阐释其所蕴含的三大关系对五治结合的建构意义。

首先,逻辑先导。关于政法体制的政法委、公、检、法、司等主体之间的关系,彭真曾提出"三原理":分工负责、互相配合、互相制约。2019 年习近平总书记在中央政法工作会议上指出:"优化政法机关职权配置,构建各尽其职、配合有力、制约有效的工作体系。"⑤ 习总书记的以上论断在"三原理"基础上强化了"体系",于是有学者提出"自成一体"原理⑥,强调了有机统一性,完善了政法体制的逻辑架构。从职属分工角度看,政法体系中政法委居领导地位,公、检、法、司则属于被领导的职能部门,各主体之间要协同发挥权力的最佳协作,从而产生帕累托最优合作效应。博弈论的"合作困境"认为,

---

① 黄炎培:《八十年来》,文史资料出版社 1982 年版,第 148 页。
② 习近平:《在中共十八届四中全会第二次全体会议上的讲话》,中央文献出版社 2015 年版,第 11 页。
③ 参见黄文艺:《中国政法体制的规范性原理》,载《法学研究》2020 年第 4 期。
④ [美] 罗斯科·庞德:《法律史解释》,邓正来译,商务印书馆 2016 年版,第 195 页。
⑤ 习近平:《全面深入做好新时代政法各项工作,促进社会公平正义保障人民安居乐业》,载《人民日报》2019 年 1 月 17 日。
⑥ 参见黄文艺:《中国政法体制的规范性原理》,载《法学研究》2020 年第 4 期。

个体从自身利益出发进行选择，悖谬了合作增进共同利益的最优选择，这时不合作反而是最理性的选择。这种理论的预设，揭示了个体理性与集体理性的差异，如果没有一套强有力的机制进行规范，人类的合作将是很困难的事。我国宪法所确立的民主集中制是破解这个困局的很好手段。

政法体制"四原理"基础上的一体多元逻辑架构对"五治结合"的逻辑预设具有重要的指导和启示意义。五治中的"政治"无疑扮演了类似政法体制中的"政法委"作用，居于总览全局的领导地位，自治、法治、德治、智治则是如公、检法、司、安（国安局）一样的职能主体，在"政治"的统一领导下按照"四原理"展开工作。通过这种逻辑预设，保障了五治结合的有序运行，有助于实现治理的帕累托最佳效应。

其次，运行机制。"五治"之所以得以"结合"，在于各治在分工负责的原则下，通过特定的配合和制约机制形成一体多元的有机治理体系。"五治结合"运行机制何以建构？现代政法体制能给予一定的启示和借鉴。现代政法体制的运行机制的框架主要由三部分构成：一是政法体制的内部关系；二是政法体制的外部关系；三是执政党与政法体制的关系。关于一，上文已论及，此不赘述，这里主要从二和三展开论述。

先看二对"五治结合"的启示。政法体制的外部关系是一个大政法体制背景下的概念，其基本逻辑框架为专门的政法机关与其他治理主体之间的关系，具体表现为政法机关与社会主体、政法机关与基层党政组织、政法机关与其他党政机关的关系。① 因为后两种关系与三同，所以这里主要讨论政法机关与社会主体的关系。政法机关与社会主体的关系之所以在当下受人瞩目，是因为随着社会经济的发展，社会分工和社会关系的复杂化，催生了治理对象和治理主体的复杂化，使治理由原来的"治安"管理扩张到全方位的社会"治理"，从而导致了大政法体制格局下的"共建共治共享"的社会治理体系，这就为非正式规则治理提供了广阔的空间。目前备受瞩目的非正式规则治理是自治、德治和近年来新兴的智治，这些治理模式的发展正好应和了"五治"中的"自治""德治"和"智治"。五治结合是党和国家自上而下的推行和社会自下而上的治理取向合力之结果。五治结合在充分发挥各治理模式的自主性和优势的基础上，彰显了协同治理的效能，顺应了"前端治理优位"和"预防型治理"的现代治理趋势。

再看三对"五治结合"的启示。执政党与政法体制的关系是国家治理体系中党政关系在政法领域里的表现，这种关系对应于"五治结合"的"政治"，是"五治结合"的方向和性质保障，在"五治结合"协同治理中起着统领作用。通过执政党对政法体制的领导形成统筹协调的治理机制。整体性治理是国际社会所推崇的治理模式，其主旨是政府部门的运作和权力运行从分散走向集中，从破碎走向整合，从冲突走向协同，实现协作性、无缝

---

① 参见黄文艺：《中国政法体制的规范性原理》，载《法学研究》2020年第4期。

隙的公共治理。① 在中国，执政党对政法体制的领导主要经历了三个阶段：宏观领导、归口管理和法治化管理。所谓宏观领导即"要管得虚一点，着重抓宏观指导和协调"②。十八大之前，党的领导的基本定位是政治领导、思想领导、组织领导，具体要求是"不插手、不干预司法机关的正常司法活动，不代替司法机关对案件定性处理"③。这种宏观领导思想逐渐衍化成十八大之后的"管方向、管政策、管原则、管干部，不是包办具体事务，不要越俎代庖"④。光有宏观领导还不够，还需对政法工作进行必要的归口领导，于是2018年各级党委设立了政法委，对政法工作实行归口领导。随着全面依法治国的推进和深入，执政党开始践行对政法体制的法治化领导，在建立健全党内法规和从严治党的基础上，注重政法领导工作的法治化进路。

法律在文明的传承与推进中扮演了越发重要的角色，正如罗斯科·庞德所言："对过去来说，法律是文明的一种产物；对现在来说，法律是维系文明的一种工具；对未来来说，法律是增进文明的一种工具。"⑤ 五治结合是在传统礼法体制和现代政法体制的基础上，结合中国当下治理实情所作的"与时俱进"的治理变革，体现了中国之治的中国经验和中国智慧，"法律学人应对这套本土经验和智慧怀有尊重，视之为法治实践奉献丰富的智识资源，并对其进行法理提取、学理提纯、哲理提炼，将其转化为具有解释力、说服力、传播力的法治话语体系和理论体系"⑥。

三、多元协同视域下五治结合的意涵

我国幅员辽阔，民族众多，区域发展不平衡，导致中央与地方关系复杂，在权力配置方面存在"一放则乱、一抓则死"的怪圈。如何做好权力配置，处理好中央和地方的关系？这是国人必须认真思考的问题。毛泽东的"两个积极性"的指示为我们解决此矛盾提供了重要思路。1956年，毛泽东在《论十大关系》中说："我们的国家这样大，人口这样多，情况这样复杂，有中央和地方两个积极性，比只有一个积极性好得多。"⑦ 只有处理好了中央和地方的权力配置关系，才能释放二者的活力，最大限度地提高治理的效能。后来邓小平在讨论中央和地方权限划分时又说："凡属全国性质的问题和需要在全国范围内作统一决定的问题，应当由中央组织处理，以利于党的集中统一；凡属地方性质的问题和需要由地方决定的问题，应当由地方组织处理，以利于因地制宜。"⑧ 此论从"集中统一"

---

① 参见竺乾威：《从新公共管理到整体性治理》，载《中国行政管理》2008年第10期。
② 乔石：《加强社会主义民主和法制，维护社会稳定》，人民出版社2012年版，第194页。
③ 罗干：《深入开展社会主义法治理念教育，切实加强政法队伍思想政治建设》，中国长安出版社2015年版，第271页。
④ 习近平：《在中央政法工作会议上的讲话》，中央文献出版社2015年版，第111页。
⑤ Roscoe Pound, *Interpretations of Legal History*, The Macmillan Company, 1923, p.143.
⑥ 黄文艺：《中国政法体制的规范性原理》，载《法学研究》2020年第4期。
⑦ 毛泽东：《毛泽东文集》，人民出版社1999年版，第31页。
⑧ 邓小平：《邓小平文选》，人民出版社1994年版，第228页。

和"因地制宜"两个维度对中央和地方权力配置进行了界定。五治结合的协同治理模式统摄了多元治理因素,以避免"以单一因素去阐明所有的法律现象的谬误"①,是"两个积极性"和"因地制宜"的权力配置的治理创新。

(一)从"三治结合"到"五治结合"

"三治结合"是指法治、自治和德治,而"五治结合"在此基础上增加了"政治"和"智治"。从三治结合到五治结合,一方面彰显了多元协同治理的"一体多元"的总体要求,另一方面也凸显了其与时俱进的创新精神。优化国家治理环境,需要良好的政治生态,作为执政党的中国共产党,不仅是各项事业的领导核心,也是营造良好政治生态的关键所在,是"政治"方向和性质的保障。推行"智治"是顺应大数据时代潮流,契合生产力发展方向,是经济基础决定上层建筑的典型写照。现代科学技术为人类提供了新的治理工具、创造了新的治理范式,如大数据、互联网、人工智能等,对国家治理能力的提升、政府决策效力的推进具有重要的加持效果。从"三治"到"五治"的革新,不仅是推进国家治理结构建设完善所需,更是促进国家治理现代化的优化之举。

(二)五治结合的意涵

政治引领。习近平总书记强调,要善于从政治上看问题,站稳立场、把握方向,善于从政治上谋划、部署、推动工作。政治引领在国家治理中具有先导性、决定性、根本性作用。政治引领的本质是保证法治的方向和性质,因为"不知道目的地,选择走哪条路或确定如何走某条路都是无甚意义的"②,将有把我们引向深渊的危险,这种方向和性质的把握必须由执政党来实施。没有政治的统一引领,"五治结合"将会出现由意义和目标的混乱而导致的力量分散,不仅大大消解"结合"的效能,甚至有可能出现各自为政的混乱和内耗,出现"1+1<2"的治理内卷衰退效应。社会学创始人孔德曾言:"政府的社会目的就在于尽可能地限制和预防人类在观念、情感和利益上的分散倾向,这种倾向既是基本的,又是有害的。"③ 因为各种分散的力量通常易于按自己的本能方向发展,从而对社会进步产生阻碍作用,甚至存在自我毁灭的危险。通过政治的干预和引导,能使"五治结合"各主体在整体概念、共同情感和终极目标的协调下各得其所、配合有序,产生治理的帕累托效应。

坚持政治引领,关键是要坚持党的领导,"坚持党的领导是社会主义法治的根本要

---

① [美]博登海默:《法理学:法律哲学与法律方法》,邓正来译,中国政法大学出版社1999年版,第199页。
② 邓正来:《社会学法理学中的"社会"神——〈法律史解释〉导读》,载《中外法学》2003年第2期。
③ [法]孔德:《实证哲学教程》(第4卷),第430页,转引自[法]涂尔干:《社会分工论》,渠东译,生活·读书·新知三联书店2013年版,第318页。

求……是中国特色社会主义法治之魂"①,将基层社会的发展建设与党的政治路线紧密结合,发挥政治统领作用,增强集成治理凝聚力。实现国家治理现代化,要求我们把政治引领落实到国家治理各领域各方面各环节,尤其是基层社会的政治发展建设,从而使中国特色社会主义制度更加巩固和优越。

毛泽东指出,凡有人群的地方,都有左、中、右三种人。② 何况我国民族众多、区域多元且发展极不平衡,呈现"五方之民共天下"的"多元一体格局",维护国家统一和民族团结是重中之重,这也是为何习近平总书记特意附加"政治"的原因。涂尔干认为"社会成员平均具有的信仰和感情的总和,构成了他们自身明确的生活体系,我们可以称之为集体意识或共同意识"③。但对传统社会凝聚力产生主导作用的集体意识业已式微,取而代之的是人类将在社会分工的基础上建立有机的团结社会。在我国当下的国情下,要靠政治引领形成国家统一和民族团结的"集体意识",将政治引领上升为"国家能力",在现代社会分工基础上建立有机的团结社会。亨廷顿的高足米格代尔认为国家能力"是国家领导人通过国家的计划、政策和行动来实现其改造社会的目标的能力",主要表现为四类:渗入社会的能力、调解社会关系的能力、提取资源的能力及以特定方式配置或运用资源的能力。④ 在中国,政治引领的国家能力宏观方面表现在,全国人民在中国共产党的领导下,坚持四项基本原则,坚持改革开放,锐意进取,奋力实现中华民族的伟大复兴,通过政治引领加强五治结合是国家能力在治理方面的表现。

法治保障。这里所言的法治是狭义意义上的法治,是相对于"五治结合"中的其他之治而言的,与其他之治在逻辑上是并列关系,但在功能上是起到兜底性保障作用的治理防线。基于这样的概念界定,法治主要起到价值引领和秩序保障的作用。主要表现在:(1)其据以运行的法律是最权威的规范,即法律至上主义;(2)法律的制定机关即立法机关是权力机关;(3)其通过司法机关解决纠纷的程序是最严格的;(4)通过司法机关解决纠纷的结果是最具有权威性的;(5)与立法及司法紧密关联的执法也是国家权力的运行者,具有权威性。虽然"法治"拥有如此多的依据成就其"权威",但作为大规模的复杂社会的规范,法律并不能独揽规范社会的大权,还需政治、自治、德治、智治等形式作为补充。这一点也可以从法律的产生、发展的规律中得出同样的结果。

在"五治结合"框架下,"法治"要注意协调好与其他"四治"的关系,尤其与"政治"的关系,处理好法治与执政党的关系,合理平衡依法治国与依规治党的关系,以理性的态度将法治与执政党的关系法律化、制度化。法治在执政党面前要保持不卑不亢,在坚

---

① 中共中央宣传部:《习近平新时代中国特色社会主义思想三十讲》,学习出版社 2018 年版,第 191 页。
② 参见郝铁川:《依法治国与依规治党中若干重大关系问题之我见》,载《华东政法大学学报》2020 年第 5 期。
③ [法]涂尔干:《社会分工论》,渠东译,生活·读书·新知三联书店 2013 年版,第 39 页。
④ 参见[美]乔尔·S. 米格代尔:《强国家与弱社会:第三世界的国家社会关系及国家能力》,张长东等译,江苏人民出版社 2009 年版,第 5 页。

持党的领导的前提下充分释放自己"理性"的魅力。习近平总书记在中共十八届四中全会第二次全体会议上的讲话中指出,党对依法治国实行全过程和各方面的领导,体现在党领导立法、保证执法、支持司法、带头守法上,而不能把党的领导作为个人以言代法、以权压法、徇私枉法的挡箭牌。[①] 评价我国的政治制度是不是民主的标准之一,就是执政党能否依照宪法法律规定实现对国家事务的领导。[②]

自治为基。社会生活样态多元化导致了多元规范共存的局面。英国著名法律人类学家罗伯茨认为:"在所有社会中,社会控制的重任很大一部分是由法外机制所承担的。"[③] 当今法治时代,除了国家法,还有家法族规、宗教戒律、道德观念、风俗习惯、行业惯例等民间规范。这些法外机制构成了自治的基础。涂尔干也认为,政治体系正是由自治运动发展而来的。[④] 自治是任何民族早期治理的支配性模式,随着经济社会的发展和文明的进步,自治逐渐由支配性地位演变成辅助性地位。但从逻辑上看,其作为法律的基础的基本规律仍未改变。自治的控制力来源于特定群体所共同认可和遵循的价值信仰和行为规范,此价值信仰和行为规范对其成员的言行具有评价和奖惩的功能,这成为塑造其人格和行为模式的准则。因为"反社会行为唯一痛苦的后果是使他失去了别人的尊重"。[⑤]

自治是社会实现自我管理、自我服务、自我监督的治理模式,是相对于政治和法治而言的治理范畴,主要应用于国家权力干预比较薄弱的社会领域,具有深厚的文化基础和悠久的历史渊源,彰显了中华法系"礼法之治"的特质和优势。俞荣根先生认为中华法系包含了礼典体系、法典体系和习惯法体系,其中礼典体系相当于宪法,法典和习惯法不得违反礼典体系的精神原则,法典体系是礼典体系的展开和具化,也是礼典体系和习惯法体系的保障,而习惯法作为"法下法",是礼典体系和法典体系的补充,三者构成了具有中国特色的"礼法体系"。[⑥] "礼法"的范畴最早见于《荀子》,如《修身》篇之"故学也者,礼法也",《王霸》篇的"礼法之大分""礼法之枢要"等。吴寿彭先生在翻译亚里士多德《政治学》的"诺谟"(nomos)一词时解释道:"在近代已经高度分化的文字中实际上再没有那么广泛的名词可概括'法律''制度''礼仪'和'习俗'四项内容;但在中国经典时代'礼法'这类字样恰也常常是这四者的浑称。"[⑦] 中华法系的"礼法之治"最大的特色和智慧是将作为"法下法"的民间法纳入法治的体系,从而为社会自治提供了广阔的

[①] 参见中央党史与文献研究院编:《习近平关于社会主义政治建设论述摘编》,中央文献出版社2017年版,第100页。
[②] 参见中央党史与文献研究院编:《习近平关于社会主义政治建设论述摘编》,中央文献出版社2017年版,第13页。
[③] [美] 西蒙·罗伯茨:《秩序与争议——法律人类学导论》,沈伟、张铮译,上海交通大学出版社2012年版,第2页。
[④] 参见 [法] 涂尔干:《社会分工论》,渠东译,生活·读书·新知三联书店2013年版,第34页。
[⑤] [英] A. R. 拉德克利夫·布朗:《安达曼岛人》,剑桥出版社1922年版,第52页。
[⑥] 参见俞荣根:《走出"律令体制"——重新认识中华法系》,载《兰州大学学报》2020年第4期。
[⑦] [古希腊] 亚里士多德:《政治学》,吴寿彭译,商务印书馆1965年版,第170页。

空间。"正是这些民间'法下法',使得礼法精神扎根于社会土壤、渗入百姓之心田,成为一种信仰,成为一种行为习惯。成为一种生活的常理、常情、常识。"① 尤其在私法领域,这些"法下法""无法之法"具有基础性的调整作用。"礼法之治"的民间法子系统运行的基本模式和功能价值在于"调处息讼",其源头在"礼与刑"的西周,汉唐之后随着儒家精神的沁润渐趋成熟与完善。如汉唐时期的"啬夫""乡正"、元代的"社长"制度、明代的"申明亭"等都是政府设置的乡级调处息讼的制度,在乡里基层社会纠纷中具有优先适用权,其功能和价值可用康熙《圣谕十六条》的"明礼让以厚风俗""和乡党以息争讼"来描述。②

中国古代自治的经验和智慧对当下"五治结合"背景下的自治具有启示和借鉴意义。治理国家,不能仅仅依赖国家法,还应注意协同民间法,将"自上而下"和"自下而上"的双向治理模式结合起来。尤其在乡村治理中,更应如此,因为"仅仅依靠国家的各项制度进行村治不能解决乡村社会的一切问题和矛盾,在很多情况下,运用传统治理模式及方式方法往往可以有效解决问题"③。自治的实现,首先得益于自治体成员对维系自治秩序价值的共识,这是塑造自治体成员相互认可的行为模式的基础。从这个层面而言,自治与德治具有紧密的价值共识和功能互补关系。虽然自治有便捷、高效、亲民等优势,但由于其运行机理包含了自治体成员自我约束、自我服务、自我监督的机制,所以容易出现"自治的任性"。所以自治需要其他治理模式的辅助,这为五治结合的协同治理提供了契机。在无国家的原始社会中,矛盾纠纷主要依靠和解、调解、超自然力量、巫术、魔术等非诉讼方式解决。在文明社会中,自治体纠纷解决又多了一道法治的防线,用于解决自治体不能自决的纠纷。自治的边界是法治,法治作为"五治结合"的保障地位得以显现。在自治的过程中还应当创新方式,实现自治主体的良性互动,确保自治模式的健康稳定发展。

德治为先。法安天下,德润人心。"每个社会都是道德社会"④,道德理性构成人类区别于其他动物的本质特质。荀子的"治之经,礼与刑"⑤ 道出了治理国家的两个基本元素。尤其在现代逐渐摆脱"环节社会"的分工社会,需要新的共同价值信仰来铸牢中华民族的共同体意识,加强社会的有机团结。德治的原理基础、运行机制、历史渊源及本质属性等,赋予其新时代新的历史使命,因此德治在法治现代化背景下也不失其"治之经"的价值。德治不仅与自治有着紧密的关系,而且与法治也有着"剪不断、理还乱"的关系。西方有法治的传统,但从古至今没有任何一个学派在肯定法治的同时绝对地抛却道德。在西方排抑价值的学派中,功利主义法学和分析法学可谓最甚,然而最后都不得不为道德保

---

① 俞荣根:《走出"律令体制"——重新认识中华法系》,载《兰州大学学报》2020 年第 4 期。
② 参见康熙:《圣谕十六条》,载《圣祖实录》"康熙九年十月癸巳"条。
③ 张邦铺:《彝族传统法文化对凉山彝区乡村治理的影响与对策》,载谢晖、蒋传光、陈金钊主编,彭中礼执行主编:《民间法》(第 20 卷),厦门大学出版社 2018 年版,第 135 页。
④ [法]涂尔干:《社会分工论》,渠东译,生活·读书·新知三联书店 2013 年版,第 185 页。
⑤ 荀子:《荀子·成相》,牟瑞平译注,山东友谊出版社 2001 年版,第 646 页。

留底线。例如边沁在《道德与立法原理导论》中通过特定的解释渠道保留了道德的立法基础原理地位,哈特在与德沃金和富勒论辩后,厘定了"最低限度的道德"[①] 的立场。富勒在《法律的道德性》中指出,奥斯丁虽然将法律定义为主权者的命令,但是他也认为"名副其实的法律"是一般性的规则,而"临时的或特定的命令"则不是法律,"借助其辛辣语言来批判自然法的边沁一直关注着被我称之为法律之内在道德的某些方面"[②]。

道德的价值在于为人类确定统一的行为模式,以维持和谐的社会秩序。在此,道德不仅是行为规范和价值目标,也是实现此目标的手段。相较于法律,道德在维系人类社会秩序中充当了前提和目标的作用,是人类社会最原始最基本的治理手段。《尚书》记载了舜对其司法大臣皋陶的告诫:"明于五刑,以弼五教,期于予治。"[③] 西周的"礼刑之治"正是这种"明刑弼教"精神的诠释。孔子在论及教化与刑罚对社会治理的作用时说,道之以政,齐之以刑,民免而无耻;道之以德,齐之以礼,有耻且格。孔子看到了德治在治理功能上比单纯的法治要多一份"有耻且格"的价值,是治理对象发自内心的心悦诚服,因而治理效果更好。统治者若能"为政以德",则"譬如北辰,居其所而众星共之"[④],不仅能和谐社会秩序,而且能深得百姓爱戴,为长治久安打下坚实的基础。秦国的"一任于法"而导致的二世而亡,印证了当年荀子"行之不远"的预言,为德治树立了典型的反面例子。

智治支撑。科学技术是第一生产力,当下的大数据、人工智能、互联网+等高科技,深深影响了人们的生活方式、生产方式和社会形态,从而催生了新的治理方式,智治应运而生。2016年《国家信息化发展战略纲要》《"十三五"国家信息化规划》中均提及建设"数字中国",以信息化推进国家治理体系和治理能力现代化。2017年国务院发布的《新一代人工智能发展规划》指出:"人工智能是引领未来的战略性技术,世界主要发达国家把发展人工智能作为提升国家竞争力、维护国家安全的重大战略。"[⑤] 2019年党的十九届四中全会首次提出"推进数字政府建设",要求加强数据有序共享,提高政府治理水平。2021年《国民经济和社会发展第十四个五年规划和2035年远景目标纲要》强调,加快建设数字经济、数字社会、数字政府,以数字化转型整体驱动生产方式、生活方式和治理方式变革。以上时代背景和方针政策为发展智治提供了基础,也为五治结合的协同治理提供了技术支撑和范式驱动。

智治的基本原理是通过大数据、互联网等现代科技促进人与人、人与物及物与物之间的信息沟通,通过提升治理的精准度和效能而实现现代治理的价值目标。涂尔干在《社会

---

① [英]边沁:《道德与立法原理导论》,时殷弘译,商务印书馆2000年版,第85页。
② [美]富勒:《法律的道德性》,郑戈译,商务印书馆2005年版,第114页。
③ 周秉钧译:《尚书·大禹谟》,湖南出版社1997年版,第300页。
④ 孔子:《论语》,陈成国点校:《四书五经》,岳麓书社2003年版,第18页。
⑤ 国务院:《新一代人工智能发展规划》,http://www.gov.cn/zhengce/content/20/07/2017,访问日期:2021-09-02。

分工论》中指出:"蜂窝环节越发达,每个人的关系就会局限在本人所属的蜂窝里,各个环节之间也会出现道德真空。反之,当系统被逐渐夷平的时候,这些真空就会被填平。"① 智治对打通治理主体之间的条块分隔具有独特的价值。通过智治的顺畅沟通,社会生活就不再集中于既具有相似性又相互区别的小核心团体,而是越来越普遍化、扁平化,这是寻求社会共识、形成集体意识和社会凝聚力的基础。智治在此扮演了社会进步推动力作用,也是促进"五治结合"的重要因素。

继第五次世界科技革命浪潮之后,全球各国都更加重视信息化科技化水平的提高,智能科技逐渐覆盖到社会的方方面面。"科学技术从来没有像今天这样深刻影响国家前途命运,从来没有像今天这样深刻影响着人民生活福祉",习近平总书记强调,要运用大数据提升国家治理现代化水平。当前,以绿色、智能、泛在为特征的新科技革命方兴未艾,现代科技正在为"中国之治"引入新范式、创造新工具、构建新模式。我们要把握大势、抢占先机,把智能化建设上升为重要的现代化治理方式。基层社会构建智治模式,更有利于推进国家治理体系的科学建构,促进大数据的高效利用,实现政府决策科学化、社会治理精准化、公共服务高效化。

智能社会是科技赋能的社会,在给人类生活带来便利高效的同时又具有易变性和高风险性,从而与社会既有秩序规范产生冲突。因此必须理性面对智能,寻求智治建构的合理路径。德国社会学家格奥尔格·齐美在其论文《冲突》中说:"很可能不存在这样的社会单位,其成员中的趋同和趋异的激流不是不可分割地互相交织在一起。"② 他认为冲突并不是邪恶的化身,而是一种内嵌于正常社会机制内部的一种自我整合的方式,比如说为了相同利益的各方间平行努力的竞争等。首先,在硬件上要善于使用先进的智能技术,建设智慧法治,提高法治的科学性、效率和精准度,将物质性的科技转化成实实在在的法治效能。其次,针对智能社会易变性和高风险性的弊端,应建构更加开放、前瞻和包容的立法及司法模式,通过变通的形式应对瞬息万变的智能社会,例如利用法律解释、自由裁量权等方式应对多变的社会现实,同时弥补包容和前瞻性立法的不足。③

四、多元协同视域下五治结合的实现路径

多元协同治理是治理发展的高级形态,在当下复杂多元和高不确定性社会特别适用。好的治理模式需要好的实现路径,就像"好车需要好路"一样,否则很难达到善治的目的。

(一) 塑造五治结合的协同治理理念

柯克的 CGR 理论认为,共同动机是一种自我强化的循环心理机制,由四个要素组成:

---

① [法]涂尔干:《社会分工论》,渠东译,生活·读书·新知三联书店 2013 年版,第 214 页。
② [英]西蒙·罗伯茨:《秩序与争议——法律人类学导论》,沈伟、张铮译,上海交通大学出版社 2012 年版,第 45 页。
③ 参见张文显:《构建智能社会的法律秩序》,载《东方法学》2020 年第 5 期。

信任、理解、内部合法性和承诺。共同理念是形塑共同动机的基础，共同动机是协同行为的动力机制，因此共同理念的塑造是协同治理的前提和基础。通过共同理念建构协同的文化机制，是五治结合的协同治理强有力的保障。

理念是价值的承载，是协同治理的内生动力。五治结合的主体如果没有在理念上趋于共识，很难达成相互的信任和理解，难以建立内部合法性认同，会产生更多的内卷消耗，从而影响行动的协同效力。通过统一五治结合中主体的思想认识，凝聚共同的价值观，进而统一行动步调，形成行动合力，真正提升"协同"的治理效能。因此通过共同理念的塑造来统摄各治理主体，形成协同一致的共同体意识是当下基层治理的紧要课题。

政府是五治结合中的主导性主体，把握着五治结合协同治理的权力和资源，也是协同治理的主要规范者和监督者，其理念革新最重要。因此，政府应牢固树立"简政放权""以人为本""合作共治""人民主体"的执政理念，放弃传统的"官本位"思想，将"放管服"的改革推向彻底。然而当下的基层治理中，一些政府担心"简政放权"会导致权力被分割，从而对其他主体参与治理有抵触情绪。非政府主体要加强"公共理念"和"主人翁精神"的塑造，摒除"事不关己，高高挂起"的心态，积极参与五治结合的社会治理，避免"理念的碎片化"导致"治理的碎片化"，从而削弱五治结合的协同治理效能。这些理念还包括协同、共建共治共享、自治为基、法治为本、德治为先、民主法治、平等协商、以人为本、公共、权责统一、有限政府、人民主体等。通过统一理念塑造各治理主体的协同意识，形成强有力的治理共同体，提升协同治理的合力。

（二）厘清五治结合协同治理的内在机理

协同学即"协调合作之学"，旨在探索"结构"（模式）赖以形成的普遍规律。协同学肯定混沌创造有序的必然性，认为构成"模式"的各主体是互为"序参数"的，其运行机理就像画家埃舍尔的"双手互绘图"一样：一只手（序参数）能引起另一只手（其他主体）的行为，反过来，序参数的行为又为其他主体所决定。这一机理与辩证法的运作机理相契合，强调事物之间相互影响相互制约的互为因果的关系，也是马克思"事事有矛盾，时时有矛盾"和"主要矛盾或矛盾的主要方面是事物发展的主导因素"的活生生的写照。正是基于五治结合的各主体之间的对立与统一的力量平衡，才形成了五治结合协同治理的不同结构模式。当某一主体成为协同体的主要矛盾或矛盾的主要方面时，辅之一定的外力，"新结构"会代替"旧结构"，实现协同模式的螺旋式发展。例如党的"治理重心下移"的政策推动了乡村法治的蓬勃发展，而对德治和自治的重视则催生了"三治结合"和"五治结合"的诞生；现代高科技的蓬勃发展加速了"五治结合"的生成。

协同学的 SFIC 模型将协同过程设计为沟通、信任、投入、共识和成果五个阶段的动态循环，简化为对话协商、利益协调、资源共享和协同行动。在五治结合协同机制中，各主体互为"序参数"，通过相互协作与制约的方式构成互为因果的关系。通过实践的磨合，不断从混沌、磕磕走向有序、圆融,形成高效运转并能自我优化和增效的自组织体。所以五治结合的协同治理机制是建构于"趋善避恶"的价值导向和"优势互补"的功能机制上的,由此而实现"1+1>2"的治理效果。

"五治结合"的逻辑框架为"一体多元",这个"体"即中国特色社会主义法治,"多元"即基于平等地位进行分工合作的五治,通过五治协同治理的功能体现中国特色社会主义法治的优势。涂尔干在《社会分工论》中把政府对社会的统合作用比喻为哲学对科学的统合,即应"尽可能地把所有科学的特定原理概括成少数的共同原理"①。给我们的启示:一是部分和整体的辩证关系,整体统合部分,部分具化整体。黑格尔曾从仿生学角度强调整体对部分的优位价值,认为一只被砍掉的手因失去身体的整体依赖仅为一堆被废弃的骨头和肉团,已不能彰显其作为"手"的基本价值。二是五治结合的各主体对协同整体的反作用,正是各分立的主体的存在和运行成就了协同治理的整体效能,好比"小河无水大河干"。三是分工与合作的关系,即从功能和区位上看,政治、法治、德治、自治、智治各有所治,但在"政治"的引领下共同服务于中国特色社会主义法治,产生协同治理关系。反之,正是各主体在整体协同中的功能发挥才成就了其价值。如果离开了中国特色法治的"体",各自的功能和价值将无法体现和提升,所谓"皮之不存,毛将焉附"。因此,五治结合应在中国特色法治的理论和实践体系中充分发挥各自的功能,找准自己的位置,在分工与合作中实现并提升自己的价值,从而增强五治结合的向心力,避免"分工"变成"分散"和"分解"。还应注意各主体之间分工与合作的力量平衡,防止"法治太'硬',德治太'软',自治太'任性'"②的不合理现象。

(三) 夯实五治结合协同治理的基层堡垒

一般而言,越往基层,人们越倾向于习惯法③,越是五治结合协同治理的用武之地。习近平总书记在十九大报告中强调,加强社区治理体系建设,推动社会治理中心向基层下移,发挥社会组织作用,实现政府治理和社会调节、居民自治良性互动。"十四五"规划明确指出,要向基层放权赋能,加强城乡社区治理和服务体系建设,构建网格化管理、精细化服务、信息化支撑、开放共享的基层管理服务平台。基层是民众的栖居之所,是治理主体中的元要素——个体——的归属,是社会治理的"前沿阵地"。因此基层治理事关重大,不仅在于社会秩序稳定的直接目标,还在于其具有重要的教育、引导和警示价值,是公民安全感、幸福感和满意度的重要来源。随着国家治理重心的不断下移,基层承载了愈

---

① [法] 涂尔干:《社会分工论》,渠东译,生活·读书·新知三联书店2013年版,第319页。
② 侯宏伟、马培衢:《"自治、法治、德治"三治融合体系下治理主体嵌入型共治机制的构建》,载《华南师范大学学报(社会科学版)》2018年第6期。
③ 张邦铺:《彝族传统法文化对凉山彝区乡村治理的影响与对策》,载谢晖、蒋传光、陈金钊主编,彭中礼执行主编:《民间法》(第20卷),厦门大学出版社2018年版,第134页。

发多的治理任务,直接体现了国家治理现代化的微观效度,彰显了国家治理的"最后一公里"在价值和功能上的基础性意义。

基层治理具有"源头性"价值。21 世纪是地方治理的新时代,一个以公民治理为中心和主导的时代。[①] 基层在矛盾风险的发现、化解和处置中具有"源头性"价值,也是汇聚重大风险和突出矛盾的区域,因此在源头治理中具有重要作用,是综合运用五治结合协同治理的"关键一环"。群众和社会组织对治理的积极参与是自治和德治的基础,进而促进政治、法治和智治的运行和创新。北京的"海淀网友""西城大妈""朝阳群众""丰台劝导队"和上海的"田园模式"等即是显证。充分发挥基层最优治理半径和最大政策边际效应的优势,是社会矛盾风险排查化解的最直接、最有效的治理层级[②],也是五治结合落地生根和协同创新的基础。

基层是创新社会治理的重要基础。"三治结合"就是源于浙江省桐乡市高桥镇 2013 年的探索。桐乡市建立了"两会"(百姓议事会、乡贤参事会)、"三团"(百姓参政团、法律服务团、道德评议团)的"三治结合"的乡村治理模式。浙江、广东等地的"乡贤理事会""乡贤参事会"体现了"精英民主"与"大众民主"的融合。这是对十九大报告"加强农村基层基础工作,健全自治、法治、德治相结合的乡村治理体系"[③] 和 2018 年的中央一号文件"建立健全党委领导、政府负责、社会协同、公众参与、法治保障的现代乡村社会治理体制,坚持自治、法治、德治相结合"[④] 精神的贯彻落实。"五治结合"在"三治结合"的基础上增加了"政治引领"和"智治支撑",这是新时代基层社会治理的创新。随着智治的引入,数字政府、数字社会、数字法院等智治建设蓬勃发展,利用互联网等现代高科技实施网络评议、线上监督、在线会议、在线投票等大大提升了治理效能。

社会组织是夯实基层堡垒的重要因素。夯实五治结合的基层堡垒,还需在乡村和社区加强社会组织的培育,以充实五治结合协同治理的内在动力。《民政部关于大力培育发展社区社会组织的意见》指出,"社区社会组织是由社区居民发起成立,在城乡社区开展为民服务、公益慈善、邻里互助、文体娱乐和农村生产技术服务等活动的社会组织"[⑤]。社会组治在五治结合的主体中地位显著,其独立性、专业性、人民性对多元协同治理创新具有重要的驱动意义。近年来以温州为代表掀起了通过"社会组织孵化器"驱动基层治理创新的高潮。村委会是乡村最重要的社会组织,它上承乡镇之意,下启村民自治之机,在乡村自治中起到支配性作用。《中华人民共和国村民委员会组织法》指出:"村民委员会是

---

① [美] 理查德·C. 博克斯:《公民自治》,孙柏瑛译,中国人民大学出版社 2013 年版,第 2 页。
② 唐文庆:《以社区治理撬动平安创建》,载《社会主义论坛》2021 年第 5 期。
③ 习近平:《决胜全面建成小康社会,夺取新时代中国特色社会主义伟大胜利——在中国共产党第十九次全国代表大会上的报告》,人民出版社 2017 年版,第 32 页。
④ 《中共中央国务院关于实施乡村振兴战略的意见》,人民出版社 2018 年版,第 19 页。
⑤ 民政部:《民政部关于大力培育发展社区社会组织的意见》,http://www.mca.gov.cn/27/12/2017,访问日期:2022-01-25。

村民自我教育、自我管理和自我服务的基层群众性自治组织……乡、民族乡、镇的人民政府对村民委员会的工作给予指导、支持和帮助,但是不得干预依法属于村民自治范围内的事项。村民委员会协助乡、民族乡、镇的人民政府开展工作。"《民政部关于大力培育发展社区社会组织的意见》也明确提出,要充分发挥社区社会组织提供公共服务、反映群众诉求、规范大众行为的积极作用,使其成为创新基层社会治理的有力支撑。强化了社会组织在基层社会治理中的意义,以化解"看得见、管不了"与"管得了、看不见"的"治理碎片化"的矛盾。

随着社会和市场经济的发展,在党和国家积极推动下,社会组织发展加快了步伐,但总体而言与国家的预期尚有较大的距离。华中师范大学乡村问题研究院 2015 年发布的调查报告指出,我国农村现代社会组织呈现多样化发展态势,但规模偏小,数量偏少,且发展不平衡。其数据显示:有效村庄样本中共有 626 个社会组织,其中经济组织 180 个、文娱组织 348 个、民间社会组织 98 个,平均每村仅有 2.09 个,每万人口 9.3 个。这些村庄中有近四成没有成立现代社会组织,覆盖不足,各类组织之间也发展不均衡,七成以上村庄成立过为修一条路、打一口井的临时项目自治组织。① 安徽省阜阳市颍东区拥有社区 20 个,社区内社会组织仅 13 家,与政府"到 2020 年城市社区平均拥有不少于 10 个社区社会组织"的要求相去甚远。② 社会组织是个体治理主体的聚集,其专业性、扁平化等特性对五治结合的协同治理具有重要的推动作用,因而构成了五治结合的"主体"。"独木不成林,万木才是春",只有社会组织达到适当的数量,才能承载起五治结合协同治理的良好运转,这也是近年来国家大力推动建设"橄榄型"社会的根本原因。

(四) 构筑坚实的平台保障

亨廷顿指出:"组织是通向政治权力之路,是政治稳定的基础,同时也是政治自由的先决条件。"③ 但是光有静态的组织,没有组织及组织内部各要素之间的联动机制,事物的运行很难产生优化的结果。机制(mechanism)是指某一特定系统中各要素之间的协同有机的行为方式和过程,通过机制的平台可以实现效能的提升。在多元协同治理视域下的五治结合应充分构建多元化的机制平台,从而实现多元协同治理的效能优化。

建立健全"一核多元"的平台机制。"一核多元"的"核"为党委,"党建引领"在多元协同的五治结合中居于核心地位,具有"元治理"的意义。《中共中央国务院关于加强和完善城乡社区治理的意见》强调:"把加强基层党的建设,巩固党的执政基础作为贯

---

① 俞俭:《中国农村现代社会组织数量偏少、规模偏小》,https://china.huanqiu.com/article/9CaKrnJL8m5,访问日期:2022 - 01 - 21。
② 洪晴、倪永贵:《城市社区多元协同治理:困境与对策——以阜阳市为例》,载《长春理工大学学报(社会科学版)》2021 年第 5 期。
③ [美] 塞缪尔·亨廷顿:《变化社会中的政治秩序》,王冠华译,上海人民出版社 2008 年版,第 7 页。

穿社会治理和基层建设的主线，以改革创新精神探索加强基层党的建设引领社会治理的途径。"[1] 强调了建构"政治引领、自治为基、法治为本、德治为先、智治支撑"和"党委领导、政府主导、社会组织协同、群众参与、基层响应"的五治结合的协同治理体制的重要性。党的十九大报告中将党的领导力概括为"政治领导力、思想引导力、群众组织力和社会号召力"，通过党的领导实现多元协同治理的向心力，并以其为中心，建构"公中有私、私中有公、公私混合"的五治结合的协同治理架构。

加强整体集成式服务平台建设。整体集成式服务平台主要表现为组织平台和技术平台。前者需要党和政府即"政治"在权力和资源的配置、政策规范的制定等方面搭建合力的平台，以"一站式服务大厅"等形式，提供整体集成式服务，通过扁平化蜂窝状组织提高对公民诉求的回应速度。后者主要利用智治的优势，通过现代高科技手段整合资源，缩短流程，提高服务效能，充分发挥多元协同治理的优势。例如，公安、法院通过大数据的建设，可以大大提高案件侦查和审判的效率。

推进"三社联动"的基层治理平台建设。"三社联动"的雏形是上海2004年的"社区、社工、社团三社互动"的建设，随后在江苏、浙江、广东等发达地区进一步推广。2017年《中共中央国务院关于加强和完善城乡社区治理的意见》指出，"推进社区、社会组织、社会工作'三社联动'"[2]，"三社联动"成为社区、社会组织和社会工作协同治理的专业术语流行开来，同时三社联动的治理实践也在基层社会治理中蓬勃发展起来。《中共中央办公厅、国务院办公厅关于加强城乡社区协商的意见》对城乡社区协商制度作出了规定："到2020年，基本形成协商主体广泛、内容丰富、形式多样、程序科学、制度健全、成效显著的城乡社区协商新局面。"[3]"三社联动"的基本工作机制是协商。协商体现了民主和平等的治理精神，尤其是"三社"都属于非政府部门，属于自治的范畴，因此平等协商的工作机制无疑是最佳选择。三社联动要大力发展社会组织，由社会组织推动"社区"和"社会工作"建设，从而形成"三社联动"的多元协同治理格局。

强化数字化治理平台的建设。大力发展数字化治理，提升"智治"的科技支撑作用，利用物联网、大数据、云计算等高科技手段加速信息流通和共享，打破五治结合各主体的条块分割壁垒，优化治理资源配置，实现五治结合的提质增效。数字化治理机制的建构有两方面的意涵：一是"对数据的治理"；二是"利用数据进行治理"——"智治"。前者是后者的前提和基础，后者是前者的功能化应用。"智治"的渠道主要有，通过短视频平台、网络论坛、微信、微博、QQ、腾讯会议、APP软件、天网监控系统等科技手段，不

---

[1] 民政部编写组：《中共中央国务院关于加强和完善城乡社区治理的意见》，人民出版社2017年版，第3页。
[2] 民政部编写组：《中共中央国务院关于加强和完善城乡社区治理的意见》，人民出版社2017年版，第5页。
[3] 民政部编写组：《中共中央国务院关于加强和完善城乡社区治理的意见》，人民出版社2017年版，第318页。

断推进"电子政务""数字政府""数字社会""智慧法院""智能社区"的建设,在社会风险防治、案件侦查、审判直播、纠纷调解、社区矫正等方面发挥协同治理优势,最大限度地将问题解决于网络社会层面,实现"让数据多跑路、群众少跑腿"的治理效果。北京市住建委开发了手机端投票系统——"北京业主"APP,帮助业主实现社区自治权利,截至2020年10月,该款APP已经在1200多个小区上线。这一举措提高了治理主体的参与度,解决了"信息孤岛"和"信息不对称"的难题,避免了"重复建设"和资源浪费,提升了社区自治效能,在治理的广度、深度和效度上都充分体现了"智治"的科技支撑优势。江浙一带村庄大多有便民服务中心,且有专门的工作人员负责,还有集产品、服务、信息、技术为一体的综合性服务平台——农业科技服务超市也是乡村社区治理的有效信息化平台。截至目前,江苏省初步建成超市总店、分店和便利店三级网络体系,共有科技超市285家,驻店科技特派员2000多名。当然加强智治要防范"技治主义"和"数字利维坦"的科技霸权,避免"丧己于物"的人本懈怠,应充分利用"政治引领""法治为本""德治为先"保障其正确的方向,从而提升其促进五治结合协同治理的正向价值。

(五)建立健全合理的监督考核机制

1887年阿克顿在其《自由与权力》中说:权力导致腐败,绝对的权力导致绝对的腐败。任何权力都需要监督和考核机制才能让其在阳光下运行,并不断提升其运行效能,五治结合的多元协同治理也不例外。为此应合理设置监督考核制度,对政治、法治、自治、德治、智治的运行过程及其结果进行监督,并将监督的情况纳入各级考核机制中。打破传统的政府政绩单一的考核制度,积极建构包含其他治理主体和第三方的多元的考核机制,引入智库、大众传媒、高校、研究机构等参与考核,充分利用"智治"优势加强在线反馈、办事评价等互动功能,不断优化监督评估考核机制,实现五治结合协同治理机制的良好运行。合理处理考核结果,充分实现考核的反馈促改和激励作用,罚劣奖优,通过物质激励、职位激励、精神激励等,激发治理主体的向上向善精神。政府监管、社会监督、社会组织自律相结合的平等监督机制[①],是五治结合协同共治的规范性保障。监督评估考核的原则除了坚持"办事留痕"的真抓实干原则外,也要注意防范"上面千条线,下面一根针"的过度监督评估考核对五治结合协同治理效能的削弱。

五、结语

管理学基本原理认为"做正确的事"比"正确地做事"更重要,前者属于"效能"范畴,关系到事情的发展方向和成败,而后者仅仅只是做事的方式方法,属于"效率"的范畴。如果方向不对,"效率"就会和"效能""打架",出现"南辕北辙"的错误。因

---

① 邱玉婷:《市域社会治理现代化格局中社会组织协同治理的效能提升》,载《理论导刊》2021年第8期。

此，对中国的治道模式进行方向性的审视、整合及有针对性地实践，是符合当下中国法治"效能"的"正确的事"。协同是创新的源泉，关切智识的融合是新时代中国特色社会主义法治体系的内在要求。"道之以政，齐之以刑，民免而无耻；道之以德，齐之以礼，有耻且格"①。中国传统的礼法蕴含着深刻而丰富的中国之治的经验和智慧，在历史唯物主义和辩证唯物主义思想指导下与现代政法体制相融合必将产生中国之治的新思想、新模式，五治结合即是其重要产儿。五治结合吸收了传统礼法体制的礼治、德治、自治因素，从现代政法体制三重主轴关系——政法内部关系、政法外部关系、执政党与政法关系——中衍化出政治、法治和智治，创新了新时代中国特色社会主义法治的治道模式。

没有永恒不变的法律，只有永恒不变的法律目标，即最大限度地发展人类的福祉。五治结合凝结了传统与现代、古今与中西的治道经验与智慧，形塑了其契合时代之治的内在品格和外在张力，必将对现代中国之治产生重要影响，尤其在乡村法治、城市基层治理和民族区域法治等领域皆有广阔的实践应用空间。限于篇幅和文章主题，本文无暇展开论及，但求学界仁人志士参与研讨，悉心探索新时达中国之治的经验和智慧，不断推进中国之治的理论和实践的创新。

TheCombination of Five Kinds of Governance in the View of Multi‐cooperation: Origin, Meaning and Realization Path

Xiang Da

Abstract: Under the background of the new era, it is an urgent task to explore the Collaborative innovation of Chinese governance mode. The Chinese traditional system of etiquette and law contains profound and rich experience and wisdom of the Chinese government, such as the rule of etiquette, the rule of virtue, the autonomy and the combination of morality and law. The modern system of political and law contains the elements of "Politics", the rule of law, the rule of Chiji and other governing elements, under the guidance of the thought of historical materialism and dialectical materialism, the Collaborative innovation of the two will surely produce a new thought and mode of Chinese governance. The combination of five‐rule has absorbed the traditional elements of rule by etiquette, rule by morality, autonomy and fusion of morality and law, derived the wisdom of politics, rule by law and rule by wisdom from the system of politics and law, and innovated the mode of rule by law of socialism with Chinese characteristics in the new era. The "Five‐rule combination", which embodies the combination of tradition and moderni-

---

① 孔子：《论语》，陈成国点校：《四书五经》，岳麓书社2003年版，第19页。

ty, ancient and modern times and the wisdom of Chinese and Western governance, contains the internal character and the external tension that is in line with the governance of the Times, and will certainly have an important influence on the governance of modern China, especially in the rural rule of law, grass – roots governance, national rule of law and other areas of governance practice has a broad application space.

Keyword: Multiple Synergy; Five – sandwich combination; The system of courtesy and law; Political and legal system; Modernization of governance

(编辑：田炀秋)

民间规范引入环境民事司法场域的必要性及实现路径[*]

彭中遥[**]

摘　要　当前，民间规范尚未在我国环境民事司法场域得到足够重视，导致相关民事审判工作容易陷入机械适用法律、环境个案正义不彰等困局。合理适用民间规范，不仅有助于提升环境个案的正义水平，而且有助于建立健全我国现代环境治理中的多元规范体系。从应然层面分析，环境民间规范宜定位为"弥补国家环境法律规范不足"之存在。人民法院在援引民间规范作为环境案件的裁判依据时，应遵循"不得违反法律强制性规定""不得违背公序良俗原则""不得背离国家环境政策"之基本要求；同时，应以国家制定法尚未对所涉环境法律关系作出规定为前提。在符合上述基本要求与前提条件时，人民法院可运用法律修辞、法律论证等方法进行说理，以确保民间规范在环境民事司法适用中的正当性与合理性。

关键词　民间规范　环境民事司法　必要性　实现路径

一、问题缘起

"生态兴则文明兴，生态衰则文明衰。"[①] 生态环境是人类生存和发展的根基所在。保护和改善生态环境，必然离不开相应规范体系的"保驾护航"。现代国家治理，首先表现为规范体系的治理。[②] 在当代中国，总体上存在着法律规范、党内法规、党的政策、国家

---

[*]　中央高校基本科研业务费专项资金资助项目（编号：531118010576）。
[**]　彭中遥，法学博士，湖南大学法学院讲师，硕士生导师。
[①]　习近平：《共谋绿色生活，共建美丽家园》，载《人民日报》2019年4月29日。
[②]　参见刘作翔：《当代中国的规范体系：理论与制度结构》，载《中国社会科学》2019年第7期。

政策、民间规范等多种规范类型，均对人们的行为发挥着相应的约束和指引作用。① 从既有环境司法实践看，法律规范（国家制定法）的功能已得到充分发挥，而其他相关规范（尤其是民间规范）的功效尚未得到有效展现。从地理条件与风俗民情视角观之，我国幅员辽阔，不同地区存在各自有别的环境特征，加之风俗习惯各异，各地对环境保护工作的态度往往呈现较大差异。就其规范功能而言，国家制定法更多是对人们在社会生活中具有普遍意义的行为作出规定，难以全面调整具有地域特征、风俗民情的各类行为。因此，人民法院在处理环境民事纠纷时，除将国家制定法作为裁判依据外，还应适当考虑各地文化习惯、风俗民情等因素的影响，注重民间规范对人们开发、利用及保护生态环境行为的约束与指引作用。同时，合理、有效地将有关民间规范适用于环境民事司法场域，能够弥补国家制定法的固有局限，最大程度上实现环境个案正义。

依照《中华人民共和国民法典》（以下简称《民法典》）第 10 条之规定，"处理民事纠纷，应当依照法律；法律没有规定的，可以适用习惯，但是不得违背公序良俗。"据此，人民法院在处理法律尚未涉及的民事纠纷时，在不违背公序良俗原则的前提下，可以适用习惯。但应认识到，习惯有善恶之分，其既可能是优良传统，亦可能是陈规陋习，故有必要对本文所探讨之"习惯"作限缩理解。换言之，不应将所有习惯均理解为《民法典》第 10 条所指涉之"习惯"。依照德国学者的观点，习惯法、民间法与民间规范并无实质区别，民间规范具有三个基本构成要件：（1）在相当长的时间内持续适用；（2）特定群体对民间规范的适用具有法的确信；（3）民间规范是具有约束力的行为规则。② 据此理解，民间规范是人们在长期生产生活实践中所形成的行为规则，特定群体对其适用具有法的确信，从而自觉或不自觉受其约束。故此，作为裁判依据之"习惯"，乃是在一定范围内由特定群体达成共识所形成，被人民法院认可并加以援引，本文将此类习惯统称为"民间规范"。③ 这类民间规范虽不具有国家制定法一样的全国通行力，但却可在特定地区对特定居民产生约束力。根据《民法典》第 10 条，在国家制定法没有作出规定且有关习惯不违背公序良俗原则之前提下，民间规范理应具有法源地位。下文拟借助"威科先行数据库"检索并分析相关案例，④ 力求直观揭示民间规范在环境民事司法场域的适用情形。

---

① 参见彭小龙：《规范多元的法治协同：基于构成性视角的观察》，载《中国法学》2021 年第 5 期。
② See Staudinger /Honsell, Einleitung zum BGB (2013), Rn. 234.
③ 为区别于国家制定法，本文未使用"民间法"这一表述，而是使用"民间规范"一词。这两个概念在本文并无实质区别。清华大学高其才教授在专著中曾将习惯法与民间法等同之，并指出习惯获得国家认可成为习惯法的三种形式：立法确认、司法确认、权威性法学著作确认（存在于以法理作为法之渊源的国家中）。有关民间法、民间规范、习惯法的具体论述，参见高其才：《北京大学法学百科全书：法理学·立法学·法律社会学》，北京大学出版社 2010 年版，第 742、941 – 942 页。
④ 就此处所运用的检索方法而言，笔者先是通过"威科先行数据库"检索《民法总则》《民法典》的相关条款，随后从《民法典》第 10 条所在的"引用文档"处检索相关裁判文书，再通过案由筛选出"环境污染责任纠纷""机动车交通责任事故纠纷"以及"劳务纠纷"，最终分析并绘制出正文所呈现的数据表。检索时间：2021 年 8 月 17 日。

表 1　人民法院援引《民法典》第 10 条情况一览表

法律名称①	适用总数	环境侵权案件适用数	占比（％）	交通事故案件适用数	占比（％）	提供劳务案件适用数②	占比（％）
民法总则	4551	1	0.022	101	2.219	45	0.989
民法典	189	0	0	6	3.106	2	1.058
总数	4702	1	0.021	106	2.233	47	1.000

从表 1 不难发现，人民法院在处理环境纠纷时，并不存在援引民间规范做出裁判的情形；而与之相对，人民法院在处理其他类型的纠纷（如交通事故类纠纷、劳务致害类纠纷）时，则对部分案件适用了民间规范进行裁判。由此可知，民间规范尚未在环境民事司法场域发挥其应有功效。③ 相较于其他纠纷而言，环境纠纷通常呈现出地域性、特殊性、复杂性、科技性等特征。从这一意义上来说，仅仅依靠国家制定法而忽视民间规范（包括但不限于地方习惯、风俗、礼仪等）的适用，难以最大程度上实现公平正义。此处试举例对其加以说明。例如，在黔湘桂地区，生活着大量依山傍水的侗族人民。他们认为，依山得山财，依水得水财。因此，逢年过节，侗民会到水边烧香化纸敬水神，祈求水神保佑，不遇灾年。这种焚香叩拜的习惯实则是约束当地侗族人民的一种民间规范。然而，在水边"烧香化纸"的行为难免造成水污染和大气污染。针对上述污染所产生的环境民事纠纷，有关主体可以提起生态环境损害赔偿诉讼、环境民事公益诉讼以及环境侵权私益诉讼。④ 人民法院亦可从环境危害行为所导致的生态环境损害后果出发，依据相关法律规范做出裁判。但如此裁判，似有机械适法且未能兼顾个案差异之嫌。此时，适当考虑民间规范（烧香化纸乃当地敬水神，以求得保佑之习惯）对当地人们行为的指引与约束作用，并将其纳入环境司法裁判之考量因素，实则为一种更为妥当的选择。需指出的是，民间规范形成于民间，源于当地人们的禁忌和习惯。作为一种文化传承，民间规范乃积淀与整合了当地多

---

① 需说明的是，在《民法典》颁行并正式生效前，其第 10 条内容曾原封不动地出现在《民法总则》中。因此，在进行相关数据统计时，本文选择将人民法院援引《民法总则》有关规定之情形也纳入其中。

② 此处之所以抽取并检视交通事故纠纷、劳务致害纠纷案件适用《民法典》第 10 条之情形，主要是为了与环境纠纷案件适用该条款之情形进行对比。

③ 需指出的是，笔者在检索时确实发现有一例环境案件中存在人民法院援引《民法典》第 10 条做出裁判之情形。但在该案中，一审人民法院将其定性为"排除妨害纠纷案"，二审人民法院将其修正为"噪声污染责任纠纷案"，鉴于案由上的差异，本文并未将该案纳入统计范畴。与此同时，应当认识到，一审人民法院援引《民法典》第 10 条并非为本案适用"习惯"提供法律支撑，而是适用《民法典》第 10 条前半句之规定，即"处理民事纠纷，应当依照法律"。故此，在已有检索结果中，真正援引《民法典》第 10 条作为适用"习惯"之裁判依据的环境案件为 0。该案的一审、二审判决书，参见湖北省大悟县人民法院（2017）鄂 0922 民初 1123 号民事判决书、湖北省孝感市中级人民法院（2018）鄂 09 民终 536 号民事判决书。

④ 相关论述，参见彭中遥：《生态环境损害救济机制的体系化构建》，载《北京社会科学》2021 年第 9 期；彭中遥：《〈民法典〉中生态环境损害代修复制度之探析》，载《中国高校社会科学》2022 年第 1 期；彭中遥：《法典编纂背景下生态环境责任规范的体系化》，载《法学评论》2022 年第 3 期。

年实践之规范形式,它代表和满足了特定地域、族群人们的客观需求。人与环境具有共生性,人们在环境中的行为模式源于长期以来的习惯与经验,而这些正是国家制定法所难以全面涵摄的。故此,在国家制定法难以发挥作用或无从运用时,人民法院理应考虑发挥民间规范在环境民事司法场域之功用,借此提升环境个案正义水平,建立健全我国现代环境治理中的多元规范体系。

综上分析,作为环境治理多元规范之一种的民间规范,理应在环境司法审判工作中发挥其应有功效。但从前文所统计的有关数据看,民间规范却难以甚至是无从在我国环境民事司法场域得到最起码的运用。从这一意义上讲,《民法典》第 10 条已然在我国环境民事司法场域成为了"睡美人"条款。故此,有必要重新审视并有效发挥民间规范在环境保护场域的基本功用。基于此,下文拟从个案与规范的双重视角出发,对民间规范引入环境民事司法场域的必要性展开论述,并从规范定位、规范识别以及规范运用三重维度就其具体引入路径予以探析。

二、必要性论证:基于个案与规范双重视角的分析

民间规范是人们在长期生产生活实践中所形成的行为规则,特定群体具有将其作为行为规则、约束自身行为的内心确信,从而自觉或不自觉地受其约束。[①] 人民法院在处理环境民事纠纷时,应在合理考量民间规范之基础上对环境案件作出判决。如此操作,一方面可以促成环境个案正义之实现,提升环境案件裁判的可接受性;另一方面也可确保《民法典》法源的包容性与开放性,建立健全现代环境治理中的多元规范体系。在此意义上,将民间规范引入环境民事司法场域具有必要性。

(一)个案视角:弥补国家制定法的固有局限,提升环境个案的正义水平

我国地域辽阔,不同区域的地形地貌复杂多变。高原、山地、平原、盆地、丘陵、沙漠、滩涂等地形地貌交替出现之情形并不鲜见。由于各地环境差异较大,资源分布不均,国家制定法显然难以针对各地环境保护工作的特性问题作出全面、细致的规定。在国家制定法无从运用或难以解决问题时,民间规范就存有适用之必要与空间。[②]

首先,从个案视角观之,每一环境纠纷均有其特殊之处,既有事实认定之异,亦有法律适用之别。就环境案件的事实认定问题而言,可以通过提升技术手段、调整认知模式、明确举证责任等方法加以解决。就其司法适用而言,除了依照既有国家制定法、司法实践所积累的经验外,还可借助无强制力的民间规范作为兜底保障。在我国西藏、新疆、云南、广西等省区,不仅生态环境复杂多变,而且人文因素对环境案件审判的影响较大。如

---

① 参见王利明:《论习惯作为民法渊源》,载《法学杂志》2016 年第 11 期。
② 参见谢晖:《论民间规范司法适用的前提和场域》,载《法学论坛》2011 年第 3 期。

青藏高原的藏民受藏传佛教等宗教信仰的影响，形成了保护当地动物的民间规范。[①] 在西藏，人们开发和利用野生动物资源的行为有违当地风俗习惯，就此产生的环境纠纷通常被诉诸法院。倘若该纠纷所涉之环境法律关系已被国家制定法涵涉，且径行援引作出裁判不会导致司法不公，此时法院可以直接依据相关法律规定作出判决；倘若法律并未针对该纠纷中所涉之环境法律关系作出相应规定，抑或径行援引法律规范极易导致环境个案不公，此时法院则可考虑当地民间规范，综合衡量各因素后作出判决。由此可见，法院在处理环境纠纷时，不仅需要考虑国家制定法的相关规定，而且需要综合衡平环境个案所在地风俗习惯等因素，如此方可结合当地实际情况更好地实现环境个案正义。

其次，从法院审判视角看，环境个案正义水平的提升实乃裁判可接受性的提升。应当认识到，法院仅根据环境纠纷的共性而不考虑民间规范所作之裁判，并不会影响裁判的合法律性，意即可以满足环境个案正义的最低水平（即裁判最低可接受性）。[②] 但是，裁判最低阶可接受性强调的是当事人"哑巴吃黄连"般的屈从，是社会公众有口难言般的无奈。就此意义而言，当事人和社会公众可能并未发自内心地对法院判决予以信服和接受，环境纠纷也并未获得实质性解决。四川省攀枝花市米易县白坡彝族乡"土鸡事件"即是相关典型事例。[③] 2009年，在白坡彝族乡水路村村干部的号召下，全村村民掀起了一阵饲养土鸡的热潮。这一养鸡热潮的出现，一定程度上带动了水路村的经济发展，增加了当地村民的经济收入。但是，由于该村并未妥善处理好饲养过程中所产生的鸡粪污染、鸡群管理等问题，在带来经济效益的同时，引发了当地的空气污染、水源污染、噪声污染等环境问题。上述污染所引发的环境纠纷，部分被诉诸法院。法院考虑到水路村村民饲养土鸡的行为确实造成了相应的环境污染后果，故判决由相关行为人承担停止侵害、排除妨碍、赔偿损失等法律责任。应当认识到，上述环境纠纷是由水路村村民的集体养殖行为所引发，全村共同商议之结果乃集体意志之结晶，村民饲养土鸡实乃对村干部号召之回应与接受。这种集体意志的表达与接受是对饲养土鸡行为及其相应后果之肯认，在全体村民中形成了具有规范意义的约束力，据此产生的环境污染后果理应由全体村民共同承担。倘若法院将相关责任完全归结于具体饲养者个人，显然有失公允。申言之，为提高上述环境案件的可接受性，法院不仅应遵循国家制定法的相关规定，而且应充分考量环境损害事实乃是践行"带动全村经济发展"之后果，故不应过分苛责饲养者个人。此后，水路村村干部也认识到不能仅仅依凭号召来鼓励村民饲养土鸡，还应制定一套完善的村规民约来规范村民相关的饲养行为，以民间规范弥补制定法"地域性兼顾不足"之缺陷，方可助力当地经济、社

---

① 参见廖华：《论民间法对中国少数民族地区环境法制建设的贡献》，载《云南地理环境研究》2007年第5期。

② 笔者支持"裁判可接受性具有双重维度"之观点，当事人接受乃第一重维度，社会公众接受乃第二重维度，具有可接受性的裁判应同时符合双重维度之要求。

③ 参见杨开华、鲜胜敏：《生态文明视野下民族地区民间法与环境保护——以四川省米易县白坡彝族乡"土鸡"事件为例》，载《攀枝花学院学报》2016年第6期。

会及环境的可持续发展。

最后,从传统上看,我国民间素有"息讼"之观点,合理运用民间规范可使环境纠纷止步于诉前程序,起到缓解社会矛盾、减轻法院讼累之效。从理论上辨析,纠纷形成的原因主要包括三类:一是"真假之争:事实冲突";二是"对错之争:价值冲突";三是"脸面之争:主观冲突"。① 其中,事实冲突的化解路径前文已有述及,此处不再赘述;主观冲突涉及的是心态之调整,这就意味着,只有涉及对错之争的价值冲突方可依靠规范得以化解。申言之,调整人们环境社会关系的"规范集群"乃是解决环境纠纷的根基所在。但是,国家制定法的普适性和非针对性特质,已然决定其在处理具体环境问题时难免存在"力不从心"的情形。而且,涉及对错之争的价值冲突,既可因价值取向之不同而引发,亦可由价值选择标准之缺失而导致。故此,针对某一环境纠纷,当国家制定法疲软无力或无从适用时,若有相应环境民间规范可发挥补位作用,则可一定程度上避免由于规范缺位而引发的价值冲突之争。此时,环境个案正义并非仅有通过诉讼方式才可实现,当事人亦可依据对其内心具有约束力的民间规范来化解纠纷。

(二)规范视角:拓展民间规范的适用范围,完善现代环境治理中的多元规范体系

从规范构成视角观之,在环境治理体系中引入民间规范,不仅可以拓展环境纠纷解决的规范体系,而且可以为非诉纠纷解决机制提供更多的规范选择,同时还能完善现代环境治理中的多元规范体系。具体而言:

首先,环境法律规范具有普适性而不具有针对性,民间规范的引入可以适当拓展环境纠纷解决的规范体系。此处以《野生动物保护法》为例试说明之。我国《野生动物保护法》第12、20、45-46条对禁猎(渔)期、禁猎(渔)区作出了明确规定,即禁止人们在特定时间、特定区域猎捕野生动物,旨在维护生态平衡、保护生物多样性,实现人与自然的和谐共处。但是,从狩猎者角度出发,上述条款可能与其个人经济利益存在冲突。狩猎行为是否应当施加处罚,应当分而论之:倘若狩猎者捕猎之目的并非解决温饱问题,而是通过此举牟取更大经济利益,此时通过法律对其行为予以规制是必要的;但若狩猎者捕猎是为维持其基本生计,法律如此规定是否妥当合理,有待商榷。根据马斯洛的需求层次理论,人类需求按照层次高低可依次划分为:生理需求、安全需求、情感需求、尊重需求、自我实现需求、求知需求、审美需求;仅当较低层次的需求得到满足或部分满足时,人们才会追求更高层次的需求。② 显然,人们对于食物的需求,属于最低层次的生理需

---

① 参见陈文曲:《现代纠纷解决的基本理念:为权利而沟通》,载《湖南大学学报(社会科学版)》2015年第2期。

② 参见胡万中:《从马斯洛的需求理论谈人的价值和自我价值》,载《南京社会科学》2000年第6期。

求。一个缺乏食物、安全、爱和尊重的人，对于食物的需要可能更为强烈。[①] 据此，若不允许以狩猎为生者捕猎，实则剥夺了其满足最基本的生理需求的权利。如若最基本的生理需求尚难得到满足，在此情形下还要求狩猎者保护生态环境乃是对其过分苛责的要求。此时，国家制定法维护社会公平正义之目标可能会"落空"。为维护社会秩序稳定，保障人民基本权利，民间规范则应及时补位。换言之，民间规范理应对当地猎捕动物的行为作出有针对性规定，以弥补单一意义上国家制定法的固有局限，保障特殊狩猎者的基本权益。循此为进，当此类环境纠纷进入司法程序时，民间规范即能及时补位并发挥相应的兜底作用。人民法院在适用国家制定法之同时，还可参照有关民间规范作出更为合理的判决。如此，既有助于推动环境个案正义的实现，亦是对优质民间规范的司法确认，同时还有助于建立健全环境纠纷解决的规范体系。

其次，环境民间规范虽不如制定法一般具有国家强制力作为后盾保障，但其对地方居民所形成的内心约束力亦可促使非诉解纷机制发挥作用。作为社会规范之一种，环境民间规范通常是基于特定地域的某类特殊文化所产生，能够约束一定地域范围内居民的环境行为，进而实现当地环境、经济及社会的可持续发展。"尤其在农村，一个村落就是一个没有陌生人的社会共同体，彼此之间非常熟悉。"[②] 在此社会环境下，环境民间规范源于当地居民的共同知识、文化传统和生活逻辑，能够对当地居民产生一定约束力。当这些环境民间规范被遵守时，就能有效减少群体间的环境纠纷。由于环境民间规范具有自发性和地方性，在未进入司法程序且未被法官援引前，其不具有强制力与确定力，所以环境民间规范可在调解、和解等非诉解纷机制中发挥功效。环境民间规范的引入，能为非诉解纷机制提供更多的规范选择，使得部分环境纠纷可通过诉前程序加以解决，[③] 达至为环境司法减负之效果。

最后，需指出的是，并非所有习惯均可视为优质民间规范之来源。进入司法程序并被法官援引的民间规范，实则是经历双重共识后被赋予法源地位之产物。在某一地区，居民通常会针对当地风土人情并结合自身状况对某一问题展开讨论，最终达成共识，形成民间规范。哈贝马斯将这一过程称为非建制化公共领域的民意表达，[④] 此乃立法之初始程序。在此场域，当地居民可以通过彼此间的沟通，运用交往理性就一些与其生活息息相关的环境问题达成基本共识。[⑤] 换言之，当地居民所创设的环境民间规范乃基于群体共识所形

[①] 参见［美］A. H. 马斯洛：《动机与人格》，许金声、程朝翔译，华夏出版社1987年版，第41–42页。
[②] 田红星：《环境习惯与民间环境法初探》，载《贵州社会科学》2006年第3期。
[③] 参见陈哲：《纠纷解决机制的内在机理及选择》，载《太原理工大学学报（社会科学版）》2021年第4期。
[④] 哈贝马斯将立法过程划分为两个阶段：一是非建制化公共领域的民意表达阶段，二是建制化的专家参与立法过程阶段。参见［德］尤尔根·哈贝马斯：《在事实与规范之间——关于法律和民主法治国的商谈理论》，童世骏译，生活·读书·新知三联书店2014年版，第164–235页。
[⑤] 参见高鸿钧：《走向交往理性的政治哲学和法学理论（下）——哈贝马斯的民主法治思想及对中国的借鉴意义》，载《政法论坛》2008年第6期。

成,并且获得了群体的一致认可。在法治语境中,这是民主原则保障合法规范产生之过程。合法规范源于民主立法之过程;① 环境民间规范是基于公民共识而通过无强制的意见表达所形成,其内在约束力自此被赋予,此乃第一重共识之形成。正如前文所述,环境民间规范的存在是其适用于环境个案并能拓展环境规范体系的前提,但其能否在司法程序中得以运用并获得司法确认,② 还需以法院的最终判断为准。究其本质而言,环境民事诉讼乃是"一种规范化的合理性沟通平台",环境案件的裁判乃是在法官引导下由诉讼构造中的三方达成共识之结果,此乃第二重共识之形成,其中包含了事实认定和法律适用的双层共识。③ 易言之,在此裁判过程中,进入辩论环节的乃是基于在先共识而形成的环境民间规范,而相关规范最终能否被环境司法裁判所接纳并成为相关法源,则需由诉讼构造中的三方达成共识。由此可见,能被人民法院所援引的环境民间规范,不仅需要经过非建制化的民意表达,而且需要经由诉讼构造中的三方达成共识所确认。

三、实现路径:建立"定位—识别—运用"三位一体的环境民间规范体系

前文分析表明,民间规范对于我国环境纠纷的解决以及整个环境规范体系的构建具有重要的现实意义。但应认识到,并非所有的环境民间规范均能作为法院裁判之依据。故此,需结合《民法典》以及相关法律规定,从法理层面厘清环境民间规范的体系定位,进而循得法院在司法裁判中识别和运用环境民间规范之方法。

(一) 规范定位:弥补国家环境法律规范之不足

在一个成文法国家,无论作出何种精细化的立法规划与制度设计,尚难全面涵涉社会行为中的各类法律关系,无法对瞬息万变、错综复杂的社会现象作出全面、及时之回应。环境法律规范亦不例外。为因应单一意义上国家制定法的固有局限,不少国家和地区将习惯与法理视为法院裁判之依据。例如,《瑞士民法典》第1条规定,"习惯法、法官依据公认的学理和惯例所造之法均可成为裁判之依据";又如,我国台湾地区《民法》第1-2条规定,"习惯和法理可在裁判中被援引";④ 再如,我国《民法典》第10条规定习惯可成为法律渊源。上述规定尽管涉及民间规范的法律适用问题,但并未就民间规范在国家治理体系中的应然定位予以明确。立法规范上的阙如,以及学理研讨上的模糊,极易导致民间规范与法律规范发生"碰撞"与"冲突"。为有效破解上述难题,就有必要从学理上明晰

---

① 参见高鸿钧等:《商谈法哲学与民主法治国——〈在事实与规范之间〉阅读》,清华大学出版社2007年版,第114页。
② 此处及下文出现的"司法确认",是指到人民法院认可与援引,而非指人民调解协议的司法确认程序。
③ 相关论述,参见陈文曲、陈哲:《转换与选择之进路:商谈式民事诉讼模式》,载《中南大学学报(社会科学版)》2017年第3期;占善刚、陈哲:《商谈式民事诉讼:民事诉讼转型的方向》,载《湖南大学学报(社会科学版)》2021年第4期。
④ 参见黄薇:《中华人民共和国民法典总则编解读》,中国法制出版社2020年版,第28页。

环境民间规范在整个国家治理规范体系中的定位。具体而言：

首先，从效力位阶看，环境民间规范的效力低于国家环境制定法。从学理上辨析，当规范间存在效力冲突时，理应适用"上位法优于下位法"原则，此乃法治国家解决法的效力冲突问题之通例。[1] 虽然民间规范不属于国家制定法，径行适用该原则难以直接比较环境民间规范与环境法律规范效力位阶之高低。然而，我们可以从"上位法优于下位法"原则中提取相关原理，类推适用于环境民间规范与环境法律规范之间的效力位阶问题。在我国现行法律框架下，全国人民代表大会及其常务委员会所制定之法律具有最高的效力位阶，其在全国范围内适用。除上述法律外，国务院制定的行政法规也可在全国范围内施行，[2] 而地方性法规和地方政府规章则只能在特定行政区域内施行。由此可见，"上位法优于下位法"原则考虑到了规范适用范围等因素。通常而言，上位法适用范围较下位法更广。显然，环境民间规范无法在全国范围内生效并施行，故其效力位阶低于法律、行政法规、地方性法规以及地方政府规章。

其次，从适用顺位看，环境法律规范理应优先于环境民间规范加以适用。《民法典》第 10 条明文规定："处理民事纠纷，应当依照法律；法律没有规定的，可以适用习惯"。据此，法院援引环境民间规范之前提乃是国家制定法尚未对所涉环境法律关系作出规定。这就需要对"法律没有规定"进行解释论分析。其实，纵观国内外环境立法实践，各国立法乃是在总结人们环境行为模式之过程中抽象出具体规定，也即上文所言之国家制定法主要是调整人们的环境共性行为。故此，"法律没有规定"可以解释为某一特定环境危害行为在共性基础上还存有法律未能调整之个性，此时可能需要环境民间规范加以约束和指引。事实上，《民法典》规定的法律优先适用原则，也是对前文所论述之"环境民间规范效力位阶低于国家环境制定法"结论的有力佐证。

最后，就其体系定位而言，民间规范乃是现代环境治理体系中不可或缺的组成部分。正如前文所述，环境民间规范的效力位阶低于调整共性行为的环境法律，故其可充分发挥调整环境个性行为之功效；在环境法律存在缺位或无法发挥作用时，法院可援引民间规范来解决具体的环境纠纷。当环境民间规范被法院援引时，亦表明其确已获得国家强制力保障。综上所述，环境民事纠纷具有较强的地域特征和人文属性，在国家制定法难以对其进行周延应对时，可考虑借助环境民间规范作为补充与兜底。鉴此，应当将环境民间规范定位为"弥补国家环境法律规范不足"时的裁判依据。

（二）规范识别：不悖法律、公序良俗、政策之规定

应当认识到，并非所有的环境民间规范均可在司法判决中加以运用。例如，受到落后

---

[1] 参见张文显：《法理学》，北京大学出版社、高等教育出版社 2011 年版，第 63 页。
[2] 应当明确的是，"上位法优于下位法"原则考虑到了规范适用的地理范围，但这并不意味着"地理范围"乃是该原则确立的唯一考量因素。例如，法律（由全国人民代表大会及其常务委员会制定）与行政法规（由国务院制定）均在全国范围内有效，但就二者的效力位阶而言，法律显然高于行政法规。

认知与思想观念的影响，部分习惯、风俗及文化已然成为"陈规陋习"，却仍对当地人们产生一定约束力。倘若当地人们自发受其约束但并未产生不良后果，有关行政机关、司法机关自然可对其不予追责。如若当事人将有关环境纠纷诉诸法院，并主张适用环境民间规范作为裁判依据时，法院则应对该民间规范作出合法性判断。① 具体而言：

首先，环境民间规范不应违反法律的强制性规定，同时需符合环境立法之基本目的。《民法典》第10条将"法律没有规定"作为适用民间规范之前提条件。事实上，民间规范在环境保护场域既可作为裁判之规则，亦可发挥填补法律漏洞之功效。一方面，鉴于民间规范的效力位阶低于国家制定法，当"作为裁判规则的环境民间规范"违反法律的强制性规定时，其自然不能被适用于司法裁判中；另一方面，"用于填补法律固有漏洞的环境民间规范"若不符合法律的强制性规定，其相关法律方法②自然无从适用，更遑论适用环境民间规范进行相关裁判。故此，即便是"普遍通行而被视为准则"③ 的环境民间规范，法院援引其进行裁判时也不得违反法律的强制性规定。

其次，环境民间规范不得违背公序良俗原则。从根源上探究，我国多数公序良俗源于民族共同的思想情感和道德意识，其不仅是中华民族传统美德的重要体现，而且是维护社会安定的重要基础。④ 环境民间规范是当地人们通过长期累积所形成的具有约束力之共识，在一定程度上也蕴含着当地人们的思想情感和道德意识。但是，由于民间规范的作用场域有限，其不应与在全国范围具有通行力的公序良俗原则相违背，以免冲击整个社会的有序发展。其实，从内涵上讲，公序良俗通常是由全体社会成员所普遍认可、遵循的道德准则所构成。⑤ 相较于公序良俗而言，环境民间规范的适用空间显然更窄，并且难以得到社会全体成员的普遍认同。故此，人民法院在援引环境民间规范时，不得违背公序良俗原则的基本要求。换言之，只有符合公序良俗原则的环境民间习惯，才可被法院所援引，进而成为具有法源地位的环境民间规范。

此外，环境民间规范不可背离国家环境政策的基本要求。所谓"环境政策"，乃指政党或国家为实现一定时期的环境任务所制定的纲领、方针和准则。⑥ 通常而言，国家环境政策应当符合时代背景与社会环境。据此，国家环境政策是为有效因应社会当前普遍存在的环境问题所制定。相较于环境民间规范而言，国家环境政策理应更具优位性。因此，当民间规范与国家环境政策相背离时，人民法院不应对其加以援引。最后，需指出的是，环

---

① 参见王利明：《中国民法典释评·总则编》，中国人民大学出版社2020年版，第49页。
② 法律漏洞之填补，通常需仰赖法律方法之运用。这里所指的法律方法，包括等不限于法律解释、法律续造等。事实上，不论运用何种法律方法，均需从法律条文本身出发，也即是说，所作的法律解释、法律续造不得与条文本身存在矛盾。
③ 参见徐谦：《民法总论》，上海法学编译社1923年版，第23页。
④ 参见王利明：《中国民法典释评·总则编》，中国人民大学出版社2020年版，第49页。
⑤ 参见王利明：《论习惯作为民法渊源》，载《法学杂志》2016年第11期。
⑥ 参见孙国华：《中华法学大辞典·法理学卷》，中国检察出版社1997年版，第506页。

境政策与环境法律更多是聚焦于普遍性、共识性的环境问题,而未就一些个性化、特殊性的环境问题予以涵涉。从这一意义上来说,在国家法律、国家政策存在缺位或无从适用时,在不违反环境法律、不背离环境政策的前提要求下,民间规范在环境司法场域理应存有一定适用空间。

(三) 规范运用:穷尽国家环境制定法并重视释法说理

应当认识到,环境民间规范并非如国家环境制定法一般可径行引入裁判文书之中。经由前文分析可知,规范识别为法院援引民间规范解决环境纠纷确立了相关标准。由此,规范识别乃是规范运用的前提。在完成规范识别程序后,法院最终能否援引环境民间规范,还需运用说理等方式展现其理由与依据。

一方面,只有在个案所涉具体环境纠纷面临国家制定法缺位时,才可进入至规范识别程序。根据《民法典》第10条,我国司法裁判须遵循"有法律依法律,无法律依习惯"的基本规则。也即是说,在现行法律框架下,若法律规范可以针对环境危害行为进行调整或规制时,则应优先适用法律的相关规定,此时人民法院不能直接适用环境民间规范进行判决。[1] 唯有在环境法律规范存在缺失,抑或是适用单一意义上的环境法律规范可能导致环境个案正义不彰时,[2] 人民法院才可考虑对环境民间规范进行援引。故此,人民法院在援引环境民间规范前,应率先判断现行环境法律规定是否予以穷尽、相关判决结果是否合理等因素。若不考虑上述因素而径行援引环境民间规范进行判决,则很可能有违《民法典》第10条之规定,最终导致相关案件出现二审改判或发回重审之结果。

另一方面,人民法院在援引环境民间规范作为裁判依据时,应运用法律修辞、法律论证等方法进行详尽说理。从法律适用视角观之,规范的证立就是规范适用的过程,此也是为司法裁判提供规范性理由的过程。[3] 正如前文所述,当满足"法律没有规定"这一前提条件时,即可进入至规范识别阶段。人民法院在识别某一民间规范能否适用于环境民事司法场领时,应当依据识别标准给出相关理由。在这一证立过程中,由于环境民间规范并非通过严谨的建制化立法程序加以确立,这将导致其法律逻辑、法律修辞可能存在不严谨、不合理之处。[4] 此时,人民法院有必要发挥其主观能动性,充分运用法律论证、法律修辞等方法进行说理,使环境民间规范之运用达至修辞上的合理与逻辑上的自洽。事实上,环境民间规范为何能援引、具体该如何援引、援引意义究竟为何等问题,也均需由法官通过

---

[1] 此处所言之"法律"是指具体的法律规则,并不包括法律的基本原则。
[2] 本文认为,《民法典》第10条中的"法律没有规定"理应包含两种情形:其一,法律规范缺失,即法律针对某一环境危害行为没有作出相关规定;其二,法律规范不足,即法律针对某一环境危害行为作出了相应规定,此时单独适用法律规范虽可做出裁判,但辅以环境民间规范所作之裁判会更为合理。
[3] 参见雷磊:《从"看得见的正义"到"说得出的正义"——基于最高人民法院〈关于加强和规范裁判文书释法说理的指导意见〉的解读与反思》,载《法学》2019年第1期。
[4] 参见陈金钊:《法治与法律方法》,山东人民出版社2003年版,第224页。

法律论证等方法加以展现。

四、结语

习近平总书记曾在《中共中央关于全面推进依法治国若干重大问题的决定》中明确强调，要"坚持系统治理、依法治理、综合治理、源头治理，提高社会治理法治化水平……发挥市民公约、乡规民约、行业规章、团体章程等社会规范在社会治理中的积极作用。"这一表述，实则将民间规范提到了一个较为重要的位置，说明民间规范对于国家治理体系和治理能力现代化具有较大的现实意义。

对于民间规范的研究者来说，我们不仅需要剖析民间规范的基本范畴与具体内容，而且需要对其价值理念与运行机制等问题进行发掘，从而更好地实现民间规范与法律规范的良好协动。作为民间规范的重要组成部分，环境民间规范理应在我国环境司法场域发挥其应有功效。故此，在未来环境司法实践中，当法律规范存在缺位或无从适用时，人民法院应当合理考量相关环境民间规范之功用，力求借此作出更为科学、合理的判决。法院和当事人也应充分运用法律修辞、法律论证等方法进行说理，并积极去找法、释法、用法。这样才能让民间规范在环境法治建设中发挥其应有功效，进而实现我国现代环境治理体系中多元规范良好协动之目标。

Necessity andRealization Path of Introducing Civil Norms into Environmental Civil Judicature Field

Peng Zhongyao

Abstract: At present, civil norms are not greatly concerned in the environmental civil justice field in China, which has resulted in dilemma of environmental civil trials, such as mechanical law application and reduced justice level of individual cases etc. The rational application of environmental civil norms can not only help to improve justice level of individual cases, but establish a multi-normative system in the modern environmental management in China. The environmental civil norms shall be defined as "making up for inadequate national environmental laws and regulations". The people's court shall follow basic requirements of "not violating imperative law", "not violating principal of social ethics" and "not deviating from national environmental policy" when citing civil norms as the judicial basis of environmental cases. Meanwhile, it shall be on the premise that the involved environmental legal relationships have not been stipulated by the national law. Based on the above-mentioned basic requirements and prerequisites, the people's court can conduct reasoning via legal rhetoric and legal argument to ensure legitimacy and rationality of civil norms in the application of environmental civil justice.

Keyword: civil norms; environmental civil justice; necessity; realization path

民间规范结构于国家制度的实践与转型：
基于淠史杭灌区开发治理的田野调查

余浩然[*]

摘　要　在当前的基层治理中，许多符合民间法精神的规范内容仍然发挥着重要作用。通过对位于淠史杭灌区的寿县地区水利问题的历史梳理，发现其结构于国家制度的实践与互动是新中国成立后的水利建设的基本经验，也即强化国家制度的同时，进一步补充民间规范的参与。调研表明，两者良性互动的路径设计在制度和理念上均是可行的，不过政府对自身利益的关注已成为影响水利问题解决的一个关键变量。通过对民间规范内容参与水利建设的研究发现，其他体现传统民间法精神的诸多文化元素会伴随着水利治理体系的良性推进而以更高的形式回归，这个过程强调对民间法内容的创新，也呼吁治理主体在社会良性运行的自觉反思的基础上达成共识。

关键词　民间规范　水利问题　淠史杭　当代转型

一、问题提出：民间法结构于国家制度的治理效益

在传统的治理语境中，民间法在其所在区域都有着较长的影响力，这得益于产生民间法的制度基础长期存在，保持着相对独立的治理单元。在新中国成立之后，随着国家权力下沉至基层，原有民间法产生制度基础，如宗族等已经基本丧失了原有的影响力，传统民间法的系统性和完整性在如今已几乎丧失殆尽，但是大量的民间规范依然发挥着效力。在当前的治理实践中，民间法参与基层治理的重要命题主要关注到包括国家制度对民间法精神、内容的承袭，以及民间法结构于正式秩序的方式[①]。

---

[*] 余浩然，社会学博士，政治学博士后，上海大学马克思主义学院讲师。
[①] 谢晖：《论民间法结构于正式秩序的方式》，载《社会科学文摘》2016 年第 3 期。

水利问题是民间法关照的重要内容，新中国后水利管理制度经历了重大调整，政府管理结构的变化为民间法的部分内容重新活跃提供了空间，民间法规则、内容出现了部分回归，却无力呈现出系统发展的趋势。政府默认民间法在基层治理的重要作用，也有意识地调整制度关照，但政府的自我利益出现为治理目标调整产生了干扰。在改革开放之前的水利问题主要以建设为主，水利综合管理内容尚未出现，水利问题形式并不复杂，计划经济下的管理体制会在推动建设目标完成的导向下推动个中问题的解决。在改革开放之后，水利开始向着综合管理开发的方向迈进，受到了诸如土地管理体制变化，市场经济体制调整等影响，出现了治理中的新问题。

尤其对跨区域的水利问题纠纷而言，民间法内容参与治理有效地促进了问题解决。在新中国成立后的水利建设中，相关的治理的标准和模式也逐步趋向统一，基层水利问题的主要矛盾集中在农业生产中的水分配上。水利兴建将农业用水分配到相应灌区，这秉承了一种平均主义的理念，兼顾了人口、土地等要素，按照受益原则分配建设任务，并在此基础上建立起了层次分明的水利设施和管理机制。由于供水量在特定时间段内受制于自然条件，加上彼时调配技术和经验不足，这种平均主义做法并不能完全解决供需矛盾，争水抢水事件屡见不鲜。后文中寿县地区淠史杭水利工程建设的调研显示，在社会转型中，民间法内容为党和政府重视，其与国家制度的结构是实现基层水利治理和发展的重要抓手。

本文对水利问题变化的观察来源于淠史杭灌区寿县段建设的田野调查，淠史杭灌区位于安徽省中西部大别山余脉的丘陵地带，是新中国成立后兴建的三个特大型灌区之一，寿县地区拥有悠久的水利建设历史，著名的安丰塘①就坐落于此。我田野的地方，甲镇、乙镇是寿县境内离淠史杭工程最近的乡镇，各种水利设施十分齐备，不少当年参加过水利建设的老人至今健在。本文的研究是笔者对水利问题追踪的一部分，在一年多的田野时间中，笔者基于田野调查，运用跨学科的方法，对水利开发，水利对社会建设的影响等问题展开调研。笔者也采取了快速研究法，对重点知情人（informat）进行访谈，扎根在限定治理空间内，实现对水利治理问题中民间法参与的"深描"，捕捉其中的不确定性。文中主人公 Z 出生于 1944 年，高中文化，1962 年参加工作，1966 年以后 Z 长期在甲镇、乙镇工作，退休前一直在水利部门工作，亲历了新中国成立后寿县地区几乎所有的重大水利设施建设，领导参与了淠史杭灌区建设任务的执行。Z 的女婿 M 出生在 1967 年，1980 年代中期大学毕业后分配到区政府。他长期分管农业，所工作过的乡镇水利条件各异，三十多年的基层工作让他积累了丰富的水利经验，文中的故事来源于他们的工作经历。

二、历史脉络：民间规范参与淠史杭灌区管理体系

淠史杭工程于 1958 年开始兴修，经历了 1960 年代灌区工程"边检边管"到 1970 年

---

① 安丰塘，古称芍陂，又称期思陂，中国淮河流域重要的水利工程，与都江堰、漳河渠、郑国渠并称为中国古代四大水利工程，由春秋时期楚国丞相孙叔敖建于楚庄王年间兴建，被誉为"天下第一塘"。其位于寿县中部安丰镇地区，隋唐以后设置安丰县，因此被称为安丰塘。

代完成初干渠和分干渠以上工程,再到十一届三中全会以后的多次维修和管理,直到 2000 年左右相关建设才得以完善①。寿县地区的水利兴修中被纳入了淠史杭灌区建设规划,淠史杭工程管理指挥部所设管理处管理大致包括总干渠和干渠渠道,其他建筑工程由县淠史杭工程指挥部设管理所、管理段进行管理,寿县先后设立淠东、木北、瓦西、瓦东、大井水库等 5 个管理所,下辖共 31 个管理段。这些管理所后来又改成分局,是隶属水利局的副科级单位。其常规管理工作从 1960 年代开始就体现出了明显的季节性特点,在夏秋两季主要抓管理,利用,在冬天和春天开展建设和机械维修保养。法律管理也开始提上日程,从 1962 开始,各地区人大和政府先后出台了多个保护水利工程的布告和管理办法,1982 年,省政府颁发了《安徽省淠史杭灌区管理暂行办法》②。

淠史杭工程的主体工程虽然已经于 1970 年建成,仍然面临大量的遗留任务,包括工程不配套、设备简陋、经费不足以及工程留有隐患;但 Z 告诉我由于面临着经济体制转型、社会环境变化等问题,加上在改革开放的推动下,对水利利用的方式开始发生转变,1981 年水利部要求把水利工作的重点转移到管理上来,还对水具有的商品属性进行宣传讨论。管理转型已经开始影响到水利的综合管理,上述法规在地方执行难度比较大,所设机构时常有经费短缺、建筑管理不足等问题,加上随着干部任期制的推动,地方领导个人素质发生了变化,也对水利管理产生了重要的影响。

在基层政府的水利治理呈现出政府主导,群众参与的特点。关于治水的群众管理组织一般存在于支渠以下的渠道、建筑物、小型的池塘、水库。1970 年代以前灌区各县区政府大多数有专职的水利副区长、副乡长,党委设有水利委员。到了 1980 年代以后才改为分管责任制度。乡镇一般均设有水利管理站、水利管理干事或者水利管理员,其运营成本取自于提成水费③。直接负责工程管理运营的群团组织按渠系分配组织,如果出现跨区域问题,则由上一级党委政府部门组织解决。生产队的群众组织中通常也会设置管水员分管田间配水,这大多以村干部或村中年高德昭者担任,或是常年担任,或者临时负责灌溉季节的管理,他们的工资报酬从群众上缴的水费中提成,或者按照受益田亩由田主均摊。政府和群众组织的互动内容,广泛地分布在各管理所、管理段。下文的内容来源于 Z 的口述,也参考了相关水利志、地方志。

(1) 渠首工程管理:渠首工程在施工中均设有保卫股,接受工区指挥部和县公安局的双重领导。待到灌区建成以后,新设置管理处仍设置武装守卫。渠首进水闸泄水闸的启闭,先后听命于专区淠史杭工程指挥部、水电局、专区淠史杭总局和省委淠史杭总局。省水文系统在渠首管理处设有水文站,观测项目有雨量、蒸发、流量和水位等。如是,作为中枢,受到了特别的重视。

---

① 安徽省水利志编撰委员会编:《淠史杭灌溉工程志》,合肥大众彩印厂印刷 2000 年版,第 16 页。
② 安徽省水利志编撰委员会编:《淠史杭灌溉工程志》,合肥大众彩印厂印刷 2000 年版,第 48 页。
③ 安徽水利电力局编:《寿县水利志》,六安新华印刷厂印刷 1993 年版,第 116 页。

（2）干渠管理：分干渠以上渠道有专管单位管理，总干渠、干渠一般设管理分局和管理所管理，提水灌区的分干渠由受益乡镇管理。其管理范围往往根据工程高度长度确定。从实际管理上看，Z告诉我，在开始放水后的管理工作难于监管。很多群众擅自在开渠引水，防不胜防，而且由于干渠范围广，不便于督查，所主要依赖一些管理措施，由群众组织监管，比如渠堤上放牧、不准掘土、不准垦殖、不准葬坟、不准建房搭棚、不准破坏护坡，不准决堤放水、拦渠大坝等。

（3）支渠管理：支渠管理的一般方式是将水闸节制闸等主要建筑物承包给住在附近的群众照顾，平时负责治安维护、重大器械维护、支渠的清淤、养护土方工程。灌溉季节组织专业队分段看管。对于管理员实行责任到人的追责制度，管理人员的报酬根据灌溉面积大小确定，一般不低于当地中等劳动力的收入，经费由水费提成或者受益村、受益生产队承担。政治环境下的区划调整频繁，区、乡领导更迭速度快，支渠管理鲜有始终保持良好者，需要持续地看管和修理。

（4）水库管理：寿县境内水库类型多样，大型水库在新中国成立之初由县负责，后来上交给省水利水电厅负责，中型反调节水库有专管单位管理，民间力量很少参与。其他中型水库则设管理所、管理段管理，小型水库一般根据地理位置、蓄水量、受益范围由区、乡、村组织群管组织自行监管，也会设有一些管水员负责日常管理。

（5）抽水站管理：抽水站随着机电排灌事业的发展逐步发展，按其所有权和经营权分国有国营、国有民营、民有自营三类，这是现代水利发展有别于前人最显著的地方之一。最早管理人员由地方政府负责人、村民代表组成管委会，大约3-5人，其配套工程也由受益乡村自己承担，其水费以自流标准或按亩收取，后来按照电灌站规模大小、距离远近又各有差异。

（6）植树和绿化：栽植草皮既是为了保护渠堤，也是为了充分利用土地资源。其中地方性知识的效力得到关照，Z回忆中，在1970年代以后体制政策发生了多次变化，加上地方政府主要领导及管理者对绿化的重视程度不一，栽植与滥伐现象往往并存。地方性知识在树木种植中的应用十分广泛，这也受到了地理条件差异的影响。在所种植的树木中以杨树大众，其次为槐树、松树、杉树、竹子以及泡桐，种树一般不选择桑树、桑树容易招白蚁，对渠段的安全构成威胁。

Z目睹了水利管理机构的调整，在水利兴修阶段的管理体制完善主要包括以下三个方面，一是"淠史杭"工程建设管理系统，包括逐步建立起来的干渠、支渠、斗农渠道及其配套建筑物和相关的中型水库；二是机电排灌溉工程为管理对象的机电排灌管理系统；三是以各区水利站和水利组围绕境内小型农田水利工程的兴修与管理为主的管理系统。国家推动固然是水利建设的重要力量，但管理制度中政策调整，领导人变化对治理完善造成了影响，诸多民间管理组织和治理智慧的参与保证了水利治理的完善，如甲镇境内的支渠，根据流域所经的村民组选取27位管水员，分别组成一个季节性管理专业队。分五个灌水小组，任务到组，责任到人。以前每年放水季节需要用工 9200 个，建立专业队后，27 个人年用工只用 3000 个左右[①]，传统的智慧与现代的制度的结合，有效地提高了灌区管理效率，国家制度和民间规范的互动管理模式探索在水利治理中逐步成型。

三、争议呈现：跨区域水利治理中民间规范的参与

从中华人民共和国成立后的水利兴修、管理历史来看，国家为主，社会为辅的模式在水利建设之初就基本确定，传统的水利建设的内容在新开发建设中发生了替代，尽管水利兴建中中已经形成了较为完备的管理体系，但淠史杭几乎在建设完成后就进入了改革开放时期，新社会转型开始出现改变了水利治理主体的结构，对水利开发也造就了新的水利问题。在水利综合开发不充分情况下，水权纠纷是其中最常见的案例，从寿县的调研来看，许多水利案件都是以集体面貌出现的，比如村与村、镇与镇之间的矛盾，官方参与方便我们对比研究问题。在下文的案例中，可以发现民间治理智慧与国家制度的相互生产。

（一）人大主席被打了

本案例发展在甲镇和乙镇交界的谢埠管水段，谢埠管水段涉及了两个乡镇的用水，一般来说每年年初两个乡镇都会由政府出面共同协商好放水计划，当时分管水利工作的是乙镇人大主席 Y 老先生，一般都是由他与对方乡镇负责人进行沟通。在 1997 年，管理段本来是计划按照年初放水协调会谈好的放水计划放水，但是当年却一个大旱年，夏天之后供水量开始逐步减少。需要说明的是，根据水稻的生长习惯在吐穗以后缺水虽然会减产，但不至于绝收，只要有所缓解即可，大部分水案也就集中在这个阶段。

下游乙镇的群众首先派出代表和管理站进行沟通，要求放水。民间力量开始发出声音，这种自发动员模式在基层往往受到了熟人社会的影响，在面对治理变局时，熟人社会可以为民间治理提供充分的历史经验。最直白的方式可能是协斗，当段长严格执行指定的放水计划，并不答应。开始时，乙镇的农民还算和气，段长也耐心解释，但是意识到段长决心不会改变已经制定好的计划后，氛围就突然紧张了，有几个人强行拉扯段长，随后砸坏大门，自己控制了水源，自行放水。段长过来理论，却被一拥而上的农民打伤。

中华人民共和国成立后的治水实践强调国家制度的刚性，这获得了广泛的认同，比如当 Z 听说了消息，从分局赶到，代表分局和乙镇政府做了新的方案。由 C 政府出面，处理带头闹事者，雇佣未参与破坏者参与修复工作，这也为了安抚群众情绪，与甲镇联系，制定赔偿计划。但是类似这样国家制度的推广中很难全面涵盖全部治理内容，就在这个方案的同时，乙镇的村民拉来了十几块楼板，将水渠流向改变，整个用水都供给了乙镇。事件无疑升级了，新作的预案也不得不作废。事件持续发酵，临近几个乡镇的领导也都赶来，

[①] 安徽水利电力局编：《寿县水利志》，六安新华印刷厂印刷 1993 年版，第 117 页。

水利局,公安局以及分管副县长知道消息以后也都赶到现场善后。此时的问题涉及破坏公共财物,殴打干部等问题,也关系到下一步分水计划的调整,各乡政府之间,镇政府和县直部门,以及并未离去的农民并没有在短时间达成共识,小范围内的争吵和混乱时不时发生。这也显示了国家正式制度对民间突发情况捕捉能力不足,比如,Z 关于恢复设备的提议得到各方共识,Z 告诉我,那天夜里将几个楼板从河中拖出,又修缮好破损的水渠,已经是凌晨三点。随后开始重新按序放水,但是上游甲镇的村民,发现水流量减少了也来过问,当他们发现乙镇的村民又开始偷偷地抽水,就向着来处理纠纷的人大主席 Y①发起了火,Y 老先生的意见要求坚持制定好的协议,但是对于本乡镇偷水行为不置可否,甲镇的干群一怒之下,又殴打了 Y 老先生。其修正之道也在于对宗族的制度效力和影响力,尽管乙镇的放水纠纷牵扯了三个乡镇,多个部门,打了一个科级干部,打伤几位村干部。让当时乙镇的党委十分难堪,Z 回忆,甲镇动员了村里长辈,请他们给参与的后辈打了电话,才安定下来,随后给所在村通报批评。

(二) 和长丰县的矛盾

国家制度对民间规范的吸纳作用在水利治理中也得到呈现,Z 的女婿 M 后来在丙镇做了党委书记经历了这样一个案例,简而言之,上游的寿县控制着 C 闸门,下游的长丰县控制一 B 闸门,A 闸门所在地区需要用水,C 闸门控制的水必须经过 B 闸门才得以成行。如果长丰用水量过大,那么 A 闸门附近寿县地区的乡镇得不到用水了,从访谈来看,两地用水矛盾史十分悠久。

按照惯例,每年都会召开县区之间的分水调度会,但是调度会往往也不和谐,十年前两个县的几位副县长因为达不成一致而恶语相向。尽管有着协调会议作为保证,但一种更普遍的可能是,达成了的协议很大程度上也不能保证被严格执行,如前述两镇争议一样经历复杂变化。M 告诉我,当地村民小组曾经建议如果长丰县过量用水,寿县可以卡住上游

---

① Y 老先生当时任乙镇人大主席,在调研刚开始的 2017 年去世。

C闸门。作为一种策略，当寿县表达了这样的意向后，长丰县旋即恪守协定，双方再也没有因为水利问题发生冲突。

从M经验来看，农业产生的争议中，集体抗争的现象一直存在，比如2010年的时候天大旱，这个时候他所工作的地区只能靠大井水库灌溉，但是那年天公不作美，旱情如火如荼①，大井水库的干部明白如果矛盾在分局解决不了，矛盾会逐步衍射，其那么压力就会流向公安、政法部门。M这时候已经知道消息，确认了本乡镇没有人参与围堵，又要求村干部做好维稳工作，防止事态恶化。然后与临近的乡镇领导人一起来到了大井水库，这时候的农业保险和政府补贴制度已经相当完善，后来的解决是由相关的乡镇领导会同县相关职能部门形成的方案，对受损地区和农民进行了补偿。

类似这样的集体行动的反复出现说明，以政府为代表的官方管理制度是统筹解决水利中问题的关键力量，其精细化推动一方面协调着多元民间呼吁，另一方面也有效地将民间治理智慧转化为治理资源。2017年的调研又适逢旱灾，M介绍过他想出来的"倒灌法"："先把水放到末端，该放到塘里面就放在塘里，放到渠里面的污就把渠封好，等到上游的灌溉季节到了，一旦遇到枯水期，再把水倒放回来。"这成为水库的重要工作内容，近十年的丰水期，当地党委和政府一直延续这样的做法，成为一项固定工作内容。

社会转型推动了水利开发利用的深入，水利产业链向着纵深发展，在对水政大队的调研显示，水案的类型化逐步多样，非法黄沙场、清除砂堆、调处水事纠纷、封闭非法塘口和过堤道路都是常见的问题。水利利用方式的愈发精细，预示着社会分工也逐步精细转变，对治理制度和治理内容的向往就更加立体，独立于某一个领域中的"民间"或者"习惯"会以历史惯习的形式参与治理，其作用受到了国家正式制度的重视，其内容也受到了国家正式制度的筛选，民间法传统内容在治理中的积极效用得以认可，从Y先生的案例来看，国家正式制度治理成为当代基层管理者奉行的圭臬，两位受害者的遭遇部分源于他们不能变通的协调国家正式制度和民间经验，但是从后来M的经历来看，基层水利管理部门也在为传统经验介入民间治理创新路径。

四、互动有道：水利治理基础转变与民间法再回归

从调研来看，当地的水案在1980年代开始进入高发期，而在2010年以后才呈现出逐步多样化发展的趋势，治理方式对传统治水活动借鉴颇多，在当时的发展水平下的组织动员形式，尤其是早期的建设方式，与古人颇多类似，相关的内容学者们已经做了讨论，比如沈萌就以元明乃至清初时期绍兴地区的灶户与政府在治理水利和盐业生产中的博弈②。新中国成立后的水利治理中从建设之初就强调国家制度吸收民间治理经验的重要性，并在

---

① 大井水库是一座反季节水库，相对而言，大井水库的工作人员每年需要把水放满，可供第二年的灌溉之用，因为是反季节水库，他们每年三十都在加班，没办法回家过年。但是当年大旱，造成水库干涸。

② 沈萌：《绍兴灶户与滨海水利治理》，载《华中师范大学学报（人文社会科学版）》2009年第4期。

改革开放的实践中不断完善。

(一) 水利开发凸显出对社会变迁全方位影响

国家在水利开发和治理中发挥了特殊的作用,尤其是大型水利工程。水利治理目标的指向性十分明确,除了防灾减灾等基础设施建设,也开始促进围绕水利产生了多重产业链发展,这种复合性使得水利治理的制度需求更为复杂,在学界已经得到过了关注,首先,从调研中可以看到,围绕水利的多元治理主体已经实现共同参与并展开博弈,在市场化深入和产权意识凸显的过程中尤为显著。比如刘辉,周长艳基于"禀赋特征—产权结构—契约选择"的分析框架指出小型农田水利禀赋特征对小型农田水利治理效果的影响①。自主性治水也有了有益的探索,秦国庆,朱玉春基于100个黄河灌区的村庄的调查,指出当用水者的经济、社会以及其他维度异质性对小型农田水利设施自主治理绩效产生的影响②。

其次,改革开放后的关于水利产权属性讨论也是困扰水利利用的重要因素,何寿奎,李霞,洪迪指出对农村水利的产权改革、争取社会资本有利于水利建设,不过也需要加强组织建设和科学调度③。多元化的供给模式也影响了水利治理,针对农村水利产权改革,何寿奎认为其包含了供给主体、供给范围与治理机制三大要素④。如上述所有的困境、疑惑、分配使用中面临的产权纠结,在走向市场化中面临管理方式转型干扰,但对水利的开发又不断地将其推向与市场互动中。

最后,当前对水生态的反思,对水利的综合利用也成为一种共识,水利在生态系统中的特殊地位,肩负了发展和保护的双重作用,生态共同体本身也是命运共同体的一部分,方兰,李军认为分析了我国水危机出现的潜在危机以及保障水安全的措施欠妥之处,提出通过完善之道⑤。张晓京分析了长江经济带湖北段水生态危机并提出了建设之道⑥。现代水利综合开发利用,水利技术也面临更新换代升级的考验。技术推动促进了管理技术更新,使得水利问题能够联系到更多的社会事实,一个水案往往会引发更大的困扰,挑战着治理逻辑。

所以,对水利的综合开发和多元化利用中暴露出的水利管理中产权不明晰,诉求多元,管理不完善等特点表现得也十分明显。受制于自然地理差异和区域发展水平差异,几乎不可能提出若干统一的解决之道,这就为传统治理内容的参与和创新创造了空间,所以

---

① 刘辉、周长艳:《小型农田水利治理:禀赋特征、产权结构与契约选择》,载《农业经济问题》2018年第8期。
② 秦国庆、朱玉春:《用水者规模、群体异质性与小型农田水利设施自主治理绩效》,载《中国农村观察》2017年第6期。
③ 何寿奎、李霞、洪迪:《多元供给模式下农村水利建设组织治理问题探讨》,载《农村经济》2013年第1期。
④ 何寿奎:《农村水利多元供给模式选择及治理机制探讨》,载《农村经济》2016年第4期。
⑤ 方兰、李军:《论我国水生态安全及治理》,载《环境保护》2018年第Z1期。
⑥ 张晓京:《长江经济带湖北段水生态建设的问题、成因与对策》,载《湖北社会科学》2018年第2期。

当前的治理目标对于民间法结构于国家制度是现代水利管理制度推动中的必然现象，在水利治理的持续深化中，也会有更复杂的演绎。

（二）政府自利性是影响水利问题的关键变量

水利建设逐步推动，势必会在宏观范围内提出管理要求，走向更宏大治理空间的同时，不同层级的政府也面临着自身利益的考量。徐光指出政府的自利性是"政府以潜在或显在的方式去追求政府自身的利益。"[1] 改革开放后的水利建设呈现出这样的变化，首先水利开发治理的需求导向发生了变化，在市场经济条件下，水利治理模式和利用方式均已呈现出与水利建设年代不同的特点，水利开发利用进入新的历史阶段。其次，从政府角度出发，政府自利性往往产生于从治理过程完善中，比如皇娟从经济角度出发，认为政府自利性的直接原因是中央和地方财权和事权不对称，深层次的原因则与我国的现代化方式有以及发展阶段、发展进程有关[2]。政府组成结构的变化也推动了其自利性产生，比如条块关系的变化，比如祝灵君等认为需要在个人层次上分清合理的自利性与扩张的自利性；在机构层次上正确处理"条"与"块"的关系、中央与地方的关系[3]。比如治理目的调整，刘学民认为"政府自利性是政府自我服务的倾向，是政府追求自身利益最大化的属性。"[4] 其思路梳理下来，水利管理的精细化发展在实现治理效率的同时，也面临着服务于公共性的考量。在跨区域水利治理中，从政府在水利治理系统中的定位探讨其权利义务内涵，符合水利建设的历史和当下要求。

跨区域水利精细化发展的治理模式表现出矛盾特征，表明政府的自利性和公共性也存在着界限交叉，对外的自利性，对内可能就是一种公共性，如果参考到水利建设中的问题，也可以发现，水利矛盾是从国家制度精细化发展造成的，而国家制度也在不断地寻求双方的协调之道。王桂云、李涛认为合理的政府自利性有助于提升政府的合法性，过度扩张的政府自利性导致政府合法性危机[5]。陈国权、李院林认为建立健全兼容的激励机制和高效的约束机制有助于解决政府自利性问题[6]。李忠汉认为从理性、实然的视角来透视政府的自利性及其与公共性之间的矛盾和冲突有赖于在政府利益与公共利益之间建立一种激励共容机制[7]。上述论述无疑提供了一种解决思路，即承认了政府的自利性，并给予了一

---

[1] 徐光：《政府自利性：表征、根源及对策》，载《内蒙古社会科学（汉文版）》2006 年第 6 期。
[2] 皇娟：《我国地方政府自利性经济行为的原因分析——以国家能力为视角》，载《广东行政学院学报》2010 年第 2 期。
[3] 祝灵君、聂进：《公共性与自利性：一种政府分析视角的再思考》，载《社会科学研究》2002 年第 2 期。
[4] 刘学民：《试论政府自利性及其矫正对策》，载《郑州大学学报（哲学社会科学版）》2003 年第 5 期。
[5] 王桂云、李涛：《政府自利性与合法性危机——一种基于公共选择理论的分析》，载《社会科学家》2010 年第 8 期。
[6] 陈国权、李院林：《政府自利性：问题与对策》，载《浙江大学学报（人文社会科学版）》2004 年第 1 期。
[7] 李忠汉：《政府自利性的理性审视》，载《理论与现代化》2010 年第 4 期。

定程度的理解，并分析更大时空范围内政府自利性和公共性的协调。

民间法内容成为跨区域水利治理的关键变量，在治理共同体思想的关照下，区域矛盾的双方的关注到的治理对象是一致的，民间协调的力量及其长久性有助于夯实政府领导，如同"倒灌法"的推动提醒我们的是，自利性的协调鼓励基层群众创造性地发挥治理智慧，如同上述治理内容的协调，仍然是以集体模式的状态出现的，政府治理面临着社会高速变迁，社会组织本身也在不断变化的基本现实，依靠把握团体之间的组织结构关系以求得更大范围内的意义，其中的关键变量，如对于农民价值观、政治观的研究主要强调如何引导并且将之纳入与官方的良性互动上，比如对于政治体制改革对农民政治参与的影响，朱余斌认为关注我国乡村治理体制的历史嬗变需要关注农民的主体意识①。孙可敬指出刺激农民人本意蕴、推动惠农社会工程实施、有助于表达合理权益诉求等②。均属此类，显然政府自利性发展历程贯穿于水利问题处理的过程，回归到治理的角度，有效地引导政府自利性发展是实现水利治理的关键，这其中也包括了对民间治理智慧的吸纳。

（三）水利综合开发渠道彰显民间法回归路径

回到前面的问题上来，我们需要承认国家在管理水利工作的成功之处，得益于体制上的精细化，这锻炼出一批像Z这样精于水利的干部，也充分地利用了民间治理智慧，寿县地区有着孕育水利民间法产生的要素，地方治理规则从自然秩序到创建秩序的过程是自然不过的，民间法的产生离不开传统文化的土壤，寿县是国家历史文化名城，其悠久的历史传统、浓厚的家族文化、多元文化秩序格局也都让我们有理由相信这里是有可能孕育民间法内容的。治理基础的改变造成了民间法产生与地方公共性的联系越发强烈，这是以地方性的消失为代价的，许多固有社会空间被逐步打破是民间法被冲击的主要原因，在如今的社会环境下，狭隘的区域限制被打破，制造公共性在现在的技术条件下也并不困难，如宗族等传统产生民间法的单位在公共参与程度越来越高，在这一积极转向中，居民的政治参与能力也得到锻炼，如道德、民俗等内容的发展推动了居民在对社会良性运行的自觉反思基础上形成了新共识。因此，在家族、政府等基本单位保持了基本功能和组织的连贯性时，在社会公共空间不断扩大的背景下，民间法内容不会消失，其当下经历是在为一种更高形式的回归做准备，民间智慧配合国家制度的形式会越来越成熟。

就水利问题而言，寿县水利工作的特殊性也证明了上述观点，也与其他地区大有不同。它不是一个自然状态下的水利开发和建设，完全是再造的水利条件，以往的水利治理经验在如今证明很多是不适用的，在以往围绕水利产生民间法内容如今已经被国家法替代了。它的开发和建设乃至利用，存在一种现代性的导向，其工程之浩大，延伸社会关系之

---

① 参见朱余斌：《建国以来乡村治理体制的演变与发展研究》，上海社会科学院2017年博士学位论文，第182－183页。

② 孙可敬：《我国农民公民意识培育研究》，郑州大学2016博士学位论文，第167－169页。

复杂，已经突破了民间法所能及，甚至早于社会系统的变化就开始变化。在现代阶段下的民间法的再创造需要在共同体理念下的共同参与，未来的水利治理也更强调民间智慧的主动参与。

水利开发的外向型发展促使其治理方式的不断转型，在从传统的民间社会，水利能够参与到多个社会领域，与多个社会组织发生联系，当代中国基层政府利用了水利这一特点，使开发成熟的水利工程成为为社会发展赋能的对象，这样的变化使得前述治理中的元单位也发生了变化，政府主导局面，有限地吸纳社会力量，几乎是绝大部分地区水利治理的统一选择。管理方式的转型促进了对水利新利用方式的转型，重新梳理水利开发建设步骤，明确在各个阶段参与主体的权责赋能，强调不同的时空范围内特殊性，可能是未来民间法与国家法的协作中常见的状态。

The practice and transformation of the binding of folk norm and state system: Field Investigation based on Pishihang Irrigationdistrict

Yu Haoran

Abstract: In the current grass – roots governance, many in line with the spirit of the norms of folk law is still playing an important role. Through combing the history of water conservancy problems in Shou County area of Pishihang irrigation district, it is found that the practice and interaction of its structure with the state system is the basic experience of water conservancy construction after founding of the People's Republic of China, that is, while strengthening the state system, the participation of non – governmental norms should be further supplemented. The research shows that the path design of benign interaction between the two is feasible in system and idea, but the government's concern for its own interests has become a key variable influencing the solution of water conservancy problems. Through the research on the participation of the content of folk norms in water conservancy construction, it is found that many other cultural elements embodying the spirit of traditional folk law will return in a higher form with the benign advance of the water conservancy governance system, this process emphasizes the innovation of the content of the folk law, and also calls for the consensus of the governing body on the basis of the conscious reflection of the benign operation of the society.

Keyword: folk norms, water conservancy issues, pi shihang, contemporary transformation

（编辑：郑志泽）

三维重塑：走向规范意义的调解
——基于法官、习惯与调解的互动关系分析

童晓宁[*]

摘　要　调解是由中国历史和现实决定的生机勃勃的法律实践。结合法官对于民事习惯司法适用（调解）的观察，基于驱动型、价值导向和结构制约型调解的类型化分析，发现传统调解存在法官专业化培养与调解能力成反比、习惯适用空间缩小与法治发展成反比、调解规范化趋势与社会动员成反比的问题，提出从法官驱动型调解迈向社会参与型调解、从价值导向型调解迈向程序导向型调解、从结构制约性调解迈向良俗塑造型调解的规范化进路。

关键词　习惯　调解　三维重塑　规范意义

一、问题的提出：从三维互动的角度理解调解

在中国，判决与调解是法官通常所见在个案中做出判断、解决纠纷的两个主要途径。但是对调解的价值和效力，人们往往有喜忧参半的感觉。喜的是基于调解的实效性，调解往往能化解纠纷，达到法律效果与社会效果统一。忧的是调解的规则、方法模糊，有违规则之治。二者表达了人们对本土实践的矛盾心态，也导致了长期在中国社会科学领域存在的二元对立现象。即，"一是西方化和本土化的对立，现在已经高度意识形态化和感情化，成为非此即彼的二元对立。一是与此相关的理论和经验的对立，等于是把理论和经验截然分开。"[①]因此，黄宗智主张，超越两种对立，做出有目标的选择与融合，从实践出发认识本土事实，进而提高到理论概念，然后再回到实践去检验，走向从实践出发的社会

---

[*]　童晓宁，法学博士，云南省大理州中级人民法院院长。
[①]　黄宗智：《认识中国——走向从实践出发的社会科学》，载《中国社会科学》2005年第1期。

科学。①

笔者基于这种认识论，结合法官、习惯、调解的互动关系，重新理解司法调解的实践。一方面深入于司法实践中，观察法官对民事习惯的司法适用（调解）。通过对法官的访谈、个案的引入，深探法官在司法适用民事习惯时的种种困境、司法调解适用的现实逻辑，展现法官、习惯与调解实际的互动过程。另一方面，基于驱动型、价值导向和结构制约型调解的类型化分析，对法官、习惯与调解的互动过程进行理论概况，发现调解面临的困境，并在此基础上提出规范化的进路。以期能够缓解人们在面对调解时"喜忧参半"的矛盾心态，融合调解的经验与理论、本土化实践与形式化（程序化）期待。

二、调解中的三维互动现状

（一）驱动型调解：从法官角度分析习惯与调解

笔者曾经问过一位被称为"调解能手"的法官以下问题：调解到底是由谁促成的？为什么基层的法官面对习惯的时候好像更加偏爱调解？他指出："调解这事，全靠当事人自愿肯定是不行的，还是要靠法官主动引导。""在遇到习惯这类的不太好办的案件时，法官的态度一般是能调则调，实在调解不了，才是当判则判。"② 这样的观点在中国广大基层法官中仍然是有共识的。在面对习惯时，法官更主张调解，并且是主动的引导调解，调解一般是法官驱动的。对于习惯适用下的这种调解模式，我们不妨描述为"中国式的法官驱动型调解"。

个案1：得理且饶人的调解③

该案系剑川县马登镇村民李某起诉同村村民杨某相邻关系侵权案。李某诉称，杨某修建自家平房时不留檐水沟，直接在田埂上建盖围墙，导致围墙上的屋檐水滴落到李家田地上。据当地风俗，这种情形不仅是违反了相邻的"滴水让三尺"檐水沟的习惯，也是欺负别家的表现，特请求法院判令被告杨家锯减屋檐，以使杨家的屋檐水不滴入李家田地里。此案的特殊性是李家是村里的长者，平时颇有威望，而杨家是当地的贫困户。案子诉到当地的法庭后，法庭的法官在当地工作多年，对当地的习俗非常熟悉。据L法官回忆，当时拿到案件后，他的第一反应就是如果直接判令尊重风俗，判令杨家锯减屋檐，可能判决效果反而不好。

因此，L法官首要的选择还是要加强调解。按他的话说，就是对两边都要"做调解工作"。首先，L法官邀请了当地的村长（同时具有调解员的身份）一起开展调解。其次，L法官和村长对双方当事人进行了"背对背"的调解。对杨家，以尊重风俗的理由对杨家

---

① 参见黄宗智：《认识中国——走向从实践出发的社会科学》，载《中国社会科学》2005年第1期。
② 笔者与LR法官访谈，2020年1月15日，Y省k市。
③ 该案例系本文作者在剑川实地访谈所得。

的行为予以批评,要求他向原告李家赔礼道歉。对李家,又以"如果真令杨家锯减屋檐又会造成新的欺负人的情形,也不利于李家在村里的长者形象"等理由进行劝说。最后,促使李某对杨某的行为予以谅解,不再要求杨家锯减屋檐,并同意杨某的屋檐水滴入李家田地。有趣的细节是调解达成协议后,杨家连诉讼费50元都交不出来,还是李家主动拿出钱垫付诉讼费。而官司过后,两家恢复了友好和睦的状态。

回到争议解决的过程看,李家好像劳神费力打了一个维持原状的官司(诉讼结束后,双方相邻的状态并没有改变),结果不但没有迫使对方让步,反而是以自己让步的方式结束了纠纷,看上去好像"吃亏了"。实际上,所有的纠纷当事人在解纷过程中优先考虑的依然是自身的利益,从李家的角度讲,他不仅获得了宽容大度的好名声。也实现了两家继续和睦共处的现实利益。不仅如此,经过习惯的司法适用,在个人利益实现的基础上,社会关系和睦的副产品也得以实现。而使李家放弃打官司初衷的其实就是习惯和社会认同的关系。法官和调解员基于对这个关系和对常识的把握,向李家说明了"按习惯判,又会造成新的欺负人"的情况,实际上就是在提醒李家对社会认同的重视。

如此的情理法的交织运用,正是中国司法期待培养出的法官的理想行为逻辑。那就是,在具体的纠纷解决中,既要执行法律又要尊重习惯,还不能拘泥于法律或习惯,特别是在具体案件的处理中,往往要按照"解决纠纷"的导向去抉择。那么如此逻辑下的程序选择,当然是调解更能实现对于法官的要求。笔者认为,对于身处"日常生活"的法官而言,规则之治与纠纷解决并非是完全对立的矛盾体。从以上调解案例看,尽管是面对法律与习惯的冲突,也可看出两者之间亦能达到和合之境。纠纷解决也是规则之治的目标和效果。而纠纷解决的方式和方法经过一定的理性深化,也可能成为规则之治的题中应有之义。

(二)价值导向的调解:从调解的角度分析法官与习惯

范愉在调研过一些基层法院后认为,很多基层法院(法庭)在法律规定不明确、法律与地方习惯或情理相矛盾,或适用法律处理效果较差的情况下,调解往往可以通过当事人的处分权规避法律的严格适用(例如彩礼、婚龄、同居),以避免法律与社会规范的正面冲突,这不仅可以相对圆满地解决纠纷,也可以减少地方民众对法律的否定和排斥。[1] 据苏力此前主持进行的基层司法研究,这样的调解被称之为"模糊的法律产品"[2] 或"穿行

---

[1] 参见范愉:《民间社会规范在基层司法中的应用》,载《山东大学学报》(哲学社会科学版) 2008 年第 1 期。

[2] 参见杨柳:《模糊的法律产品——对两起基层法院调解案件的考察》1999 年第 2 卷;苏力:《为什么研究中国基层司法制度——〈送法下乡〉导论》,载《法商研究》2000 年第 3 期;强世功:《乡村社会的司法实践:知识、技术与权力——一起乡村民事调解案》,载《战略与管理》1997 年第 4 期;强世功编:《调解、法制与现代性:中国调解制度研究》,中国法制出版社 2001 年版。

于制定法与习惯法之间"① 的纠纷解决过程。他还从中提炼出关于中国基层司法制度的"送法下乡"这样颇有现实刻画和隐喻意义的概念。② 学者们的研究和观点或显或隐地表现出了对基于移植而来的法律系统与传统乡土社会冲突的担忧,所以他们力图通过对调解加以合理化的解释,以证实这种"本土资源"的重要性。

从调解的角度分析,法官几乎是直觉地认识到情理法冲突的存在,这是由司法的特点决定的。司法就是面对纠纷处理的行为,在面对具体案件尤其是婚姻家庭纠纷的审理,绝大多数法官都会引用当地民族的"良善习俗"进行说理。特别是当法律与习惯有冲突之时,如果采取判决方式,可能是非此即彼的关系,难以调和矛盾,这种"舍弃和适用之难"仍然是法官需要面对的问题。但如果采取调解的方式,一些法律和习惯的直接冲突将降低到最小化。因此,对法官来说,根据具体案件实际作出判断选择可能是最好的手段,给予当事人一个合法理又合情理的"说法"才是法官心目中最佳的现实方案。

个案2:小儿子负责养老送终③

本案涉及的老夫妻有两个儿子,他们一直与小儿子一家共同生活,小儿子2016年在公路施工中触电因公伤亡,按常理老人应当回到大儿子家共同生活,但大儿子不愿意赡养老人,只愿意帮老人从小儿子家拿回赔偿款中应得的份额,遂以继承纠纷诉至法院。事实上,大儿子不是这个继承案件的当事人(按照我国法律规定,他只是第二顺序的继承人)。但实际上,调解的过程主要是大儿子在参与。因为他的参与就是代表着未来他可能有的权利和义务(从小儿子那里转来的对父母的赡养的义务和继承和权利)。

后经法院查明,小儿子生前一直跟老夫妻共同生活,家里的财产均由小儿子管理,小儿子死亡后共获得赔偿金150万元。2013年小儿子家庭在剑川以外的地方以85万元购买了一套住房,该房系老夫妻与小儿子一家的家庭共有财产,按份每人14万元。小儿子去世后,共留下上述164万元的遗产,遗产继承人有原告、被告及被告的子女共5人,老夫妻依法可继承65万元。在审判的过程中法院还查明,小儿子媳妇用30万在老夫妻位于剑川的老家的宅基地上新建了一套房屋。调解时,法院确定老家新建的房屋归老人,同时老人提出只要有养老的钱就行了,小儿子家还有两个小孩在上初中,也正是用钱的时候,就出现调解书中小儿媳给付老夫妻死亡赔偿金分割款15万,同时位于城市住房一套归小儿媳所有、位于老家房屋归老夫妻所有的情况。

虽然本案争议的老家房屋不是老夫妻自己的财产,但在当地的风俗中,因为他和小儿子一起生活,所以这个房产也算是和小儿子共有的。通过对该案法官进行访谈,该案法官

---

① 参见吴英姿:《乡下锣鼓乡下敲——中国农村基层法官在法与情理之间的沟通策略》,载《南京大学学报》(哲学·人文科学·社会科学)2006年第2期。
② 参见苏力:《法治及其本土资源》,中国政法大学出版社1996年版;《送法下乡——中国基层司法制度研究》,中国政法大学出版社2000年版。
③ 该案由剑川法院提供。

认为,这个习惯也也可以用法律语言解读为:父母与子女在共同生活期间,以共同的财产和收入购置的房产,也可视为共有财产。所以调解的时候就一并作为财产折算在了应该继承的财产中。最后通过调解,实际老夫妻得到的财产也比老人应当继承的份额略少一些。

这个案例也说明了,习俗在诉讼中表现出的作用是相当复杂的。本案为继承纠纷,但其实症结是赡养的习惯,根本冲突是利益问题。有时习惯的力量并不作用于案件直接的法律关系上,但它根植在案件的事实和情理中。对习惯的看法有时并非取决于案件双方当事人的态度,而是取决于案外人的态度。比如此案中的大儿子,按照乡土的逻辑,父母由小儿子养老送终,财产就归小儿子。为什么由小儿子养,因为小儿子通常备受疼爱,从小到大就获得的比较多,所以当然要付出的更多。这也体现了权利义务相一致的原则。现在既然小儿子不能养老送终了,那么财产就应该分清楚。现在,由于大儿子不愿赡养,老人只能独自生活。抛开道德的因素不说,其财产的归属是清晰的。如果有一天大儿子愿意赡养或不得不赡养的时候,老人的财产应该归大儿子,而不是再次启动新一轮的继承。

在另一起继承案中,对外嫁女的继承权是尊重法律给予一定继承份额,还是尊重习惯不保障外嫁女的继承权问题,也给法官提出了现实的难题。而最后案件也是通过调解方式解决掉的。

个案3:外嫁女放弃的继承权①

本案中原、被告系同胞兄妹三人,其母去世后遗留位于剑川某小区房产一栋。本来是两兄弟之间的官司,但是作为嫁出去多年的姐姐杨某也来起诉:因有兄妹三人,故要求将房产分为三份。作为被告的弟弟也赞成姐姐分到部分房产。但当地普遍还有外嫁女不应分娘家财产的习俗。当外嫁女提出继承时,法院并未因习俗否定其继承权,而是以其结婚出嫁后,未与父母共同生活,其所尽赡养义务与原告、被告相比较少,根据权利义务一致的原则,可在分割遗产时适当分割。因此,在遗产分配的时候酌情分配了较少部分财产。而实际上,姐姐已经出嫁多年,她回家要求继承房产,也不可能真正回家居住,且农村的老宅也不利于分割出售。那么,即便是姐姐只占较少份额,实际上在案件执行的时候亦很难执行。也就是说,一审判决严格按照法律做出判决后,依然缺少执行力。当然,该案一审判决后也引起了上诉,在二审中,法院重点加强了调解,姐姐将其享有的房产份额赠予弟弟,由弟弟补偿哥哥部分钱款。调解结束后,哥哥当庭将其持有的房产证交给弟弟,并搬出上述房屋。

可以看到,本案中的外嫁女是用赠与的方式放弃了继承权,也是法官通过调解促成了外嫁女的权利让渡,实际也成全了纠纷的解决。有时调解逻辑的确让人有规避法律且和稀泥的感觉,但是往往这样的和稀泥逻辑反而弥补了习惯与法律的空隙,也是身临其境的乡土中人乐意见到的结果。而面对这样的乡土逻辑,法官也必须抽丝剥茧地找出其中关节

---

① 该案由剑川法院提供。

点，有时这种以解纷为出发点的调解行为可能超越法律，但从案结事了的角度看，实际与法律追求的价值并无区别。这样的逻辑反而更容易得出双方当事人及案外人所能接受的结果。

（三）结构性制约的调解：从习俗角度分析法官与调解

符合法律的未必都是道德的，符合道德的未必都是合法的。法律与习惯的矛盾，往往存在于双方身后的道德。但是，民事习惯背后的道德基础往往是基于已经被制定法所摒弃的传统或某一民族或地域的地方性传统。因此这样的道德判断又往往和制定法确定的法律原则和道德标准交织在一起，形成了司法实践中的一个普遍难题，也即民事习惯的司法适用存在着"良俗与恶俗判别之难"[1]的问题。

基于习俗的特性，分析法官的调解行为，会发现在面对法律和习惯冲突的时候，采取调解的过程其实是磨平法律背后的道德和习惯背后道德的棱角，找到一个双方都能接受的基点，而使得案件的结果更为合理的过程。

个案4：为习俗拆门案[2]

大理市上关镇河尾村有"耆老会"的习俗，每年农历二月二日，河尾村村民都会为家中80岁以上的老人举办庆典，老人佩戴大红花，坐上花轿，游村过巷，以示长寿喜庆。河尾村有一李姓老人要参加"耆老会"，由于大花轿太大，不能顺利出入与邻居共用的"双扇门"，必须把门拆下才行。邻居一听这事不答应了，因为在白族心目中拆门等于拆福气、拆风水。村里未能有效协调，老人的儿女只能向当地的法庭求助。法庭派出"金花"调解员[3]到现场劝解："耆老会"是河尾村先辈留下的尊老的习俗，人人都会老，家家有老人，不尊老的行为将会受到同村人的唾弃，今后你家老人或是你老了，也没人搭理你们。入情入理的劝解，顺利促成双方达成了邻居拆除大门、方便花轿通行、事后恢复大门原状的协议，两家人的怨气也得以冰释。

在这个过程中，以"调解促成尊重习惯"和"以调解促成服从法律"两种趋势在法官的实际运作都是客观存在的。这也体现为基层法院的法官在民事调解中往往会综合使用道德说教、情理感动和判决利益与风险评价或暗示等多重手段，说服当事人依从地方习惯。即使是离婚，也可以通过调解，让双方在子女抚养、财产分割等方面达成妥协。[4]通

---

[1] 参见江苏省高级人民法院课题组：《民事习惯司法运用的价值及可能性》，载《法律适用》2008年第5期。

[2] 关于该案例的记载详见鲍康、何晋松、周海燕：《双语司法实践与创新——以大理白族自治州法院双语司法实践为视角》，2019年调研报告，尚未发表。

[3] "金花"是白族对中青年女性的称呼，"金花"调解员是当地法院在审理家事、相邻纠纷中邀请的善于与当地民众沟通的女性白族调解员。

[4] 参见范愉：《民间社会规范在基层司法中的应用》，载《山东大学学报（哲学社会科学版）》2008年第1期。

过调解才能更好解决当事人的满意度、履行程度和社会公众评价和认同程度等问题。

下面要举的这个例子就是这种"以调解促成尊重习惯"调解方式的具体体现：

个案 5：新房子被"歪风水"谁来赔？①

90 年代云南某地一白族老汉盖了新房，还没有搬进去住，村里的一对年轻男女偷偷溜到老汉的新房苟合，此事被老汉知道后，认为新房被"歪风水"了。因为根据当地白族习俗，在主人搬进新房之前一些不干净的东西进入房子，就是不吉利的。按习俗要在房上披红挂彩才能避免灾祸。老汉就找到两青年要求赔偿 1 万元并要求给房子披红挂彩。两青年自知理亏，先是应允了下来，后又觉得老汉要求的赔偿数额过高不愿付钱。双方因此闹到法庭。

对这个案件，法庭认为，关于"风水"损失于法无据不能得到支持，但是两青年的非婚性行为毕竟不符合当地社会道德准则，也有悖公序良俗，并在客观上给老人心理上造成了一定伤害，理应给予适当补偿。当时审理此案的法官对该民族的习惯比较了解，他认为这样的民事习惯并不违背公序良俗，相反也是当地白族公认的善良风俗，其产生是有历史缘由和道德依据的，在当地民族成员中也得到认同。通过调解，双方达成协议：由两青年购买 500 元的红布、鞭炮、对联等作为老人的房屋竣工的贺礼。几日后，在老汉入住新房的仪式上，在执行法官监督下，犯事的男青年到现场燃放鞭炮、给新房挂红花、贴对联，纠纷至此圆满解决。

笔者曾经就此案的涉及的风水习惯问题访谈过审理此案的法官，该法官认为"如果从风水的角度看的确于法无据，但这种现象又涉及民族习惯问题"，因此，法官采取了调解的方式。并且在调解中把握情理法结合的说服办法。"我没有跟他们只讲法律，而是情理法结合。对两青年，我们提出这里的确有这个风俗，不要说你去干这种事，就是一头牛、一头羊跑进了人家的新房子，都是不吉利的。你说要是你家碰到这种情况会怎么想？对老汉，我们则引导他正确看待'歪风水、冲神灵'这种事情是没有科学依据的。只有情理法结合，才能促成双方达成调解。"② 该法官还将处理此类纠纷的经验总结为："除了要运用法律思维来衡量当事人之间的权利义务，还要兼顾道德中的善恶评价，在以案释法的同时，还要以理服人。"③

这种类型的案件在城市里还较多反映在一些所谓的"凶宅案"上。比如，刚买的新房被买主发现是不久前死过人的（非正常死亡），这种事往往对购房人造成极大的心理障碍。就如同这个发生在民族地区的"新房子被歪风水"案，城市居民对"凶宅案"的看法实际也是一种"歪风水"的看法。因此，这类案件诉到法院要求退房或者赔偿的不少。对于

---

① 有关该案例的记载参见田成有、童晓宁主编：《小庭大爱——云南法官法治故事丛书第一卷》，法律出版社 2013 年版，第 3 - 8 页。
② 笔者与 HT 法官访谈，2015 年 1 月 23 日，Y 省 L 市。
③ 参见田成有、童晓宁主编：《小庭大爱——云南法官法治故事丛书第一卷》，法律出版社 2013 年版。

这样的案件，本质上仍然是对法律与习俗的看法问题，而如果能够达成调解，这样的冲突就能相对缓和地化解。实际上，调解之所以能成为一种重要的审判方式，正是由于法官以调解的方式传达了多元的价值，在提升裁判的社会认可度的同时也实现了规则之治。

三、传统调解的问题和反思

基于以上驱动型、价值导向和结构制约型调解的类型化分析，我们可以总结当前习惯适用中的调解现状，并发现调解在现实的司法实践中仍发挥着不可替代的作用。但随着经济的发展，乡土社会的隐退，传统的调解仍具有诸多备受诟病的问题。尤其是在我国多元化纠纷解决机制建设的背景下，寻找传统调解的问题以便建成新式的调解形式正成为司法改革的重要内容。笔者基于多年的法官经验并结合对一些法官的访谈，观察到传统调解或者说现实中的调解制度建设至少存在以下的问题：

一是法官专业化培养与调解能力成反比的问题。由于法官的培养更加专业化，运用判决手段解决问题日益成为法官的首选。同时随着执行工作的加强，判决得到执行的情况增加，从效率上看，运用判决的方式有可能比调解更为节约时间和精力。年轻一代的法官似乎也更愿意通过庭审的方式进行裁判，对传统的以熟谙社情民意的方式进行调解并不擅长，同时对习惯也不了解或者也不愿意去了解，这一由于专业化培养而滋长的"新成见"或许正在成为法官、习惯、调解之间的制约因素。

二是习惯适用空间与法治发展成反比的问题。在司法实践中，习惯的适用空间逐渐缩小是现实，这是当代法治的特点决定的。同时随着现代化的推进，法律的空间越来越严密，当事人的诉讼意识越来越强，在这种情况下，适合开展调解的空间也就缩小了。另一方面，习俗与法律的冲突仍然存在，但有些问题仅靠调解仍然是解决不了的。

三是调解规范化趋势与社会动员成反比问题。诚然，调解制度是中国解决纠纷的传统优势。但是，随着经济的发展、法律意识的提高，提起诉讼逐渐成为人们解决纠纷的首选。从社会动员的角度，也表现出调解制度本身的社会动员能力偏弱，纠纷当事人不选择调解的问题突出，如何增强其社会动员能力成为核心方案。同时传统调解制度形式老化、规则化不强的情况较为突出，效率较低、人民调解随意性大、调解达成率低、甚至可能出现借调解之名行虚假诉讼之实等问题仍然存在。

四、调解规范化的进路与前瞻

正如费孝通先生所说，单把法律和法庭推行下乡，那么很有可能的后果是，法治还没有推行，礼治就荡然无存了。① 由此可见，渐进式的法律改革比之疾风骤雨式的"推行下乡"应当更适合于中国的土壤。正在世界范围内兴起的多元化纠纷解决机制（ADR）浪

---

① 费孝通：《乡土中国》（修订本），上海人民出版社2013年版，第55页。

潮也从一个侧面就说明了这个问题。重新回到调解，重视调解并给予其规则之治下的丰富内涵，在法社会学与规范法学之间探索出新的道路，恐怕正当其时。

范愉认为，在法院致力于将民间习俗规范化的努力中，也隐含着一种"雄心"，即试图将民俗纳入法律的体系，加以标准化的操作。然而，这种尝试也可能会违背民俗等社会规范生成、作用与发展的规律。[1] 笔者认为这样的担心是多余的。国家司法不可能取代民间社会及自治群体自身的功能，也不可能将民间规范的作用寄托于正式的司法机制。因为，社会生活总是大于法律的实践。而作为社会科学的法学，有时候必须低下规范的头颅，去审视丰富的社会现实。"在纷乱如麻的纠纷困局中，显然不是每一个'线头'都是合适的解决方案，任何随意的扯动都可能加剧困境。"[2] 相对柔和的调解、谈判式地解纷方式可能更好地推动问题的解决。为此，笔者冒昧提出以下三方面的进路，以求教于方家。

进路一：从法官驱动型调解迈向社会参与型调解

在审判中，法官的角色是裁判者、中立者，但是我国司法独有的法官调解制度，实际也改造了法官的形象，这一形象显然与西方更满足于逻辑推理和自洽的法官形象有着很大的不同。但是在普通民众的眼里，法官的角色仍然是刚性的、代表国家权力的、不好打交道的人。在乡间的司法实践中，法官往往依赖于调解员的作用，某种程度上，这种人际上搭配和程序上的衔接，软化了法官的角色，使得他对于乡间诉讼的介入更加通畅，同时，也为裁判结果得到乡间认同埋下了伏笔。同时，通过近年来我国法院大力开展多元化解和诉讼服务的浪潮，特邀调解员参与调解更加普遍，习惯在民事司法中的作用有得到进一步发挥的趋势。

在前文列举的个案4，也即"金花"调解员化解为"耆老会"要拆除邻居大门的案例中，本文还注意到该案的两个有趣的细节，一是"老人的儿女向喜洲法庭求助"，二是"法庭派金花调解员到现场劝解"。后经笔者核实，这个案件尽管当事人找上了门，法庭其实并没有立案，但是考虑到邻居之间确实起了争执，应当帮忙解决。该案又与风俗习惯有关，所以派"金花"调解员去调解最合适。为什么法庭不坚持按照诉讼的程序受理和审判呢？法庭的庭长告诉笔者："实际上，作为一个处于民族地区的法庭，遇到这样的纠纷很多，按照诉讼程序审，老百姓未必接受，纠纷也不易化解。很多纠纷我们都是通过调解在诉讼前就化解了。"

法庭庭长这样的表述也说明了法庭在乡土中的特殊地位和作用，只要是有经验的基层法官都知道，片面地强调程序，往往是不利于解决纠纷的。而看上去不太强调程序的调解，甚至于连调解都算不上的咨询和劝解，特别是由来自本土的调解员进行（不论是诉讼

---

[1] 参见范愉：《民间社会规范在基层司法中的应用》，载《山东大学学报（哲学社会科学版）》2008年第1期。

[2] 童晓宁、张永颖：《多元化纠纷解决机制改革实证研究——以"烂尾楼"纠纷处置为视角》，载《人民司法》2019年第10期。

前进行还是诉讼中进行），都往往有利于纠纷解决。而这也是法官乐于见到的结果。这样的纠纷处理方式，也是中国基层法庭经常采用的方式。这样的处理方式，与来自抗辩式的庭审传统是大相径庭的，在社会已经高度发展的今天，这样的方式仍然在被倡导和深化，并深深根植于民众的共同意识之中。

关于法官和调解员关系定位，在近年来我国法院加强多元化纠纷机制建设以来，得到了进一步增强，并且加大推动了调解的规范化和法治化。以 2002 年最高人民法院通过司法解释首次认可人民调解协议的效力为标志，随后的一系列措施都是为增强调解的动员能力和规范导向。其目的亦是进一步释放了包括调解在内的一系列非诉讼纠纷解决的改革创新潜力，其尽可以发挥创造力解决纠纷。并将促使传统的以人民调解为中心，由法院担当主力的模式，在新的时代背景下发生根本性的变化：社会力量参与才是我国多元化纠纷解决机制的生命力所在，并提出应当特别重视挖掘和发挥基层社区和行业的社会力量。

进路二：从价值导向型调解迈向程序导向型调解

"程序正义"在当代的法律话语中已被推崇至无以复加的地位。但实际上，制定法所规定的对抗性的程序往往不利于纠纷的解决。法律逻辑所努力追求的"完美"本身可能正是问题所在。很多法官都有这样的体会，那就是程序的软化反而利于当事人合意的达成，甚至于一些法庭外的氛围营造也有可能提高调解的质量。实际上，随着近年来中国法院广泛推进的多元化纠纷解决机制和诉讼服务中心建设，调解的程序软化现象更加突出，并成为中国司法改革的新趋势。从各级法院的积极探索中可以看到，相对于立法和法学界而言，司法机关对社会的回应显得更加主动和积极，这些动向是值得理论界关注和反思的。[①]

乔恩·威特在其《社会学邀请》中曾做过如下理论推演——现代社会学认为，人在社会交往中，会以他人反应和社会为镜鉴不断调整自我。[②] 但每个人都这样做的结果是：社会就会逐渐脱离人的掌控。反过来，也就意味着社会约束了我们自己。[③] 引用这个理论也许可以说明调解中的情景问题，一些有经验的法院和法官往往会运用情景的营造来推动纠纷的解决。

一些民族地区法院的探索比较有意义。比如提供给离婚诉讼当事人阅读一些调解成功的案例和材料，甚至要求谈一谈读后感等等。"清官难断家务事"，有的问题真正引发当事人内心自己的反思了，反而容易解决。云南某民族地区基层法院还创新调解文化载体，将以乡土社会中多发婚姻、家庭等类似的纠纷化解拍成法治微电影，在巡回调解的过程中，每到一村在开庭前就要求当事人和村民观看，这一举动看似与审判无关，但对于纠纷的解

---

① 参见范愉：《民间社会规范在基层司法中的应用》，载《山东大学学报（哲学社会科学版）》2008 年第 1 期。
② 参见 [美] 乔恩·威特：《社会学的邀请》，林聚任等译，北京大学出版社 2008 年版，第 124 - 125 页。
③ 理论来源是社会学著名理论"拟剧论"，提出者为美国社会学家欧文·戈夫曼。关于"拟剧论"可参见 [美] 欧文·戈夫曼：《日常生活的自我呈现》，冯钢译，北京大学出版社 2020 年版。

决每每有所裨益。①

调解场所作为一个调解活动的载体，也给了参与者剧场化的实际体验。以云南法院为例，法院在诉讼服务中心设立调解速裁区等功能区，建立圆桌调解等方式，集中开展立案、接访、调解、速裁、送达、材料录入和转接、诉讼事务办理等工作，切实提升了法院解决纠纷能力水平；在基层乡村建立诉讼服务站，主动延伸服务触角，就地立案、就地调解，将纠纷化解在第一线；在网络上开通诉讼服务网、调解平台，提供线上法律咨询、网上调解。如此三位一体的"一站式"解纷服务，对引导当事人选择调解、促成调解都有一定帮助。

进路三：从结构制约性调解迈向良俗塑造型调解

法律、政策等其他国家性质的规范不能完全足以支撑起社会生活所需要的全部价值、准则和秩序要求，一个团结、富有活力以及具有较高道德水准的社会，从来离不开社会自身对其成员的指导、约束和塑造。对长期受到民族文化、地域文化影响的当事人，引入良风良俗说理更容易使其信服。

个案6：将民族文化及善良风俗引入审判的邓川法庭②

邓川法庭以"南北两围墙，东西一走廊"建成法庭文化广场，以"道德感化和法律引领"作为解决纠纷的主要路径。北文化墙设有父子、夫妻、兄弟、邻里、朋友、关联六个篇章，每一个篇章都由"以史为镜、反面案例警示、法官评说、当事人的思考与看法"四项内容构成，从横向上剖析诉讼参与人之间的关系，法官辅之以诉前疏导，引导其正确面对矛盾纠纷。南文化墙由清廉篇、明礼篇、尊老篇、爱幼篇、有德篇等篇章组成，讲述古今道德规范、行为准则和历史故事，引导诉讼参与人通过"照镜子"悟人生。从纵向上尝试用道德正能量来引导诉讼参与人平和理性打官司。

邓川法庭在实践中，还探索出一整套将法庭文化融入审判实践的独特的办案流程。这套流程被定名为邓川法庭"一二三一"工作机制：即第一步是"一个提示"，向当事人发放印有法律规定和道德名言警句的诉讼温馨提示；第二步是"二种学习"，引导当事人学习文化广场相应内容、反馈诉讼教育材料；第三步是"三次疏导"，诉前、诉中、诉后三次对当事人进行心理疏导；第四步"一次回访"，通过案件回访，帮助当事人正确认识诉讼得与失。通常在这样的"四步走"之后，当事人往往自动撤诉或自愿接受调解。③

以云南法院为例，已将民族文化、地域文化、法治文化融入法院现代化诉讼服务体系建设，将文化融入解纷的主要环节——调解的具体过程，并基于诉前辅导发展出调解的前置做法。他们尝试首先实现理念融合。认识到少数民族文化、地域文化在矛盾纠纷化解中

---

① 参见《云南高院关于多元化解的调研报告》之附件2：《祥云法院的"法治微电影"》。
② 该案例系本文作者在实地访谈中所得。
③ 参见童晓宁、唐时华、王琴：《特色法庭文化的"三合一"效应——云南省洱源县人民法院邓川法庭文化建设策划与传播纪实》，http://www.dffyw.com/fazhixinwen/sifa/201501/37891.html，访问日期：2016-1-27。

的重要作用和潜能，对民族文化、地域文化普遍具备的"无讼""和解"等理念予以充分挖掘文化资源，将民族文化、地域文化与法治文化相结合，共同服务于纠纷化解。其次实现方法融合。法院主动挖掘民间社会定纷止争习惯和矛盾化解机制，构建文化融合、纠纷化解、诉讼保障的矛盾调和机制，将民族文化、地域文化融入诉前辅导、纠纷化解和普法宣传。

五、结语

正如黄宗智所言，我们应当"理直气壮"地说出调解背后的法理。① 笔者认为，调解正是由中国历史和现实决定的生机勃勃的法律实践。这一生机勃勃的法律实践正在习惯的田野里茁壮的成长，从嵌入式的法律角度来观察，这一实践也能回馈出丰富的规则意义，不承认这个现实的观察者恐怕也是缺乏眼力的。规则之治就是一定要刚性地表达制定法的态度吗？笔者以为倒也未必。有些判决虽然短期保护了某种的权利，但从长期来看，可能制造了新的矛盾。当然这也并不是否认判决的规则意义更为明显，而是提醒我们不能无视调解的规范意义正在加强的事实和趋势。特别是调解如能实现从法官驱动型调解迈向社会参与型调解、从价值导向型调解向程序导向型调解、结构制约性调解迈向良俗塑造型调解三个转向，或对调解的规范化更有裨益。

Three-dimensional Reconstruction: Normalized Mediation Analysis of the Interactive Relationship among Judges, Custom and Mediation

Tong Xiaoning

Abstract: Mediation is a vigorous legal practice determined by Chinese history and reality. Combined with the judge's observation on civil customary judicial practice (mediation) and the analysis of judge-driven, value-oriented and structural restrictive mediation, It is found that the deficiency of the traditional mediation lies in the inverse relation between the professional training of judges and the mediation competence, the narrower space for customary practice and the improved rule of law and the trend of normalized mediation and social mobilization. Based on the above, this paper puts forward the standardized approach from judge-driven mediation to socially engaged mediation, from value-oriented mediation to procedure-oriented mediation, and from structural restrictive mediation to custom-oriented mediation.

Keyword: Judge, Custom, Mediation, three-dimensional reconstruction, normalized

（编辑：尤婷）

---

① 参见黄宗智：《中国正义体系的三大传统与当前的民法典编纂》，载《开放时代》2017年第6期。

习惯在警察调解中的适用问题研究

徐晓宇[*]

摘　要　"习惯"自被确认为正式法源以来一直受到民事司法领域的广泛关注，而越来越多地承担着矛盾纠纷化解职能的警察调解对此却回应鲜少，这与我国构建多元化纠纷解决机制的法治发展目标不符。我国的基本国情、传统的法律文化以及公私法相融合的法律发展趋势决定了"习惯"适用于警察调解的应然性。习惯适用于警察调解的前提是穷尽规范性法律文件的相关规定；权力型警察调解和义务型警察调解均可适用习惯处理民间纠纷；适用于警察调解的习惯是一个事实概念；警察调解适用习惯还受到公序良俗原则之限制。

关键词　习惯　法律适用　警察调解

引　言

习惯被确认为正式法源已将近5年，[①] 学者和实务界对习惯的研究却一直囿于司法裁判的范畴，主要关注习惯作为正式法源对法官及司法裁判的影响。雷磊教授就认为，从法律适用的视角来看，习惯作为法源是裁判依据的来源，《民法总则》第10条之内容是对法官适用习惯解决民间纠纷的授权和限制。[②] 然而，司法只是化解矛盾纠纷的途径之一，习惯作为处理民事纠纷的正式依据，其效力应涵摄至司法以外的其他途径。但正如周赟教授

---

[*] 徐晓宇，女，中国人民公安大学法学院警察法学基础理论方向博士研究生。

[①] 一般认为，习惯的正式法源地位由《民法典》第10条予以确认，实际上，作为其开篇之作的《民法总则》早在2017年就有此规定。虽然自2021年1月1日《民法典》开始实施以来《民法总则》已同时废止，但二者对第10条的规定在内容上并无变化。

[②] 参见雷磊：《习惯作为法源？——以〈民法总则〉第10条为出发点》，载《环球法律评论》2019年第4期，第54-55、66页。

所言，行政执法者似乎从未表达过对识别类似于"公序良俗"等非正式规范的困惑。[①] 警察调解[②]作为我国多元化纠纷解决机制的重要形式之一，似乎也未表达过"在处理纷繁复杂的矛盾纠纷时如果遭遇无法可依之情境是否可参照《民法典》之规定适用习惯"的困惑。本文则欲拾漏补遗，探讨习惯适用于警察调解的法理基础，以及警察调解中习惯的启动条件、适用范围、所适用习惯之界定及其所受到的限制。

一、习惯适用于警察调解的法理基础

习惯作为民法法源能否成为警察调解的依据？这本质上是一个法律适用的问题。将习惯的适用囿于司法裁判领域是对法律适用的狭义理解，即认为只有应用法律处理案件的专门活动方可称之为法律适用。[③] 广义的法律适用又称"法的适用"，[④] 指专门国家机关和由国家授权的社会组织，依法运用国家权力调整和保护具体的社会关系，使法律规范得到实施的法律活动，是法律实施的重要形式。[⑤] 广义的法律适用主体，不仅包括司法机关，还包括权力机关、行政机关和国家授权的社会组织；其活动的结果是产生、变更或消灭一定主体间的权利义务关系，以保证权利义务的实现。广义法律适用的基本形式可以分为对法律规范"处理"部分的适用和对法律规范"制裁"部分的适用。前者多发生于无违法现象之情境，授予学位、婚姻登记、公证等活动属于此列；后者则发生于出现违法现象的非正常社会状态，行政调解、司法审判、仲裁等活动属于此列。警察调解正是在出现矛盾纠纷的社会冲突状态下，人民警察依据法定职权和程序应用法律处理纠纷的专门活动，属于广义上的法律适用。在完善社会矛盾纠纷多元预防调处化解综合机制，深化多元化纠纷解决机制改革，推进国家治理体系和治理能力现代化的当下，宜对习惯的法律适用做广义的理解——习惯不仅适用于司法领域，亦可适用于执法领域，尤其是当下承担了大量民间纠纷化解职能的警察调解领域。这也是由我国的基本国情、传统的法律文化和公私法相融合的法律发展趋势决定的。

首先，我国的基本国情决定了习惯的法源效力应涵摄多元化纠纷处理机制的各种方式，尤其是警察调解。我国正处于高速发展的社会转型期，经济体制的变革、社会结构的

---

① 参见周赟：《准用性法律中非正式规范识别机制构建导论》，载《政法论丛》2020年第2期，第3页及第6页。

② 关于"警察调解"的性质与定义，目前我国无论学界还是实务界均未达成统一观点，鉴于篇幅本文暂不讨论该问题。基于功能主义的进路，本文暂将警察行政调解、公安调解、公安行政调解、治安调解、派出所调解等由人民警察参与主持的调解案件统摄于"警察调解"这一概念下进行讨论。

③ 参见周农、张彩凤：《法理学（第三版）》，中国人民公安大学出版社2011年版2014年重印，第163页。

④ 也有学者将称之为"适用法律"，并将其分为狭义的和广义的：狭义之说是指审判机构的审判活动；广义之说是指审判机构和检察机构的审判、检察、监督活动。笔者认为，此二者均属于"狭义的法律适用"。参见刘星：《法理学导论：实践的思维演绎》，中国法制出版社2016年版，第432，437页。

⑤ 《新编常用法律词典：案例应用版：精装增订版》，中国法制出版社2016年1月第3版，第4页；《法学大辞典》，中国政法大学出版社1991年版，第1032页。

变动、利益格局的调整以及思想观念的转变，都影响着我国当前的社会主要矛盾的转变。相应的，社会纠纷的数量、种类和形式也随之增多并日益复杂化。因为从法律意义上看，纠纷和争执往往是社会矛盾的表现。而社会对纠纷的反应则表现在两个方面：控制与处理。一方面通过制度（尤其是法律制度）预防和禁止社会成员之间发生纠纷，另一方面设置处理机制来解决已经发生的纠纷，① 警察调解则属于纠纷处理机制。社会处理纠纷的方式大体上分为两类：一是当事人自己的合意解决，二是第三方作为介入者居于纠纷当事人中间的处理。前者包括协商、和解与妥协等手段，多为非制度化的私力救济所采用；后者则包括斡旋、调解、仲裁、裁判等制度化处理方式。司法固然是社会纠纷解决机制的最后一道防线，但也仅是处理民事纠纷的众多方式之一；由于资源的相对稀缺性，较之其他纠纷解决方式，司法成本高、耗时长，且不利于社会关系的及时修复及社会秩序的稳定和维护。② 习近平总书记就曾强调，我国国情决定了我们不能成为"诉讼大国"。③ 事实上，我国大部分的矛盾纠纷都是通过诉讼外途径得以消解的，但政府主导型社会纠纷解决模式在社会自我消解纠纷能力尚未匹配我国当代国情的情境中仍是必要的，而且是主要的途径，如"大调解"运动就是对我国转型期原有的社会纠纷解决机制失灵的回应。调查显示，近年来在年均约 1500 万起纠纷中，三分之一是以调解方式处理的；④ 在关于民间解纷机制满意度的问卷调查中，调解作为"比较严重"的纠纷之解决方式，其评价得分也是最高的；⑤ 纠纷发生后民众首先会选择的最主要的调解方式是行政性的调解和协调。表 1 统计了近十年以来，以法院为代表的司法机关、以公安为代表的行政机关以及以人民调解委员会为代表的群众自治性组织处理矛盾纠纷的大体情况，⑥ 可以看出，即使在没有统计私力

---

① 参见徐静村，刘荣军：《纠纷解决与法》，载《现代法学》1999 年第 3 期。
② 参见潘剑锋：《完善预防性法律制度（有的放矢）》，载《人民日报》2021 年 1 月 19 日，第 9 版。
③ 习近平总书记在 2020 年 11 月 16 日召开的中央全面依法治国工作会议中就曾指出"我国国情决定了我们不能成为'诉讼大国'。我国有 14 亿人口，大大小小的事都要打官司，那必然不堪重负！要推动更多法治力量向引导和疏导端用力，完善预防性法律制度，坚持和发展新时代'枫桥经验'，完善社会矛盾纠纷多元预防调处化解综合机制"。参见习近平：《推进全面依法治国，发挥法治在国家治理体系和治理能力现代化中的积极作用》，载《求是》2020 年第 22 期。
④ 参见黄宗智：《中国正义体系的三大传统与当前的民法典编纂》，载《开放时代》2017 年第 6 期。
⑤ 参见朱景文：《中国人民大学中国法律发展报告 2020：中国法治评估的理论、方法和实践》，中国人民大学出版社，第 150 页。
⑥ 表 1 数据来源：2011 年 – 2020 年《中国统计年鉴》及《中国法律年鉴》。因无法获得对以调解方式结案的治安类案件的数量，故列举出"殴打他人""故意伤害"两类最有可能以调解方式结案的治安案件的数量。

救济①和实践中大量存在的义务型警察调解②的情况下，诉讼途径在主要的制度化纠纷解决方式中也只占到四成左右。也就是说，多元化解纷机制的结构和比重也决定了习惯作为处理民事纠纷的正式法源不能仅对应于其中之一的司法裁判。实践中，警察调解因其应急性、低廉性、官方性，③ 以及民众基于110"四有四必"理念下"有困难找警察"的惯习，已成为当代中国大部分地区（尤其西北部地区）群众处理矛盾纠纷时的首选方式④——警察距离民众只有一个电话的距离，而且警察随叫随到，即使在下班时间。据统计，2020年1至11月，全国公安机关110接处警热线共接收群众报警求助9903.5万起，其中求助类警情2485.3万起，纠纷类警情1331.6万起，⑤ 如此庞大的数字还未包括警察对治安类案件进行的调解。有学者形象地指出：生活中发生的一切纠纷，都可以在派出所的值班室中被重新阅读。⑥ 可以说，警察调解基本上已构成我国社会纠纷解决系统的金字塔之基，警察调解的规范化、法治化直接影响着基层社会治理的效果和平安中国建设的进程，因而在相关法律缺位时更需要习惯作为正式法源的指导与限制。

---

① 除了上文提到的诉讼的制度化替代方案（包从属于括国家的如行政复议和行政调解，以及从属于社会的如人民调解），私力救济也是在我国长期且大量存在的一种纠纷解决方式。参见谢晖：《论民间法与纠纷解决》，载《法律科学》2011年第6期。

② 在笔者对北京市、上海市、郑州市、烟台市、庆阳市等地多名民警的走访和电话访谈中发现，获取真实、有效的警察调解数据存在一定困难，尤其是基于《人民警察法》的帮助义务而进行的警察调解（义务型警察调解参见文章第三部分）。因为警察调解的纠纷来源一般有三个途径：一是110报警服务台（包含指挥中心）接警后向有管辖权的公安机关下达的处警指令；二是公安派出所值班民警接到的报警求助在向值班领导报告后指派给民警的指令；三是巡逻民警在工作中接到的群众求助和报警以及自己发现的民间纠纷。而这之中只有真正形成警情且调解成功的才会形成档案资料。此外，由于警察调解性质不明确、权力来源不同，实践中对纠纷调解类警情的认识也有所不同，有的警察部门将噪音扰民等纠纷类案件统计在求助类警情之下，有的警察部门则直接不区分纠纷与求助而将其一概统计在群众求助类警情之中，这导致警察调解的统计数据极为隐蔽和分散。而且大多数民警反映，几乎每起大调解中心的纠纷调解以及社区人民调解委员会的纠纷调解都有民警的参与，而这类警察调解案件基本上也是不计入统计的。总之，据民警普遍反映，纠纷调解类警情占据了警察实际日常工作量的绝大部分，一些地方甚至可以达到70%到80%。

③ 左卫民、马静华：《110警务体制中的纠纷解决机制》，载《法学》，2006年第11期。

④ 通过笔者对北京、广州、郑州、庆阳等地区民警的访谈发现，中西部地区将警察调解作为纠纷处理首选方式的比例高于经济较发达的南方城市。这也与强世功教授认为北上广地区属于后工业社会，而西北广大基层地区则处在农牧业时代；"大调解"正是对西北基层地区标准和需求的迎合，而这种以"人民满意"为标准的调解又让北上广专业化精英法官们心里堵得慌的观点相一致。参见强世功：《告别国家法一元论：秋菊的困惑与大国法治道路》，载《东方学刊》2018年第2期。

⑤ 数据来源：中华人民共和国公安部治安管理局信息公开内容，参见《2020年公安机关110接收群众报警求助9903.5万起 救助群众335万余人次》，https://app.mps.gov.cn/gdnps/pc/content.jsp?id=7648968&mtype=3，访问时间：2021-08-10。

⑥ 参见左卫民等：《变革时代的解纷解决》，北京大学出版社2007年版，第155页。

表1 社会矛盾纠纷多元调处途径数据比较（2010–2019）

案件年度	法院受理一审案件（单位：万件）					公安机关受理治安案件										人民调解案件	
	各类一审案件		民（商）事一审案件			各类治安案件			殴打他人类				故意伤害类					
	收案	结案	收案	比重(%)	结案	发现受理		查处（单位：万元）	发现受理		比重(%)	查处（单位：万起）	发现受理		比重(%)	查处（单位：万起）	（单位：万件）	调解成功率(%)
						（单位：万起）	每万人案件（起/万）		（单位：万起）	每万人案件（起/万）			每万人案件（起/万）				
2019	1544.0	1552.5	1385.2	88.0	1393.0	962.5	68.2	871.9	225.3	16.0	23.4	212.0	1.1	1.6	14.4	931.5	/
2018	1392.1	1452.2	1245.0	89.4	1243.5	972.1	69.7	884.6	236.4	16.9	24.3	222.3	1.3	1.8	16.0	953.2	/
2017	1290.8	1318.6	1137.3	88.1	1165.1	1043.6	75.1	960.9	257.9	18.5	24.7	242.9	1.5	2.0	18.9	883.3	98.0
2016	1208.9	1151.7	1076.2	89.0	1076.4	1151.7	83.4	1065.2	280.4	20.3	24.3	265.4	1.6	1.9	20.5	901.9	98.2
2015	1144.5	1087.3	1009.8	88.2	957.5	1179.5	85.7	1097.1	300.1	21.8	25.4	284.6	1.6	1.8	20.0	933.1	98.2
2014	949.0	916.4	830.7	87.5	801.0	1187.9	86.3	1120.2	328.4	23.8	27.6	316.5	1.7	1.9	21.2	940.5	98.2
2013	887.7	8.558	778.2	87.7	751.1	1330.8	97.3	1274.6	411.9	30.1	30.9	399.2	2.2	2.2	27.8	943.9	97.7
2012	844.3	832.1	731.6	86.7	720.6	1389.0	102.3	1331.0	453.2	33.4	32.6	4377.9	2.3	2.2	28.8	926.6	97.6
2011	759.6	753.5	661.4	87.1	655.9	1316.6	97.1	1256.3	441.7	32.6	33.5	426.5	2.1	2.1	26.1	893.5	96.9
2010	699.9	702.2	609.1	87.0	611.3	1275.8	94.8	1212.2	425.8	31.7	33.4	412.5	1.8	1.9	222.7	814.8	96.9

其次，我国以"法"为骨骼、以"礼"为血肉、以"道"为补充的法律文化传统，[1]以及由自然经济状态、小农社会结构、儒家思想学说决定和推崇的秩序和谐理念及强调教化息讼的价值取向[2]也决定了习惯在处理民事纠纷时向非诉救济途径的倾向。最基础的社会价值乃至文化认同决定了纠纷的本质、恰当的纠纷状况回应方式以及合适的救济途径。[3] 黄宗智先生就曾指出，中华法系的法理之一就是调解与断案的相互补充和相互作用；受儒家价值观长期影响而形成的遍布中国农村和城镇社区的调解制度才是传统民间习惯中最为关键的：在古代中国"法律儒家化"的过程中至关重要的观念就是纠纷首先应该先由社会自身去处理，社会自身处理不了的纠纷才是国家制定法可以介入的范围。也就是说，调解制度与国家制定法共同构成了中华法系的最基本特色。[4] 虽然法治现代化解构了诸多消极的传统法律制度和法律观念，但具有深厚历史底蕴和底层基础的传统法律文化仍决定了我国当代法律观的深层结构。尤其是在私人关系领域，以及国家机关与私主体彼此之间进行谈判和磋商之时，传统的儒家学说仍然影响着法律的适用，即在法律提供的制度框架之内影响着规章制度的实际适用。[5] 我国传统法律文化中类似"礼法结合、先教后刑""崇尚无讼、注重调解"等这样的积极因素在法治现代化进程中继续显性或隐形地发挥着作用，决定了公民在对民事纠纷的处理方式上更倾向于选择自主协商或者说教调解等非司法手段。[6] 同时，调解制度也是长期以来唯一被西方学者广泛研究的中国法律制度，并被誉为"东方经验"。其中行政调解最早可追溯至周朝的"调人"制度，至盛唐时已具规模。[7] 最具中国特色的警察调解，则可追溯至黄宗智先生提及的集体化时期的半正式干部调解。黄宗智认为，中国的调解制度，不论是延续至今的非正式的民间调解传统，还是毛泽东时代创建的半正式社区干部调解，抑或是正式法庭调解传统，均乃较为独特且成效相对较高的制度。群众路线使他们获得广泛认可的群众基础，事实上西方的调解制度远不及他们。[8] 近年来，公安机关开展的"枫桥式公安派出所"创建活动即是对产生于20世纪60年代进而适用于依靠群众进行社会治安综合治理的"枫桥经验"的践行，警察调解

---

[1] 参见段秋观：《传统法律观念的现实存在和影响——兼论法律观的现代化》，载何柏生主编：《中国传统法律文化与法律价值》，法律出版社2017年版，第66–71页。
[2] 参见何勤华：《泛讼与厌讼的历史考察——关于中西方法律传统的一点思考》，载何柏生主编：《中国传统法律文化与法律价值》，法律出版社2017年版，第268–275页。参见陈光中：《中国古代司法制度》，北京大学出版社2017年版，第19–21页。
[3] 参见[英]西蒙·罗伯茨\彭文浩《纠纷解决过程：ADR与形成决定的主要形式》，刘哲玮、李佳佳、于春露译，北京大学出版社2011年版，第1页。
[4] 参见黄宗智：《中国正义体系的三大传统与当前的民法典编纂》，载《开放时代》2017年第6期。
[5] 参见国家法官学院，德国国际合作机构：《法律适用方法：行政法案例分析方法》，中国法制出版社2019年版，第11–12页。
[6] 参见梁平：《多元化纠纷解决机制的制度构建——基于公众选择偏好的实证考察》，载《当代法学》2011年第3期。
[7] 参见金艳：《行政调解的制度设计》，载《行政法学研究》2005年第2期。
[8] 参见[美]黄宗智：《调解与中国法律的现代性》，载《中国焦点》2009年第3期。

则是其落实"矛盾不上交、平安不出事、服务不缺位"的枫桥精神的重要途径之一。此外，警察调解既迎合了群众息讼的价值取向，又满足了自古以来我国老百姓对"父母官"权威的倚重，因而在多元纠纷调处方式中所占的比重也越来越大；作为处理民事纠纷正式法源之习惯在警察调解中更不可缺位。

最后，公私法相互融合的法律发展趋势也决定了习惯在处理民事纠纷时不能仅局限于民事司法范畴，统摄于公法之下的警察调解因对私关系的干预亦可适用习惯进行判断。法律的公、私之分源自古罗马，后为大陆法系继承和发展；英美法系虽无形式意义上严格的公私法之别，但实践中也存在着类似的界分。然而，随着国家与社会之间的彼此渗透[1]、政府与市场之间的相互借鉴、公域与私域之间的不断交流，公私法分庭抗礼的楚河汉界开始动摇。以管制为目标的公法与以自治为导向的私法相互融合，共同参与社会治理，成为全球社会发展中的一个重要法现象，[2] 表现为私法公法化，公法私法化，以及混合型法律的出现。[3] 而我国法治现代化背景下建立服务型政府所要求的政府角色变迁、政府职能转变、行政体制改革以及社会治理方式创新使得我们不但要校正长期以来由"官本位"思想导致的公法几乎吞没私法的现象，还要面对全球化背景下公私法相融合的共性问题，这也是对我国在法治轨道上推进国家治理体系和治理能力现代化的考验。党的十八届四中全会提出"强化行政机关解决同行政管理活动密切相关的民事纠纷功能"，即是认识到纠纷的解决是私法必须面对、公法也无法回避的问题之本质，从而进一步肯定了公权力在民事解纷中的功能。而我国立法实践中公私法相融合的现象也早已存在。一方面，公法领域设立了诸多干预私关系的法律规范，如《环境噪声污染防治法》关于环境污染和噪音扰民纠纷的规定、《城市房地产管理法》关于房地产交易纠纷的规定、《产品质量法》关于产品质量纠纷的规定、《土壤污染防治法》关于土壤污染引起的民事纠纷的规定、《治安管理处罚法》关于警察调解民间纠纷的规定等。另一方面，私法领域也存在着直接约束公权力主体行为的法律规范，如《民法典》中就"寄居"了大约160多条与行政机关直接相关的规定，并出现了大量调整公共利益，甚至规范行政主体行为的条款。这些行政义务性规定对行政主体来说某种意义上也构成其法定职责的内容，使得这些民事法律具有一定的"溢

---

[1] [德] 哈贝马斯：《公共领域的结构转型》，曹卫东等译，上海：学林出版社，1999年，第171页。
[2] 张淑芳：《私法渗入公法的必然与边界》，载《中国法学》2019年第4期。
[3] 所谓"私法公法化"，主要是指公法对私法领域控制的强化，从而形成对"私法自治"原则效力的限制。具体表现为契约自由的限制、所有权的相对化以及无过错原则的确立。所谓"公法私法化"，是指私法上的原则、理念、行为方式等渗透或移植到传统公法领域的现象。例如，私法上的诚实信用原则被转用于公法领域；由非行政主体（如行业协会、消费者协会）享有并行使"公共权力"；行政主体采用体现私法平等理念的契约、指导方式完成行政任务等等。所谓"混合型法"是指公法与私法相互渗透过程中逐步形成的"新的部门法"，包括劳动法、消费者法、经济法、环境法、社会保障法等。参见鲁鹏宇：《论行政法的观念革新——以公私法二元论的批判为视角》，载《当代法学》2010年第5期。

出效应"从而成为行政执法行为和行政审判活动的直接依据。① 习惯作为处理民事纠纷的正式法源,在成为司法审判活动裁判依据的同时,不可避免的也会成为行政执法行为的规范来源。总之,随着社会转型和国家任务的变迁,公法所要调整的个人利益、集体利益和公共利益也越来越多,功能上也开始兼具"自由防御"和"利害调整",民法强调私法自治,不允许公法干预私人事务的原则已开始动摇。如果立法者十分重视公法所要实现的某一法益目标,有时会在私法和公法之间做出权衡,通过私法的必要容让实现公法的管制目标优于私法的目的,公法因而可以成为民事权利的行政和刑事保护依据。而警察调解可以说是同时受公法与私法调整的典范:《人民警察法》第 20 条关于警察义务和纪律的规定要求人民警察必须做到尊重人民群众的风俗习惯;《民法典》第 3 条作为在民事领域依法行政的底线规则,要求警察调解必须尊重民事权利并承担不得侵害民事权利的消极义务;《民法典》第 10 条则与《民间纠纷处理办法》第 4 条、第 5 条、第 11 条相关联对警察调解民间纠纷时是否可以适用习惯作为正式法源作出了原则上的规定等。正如鲁道夫·冯·耶林所言,法律发展的根本目的在于维护公民的权利,习惯被确认为正式法源为民事纠纷中的公民维权提供了多一重保障,警察调解则为其提供了多一种渠道;习惯成为警察调解的判断依据则是公法、私法双管齐下,共同维护公民权益的有效途径。

二、习惯适用于警察调解的启动条件

既然习惯作为民法法源,也可以成为警察调解的执法依据,那么,是否所有的警察调解均可直接适用习惯作为判断依据呢? 答案是否定的。习惯适用于警察调解亦有其启动条件,即无法可依。《民法典》第 10 条规定,处理民事纠纷首先应当依据"法律",只有在法律没有相关规定时,方可适用"习惯"进行判断。也就是说,法律是警察调解的一阶法源,在有法律依据的情境中,依据法律作出判断是警察调解的应有之义;适用习惯的前提则是相关法律规定的缺位,法律出现漏洞或留有空白之时方是习惯登场之际。

那么,此处的"法律"是广义的法律还是狭义的法律? 是一般意义上的法律还是严格意义上的法律? 对第一个问题的回答,学界基本上达成了一个最低限度的共识,即作为正式法源,此处的法律指拥有立法权的国家机关按照一定的程序制定和颁布的规范性法律文件,即"狭义的法律"。② 该共识至少包含两层含义:作为处理民事纠纷一阶法源之法律(1)是指国家法而非民间法;(2)是指制定法而非习惯法。分歧主要存在于第二个问题:一些学者认为,《民法典》第 10 条中所规定之"法律"暗含地排除了行政法规、地方性

---

① 习近平总书记指出:"各级政府要以保证《民法典》有效实施为重点抓手推进法治政府建设,把《民法典》作为行政决策、行政管理、行政监督的重要标尺,不得违背法律法规随意作出减损公民、法人和其他组织合法权益或增加其义务的决定。"参见习近平:《充分认识颁布实施民法典重大意义依法更好保障人民合法权益》,载《求是》2020 年第 12 期。

② 《法学大辞典》,中国政法大学出版社 1991 年版,第 1022 页。

法规以及司法解释的法源地位。① 当然，也有学者认为，该条款所规定之"法律"除了民法典和民事特别法以外，还包括行政法规、地方性法规、法律解释以及司法解释中有明确构成要件以及法律效果的法律规则。② 笔者倾向于后一种观点，认为此处的"法律"应指一般意义上的法律，而非严格意义上的法律。

所谓严格意义上的法律，是指由一国的国家立法机关制定的某一类特定地位的规范性法律文件，在我国则指由全国人大及其常委会制定的效力仅次于宪法的规范性法律文件，例如"宪法、法律、法规"并称时之"法律"就是在严格意义上使用"法律"这一概念。一般意义上的法律则指国家所制定的全部规范性法律文件，即一国法律制度的整体，③ 在中国则包括宪法、严格意义上的法律、法规、规章及条例等。而"法源"又是法律规范的一种表现形式，④ 即法的制定机关、适用领域、创制方式、表现形式以及不同形式之间的关系。法源同时是一个动态的概念，一国的政体、法律传统、民族文化和社会变迁都影响着法源的内容。例如，在以判例法为主的英美国家，判例和习惯均可作为其正式的法律渊源；而在以制定法为主的大陆法系国家，正式的法律渊源则是由现行有效的正式法律所规定的。具体到我国而言，则是由《宪法》和《立法法》所规定的，包括宪法、严格意义上的法律、行政法规和规章、地方性法规和规章、自治条例、单行条例以及部门规章等规范性法律文件。可见，从法教义学视角出发，作为处理民事纠纷的一阶法源，此处的法律也应指一般意义上的法律；我们既不可对其过度限缩，也不可对其盲目扩展。

此外，从功利主义和现实主义视角出发，处理当下的民事纠纷也需要一个多效力层次的法律体系。尼古拉斯·卢曼认为，法律作为一个社会子系统在规范上是封闭的，在认知上是开放的；法律的各个组成部分之间通过自己的交流媒介和术语进行自我产生和自我调节，通过其组成部分的有机联动来维护自身的统一性和独立性，进而对整个社会进行调节。作为处理民事纠纷的有效法律依据，如果仅将其限定为严格意义上的法律这一种表现形式，不但破坏了法律的系统性，而且不能满足处理当下数量增长化、类型多样化、内容复杂化、形式网络化、主体组织化、参与多元化、表达激烈化、方式极端化、发生突然化的民事纠纷的现实需求。在适用法律规范调整人类行为及其社会关系时，想要砌起一道泾渭分明的壁垒只能存在于理想主义的乌托邦之中。我国的立法实践正是适应现实中多元化民事纠纷调处方式的需要，在各个效力层次的规范性法律文件中都设立了处理民事纠纷的相关规定：法律层面如《民法典》《劳动法》《行政复议法》《治安管理处罚法》《人民调

---

① 参见张民安：《〈民法总则〉第10条的成功与不足——我国民法渊源五分法理论的确立》，载《法治研究》2017年第3期。
② 参见刘亚东：《〈民法典〉法源类型的二元化思考——以"规则—原则"的区分为中心》，载《北方法学》2020年第6期。
③ 《法学大辞典》，中国政法大学出版社1991年版，第1022–1023页；《中华法学大辞典：法理学卷》，中国检察出版社1997年版，第90页。
④ 《法学大辞典》，中国政法大学出版社1991年版，第1034页。

解法》等，行政法规层面如《道路交通安全法实施条例》《医疗纠纷预防和处理条例》《土地复垦条例》《计算机软件保护条例》，司法解释层面如《人民法院在线诉讼规则》《最高人民法院关于推进行政诉讼程序繁简分流改革的意见》，部门规章层面如《未成年人学校保护规定》《机动车维修管理规定》《住房和城乡建设部等部门关于加强轻资产住房租赁企业监管的意见》等，地方性法规及政府规章层面如《上海市城市更新条例》《江苏省价格条例》《天津市行政调解规定》等。也就是说，只要以上类型的规范性法律文件规定了处理民事纠纷的相关内容，警察调解时就"应当"而且必须优先适用该法律文件；较之习惯具有适用上之优先性的法律应当而且必须是一般意义上的法律；只有穷尽规范性法律文件时方可启动习惯作为警察调解的判断依据。

三、习惯在警察调解中的适用范围

那么，作为解决民事纠纷的正式法源，习惯在无法可依时是否可以适用于所有类型的警察调解呢？回答这个问题，首先要明确警察调解的纠纷类型以及不同类型的纠纷与民事纠纷之间的关系。

"纠纷"作"争执"解取自"纷"，源自老子《道德经·第四章》"挫其锐，解其纷"，及《史记·滑稽列传序》："谈言微中，亦可以解纷。"[①] 法学家侧重于从法律功能的角度研究"纠纷"，[②] 法学语境下的"纠纷"往往涉及利益冲突；社会学家则大多将"纠纷"等同于社会冲突，[③] 认为并非所有的纠纷都产生于利益之争，因而纠纷的范畴较之法学更为宽泛。"民事纠纷"是法律明文规定可适用习惯作为正式法源的纠纷类型，其在《辞海》中的释义为"民事主体之间有关权利义务的争执""发生在公民之间、法人之间以及公民和法人之间"；[④]《中华法学大辞典》亦将其定义为"公民、法人和其他组织之间发生的民事权利义务的争执"。[⑤] 笔者认为，将民事纠纷的主体表述为"公民"和"其他组织"已不合时宜。"公民"一词乃舶来品，于20世纪初进入我国政治语境，经历了从传统的臣民到国民的过渡，新中国成立后又在众多场合与"人民"通用。"公民"进入民法领域则源于中华人民共和国成立初我国对苏联法律制度的借鉴[⑥]，然而其本质上仍属于公法范畴，指具有一国国籍因而享有该国宪法和法律确认的权利并承担该国宪法和法律规定之义务的自然人。源自罗马法中关于"人"之概念的"自然人"自产生伊始便流行于私

[①] 参见《辞源（修订本）》，商务印书馆1998年版，第2409页；《辞海》，上海辞书出版社1999年版普及本，第3252、3280页。
[②] 参见赵旭东：《论纠纷的构成机理及其主要特征》，载《法律科学》2009年第2期。
[③] 参见［美］乔森纳·H. 特纳：《现代西方社会学理论》，范伟达译，天津人民出版社1998年版，第244页。陆益龙：《纠纷解决的法社会学研究：问题及范式》，载《湖南社会科学》2009年第1期。
[④] 《辞海》，上海辞书出版社1999年版普及本，第5120页。
[⑤] 《中华法学大辞典：简明本》，中国检察出版社2003年版，第477－478页。
[⑥] "公民"一词最早出现于民法可追溯至1922年通过的《苏俄民法典》。参见何勤华：《法律名词的起源》，北京大学出版社2009年版，第283－292，554－557页。

法领域,指基于出生而享有法律人格之"人",范围上既包括本国公民,又包括外国人和无国籍人。随着全球化的冲击和市场经济的发展,民事纠纷的主体已超越"公民"与"其他组织的范畴",《民法典》第 2 条关于民事关系适用的主体的调整即是对此现象的回应:一则为"自然人"正名,使其真正对应于生物学意义上的人,从而结束了长期以来"自然人"作为个人主体使用时似公民之"婢女"般犹抱琵琶半遮面的尴尬处境;二则增加了"非法人组织"这一概念,与《民法典》第 102 条相结合明确了那些不具备法人资格却能以自己名义依法从事民事活动的企业、机构和组织的民事主体地位。因此,准确来说,"民事纠纷"是指发生在自然人、法人以及非法人组织之间的有关民事权利义务的争执;纠纷主体之间具有平等的法律关系;通常涉及财产权益和人身权益;本质上是一种法律纠纷,具有可处分性。而"民间纠纷"则是调解语境下较常使用的纠纷类型,在《法学大辞典》中被解释为:发生在人民群众中的一般纠纷。该解释实质上只是从纠纷发生的场域及其程度限缩出民间纠纷的大致范畴,其语义上的模糊性与概括性决定了我们很难据此判断一个纠纷是否属于民间纠纷。传统的观点认为民间纠纷包括一般民事纠纷和轻微刑事纠纷两大类。一般民事纠纷显然是民事纠纷中的一类,只不过其纠纷主体被限定为公民和非法人单位(准确地说应当是自然人与非法人组织);性质上被赋予了一定的政治色彩,即:纠纷是人民群众根本利益一致的前提下个别的、局部的权益纠纷。轻微刑事纠纷也是一种情节和程度上的限定,包括不构成犯罪的轻微刑事违法行为引起的纠纷、自诉案件以及其他无须侦查的轻微刑事案件。[1] 实际上,随着社会的变迁、经济的发展以及主要社会矛盾的转变,这种产生于熟人社会的民间纠纷之观念已无法囊括那些交织着文化习俗、道德价值、法律权利、经济利益等多种因素的新型民间纠纷,如环境纠纷、拆迁补偿纠纷等。笔者认为,从"民间"这一限定语出发可以更好地理解当下社会现实中的"民间纠纷"。所谓"民间"是指人民中间或者非官方的,[2] 通常是相对于国家而言的。"民间"一词在此发挥着"属人""属地"的限制作用,即民间纠纷的主体是非官方的、去权威化的"民";发生的场域是普通民众生活其中的远为广大的社会空间[3]。然而,正如黄涛先生所言:"民间"并非一个固步自封的体系,其包容性与开放性使得那些身处庙堂之人也可以非官方、非体制身份参与其中,成为"民"之一分子。"[4] 可以看出,"平等"是民间这个场域所追求的首要价值。无论自然人、法人还是非法人组织,只要以平等身份参与生活、生产活动,产生的纠纷和争执就属于民间纠纷之范畴,只不过纠纷对公共利益的侵损程度应受到一个比例原则上的限制,若超过这个限制则不宜再在"民间"这个场域寻求解纷机

---

[1] 参见《法学大辞典》,中国政法大学出版社 1991 年版,第 409 页;
[2] 《现代汉语词典(第 7 版)》,商务印书馆 2016 年版,第 908 页。
[3] 参见梁治平:《"民间"、"民间社会"和 CIVIL SOCIETY——CIVIL SOCIETY 概念再检讨》,载《云南大学学报(社会科学版)》2003 年第 1 期。
[4] 黄涛:《按社会情境界定当代中国民俗之"民"》,载《中国人民大学学报》2004 年第 4 期。

制。也就是说，除一般民事纠纷和轻微刑事纠纷外，民间纠纷还包括那些社会危害性较小、权益侵损程度较低的行政纠纷、经济纠纷等。

那么，警察调解的纠纷属于哪种呢？厘清该问题的前提是明确警察调解所处理的纠纷类型，但纠纷类型又因警察调解类型而异，因此明确警察调解的类型成为当务之急。遗憾的是，学界和实务界尚未就此达成共识。有学者认为警察调解包括普通民间纠纷调解、道路交通事故损害赔偿案件调解、治安案件调解及具有一定调解属性的刑事和解；[①] 高文英教授则将警察调解分为治安案件调解和非治安案件调解两类。[②] 而警务实践中，警察调解亦无泾渭分明的分类，实际上其运行机制、表现形式却呈现出"大综合"的复杂特点，且因地而异：除目前全国已公布的上百所"枫桥式公安派出所"之外，还有"治安、民间纠纷联合调解室""民警接待室""邻里警队""网格调解室""1+3+N"大调解、"'一二三四五'矛盾调解联动格局""老姚工作室"等几乎"一所一特色"的警察调解机制。然而，警察调解的本质仍是公权力对私关系的干预，其发动的前提应当基于警察职权或者警察义务，即必须在警察管辖权范围之内，且不能违背依法行政之原理。结合我国警务实践的经验，依据启动警察调解的正当性来源及其所发挥的警察作用的不同，笔者将警察调解划分为权力型警察调解与义务型警察调解。所谓权力型警察调解，是指有明确法律授权的警察执法行为，是基于警察权力的行使而开展的警察调解行为，是一种依职权的主动性警察行为，发挥着执行法律的警察作用。权力型警察调解的法律依据是《治安管理处罚法》第9条之规定，适用的范围是因民间纠纷引起的情节较轻的治安类案件，一般包括身体权益纠纷（打架斗殴、故意伤害）、名誉权益纠纷（侮辱、诽谤、诬告陷害）、财产权益纠纷（故意毁损财务、非法侵入住宅）以及侵犯隐私等违反治安管理规定但通常不足以构成刑事犯罪的行为。义务型警察调解则比较复杂，指基于警察的法定义务而进行的调解，通常因当事人的请求而启动，类似于依申请的警察行为，具有被动性和消极性，本质上是警察权的延伸，发挥着提供服务的警察作用。义务型警察调解的法律依据是《人民警察法》，该法第21条第1款宣示了警察对公民提出的解决纠纷之要求所负有的帮助义务，第22条第11项通过禁止性规定要求该帮助义务必须以作为的方式履行，第48条则通过对不履行该帮助义务科以不利后果的规定使得设立义务型警察调解的倡导性条款获得了警示性条款的效果——即对于帮助公民解决纠纷这一法定义务，警察必须以作为的方式履行，否则可能因玩忽职守而承担行政甚至刑事责任。但是"应当给予帮助"并不意味着必须以调解的方式处理该"解决纠纷的要求"，只有具备可处分性的，且在警察管辖范围之内的纠纷，方可纳入义务型警察调解的范畴。可见，相较于依明示的警察职权而启动的权力型警察调解，义务型警察调解是一种隐含职权，因此其所处理的纠纷范围也无法在法律

---

① 参见余定猛、丁正国：《公安行政调解》，中国人民公安大学出版社2020年版，第1页。
② 参见高文英：《警察调解制度研究》，载《中国人民公安大学学报》2008年第4期，第127页。

条文中直接找到答案。但是，按照义务型警察调解的性质，至少可以对其所处理的纠纷之特征进行侧写：首先，该纠纷的主体至少有一方是具备公民身份的私主体；其次，该纠纷具有可处分性；最后，该纠纷涉及的权益在警察的职权范围之内。实践中，义务型警察调解的适用范围随着警察事权的扩大呈现出"泛边界化"之趋势，其处理的纠纷类型也几乎涵盖了社会生活的各个方面，包括：邻里纠纷、婚姻家庭纠纷、消费纠纷、债务纠纷、医患纠纷、劳资纠纷、物业纠纷、房屋纠纷、噪音扰民、单位内部管理纠纷，以及在生产经营方面发生的简易经济纠纷等。可见，义务型警察调解的范畴已从从法学扩展到社会学甚至人类学和心理学范畴，[①] 几乎同一于生活意义上的纠纷，也就是民间纠纷。

综上所述，警察调解的纠纷类型虽然纷繁复杂，但大致上可归属为前文所述的"民间纠纷"。那么，厘清"民事纠纷"与"民间纠纷"之间的关系，成为明确习惯在警察调解中的适用范围的关键。可以看出，"民事纠纷"与"民间纠纷"并非同一逻辑层面的纠纷类型，二者的差异不仅在于"纠纷"的限定语不同，更在于研究视角的不同。前者属法律用语，主要是就纠纷所涉及的法律关系的性质而言的，是一种有关民事的法律纠纷；后者则具有一定的社会属性和政治色彩，是就纠纷产生场域而言的，即纠纷产生在民间，纠纷主体具有"非官方"的民间属性或者说私属性。民间纠纷的范畴虽然比民事纠纷宽泛，但也无法将其尽收囊底：涉及法人的民事纠纷，以及破坏社会秩序、危及公共安全、损害公共利益等与人民群众的根本利益相违背的民事纠纷不宜归属于民间纠纷的范畴。也就是说，民事纠纷与民间纠纷之间不是简单的包含关系，而是交叉重合的关系，见图1。

图1 警察调解之受案范围

显然，警察调解的民间纠纷中与民事纠纷相重合的那部分"一般民事纠纷"可以直接适用习惯作为判断依据，难点就在于除此之外那些轻微刑事纠纷和行政纠纷在无法可依时是否可适用习惯作为其正式法源？实质上，由于对警察调解的界定不一，该问题本身就存

---

① 参见徐静村、刘荣军：《纠纷解决与法》，载《现代法学》1996年第3期。

在着一定的矛盾：警察调解是否包括刑事调解？学界当然不乏肯定之说，①但笔者仍持保留意见：一是自从《刑事诉讼法》于2018年10月26日修正并实施以来，据以得出警察有权对轻微刑事案件进行调解的法律依据已不复存在；②二是即使法律修改之前，警察有权调解的也只是"不认为是犯罪的"以及"应予以治安管理处罚"的案件，其虽然规定在刑事性法律规范文件中，却因其"准用性法律规则"的属性最终需援引《治安管理处罚法》中的相关规定而予以明确，即最终以违反治安管理的行为进行处理，因此本质上并不构成刑事案件，从而警察刑事调解也无从谈起。《刑事诉讼法》中规定的可以调解的具有刑事法律属性的案件也只有刑事附带民事诉讼案件和部分自诉案件，③而且是人民法院在审理案件过程中进行的司法调解，而非警察调解。那么问题就转化为警察调解行政类纠纷是否可适用习惯作为正式法源？现存的法律规范条文显然无法给出满意的答案，那么可以尝试求助于法律原则。行政法领域遵循行政合法性与行政合理性两大基本原则，要求职权法定的法律保留原则属于前者，调整公权力与私主体之间关系的比例原则属于后者。一方面，法律保留原则作为公民权利的重要保障手段，决定着行政机关采取某种措施介入社会的容许性④。然而，对法律保留领域之外的事项，行政权则不必遵守法无授权不可为之原则⑤。质言之，对于不要求法律保留的具体行为，只须不违反法律即可，不必事先获得法律之授权。奥托·迈耶认为，基于人民之自由、财产之剥夺及义务之负担的行政活动都应当由法律明确加以规定。⑥落实到我国的立法实践，与警察调解行政性纠纷相关的是《立法法》第8条第5项，即限制人身自由的强制措施和处罚只能由法律设定。具体来说，权力型警察调解可以阻却行政处罚，即达成调解协议并为纠纷双方当事人及时履行完毕的成功的警察调解具有消灭治安处罚之效力，理论上讲对纠纷主体的权利义务造成影响的可能性较大，因此距离法律保留原则更近。但实际上受纠纷的侵损程度之制约，即使调解不

---

① 参见高文英：《警察调解制度研究》，载《中国人民公安大学学报》2008年第4期；樊学勇、杨涛：《公安机关办理刑事案件中的调解问题研究——以构建和谐社会为视角》，载《北京人民警察学院学报》2011年第1期。

② 《公安机关办理伤害案件规定》第二十九条内容应予以调整，因其所援引的《刑事诉讼法》的内容已被修正。《公安机关办理伤害案件规定》第二十九条规定：根据《刑法》第十三条及《刑事诉讼法》第十五条第一项规定：对故意伤害他人致轻伤，情节显著轻微、危害不大，不认为是犯罪的，以及被害人伤情达不到轻伤的，应当依法予以治安管理处罚。《刑事诉讼法》（1996修正）第十五条第一项规定，对故意伤害他人致轻伤，情节显著轻微、危害不大，不认为是犯罪的，以及被害人伤情达不到轻伤的，应当依法予以治安管理处罚。《刑事诉讼法》（2018修正）第十六：有下列情形之一的，不追究刑事责任，已经追究的，应当撤销案件，或者不起诉，或者终止审理，或者宣告无罪：（一）情节显著轻微、危害不大，不认为是犯罪的。

③ 《刑事诉讼法》第一百零三条：人民法院审理附带民事诉讼案件，可以进行调解，或者根据物质损失情况作出判决、裁定。第二百一十二条：人民法院对自诉案件，可以进行调解；自诉人在宣告判决前，可以同被告人自行和解或者撤回自诉。本法第二百一十条第三项规定的案件不适用调解。

④ 参见王贵松：《行政活动法律保留的结构变迁》，载《中国法学》2021年第1期。

⑤ 蔡宗珍：《法律保留思想及其发展的制度关联要素探微》，载台湾地区《台大法学论丛》第39卷第3期（2010年），第14页。

⑥ 参见［德］奥托·迈耶：《德国行政法》，刘飞译，商务印书馆2002年版，第72页。

成功，警察能够对纠纷主体施加的不利影响至多也仅限于警告、罚款两种方式，且罚款金额的上限也只有一千元人民币；但和行政拘留及吊销公安机关发放的许可证一样，该处罚金额仅限于少数几类情节十分严重因而不适宜警察调解的案件类型①。也就是说，权力型警察调解可能采取的行政措施并不属于法律保留之内的事项，其无须法律明文授权亦可适用习惯处理行政性纠纷。义务型警察调解的效力通常无强制力作为执行保障，即没有"不履行就处罚"的潜在"威胁"，通常情况下不会对纠纷主体的权利义务产生不利影响；即使有，侵扰程度也较小，而且是建立在纠纷主体高度合意、自愿妥协的基础之上。可见，较之于权力型警察调解，义务型警察调解对纠纷主体的权益造成的侵损的可能性更低，距离法律保留原则更远，适用习惯处理行政性纠纷的阻碍也更小。另一方面，根据比例原则，行政行为只要存在公益上的必要性，且超过给对方造成的不利影响即可为之。② 对警察调解来说，法律缺漏时限制警察裁量权恣意性的正当目的，对纠纷主体的法律确信、法律预期及可接受性损害较小的表达形式，以及恢复和维护秩序相较于轻微侵损纠纷主体权益之必要性，使得警察调解对习惯之适用通过比例原则的重重审查而获得了行政合理性。至此能够确定，属于警察调解职权范围内的民间纠纷在无法可依时均可适用习惯作为判断依据。

四、警察调解所适用的习惯之界定

习惯既然可以适用于所有类型的警察调解，那么如何界定适用范围如此宽泛之习惯本身呢？有的学者认为，应当以"习惯法"而不是事实习惯来定位作为法源的"习惯"，③认为《民法典》第10条通过对"习惯"的认可和吸纳确认了习惯法的法源地位。④ 也有学者持相反观点，认为如果要使习惯作为正式法源之法律适用条款有意义，"习惯"就不能被理解为"习惯法"。⑤ 笔者赞成后者的观点。

所谓"习惯"是指人们的同一行为经多次重复而在实践中逐渐成为习性的行为方式。⑥ 习惯一般具备时间范围、空间范围和共识程度三方面的要素。首先，习惯应该是长久以来人们在生活生产过程中形成的，是一种实践理性，具有长期稳定性；其次，该习惯需要一定的流行空间，或是基于人际关系的宗族祠堂，或是基于地域的村庄市镇；第三，习惯要为该流行范围内的人们所熟知和承认，即作为社群所普遍遵守的社会共识而存在。

---

① 参见《治安管理处罚法》第10条之规定。
② ［日］田村正博：《警察行政法解说：全订版》，侯洪宽译，中国人民公安大学出版社2016年版，第36，64页。
③ 参见侯国跃、何鞠师：《我国〈民法典〉第10条中的"习惯"之识别》，载《甘肃政法学院学报》2021年第2期。
④ 参见高其才：《民法典中的习惯法：界定、内容和意义》，载《甘肃政法学院学报》2020年第5期。
⑤ 参见雷磊：《习惯作为法源？——以〈民法总则〉第10条为出发点》，载《环球法律评论》2019年第4期。
⑥ 《中华法学大辞典：法理学卷》，中国检察出版社1997年版，第452页。

作为一种事实概念，习惯在功能上更偏重于法律留有空白之处的补充与解释。黑格尔曾指出，习惯形成于"感觉规定"的"重复""练习"，是人的精神在特殊经验形式中的自然存在，是人的"第二自然"，[①] 因而相较于制定法之外的其他规范方式，习惯更易为人们所接受。萨维尼甚至认为：法律的根基在于法与道德的共同母体——习惯。而"习惯法"则指由国家认可而具有法律效力的习惯或惯例。[②] 习惯法与成文法相对应，在普通法系国家中作为法的形式渊源而存在。习惯法可以说是人类最古老的法律，最早形成于奴隶社会，作为由国家强制机器保障的行为规范，具有权威性和普遍性。然而，随着成文法的发展以及法典化时代的到来，习惯法日渐式微。在我国，社会主义法治体系的不断健全，立法中心主义倾向的不断强化，也挤压了作为非正式制度的习惯法之效力空间。熟人社会向半熟人社会甚至是陌生人社会的转变，进一步破坏了习惯法以往赖以生存的小范围空间及其易于观察和掌握的简单人际关系所构成的社会环境。但是，不可否认的是，即便经历了空心化的过程，作为一种"活的法"的习惯法仍是共同体实践理性的规范性表述，与制定法一样属于法的一种类型，无需立法再加以确认或者认可。马克思·韦伯也曾指出应当严肃对待习惯与习惯法的区别，而是否有国家强制机器作为后盾是区分二者的关键。[③] 也就是说，我国通过《民法典》所确认的"习惯"只能是作为事实的习惯，而非作为行为规范的习惯法。前者是一个事实概念，后者是一个法律概念；前者是一种行为方式，后者是一种行为规范；前者是一种基于说服性权威的认识渊源，后者是一种基于事实性权威的效力渊源；前者自然而然地为社会所通行，后者需要得到国家的明文认可；前者在适用时需要进行可采性和相关性判断，后者只需具有相关性。

警察调解中适用习惯处理民事纠纷的难点就是判断习惯的可采性。习惯首先必须满足时间范围、空间范围和共识程度的要求，否则只是对事实的审查。此外，并非所有的习惯都具有调整社会关系的功能，只有那些具有具体行为规则属性、并能够为人们所证明的习惯才可以作为处理民事纠纷的规范渊源。同时，习惯也不是一成不变的，它是生动的、流变的，随着社会结构、生活方式、人际关系、主流文化的变迁而不断地调整自己以适应环境的变化——那些随着时代变迁逐渐失去其存在合理性的习惯可能会慢慢消失，而那些能迎合时代并不断合理化自己的习惯则继续显性或隐性地发挥着其规范行为、指导生活的作用。长期以来，彩礼、接脚夫、顶盆过继等习惯在关于婚姻、赡养、继承等民事纠纷的调解中发挥着举足轻重的作用，而"包办婚姻"、[④] 藏族"赔命价"等习惯则因与法治观念相冲突在大多数地区已逐渐淡化甚至消失。当然，我们也不可忽视经济发展与科技进步所

---

① 参见［德］黑格尔：《历史哲学》王造时译，生活·读书·新知三联书店 2006 年版，第 188 页。
② 《中华法学大辞典：法理学卷》，中国检察出版社 1997 年版，第 452 页。
③ 参见［德］马克斯·韦伯：《经济与社会·上卷》，林荣远译，商务印书馆 2006 年版，第 356 页。
④ 参见苏力：《当代中国法律中的习惯——一个制定法的透视》，载《法学评论》2001 年第 3 期。

催生的可作为法治本土资源的数字时代之新习惯,[①] 例如涉及网络维权的"匿名习惯"等。[②] 因此,警察在调解民间纠纷时应当先判断该习惯是否具有可采性,一些只有一方当事人熟知和遵守的习惯,或与法治精神相背离的习惯,以及因其他原因正在为人们所弃之不用的习惯通常不可作为警察调解民间纠纷的判断依据。其次,在纠纷主体对习惯的具体内容的认知不能达成一致时,不宜武断的排除该习惯的适用,可以参照司法审判中"谁主张谁举证"的原则分配习惯的证明责任。这也引出了最后一点需要注意的内容,即在适用习惯处理民间纠纷时只能将其作为一种认识渊源,相应的对习惯的举证也是一种事实证明。例如河北省廊坊市安次区人民法院在审理黄秀梅与廊坊市永安之家物业服务有限公司劳动争议纠纷案时,对作为事实证据的《承包协议》的审查就是基于《民法总则》第10条之规定,认为该协议既不违反法律、行政法规禁止性相关规定,亦不违背公序良俗,符合当时本地区习惯,原件真实合法有效。[③] 可见,在处理民事纠纷的裁判中,习惯是以一种说服性权威发挥作用的,其无论是作为裁判依据还是调解依据,都是一种认知渊源,而非法律本身。需要注意的是,相较于稳定、明确的法律而言,习惯具有很强的扩容性,加之其隐蔽性、地域性、局部性等特征,要求警察调解在适用习惯时更加谨慎的使用其裁量权。

五、习惯在警察调解中的适用限制

警察调解对习惯的适用并非随心所欲,除了满足"无法可依"的启动条件之外,还受到其他两方面的限制:一是有习惯可依时必须适用习惯,二是不得违背公序良俗。

在处理民事纠纷时,对于"习惯"的语言表达是"可以";对于"法律"的语言表达则是"应当"。据此,有学者认为处理民事纠纷时对于是否适用习惯存在着较大的自由裁量权,即解纷者既可以选择适用习惯,也可以决定不适用习惯。对此,笔者持保留意见。这是因为,作为法律术语,"可以"一词不论是从应然角度,还是我国的立法实践出发,都不必然意味着"可以不",这要视"可以"一词使用的语境而定——只有当在私法领域授予私主体权利时"可以"才同时意味着"可以不",而在涉及公权力的运行时"可以"往往并不意味着"可以不"。[④] 尤其行政权,是以一种主动、直接、连续、具体方式对行政事务进行管理的国家公权力,[⑤] 如果将行政权可以运行等同于可以不运行,往往会导致行政不作为。此外,与因具有防御功能而可以消极对待的权利不同,"权力"往往是与"责任"相联系的,当为主体授予一项公权力的同时,也意味着他被赋予了责任。如果不

---

① 参见苏力:《法治及其本土资源》,北京大学出版社2015年版,第15页。
② 参见谢晖:《法边絮谈》,法律出版社2011年版,第27-31页。
③ 河北省廊坊市安次区人民法院(2020)冀1002民初1363号民事判决书
④ 参见喻中:《再论"可以P"与"可以不P"的关系——兼与李茂武、黄士平先生商榷》,载《江汉大学学报(人文科学版)》2004年第1期,第29-30页。
⑤ 参见应松年、薛刚凌:《论行政权》,载《政法论坛》2001年第4期,第55页。

行使权力、放弃权力，往往意味着逃避职责，因而可能承担一定的不利后果，譬如玩忽职守。警察调解作为一种公权力行为，在适用习惯时，"可以"也同样并不意味着"可以不"。也就是说在无法可依的情境中，警察首先应当判断是否存在满足条件之习惯。如果答案是肯定的，那么只能依照该习惯进行调解，而不是根据个人喜好处理。如果答案是否定的，警察方可寻求法律和习惯以外的依据进行判断等。质言之，警察没有不适用习惯的恣意，也没有随意选择适用哪种或多种习惯的自由裁量权，警察能做的只是甄别出能够作为判断依据之习惯并据此调解。那么，在法律和习惯都缺位的情境中警察调解的依据是什么呢？虽然我国法律并未明文规定，但适用法理作为补充性法源在其他国家和地区由来已久，也不失为可资参考之做法。正如拉伦茨所说，基于无可辩驳的法律交往之需求，可以创构一些法律原本并未包含在法律计划之内甚至有可能与之相悖而驰的法律，即"超越法律的法的续造"。① 凯尔森也曾指出，以制定法和习惯法为法源的一般规范并非法律规范的全部，在此之外尚存在只对个案有效的个别规范。在民事法律上，法律行为往往因嵌入了当事人的意思自治而可以排除民事制定法中的任意性规范，进而获得规范创制的能力，相当于凯尔森所言的个别规范。也就是说，在一定情境中，民事法律行为在个别具体案件中几乎发挥着民法法源的作用。②

此外，公序良俗是警察调解中适用习惯的底线。所谓"公序良俗"，是指公共秩序与善良风俗的简称，也可解释为社会一般利益（如社会公共利益，社会经济利益和国家利益）和一般道德观念或良好道德风尚。③"公序良俗"作为一个"公私"结合的法律原则，兼具事实和价值的属性，其抽象性和不确定性决定了"公序良俗"原则在法律适用过程中的困难性。谢晖教授将"公序良俗"解释为"不违背一国法律规定的所有公共交往行为（"公共秩序"）和社会交往规范（"善良风俗"）"，④ 从动态和静态两个方面来阐释公序良俗之内容，以此来审查习惯的法源资格更具可操作性。需要注意的是，《民法典》第8条也规定了"共序良俗"的内容，笔者认为这是同一概念在不同语境中发挥着不同的作用：第8条之"公序良俗"作为一项警示性规定，其目的在于限制民事活动之效力，其作用在于提醒民事法律主体不要为一定行为，即"不得违背公序良俗"，否则可能承担不利后果；其首要的逻辑指向是民事主体。而对于警察调解，第8条之要求则是通过寻找其他法律规定来确定民事主体违背公序良俗时应当承担的法律后果。而《民法典》第10条之"公序良俗"在法律实践中则具有方法论意义上的工具属性，作为"习惯"进入法源的门禁系统，从事实和价值两个方面把关。第10条"公序良俗"之作用在于当法律缺位时，作为第二位阶法源之习惯只能是符合公序良俗的习惯，而不能是与公序良俗相抵触的习惯；其

---

① 参见［德］拉伦茨：《法律方法论》，陈爱娥译，商务印书馆2004年版，第286-290页。
② 参见朱庆育：《民法总论》（第2版），北京大学出版社2016年版，第42页。
③ 《新编常用法律词典：案例应用版：精装增订版》（第3版），中国法制出版社2016年版，第137页。
④ 谢晖《论"可以适用习惯""不得违背公序良俗"》，载《浙江社会科学》2019年第7期。

逻辑指向是适用习惯解决民事纠纷的裁判者、判断者，即法律适用者，而非民事主体本身。而该条款对警察调解之约束在于违背公序良俗的习惯不得作为调解时之判断依据。然而，我国司法实践中在适用"公序良俗"时则不甚在意两个条款的区别，例如天津市河东区人民法院在审理河东区津东法律服务所与赵娜诉讼、仲裁、人民调解代理合同纠纷一案中认为：离婚诉讼除涉及个人利益外，还涉及社会公共利益、社会秩序和社会风尚，即公序良俗。离婚案件如实行风险代理收费方式，势必导致委托诉讼代理人为追求利益因素，不顾及维护家庭和睦和社会和谐稳定，既损害了社会公共利益，又违背了公序良俗，因而根据《民法总则》第10条规定，判定涉案合同中风险代理收费条款无效。① 但笔者认为，在本案中适用"公序良俗"作为认定风险代理协议无效的依据是基于《民法总则》第8条限制法律行为效力之规定，而非第10条审查习惯之规定。总之，"公序良俗"原则对警察调解至少存在两方面的要求：一方面源自《民法典》第8条，即审查纠纷主体的行为是否符合公序良俗，如果其行为违背了公序良俗，警察则需要通过寻找其他法律规定来判断纠纷主体可能要承担的不利后果；另一方面则源自《民法典》第10条，警察在适用习惯调解民间纠纷时，对习惯具有审查义务，即审查该习惯是否符合公序良俗，违背公序良俗的习惯不能作为警察调解之判断依据。值得注意的是，在这个价值多元的时代，道德共识和价值共识的众口难调对警察查明公序良俗的内容提出了挑战。也就是说，警察适用习惯调解民间纠纷时至少承担着查明公序良俗与甄别习惯的双重审查义务，需要慎之又慎。或许只有立法上构建出更具可操作性的程序性规范，方可减少非正式规范本身所具有的模糊性和不确定性所带来的适用难题。

Research on the Application of Custom in Police Mediation

Xu Xiaoyu

Abstract："Custom" has confirmed as an official source of law in Civil Code of People Republic of China. Since then, extensive discussion has raised in the field of civil justice. However, police mediation, which is increasingly responsible for resolving conflicts and disputes, has paid little attention on the issue of applying custom to resolve disputes between citizens. This is not consistent with the development goal of the rule of law to build a pluralistic dispute resolution mechanism in China. The basic national conditions, traditional legal culture and the legal development trend of the integration of public and private law determine the applicability of "custom" to police mediation. There are four premises for police applying custom to mediate conflicts and

---

① 天津市河东区人民法院（2020）津0102民初4516号民事判决书。

disputes. First, the relevant provisions of normative legal documents should be exhausted. Second, both power-type police mediation and obligatory police mediation can apply custom to deal with civil disputes. Third, custom which the police mediation apply with is a factual concept. Last but not the lest, applying custom in police mediation is restricted by the principle of public order and good customs.

Keyword: custom, application of law, police mediation

(编辑：尤婷)

少数民族习惯在民事司法中运用的调查报告
——基于裁判文书的分析

杨 钢[*]

摘 要 少数民族习惯是我国少数民族在长期生产生活中形成的一套具有特色的行为准则，在民事司法实践中运用广泛。当事人和法官都会根据自己的需要在诉讼中提出少数民族习惯。在涵摄模式的视角下，法院对少数民族习惯的运用包括了建构大前提、确定小前提和弥补大小前提之间的落差。法院对当事人主动提出的少数民族习惯缺乏认可，一方面因为法官识别少数民族习惯存在困难，另一方面是法院与当事人对少数民族习惯的认知和期待存在差异。实践中法院形成了运用少数民族习惯确定司法小前提的"中国特色"，其既具有现实必然性，也具有价值合理性。法院只有抛去"卸担子"思维，实质性地适用少数民族习惯，才是对法治的负责。

关键词 少数民族习惯 民事司法 裁判文书 涵摄模式

一、问题与方法

法国人类学家布律尔在阐述法律的渊源时曾说："在广泛的含义中，习惯在暗中制定新的法律，犹如植物和动物还未出生时的潜在生命，它是法律规则的生命力，它的应用范围是无限的，可以毫不夸张地说，它是法律的唯一渊源。"[①] 布律尔所想强调的是，社会生活中大量存在着未经国家认可却具有普遍约束力的行为规范，其显现方式就是习惯。我国少数民族在长期的生产生活实践中，在历史传统、自然地理、生活环境、经济状况、文化风俗的影响下，逐渐形成了依靠其内部特定的权威、组织保证实施的一套行为准则，构

---

[*] 杨钢，南京师范大学法学院博士研究生。
[①] [法] 亨利·莱维·布律尔：《法律社会学》，许钧译，上海人民出版社1987年版，第39页。

成了体现各少数民族共同意志的特色法文化。① 中国少数民族习惯的载体就是除汉族以外的 55 个少数民族，与汉族相比，他们主要分布在较为偏远的地区，在特殊的宗教信仰、社会结构、地域文化作用下，形成了与汉族聚居地区存在较大差异的社会地理空间。用统一的国家法律来对他们进行规范难免会显得"不合时宜"，这就为民间习惯的司法适用留下了较大空间。②

"让司法裁判成为配置公民权利义务的核心处置机制，是法治国家永恒不变的要义。"③ 研究少数民族习惯，就不得不考察其在司法中的运行样态。从另一个角度来说，我国的诉讼专门化改革也越来越强调审判机构将习惯、民俗以及情理、事理寓于纠纷解决过程中，避免司法过程的官僚化、机械化和封闭化。④ 此外，刚生效的《民法典》第十条以明确条文的形式将"习惯"确立为民事纠纷的裁判依据，从立法上为少数民族习惯的司法适用提供了权威保障。这些都为调查少数民族习惯的司法运用赋予了重要的意义。

本文所要探究的是，当少数民族公民的民事纠纷走向法庭后，当事人是否会依据少数民族习惯提出主张？法院是否会依据少数民族习惯裁判案件？如果在诉讼过程中运用到了少数民族习惯，其具体的运作情况又是如何？法院在运用这些习惯时有什么特点？这些便是本文的问题意识，也是调查、研究的重点方向。

本文的调查是基于对裁判文书的检索、分析，检索工具是威科先行法律信息库。考虑到司法实践中对于少数民族习惯没有统一的表述，存在多种指代的形式，于是选择以裁判文书中常见的"习惯""习俗""风俗""民俗""乡俗""规范""习惯法""民间法""民间规范"等词组（本文没有严格区分这些词组，行文过程中根据所引用裁判文书中载明的词组进行指代），与"族"字搭配组合形成检索关键词，⑤ 以"民事"为案由进行全文检索，⑥ 截至 2021 年 7 月 10 日，得出结果如下：以"族习惯"为关键词进行检索，出现 546 篇裁判文书；以"族习俗"为关键词进行检索，出现 1916 篇裁判文书；以"族风俗"为关键词进行检索，出现 1368 篇裁判文书；以"族民俗"为关键词进行检索，出现 629 篇裁判文书；以"族民间"为关键词进行检索，出现 384 篇裁判文书；以"族乡俗"为关键词进行检索，出现 0 篇裁判文书；以"族规范"为关键词进行检索，出现 3 篇裁判

---

① 参见高其才：《中国少数民族习惯法研究》，清华大学出版社 2003 年版，第 8 - 13 页。
② 参见彭中礼：《法律渊源论》，方志出版社 2014 年版，第 294 页。
③ 彭中礼：《法律适用中的修辞论证》，载《求索》2019 年第 3 期。
④ 参见陈爱武：《论家事审判机构之专门化——以家事法院（庭）为中心对比较分析》，载《法律科学（西北政法大学学报）》2012 年第 1 期。
⑤ 无论是日常用语还是裁判文书中，常见的是"回族习惯""苗族习惯"等"少数民族" + "习惯"的搭配，很少见"汉族习惯"，故采用"族习惯""族习俗"等检索出来的基本上是少数民族的习惯、习俗。
⑥ 检索范围之所以选择"全文"而非"裁判理由及依据"，是出于以下考虑：第一，本文的主题是关于"运用"的调查报告，而非"适用"，只要"习惯"等在司法裁判中出现，无论是案情、当事人主张还是裁判理由，都属于"运用"；第二，即便是关于"适用"的调查，也应当考虑这样一种情形，即当事人依据习惯提出诉讼请求，而法院在裁判时没有采纳，也没有说明，这便构成了法院对习惯的"不适用"，此"不适用"亦是对"适用"情况的一种反映。

文书。(由于"族习惯法"的检索结果已被"族习惯"包含,"族民间法""族民间规范"的检索结果已被"族民间"包含,故不再进行单独检索)经数据库初步整合,排除内容重复以及与主题明显不符合的(如由于当事人姓名、名称中包含上述关键词而进入检索结果的),得到共计1279篇裁判文书。本文的分析采取精读与泛读相结合的方法,对于类似的裁判文书,只选取其中一份,重点关注当事人和法院援引少数民族习惯作为权利依据或裁判依据,以及论证理由的情形。

二、基于提出主体的整理分析

从整体上看,上述案例绝大多数分布在基层人民法院。这与彭中礼教授得出的结论"基层法院存在民间法的司法适用"和"少数民族地区社会纠纷中存在民间法的司法适用"在某种程度上是相印证的。[①] 本文所要探讨的"运用",在提出主体方面,较之"适用"更为广阔。根据提出主体来划分,民事司法中出现少数民族习惯的情形有两种,一种是当事人提出,另一种是法院主动提出。下文对此进行整理分析。

(一) 当事人提出少数民族习惯

从当事人提出的角度来看,当事人提出少数民族习惯主要有以下用法:第一,当事人借助少数民族习惯证明要件事实。在少数民族地区,当事人由于证据意识薄弱、取证技术落后,往往难以拿出直接证据还原案情,故常常使用少数民族习惯对事实进行举证。如在"李某、丰某1婚约财产纠纷上诉案"中,当事人之间就上诉人是否给予了被上诉人一方一定数额的彩礼产生争议,上诉人主张其已给付22700元卡巴洛斯,而被上诉人对此不予认可。故上诉人请求二审法院确认这笔金额的发生,提出了"双方的媒人均能证明和确认该金额,这也是彝族风俗习惯……给付卡巴洛斯是基于当地风俗,是缔结婚姻的必要条件,是彩礼不可分割的组成部分。"[②] 本案中,上诉人认为,其是否已经给付对方彩礼这一要件事实,可以通过彝族风俗习惯来推定证实,因为在当地,只要结婚就必须给付卡巴洛斯。该上诉人在本案中对于彝族风俗习惯的运用,实质上是将其作为一种经验法则,即一种"经民族生活经验以及其他具有意义的实践活动归纳所取得的基本定则"[③],在这样一种基本定则之下,行为的发生具有高度盖然性。不过,法院最终没有对这一推定予以采信。

第二,当事人借助少数民族习惯提出诉讼主张和抗辩。在少数民族地区,当事人产生诉讼的动机及其对诉讼请求的具体主张和抗辩都与少数民族习惯密不可分。当事人经常将

---

① 参见彭中礼:《当前民间法司法适用的整体样态及其发展趋势评估》,载《山东大学学报(哲学社会科学版)》2010年第4期。
② 四川省凉山彝族自治州中级人民法院(2021)川34民终387号民事判决书。
③ 毕玉谦:《论经验法则在司法上的功能与应用》,载《证据科学》2011年第2期。

少数民族习惯作为诉讼主张或抗辩的合理性依据。如在"张秀英、曲木尔轨与阿布莫阿色、曲木尔日、普格县农业农村工作局共有物分割纠纷案"中,被告主张死者的抚恤金应优先用来支付其丧葬费用,理由是"彝族人家的葬礼有特定的习俗,所有参与分配抚恤金的亲属都应当对死者丧葬费用承担支付义务。按习俗办理丧葬,费用高昂……应当充分考虑地方文化中得到普遍认可的民族习俗。故上述在分配抚恤金时应当先扣除葬礼花费的所有开支。"① 本案中,被告引用民族习惯,是想申明自己主张用死者的抚恤金来支付丧葬费用是具有合理性的,其依据就是"得到普遍认可的民族习俗"。法院最终没有认可其合理性,而是认为"抚恤金不能用于清偿债务",故不支持被告的主张。实践中,还有当事人根据少数民族习惯向对方主张履行义务的具体方式。如在"文杰与龙志珍相邻关系纠纷案"中,原告请求法院判令被告向其赔礼道歉,并就赔礼道歉的方式提出具体要求,即"按苗族习俗:12斤酒、12斤猪肉、一只红公鸡。"② 本案中,原告是以"苗族习惯"对赔礼道歉的方式进行细化,换言之,原告对"赔礼道歉"这一诉讼请求有更加具体的方式上的主张,而支持这一主张的就是他所援引的"苗族习惯"。本案的结果是,法院驳回了原告的诉讼请求。与此相类似的还有"蒋胜芝与蒋红芝名誉权纠纷案",原告请求法院"判令被告按地方习俗用猪肉120斤、米酒120斤、大米120斤、黄果树磨砂烟12条和120元、鞭炮到我家宴请房族老少恢复原告名声,并当面向原告赔礼道歉和向房族老少认错。"③ 不过,对此法院认为"成本较高",于是"据被告的过错程度以及对原告的名誉影响程度,酌定由被告赔偿原告1000元的精神损害赔偿金。"④

(二) 法院主动提出少数民族习惯

有时候在当事人未提及少数民族习惯的情况下,法院也会主动查明、援引或说明少数民族习惯。除了从司法三段论的角度考察以外(本文第三部分详述),法院主动提出少数民族习惯主要是用于强化裁判论证,具体而言,有以下用法:

第一,运用少数民族习惯增强裁判文书说服力。少数民族地区的人民法院为了使裁判结果更容易为民众接受,往往会运用少数民族习惯增强裁判文书的说理。比如,在"何乜配、罗雪、罗春等承包地征收补偿费用分配纠纷案"中,当事人一方要求死者的子女平均分担已支付的丧葬费用,法院认为,"根据本地农村风俗,儿子承担父母亲丧葬费用的主要支出,女儿在葬礼中亦购买牲畜进行祭祀,这是当地一般社会风俗、民族习惯,各子女均对先辈的丧葬事宜投入了不同价值的财力、劳力,不同程度地履行了安葬的义务,该义务由各家庭成员根据社会风俗、民族习惯、家庭实际情况合理分配,不必然在各子女之间

---

① 四川省普格县人民法院(2019)川3428民初305号民事判决书。
② 贵州省凯里市人民法院(2020)黔2601民初2559号民事判决书。
③ 贵州省雷山县人民法院(2020)黔2634民初2号民事判决书。
④ 贵州省雷山县人民法院(2020)黔2634民初2号民事判决书。

平均分担。"① 本案中，关于丧葬费的负担无具体的法律规定，但法律没有规定并不等于一定是法律漏洞。法律无法实现对所有社会关系进行调整，且有些社会关系也没有必要通过法律来进行调整，此时就存在法律的沉默，即法律没有规定就表明法律对此不予调整。② 对于当事人的这项请求，法院本是有权拒绝裁判的，但从解决矛盾、化解纠纷的实践要求出发，法院还是对此进行了实体上的回应。法院不认同当事人一方提出的子女共摊死者丧葬费的请求，故引用民族习惯对自己的裁判进行说理。再如"岩某甲因与岩某乙、玉某物权保护纠纷案"中，原告认为，被告在自己房屋附近火葬死者，是对自己的侵权，故请求法院判令被告岩某乙、玉某清除火葬残留物，并且恢复原状、赔礼道歉、支付原告做法事驱邪的费用和精神补偿费。对此，法院回应："从尊重民族习俗出发……岩某乙、玉某按傣族风俗火葬死者岩罕亮后，死者岩罕亮即入土为安，不能随意移动，岩某甲要求清理火葬残留物违背了入土为安的风俗习惯，亦是对死者岩罕亮的不敬，所以对岩某甲要求岩某乙、玉某清理火葬残留物、恢复原状并赔礼道歉的诉讼请求不予支持。"③ 在本案中，法院依据"入土为安"这一少数民族习惯回应了原告的诉讼请求。值得注意的是，此时法院援引"民族习俗"并非是将其作为司法大前提，因为司法大前提是要与作为小前提的案件事实"搭档"的。在这里，法院引用少数民族习惯并非是对业已发生的案件事实进行价值判断，而是单纯对原告的诉讼请求的合理性进行评判。这种用法属于法官为增强裁判说服力，援引少数民族习惯进行裁判文书的说理。

第二，运用少数民族习惯酌定给付之诉的裁判金额。给付之诉的金额往往是当事人双方争议较大、关注较多的方面，关乎民事纠纷是否能够得到实质化解。而金额的认定多依赖"酌定"这一裁量性评价，④ 法院借助当地少数民族习惯进行给付金额的考量，较之更加抽象的公平正义理念，能够一定程度减少裁判的恣意性。如在"李某、丰某1婚约财产二审纠纷案"中，双方当事人对原审法院判定的彩礼返还金额有争议，对此，二审法院做出裁判且说明："原审法院在综合考虑上诉人李某、上诉人丰某1同居生活时间……及当地民族风俗和经济水平等因素下认定上诉人丰某1、丰某2、马日阿木返还彩礼70000元并无不当，本院予以支持。"⑤ 显然，二审法院认为，将"当地民族风俗"作为衡量本案中彩礼返还金额的因素之一是合适的。此外，常见的还有法院依据民族习惯酌定精神损害赔偿金额的情形，如在"陈岩山与陈硬努生命权、健康权、身体权纠纷案"中，法院作出如下判决："对于原告主张的精神损失费5000元，根据当地民族风俗及实际情况，本院酌定支持500元。"⑥

---

① 广西壮族自治区西林县人民法院（2020）桂1030民初710号民事判决书。
② 参见邹碧华等：《民商事审判方法》，法律出版社2017年版，第101–102页。
③ 云南省勐海县人民法院（2016）云2822民初216号民事判决书。
④ 参见王磊：《论损害额酌定制度》，载《法学杂志》2017年第6期。
⑤ 四川省凉山彝族自治州中级人民法院（2021）川34民终387号民事判决书。
⑥ 云南省元阳县人民法院（2020）云2528民初818号民事判决书。

三、涵摄模式下法院对少数民族习惯的运用

涵摄模式是法律适用的基本模式，也是一种理性的论证模式。其简单模式是司法三段论，即将小前提置于大前提之下获致结论的思维过程。其复杂模式是在司法三段论的基础上，通过语义规则、经验规则等层层递进，精确化解释大前提或小前提的含义，弥补案件事实与法律规范要件之间的落差。① 按照通常思维，将少数民族习惯和法律适用联系到一起的桥梁就是《民法典》第十条，即将前者作为后者的渊源，成为司法大前提。然而检索结果显示，少数民族习惯在涵摄模式的全过程都有体现。透过涵摄模式，可以获得分析裁判文书中少数民族习惯运用特点的独到视角。

（一）运用少数民族习惯建构司法大前提

让少数民族习惯成为司法大前提是《民法典》第十条的应有之义。事实上，在《民法典》尚未生效的很长一段时间，司法实践中也常常运用少数民族习惯建构司法大前提。

第一，少数民族习惯作为直接审判依据成为司法大前提。在上文曾引用过的"岩某甲因与岩某乙、玉某物权保护纠纷案"中，法院数次运用到了少数民族习惯。除了前面提及的"将少数民族习惯作为裁判论证的理由"以外，法院在该案中也将其作为裁判的直接依据。该案中，原告认为被告在自己房屋附近对死者进行火葬的行为侵犯了自己的民事权利。被告的这一行为是业已经法院确认的事实，接下来需要做的是将它置于一定的大前提之下，判断这一行为是否构成侵权。法院在该案中找到的大前提就包含"民族习俗"。法院认为："火葬地点位于岩某甲建盖的房子前方，属曼谢傣的集体农地范围，该处一直是曼丹囡、曼谢傣、曼丹龙火葬死者的地方，岩某甲不享有使用权，从尊重历史、尊重民族习俗、尊重现实出发，认定岩某乙、玉某的行为并未侵犯岩某甲的合法权益。"② 在法院看来，将这一案件事实投射到民族习俗这一大前提中最为合适、便捷。在这里值得追问的是，虽然我国法律和行政法规没有对少数民族葬礼的行为方式和边界进行详细规定，但是当地省市一级是否制定了相关的规章？少数民族习惯直接作为裁判规范，必须满足"穷尽法条"这一条件，即"针对本案，法官遍寻现行法律体系中可适用于当下案情的规定，但又无所获得的情形。"③ 如果法院仅仅是为了避免烦琐而省去规章检索这一步骤，那么直接将当地民族习惯作为司法大前提的合法性是值得拷问的。

第二，少数民族习惯通过替代制定法成为司法大前提。如在"阿西克地、阿的以布土地承包经营权纠纷再审案"中，案件的争议焦点为当事人阿的力古与阿的木且于2006年达成的口头协议的效力问题。申诉人与检察机关认为，阿的力古与阿的木且未签订书面合

---

① 参见雷磊：《为涵摄模式辩护》，载《中外法学》2016年第5期。
② 云南省勐海县人民法院（2016）云2822民初216号民事判决书。
③ 谢晖：《民间法与裁判规范》，载《法学研究》2011年第2期。

同，仅以口头方式达成协议，达成的案涉土地承包经营权转让协议一直未向发包方报告并取得发包方同意，同时，阿的力古向阿的木且转让土地承包经营权也未经其他共有人同意或事后追认，该协议无论是依据《农村土地承包法》及《农村土地承包纠纷司法解释》，还是《物权法》，都应该属于无效合同。但根据法院的表述来看，如果此时适用上述法律规范，就会和民族习惯相悖，可能导致显失公平的现象发生。面对这种冲突，法院最终选择了用民族习惯、社会观念替代了制定法作为司法裁判的大前提："虽然《中华人民共和国农村土地承包法》第三十七条和相关司法解释明确规定了承包方未经发包方同意以转让方式流转土地的，转让合同无效，但从上述协议的达成、履行、民族习惯及现有状态看，应确认2006年阿的力古与阿的木且达成的口头协议有效为宜。"[①] 从某种意义上来说，这是对制定法的违背，但维护了少数民族乡村土地流转的自生秩序，保障了按照习惯行事且履行义务的阿的木且的权益。显然，当地的习惯是默认村民之间以自愿的方式口头订立土地转包合同的。这种习惯有利于维护土地的合理流转，提高土地利用率。对于受让方阿的木且来说，他对这种依习惯而生发出的秩序十分信赖，也正是基于这种信赖带来的稳定感，他在该承包地上修建了房屋。然而，当对方用法律武器来主张他之前订立的口头合同是无效的时候，他发现自己辛苦耕耘的一切似乎没有法律保障。对于阿西克地等人而言，依据《物权法》等相关法律，他们对这块土地确实享有制定法上的权利。但值得注意的是，阿的木且在履行了习惯上的义务后，并经家族调解，阿西克地等在最初几年也接受了阿的木且占据案涉土地的现状，说明其一度也曾认同了习惯。在这个案件中，法官在面对制定法和民族习惯的冲突时，勇敢地将民族习惯引入司法，使其成为裁判依据。

（二）运用少数民族习惯确定小前提

通过阅读案例可以发现，有许多法院在审判中会运用少数民族习惯确定小前提，即将少数民族习惯作为认定事实的依据。在检索结果中出现大量这类案例是令笔者感到意外的。无论是耳熟能详的"以事实为依据，以法律为准绳"标语，还是经过学界反复论证且长期推动的"证据裁判主义"，都曾使笔者误以为在当今的司法实践中证据裁判原则已经深入人心，应该很少会遇见脱离证据进行事实认定的情况。因此，法院广泛运用少数民族习惯确定小前提这一现状是值得特别关注的。根据检索结果，具体分为以下两种情况：

第一，利用少数民族习惯确定事实是否存在或发生。如在"李仕伟诉被告李才峰财产损害赔偿纠纷案"中，原告诉称被告故意损坏其建造的木桥一座，请求法院判令被告赔偿原告请民工修桥劳务费损失5040元，同时向法院提供收条14份，用以证明支付李炳刚等14人修桥的劳务费5040元的事实。被告对上述借条与本案的关联性表示异议，并不认可原告人修桥、支付劳务费用这一事实的真实存在。对此，法院没有就证据的关联性进行

[①] 四川省高级人民法院（2019）川民再3号民事判决书。

审查判断，也没有要求原被告就该争议事实进一步进行举证质证，而是直接利用少数民族习惯推定出这一事实不存在。在裁判文书中，法院这样论证："原告按照地方民族习俗架设的木桥供自家祭祀，是少数民族地方的风俗习惯，这种风俗习惯历来是由其房族兄弟出力帮助建桥人一起共同修建，由建桥人负责其族兄弟在建桥期间的伙食，不存在出钱雇佣房族兄弟为建桥人建桥的事实。因此，对被告的异议，本院予以采纳。"[①] 法院将"地方民族习俗"当作事物发展的必然规律，质言之，是将习惯直接作为事实。这样的做法很难让人不提出质疑。姑且不论有没有这种必然约束人们行为的风俗习惯存在，在没有对证据进行审查判断的基础上，直接通过推理确定案件事实，所暴露出的程序问题不容小觑。

第二，利用少数民族习惯认定诉讼标的物的金额。如在"万某1、沙某等与万付华等共有物分割纠纷案"中，原被告对被告为办理丧事支付的丧葬费的具体金额有较大争议。这是有关于案件具体事实问题的争议，属于"小前提"的范畴。本案中，双方对于丧葬费金额这一事实各执一词，且双方都没有确凿的证据来证明自己的事实主张。面对这种情况，多数法官会将此划为"要件事实真伪不明"，并适用证明责任这一裁判规范，将败诉风险在当事人之间分配。而在本案中，法院却依据少数民族习惯对事实进行了认定。法院如此表述："对于每项的具体金额……鉴于当事人丧葬费花费较多的实际情况并结合民族习俗，酌情认定丧葬费140000元。"[②] 在这里，法院直接依据少数民族习惯将作为具体案件事实的丧葬费用确定下来。又如在"沈某1、沈某2等与沈古富返还原物纠纷案"中，原被告对于葬礼的实际开销金额有争议，且双方除了口头陈述以外没有别的证据，于是法院依据当地少数民族习惯对此笔开销进行了确定："根据当地民族习俗，葬礼除正常的安葬费外，还存在一定的特殊费用……本院根据当地少数民族习俗及本案实际认定为23000元。"[③] 在本案中，法院甚至没有要求双方当事人就各自的事实主张进行举证、质证，就直接依据少数民族习惯确定了争议开销的具体金额。此外，常见的还有法院依据少数民族习惯确定人身侵权损害赔偿中误工费、护理费、营养费的情形。[④]

与上述情况相类似的是，彭中礼教授在考察习惯在民事司法中的运用时，也曾发现法官经常会直接将风俗习惯作为认定彩礼数额的标准，并将其归为我国司法中的一大特色。[⑤] 以上只是对这一特色作出直观的展示，本文下一部分将重点分析这一特色的成因。

（三）运用少数民族习惯弥补大小前提之间的落差

在实践中，许多案件对于具体案件事实的描述，并不能与法规范所表述的构成要件严

---

① 贵州省雷山县人民法院（2015）雷民初字第358号民事判决书。
② 四川省米易县人民法院（2018）川0421民初994号民事判决书。
③ 云南省宁蒗彝族自治县人民法院（2016）云0724民初461号民事判决书。
④ 参见新疆生产建设兵团喀什垦区人民法院（2020）兵0301民初145号民事判决书、新疆吐鲁番市高昌区人民法院（2020）新2101民初1006号民事判决书等。
⑤ 参见彭中礼：《习惯在民事司法中运用的调查报告——基于裁判文书的整理与分析》，载《甘肃政法学院学报》2014年第6期。

丝合缝地对接上，雷磊教授将这种情况称之为"大前提与小前提之间存在落差"①。这时，就需要提出除规范表述和事实描述以外的其他的前提来弥补这一落差。通过对检索结果的阅读分析，可以发现少数民族习惯在弥补大小前提之间的落差方面多有运用。

如在"李芬、张志琼等与李和等相邻通行纠纷案"中，双方就原告李芬、张志琼是否拥有在争议土地上修建通车道路的权利展开争论，本案依据的法律规范（即大前提）是《民法通则》的第八十三条："不动产的相邻各方，应当……处理截水、排水、通行、通风、采光等方面的相邻关系。给相邻方造成妨碍或者损失的，应当停止侵害，排除妨碍，赔偿损失。"具体的案件事实（即小前提）是：原告在案涉土地上修建入户车道，被告则在该车道上放置石块、修建墙壁阻止原告继续使用该土地。案涉土地原属于被告的宅基地，2008年发生火灾后，被告一家搬离，土地收归村集体进行管理。经查，原告家房屋的一侧，有供其通行的道路，原告本次诉讼提出的通行权，系指在房屋另一侧的案涉土地上新修入户车道的行为。被告认为，原告已经拥有了一条足够满足其生产生活需要的通行道路，此时在案涉土地上修建新路，已经给自己造成了妨碍，故通过放置石头、修墙等行为，阻止原告继续侵权。在法院看来，被告的行为是正当的，而"原告以通行为由，为自己修建进家的车道，从而从实际上达到占有和使用该土地的结果，并对原告进一步侵占该土地埋下了隐患，是明显的侵权行为，不受法律保护。"② 现在的问题是，由于被告已经搬离，故其身份与大前提中的"相邻方"并不能严格吻合，其间还存在着一定落差，《民法通则》第八十三条存在适用不畅的危险。法院必须提出理由来论证被告属于《民法通则》第八十三条中规定的"相邻方"，才能弥补具体案件事实与法律构成要件之间的落差。本案中，少数民族习惯便承担了这一责任。法院认为："开屯村对于已经搬离的老宅基地，其处理方式是交由原户主继续进行管理。根据雷山县山区苗寨村落土地稀少的实际，以及苗家分家立户的传统，旧宅基地由原主人进行管理，避免了人口增多后分家立户建房占用耕地、林地的可能，具有合理性，是当地通行的民族习惯，也是开屯村对于集体土地管理的具体方法。"③ 于是，法院通过引入"民族习惯"，结合案件事实对大前提中的"相邻方"进行精确化解释，直至本案的大小前提能够严丝合缝地连接起来。从形式上来说，这是一种演绎，也是雷磊教授提出的"涵摄的复杂模式"的实际推导过程。

四、相关问题的学理讨论

从上述调查分析的情况来看，法院、当事人都十分注重少数民族习惯在民事司法中的运用。与此同时，一些值得探讨的现象及其法律问题也呈现了出来。针对本文第二、三部分呈现的民事司法现状，笔者分别提炼出两个问题，分别是"认可缺失之问"和"特色

---

① 雷磊：《为涵摄模式辩护》，载《中外法学》2016年第5期。
② 贵州省雷山县人民法院（2018）黔2634民初365号民事判决书。
③ 贵州省雷山县人民法院（2018）黔2634民初365号民事判决书。

形成之问"。本部分尝试回答这两个问题。

(一) 认可缺失之问

为什么当事人主动在诉讼中提出少数民族习惯,多数情况下不被法院认可?在本文第二部分"基于提出主体的整理分析"中,所展示的当事人提出少数民族民间法的案例,无一例外均没有被法院认可。通过大量阅读检索结果,可以发现这一现象具有普遍性。从形式上说,法院不认可的方式有两种,一是明示不认可,二是默示不认可。法院明示不认可表现为,在裁判文书中直接对当事人依据少数民族习惯提出的事实主张或法律主张进行驳回。如在"熊利妃与张定飞财产损害赔偿纠纷案"中,原告请求法院判令"被告将我家房子恢复原貌、赔偿相关损失,并根据地方民族习俗赔礼道歉,鸣炮挂红。"① 法院对此在"本院认为"部分进行了回应:"对原告要求被告根据地方民族习俗鸣炮挂红的请求,根据该案的案情,不适用该承担责任的方式,且于法无据,本院不予支持。"② 法院默示不认可主要表现为,法院对当事人依据少数民族习惯提出的事实主张或法律主张不予回应。在"白碧波、许鲜明共有权确认纠纷二审案"③、"严某诉马某某离婚纠纷案"④ 等案中,当事人均提出了少数民族习惯,但法院在审判过程中回避了这些主张,依据其他事实或法律规范对案件进行了裁判。

值得追问的是这一现象产生的原因。本文不讨论程序法上的法官释明义务、论证说理等问题,单从少数民族习惯的实体运用角度尝试解答:

首先,法官识别少数民族习惯的难度较大。"少数民族习惯"缺乏规范的范畴和客观的外在表现形式,难以寻找到具体、成文的参照内容。在德国,习惯法规范的存在与否及其内容需要由最高法院来判断,多数情况下,在适用之前需要经法官法进行确认。⑤ 在我国,对当事人提出的习惯进行识别则是一线办案法官的任务。少数民族习惯作为制定法以外的法律渊源,既是一种范围和处所,更是一种限制,法官必须根据已有的规范路径进行法律发现。⑥ 具体而言,法官在判断少数民族习惯能否成为裁判依据时,至少需要面临三重难题:第一,当事人提出的少数民族习惯是否真实存在?在诉讼中,不排除当事人会为了自己的利益最大化,而捏造出一个所谓的"少数民族习惯"。这就需要法官去考察、验证这一习惯在认知上的共识性,即是否在经验相同、智识相近、所处生活环境相同或相近

---

① 云南省镇雄县人民法院 (2018) 云 0627 民初 4061 号民事判决书。
② 云南省镇雄县人民法院 (2018) 云 0627 民初 4061 号民事判决书。
③ 云南省红河哈尼族彝族自治州中级人民法院 (2020) 云 25 民终 880 号民事判决书。
④ 云南省巍山彝族回族自治县人民法院 (2016) 云 2927 民初 157 号民事判决书。
⑤ 参见 [德] 伯恩·魏德士:《法理学》,丁晓春、吴越译,法律出版社 2013 年版,第 102—114 页。
⑥ 参见彭中礼:《论法律渊源与法律发现》,载《岳麓法律评论》第 10 卷。

的人群之间达成共识，①这一过程中就要求法官进行大量的走访、调查、求证。②第二，当事人提出的少数民族习惯是否在某共同体的存在范围内具有普遍性？从时代发展、居住群体和居住地域来看，时间、自然空间、社会空间会将人群割裂成一个个共同体，各共同体之间的习惯是不同的。③在有些区域，村与村之间都存在不同的风俗习惯。我国地域辽阔，民族众多，少数民族习惯主要是在局部地域存在，属于局部习惯。局部习惯是与一般习惯相对应的概念，意味着只能在特定区域适用该习惯。④这就难免在诉讼中出现这种情况，当事人提出的某种少数民族习惯确实存在，但其只在 A 乡镇范围内具有普遍性，而对方当事人不是 A 乡镇的居民；或者该习惯只在老一辈人中遵守，而对方当事人是年轻人，已经不在流行这种习惯。此时如果贸然让这一少数民族习惯成为裁判依据，那么对对方当事人而言是不公平的。就要求法官仔细考察探究，当事人提出的少数民族习惯的范围有多大？双方当事人是否属于同一个少数民族习惯共同体之下？⑤等等。第三，当事人提出的少数民族习惯是否具有内容上的合理性？即使当事人提出的少数民族习惯是客观存在的，且双方当事人都是这一习惯共同体的成员，也不意味着这一习惯就可以作为裁判依据。法官对少数民族习惯的识别必须经过实质审查的过程，即探究该习惯的合理性。这需要法官综合公序良俗、实质争议观念等因素进行考察。从以上三点可以看出，对当事人提出的少数民族习惯进行识别需要非常繁琐、细致的工作，且容易产生争议。另外，从机制上讲，由于我国尚未建立有效的习惯法查明机制，法官对少数民族习惯的识别难度较大已经是长期存在的系统性问题。⑥

其次，多数情况下，当事人与法院对待少数民族习惯运用的理解不同、期待不同、运用方式也不同，两种运用往往处于"驴唇不对马嘴"的状态。从法院的角度来说，法院对少数民族习惯的运用就是为了支持裁判论证中的各个环节，包括大前提的建构、小前提的确定、弥补大小前提之间的落差以及其他解释、说理工作。在一定程度上，法院运用少数民族习惯的动力来源是想减轻事实认定或法律适用上的负担，简化诉讼机制中的烦琐流程。法院更期待少数民族习惯在促进当事人一次性解决纠纷上发挥作用，所以在很多情况

---

① 参见彭中礼：《法律渊源论》，方志出版社 2014 年版，第 312 页。
② 实践中，很少有法官主动去做这项工作。在本次检索结果中，仅有一例法官就少数民族的共识性进行审查。该案中，被告提出，依据回族习惯应当由儿子守护父母遗产。为此，法官向市伊斯兰教协会求证，并获得证明一份，并依据该证明认定被告的主张不成立。参见江苏省徐州市云龙区人民法院（2019）苏 0303 民初 3810 号民事判决书。
③ 参见彭中礼：《法律渊源论》，方志出版社 2014 年版，第 309 页。
④ See Roger A. Shiner, *Legal Institutions and the Sources of Law*, Springer, 2005, p. 70.
⑤ 实践中，法院能够注意到这个问题并且去严格考察双方当事人是否属于一个少数民族习惯共同体的情况十分少见。在本次检索结果中仅体现一例。该案中，法院认为，侵权人李继亮也并非凉山彝族人士，对凉山彝族习俗并不了解，不应当要求李继亮及平安财保北分在法律上承担牛和做法事所发生费用的义务。参见北京市第三中级人民法院（2015）三中民终字第 12786 号民事判决书。
⑥ 参见杜健荣：《民族习惯法司法适用的困境与应对——以我国台湾地区的司法实践为参照》，载谢晖、陈金钊、蒋传光主编：《民间法》（第 23 卷），厦门大学出版社 2020 年版，第 254－255 页。

下,法院援引少数民族习惯只是为了在当事人之间创造一个缓冲区,以便推动当事人和解或更高效地进行诉讼。而从当事人的角度来说,提出少数民族习惯的原因则五花八门,只要是能够支持自己诉请的少数民族习惯,哪怕与案件的关联性不强,也要提出来"碰碰运气"。如"严某诉马某某离婚纠纷案"中,被告主张"马某出生于回族世家,信仰的是伊斯兰教,根据情理,法院要判也只能判给被告抚养"①。在该案中,被告为了争夺孩子的抚养权,不惜祭出"回族习惯"这面大旗,请求法院将信仰伊斯兰教的女儿判归自己抚养。显然,这样的理由是法院不能接受的。更重要的是,当事人主动提出少数民族习惯与法院"卸担子"的初衷恰好相悖,不但不会降低案件的审理难度,更会加重法院的识别、审查负担,在这种情况下,法院为减小审判压力,多采取"视若不见"的办法进行回避。

综上所述,一方面,由于法官对当事人提出的少数民族习惯需要经过严格繁琐的识别程序,能够最终通过审查而进入司法裁判的情形少之又少。另一方面,由于法官与当事人对少数民族习惯的认知不尽相同,双方都从自身便利出发对少数民族习惯进行运用,努力的方向并不一致。所以,法院更愿意主动提出少数民族习惯,当事人主动在诉讼中提出少数民族习惯多数情况下不被法院认可。

(二)特色形成之问

为什么会出现"法官直接将少数民族习惯直接作为认定事实的依据"这一中国司法特色?正如"万某1、沙某等与万付华等共有物分割纠纷案"展示的那样,法官有时会在案件事实难以查清的情况下,直接依据少数民族习惯推定一个事实出来,作为司法小前提。一般而言,司法小前提的确立,是法官通过对证据的审查,并借助归纳推理使模糊的案情清晰化的过程。② 如果在这一过程中,法官为案情清晰化作出的努力失败了,即在穷尽所有证据的情况下,案件的要件事实仍处于真伪不明的状态时,根据民事诉讼法学界的主流观点,应当借助证明责任下判决。③ 申言之,法官此时应当根据哪一方当事人对要件事实负证明责任,将真伪不明引起的败诉后果判归他承担。然而,上述案例的法官既没有查清事实,也没有运用证明责任这一裁判规则,而是通过推理确定了小前提,而推理的直接依据就是少数民族习惯。这样的类案在检索结果中多次出现。本文认为,出现这样一种司法现状的原因主要有如下几点:

首先,这是法官为寻求与少数民族乡村治理相契合的办案方法所做出的努力。发挥证明责任制度功能是我国当事人主义审判程序改革中的重要环节,从总体方向上来看,与建立同市场经济相协调的司法制度是相一致的。但是,如果忽视了制度运行的现实土壤,便会陷入教条主义和浪漫主义的泥沼。我国少数民族聚居地区大多地处偏远,经济建设水平

---

① 云南省巍山彝族回族自治县人民法院(2016)云 2927 民初 157 号民事判决书。
② 参见谢晖:《法理学》,北京师范大学出版社 2010 年版,第 327 页。
③ 参见李浩:《民事证明责任研究》,法律出版社 2003 年版,第 18 页。

较低，就被卷入诉讼纠纷的少数民族当事人而言，大多不具备法律知识，更不能理解"证明责任"的含义。事实上，在传统"厌讼"观念的影响下，少数民族当事人大多只有在面临调解不成且急需要解决问题的情况下，才会向法院求助。于是，当事人往往会对法院抱有较高的期待，希望法院能够从实体上解决纠纷、化解矛盾。在当事人难以清晰还原案件事实的情况下，对法院而言，使用证明责任这一裁判规范固然在程序上是最保险的，但很容易造成"水土不服"，即没有实实在在地将民间矛盾化解，败诉一方也往往难以接受从程序上赋予他的所谓"败诉风险"。当下，学界与实务界也对民事审判现代化改革提出了疑虑和反思。以"莫兆军事件"[①]为开端，实务界开始质疑以证明责任为代表的现代民事审判方式是否能适应我国国情。也有学者指出这样的改革实质上是"给法院卸担子，给当事人压担子""当事人主义变成了手段，而不是目的。"[②]显然，在少数民族聚居地区，尤其是其中广大的农村地区，当事人在日常生活中几乎不存在证据意识，在诉讼中难以举证或举证不充分是常有的事情。如果在这种情况下适用证明责任，不仅难以解决纠纷，更会造成当事人对司法的不满。[③]"把矛盾化解在基层，把问题解决在当地"是我国长期以来坚持的基层治理方略和经验，基层法院为了契合这一治理目标，有意识地作出避免纠纷反弹的裁判。运用少数民族习惯推出小前提，实质上是法院努力通过常理、常情对客观真实的探知。从理论上来讲，这种探知在程序上是不被允许的，但它往往能够在一定程度上揭示客观真实。相较于直接适用证明责任这一裁判规则而言，这种做法使案件离实体公正更近了一步。此外可以看出，法院利用少数民族习惯做出小前提推定，是倾向于以模糊的事实认定引导当事人暂时跳过这样一个复杂的争议过程，搁置在事实认定上的分歧，消除剑拔弩张式的对立，最终达成和解或者更加理性地参加诉讼。[④]这样的结果，更加符合少数民族乡村纠纷化解的切实需求。

其次，这也是少数民族地区基层法院在现有条件下面临的现实困境与缺陷。除了上述当事人在诉讼中面临的客观困境以外，少数民族聚居地区的基层法院也遭遇着案多人少的境况以及存在着硬件条件不足、业务水平不高等缺陷。在当事人对案件要件事实各执一词的情况下，法院往往缺乏进一步与当事人互动以便接近案件事实的意识与能力，而是匆匆地终止法庭调查，进入下一程序。这里的互动主要指的是法官在诉讼中的指挥、释明义务，具体来说包括对法定庭审程序的引导，以及在判决之前适时向当事人表明或开示自己对现有证据及待证事实的认识。[⑤]如在上述"沈某1、沈某2等与沈古富返还原物纠纷案"

---

① 在"莫兆军事件"中，法官依据证明责任规则判决老夫妇败诉，最终酿成了老夫妇自杀的惨剧。参见广东省高级人民法院（2004）粤高法刑二终字第24号刑事裁定书。
② 任重：《改革开放40年：民事审判程序的变迁》，载《河北法学》2018年第12期。
③ 参见李浩：《能动司法视野下的乡土社会的审判方法——陈燕萍办案方法解读》，载《当代法学》2010年第5期。
④ 参见郎立惠：《司法改革对民事案件事实认定的影响》，载《河北法学》2018年第1期。
⑤ 参见王亚新：《对抗与判定》，清华大学出版社2002年版，第207页。

中，双方当事人对于被告实际用于支付死者丧葬费用的具体金额产生争议，但双方除了在口头上进行不同的事实陈述以外，均没有提供证据加以证明。依据《民诉解释》的规定，"当事人对自己提出的诉讼请求所依据的事实或者反驳对方诉讼请求所依据的事实，应当提供证据加以证明。"然而，在本案中，法官并没有引导、指挥当事人就双方争议的金额问题进行举证、质证，也没有及时公开心证，赋予当事人进一步表达自己意见的机会，这势必将本有可能进入诉讼的证据材料阻碍在法庭之外。当然，这不能仅仅归咎于法官的业务水平不高，这也可能是案多人少境遇下的无奈之举。如果鼓励当事人去收集、调查这些零散的证据，无疑会加重法院审查的负担、拖延诉讼的周期。

综上所述，形成"法官直接将少数民族习惯直接作为认定事实的依据"这一中国司法特色既有现实必然性，也有价值合理性。

五、结语

"习惯生成于社会物质生活条件，并制约着法律创制，它是具有民族特性的法权现象。"[①] 少数民族习惯作为一种法权现象，广泛存在于少数民族共同体的相互交往之中，是人的价值的确证和表现。民事司法实践中出现了丰富多彩的少数民族习惯运用，体现了民事诉讼的两大主体——法院与当事人理性的思维方式，彰显了我国法治本土资源与司法现代化进程高度融合后的勃勃生机。

问题同样也是存在的。无论是"认可缺失"还是"特色形成"，都暴露了当下民事司法活动中法官和当事人的紧张关系。在"诉讼爆炸"的背景下，法院如何实质性地运用少数民族习惯使当事人在案件中看见公平正义，而不是仅仅将其作为"卸担子"的工具，是一个值得追问的问题。如何克服少数民族习惯适用的过于形式化，即在裁判文书中只见其形、不见其意的情况，也值得每一个审判者关注。同时需要警惕的是，"少数民族习惯"有滥用之势，在许多裁判文书中，少数民族习惯已经十分抽象，几乎成了法律原则的代名词和"公平""正义"的箩筐。如果说对少数民族习惯熟视无睹是对法律的无知，那么仅凭一腔热血运用少数民族习惯就是对法律的蔑视和违背。[②] 只有尊重少数民族习惯、正确适用少数民族习惯，才是对法治的负责。

[①] 眭鸿明：《清末民初民商事习惯调查之研究》，法律出版社2005年版，第277页。
[②] 参见彭中礼：《论习惯进入司法的方法》，载谢晖、陈金钊主编：《民间法》（第11卷），厦门大学出版社2012年版，第132页。

An Investigation Report on the Application of Ethnic Minority Customs in Civil Justice: Based on the analysis of the judgment documents

Yang Gang

Abstract: Ethnic minority habits are a set of characteristic code of conduct formed by ethnic minorities in my country in the long - term production and life, and are widely used in civil judicial practice. Both parties and judges will propose the use of minority customs in the litigation according to their own needs. From the perspective of the inclusive mode, the court's application of minority habits includes constructing the major premise, determining the minor premise, and bridging the gap between the major and minor premise. The court lacked recognition of the ethnic minority habits proposed by the parties. On the one hand, it was difficult for judges to identify ethnic minority habits. In practice, the courts have formed the "Chinese characteristics" of using minority customs to determine judicial minor premise, which is both practical and reasonable. The courts are responsible for the rule of law by discarding the thinking of "unloading the burden" and substantively applying the customs of ethnic minorities.

Keyword: minority habits; civil justice; judgment documents; mode of containment

域外经验

通向改革之路的《欧洲人权公约》克减制度

[英] 斯图尔特·华莱士 著* 范继增 张 慧 译**

摘 要 本文研究各缔约国依据《欧洲人权公约》第15条之规定在紧急状态下克减公约权利的实践。本文不仅呈现了各缔约国克减公约权利的相关历史数据，并且还对数据和实践进行了分析，最后提出了一系列的改革意见。笔者发现部分国家存在延长紧急状态的时间和在紧急状态结束后继续维持克减公约权利的措施。这违反了《欧洲人权公约》第15条的规定。然而，虽然域外执行军事活动理应是克减公约权利的正当理由，但是相关缔约国却未能宣布克减决定。笔者发现欧洲人权法院在实施公约第15条过程中通常会选择支持缔约国的决定。由于存在上述缺陷，笔者认为需要对公约第15条的适用进行改革。改革的内容应包括调整紧急措施的审查程序、改进克减公约权利的通知程序和修改缔约国在域外实施克减措施的方法。

关键词 人权 公共紧急状态 克减 海外军事活动 《欧洲人权公约》第15条

一、前言

本文研究对象是各缔约国根据《欧洲人权公约》（以下简称"人权公约"）第15条规定，在紧急状态情形下克减人权公约保障标准之实践。笔者在研究过程中收集和展示了各缔约国克减公约权利的统计数据，并且对相关数据和缔约国的实践进行了分析。此后，对

---

* 斯图尔特·华莱士（Stuart Wallace），利兹大学法学院教授。
** 范继增，山东工商学院法学院副教授，四川大学欧洲问题研究中心研究员，比萨圣安娜大学法学博士；张慧，四川大学法学院法学硕士研究生。

出现的问题提出对策建议。

有人认为缔约国长时间的维持克减基本权利的紧急措施违反了人权公约第15条的规定。设置克减公约权利制度的优势是区分正常状态与特殊性紧急状态。然而，由于部分国家未采用通过宣布紧急状态的途径克减基本权利的模式，而是选择依据普通性立法使特殊的紧急措施常态化，所以克减权利的制度优势就因此会荡然无存。在政府未作出克减声明的情况下，国家政府实施紧急状态法会侵犯个人权利。

与此同时，随着《欧洲人权公约》的适用范围已经逐渐扩展到域外领域，尤其是在公约缔约国所参加的域外武装冲突和其他军事活动中，参与国虽然有义务在军事活动中宣布克减公约权利，但是却鲜有如此作为。有人认为公约缔约国在此种情况下不实施基本权利的克减会导致该缔约国承担严重的国际责任，并且也消极影响了克减制度区分常态和非常态的价值属性。这就意味着各国在无能力履行人权公约义务时，就应该宣布克减基本权利；而在有能力履行保障民众的公约义务时，就不应对基本权利实施克减。笔者通过对缔约国应对恐怖主义和最近新冠疫情的多种措施进行分析后，发现部分缔约国将特殊的紧急措施适用于日常状况，另一些缔约国却依据日常措施应付紧急状态。

部分学者发现欧洲人权法院通常采用极端谦抑态度审查缔约国解释和实施人权公约第15条的合约性，所以人权法院经常支持缔约国所采取的克减基本权利的措施。实际上，极端谦抑态度限制了人权法院对缔约国采取的克减措施的司法审查力度，忽略了缔约国长时间维持克减公约权利措施的危害性。人权法院极少关注缔约国发布声明的内容是否具有模糊性和时间是否具有延迟性。人权法院秉承的谦抑性原则和减低对缔约国实施紧急措施的司法审查力度导致了缔约国紧急措施的常态化。实际上，人权法院追求尊重缔约国决定和维持辅助性的角色具有无法有效地实施公约要求的风险。

本文将会详细反思包括最近各国因新冠疫情在内的克减公约权利的实践，并且笔者提供相关缔约国克减公约权利的数据表。在本文的结尾部分，笔者建议通过增加公约议定书的途径修改《欧洲人权公约》第15条。改革的内容包括缔约国建立审查紧急措施的程序并且应在紧急措施的立法规制中增加"日落条款"。修改后的法律应保证政府在法律制度范围内克减基本权利，并且应完善发布克减决定的通知程序。

二、惯常性紧急状态（Entrenching Emergency Situation）

《欧洲人权公约》第15条第1款之规定："在战争或其他公共紧急情况危及国家存亡时，任何缔约国均可采取克减本公约所规定的国家承担义务的措施，但是克减公约权利的程度必须严格符合紧急情形，并且克减措施不得违反国际法义务"。[①] 从公约文本中可以清楚地了解，克减措施存在于"战争或其他公共紧急情况"。在 Lawless 案的判决中，欧

---

① Convention for the Protection of Human Rights and Fundamental Freedoms 1950, CETS 005.

洲人权法院指出"危及缔约国存亡的紧急状态"应解释为"一种可以影响到全体人民的特殊危机或者紧急状态的非常情形,并对国家有组织的社会生活秩序构成威胁"。① 如何理解公约文本中"非常"(exceptional)这个关键词汇呢?紧急状态和日常状态是彼此对立的两种形态。② 在紧急情况下,缔约国政府认为不适合继续遵守人权公约规则。欧洲人权委员会也曾经在"希腊案"中作出裁决,认定"国家所面临的危机或者危险必须具有非常性,当常规性限制基本权利的措施已经无法维护公共安全、公共卫生和公共秩序"③的状况下,就应当克减公约权利。克减权利制度的核心价值是区分常态性与非常态性的危机。克减措施具有"保护价值"属性,避免国家承担法律和经济责任。如果国家未在危机状态下做出克减决定,那么未能履行国际人权法之保障义务的国家政府可能面临着法律与经济的双重惩罚。④ 其次,更为重要的是克减措施可以允许缔约国在一段时间内采取不同或者特殊的方式解释公约条款。这种制度保护了人权法院判决免受特殊状态的影响。⑤ 克减制度也有"声明价值"的属性。它强调任何限制权利的措施都具有非常态性和临时性。这种日常状态和非常状态间的二分法凸显出紧急权应受到时间因素的严格限制,且具有临时性的特征。⑥ 这就使很多欧洲国家都对政府行使紧急权设定了时间限制并且要求对实施紧急状态的法律条款设置定期审查机制。⑦

然而,许多学者认为整个世界范围内的紧急状态呈现出普遍化和持久化的特征。他们甚至认为"紧急状态-正常状态"二元对立的模式已经不复存在。阿兰·格林(Alan Greene)指出,从20世纪到21世纪,惯常性紧急状态模式在世界各地已是司空见惯的现象。⑧ 令人震惊的例子是叙利亚从1963年到2011年持续性存在紧急状态⑨和埃及从1981

---

① Lawless v Ireland (No 3) Application No 332/57, Merits, 1 July 1961, para 28.
② Oren Gross, *Once More Unto the Breach*: *The Systemic Failure of Applying the European Convention on Human Rights to Entrenched Emergencies*, 23 Yale Journal of International Law, 440 (1998); Alan Greene, *Separating Normalcy from Emergency*: *The Jurisprudence of Article 15 of the European Convention on Human Rights*, 12 German Law Journal, 1769 (2011).
③ The Greek Case Application No 3321/67, Commission Report, 5 November 1969 at para 153; Brannigan and McBride v United Kingdom Application No 14553/89, Commission Report, 3 December 1991, para. 47.
④ Staurt Wallace, *The Application of the European Convention on Human Rights to Military Operation*, Cambridge University Press, 2019, pp. 196 – 197; Alan Greene, *Separating Normalcy from Emergency*: *The Jurisprudence of Article 15 of the European Convention on Human Rights*, 12 German Law Journal, 1767 (2011).
⑤ Staurt Wallace, The Application of the European Convention on Human Rights to Military Operation, Cambridge University Press, 2019, p. 197; Alan Greene, *Separating Normalcy from Emergency*: *The Jurisprudence of Article 15 of the European Convention on Human Rights*, 12 German Law Journal, 1763 (2011).
⑥ Human Rights Committee, *General Comment No 29*: *States of Emergency* (*article* 4), 31 August 2001, para 2.
⑦ 例如,1997年《波兰共和国宪法》第230条和第231条;1964年《马耳他宪法》第47条第3款;1958年《法兰西共和国宪法》第16条。
⑧ Alan Greene, *Permanent States of Emergency and the Rule of Law*: *Constitutions in an Age of Crisis*, Hart Publishing, 2018, p. 46.
⑨ Scott P. Sheeran, *Reconceptualising States of Emergency under International Human Rights Law*: *Theory*, *Legal Doctrine*, *and Politics*, 34 Michigan Journal of International Law, 516 (2013); Alan Greene, *Permanent States of Emergency and the Rule of Law*: *Constitutions in an Age of Crisis*, Hart Publishing, 2018, p. 47.

年到 2012 年维持惯常性的紧急状态①。奥伦·格劳斯（Oren Gross）发现各国危机和紧急状态不再是短时间的特殊状态，而已固化为长期存在的新常态。②

附录中列举的缔约国在紧急状态下克减公约权利的数据就能显示出各国长时间维持紧急权的状况。英国在北爱尔兰地区实施克减基本权利的紧急措施历时最长。从首次实施到结束历经了 11025 天，共计 30 年的时长。③ 因此，格劳斯认为北爱尔兰地区的紧急状态不是特殊状态，而属于常态。④ 北爱尔兰实施克减措施并非是一个孤例。统计数据显示各缔约国政府从首次采用克减基本权利的紧急措施到终止紧急状态的平均间隔为 1437 天，约为四年的时长。

我们可以发现各国经常以本国正在遭受持续性的恐怖威胁为理由作为延长紧急措施的正当性依据。法国政府曾在巴黎恐怖袭击事件后的声明中以"法国的恐怖主义威胁具有持久性"⑤ 为理由，宣布克减《欧洲人权公约》规定的国家保障义务。这一措辞与英国政府于 2001 年 9 月 11 日美国发生恐怖袭击后声明"国际恐怖主义构成持续的威胁"⑥ 具有高度的相似性。这些声明内容进一步混淆了正常状态和紧急状态的差别。正如斯科特·希兰（Scott Sheeran）发现预防恐怖主义已经成为紧急状态常态化的理由，所以常态和非常态已经失去了理论和价值性的差别，甚至先前的非常状态已经演变为当下的常态情况。⑦

不幸的是，人权法院的部分判决维持了常态和非常态的混淆。欧洲人权法院对英国政府在 A & Others 案的判决中对其在美国 9·11 事件后发表的克减声明内容进行了司法审查，指出"尽管联合国人权事务委员会要求克减《公民权利和政治权利国际公约》规定的措施必须是'非常性和临时性的'……迄今为止，已有的人权法院判决从未明确要求紧急状态必须维持临时性的特征，即使紧急状态持续的时间与比例原则的适用相关。事实上，前面所提及的与北爱尔兰安全局势相关的判决中，我们发现第 15 条所指的"公共紧急状态"可能会持续多年。人权法院不认为在基地组织袭击美国后，英国立即启动克减公

---

① Scott P. Sheeran, *Reconceptualising States of Emergency under International Human Rights Law: Theory, Legal Doctrine, and Politics*, 34 Michigan Journal of International Law, 516 – 517 (2013); Alan Greene, *Permanent States of Emergency and the Rule of Law: Constitutions in an Age of Crisis*, Hart Publishing, 2018, p. 46.

② Oren Gross, *Once More Unto the Breach: The Systemic Failure of Applying the European Convention on Human Rights to Entrenched Emergencies*, 23 Yale Journal of International Law, 433 (1998).

③ Council of Europe Treaty Office, *Reservations and Declarations for Treaty No 005—Convention for the Protection of Human Rights and Fundamental Freedoms*, 29 September 2020, available at: bit. ly/3ikoH6E [last accessed 29 September 2020].

④ Oren Gross, *Once More Unto the Breach: The Systemic Failure of Applying the European Convention on Human Rights to Entrenched Emergencies*, 23 Yale Journal of International Law, 472 (1998).

⑤ 这项声明已经包含在法国常驻代表向欧洲理事会提交的信函中。欧洲理事会书记处已于 2015 年 11 月 24 日作出了登记。

⑥ 这项声明已经包含在英国常驻代表向欧洲理事会提交的信函中。欧洲理事会书记处已于 2001 年 12 月 18 日作出了登记。

⑦ Scott P. Sheeran, *Reconceptualising States of Emergency under International Human Rights Law: Theory, Legal Doctrine, and Politics*, 34 Michigan Journal of International Law, 545 (2013).

约权利的措施,且议会每年都会对其进行司法审查的规定仅因为未能不满足'临时性'的要素,而变得无效"。①

令人担忧的是欧洲人权法院很少关注长期持续性紧急状态的合约性。从表面上分析,紧急权会赋予行政机构广泛的职权,导致立法权和司法权的边缘化。这足以引起法院和约束出现独断性权威的政治体制的警惕。② 然而,更为紧迫的问题是紧急状态往往被用作国家实施镇压的借口。实施克减措施导致了更大规模地侵犯人权公约中可克减权利与不可克减权利的风险。③ 例如,可以从统计数据表中看到英国政府在面临马来西亚、肯尼亚、塞浦路斯、英属圭亚那和亚丁地区等民众有组织地反殖民起义的危机时,宣布进入紧急状态并且克减相关的公约权利。在实施克减措施的过程中,英国政府似乎违反了《欧洲人权公约》第3条。英国政府对本国情报部门在针对"紧急状态下合法羁押的未经刑事审判的犯罪嫌疑人"所使用的"五种技术"的报告④中发现"某些或全部技术在……马来西亚,肯尼亚和塞浦路斯,……英属圭亚那(1964),亚丁(1964-1967)……北爱尔兰(1971)的反叛乱行动中发挥了重要作用"⑤。欧洲人权委员会在爱尔兰诉英国案的判决中指出使用"五种技术"已经构成酷刑⑥,欧洲人权法院也判决"五种技术"构成不人道待遇⑦。显然,这些事实表明英国情报部门通常在实施克减措施过程中广泛使用侵犯人权的"五种技术"。在很多缔约国的法律体系中,可以清晰地发现克减公约权利和固化人权侵犯间具有密切的联系。所以,需要法院和其他机构密切监督缔约国所采取的克减措施的合约性。但是,在探讨这些惯常性紧急措施对人权法影响之前,需要先关注近期因新冠疫情引起的公共卫生紧急状态和对相关公约权利的克减措施。

---

① A and Others vs. UK, Application No 3455/05, Merits and Just Satisfaction, 19 February 2009, para 178.

② Ed Bates, *The Evolution on the European Convention on Human Rights*, Oxford University Press, 2010, pp. 4-6; Micheal O'Boyle, Emergency Government and Derogation under the ECHR, *European Human Rights Law Review*, 333-334 (2016).

③ Scott P. Sheeran, *Reconceptualising States of Emergency under International Human Rights Law: Theory, Legal Doctrine, and Politics*, 34 *Michigan Journal of International Law*, 492-494 (2013); Christina M. Cerna, *The History of the Inter-American System's Jurisprudence as Regards Situation of Armed Conflict*, 2 *International Humanitarian Legal Studies*, 15 (2011); Mohammad M. El Zeidy, T*he ECHR and State of Emergency: Article* 15 - *A Domestic Power of Derogation from Human Rights Obligations*, 4 *San Diego International Law Journal*, 282-283 (2003); Brenda Mangan, *Protecting Human Rights in National Emergency: Shortcoming in the European System and a Proposal for Reform*, 10 *Human Rights Quarterly*, 373 (1988).

④ Lord Parker of Waddington, *Report of The Committee of Privy Counsellors Appointed to Consider Authorised Procedures for the Interrogation of Persons Suspected of Terrorism*, a March 1972, p. 1. available at https://www.ojp.gov/pdffiles1/Digitization/30012NCJRS.pdf.

⑤ Lord Parker of Waddington, *Report of The Committee of Privy Counsellors Appointed to Consider Authorised Procedures for the Interrogation of Persons Suspected of Terrorism*, a March 1972, p. 3. available at https://www.ojp.gov/pdffiles1/Digitization/30012NCJRS.pdf.

⑥ Ireland vs. UK, Application No 5451/72, Commission Report, 1 October 1972.

⑦ Ireland vs. UK, Application No 5310/71, Merits and Just Satisfaction, 18 January 1978.

三、新冠肺炎：典型性紧急状态与非典型性应对措施

新冠肺炎疫情在很多方面都堪称一场史无前例的事件。就实施克减措施而言，极少会出现各国同时应对相同的紧急事件。这也为我们提供了比较各国应对新冠肺炎实践的机会。新冠肺炎疫情是典型需要实施克减基本权利的情形，即存在一种可识别的特殊性危险，并且需要政府在日常法律规范之外采取非常性的临时措施加以应对。然而，在针对新冠疫情克减基本权利的领域中，各缔约国缺乏统一的克减措施。

《欧洲人权公约》的缔约国共 45 次作出克减公约权利的声明，此次疫情新增添了 10 次克减公约权利的声明和决定。① 值得关注的是，尽管很多国家采取了极其类似的应对疫情的措施，例如严格限制个人自由出行（近乎剥夺人身自由）和严格限制公众集会，但仅有 10 个缔约国发表了克减公约权利的声明。欧洲理事会议会联盟（Parliamentary Assembly of Council of Europe）发现由于"各国实践明显缺乏一致性"，这就"凸显相关的欧洲机构有义务针对防控措施进行指导和协调的必要性"。② 在笔者对各国采取不同措施进行解释和分析之前，需要对各国的相关状况进行初步且概括性的描述。

欧洲的东部和西部国家因新冠疫情到导致的克减公约权利方法形成巨大的差异性。作出克减声明多数政府来自"东欧"国家——阿尔巴尼亚、亚美尼亚、爱沙尼亚、格鲁吉亚、拉脱维亚、北马其顿、摩尔多瓦、罗马尼亚、圣马力诺和塞尔维亚。③ 目前，造成东西欧国家差异的原因尚不明确。④ 有人指出，不同国家的国内法律秩序的差异性可能是造成处理方式不同的主要原因。巴萨科·萨利（Ba ak Çali）指出像拉脱维亚和爱沙尼亚等国内法律制度允许按照国际法之要求宣布进入紧急状态，这就使得国内政府更容易发布克减声明。相比之下，奥地利和瑞典等其他欧洲国家的立法缺乏宣布进入紧急状态的明确程序并且不具备与国际法相符合的克减措施。⑤

此外，我们不应忽视不同国家的心态以及它们使用紧急权的传统目的。通常而言，各

---

① Council of Europe Treaty Office, *Notifications under Article 15 of the Convention in the context of the COVID-19 pandemic*, 29 June 2020, available at：www. coe. int/en/web/conventions/full - list/ - /conventions/webContent/62111354. [last accessed 29 September 2020].

② Council of Europe Parliamentary Assembly, *Report on the Impact of the Covid-19 Pandemic on Human Rights and the Rule of Law*, 29 June 2020, AS/JUR (2020) 13, p. 5.

③ Council of Europe Treaty Office, *Notifications under Article 15 of the Convention in the context of the COVID-19 pandemic*, 29 June 2020, available at：www. coe. int/en/web/conventions/full - list/ - /conventions/webContent/62111354. [last accessed 29 September 2020].

④ 东欧国家主要依据《公民权利和政治权利国际公约》规定的模式克减基本权利。截止到 2020 年 7 月，欧洲理事会成员国的亚美尼亚、圣马力诺、拉脱维亚、格鲁吉亚、爱沙尼亚、罗马尼亚和摩尔多瓦宣布克减《公民权利和政治权利国际公约》。

⑤ Ba ak Çali, *Human Rights vs Covid*, HR vs Covid Webinar, 6 April 2020, available at：youtu. be/Ku1sKgD74Tk [last accessed 29 September 2020].

国在应对恐怖袭击[1]、未遂政变[2]和战争[3]等国家安全问题时才会动用紧急权。克减公约权利已经成为维护国家安全的同义词，这意味着缔约国不会在新冠疫情的情境下立刻立即考虑克减公约权利。与新冠肺炎引起的克减措施最为相似的历史事件是2006年格鲁吉亚对禽流感病毒实施了短期的克减措施。[4] 然而，与新冠肺炎影响范围相比，格鲁吉亚实施克减措施的范围和规模有限，仅限于海尔瓦乔里区。相反，针对新冠疫情实施的克减措施范围则覆盖整个国家。就克减内容而言，格鲁吉亚采取的实质性克减措施无法与抑制新冠病毒传播的克减措施相比。格鲁吉亚仅克减了《欧洲人权公约第1号议定书》的第1条和《欧洲人权公约第4号议定书》的第2条内容，而针对后者的克减范围显然要更广。因此，就规模和实质内容而言，两者几乎无任何可比性。除了上述解释之外，有些学者认为长期实施的克减措施导致紧急状态的常态化和因过去拒绝宣布克减决定导致侵犯人权的做法消除了缔约国在面临新冠病毒威胁时宣布克减决定的必要性。因此，笔者需要对该观点进行讨论与分析。

四、公约权利保障范围的腐蚀

（一）紧急权力的常态化

持续性的克减基本权利不仅导致紧急措施的常态化，并且将非常态的克减措施固化为国内日常性法律的一部分。这已经成为全世界的共识。希兰指出以色列针对紧急状态的立法已经成为日常性法律体系的一部分。[5] 我们也可以发现从2015年巴黎恐怖袭击后，法国政府也呈现出常态化克减公约权利的例子。从2015年11月至2017年10月法国政府不断延长紧急状态。[6] 主管部门有权依据紧急性立法授权警察设立拦截和搜查行人和车辆的安全区，并允许地区政府首长在没有事先得到司法授权的情况下关闭宗教场所、限制个人在特定地域的行动自由或针对个人实施居家软禁。[7] 在克减措施终止后，法国政府于2017年10月30日颁布了新的反恐立法，将许多特殊的紧急权纳入日常性法律体系之中。这些内容包括关闭礼拜场所、实施居家软禁和设置安全区等措施。[8] 特里艾斯蒂诺·马里尼洛

---

[1] 例如，英国政府于2001年12月14日宣布进入紧急状态；法国政府于2015年11月14日宣布进入紧急状态。

[2] 例如，土耳其政府于2016年7月20日宣布进入紧急状态。

[3] 例如，乌克兰政府于2015年5月21日宣布进入紧急状态。

[4] 格鲁吉亚政府于2006年2月26日发布克减决定。

[5] Scott P. Sheeran, *Reconceptualising States of Emergency under International Human Rights Law: Theory, Legal Doctrine, and Politics*, 34 *Michigan Journal of International Law*, 513 (2013).

[6] Parliamentary Assembly of the Council of Europe, *State of Emergency: Proportionality Issues Concerning Derogations under Article 15 of the European Convention on Human Rights*, 27 February 2018, Doc. 14506, pp. 14-15.

[7] Triestino Mariniello, *Prolonged Emergency and Derogation of Human Rights: Why the European Court Should Raise its Immunity System*, 20 *German Law Journal*, 53 (2020).

[8] Parliamentary Assembly of the Council of Europe, *State of Emergency: Proportionality Issues Concerning Derogations under Article 15 of the European Convention on Human Rights*, 27 February 2018, Doc. 14506, p. 4.

（Triestino Mariniello）认为新的立法导致非常性紧急措施的常态化，从而形成了"永久性的紧急状态"。[1] 联合国的反恐与人权和基本自由促进和保护问题特别报告员费昂努艾拉·尼·奥拉宁（Fionnuala Ní Aoláin）指出新的法国立法"在常态性的法律体系中建立了事实性的紧急状态"。[2] 尼·奥拉宁教授还发现法国制定的克减措施存在着"巨大的危险性"。这些措施可能会被适用到诸如禁止公共游行等其他领域之中。[3]

萨利将各国在抗击新冠肺炎的过程中未能采取特殊途径宣布克减基本权利的措施视为将紧急权的常态化过程。以土耳其为例，该国政府先前针对紧急状态而制定法律措施已经成为当下本国普通法律体系的一部分。一些紧急性或日常性权力，例如省长限制公民流动的权力，正被用于阻止病毒的传播。因此，国内政府无须通过修改法律的渠道应对新冠病毒的传播，也无需正式宣布特殊的克减措施。[4]

格林认为缺乏立法的规制可能会产生"棘轮效应"（ratcheting effect），即原有紧急权规范无法有效应对新的紧急状况，从而导致政府必须制定更为严苛的紧急措施。[5] 英国允许审前羁押法律规定就是典型例证。英国政府在北爱尔兰地区实施紧急措施时间长达30年左右。虽然英国政府在北爱尔兰地区取消了克减措施，但是英国政府颁布了一项法律，允许先行羁押涉嫌恐怖主义犯罪的嫌疑人48小时。此后，内务大臣有权许可安全部门在嫌疑人未经审判的情况下继续对其羁押5天。[6] 在 *Brogan* 案的判决中，欧洲人权法院裁定犯罪嫌疑人在未获得国内司法机关救济的情况下被羁押4至6天的事实违反了人权公约第5条。[7] 英国政府只能重新声明克减相关的公约权利作为回应人权法院的判决。[8] 作为对日益严重的恐怖主义威胁的回应，2000年英国政府决定在北爱尔兰地区有效实施的"临时性紧急条款"适用范围扩展至全国。当下，只有司法机构方能决定安全部门是否有权对特定嫌疑人进行羁押。[9] 2003年，审前羁押的时长又被合法地延长了一倍，达到14天。[10]

---

[1] Triestino Mariniello, *Prolonged Emergency and Derogation of Human Rights: Why the European Court Should Raise its Immunity System*, 20 German Law Journal, 53 (2020).

[2] Fionnuala Ní Aoláin, *Report of the Special Rapporteur on the promotion and protection of human rights andfundamental freedoms while countering terrorism on her visit to France*, Human Rights Council, A/HRC/40/52/Add.4, 8 May 2019, para 23.

[3] Fionnuala Ní Aoláin, *Report of the Special Rapporteur on the promotion and protection of human rights andfundamental freedoms while countering terrorism on her visit to France*, Human Rights Council, A/HRC/40/52/Add.4, 8 May 2019, para.23 (footnote).

[4] Ba ak Çali, *Human Rights vs Covid*, HR vs Covid Webinar, 6 April 2020, available at: youtu.be/Ku1sKgD74Tk [last accessed 29 September 2020].

[5] Alan Greene, *Permanent States of Emergency and the Rule of Law: Constitutions in an Age of Crisis*, Hart Publishing, 2018, p.206.

[6] 参照1984年制定的《预防恐怖主义法案》（Prevention of Terrorism Act）第14条第5款。

[7] Grogan vs. UK, Application No 11209/84, Merits, 29 November 1988.

[8] 参见 Staurt Wallace, *The Application of the European Convention on Human Rights to Military Operation*, Cambridge University Press, 2019, p.206。

[9] 参见2001年制定的《反恐法案》（Terrorism Act）第41条。

[10] 参见2003年制定的《刑事司法法案》（Criminal Justice Act）第306条。

2006 年，英国政府试图将审前羁押的时间延长到 90 天。尽管该意见被英国下议院所否决①，但依旧同意在对该法案实施进行年度审查的条件下，将审前羁押的期限延长至 28 天。② 2012 年，英国议会再次将审前羁押的最长时限改回 14 天，但相比于最早的规定，依旧影响了基本权利并且呈现出明显的棘轮效应。③

Brogan 案的判决结果表明人权法院在特定情形下已经做好了对抗棘轮效应的准备。当国家实施克减措施时，人权法院有权依据《欧洲人权公约》第 5 条所规定的克减公约权利的程度必须严格符合紧急状态的急迫性为基础审查缔约国行为的合约性。如果人权法院能正确运用比例原则对缔约国克减措施进行审查，就可以缓解其对基本权利的负面影响。*A & Others* 案判决就是明显例证。④ 在本案中，英国下议院决定克减《欧洲人权公约》第 5 条保障的人身自由权。当时的英国立法规定政府无法将非英国国籍且可能危害英国国家安全的恐怖主义嫌疑人驱逐出境的情况下，应允许对嫌疑人实施未经审判的长期关押。⑤ 英国上议院（译者注：在英国设立最高法院之前是英国法域范围内最高司法机构）认为该措施对基本权利的限制程度与恐怖主义对英国的威胁程度不成比例。这些措施只针对非本国国民，无法解决参与国际恐怖活动的英国人对本国的威胁。⑥ 并且，当时的英国立法允许恐怖嫌疑分子离开英国，到其他地方继续进行恐怖活动。因此，英国上议院发表了国内法与《欧洲人权公约》保障标准相冲突的声明。⑦ 人权法院在随后的判决中认同了英国上院的决定，认定克减措施违反了比例原则。⑧

（二）未能作出克减《欧洲人权公约》的后果：对人权公约第 5 条的分析

为了回应英国上院大法官在 *A & Others* 案宣布的审前羁押时限与《欧洲人权公约》相冲突的判决声明，英国议会于 2005 年颁布的《预防恐怖主义法案》（Prevention of Terrorism Act）中规定了控制措施（control orders）。⑨ 立法规定了两类控制措施：克减性控制措施与非克减性控制措施。前者要求国家在采取控制措施前先行发布针对特定对象的克减公约权利的声明，而后者则是在常态性人权规范的框架下予以适用。⑩ 到目前为止，英国政

---

① BBC News, "Blair defeated over terror laws", 9 November 2005, available at: news. bbc. co. uk/1/hi/uk_politics/4422086. stm [last accessed on 29 September 2020]
② 参见 2006 年制定的《反恐法案》（Terrorism Act）第 23 条。
③ 参见 2012 年制定的《自由保障法案》（Protection of Freedom Act）第 57 条。
④ A v Secretary of State for the Home Department [2005] 2 AC 68.
⑤ 参见 2001 年制定的《反对恐怖主义、犯罪和安全法案》（Anti-terrorism, Crime and Security Act）第四部分。
⑥ A v Secretary of State for the Home Department [2005] 2 AC 33-36.
⑦ 参见 1998 年《人权法案》（Human Rights Act）第 4 条。
⑧ A and Others vs. UK, Application No 3455/05, Merits and Just Satisfaction, 19 February 2009, para 190.
⑨ 参见 2005 年制定《预防恐怖主义法案》第 1 条。
⑩ 2005 年《预防恐怖主义法案》第 2 条规定了非克减性控制措施，第 4 条规定可见性控制措施。

府从未启动过克减性控制措施。① 具体的控制措施允许国家对个人施加包括居家软禁、限制行动自由、电子跟踪和强迫搬迁等限制基本权利的具体措施。② 英国政府回应 A & Others 案判决的立法结果引起了学者的讨论。例如，海伦·达菲（Helen Duffy）认为英国预防恐怖主义的政策始终是对国内外司法机构判决的回应，也可以认定是由这些判决所塑造的立法结果。③ 一系列质疑控制性措施的司法诉讼证明了达菲的论断。④ 司法机构对政府的持续性压力最终迫使后者必须制定符合《欧洲人权公约》第 5 条的《预防恐怖主义与调查措施法案》（TPIMs）。⑤

但是，我们可以认为英国政府对 A and Others 案的回应实质上是对人权公约第 5 条的克减，不宣布克减决定会持续性影响公约权利的保障标准。控制性措施的实施对日常性的权利保障造成了压力，特别是针对公约保障第 5 条与第 6 条的内容，导致了国内法院"只能对部分公约权利作出最低限度的解释，导致公约权利包含的多数其他规范内容无法得到有效保障"。⑥ 因此，本文第二部分所体现的克减措施的保护性价值就不复存在。更令人关切的是英国立法对非常性措施进行常态化规定。⑦ 这就为"隐性克减"公约权利确立提供了法理基础。⑧ 实际上，英国政府运用控制措施已在很大程度上削弱了对公约权利的保障。过去需要以克减声明为合法前提的特殊反恐措施在现今政治状况下已经无须政府在启动措施前做出特别声明。

这种新的法律现象明显体现在对《人权公约》第 5 条"剥夺个人自由"词语的解释中。人权法院已经依据人权公约第 5 条之立法目的对剥夺自由的内涵作出了宽松的界定。⑨ 人权法院首先在 Raimondo 案中确认政府执行 10 个小时的宵禁令不属于公约第 5 条规定的

---

① Helen Fenwick & Gavin Philipson, *Covert Derogations and Judicial Deference: Redefining Liberty and Due Process Rights in Counterterrorism Law and Beyond*, 56 McGill Law Journal, 868 (2011).
② 参见 2005 年制定《预防恐怖主义法案》第 1 条第 4 款。
③ Helen Duffy, *The 'War on Terror' and the Framework of International Law*, 2nd edition, Cambridge: Cambridge University Press, 2015, p. 863.
④ 例如，参见 Secretary of State for the Home Department v JJ [2007] UKHL 45; Secretary of State for theHome Department v F [2009] UKHL 28; Secretary of State for the Home Department v AP [2010] UKSC 24。
⑤ Helen Fenwick, *Terrorism and The Control Orders/TPIMs Saga: A Vindication of The Human Rights Act or aManifestation of 'Defensive Democracy'?*, Public Law, 615 (2017); 参见 2011 年制定的《预防恐怖主义与调查措施法案》。
⑥ Helen Fenwick & Gavin Philipson, *Covert Derogations and Judicial Deference: Redefining Liberty and Due Process Rights in Counterterrorism Law and Beyond*, 56 McGill Law Journal, 867 (2011).
⑦ Helen Fenwick, *Terrorism and The Control Orders/TPIMs Saga: A Vindication of The Human Rights Act or aManifestation of 'Defensive Democracy'?*, Public Law, 625–626 (2017).
⑧ Helen Fenwick & Gavin Philipson, *Covert Derogations and Judicial Deference: Redefining Liberty and Due Process Rights in Counterterrorism Law and Beyond*, 56 McGill Law Journal, 877 (2011).
⑨ D. J. Harris, M. O'Boyle, E. P. Bates & C. M. Buckley (eds.), *Harris, O'Boyle & Warbrick: Law of the European Convention on Human Rights*, 3rd edition, Oxford: Oxford University Press, 2014, pp. 293–298.

剥夺自由[1]，而后在 Trijonis 案中认定长达 12 个小时的宵禁令符合公约的要求[2]。控制性措施进一步强化了对基本权利的限制。尽管英国上院认为依据人权公约第 5 条之立法目的，18 个小时的宵禁令不构成剥夺个人自由[3]，但是英国最高法院还是认为执行 16 小时的宵禁令"对被限制者本来可能的生活具有异常的破坏性"，剥夺了人权公约第 5 条所规定的自由。因此，立法者必须设置其他的可替代方案。[4] 此后，《预防恐怖主义和调查措施法案》用宽松的夜晚居家要求（overnight residence requirement）替代了严格的宵禁令[5]，但政府还是为紧急状态下适用控制措施起草了新的法案。[6] 新的控制措施允许政府采取与宵禁令等类似的严重限制个人基本权利的措施。尽管新的草案比既有法案的措施更加强烈地限制基本权利，但内政部表示在议会通过新的《预防恐怖主义和调查措施法案》前不应适用更严厉的限制性措施。[7]

最后，英国政府和议会推行的控制性措施以及一系列从 2005 年起生效的相关法案至少会持续到 2021 年 12 月份。[8] 的确，英国政府最近发布的修改《恐怖主义预防和调查措施法案》建议稿的主要目的是应对英国发生的恐怖袭击。一位承担独立审查立法的工作人员指出英国反恐立法草案的目的就是"回到过去时代"，实施更为严格控制措施。[9] 这清楚地展示了前文所提及的棘轮效应。英国修法行为表明了对日常立法行为采取非常态的克减基本权利措施的"充分默认"[10]，而且也清楚地凸显出其对人权保障标准的负面影响。毫无疑问，控制措施构成了对公约权利的克减，但英国政府从未公开地特别宣布克减相关公约权利。因此，紧急状态之立法规制已经成为日常状态立法内容的组成部分，损害了《欧洲人权公约》确立的保障标准。

（三）新冠肺炎与《欧洲人权公约》第 5 条

降低公约保障标准可以解释为何有些国家在应对新冠肺炎过程中选择采取克减措施，

---

[1] Raimondo vs. Italy, Application No 12954/87, Merits and Just Satisfaction, para. 39.

[2] Trijonis v Lithuania, Application No 2333/02, Strike Out, 17 March 2005.

[3] Secretary of State for the Home Department v JJ [2007] UKHL 45

[4] Secretary of State for the Home Department v AP [2010] UKSC 24, para 4.

[5] Alexander Horne & Clive Walker, *The Terrorism Prevention and Investigations Measures Act 2011: One Thing But Not Much the Other?*, 6 Criminal Law Review, 425 (2012).

[6] Home Office, *Draft Enhanced Terrorism Prevention and Investigation Measures Bill* (2011), available at: assets.publishing.service.gov.uk/government/uploads/system/uploads/attachment_data/file/98424/etpim-draft-bill.pdf [last accessed 29 September 2020].

[7] Home Office, *Review of Counter Terrorism and Security Powers*, 24 January 2011 at 43, available at: assets.publishing.service.gov.uk/government/uploads/system/uploads/attachment_data/file/97972/review-findings-and-rec.pdf [last accessed 29 September 2020].

[8] 参见对延续适用 2011 年制定的《预防恐怖主义与调查程序法律》的 2016/1166 号决定。

[9] BBC News, *Terror suspects could face indefinite curbs under new legislation*, 20 May 2020, available at: www.bbc.co.uk/news/uk-politics-52732839 [last accessed 29 September 2020].

[10] Helen Fenwick, *Terrorism and The Control Orders/TPIMs Saga: A Vindication of The Human Rights Act or aManifestation of 'Defensive Democracy'?*, Public Law, 626 (2017).

而另一些国家则没有这么做。人权法院在已有的判决中未能明确区分限制行动自由和剥夺个人自由间的界限。这似乎导致各国对特定的防控措施属于限制行动自由抑或剥夺人身自由的性质产生争议。通过对克减对象的观察，我们发现各国普遍地克减了《欧洲人权公约》第11条集会和结社自由和第4号议定书第2条规定的个人行动自由。爱沙尼亚和格鲁吉亚还克减了公约权利第5条。尽管这些公约条款皆具体规定了缔约国政府有权在防控传染病的条件下限制公约权利，但是依然发表了克减声明。《欧洲人权公约》第5条允许为防止传染病的传播而羁押特定对象。①《欧洲人权公约》第11条与人权公约第4号议定书第2条允许"为了保护健康"为目的限制公约权利。② 这些实践表明作出克减决定的公约缔约国认定其采取的防控措施超出了公约所允许的限制基本权利的范围和缔约国享有的边际裁量空间。显然，爱沙尼亚和格鲁吉亚认为它们政府的防控措施已经构成了对人身自由权的剥夺。

在缔约国积极应对新冠肺炎肆虐的背景下，通过比较作出克减决定和未作出克减决定的国家采取不同的防控措施时，我们会发现前者采取的防控措施对基本权利的侵害性低于后者。可以通过对爱沙尼亚和英国的比较揭示这个现象。笔者选择爱沙尼亚的原因是在所有宣布克减决定的缔约国中，该国克减公约权利的范围最广，涵盖《欧洲人权公约》第5条保障自由与安全、第6条维护公平审判权、第8条保障私人和家庭生活权、第11条保障集会和结社自由、《欧洲人权公约第1号议定书》第1条保障财产权、该议定书第2条保障受教育权以及《欧洲人权公约第4号议定书》第2条保障行动自由。值得注意的是，在笔者撰写本文时，爱沙尼亚是唯一宣布因防控新冠肺炎的传播克减人权公约第6条的缔约国。相反，英国应对新冠肺炎的过程中并未宣布克减任何公约权利。在讨论采取限制个人行动自由的具体措施之前，我们必须要注意英国中央政府并非独揽制定卫生政策的权力。③ 英格兰、苏格兰、威尔士和北爱尔兰都有权针对抑制新冠肺炎的传播而采取独立的防控措施。本文仅介绍英格兰地区采取的应对措施与保障公约权利间的关系。

在英格兰地区，应对新冠肺炎的法律规定"任何人不得在没有合理理由的情况下离开自己的居住处"。④ 法律对合理性事由作出了非穷尽性列举。爱沙尼亚立法则没有对离开住所规定任何类型的限制。除了家庭共同居住的成员以及处理公务的国家工作人员之外，爱沙尼亚立法禁止在公共场所中的进行两人以上的近距离活动。⑤ 在英格兰地区，除了来

---

① 参见《欧洲人权公约》第5条第1款第5项内容。
② 参见《欧洲人权公约第4号议定书》第2条第3款；《欧洲人权公约》第11条第2款。
③ 在英国实施的威斯敏斯特国家体制（地方自治）下，中央政府不得独揽规制特定事项的权力，而地方政府则保留独立政策的权力。在英国，中央立法未将制定卫生政策的权力作为中央政府的立法保留：参见1998年《苏格兰法案》第五部分，2017年《威尔士法案》第七部分第一节，1998年《北爱尔兰法案》第2部分和第3部分。
④ 英国的卫生政策制定权下放给各地区。苏格拉、威尔士和北爱尔兰都具有制定应对措施的独立立法权。
⑤ Estonian Government, *Additional measures to the emergency situation*, 24 March 2020, available at: www. kriis. ee/en/news/additional－measures－emergency－situation［last accessed 29 September 2020］.

自同一家庭的成员或者出于工作目的聚会、参加葬礼等特定事项外，禁止公共场所内两人以上的近距离接触。① 那么，问题是为何爱沙尼亚实施了与英格兰相似的防控措施，甚至是更少的限制性措施，但是却克减了人权公约第5条、第11条和第4号议定书第2条，而英国却完全没有克减任何基本权利呢？

对于英国采取的克减措施是否符合《欧洲人权公约》的规定有着两种截然相反的认知。② 英国政府明确认为相关的措施具有合法性。在立法备忘录中，负责相关事务的政府部长认定"2020年《（英格兰地区）卫生健康保护（针对新冠病毒的限制条件）规定》符合《欧洲人权公约》的日常性限制基本权利的要求"。③ 尽管依据《人权法案》之规定，各部部长有义务就提议的法律草案是否符合人权公约发表声明④，但是该法律义务并不适用于制定应对新冠病毒传播具体措施的二级立法。然而，尽管这种情形下的声明内容并非是必须的立法义务，但是作出此类立法声明依旧是"好的选择"。⑤ 总之，政府试图竭力主张这些限制性措施符合人权公约的要求。英国议会下设的人权联合委员会（Joint Committee on Human Rights）还特别指出："如果为应对新型冠状病毒肺炎疫情暴发采取的措施是必要的、合理的和合比例的，就不需要克减基本权利"。⑥

需要注意的是由于英国尚未批准《欧洲人权公约第四号议定书》，所以与爱沙尼亚相比，它具有更为广阔地制定国内法的操作空间。然而，所有克减人权公约第5条的缔约国会担心克减措施本身可能会超越公约所允许的限制权利的界限，演变对人身自由的剥夺。目前，英国存在两种无需对公约权利宣布克减决定的理由：首先，因为《欧洲人权公约》第5条第1款第5项规定抑制传染病传播是剥夺个人自由的合法依据，所以无需再对公约权利作出克减声明；其次，由于英国的国内法与人权公约第5条无关，加之相关的公约议定书条款对英国无约束力，所以无须另作出克减声明。

但是，这些观点的正确性有待商榷。第一种观点认为《欧洲人权公约》第5条允许缔约国政府以防控病毒传播为目的剥夺个人自由。人权法院在 Enhorn 案中处理了相似的问题，但是法院认为合法地剥夺个人自由必须要满足两个前提条件："（1）传染病的扩散是否足以威胁公共卫生和安全的秩序；（2）是否羁押感染者是防止病毒传播的最后手段，更

---

① 参见2020年制定的《英格兰地区卫生健康保护条例》（Health Protection Regulation），SI 2020/350.
② Jeff King, *The Lockdown is Lawful: Part II*, UK Constitutional Law Blog (2 April 2020), available at: ukconstitutionallaw.org/2020/04/02/jeff-king-the-lockdown-is-lawful-part-ii/ [last accessed 29 September 2020]; Francis Hoar, *A disproportionate interference: the Coronavirus Regulations and the ECHR*, UK Human RightsBlog, 21 April 2020, available at: ukhumanrightsblog.com/2020/04/21/a-disproportionate-interferencethe-coronavirus-regulations-and-the-echr-francis-hoar [last accessed 29 September 2020].
③ 参见《针对卫生健康条例的解释备忘录》第5.1章节。
④ 参见1998年《人权法案》第19条。
⑤ National Archives Legislation Services, *Statutory Instrument Practice: A guide to help you prepare andpublish Statutory Instruments and understand the Parliamentary procedures relating to them*, 5th ed., Crown, 2017, sec. 2.12.
⑥ UK Joint Committee on Human Rights, *Background Paper: Covid-19*, 19 March 2020, HC 265, para. 3, available at: committees.parliament.uk/publications/401/documents/1511/default/ [last accessed 29September 2020].

小侵害个人自由的可替代措施无法满足防止病毒传播的目的"。①

需要注意的是人权法院在判决中提到的被羁押的"感染者"是指已被确认感染病毒的个人。这可以证明隔离感染者的防控措施符合人权公约要求，但无法证明强制隔离正常人的措施具有正当性。② 然而，正如欧洲理事会议会联盟所发表的结论，"这些隔离措施超越了日常允许的限制权利的界限，不再仅是短期内适用于某些地方的特定群体，而是持续数周或者数月之久并且适用于所有人"。③ 因此，无论是否为病毒感染者，不加区分的封城措施几乎剥夺了所有人的人身自由。显然，这违反了人权公约第5条第1款第5项的要求。

其次，有些观点认为克减声明实属多余。封城措施仅是限制行动的自由，并非是剥夺个人自由，所以英国采取的应对措施与第5条并无关联性。的确，在英格兰的立法文本中，对没有正当理由禁止离开居所规定所处的章节题头为"限制行动自由"。④ 赞同上述英国的立法措施属于限制个人行动自由的学者认为，根据人权法院在 *Guzzardi* 案⑤的判决结果，剥夺自由和限制自由间的差异在于防控措施对个人自由的影响程度和强度，不存在性质或者实质内容之差异性。⑥ 这些学者可能会指出法规对个人自由的强度和程度仅是达到"限制"级别，例如允许个人在具有合理性事由的情况下离开住处，这种规定几乎不能同传统意义的宵禁或者居家软禁制度共存，并且对违规者仅处以轻刑（60英镑的罚金）。⑦ 尽管这种观点具有法律意义上的道理，但是却违反了人权公约第5条。

部分学者的观点是由于人权公约第5条不适用，所以无需宣布克减决定。显然，作出这种判决的基础是模糊限制个人行动自由和剥夺个人自由的灰色地带。英国在这方面有着丰富的经验。明显的例证就是英国政府在 *Austin & Saxby* 案的判决中坚持认为警察将民众控制在警戒线以内超过六个小时并且不允许其离开的做法不构成剥夺个人自由。欧洲人权法院在判决中也赞同了英国政府的解释。⑧ 此后，英国最高法院阻止了政府制定控制性措

---

① Enhorn vs. Sweden, Application No 56529/00, Merits and Just Satisfaction, 25 January 2005, para 44.

② Alan Greene, *States should declare a State of Emergency using Article* 15 *ECHR to confront the CoronavirusPandemic*, Strasbourg Observers, Blog, 1 April 2020, available at: strasbourgobservers. com/2020/04/01/states – should – declare – a – state – of – emergency – using – article – 15 – echr – to – confront – the – coronavirus – pandemic/. ［last accessed 29 September 2020］.

③ Council of Europe Parliamentary Assembly, supra note 26, at 7.

④ 参见2020年制定的《英格兰地区卫生健康保护条例》第6条，SI 2020/350。

⑤ Guzzardi vs. Italy, Application No 7367/76, Merits and Just Satisfaction, 6 November 1980.

⑥ Dominic R. Keene, *Leviathan Challenged*: *The lockdown is compliant with human rights law* (*Part Two*), UK Human Rights Blog, 11 May 2020, available at: ukhumanrightsblog. com/2020/05/11/leviathan – challenged – thelockdown – is – compliant – with – human – rights – law – part – two/［last accessed 29 September 2020］。

⑦ Dominic R. Keene, *Leviathan Challenged*: *The lockdown is compliant with human rights law* (*Part Two*), UK Human Rights Blog, 11 May 2020, available at: ukhumanrightsblog. com/2020/05/11/leviathan – challenged – thelockdown – is – compliant – with – human – rights – law – part – two/［last accessed 29 September 2020］.

⑧ Austin & Saxby vs. UK, Application No 39692/09, Merits and Just Satisfaction, 15 March 2012, paras. 59 & 67.

施和《预防恐怖主义和调查措施法案》中将可接受的限制自由措施的程度扩展至对个人或者群体在特定场所内羁押 16 小时的立法决定。[①] 甚至，英国政府对公约第 5 条的持续性损害已经达到了变本加厉的程度，即政府认为连续数月将数百万正常人关在家里的做法并不构成剥夺个人自由。这明显是侵蚀了公约的保障标准。在不作出克减决定的情况下，对个人自由作出了如此广泛和强烈的限制树立了一个危险的先例。

五、通知程序与缔约国承担的"完全告知"义务

《欧洲人权公约》第 15 条第 3 款规定各国必须"使欧洲理事会秘书长完全了解其已采取的（克减公约义务）措施和相关原因"。欧洲人权法院通常会将该条款作出有利于缔约国的解释。相比于《公民权利和政治权利国际公约》机构要求作出克减决定的缔约国必须"立即通知其他缔约国"，并需要具体说明实施克减的具体措施，人权法院的标准在时间跨度和内容清晰性上呈现明显的差异性。

首先，人权法院没有要求缔约国必须履行"立刻通知"的义务，而是笼统地规定"不迟延地"通知相关机构。[②] 在 Lawless 案的判决中，欧洲人权法院认定爱尔兰政府在实施克减措施的 12 日之内通知欧洲理事会的行为不违反《欧洲人权公约》第 15 条第 3 款。[③] 相反，人权法院在希腊案的判决中发现尽管希腊政府立即向欧洲理事会发出了克减公约权利的通知，但是直到发出通知的四个多月后才具体告知欧洲理事会秘书长相关的克减理由，所以裁定该国违反公约第 15 条第 3 款。[④] 欧洲人权委员会曾指出不遵守第 15 条第 3 款会导致克减决定无效。[⑤]

然而，各缔约国在实践过程中经常延迟向欧洲理事会通知克减公约权利的时间。从统计数据中不仅可以发现延迟通知的案例，甚至有时在克减措施终止后才向欧洲理事会补充通知程序。尤其是英国管辖的马恩岛政府在实施《预防恐怖主义法案》的过程中，从 1990 年 12 月 1 日开始克减公约权利第 5 条。[⑥] 但是，直到将近 8 年后的 1998 年 11 月 13 日，英国政府才到欧洲理事会秘书处登记克减措施。[⑦] 尽管发生了严重地延迟，但是英国并未因此面临着严重的后果。英国还曾经在将近六年后才告知欧洲理事会它在马来西亚和

---

① Secretary of State for the Home Department v AP［2010］UKSC 24，para 4.
② Lawless v Ireland（No 3）Application No 332/57，Merits，1 July 1961，para. 47.
③ Lawless v Ireland（No 3）Application No 332/57，Merits，1 July 1961，para. 47.
④ Denmark，Norway，Sweden and Netherlands v Greece，Application No 3321/67，Commission Report，5November 1969，para 79.
⑤ Lawless v Ireland（No 3），Application No 332/57，Commission Report，19 December 1959，para 80；Cyprus v Turkey Application No 6780/74，Commission Report，10 July 1976，para 526.
⑥ 参见 1990 年《预防恐怖主义法案》第 12 条和第 5 部分第 6 段的内容。
⑦ 参见附件 1 的内容；Council of Europe Treaty Office，*Reservations and Declarations for Treaty No 005 – Convention for the Protection of Human Rights and Fundamental Freedoms*，29 September 2020，available at：bit. ly/3ikoH6E［last accessed 29 September 2020］.

新加坡实施了克减措施。① 在其他案例中，英国政府在通知欧洲理事会克减公约权利决定之前就已经在布加达②、毛里求斯③和亚丁地区④结束了紧急状态。的确，我们有理由质疑各缔约国是否按照《欧洲人权公约》的要求"不迟延地"通知欧洲理事会秘书长具体的克减措施内容和理由。范·德·斯洛特（Van Der Sloot）注意到人权法院在判决中几乎没有对通知程序作出过细致的商讨，而且通知程序在"最近的判决中失去了大部分或者全部地重要性"。⑤

其次，《欧洲人权公约》条文并未告知缔约国在宣布进入紧急状态的初期应该告知欧洲理事会何种信息。⑥ 欧洲人权委员会曾裁定公约第15条第（3）款"不要求有关政府明确告知欧洲理事会需要克减的人权公约具体条款"。⑦ 这意味着在实践中缔约国告知其采取的措施成为推测其是否克减相关公约权利的标尺。这也导致各国倾向发布模糊性的克减内容声明。乔安·哈特曼（Joan Hartman）在一篇1990年出版的文章中研究了《公民权利和政治权利国际公约》和《欧洲人权公约》的克减措施。她认为"迄今为止各缔约国所提交的轻描淡写、含糊不清的通知无法达到国际人权公约的要求"。⑧ 此后的状况并未呈现显著地改变。例如，在法国2015年宣布进入紧急状态后，法国政府公开表示其颁布的法令"可能会涉及克减《欧洲人权公约》条款"，但未具体说明包括哪些公约条款。⑨ 后来土耳其在2016年实施的克减措施中采取了类似的语言表述，人权法院也认可其做法具有可接受性。⑩ 显然，部分国家在应对新冠肺炎的克减措施中继续使用此方法。在公开宣布克减措施的十个国家中，四个缔约国（罗马尼亚、亚美尼亚、圣马力诺和塞尔维亚）没有表明其欲要克减的具体公约权利。塞尔维亚的做法就是典型例证，欧洲理事会在该国实施

---

① 根据欧洲理事会的记录，英国政府在其统治的马来西亚联邦和殖民地新加坡宣布进入紧急状态的时间是1948年6月18日，但是直到1954年5月24日才通知欧洲理事会。

② 英国政府在布加达地区从1953年11月30日到1954年3月31日实施了紧急状态，但是直到1954年5月24日才向欧洲理事会发出通知。

③ 英国政府在毛里求斯第一次宣布进入到紧急状态的时间是1965年5月14日到1965年8月1日，但是直到1965年9月20日才向欧洲理事会发出的通知。

④ 英国政府在亚丁地区第一次宣布进入到紧急状态的时间是1958年5月2日到1959年10月1日，但是直到1960年1月5日才向欧洲理事会发出通知

⑤ B. Van der Sloot, *Is All Fair in Love and War: An Analysis of the Case Law on Article 15 ECHR*, 53 *Military Law and Law of War Review*, 329-330 (2014).

⑥ Ronald St. J. MacDonald, *Derogations under Article 15 of the European Convention on Human Rights*, 36 *Columbia Journal of Transnational Law*, 251 (1998).

⑦ Denmark, Norway, Sweden and Netherlands v Greece, Application No 3321/67, Commission Report, 5 November 1969, para. 80.

⑧ Joan F. Hartman, *Derogation from Human Rights Treaties in Public Emergencies: A Critique of Implementation by the European Commission and Court of Human Rights and the Human Rights Committee of the Unite Nations*, 22 *Harvard International Law Journal*, 20 (1981).

⑨ 参见法国常驻代表于11月24日向欧洲理事会的信件内容，网址为 https://bit.ly/2MDSRp7 [last accessed 29 September 2020]。到

⑩ Sahin Alpay v Turkey Application No 16538/17, Merits and Just Satisfaction, 20 March 2018, para 73

紧急状态措施后的第三周才接到相关通知,但是通知没有表明需克减的具体内容,甚至未能将该声明的内容翻译为欧洲理事会的官方语言(英文或法文)。① 马里尼洛认为倘若人权公约体系允许政府发布含糊不清的克减通知,那么缔约国政府"在限制基本权利方面将获得不受约束的自由裁量权"。② 在此背景下,各国政府应该谨慎地告知人权法院其意图克减的具体公约权利条款,以使人权法院可以正常履行司法审查程序。我们将在改革程序中继续探讨完善措施。

六、军事行动中的克减实践

统计数据还显示缔约国还经常因人权法院所说的"内部冲突或恐怖主义威胁"等现实性危机实施克减公约权利的措施。③ 典型的事例包括土耳其政府在应对库尔德工人党威胁时发布的克减措施和英国应对北爱尔兰共和军宣布的克减决定。与此同时,也存在部分缔约国并未因国内暴力事件升级而启动克减措施的事例。1999年至2000年的车臣冲突就是典型例证。在数月的时间里,俄罗斯军队与车臣地方武装人员发生了激烈的战斗,造成数千人死亡。部分学者认为车臣局势已经达到了非国际性武装冲突的标准,④ 但是俄罗斯政府在军事行动过程中从未作出宣布克减公约权利的决定。尚不清楚为何俄罗斯政府拒绝或者不宣布克减公约权利。一种原因可能是由于该国政府担心克减决定将使车臣反政府的军事力量合法化,从而帮助他们实现破坏国家完整性的野心。⑤

部分参与国际武装冲突的公约缔约国未能直接宣布克减公约权利。⑥ 2015年,乌克兰政府在克里米亚事件以及同俄罗斯与支持俄罗斯的武装团体在本国东部部分地区进行交战的过程中宣布克减公约权利属于孤立性事件。此外,部分缔约国在参与域外军事活动过程中未能宣布克减公约权利,如2003年部分欧洲国家参与了伊拉克战争,以及1999年北约

---

① Serbian Government, *Note Verbale to All Member States*, 7 April 2020, JJ9025C Tr. /005 – 234, availableat: rm. coe. int/16809e1d98 [last accessed 29 September 2020].

② Triestino Mariniello, *Prolonged Emergency and Derogation of Human Rights: Why the European Court Should Raise its Immunity System*, 20 *German Law Journal*, 70 (2020).

③ Hassan v United Kingdom, Application No 29750/09, Merits, 16 September 2014, para 101.

④ Françoise J. Hampson, *The Relationship between International Humanitarian Law and Human Rights Law from the Perspective of a Human Rights Treaty Body*, 90 *International Review of the Red Cross*, 263 (2008); Philip Leach, *The Chechen Conflict: Analysing the Oversight of the European Court of Human Rights*, *European Human Rights Law Review*, 733 (2008); William Abresch, *A Human Rights Law of Internal Armed Conflict: The European Court of Human Rights in Chechnya*, 16 *European Journal of International Law*, 754 (2005).

⑤ Micheal O'Boyle & Paul Costa, *The ECtHR and IHL*, in D. Spielmann et al eds. *The European Convention on Human Rights: A Living Instrument*, Bruylant, 2011, pp. 117 – 118. 实际上,避免给予武装叛乱团体合法性是政府拒绝在国内武装冲突和其他类型冲突时发布克减措施决定的主要原因。具体内容请参见 William Abresch, *A Human Rights Law of Internal Armed Conflict: The European Court of Human Rights in Chechnya*, 16 *European Journal of International Law*, 756 (2005); Elspeth Guild, *Inside Out or Outside in? Examining Human Rights in Situation of Armed Conflict*, 9 *International Community Law Review*, 37 (2007).

⑥ Hassan v United Kingdom, Application No 29750/09, Merits, 16 September 2014, para 101.

领导的轰炸南联盟和 2011 年的军事干预利比亚事件。各国不实施克减措施的确令人费解。域外军事行动通常涉及治安拘留（security detention）。①《欧洲人权公约》第 5 条规定了拘留个人事项的所有情况，但是未能纳入治安拘留的规范，并且人权法院已经判决治安拘留侵犯了公约权利。② 公约第 5 条所采用的列举式的立法模式导致缔约国必须在应对特定的国内事件时宣布克减措施。③ 因此，部分缔约国在参与域外军事活动时，倘若在未宣布克减公约的状态下对特定人员实施了治安拘留，受害人可以向人权法院指控参与国侵犯人权公约第 5 条。

在这种情况下，宣布克减措施的好处是显而易见的。未能宣布克减措施将使缔约国面临着巨大的经济和法律风险。例如，英国政府在 Al – Jedda 案④中与伊拉克原告数百项索赔请求达成了和解协议，欧洲人权法院认为尽管英国军队在其负责的伊拉克管辖地区实施拘留措施表面上符合联合国安理会决议和相关的国际人道主义法规范要求，但是违反了《欧洲人权公约》第 5 条。⑤ 英国政府还面临着在军事行动期间非法拘留的伊拉克平民所引起的进一步索赔请求。⑥ 如果英国政府当时宣布实施克减措施，伊拉克平民提出的诸多索赔请求就失去了法律依据，这意味着上述的克减措施具有保护国家的价值。

如果军事活动性质随着时间发展而出现变化，那么克减公约权利第 5 条就能够为国家在域外军事行动期间提供维护军事活动合法性的法律框架。例如，伊拉克问题先是从国际间的武装冲突演变为入侵国占领，此后又演变为联合国支持伊拉克临时政府的行动。⑦ 英国在每个阶段都实施了治安拘留措施，但是拘留措施的法律依据需要随着军事行动性质的改变而进行调整。实际上，这也是持续性使用该措施过程中所面临的合法性挑战。⑧ 至少从国际人权法的视角分析，实施克减措施将会消除在不同军事行动阶段维持治安拘留措施的不确定因素。事实上，英国的事例已经表明依据"明确的法律框架"做出行动和战略决

---

① Mohammed v Secretary of State for Defence [2017] UKSC 2, para 61. 参见 Al – Jedda v United Kingdom Application No 27021/08, Merits and Just Satisfaction, 7 July 2011; Behrami and Saramati vFrance, Germany and Norway Application No 71412/01, Decision, 2 May 2007.

② Hassan v United Kingdom, Application No 29750/09, Merits, 16 September 2014, para 97; Al – Jedda v United Kingdom Application No 27021/08, Merits and Just Satisfaction, 7 July 2011.

③ 例如请参见 Lawless 案中爱尔兰政府决定克减公约权利以及上文提及的在北爱尔兰地区延长克减公约权利的时间。

④ Al – Jedda v United Kingdom Application No 27021/08, Merits and Just Satisfaction, 7 July 2011

⑤ Staurt Wallace, The Application of the European Convention on Human Rights to Military Operation, Cambridge University Press, 2019, pp. 196 – 197.

⑥ Alseran v Ministry of Defence [2017] EWHC 3289.

⑦ Staurt Wallace, The Application of the European Convention on Human Rights to Military Operation, Cambridge University Press, 2019, pp. 196 – 197.

⑧ Al – Jedda v United Kingdom Application No 27021/08, Merits and Just Satisfaction, 7 July 2011, paras 87 – 110.

策的意愿会激励各国政府作出克减决定。①

那么，为何部分缔约国在这种情况下依旧不作出克减公约权利的声明呢？正如笔者已在前文论述，历史上各国可能认为没有必要作出克减声明。它们不认为自身具有管辖的义务，或者在特别法原则下，允许实施治安拘留的国际人道主义法甚至联合国安理会决议②的法律效力高于国际人权法。③ 但是，自 Al–Jedda 案的判决后，欧洲人权法院不赞成依据"特别法优先"原则下的国际人道主义法取代《欧洲人权公约》的规范④，并且人权法院倾向在更为广泛的空间背景下寻找参与军事活动的缔约国的域外管辖义务。⑤ 伴随着人权法院判决的发展，英国政府也开始积极考虑未来参与域外的军事活动中宣布和实施克减措施。这并非是一种巧合。⑥ 我们可能会发现各缔约国在域外实践中会发生变化，这也引出了一个问题，即在现有的克减公约权利的法律框架下缔约国能否实施克减措施，或者为了达到这一目标，我们需要进行修改《欧洲人权公约》的内容。

七、改革措施与建议

在明确地阐述了人权公约第 15 条的解释和实践的相关问题后，我们需要继续关注如何采取措施应对这些问题。例如，各国理应在紧急状态下宣布克减公约权利的决定，而不应该通过立法途径将紧急状态秩序固定化与常态化；在执行军事活动时不应该拒绝克减公约权利的要求。同时，人权法院对缔约国实施克减措施的合约性审查尚需完善。可以改变实践通过方法和增加针对公约第 15 条的议定书手段改进上述问题。

（一）审查程序

数年前，罗纳德·麦克唐纳（Ronald St. J. MacDonald）和布兰达·曼根（Brenda

---

① Secretary of State for Defence, *Letter to the Chair of the Joint Committee on Human Rights*, 28February 2017, para 17, available at: old. parliament. uk/documents/joint–committees/human–rights/correspondence/2016–17/170301_ SoS_ to_ Chair_ re_ Derogation. pdf［last accessed 29 September2020］.

② Al–Jedda v United Kingdom Application No 27021/08, Merits and Just Satisfaction, 7 July 2011, para. 100.

③ Staurt Wallace, *The Application of the European Convention on Human Rights to Military Operation*, Cambridge University Press, 2019, pp. 196–198.

④ 参见 Hassan v United Kingdom, Application No 29750/09, Merits, 16 September 2014; Claire Landais & Léa Bass, *Reconciling the Rules of International Humanitarian Law with the Rules of European Human Rights Law*, 97 *International Review of the Red Cross*, 1307（2015）。

⑤ 国际武装冲突的事例：Cyprus v Turkey, supra n 100; Georgia v Russia（II）, ApplicationNo 38263/08, Decision, 13 December 2011；占领国事例：Al–Skeini and Others v United Kingdom, Application No 55721/07, Merits and Just Satisfaction, 7 July 2011；维和行动事例：Behrami and Saramati vFrance, Germany and Norway Application No 71412/01, Decision, 2 May 2007。

⑥ Ministry of Defence, *Government to protect Armed Forces from persistent legal claims in future overseas Operations*, available at: www. gov. uk/government/news/government–to–protect–armed–forces–from–persistent–legal–claims–in–future–overseas–operations［last accessed 29 September 2020］. 在作者撰写本文前，英国议会已经起草了《2019–2021 海外军事行动法案》（Overseas Operation Bill 2019–2021），要求英国政府在执行海外军事任务之前考虑克减公约权利。

Mangan）认为应该在《欧洲人权公约》的克减机制中设立咨询性意见制度（advisory opinion），即应允许缔约国在实施克减措施之前向人权法院询问措施内容是否符合人权公约的要求。① 部分学者认为咨询性意见制度有助于解决人权法院审理缓慢的缺陷，有助于阻止过分的克减措施和鼓励缔约国采取最低影响公约权利的措施。② 曼根建议将咨询性意见制度设置为保密程序，人权法院提出的非政治性的建议结论对缔约国不产生任何的约束力。值得注意的是尽管部分批准《欧洲人权公约第 16 号议定书》的国家允许国内法院向人权法院提出咨询性意见申请③，但是第 16 号议定书所规定的程序无法承担这个功能。缔约国法院在依据第 16 号议定书启动咨询性意见之前，需要先行审理国内具体的案件。

尽管麦克唐纳和曼根的提议有其合理性，但是也存在不少难以解决的问题。首先，由于咨询性意见制度并非是强制性的，并且缔约国在时间紧急的情况下可能会因人权法院的意见结果而无法作出有效地应对紧急状态的措施，所以不能确定各国是否启动该机制。其次，即使表面上看来通知措施具有合法性与合比例性，但在实践中则可能以不合比例的方式影响公约权利。如果人权法院在司法审查前就普遍支持缔约国采取克减措施，那么就可能会阻碍受侵害的主体向人权法院提起诉讼，甚至会导致人权法院立案庭直接驳回案件。最后，超国家的司法机构对紧急状态的监督始终存在争议，并引起人们对欧洲人权法院行使权力合法性的质疑。曼根和麦克唐纳提出预先审查机制的设想似乎不适当，我们也对经常赞同缔约国克减措施的人权法院是否会接受这种机制产生疑问。④ 实际上，各国可能很难接受这种监督机制，这就是为什么我们需要换一个可替代方案。

欧洲理事会应该通过公约议定书的途径修改《欧洲人权公约》第 15 条。首先，第 15 条应要求克减公约权利的紧急措施包含"日落条款"（sunset clause），用于明确实施紧急措施的期限范围。其次，人权法院先前曾指出公约第 15 条要求"人权法院永远有权对紧急措施的必要性进行司法审查"。⑤ 该要求应明确写入公约第 15 条之中。议定书应该要求各缔约国建立独立的审查机制用于审查缔约国面临的威胁程度是否达到克减公约权利的标准以及国家采取克减措施的合约性。各国可以效仿英国建立独立的议会委员会审查模式（例如，人权联合委员会），也可以由一个特定的公职机构进行立法审查（例如，审理英

---

① Ronald St. J. MacDonald, *Derogations under Article 15 of the European Convention on Human Rights*, 36 *Columbia Journal of Transnational Law*, 250 – 251（1998）; Brenda Mangan, *Protecting Human Rights in National Emergency: Shortcoming in the European System and a Proposal for Reform*, 10 *Human Rights Quarterly*, 387 – 394（1988）.

② Brenda Mangan, *Protecting Human Rights in National Emergency: Shortcoming in the European System and a Proposal for Reform*, 10 *Human Rights Quarterly*, 392 – 394（1988）.

③ 参见 2013 年制定的《欧洲人权公约第 16 号议定书》以及相关的解释。

④ 参见《欧洲人权公约第 15 号议定书》对人权公约前言中关于辅助性原则和边际裁量内容的修订。

⑤ Brannigan and McBride v United Kingdom Application No 14553/89, Commission Report, 3 December 1991, para 54.

国反恐怖主义的机构)。① 由于欧洲人权法院似乎有意为缔约国留有自由裁量的余地,因此人权法院需要承担的角色是审查国内机构是否建立有效的定期审查克减措施的程序和机制,并监督这些程序运转和实施的效果。这种预想的机制与当下人权公约体系提倡的时代精神保持一致。由于人权法院新任院长罗伯特·斯巴诺（Robert Spano）提倡"辅助性时代"②,并且人权法院正朝向"嵌入程序阶段"发展,所以人权法院的审查职责逐渐变成"缔约国的政策制定者是否根据已确定的原则对问题进行了适当的分析"③,而非"将公约原则简单地融进成员国的法律体系"。④ 笔者的建议完全符合人权法院的功能定位,新修改的规定将有助于消除惯常性紧急状态和紧急状态常态化的风险。

坚持程序性监督途径以保障公约权利并非新鲜事：人权法院一直坚持对公约第2条,第3条和第4条采取此种司法审查的路径。⑤ 人权法院也可以像对待与国家安全相关的其它敏感问题一样,对克减措施采取类似的司法审查做法。例如,在 *Janowiec and Others* 案中⑥,俄罗斯突然中止了对历史上发生的卡廷惨案的调查。俄罗斯随后宣布将中止调查,决定列为最高机密,并拒绝告知人权法院具体的事由。俄罗斯政府声称最高机密的法律含义意味着它不能告知交给欧洲人权法院等相关国际组织的信息。⑦

超国家法院有权审查缔约国"最高机密"材料合约性的想法可能会比审查紧急状态的合约性会产生更大的争议,但是人权法院巧妙地回避了辅助性的问题。人权法院认定俄罗斯的决定违反了公约第38条,该规定认定各国有义务在调查案件时向欧洲人权法院提供一切必要的便利。欧洲人权法院指出俄罗斯政府关于机密等级的分类并没有明确凸显其与国家安全利益攸关性,这也就无法证明俄罗斯政府不告知人权法院具体原因的正当性。尽管人权法院不愿过多质疑缔约国相关机构对案件事实作出的认定结果,但是缔约国履行的法律监督明显未达到公约标准,而且国内法院未能有效在国家安全的主张与披露文件具有的公共利益领域进行权衡。⑧ 因此,只要国内机构可以证明已经充分有效地审查了本国政府建立的机密分类的有效性,欧洲人权法院通常会尊重缔约国政府的决定。类似的方法也

---

① Jonathan Hall QC, *Independent Reviewer of Terrorism Legislation*, available at: terrorismlegislationreviewer. independent. gov. uk/ [last accessed 29 September 2020].
② Robert Spano, *Universality or Diversity of Human Rights? Strasbourg in the Age of Subsidiarity*, 14 *Human Rights Law Review*, 487 (2014).
③ Robert Spano, *The Future of the European Court of Human Rights: Subsidiarity, Process - Based Review and the Rule of Law*, 18 *Human Rights Law Review*, 480 - 481 (2018).
④ Robert Spano, *The Future of the European Court of Human Rights: Subsidiarity, Process - Based Review and the Rule of Law*, 18 *Human Rights Law Review*, 475 - 476 (2018).
⑤ Rantsev v Russia and Cyprus, Application No 25965/04, Merits and Just Satisfaction, 7 January 2010, para. 288.
⑥ Janowiec and Others v Russia, Application No 55508/07, Merits and Just Satisfaction, 21 October 2013.
⑦ Janowiec and Others v Russia, Application No 55508/07, Merits and Just Satisfaction, 21 October 2013, para. 192.
⑧ Janowiec and Others v Russia, Application No 55508/07, Merits and Just Satisfaction, 21 October 2013, para. 214.

可以适用于对克减措施的司法审查。

(二) 管辖权

《欧洲人权公约》第 15 条规定战争和其他公共紧急状态威胁到国家生存时，方能克减公约权利。这就对缔约国实施域外克减公约权利构成障碍。几位学者和法官怀疑当部分缔约国被国际组织选为承担维持区域和平、执行军事任务或者参与海外军事活动时，是否可以根据公约的规范执行克减措施。① 相反，马尔科·米兰诺维奇（Marko Milanovic）和奥莱尔·沙利（Aurel Sari）则认为缔约国未能作出克减决定不意味着参与域外军事行动的公约缔约国无权实施克减措施。② 卡伦·达·科斯塔（Karen da Costa）和洛基斯·卢凯德斯（Loukis Loucaides）认为缔约国不宣布克减声明不意味着实施克减措施是不必要和不可能的行动。③

人权法院尚未作出赞同任何观点的判决，但在涉及域外治安拘留的 *Hassan* 案的判决中，判决结果似乎体现出开放性的观点："《欧洲人权公约》第 15 条规定'在战争或其他紧急状态威胁国家生存的情况下'，缔约国可以采取措施克减包括公约第 5 条在内的公约权利。在本案中，英国政府并未依据第 15 条克减其在公约第 5 条的框架下承担的保障人权的各种义务"。④ 或许有学者认为如果人权法院认定公约第 15 条的内容对缔约国在域外实施克减措施形成障碍，人权法院的法官就会在判决中明确提及此事。欧洲人权委员会似乎认为，一旦缔约国获得了管辖权，就可以具有发布克减措施的权力。⑤ 马尔科·萨索利（Marco Sassòli）就认为，"一方面不能因为缔约国在海外具有特定程度的控制权，而要求其承担所有责任；另一方面又不能以本国领土未受到威胁为理由，而否认其在海外承担宣布紧急状态的国际法义务。在事实的层面上，缔约国在域外军事活动中对他国领土握有特

---

① Smith and Others v Ministry of Defence [2013] UKSC 41, para 60; Micheal O' Boyle & Paul Costa "The ECtHR and IHL", in D. Spielmann *et al* (eds.). *The European Convention on Human Rights: A Living Instrument*, Bruylant, 2011, p.116; Micheal J. Dennis, *Application of Human Rights Treaties Extraterritorially in Times of Armed Conflict and Military Occupation*, 99 American Journal of International Law, 125 – 126 (2005); Jane M. Rooney, *Extraterritorial Derogation from the European Convention on Human Rights in the United Kingdom*, European Human Rights Law Review, 660 (2016); R. (Al – Jedda) v Secretary of State for Defence, Al – Jedda v United Kingdom Application No 27021/08, Merits and Just Satisfaction, 7 July 2011, para 38; Mohammed v Secretary of State for Defence [2017] UKSC 2, para 45.

② House of Commons Defence Committee, *UK Armed Forces Personnel and the Legal Framework for Future Operations: Twelfth Report of Session* 2013 – 14, The Stationery Office, 2014, Evidence 55; Marko Milanovic, *Extraterritorial Derogations from Human Rights Treaties in Armed Conflict*, in Nehal Bhuta ed., *The Frontiers of Human Rights*, Oxford University Press, 2016, p.57.

③ Karen da Costa, *The Extraterritorial Application of Selected Human Rights Treaties*, Brill, 2012, p.133; Loukis Loucaides, *Determining the Extra – Territorial Effect of the European Convention: Facts, Jurisprudence and the Bankovic case*, European Human Rights Law Review, 396 (2006).

④ Hassan v United Kingdom, Application No 29750/09, Merits, 16 September 2014, para 98.

⑤ Cyprus v Turkey Application No 6780/74, Commission Report, 10 July 1976, paras 525 – 528.

定程度的控制权时，就可以宣布进入紧急状态"。① 这个观点获得了众多学者的支持。②

核心问题是我们从以领土为中心的克减措施逐渐转移至日益与领土相脱离的管辖权领域。③ 模式的转变也带动了管辖方式的变化。例如，出现缔约国的代理机构或者个人的管辖途径。④ 修改《欧洲人权公约》第 15 条属于符合逻辑的解决途径，可以明确地在公约框架下建立与缔约国管辖范围相符的克减义务，不论人权法院对此作出何种决定。这将在一定程度上可以解决上述问题，但是许多人认为由域外战争产生的域外管辖的现实不能证明实施克减措施的正当性。⑤ 在现有的克减制度下，关于情势的定性分析要素制约了缔约国启动克减措施的能力。例如，必须对国家的人口、领土完整或国家机关的运作构成威胁时，缔约国政府才可以实施克减公约权利。⑥ 在域外背景下，这些定性分析要素应该如何转化呢？

值得注意的是，人权法院在判决中对第 15 条中的"威胁国家生存"的含义采取了较为宽松的解释路径，从而赋予各缔约国较大的自由裁量空间。⑦ 例如，在爱尔兰诉英国案中，人权法院对缔约国决定给予高度的认同："由于缔约国安全受到直接和持续的威胁，这就导致国内机构此时必须继续掌握处理相关事务的紧急权。原则上，缔约国政府就紧急状态是否存在以及采取何种应对措施等议题比人权法院占据更好的决定地位"。⑧ 尽管在 *Lawless* 案的事实中⑨，爱尔兰仅受到较低程度的威胁，但是人权法院依旧认可爱尔兰克减公约权利的决定符合人权公约的要求。在 *A and Others* 案中，人权法院认为英国政府担忧

---

① Marco Sassòli, *The International Legal Framework for Stability Operations: When May International Forces Attack or Detain Someone in Afghanistan?*, 85 US Naval War College International Law Studies, 438 (2009).

② Micheal J. Dennis, *Application of Human Rights Treaties Extraterritorially in Times of Armed Conflict and Military Occupation*, 99 American Journal of International Law, 76 (2005); Marko Milanovic, *Extraterritorial Derogations from Human Rights Treaties in Armed Conflict*, in Nehal Bhuta ed., The Frontiers of Human Rights, Oxford University Press, 2016, p. 71; Serdar Mohammed v Ministry of Defence [2014], EWHC 1369, para 155.

③ Sakik v Turkey, Application No 23878/94, Merits and Just Satisfaction, 26 November 1997, paras 34–39.

④ Staurt Wallace, *The Application of the European Convention on Human Rights to Military Operation*, Cambridge University Press, 2019, pp. 43–72.

⑤ Micheal O'Boyle, *Emergency Government and Derogation under the ECHR*, European Human Rights Law Review, 337 (2016).

⑥ Dominick McGoldrick, *The Interface Between Public Emergency Powers and International Law*, 2 International Journal of Constitutional Law, 393–394 (2004); 如果想了解更多的决定紧急状态正当性的定性因素，请参见 A and Others vs. UK, Application No 3455/05, Merits and Just Satisfaction, 19 February 2009, para. 179。

⑦ Edward Crysler, *Brannigan and McBride v. U. K. – A New Direction on Article 15 Derogations under the European Convention on Human Rights*, 65 Nordic Journal of International Law, 99 (1996).

⑧ Ireland vs. UK, Application No 5310/71, Merits and Just Satisfaction, 18 January 1978, para 207.

⑨ Lawless v Ireland (No 3) Application No 332/57, Merits, 1 July 1961, para. 28; 同时参见 Scott P. Sheeran, *Reconceptualising States of Emergency under International Human Rights Law: Theory, Legal Doctrine, and Politics*, 34 Michigan Journal of International Law, 532 (2013).

受到恐怖主义的威胁可以成为克减公约权利的理由。① 在现有的克减制度下，人权法院也可以尝试变换解释方法。例如，部分学者指出"威胁国家生存的战争或公共紧急状态"可以解释为战争和在该国领土范围内发生的危及国家生存的其他类型的紧急状态。② 阿玛斯·哈布戴拉西（Admas Habteslasie）提供了另一种解释模式，他认为第 15 条文本"威胁国家生存"的规范只适用于公共紧急状态，而不适用于战争状态。由此，不论战争是否对国家存亡构成威胁，缔约国皆可以因此克减公约权利。③ 但是，笔者认为不应该鼓励对公约第 15 条采用进一步宽泛化的解释。人权法院对第 15 条的解释已经削弱了限制缔约国实施克减措施的若干特点，而这些规范要素正是限制缔约国滥用紧急状态的关键要素。部分学者批评了人权法院只采用"柔和标准"赞同缔约国宣布紧急状态的正当性，导致其无法有效地实质性审查缔约国克减措施的合约性。④ 因此，笔者认为通过修改公约第 15 条的途径明确要求执行海外任务的缔约国负担执行克减义务乃是最佳方案，而不应仅在老旧的条款文字结构中寻求创新性解释。

缔约国因其海外军事行动而导致任何克减措施都应符合其他国际法的规定，尤其是要符合战争法（jus ad bellum）的规定。域外正当性的实施克减措施需要与缔约国合法使用武力相连接，这是缔约国合法行使域外管辖前的前提基础。⑤ 任何限制缔约国采取域外克减措施的行为都应有利于缔约国采取自卫行动，并且有利于实施联合国安理会的决议。⑥ 鉴于广泛性的集体防卫联盟是由多个国家参与和组成的⑦，允许实施域外克减措施的公约修正案也应当将集体自卫行为吸纳其中。未受到直接攻击影响，但是需使用武力履行共同防卫义务的缔约国必然也是履行域外克减义务的主体。

（三）完善通知程序

最后，需要改进对克减措施的司法审查和推行相关的其他事项改革，防止出现语义模

---

① A and Others vs. UK, Application No 3455/05, Merits and Just Satisfaction, 19 February 2009, para 179; Ed Bates, A 'Public Emergency Threatening the Life of the Nation'? The United Kingdom's Derogation from the European Convention on Human Rights of 18 December 2001 and the 'A' case, 76 British Yearbook of International Law, 280 (2006).

② Serdar Mohammed v Ministry of Defence [2014], EWHC 1369, para 157.

③ Admas Habteslasie, Derogation in Time of War: The Application of Article 15 of the ECHR in Extraterritorial Armed Conflicts, 21 Judicial Review, 312 – 314 (2016). 相反的观点请参见 Micheal O'Boyle, Emergency Government and Derogation under the ECHR, European Human Rights Law Review 337 (2016)。

④ Onder Bakircioglu & Brice Dickson, The European Convention in Conflicted Societies: The Experience of Northern Ireland and Turkey, 66 International and Comparative Law Quarterly, 268 (2017); Alan Greene, Separating Normalcy from Emergency: The Jurisprudence of Article 15 of the European Convention on Human Rights, 12 German Law Journal, 1766 (2011).

⑤ 相关的讨论，请参见 Ralph Wilde, The Extraterritorial Application of International Human Rights Law on Civil and Political Rights, in S. Sheeran & N. Rodley eds., Routledge Handbook of International Human Rights Law, Routledge, 2013, pp. 652 – 655。

⑥ 参见 1945 年生效的《联合国宪章》第 2 条第 4 款，以及第六章和第七章。

⑦ 参见 1949 年生效的《北大西洋公约》第 5 条。

糊和表达不清的克减声明。笔者认为应通过修改公约第 15 条的途径建立更加明确的克减规定。如果我们接受迈克尔·奥博耶（Micheal O'Boyle）秉持的不应接受对人权公约条款的一般性保留[①]，那么欧洲人权法院为什么要接受对公约权利的一般性克减呢？改革的途径之一是按照《公民权利和政治权利国际公约》的克减规范矫正《欧洲人权公约》的相关制度设计，即要求采取克减措施的缔约国立即通知其他缔约国"其克减的具体条款"。然而，这种途径也有缺陷。要求正在应对紧急状态的缔约国"立即"向其他发出克减通知的公平性尚存争议。仅声明克减具体的公约条款，但是缺乏指导缔约国采取具体措施的规范导致亦是明显的不足之处。[②] 鉴于此，应当修改《欧洲人权公约》第 15 条第 3 款，要求缔约国通知秘书长具体的克减公约条款和采取的克减措施内容。这应结合实践的改变。倘若缔约国不及时通知秘书长相关的克减情况，就会在程序上违反人权公约第 15 条第 3 款之规定。新的改革不仅会激励各国认真履行通知欧洲理事会和其他公约缔约国的义务，也有助于人权法院审查克减通知内容和形式的合约性。[③]

八、结论

总之，需要改革欧洲人权公约的克减制度。本文已经清晰地展现出部分国家在需要履行克减公约权利时，未能履行该要求的事例；而在不应该实施克减措施时，反而腐蚀了公约权利的保障标准。惯常性紧急状态已经成为新常态，使得侵犯人权的紧急措施常态化。在未宣布克减决定的情况下实施《预防恐怖主义和调查措施法案》、控制性措施以及最近应对新冠肺炎的封城措施模糊了剥夺人身自由和限制行动自由之间的界限。这严重破坏了人权公约第 5 条所确立的保障标准。人权公约现有的克减制度无法有效规范缔约国的域外活动，潜在地限制了缔约国在必要的时候履行克减措施的能力。缔约国经常延迟通知欧洲理事会，未能使其充分了解对公约条款的克减情况。笔者认为应该通过修改公约第 15 条的途径应对这些问题，具体方法是建立域外克减制度、纳入定期审查机制、改进克减通知程序。这些改革是必要的，也有利于各国转变实施克减措施的观念。克减机制不利于保障人权的观点会受到激烈的挑战。克减制度本身不应该被视为对保障人权的挑战。相反，它应该被视为尊重人权的信号。我们越是长时间坚持错误的观点，就会对来之不易的人权保障成果造成更大的破坏。

[①] 参见《欧洲人权公约》第 57 条；O'Boyle, supra note 19, at 335。

[②] Joan F. Hartman, *Derogation from Human Rights Treaties in Public Emergencies: A Critique of Implementation by the European Commission and Court of Human Rights and the Human Rights Committee of the Unite Nations*, 22 Harvard International Law Journal, 20 (1981).

[③] Council of Europe Parliamentary Assembly, *Report on the Impact of the Covid-19 Pandemic on HumanRights and the Rule of Law*, 29 June 2020, AS/JUR (2020), p. 13.

附录 1949年5月5日至2020年9月29日，欧洲理事会成员国宣布和登记克减决定的统计数据，统计顺序依照国家英文的首字母排序

国家	开始日期	登记日期	终止日期	撤回日期	原因	持续时间（天）
阿尔巴尼亚	02/03/1997	10/03/1997	24/07/1997	24/10/1997	阿尔巴尼亚内战	145
阿尔巴尼亚	24/03/2020	31/03/2020	24/06/2020	25/06/2020	新型冠状病毒肺炎疫情	92
亚美尼亚	01/03/2008	04/03/2008	20/03/2008	21/03/2008	抗议	17
亚美尼亚	16/03/2020	19/03/2020	16/09/2020	16/09/2020	新型冠状病毒肺炎疫情	184
爱沙尼亚	12/03/2020	20/03/2020	18/05/2020	16/05/2020	新型冠状病毒肺炎疫情	67
法国	12/01/1985	08/02/1985	30/06/1985	03/09/1985	新喀里多尼亚	170
法国	14/11/2015	24/11/2015	01/11/2017	06/11/2017	巴黎恐怖袭击	719
格鲁吉亚	26/02/2006	03/03/2006	16/03/2006	28/03/2006	禽流感	19
格鲁吉亚	07/11/2007	09/11/2007	16/11/2007	19/11/2007	政变企图	10
格鲁吉亚	21/03/2020	23/03/2020	–	–	新型冠状病毒肺炎疫情	
希腊	21/04/1967	03/05/1967	13/06/1970	17/12/1969	政变	1150
爱尔兰	08/07/1957	22/07/1957	09/03/1962	06/04/1962	准军事活动	1706
爱尔兰	16/10/1976	21/10/1976	16/10/1977	24/10/1977	恐怖主义	366
拉脱维亚	12/03/2020	16/03/2020	10/06/2020	10/06/2020	新型冠状病毒肺炎疫情	90
北马其顿	18/03/2020	01/04/2020	24/06/2020	30/06/2020	新型冠状病毒肺炎疫情	99
摩尔多瓦	17/03/2020	19/03/2020	15/05/2020	20/05/2020	新型冠状病毒肺炎疫情	63
罗马尼亚	16/03/2020	17/03/2020	14/05/2020	15/05/2020	新型冠状病毒肺炎疫情	60
圣马力诺	05/03/2020	10/04/2020	30/06/2020	08/07/2020	新型冠状病毒肺炎疫情	118
塞尔维亚	15/03/2020	06/04/2020	–	–	新型冠状病毒肺炎疫情	

续表

国家	开始日期	登记日期	终止日期	撤回日期	原因	持续时间（天）
土耳其	01/06/1960	28/02/1961	19/12/1961	19/12/1961	政变	567
土耳其	21/05/1963	28/05/1963	29/07/1964	29/07/1964	政变	436
土耳其	16/06/1970	19/06/1970	19/09/1970	29/09/1970	示威	96
土耳其	26/04/1971	04/05/1971	26/09/1973	27/09/1973	地震	885
土耳其	20/07/1974	24/07/1974	12/11/1975	14/11/1975	戒严法	474
土耳其	26/12/1978	28/12/1978	19/07/1987	27/05/1987	戒严法	3128
土耳其	10/05/1990	07/08/1990	29/01/2002	29/01/2002	土耳其东南部（库尔德工人党）	4283
土耳其	20/07/2016	21/07/2016	19/07/2018	09/08/2018	政变企图	730
乌克兰	21/05/2015	09/06/2015	–	–	克里米亚吞并	
英国	18/06/1948	24/05/1954	31/08/1957	12/12/1963	政变（马来亚）	3362
英国	18/06/1948	24/05/1954	16/09/1963	12/12/1963	政变（新加坡）	5569
英国	20/10/1952	24/05/1954	12/12/1963	12/12/1963	肯尼亚－茂茂起义	4071
英国	08/10/1953	24/05/1954	23/11/1957	16/12/1958	圭亚那1	1508
英国	30/11/1953	24/05/1954	31/03/1954	24/05/1954	布干达	112
英国	16/06/1954	27/06/1957	22/08/1984	22/08/1984	北爱尔兰1	11025
英国	16/07/1955	07/10/1955	16/06/1959	19/06/1959	塞浦路斯	1432
英国	11/09/1956	19/08/1957	16/11/1962	16/11/1962	北罗得西亚	2258
英国	02/05/1958	05/01/1960	01/10/1959	05/01/1960	亚丁1	517
英国	03/03/1959	26/05/1959	15/03/1961	16/03/1961	尼亚萨兰	744
英国	02/06/1961	06/12/1961	20/12/1962	18/03/1963	桑给巴尔	567
英国	10/12/1963	01/09/1966	30/11/1967	30/11/1967	亚丁2	1452
英国	13/06/1964	30/11/1964	26/05/1966	26/05/1966	圭亚那2	713
英国	14/05/1965	20/09/1965	01/08/1965	20/09/1965	毛里求斯	80
英国	29/11/1988	23/12/1988	26/02/2001	19/02/2001	北爱尔兰2	4473
英国	01/12/1990	13/11/1998	04/05/2006	05/05/2006	海峡群岛恐怖主义立法	5634
英国	14/12/2001	18/12/2001	14/03/2005	16/03/2005	9/11恐怖袭击	1186

Derogations from the European Convention on Human Rights: The Case for Reform

Stuart Wallace, trans. by Fan Jizeng, Zhang Hui

Abstract: This article examines State practice on derogations from human rights protection during states of emergency under Article 15 of the European Convention on Human Rights. The article presents statistical data on the use of derogations, offers analysis of the data and practice and advances a series of reform proposals. It is argued that Article 15 is being misused by States to derogate for protracted periods of time for entrenched emergencies and that emergency measures are remaining in place after declared emergencies have ended. Equally, States are not derogating in circumstances where they should for military operations, particularly extra – territorial military operations. It is argued that the European Court of Human Rights has been deferential in enforcing Article 15 and that reform is needed to address the problems identified. Reforms should include review procedures for emergency measures, enhanced procedures for notifying derogations and an amendment to facilitate extra – territorial derogations.

Keyword: human rights, public emergencies, derogations, extraterritorial military operations, Article 15 European Convention on Human Rights

（编辑：曹瀚哲）

谎言的效用

——法律上的拟制[*]

[日]末弘严太郎 著 黄 晋 译 陈 颖 校[**]

摘 要 谎言无所不在。首先，通过大冈裁判、罗马"怪物法理"、官员说谎以及西方社会离婚之例，肯定了谎言在法律过于严厉时发挥积极的效果，同时人类绝非善于隐忍和服从，相反会通过谎言来规避法律。其次，一直使用谎言始终不是好事。人们喜好公平，推崇法治主义，但法律是固定的，如不可伸缩的话，会让人们感觉到不公平。人是矛盾的，既需要公平，又讨厌"死规矩"。但是，人们在讨厌"死规矩"、期待有人情味的判决的同时，从没有放弃公平及对公平的保障。为了保障公平，名法官主义和陪审制度各有其缺陷。再次，"有规则的伸缩之尺度"能够满足人们的要求，求解其"变动规则"为当前命题。一直以来，学界怠于对人类的研究，将人类作为既知的数值 X（X = A 或者 B）来研究，没有考虑到人类的非理性、非利己的一面。为此，应不断地探析人类未知 X（X = a + b + c + d + x）中的 a、b、c、d，尽量缩小未知 x 的范围。最后，"判例法主义"也许正是解明关于 a + b + c + d + x 的"变动规则"的关键。

关键词 谎言 拟制 社会法 伸缩尺度的法 判例法主义

序 言

在法律的世界以外一般被认为类似不合理的事情是否符合法律世界的价值判断，转瞬

---

[*] 基金项目：国家留学基金委项目"日本法律文化研究"（编号：201308440257）阶段性成果之一。

[**] 末弘严太郎（末弘厳太郎、すえひろ いずたろう），前东京大学教授，1951 年逝去；黄晋，四川师范大学法学院、北海道大学高等法政研究中心特聘研究员，博士研究生；陈颖，武汉理工大学法学与人文社会学院讲师，法学博士。

间被合理化的事实是我们法律学者经常遇到。然而，我认为这是法律的特色，甚至是国家的特色。所以，对于这些现象的收集、研究，对于法律、国家研究人员来说，是非常有益，甚至是必要的。基于这样的认识，这数年来，我对于"法律拟制"研究抱有非常浓厚的兴趣。本文是仅仅是在研究过程中诞生的副产品，以在庆应大学进行的报告原稿为基础，加以修改后完成，登载于《改造》杂志1922年（大正11年）年7月号。

一

从我们的孩提时代开始，禁止说谎这样的事情，被充分的灌输进我们的脑海中。恐怕，世界上的人，没有一人例外都相信谎言应该是禁止的。不用考虑什么理由，大家一定是不自觉的那样认为。当我们一听到"谎言"这个词的时候，脑袋里总会浮现，经常说谎说"狼来了、狼来了"，渐渐的村里人里面失去了信用，最终真的被狼吃掉，这样的关于放羊娃故事。不能说谎，这样的教训是那样深刻的灌输于我们的脑海里面。

但是，即使是不要说谎，那样深刻的被刻入，那样的反复地被灌输，我们社会里面还是有太多的谎言。不得已而为之的谎言、不关乎是非得已而说的谎言、悄悄的不为人知的谎言、公开场合堂而皇之所说的谎言，不仅仅如此，甚至有时候由法律所保护的，要是对其否定的话，要接受刑罚，这样程度的，令人觉得恐怖的谎言，也是常常、堂堂正正的在社会里面发生，在这个社会里面发生着各种各样、数不尽的谎言。

实话实说，正如在这个社会里完全不说谎简直就无法生存下去。像这样的道理早已存在于社会之中。

因此，对于想在这个社会里面生存下去的人，需要去解决到底应该如何处理这些谎言，解决这样的非常重大而且非常困难的问题。尽管不应该说谎，那样一来，不说谎的话又生存不下去。

二

我是法学家。所以，对于我的专业"法律"以外的事情，当然闲聊的话另当别论，在公众场合，无意以一种先知者、甚至是专家的表情来陈诉自己的意见。法学家也是只能停留在"法律"的范围以内而被称为"专家"。一旦超越其范围，立马变成了一个"门外汉"。当然，即使是"专家"，也没有禁止其从"门外汉"的角度去思考之法规。但是，在那个时候，其所陈诉的"门外汉见解"，与没有专业的普通的"门外汉"的见解相比较也更具有说服力。错了，老是通过"专业"这个有色眼镜看事情，在这点上，其意见总是容易偏向一方。所以，与一般的"门外汉"的意见相比较，反而在实质上可能是更为糟糕。再加上，社会里的人们老是对于专家的"门外汉见解"，给予了不恰当的敬意。那是因为与普通的"门外汉"的"门外汉的见解"相比较，其有很大的威望。例如，社会里面，毫无名气的类似张三李四，对于演剧有很敏锐的评价能力的人，要多少有多少。但是，什么什么侯爵，什么什么博士，对于演剧做一些"门外汉"的评论，社会里面，马上就说其是什么演剧通、表演通的，过头的表达对其敬意，那本人也是洋洋得意的公开发表自己的意见。就是个侯爵、博士，要是对于演剧有一般人的理解能力也就罢了，那些人装个像专家的样子，毫不羞耻的陈述不专业的"门外汉见解"，社会里的人还表现出特别的敬意，每每听到这样的事情，我就变得很不愉快了。我认为这其实就是"不当得利"。但是，社会里的"专家"，老是容易在这点上犯错误。对于反复犯错误的这些"专家"的业余的"门外汉见解"，普通的老百姓也是给予不合适的尊重。我认为这非常的不正常。

我是法学学者。所以仅仅在"法律"以及"学问"上面，可以作为专家有发言的资格。今天在这里即使以"谎言的效用"为题目来考虑如何处理谎言的问题，当然包含讨论部分，将其内容限定于"法律"和"学问"的范围以内。关于一般的道德甚至是教育相关的问题，让我像一副"专业人士"的样子陈诉意见，实在不是我的风格。

在"法律"上，对于一般的"学问"来说，"谎言"善也好恶也好也是起到各种作用的。对于这个问题的思考，不仅仅限于一部分"法学家"，对于一般的人也是有浓厚的兴趣。特别是我认为，为了表明我对"法律"以及"学问"的态度，通过这篇"谎言的作用"来论述我的想法这件事是非常的重要、至少是非常的便捷。这也是我想到要起草这篇稿子的主要动机。

三

首先，在法律历史上出现的各种"谎言"中，列举两、三个事例。接下来，思考那些"谎言"究竟是如何产生效果的。

一想起法律、审判这些，我们马上想起大冈越前守[①]。他正是法官的楷模，有名的法官。今日，我们这个社会里进行的审判，每每听到不符合人情、缺乏人情味、法官没常识、顽固僵化的时候，我们就想起大冈法官。然后，就想起要是有那样人情味的审判就好了。

大冈越前守一直以来得到认同，至少作为美谈、良好的口碑这样的程度以致被流传至今，以前是那么受欢迎，究竟是为什么？关于这点基于学术上的、精确的历史事实我也是毫无了解。所谓的《大冈政谈》里面所记载的所有事实，是否真是大冈的业绩，我也是并没要掌握的很准确。但是，对于我来说没有什么影响。即使，那样的事迹并不是大冈的真实的功绩，那以《大冈政谈》这样的形式，流传到今日这件事，就是清晰的证明了当时的人们是如何的喜欢那样类型的审判。我现在所提到的大冈越前守，就是指的《大冈政谈》里所提到的大冈越前守，至于是否符合历史上的事实，并不是我在意之处。

大冈越前守的判决，如何评价，被称为微妙的将人情穿插起来的经典判决，用一句话

[①] 原名大冈忠相（大岡忠相、おおおか ただすけ）（1677－1652）江户时代中期的幕臣，大名。

来简单的总结的话，我认为我想这样去回答，即很好的编织"谎言"。谎言是好是坏，先把这样的议论放到一边，大岗越前守是说谎的名人这是事实。很好地将谎言编织起来，而得到表扬的人。可以尝试读下《大岗政谈》。当时的法律的确严格、无法变通且严厉。那样的法律严格去执行的话，是足可以让万人战栗的法律。而且，当时的法官是不可能将等同君主的命令的法律随便的进行变通适用的。法律是不变动、不能被变动的。在这样的法律下做出符合人情的、有人情味的判决是非常困难的事情。大岗越前守竟然敢那样去做，而且，没有被免职，在获得人们的褒奖的同时，做出了有人情味的判决。

他到底是如何做到的？方法就是"谎言"。当时的"法律"是非常严格的，想变动法律的是不可能。变动法律作出有人情味的判决是不可能。所以，大岗考虑变动"事实"。有这样的"事实"的话，从"法律上"必然会对这样的事实进行处罚。那样被处罚的话就没有人情了。在那样的时刻，法官能用的唯一方法就是"谎言"了。将有的"事实"说成没有，将没有的"事实"说成有之外没有别的方法了。大岗越前守就是非常成功的使用这样方法的人。

但是，用同样的方法在判决上表现出有人情味，这绝不仅仅是大岗越前守一个人，恐怕在任何地方法官——当然时代、地点不同，程度有所不同，都在采用同样的方法，比如，据说即使在古罗马，为了免除杀死畸形婴儿母亲的罪责，法官经常使用"怪物法理"（monstrum）。

在罗马，从人类的肚子里面生出来的东西，畸形没有完全具备人类的特征，这样的情形下，法律上称为"鬼婴"，不具备法律上的人格。这样的想法貌似从很久以前就存在，直到其后的查士丁尼法典中，作为法学家保罗的意见，收录于东罗马帝国第十四中①。有一位母亲生了个孩子，孩子长得很丑，让这样的孩子长大也是家庭的耻辱，对于母亲本人来说也是一种不幸，母亲悄悄地将孩子杀死。严格意义上讲，母亲的行为肯定是一种杀人行为。这样的话，追究那位母亲杀人之罪名这件事，对于作为人的法官，到底还是难以接受。从社会的角度来看，也是很难以接受，因此，法官想尽一切方法想救助她。作为施救的手段所考虑的方法，就是这个"怪物法理"。母亲杀死了自己的孩子，但是，杀死的并不是人，而是怪物，所以不能成立犯罪，以这样的理由拯救了让人怜悯的母亲。

用今日发达的医学眼光来审视的话，从"人类"的肚子里面出来"非人类"，这是不可能。但是，那样就嘲笑罗马人愚蠢、无知的话，那就太不近人情了。虽然这是不合理。但是，总的来说，还是将人救起来了。这样的话，当时的人多半还是对法官的行为表示肯定的。

我们总是听说德川幕府时代监督官"睁一只眼闭一只眼"是其重要的心得。从合理的范围考虑，既然发现犯罪的话，作为监督官的话，应该是必须要起诉的。但是，如果全部

---

① 即：Digestorum Lib. I. Tit. V. de Statu hominumL. 14。

都起诉的话，反而让人们很难理解。那样的结果就只能是"睁一只眼闭一只眼"，也就是说，说谎的方式反而成了监督官的美德。但是，同样的事情不仅仅局限于幕府时代，即使在明治大正年间也时有发生。刑事诉讼法在今年进行了修改。此之前虽然无明文之规定，大多数的学者主张将其称为"便宜主义"，主张对于犯罪行为是否起诉取决于检察官的自由裁量，司法官也是尝试了该方式。冠以"便宜主义"看起来似乎是很严格，其实和"睁一只眼闭一只眼"是相同的道理。但是，这次的新《刑事诉讼法》第 27 条终于将其出现在法律的文字上，即"基于犯人的性格、年龄、遭遇、以及犯罪的状况、犯罪后的状况，认为没有必要进行追诉的，不必提起公诉"。换句话说，公然承认"谎言"的同时，制定了"谎言的标准"，这样的弄假成真的结果便出来了。各位，可以翻看司法统计的"杀婴案"这部分，就可以发现现在的检察官在这点上，到底有多少的"睁一只眼闭一只眼"。

四

在英美法上，有"名义上的损害赔偿"这样的制度。损害赔偿正如字面意思理解是以赔偿实际损害为目的。即使存在权利上的损害，如果没有实际上的损害的话，是不会产生损害赔偿义务的。因此，例如，在我国甲非法侵入乙的所有土地的时候，乙就其行为提起损害赔偿，因非法的侵入的结果，乙要是没有蒙受实际的损失的话，因为欠缺侵权行为的要件，乙只能是接受败诉的结果。当然，合理的考虑的话，乙的确是没有什么损害，没有什么权利依据，基于无损害而要求赔偿当然是不行的。但是，甲的确侵犯了乙的权利这样的事实是存在。在这点上，甲肯定是不对的。所以，虽然存在权利上的损害，但是由于没有实际上的损害导致败诉，这样的结果，名义上总的来说输了官司，同时，负担诉讼费这件事情也是让乙很不愉快的。乙肯定在想"没有赔偿也就算了，实在是不甘心输了官司"。在这时候，要是能让乙在名义上成为赢了官司的人的话，他该是多么的高兴。

英美法上的"名义上的损害赔偿"，便是在这样的情况下救助乙的一种制度。既然权利上有侵害，就一定会有某种损害。作为受到损害的象征，法院会判决赔偿给予例如金一钱。那样的话对于被害者，哪怕是只有这么一点钱，至少也是赢了官司，名义上也好，实际上也好，对于被害者来说带来了免交诉讼费这样的实际好处。实际上，并没有进行举证。但是权利既然被侵害，将其认定成一定有损害，将其以金一钱的形式表现出来，这样的方式便是该制度妙趣之处，是"谎言"的效用的典型实际运用的一例。

现在我国的法学者，局限于狭隘的合理主义，过于绝对的认为"无损害就无赔偿"，认为类似像"名义上的损害"这样的英美独特的不合理的制度是不应该移植到我国法律中。

但是，如果在我国，这样的制度能得到运行的话，对于不懂法律的一般人，对于其对法律的信赖度来说是有多么大的提升。侵权责任法也应该是能变得多么的有道德。我是多么迫切地希望那样的时刻的到来。但是，那样的话，首先，从一般法学家的头脑中驱除狭隘的合理主义，应该在其内心深处根植"通过合理而超越合理"这样的思想理念。

五

接下来，欧美国家的现行法中，大概都不认同协议离婚。离婚只能是在法律规定的符合一定条件的场合才能被允许，只要那样的原因、条件不能认可的话，即使双方达成协议，也是不能离婚的。在这点上和我国法律是完全不同的，是非常难以理解的制度。但是，即使在西方社会，双方之间已经有了分开的共识的话，是不可能乖乖的、勉强的附合在一起，即使是圣经里提到"上天予以安排的结合，人类不应该将其破坏"，双方既然决定分开，那也就只有分开了。因此，一旦双方决定分开后，相互之间在商定并订立计划的基础上，妻子便向丈夫提起离婚的诉讼。法官问到是"什么原因？"妻子回答道"丈夫虐待她，三次殴打她"，法官问丈夫"你认为她说的是真的吗？"，丈夫回答"没错"。通过这样的隐瞒，法官被欺骗了，判决他们离婚。或是，对于真相抱有疑问的同时，还是判决他们离婚了。所以，即使在西方社会，实际上是存在协议离婚的，只是当时使用的道具是一种"谎言"、一种表演罢了。

法律是为了人存在的东西。为人类的思想，社会经济所需要，只有站在上面，法才能真正地运作起来。曾经，即使是与社会思想、经济状况一致的法，伴随着其后社会经济的变化，法在事实上没有发挥作用。立法者在并没有了解社会事实真相的状况下勉强地进行了立法，那样的立法终究难以实施。离婚是件不好的事情这样的想法只要是存在于现实社会，禁止协议离婚的法律就还是会继续存在。但是，在什么时候，一旦该想法消失的话，即使法律条文上如何严格的规定，对于有需求的人们还是会通过"谎言"这样的武器规避这样的法律。事态严重的时候，法律也就陷入表面上存在实际上没有运作的境地了。

相同的事情，官员的责任也是出现僵化的现象。虽然说是官员也是必须要吃饭的，需要养活妻子儿女。要是莫名其妙地被免职的话，也是要和妻儿露宿街头的。有个小警察，凑巧被安排在某个场所进行执勤。假设在这个时候，有个无法无天的家伙跳出来，在怀中引爆了炸弹然后自杀。即使对于该男子不看场合无法无天的作为应该予以谴责，但是，对于偶然因执行命令在那里执勤的警察来说，不可能要求其承担绝对的责任。对于该警察是否承担责任，取决于该警察在那个场所，在执行任务过程中是否存在懈怠，仅仅是因为那个时间段，他在那个地点，是不可能决定其责任的。但是，基于现在我国的公务员责任问题的现状，对于这点可并不是拘泥于形式。月台拥挤的时候，车站站长无论如何去注意，里面总会有因拥挤而跌落轨道的旅客。在那样的情形下，站长只要不是没有尽到最大的注意义务，就不存在任何的责任。责任应该是那个正好推落他人的人，或是制造拥挤原因的人们。但是，现状是站长，车站职员，里面总有一人所谓的"责任者"不被揪出来该事件就不会结束吧。

责任存在于自由的基石之上。通过规则剥夺他人自由的时候，恐怕已经不能追究那个人责任的了。然而，任何事情都尽量由规则来进行处理的政府机关、大公司，甚至对于像雇主责任都试图通过规则进行形式化的设定。那样的结果便导致责任僵化、形式化，从根本上失去了道德的根据。

但是，公务员也是要生活，也是要养活妻子、儿女。并没有给予其自由，而只是将责任在形式上要求其负担。他们到底能否沉默而承担责任？不是，在这个时候，他们肯定会在形式责任发生原因的"事实"上做假、隐藏"事实"，切断责任问题的根源。换句话说，他们会制造谎言。

列举上面例子的我绝非对于我国最近发生的具体事例做出的具体判断。但是，现在我们却是经常听到"官员的谎言"这样的事实。如果那样的事情是真实的话，考虑其根源于何处是重大的问题吧？我认为其原因在于"责任之僵化"。父母不倾听孩子的诉求，严格按自己的想法尝试培养孩子的话，孩子肯定成为"说谎者"。

六

仅仅从以上介绍的二、三例来看，已经能够理解"谎言"在法律上到底能有多大的作用？

首先，了解大冈裁判、罗马怪物的例子的读者都够理解法律在过于严格的时候，谎言是如何发挥救人之功效。这样的话，无论是如何耿直的诸位定会感慨"谎言"也并非坏事。特别是国内保守势力占优势地位，法律并没有充分伴随社会人心变化之倾向，结果导致了"社会"与"法律"之间产生"鸿沟"的时候，"法律"放置一边，能够与社会调和的也就只有"谎言"了。舆论老是批判法官僵化、没常识等等。但是，无论如何僵化也好，没常识也好，总的来说，法官还是"人类"来的。看到美好的东西会赞美，吃到甜的东西会感觉到甜的"人类"来的。所以，看到眼前的被告人，听到被告人的陈诉，了解各种各样的隐情的话，"法律"先放到一边，考虑作为人应该如何去处罚，应该如何去判决，可以说进行这样的思考正是法官应该去做的。在这个节点，要是"法律"是可以自由伸缩的"法律"那自不必多说，要是严格，而且僵化的"法律"的话，法官只能求助于"谎言"。将存在的事实说成不存在，不存在的事实说成存在，这样来规避法律的适用。以这样的方式来满足人类的需求。这也并不是是非善恶的问题。是事实的问题而已。既然判决是由"人类"来进行，这样的方式也是永远存在的事实。

其次，对于阅读了官员谎言、西方社会离婚的例子的读者应该能够觉察到，正如很多人，特别是司法当局的人所思考的那样，"法"并非万能之物。以"法"之名可以做任何事，甚至可以改革风俗、道德，政治家很容易带有这样的想法。但是，"人类"绝非如他们想的那样善于忍耐、且容易服从。"人类"能够接受的范围大概也是有限度的。法在没有根据的状况下，超越其限度，即使对人提出要求，人也不可能乖乖的顺从。如果那个人是思想顽固、直肠子的话，即使赌上"性命"也是要与"法律"作对的。要是那人是聪明灵活的话（这是多数人的例子），肯定是向"谎言"寻求帮助。这样的话就可以规避法律的适用。所以"法"越是无节制的严厉下去，国民都会变成说谎、变的卑微。"暴政将人变虚伪"。但是，施行暴政之人不能嘲笑国民的"虚伪""骗子""卑微"。为什么，这些都是他们施政招致的，国民和他们一样明白应该热爱生命。

总之，"法"一旦不适合社会的话，"谎言"必然从那里开始发挥效用。事情的善恶后面在论述。但那也是不用争论的事实。

七

人类总是保守的动物，同时，又是热爱规则的动物，甚至到了让人无法理喻的程度，讨厌例外事件的发生。例如，这里有这样一种"法律"存在。但是，世界一直都在渐渐的变化之中。与该"法律"无法对应的新事件在不断地出现。在这个时候，应该采用的最合理的手段应该是为了对应该新事实而应设立一种新的例外。这是非常清晰的理由。但是，人类在很多的场合，并没有打算采取合理的方式，而是尝试将那样的新事实强行套入陈旧的"法律"之中。所以，篡改事实，换而言之，制造谎言，这样的事情就在所不辞了。

所以，我们来回顾法律的发展历史，可以发现谎言其实充当了法律发展的中介者之作用。

英国历史法学派的创始人梅因在其名著《古代法》中，德国社会法学派鼻祖耶林在其不朽大著《罗马法的精神》中，都对这样的事实进行了批判。类似这样的例子在古代法的变迁中也是能看到。但是，类似这样的例子绝非只是存在于人智未开化的古代的现象。文明进步，以有着非常合理的思维、行动而自恋的近代文明人的时代中，那样的事情也是大量的存在。

例如"无过失无责任"这样的原则，自罗马法以来渐渐地发展起来，特别是在18世纪末叶，该原则得以完全确立。现在，无论是在我国民法之中，还是在欧美各国的法律之中，该原则都是被采用的。但是，最近伴随物质文明进步，大工业的发展，对于本人来说是方便的，而对于他人来说是危险的、麻烦的商品源源不断地被发明出来。甚至比一般的文化设施还要重要，让人难以释手。也许有些夸张，至少用的话，比较方便了。其结果就是容易给他人带来损害的商品被大量的开发出来。汽车、火车、工厂、蓄水池、燃气罐这些便是例子。这些商品非常的便利，同时非常的危险。特别是由这些商品的使用而招致损害的人，按照一直以来的"无过失无责任"原则的话，受到损害的人如不能举证"过失"的话，就无法要求损害赔偿。这样的话，事实上很难实现请求赔偿损害的目的。例如，前些日子深川的燃气罐爆炸了。公司主张发生不可抗力，被害者主张公司有过失。如果被害者主张损害赔偿的话，就必须主张公司存在"过失"，这是一直的原则。但是，在燃气罐已经爆炸，没有留下痕迹的今天，被害者能实现其举证？还是就根本不可能？至少是非常困难。这样的事情，对于被汽车碾压致死的人、因蓄水池崩塌而失去财产、生命的人来说，完全是相同的事情。所以，近代社会与"过失责任主义"相对应，开始呼唤"无过失赔偿责任"原则。

作为立法者应该适当的满足该新要求，制定新法令的时机也就到来了。仅仅是"过失"并非唯一的责任原因。即使在其他方面，也存在作为赔偿责任的合理原因的事例。以此为基础，正是应该制定新法令的时机成熟了。学者开始行动，立法者也开始行动。以德国为先导，各国所制定的自动车责任法，正是其中的一个实例。但是，在各国立法者犹豫不前的时候，德国的学者也是在纸上讨论无过失责任的期间，事实上取得重大突破的是法国的法院。

法国的法院将原本主观的"过失"这样观念客观化。在这样的场合，法院客观的决定如此场合，当然存在过失。作为主观本意之"过失"不再被要求。当然，在口头上我们称为"过失"，但是，其实所谓的"过失"与"违法"在意思上相差不大。这样，当德国的学者们还是在为无过失责任的理论进行正面的讨论之时，法国的法院悄悄地实现了相同的目的。然而，在那个时候，他所使用的"武器"便是"谎言"。法国的法院利用"谎言"树立了新的法理论。

相同的事情，我国现在的法官也是经常在尝试。最为明显的例子是大正九年（1920年）大审院判决（大审院民事判决录第25辑1227页）。事实大致是这样。有个人将妻儿留在家乡去了美国，但是，没有寄过来足够的生活费。妻子向他人借了20、30日元用于贴补生活。然而，债主在要求返还金钱的时候，妻子借口民法第14条规定妻子没有得到丈夫的许可不能借钱为理由，要求撤销借贷合同并拒绝还钱。这个时候，要是民法第17条①规定的例外事项，哪怕是有这样一项存在的话，即妻子即使没有得到丈夫的许可也是可以借钱，这样的话，该撤销合同将变得不可能。可是不凑巧对于本次纠纷并不在例外情形之列。在形式上也就只能采用妻子的主张。但是，法院做出了这样的解释，"丈夫外出务工挣钱，将妻子儿女留在家乡远渡重洋，类似数年没有寄回生活费的情况，要是不存在其家里留有足够的资产，能够筹集足够的生活费这样的特别情况。妻子为了经营一家的生活、教育、抚养子女，在其必要的限度借贷以维持生计，应认为是预先得到了丈夫的同意。道理上当然如此。该判决不能不说是完全符合情理的。"以这样的一种方式让妻子败诉。在这样的情形下，妻子并没有得到丈夫的许可是事实。但是，要是没有丈夫的许可的话，结果是糟糕的，债主显得那么可怜。也就是这样法官拟制了"许可"。也就是虽然事实不存在许可，表面上伪装其存在许可，在其表面再加以装饰，使用例如"道理上当然"

---

① 下列情形下不需要得到丈夫的许可：1. 丈夫生死未卜的情形；2. 丈夫遗弃妻子；3. 丈夫精神失常的人；4. 丈夫因疯癫被监管于医院或是私宅中；5. 丈夫被判处一年以上有期徒刑，服刑中；6. 夫妻双方利益相冲突的时候。

"合情合理"这样的词语。当这个判决出现的时候,在我国自由法学运动①中,最活跃的代表牧野英一②博士解释道"这正是民法第 17 条的例外情况通过判决做扩张解释的结果"。与之持反对态度是我国法国法流派的大前辈富井政章③博士对该意见并不认同,指出第 17 条的例外并不是作扩张解释而的出的,而是法院那里的事实许可而已。我们旁观这个小小的争论,在表面出现的文字和理论以外,可以看到两位博士心中想法,感觉非常的有趣。我们可以看到"看到装着没看到"的法国法流派的解决方式和将其做合理的处理,尝试将其作为进化的阶梯的自由法学的思考径路之对比。

八

历史上,"谎言"是起到很不错的社会效果的东西。现在也是起到十分重要的作用。那正是人类自恋地认为自己非常的合乎常理,但是,在事实上并不合乎常理的证据。

但是,在合理的范围思考的话,谎言肯定是不可行的。将有的说成没有,将没有的说成有,那是非常的不合适的。所以,反对一切"虚伪""妥协""传统"的革命家,大部分通常是"谎言"的反对者。试图将作为法律制度中的所有的拟制排除。作为例子,我们可以从俄国劳农革命后的法律中可以看到该现象。例如,1918 年 9 月 16 日俄国法律中规定全面废除养子制度。在其理由中貌似这样提到"在亲子法上,我们的第 1 法典排除所有的拟制,在原原本本的真实状态下,也就是将实际的亲子关系直接显示于表面。这不仅仅拘泥于语言,是通过事实让人民习惯于说真话,是为了将他们从各种谎言中解放出来"。所以,对于在法律中大量使用"拟制"这件事本身,合理去思考的话,并不是什么值得高兴的事情,可以说

表明该法律本身需要进行修改了。但是,人类基于不合理的一面,就会通过拟制的方法来达成法律修改之目,该事件本身是非常重要的。耶林在前面的《罗马法的精神》中阐述了这样的真理,"在真实的解决方法没有实现条件之前,抛弃拟制这件事正如对于使用

---

① 所谓自由法学指,对于概念法学进行批判,甚至是反对,出现于 20 世纪初的德国,民法学的方法论的各种各样的总称。概念法学由来于中世纪的罗马法学的传统,以制定法的伦理的自我完结性为前提,所以,以制定法的条文的文言解释为重点,"通过三段论法到达对具体的法律问题法律判断",将其作为可能的大前提的,法律判断命题和体系,致力于该构成。自由法学指,制定法的条文之中存在缺陷,所以,对于具体法律问题的判断基准,主张应该由制定法以外的部分构成。该主张萌芽与 19 世纪的后半。20 世纪初期逐渐扩大其影响力。1906 年,在赫尔曼·坎托罗维奇论文《为了法律科学的斗争》(der kampfum die Rechtswissenschaft)中,自由法方法论,自由法运动这样的用语被初次使用。自由法论将民法学的视野延伸到制定法之外,并以此为机缘,将法学家的视野延伸到制定法以外的社会现象和心理现象,推动了法社会学和法心理学的出现。正如本文作者所述,自由法论在一战前传入日本,作为一战带来的经济,社会大变动的结果,在日本法学界,日本法学家中带来了巨大的影响。

② 牧野英一(牧野英一、まきのえいいち)(1878 - 1970),日本法学家,刑法学学者,东京大学名誉教授。

③ 富井政章(富井政章、とみいまさあき)(1858 - 1935),日本法学家,教育家,法学博士,历任东京大学法学部教授,法科大学长。法典调查会民法起草委员,和佛法律学校(现法政大学)校长,京都法律学校(现在立命馆大学)初代校长。

拐杖的瘸子说把拐杖扔掉""如果世间要是没有拟制的话，从对后世产生巨大影响的罗马法之变迁来看，恐怕还要花上更多的时间才能够实现同样的效果"。

但是，"拟制"并非最好的修改方法，正如耶林所认同的一样。"拟制"出现这个事情，不如说是对法律修改必要性之肯定，法律已经在事实上进行修改之暗示，并将其作为法律进步的阶梯。特别是对于谎言，本来就没有所谓的规则。所以，法院试图通过该方法在对世间的变化和法律进行调和之时，要是"谎言"作为唯一的武器的话，除非法院要是值得信赖，非常出色之外，人们到底还是无法安心。即使法院是值得信赖，非常出色的机构，仅仅因此就安心这件事情也就等同于信赖明君而容忍了专政。接受法国大革命洗礼的现代人，为何居然很好地接受了。他们真正值得信赖的"人类以外"的某种尺度。并寻求保障。

再次，正如上述一样，如果法律是固定的，法官是僵化的话，被法律适用的人们便变得自行"说谎"。然而，很明显这并非值得高兴的现象。孩子喜欢"说谎"，正是父母顽固的证据。国民中多"谎言"是国法与社会现象不适合之证据。在这个时候，父母和国家所采取的态度应是自行的反省。法官在这个时候所采取的态度是意识到法律修改的时机已经到来，在被告知法律修改完成之前，一副"看到当没看到"的样子，必须将"谎言"作为可以允许的"谎言"予以接受。

九

人民喜好"公平"。特别是遭受多年的"不公平"从痛苦中逃离出来的近代的人们，更是异常的喜好"公平"。"法律面前应该人人平等"，这也是近代人对于一般的国家社会的根本要求。然而，所谓的"法治主义"也是基于其要求而诞生的制度。

何谓法治主义，预先制定法律任何事情都按照法律来进行处理。也就是说，预先制作"法律"这把量尺、这样的主义。但是，"量尺"本来是以固定、不变为其本质。"可以自由伸缩的量尺"，那就是矛盾的观念了。例如，使用橡皮制的，可以自由伸缩的量尺贩卖布匹的服装店，无论何人都会对此抱有不信赖的态度。相同的道理，即使国家有制定的法律，如果法律是可以自由伸缩的话，国民就不知道以何处为依据，肯定认为是不公平的。

但是，就是那样喜欢公平的人们，要是法律这把量尺要是绝对不伸缩、固定的话，也是肯定认为是不公平的。人类是要求公平的同时，又讨厌"死规矩"的事物。不得不说是处于极端矛盾之中，任性的事物。然而，即便是实际上存在"矛盾""任性"，人类自古就是这样，那也是没有办法的。既然人类是那样一种性格，那时候适用的法律，也必须满足"矛盾""任性"的法律。为什么，我们并非在思考空想的"理想国"的法律，而是在考虑现实人类世界的法律。

然而，一直以来，研究法律的大多数可能并没有了解人类，没有考虑那样的"矛盾""任性"。结果，他们中的一些人，既希望"法律面前人人平等"，同时禁止要求自由伸缩的法。然而，现存的法在一定从情形下适用的话，用普通的眼光来看就是不妥当的，即便是这样，他们用"这便是法，必须适用"一句话敷衍的同时适用了该法。那种态度是那样的勇敢。如过去一样断行、冷漠、固执、如同铁一般的他们，心中真的就没有一丝不安？不是，他们也是人来的。看到美好的事物也是认为是美的，听到伤心的事情也会悲伤的人。这样对人进行判决的他们的心中，一定也是流淌着"男人的眼泪"。如果没有流泪，那就不是人类。动用"法律"而制造"判决"，正如绞肉机械那样。如果我们因机械的裁判而被置于崇高的地位，那对于我们来说这并非值得高兴之事。

如果是那样，心中流着"男人"的眼泪的同时，断然的进行判决人又是如何？我只能说他们志向远大。但又不得不说他们是愚蠢的。为什么，如果法律是无法伸缩的、固定的事物，而运用该法律将其作为固定不变得东西来处理的话，世间"矛盾""任性"的人们必定思考"法到底是为了什么而存在"，开始对法律产生怀疑吧。这样的话，在这中间有勇气，刚正的人就会尝试破坏法律吧。在他们之中的头脑灵活的、希望生存下去的人们就开始计划规避法律吧。即使规避法律也要"生存"下去。

在他们之间正直有勇气的人，是实在忍受不了说谎。即使制造谎言这样的程度都是不能忍受，即使赌上性命也是要破坏法律。他们为了自己不说谎能够活下去，也为了自己的子孙不说谎能够活下去，计划破坏法律。至少将法律作为固定的事物来考虑，固定的事物来使用的人，他们最害怕的人"革命家"，其实就是出现于这种正直勇敢的人之中。

不是那么勇敢的，没有勇气的头脑灵活的人计划通过说谎而规避法律。法是固定不变的话，既然存在某种情况就必须适用法律的话，除了是变"有"为"无"之外，没有能够免除法律适用的方法。希望生存下去的人们求助于谎言的这样的事也就只能说是必然。认为法固定不变的，将其作为固定不变来加以对待的人们真的喜欢那样的结果吗？其实不是，那正是他们所憎恨讨厌的地方。但是，即使是讨厌，对于希望生存下去的人们，想让其停止说谎，事实上也是不可能的。要是他们没有意识到这样的人生大事实的话，那只能说是非常愚蠢的。

大河滔滔流淌。人们作为试图限缩河流的宽幅的方法在其右岸构筑了铁壁。河水试图冲击铁壁而将其破坏而流走。在觉察到不可能的时候，河水转向冲击左岸。就这样反而是软肋的左岸被冲破，河水流走了。在右岸的铁壁上，睡着大觉，幻想太平盛世的人，有这样的人存在的话，没有人不认为其想法是愚蠢的吧。世间存在主张"自由法"的人，同时，存在主张"自由法非客观"而对其反对的人。那些反对的人们是梦想阻塞大河，而自感壮美之人。反而没有察觉到左岸被慢慢冲破的人。那些人，应该也必须离开书房，走出红瓦的官厅，用天生的眼睛去直接观察现实。这也不是什么费力之事。马上就会发现对岸被慢慢冲破的事实吧。但是，他们之间也有头脑灵活之人。口头主张"法律是固定"的同时，实际上仅仅将法律作为固定不变得事物来对待，体会"壮美"这点上都缺乏勇气的一群人。他们局限于一直以来的传统，甚至是独断，口中主张法是"固定不变"的。但是，在行动无法实现。这样一来，他们是如何克服那种矛盾痛苦的难关的？在那个时候，他们所使用的武器就是谎言了。

当然，法官，特别是在保守势力占优势的社会中，或是法治国家的法官，采取那样的态度也是没有办法。为什么，他们也是通过这样的方法来调和法律与人类这样的尴尬的位置。但是，在法律中、社会中，一点没有接受这种束缚的人们——学者，为了调整自我局限的"传统""独断"与"人类要求"的条理，有意甚至是无意说谎并处之泰然，（对于这样的态度）我们实在是无法发现其合理之原因。他们在这个时候应采取的态度，一方面是主张法律必须进行修改，另一方面，肯定法律的伸缩能力同时必须去创造。仅仅通过一点的"谎言"试图调和"人"与"法"的他们，通过这样的方式而得以防卫并保存其"独断"和"传统"的话，那定是大大的自我错觉。

十

我们最终应该前进的道路，在追求"公平"的同时，并且从讨厌"死规矩"的人们的角度，制定真正的得以让其满足的法律。

近世欧洲首次提倡采取这样路径的学者是法国的弗朗索瓦·热尼吧。他认同一直以来法国的法官通过"谎言"来使前后一致这种方式是合理之观念，提倡关于法的概念的新想法。结果，掀起的自由法运动，在此十几年前开始影响到我国的法学界。只是，在当时，仅仅止步于唤起法学界之抽象议论，几乎没有现实背景。然而，世界大战以来，我国的经济状况和社会思潮发生了重大变化，突然之间"法律"与"人们"之间存在的巨大鸿沟被掘开，刚才提到的自由法思想再次觅得抬头之机会。事实上便以"法律的社会化"之名义抬头了。

这的确是值得欢欣鼓舞的事情。但是，在这个时候我们应该思考的是，即使那样讨厌"死规矩"，期望"有人情味的判决"的人们，绝不会放弃"公平"以及对于其"保障"的诉求。曾经接受法国大革命洗礼的近代人在理解"空乏的"自由诉求正是引起十九世纪以来的社会惨剧的原因的同时也难以放弃自由。他们也是能够理解"法治主义"很容易成为"死规矩"之原因的同时，也没有说要放弃"公平之保障"。所以，即使我们倡导"自由法"，主张"法的自由化"，在那个时候，时时刻刻不能忘记的是面向人们，确保其"自由""公平"以及其"保障"。

然而，最近，大多数的学者在对待提倡"自由法"，主张"法的社会化"的时候，除了扯"法的理想""法的目的""公序良俗"之外，为真正满足社会公平保障的要求，提出的一些积极的见解、研究。而是鼓励容易局限于"传统"，同时被精致"理论"困扰而意气消沉的年轻人，让其勇敢地去挑战"新组织"。致力于打破一直以来根深蒂固的"概念法学""官僚主义""形式主义"之效力。但是，如果学者能够做的仅仅止步于前面内容的话，那他的功绩是临时的，过渡的。但是，除了破坏腐朽之外，而不能为人类社会带来任何建设性的东西。恐怕前门击败"概念法学","公平""自由"的要求从后门就进攻。假如真的是这样的话,与自己偶然站在高处而嘲笑低处的人相比,没有任何的差异。自己陷入低谷,必然也招致追赶上来人的嘲笑。那样的东西到底存在多少的文化价值,我从内心表示怀疑。

以玩笑的方式谈论空乏"理想",高唱"公序良俗"的人,最后还是要容忍法官的专制。主张"自由法",结果达成其目的时,再度追寻"自由"和"公平"的保障,没有任何意义。我们追求的是在保持"自由""公平"的保障的同时,不要陷入"死规矩"之物,换而言之,即为"可以得到保障之实质公平"。

一直以来,在判决的过程中,对于想要追求"实质公平"或是"具体的妥当性"所采取的手段主要有两种,其一为名法官主义,其二为陪审制度。有名的法官,让其自由自在的进行判决的话,总之,对于每一个案件都可以得到妥当的判决吧。但是,这和以往一样的是忽略了现代政治的弊端,等同于讴歌名君专制主义的思想。"文化"这样的东西,使仅仅限于特殊的人能够做事情,让任何人都是容易做到。学问便是使其变得容易的手段。如果不是有名的法官就不能做出优秀的判决的话,那便是对"法学"的否认。那样的结局就是,有高人在的话,便不需要本多光太郎博士①了,大致等同于这样的议论。即使没有有名的法官出现,我们必须制定能够做优秀的判决的法,换言之,制定对各种场合都能保证具体的妥当性、实质的公平性的法律,不然的话,我们在争取到"自由法"的瞬间,又变的怀念"自由"和"公平"吧。

接下来,陪审制度是从法律的角度同时能够满足人类要求的第二方法。即通过与有名法官专制主义相反的的手段,与前者达成相同目的的方法。对于公平的要求,法官容易局限于法本来的目的"公平的要求"。那样的结果就是判决结果便容易失去"人性"。为了矫正该倾向,让众多的并无法律经验的人坐在法庭上,让其对基本的有罪无罪进行认定。即陪审制度。这样的方法来进行裁判,可使裁判伴随世间变动而变动,使法律不断的具有伸缩能力之效果。但是,有时候,其伸缩性过于敏锐,反而,在各个情形下被其具体的状况所局限,结果,反而容易欠缺"理由"和"公平"。

基于这个意思,就是名法官的专制主义和陪审制度都各有其长短。然而,在讨厌"死规矩",且希望保有"自由""公平之保障"的现代人,为了满足其需求,两种主义都有共同的缺陷。

十一

我们需要"尺度"。同时需求可以"伸缩的尺度"。说实话,两者要求是矛盾。人既

---

① 本多光太郎(本多光太郎、ほんだ こうたろう)(1870 - 1954)物理学者,1917 年,1933 年以分别发明 KS 钢,新 KS 钢这种强力磁石钢而成名。

然是这样的事物，"法"也只能是满足其要求。

因此，我们今后应该制定的"法律"是对于各种具体的情况，能够"有规则的伸缩尺度"。"法学"应该是满足其"伸缩法则"之法学。"自由法运动"仅仅像橡皮筋那样追求"伸缩的尺度"，那仅仅只有破坏"过去"的效果。

如果这样的话，如何才能够制定"规则的伸缩尺度"，这其实是以后法学发展的目标。然而，是属于困难的一类问题。

按我的想法，一直以来，"法"与"法学"的根本缺点是怠于对其对象人的研究，并且随意的将其假定为"一种事物"。也就是将本为"未知数"的数值，在没有经过充分实证的情况下，轻描淡写的置换为"已知数"。当然，所有的学问都是以假定为前提。为什么？在设问之中给予的数字，哪怕即使是假设的，如果不是既知的数值话，那是不可能得到学术上的正确的答案。在那个时候，应该利用的假设，是在充分的实验之上，应该具备充分的盖然性。然而，一直以来的法学者和经济学者，将原本为 X 的人类，随意的置换为 A 或是 B，假定人类是"合理的"事物，"利己的"事物，这样的话，学者们便容易的，至少在形式上，暂且获得了正确的答案吧。但是，人类是合理的，却同时具有不合理的一面。有利己的一面，同时也具有非利己的一面，这样一来，以草率的假设的人类来进行推论的"结果"，在不同的情形下，就不可能得到其具体的妥当性。

因此，我认为，至少在法学的范围以内，"人类"应按其原本的样子，换句话说，原本的未知数 X 而加入方程式中。当然，我们应尽全力通过人类多年的努力来得出的实证的知识为基础，来探寻该 X 中的未知数的分子。然而，遗憾的是，通过人类迄今为止得到的知识，X 中既知的分子还是非常的少有的。结局，我们必须容忍还有很多的未知分子的存在。所以，

将 X 随意置换为 A，B 这样的事，真是缺乏谦虚，无谋的尝试。将 X 作为 X 放置，很难成为学问。必须尝试将其改变为既知的数值。为了实现其目的，首先因竭尽全力来探求 X 未知数中的 abcd，但是，即使是这样，我们也应觉悟可能还有大量的未知数存在。但是，我将未知数假定为 x，与一直以来的法学将 X 随意的置换为 A，B 相替代，其可以转换为 (a+b+c+d+x) 项目。当然，即使在这样的情形，对于 x 数值的确定也是由法官或是陪审员决定。所以，法官也好，陪审员也好，具有什么样的思想对于结果答案的形成有着极其重要的作用。这是不言而喻的。总之，如果对比草率的将 X 置换为 A、B，当然更能够发挥对于各种场合的具体的妥当性。与将 X 作为原本的 X，将其数值的决定交由法官，陪审员相比较的话，能更好地保障"公平"。这样一来，(a+b+c+d+x) 中的各个 abc，伴随变更为，或是 a'b'c'，又或是 a''b''c'' 与之保留相对关系的"答案"也是变动的。我思考为了求解"变动的法则"，正是法学所前进的目标。

我们应该极力的利用通过科学而获得的结论。但是，同时我们也不能过于相信其结论。X 的里面永远残留了 x，我们应该有这样的觉悟。草率的将 X 置换为 A，B，以这样

的方式就能够得到答案,只能说这样的想法是具有太大的自我错觉的部分。我们应用科学的方法尽量去解剖 X 的方方面面。然后,站在理想的基石之上去确定残留的 X 的数值。法学上的"准确性",其实应该是这样的东西。

十二

作为法学者的我的主张,具体来谈,结果"判例法主义"① 登场了。解剖大多数的案例里面的具体情形的事例,求解 a + b + c + d + x,求解其与"答案"之间的相对关系,将其作为推导将来事件中应出现"具体妥当性"是何物的材料。所以,各个案例并非固定的法律各个适用,而是作为求解"具体的妥当性",推导千变万化之法究竟为何物的重要材料。

基于这个意思,我国的法学教育因该迈向"判例法主义"。一直以来的信奉将 X 置换为 A、B,获得正确的答案的法学,对于学生来说并没有让其知道精髓。那仅仅是让其学会一些"理论"和"花招"。不得不说这样的"法"与"真正的法"相去甚远。

这学期,将开始判例方法的教育。这个事情,被很多人认为是有问题的。这绝非是大家所认为的演习课程的意思,我认为只有通过这样的方式才能教授"活法","作为以一定的法则具备伸缩尺度的法"。

Utility ofequilibrium lie
——Legal fabrication

Suehiro Izutarou, Huang Jin, Chen Ying

Abstract: Lies are ubiquitous in life. First of all, this paper confirms that lies play a positive role when laws are too strict, and that humans will use lies to circumvent laws rather than tolerate and obey them through the Dagang Court, the Roman "monster law", lying by officials, and divorce in western society. Secondly, it is never good to lie forever. People like fairness and respect the rule of law, but the law has provisions. If it is not scalable, it will make people feel unfair. People are ambivalent. They need to be fair and hate "dead rules". However, they never give up fairness and the guarantee when they expect a humane judgment. Therefore, the principle of individual judge and the jury system have their own defects. Thirdly, "regular scaling

---

① 在日本,"判例"这个词语作为"判决例"的意思来使用,曾经是主流。作者主张学习英国,美国的方式,即"裁判上的先例"作为以后的裁判标准而被认可这一方式。在日本,对于判例(特别是最高裁判所判例),不应该将其认为仅仅是判决的一例。对于以后的裁判,认可其作为"先例"而应该具有拘束力。该主张对于今日之日本法学带来了决定性影响。

scale" can meet people's requirements, so solving its "variation rules" is the current topic. For a long time, the academic circles have been negligent in relevant studies, taking human beings as a known value X (X = A or B) without considering irrationality and non-egoism. Therefore, it's necessary to constantly explore a, b, c and d in the unknown X (X = a + b + c + d + x), and try to reduce the scope of unknown x. In the end, "case law doctrine" may be the key to explaining the "variation rules" on a + b + c + d + x.

Keyword: lie; Fabrication; Social law; Flexible laws; Case law doctrine

（编辑：陶文泰）

国际习惯法的概念重构

——基于"法律递归"技术模型的实证研究

范知智[*]

摘　要　国际习惯法被视为国际法渊源之谜，1945 年的《国际法院规约》确立了国际习惯法的构成要素——"国家实践"和"法律确信"，但在理论和实践层面一直存在争议；从理论上讲，学者们主张"法律确信"可以被"国家实践"要素所吸收，对其是否是国际习惯法的构成要素之一存在质疑；从实践上讲，国际法院的判决也仅考虑"国家实践"要素或选用其他的标准来判定。基于此，国际习惯法概念重建的必要性研究应得到重视。从社会科学角度，通过实证研究方法，利用"法律递归"模型，对国际习惯法提出更符合逻辑和经验的解释，重构国际习惯法理论体系，以推动国际法领域向前发展。

关键词　国际习惯法　国家实践　法律确信　法律递归　技术模型

一、问题的提出

《国际法院规约》第 38 条第 1 款（丑）项对"国际习惯法"的规定是"作为通例之证明而经接受为法律者"。国际习惯法的"两要素说"——国家实践与法律确信，这种认定国际习惯法的传统路径，随着国际社会的发展，越来越显得力不从心；针对"两要素说"的质疑也愈加凸显。诸如，埃斯特赖歇指出，传统的"两要素说""在法律上是虚拟的，因为从缄默中获得同意，这是一种值得怀疑的同意形式。"[①] 维切尔指出，"传统的国

---

[*] 范知智，邵阳学院讲师，湖南师范大学法学院博士研究生。

① See S. Estreicher, Rethinking the Binding Effect of Customary International Law, 44 *Virginia Journal of International Law* 8 (2003).

际习惯法跟不上目前国际关系的步伐。"① 克莱伯斯指出，"在有关道德，特别是人权方面的规则，传统的国际习惯法理论已经不再合理。"② 拜尔斯指出，"关于国际习惯法传统'两要素说'的问题是，按时间先后顺序排列存在矛盾：创设一项新的国际习惯法规则的国家在实践时必须确信这些规则已经存在，因而它们的实践是符合法律的"——这是迄今无法得到合理解释的"时序悖论"。③

伴随着非国际组织的影响力不断上升，一个复杂的国际体系图景渐进出现。本文提出，要理解国际体系的新现实，反思国际习惯法的"两要素说"，必须转向社会法学研究，以及该领域在规范形成、实施和相互作用方面的开创性工作。

法社会学研究探讨了社会力量对法律的影响。④ 社会法律学者并不仅仅对形成特定法律体系的内部规则和学说感兴趣，而且关注法律一定程度上与社会中历史、制度和文化力量相互作用，如何进行社会建构。社会法律学说已经非常精确地确定了全球规范的出现以及伴随其实施而来的因果机制。这个学说中许多重要的观点都体现在特伦斯·哈利迪和布鲁斯·卡拉瑟斯的著作中。哈利迪和卡拉瑟斯研究了如何在整个国际社会内对跨国政府、准政府和非政府机构的交易和转换行为进行调整。根据哈利迪和卡拉瑟斯的说法，在国际和国家层面上的立法和实施，都可以作为一个迭代和递归的过程。⑤

正如格雷戈里·谢弗和汤姆·金斯伯格所指出的，国际法学说必须超越关于其效用的规范辩论，而转向实证研究工作，研究"国际习惯法形成和产生的条件"。⑥ 考虑到这一指导原则，本文将展示哈利代和卡拉瑟斯从立法和实施模式角度，恰当的描述"法律递归"，在一个由跨国组织主导的新国际体系中，国际规范是如何发展和运作的，进一步说明未来国际法院如何利用"法律递归性"理论严谨性和它所采用的众多经验方法，重构国际习惯法理论体系，以推动国际法领域向前发展。⑦

---

① See C. De Visscher, Reflection on the Present Prospects of International Adjudication, 50 *American Journal of International Law* 467, 472 (1956).
② See J. Klabbers, The Curious Condition of Custom, 8 *International Legal Theory* 29, 34 (2002).
③ See M. Byers, *Custom, Power, and the Power of Rules: International Relations and Customary International Law* 130 – 131 (Cambridge University Press 1999).
④ Kitty Calavita, *Invitation to Law & Society: an Introduction to the Study of Real Law* 4 (2010).
⑤ Halliday & Carruthers, supra note 6, at 1135 – 38.
⑥ See Gregory Shaffer & Tom Ginsburg, The Empirical Turn in International Legal Scholarship, 106 *AM. J. INT'L L.* 1 (2012).
⑦ In this article, "methodology" is defined as "a concern with the logical structure and procedure of scientific enquiry." See Sartori, supra note 9, at 1033.

二、国际习惯法概念的相关论争

（一）国际习惯法概念的理论争论与挑战

1. 传统国际习惯法与现代国际习惯法之争

虽然国际习惯法的替代解释术语"现代习惯"和"传统习惯"是近几年才出现的，[①]但这两种观点之间的辩论至少在过去40年里一直存在。其核心是"现代习惯"挑战"传统习惯"——在国际习惯规范的检验中对国家实践的依赖。相反，"现代习惯"寻求取消对国家实践的强调，以换取对法律确信的高度依赖，在这个意义上，其逻辑推理更容易演绎，而"传统习惯"更倾向于归纳，对国际习惯法的这两种替代解释的出现在该领域引起了许多辩论。

2. 现代国际习惯法与传统国际习惯法的对比

"现代习惯法"学派重新界定了国家实践和法律确信在国际习惯法形成中的作用，认为国际习惯规范的形成不是一个缓慢而谨慎的过程，而是一个动态的过程，其强调的关键主张是，只有法律确信才是国际习惯法的基本渊源，国家实践被视为一个不精确的概念，对于形成国际习惯规范所需的国家实践的范围和规律性没有确切的模型，其在习惯国际规范的形成中更是一个次要因素。国际条约，长期以来被认为是国际法的一个独立来源，被认为有可能产生习惯国际规范。"现代习惯法"学派在这里的主要主张是，只要国际条约在一定程度上得到广泛批准，那么，这一广泛批准所代表的法律确信就足以无缝地将条约条款（对签署国具有约束力）转变为国际习惯法（对所有国家都具有约束力）。

3. 传统国际习惯法的回应

"现代国际习惯法"学派的观点引起了"传统国际习惯法"学派的认真回应，他们对国际习惯规范形成中国家实践和法律确信的平等地位的不重视感到警惕。他们认为，"现代国际习惯法"学派所提倡的对国际习惯法的重新解释，对国际习惯法的整个概念构成了危险。而且他们认为，"现代国际习惯法"学派在对比法律确信和国家实践时，往往反映了理想的目标，而不是设定标准。

根据反对"现代国际习惯"的追随者所主张的对习惯国际法的解释，试图使国际习惯法的来源（即国家实践和法律确信）远离其"以实践为基础"的方法方向，而是采用本质上更规范的方法。"传统国际习惯"的拥护者认为，国际条约或联合国等国际机构的决议应被视为国际习惯法发展的可能起点，而不是其本身产生规范的行为。"传统国际习惯"的拥护者声称，联合国大会投票通过的许多决议本质上是理想的，但是不一定被投票支持

[①] The term first gained widespread use in the wake of Anthea Elizabeth Robert's influential article in the *American Journal of International Law*. See Anthea Elizabeth Roberts, Traditional and Modern Approaches to Customary International-al Law: A Reconciliation, 95 *AM. J. INT'L L.* 757 (2001).

它们的国家完全和无条件地接受。鉴于这一点,"传统国际习惯"的追随者认为,将国家实践和法律确信作为国际习惯法的构成要素更为重要。因此,在缺乏国家实践的情况下,"传统国际习惯"的拥护者声称,任何被贴上国际法习惯法标签的都缺乏合法性。

(二) 国际法院案例中对国际习惯法概念要素考察的争论

2010 年乌拉圭河纸浆厂案件中,该案件的焦点问题是"一国承担环境影响评估的义务防止可能造成的不良影响"能否构成国际习惯法。[①] 国际法院认为,"在实施有可能造成重大跨界损害之工业项目前进行环境影响评估,近年来这一义务已经被很多国家所采纳,乃至可以认定这一规则已发展成一般国际法",即国际法院认定环境影响评价规则作为国际习惯法,是基于"其已经被很多国家所采纳",而不是对传统国际习惯法"两要素说"进行考察。

1986 年尼加拉瓜与针对尼加拉瓜军事和准军事活动案件中,国际法院在判决文书中指出,"要审议哪些国际习惯法规则适用本争端,须关注各国的国家实践与法律确信",但在司法实践中,国际法院在没有考察任何国家实践的基础上,得出不干涉原则具有国际习惯法性质之结论。[②] 这一做法遭到了不少学者的批判,此举也颠覆了"国家实践"与"法律确信"的关系。

1970 年巴塞罗那电车案、电灯及电力公司案件中,该案焦点问题是对境内外资提供保护义务能否构成国际习惯法。[③] 国际法院判断之标准为境内外资提供保护是否为一种"对世义务"。国际法院审理后认为,"不是所有的义务都是绝对的,应区分一个国家针对国际社会的整体义务和在外交保护领域针对另外一个国家的义务。就其性质和内容而言,前者是所有国家关切的事项,所有国家对保护这些权利均享有法律利益,是对世义务;而后者与前者并不属于同一类别的义务,理由是其只是一个特定案件涉及的某一项具体义务,而并非普遍的对世义务。"由此,"对世义务"在国际法发展史上被正式提出来。在该基础上,国际法院对其进一步阐释,指出,"诸如,在当代国际社会,这种义务产生于宣告侵略行为与灭绝种族行为为非法,也产生于有关人的基本权利之原则和规则,包括免受奴役与种族歧视的保护。而这些相关受保护的权利之中,有部分已经成为一般国际法,其他的载于普遍性或准普遍性的国际法律文书。"窥管国际法院之论述,国际法院对境内外资提供保护义务是否构成国际习惯法的判断标准是其是否构成"对世义务",其中并没有涉及各国是否将此"接受为法律"之法律确信这一主观要素的判断,这一路径事实上与国际习

[①] Pulp Mills on the River Uruguay, Argentina v. Uruguay, Judgment, *ICJ Reports* 2010, pp. 82–83.
[②] See Military and Paramilitary Activities in and against Nicaragua (Nicaragua v. United States of America), Merits, Judgment, *ICJ Reports* 1986, p. 106, para. 202.
[③] Barcelona Traction, Light and Power Company, Limited, Judgment, *ICJ Reports* 1970, p. 32.

惯法"两要素说"相背离。①

迄今为止,我们难以发现国际法院的决定中有对特定之"国家实践"或"法律确信"进行过全面且充分的考察,诸如,北海大陆架案、国家管辖豁免案、索马里诉肯尼亚之印度洋海洋划界案件。通过实证分析国际法院的案例,我们发现一个颠覆传统认知的结论,即"国家实践"与"法律确信"从一定程度上讲只是国际法院案例文本中的抽象存在。②

三、国际习惯法概念混乱的成因反思

国际法的现状是造成国家实践和法律确信在国际习惯要素中的作用的严重混乱之一。对国家实践和法律确信的完全不同的解释导致了对国际习惯法这两个组成部分的确切含义的不确定性,最终的结果是这两个以前不同的想法逐渐融合。为了解决不确定性,新的理论出现了,但这些新的理论已经被证明是不够充分的,因此该领域内的混乱仍然存在。

(一)对国家实践与法律确信的解释存在争议

在国际习惯法的构成中,国家实践的作用及其与法律确信的关系问题一直是当前学术研究中非常不确定的课题。混淆的一个关键点是,国家实践在国际习惯法形成中是一个单独因素,还是需要融合法律确信因素。缺乏明确的来源在于观察,即国家实践要求真正反映它声称的要求(国家实践),必须在一个国家提出肯定主张(国家实践)和简单的政府声明(不属于国家实践)之间有区别——这里强调的关键是,肯定主张之后采取行动与没有采取行动的声明是非常不同的。然而,随后出现的问题是,如何处理政府声明——如果它们不被视为国家实践,那么如何对它们进行分类呢?一个有问题的答案似乎是,它们可以被认为是法律确信的可能证据,然后有可能使整个国家实践/法律确信变得毫无意义。尽管缺乏明确的国家实践必须反思促成了以前的国家实践/法律确信分歧的逐渐融合,对法律确信的确切含义和参数的混淆也促成了这一问题。这里的困惑源于一些学者所称的"法律意见悖论"。"法律确信悖论"指的是这样一个事实,如果这个想法指的是一种实践已经成为一种具有约束力的义务,那么对一种新兴规范的最初信念总是错误的。人们如何看待这一悖论的含义,取决于法学观点是被视为一种创造法律的事实,还是一种区分法律的事实。③ 如果法律确信是区分单纯的实践和具有约束力的义务的工具,那么这个问题就变得没有意义。然而,如果法律确信更重要,那么"法律确信悖论"就成了很大的问题。正如学者们研究和论证的那样,国际法理学发表了相互冲突和矛盾的观点,这些观点有时支持法律创造和法律区分这两种观点。这一悖论之所以重要,是因为如果法律确信是一种

---

① Barcelona Traction, Light and Power Company, Limited, Judgment, *ICJ Reports* 1970, p. 334.
② 参见邓华:《国际法院认定习惯国际法之实证考察——对"两要素"说的坚持抑或背离?》,载《武大国际法评论》2020年第1期,第27-28页。
③ See generally Elias, supra note 57.

法律创造的事实，那么它就不再具有独立于国家实践的作用。

（二）国际法新理论不能提供解决方案

过去几年，旨在解决目前国际习惯法对其来源的意义和效用普遍存在混淆的新理论呈指数级增长。弗雷德里克·柯吉斯建议将国家实践和法律确信视为一个单一的想法，但要沿着"滑动尺度"来看待。"滑动尺度"指的是，在国家实践过剩的情况下，建立国际习惯规范不需要大量（如果有的话）法律确信。在缺乏国家实践的情况下，法律确信就足以建立国际习惯法规范。从国家实践和法律确信出发，安德鲁·古兹曼提议将遵守习惯规范视为理解国际习惯法的约束力的一个关键因素。古兹曼借鉴经济学的理性行动者模型，假设各国重视其国际声誉（在某种程度上，它使它们相对于其他国家拥有更强的谈判立场），而国际习惯规范来自各国对（a）国际规范是否存在的判断，以及（b）它们的国际声誉（未来的谈判地位）是否可能因未能遵守上述规范而受到损害。布莱恩·D·莱帕德采取不同的做法，支持他的出发点，建议将国际习惯规范视为相信国家有某些国际规范（这足以作为法律确信）；然后利用公认的伦理原则进行解释。

尽管新的国际习惯法理论是新颖和原创的，但最终未能提供国际规范如何富有经验运作或令人信服的场景。虽然基尔吉斯的理论将国家实践和法律确信描述为"滑动尺度"上的单一理念看似合乎逻辑，但它将国家实践和法律意见的融合作为一个单一理念保持不变，从而公开地使"滑动尺度"在本质上毫无意义，因为在没有明确区分国家实践和法律确信的情况下，可以利用"滑动比例"来提供国际习惯规范所要求的任何答案。古兹曼的理论的优势在很大程度上放弃国家实践和法律确信，而关注理性行为模式。通过一个理性的行为者模式来构建国际习惯法，并在此过程中放弃国家实践和法律确信的双重视角，为使用经验方法打开了大门，同时避开了与国家实践/法律确信意见相分歧的有关问题。然而，古兹曼理论的问题在于，正如他自己欣然承认的那样，从声誉的角度来看待国家遵守情况限制了该理论适用的案例范围，因为在风险很高的情况下，各州理论上将着眼于他们的国家利益。从这个意义上说，古兹曼的国际法概念有可能会把整个领域让给国际关系中的经典现实主义。莱帕德的理论很有希望，因为与古兹曼类似，他在很大程度上放弃了国家实践和法律确信，从而避免陷入概念沼泽，而这一沼泽是随着它们作为单一理念的融合而出现的。莱帕德理论的主要缺点是，莱帕德没有从经验上观察国际体系，也没有提出一个理论来解释经验上正在发生的事情。相反，他正在就国际习惯规范应该如何概念化进行规范性论证。

四、国际习惯法概念重构的新依据与路径

（一）重构国际习惯法概念的新依据

"概念延伸"是一个起源于社会科学的术语，它描述了当既定概念被引入到新的案例

中而没有进行相应调整时所造成的对概念的曲解。理解"概念延伸"是如何发生的，以及可以用来解决它的工具，可能为国际习惯法中目前的混乱状态提供一种可能的解决办法。

1. 概念延伸性的源起

"概念延伸"最初是由社会科学家乔瓦尼·萨托里提出和发展的，指的是当已建立的概念不能适应社会实践中新的案例情形时而对其进行适当调整。萨托里提出了他的想法，利用社会科学方法，以应对社会科学中所涉及的现象和制度范围的扩大。当社会科学家着手比较这些各种不同的现象时，萨托里主要关注的是当建立的概念被引入没有需要适应的新情况下可能发生什么，因为根据萨托里的理论，当这种情况发生时，"概念延伸"往往是可能的结果。"概念延伸"会导致"未定义的概念化"和"伪等价性"，例如，以"强奸"为例，它有一组相当完善的属性（见下面的图1）。如果"强奸"的概念被延伸到任何形式的"性侵犯"，那么这种区别本身就变得毫无意义，结构化的比较和分析就变得不可能。"概念延伸"的问题并不意味着学者们应该回避比较现象或逃避概括，但它确实意味着学者们必须意识到这个问题，这样他们就可以寻找技术来解决这个问题。

要理解概念的功能，必须认识到概念是由两个主要特征组成的——内涵和外延。[①] 内涵是指正确的关系的分类，它赋予概念意义，而外延是指概念可以参考的实体范围。一个概念越一般，其内涵越少，外延越广；反之，一个概念越具体，其内涵就越多，外延就越少。内涵和外延可以被认为是沿着萨托里称之为"抽象阶梯"的连续统一体存在的。根据该理论，可以使一个概念更抽象（通过减少其内涵，但扩大其外延），或者使一个概念不那么抽象（通过扩大其内涵，但减少其外延）。我们只能通过"削弱其与概念相关的属性"来减少内涵，同样地，我们也只能通过增加与概念相关的属性来扩大内涵。观察下面的例子：

更抽象（低内涵、高内涵）
（例如：性侵犯）
　　属性：-非法的性行为
　　　　　-个人

具体（高内涵、低外延）
（例如：强奸）
　　属性：-非法的性行为
　　　　　-个人
　　　　　-通过武力或伤害威胁

图 1　Sartori 的抽象阶梯

在图1所示的示例中，较抽象的概念（"性侵犯"）与一组较小的属性相关联，而较

---

① Sartori, supra note 9, at 1041.

不抽象的概念（"强奸"）与一组较大的属性相关联。这里的内涵只能通过减少属性而降低（而同样地，它也只能通过添加属性而扩大）。"概念延伸"的问题产生于不精确的定义（以及对结果的错误标注），这可能导致"伪分类"，从而使任何一般化为可能。[1] 这种不精确可能是由于定义（概念）的简单模糊和定义不足，但也可能是由于试图在不减少内涵的情况下使概念更抽象（从而允许在不同情况下进行更多比较）而产生的设计。萨托里建议，为了避免"概念延伸"，当沿着抽象的阶梯向上/向下时，人们应该始终牢记正在研究的概念化的属性，并相应地减少/增加它们。

2. "概念的延伸性"在重构国际习惯法概念领域的具体落实

目前对国际习惯法的概念化依赖于国家实践和法律确信的双重属性，是"概念上的延伸"。正是这一事实导致了该领域的普遍混乱，并为一系列相互矛盾的概念打开了大门。"现代国际习惯法"和"传统国际习惯法"的拥护者之间的争论，导致了对国家实践和法律确信的根本不同的解释，进而导致了这两种以前截然不同的观念的逐渐融合。问题的部分原因可以归结为这样一个事实：国际习惯法受到严重的以国家为中心的偏见的影响，这种偏见没有考虑到非国家力量（如产生规范的跨国行为者）对国际体系的真正影响。"现代国际习惯法"试图淡化国家实践，转而支持法律确信，这或许可以被视为有助于扩大国际规范发展的行为者范围的一种方式，但受制于国际法律理论以国家为中心的偏见，"概念延伸"是唯一的结果。

解决这一混乱局面的一个可能办法是提高萨托里的"抽象阶梯"的地位。通过简化事物并将研究对象定为规范形成是如何运作的，讨论可以扩展到不仅仅是民族国家，而且包括跨国行为者。相反，通过寻找更多如何发展社会学方法的规范，可以将社会科学中新的检验规范形成框架引入讨论。可能的结果如下：

更抽象（低内涵，高外延）
（概念：一般规范形成）
属性：–物质要件

少抽象（高内涵，低延伸）
（概念：国际习惯规范的形成）
属性：–物质要件（国家实践）
–心理要件（法律确信）

图 2 抽象阶梯上的国际习惯法

通过提升萨托里的"抽象阶梯"并将重点放在一般规范的形成上，与简单地研究国际

---

[1] Giovanni Sartori, Comparing and Miscomparing, 3 J. *Theoretical POL.* 243, 248 – 49（1991）.

习惯法相比，具有明显的优势。减少内涵可以简化与正在研究的新概念（一般规范形成）相关的属性，因此至少可以避免与国际习惯法概念相关的"概念延伸"。

通过将规范形成如何在系统（国际）或国家层面发挥作用作为研究对象，讨论可以扩展到包括一系列迄今为止被排除在外的行为者。很简单，除了将研究对象扩展到国家行为者之外，上述框架与简单的"现代习俗"的反向版本（即，不强调传统国家实践/法律确信表述的一个方面而支持另一个方面）有何区别？正如下文将讨论的那样，这里的部分区别在于对物质要件如何产生规范的研究。国家（以及现在的非国家）行为体如何通过其约束性行动创造规范？更具体地说，在一个跨国行为体产生的规范时代，这种行为的影响能否以合理、逻辑和系统的方式进行经验建模？

（二）法律递归性：重构国际习惯法概念的技术路径

鉴于"概念延伸性"在重构国际习惯法概念领域的具体落实，需要一个新的框架来思考国际习惯法形成的问题。在这个框架下，利用萨托里的"抽象阶梯"理论，必须把一般的规范的形成作为它的出发点。结合数学与计算机科学技术，"法律递归"模型为国际习惯法概念的新阐释指出了前进的道路。

1. 法律递归的一般模型

法律社会学家特伦斯·哈利迪和布鲁斯·卡拉瑟斯研究了如何在整个国际社会内的跨国政府、准政府和非政府机构以及国内国家之间交换和转让规范。根据哈利迪和卡拉瑟斯的说法，在国际和国家层面上的立法和实施，都可以作为一个迭代和递归的过程。[1]

国家等国际行为体，以及跨国准政府和非政府机构，制定法律规范，然后通过国际机构说服和普遍规范等外部过程折射到国内国家。这样，这些规范可以在国家和国际层面上经历递归循环，因为正式法律（书本上的法律）在解释和执行（实践中的法律）时会经历变化周期，在国际体系和国家体系之间来回折射。这些递归循环将发生不是一个给定的，这些循环也不一定发生在永久，而是由四个不同的可识别机制驱动的：（1）法律的不确定性（法律、法规和法院意见中固有的模糊性，导致其应用可能产生的意外后果，引发反复的重新起草和重新应用）；（2）矛盾（当行为者之间的愿景冲突导致不完善的法律解决，或当法律执行在不同机构之间划分的机构上出现的现象）；（3）诊断斗争（不同行为者之间的诊断法律规范的缺陷和确定纠正措施方面的斗争）；[2]（4）行为者不匹配（当实际参与某一特定问题领域的规范制定过程中的行为体与规范实际起作用的行为体之间存在差异时，即出现不匹配现象，换句话说，直接受新规范实施影响的行为体并不是新规范制定的参与者）。[3]"法律递归性"将规范制定概念化，最重要的是，一种"权力的行使"和

---

[1] Halliday & Carruthers, supra note 6, at 1135 – 38.
[2] Halliday & Carruthers, supra note 6, at 1150 – 51; Halliday, supra note 6, at 278 – 79.
[3] Halliday & Carruthers, supra note 6, at 1150 – 51; Halliday, supra note 6, at 277 – 78.

"全球竞技场上相互竞争的参与者之间的斗争。""规范制定有一个开始（时间1），当存在相互竞争的主张和冲突时，有一个结束（时间2），当行为和期望变得"常规化、有序和可预测"，根据公认的权威规范，递归循环是发生在时间1和时间2之间的循环。

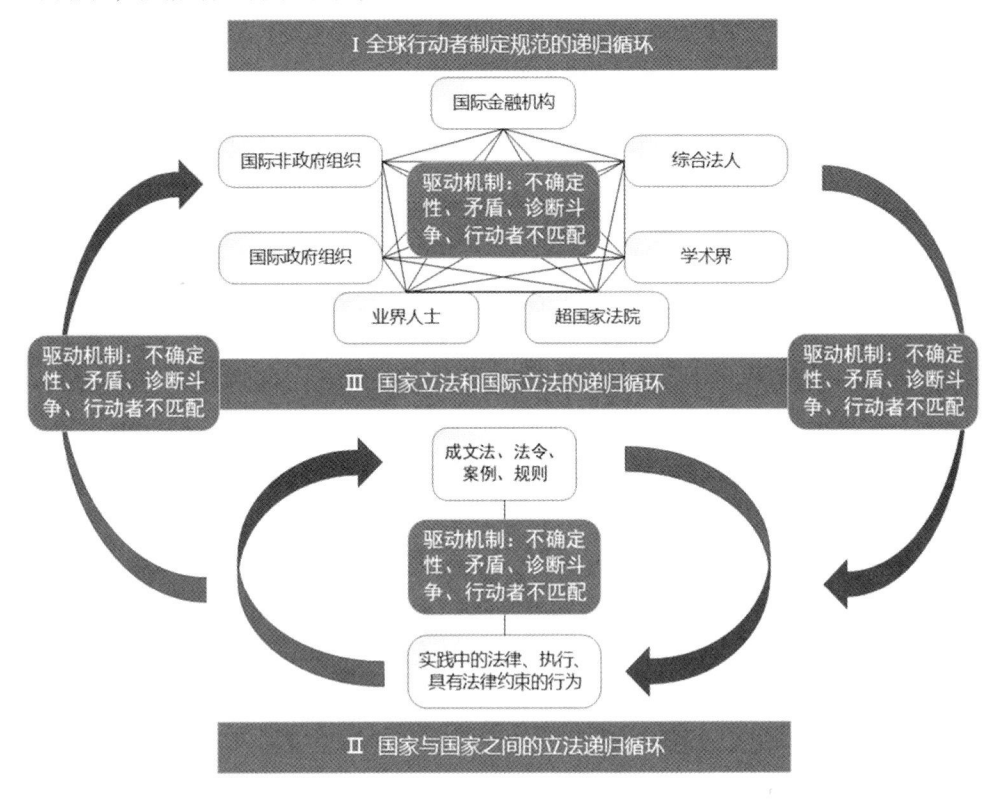

图三 法律递归的解释

2. 法律递归重构国际习惯法为何可能

通过对规范形成和实施的因果机制和过程的详细描述，哈利代和卡拉瑟斯关于"法律递归性"的研究为检验国际和国家规范相互作用的方法提供了一个真正的蓝图。此外，"法律递归"符合早期调查的文献，详细描述了关于跨国行为者在形成国际习惯规则过程中的所做的实证工作，因为它提供了一个总体框架，描述了国际习惯规则的不断形成、改革和改进，以及在两个层面（国际和国家）之间推动这一过程的因果机制。正如格雷戈里·谢弗和汤姆·金斯伯格所指出的，国际法学术必须超越关于其效用的规范辩论，而转向更实证的工作，研究"国际习惯法形成和影响的条件"。[①]"法律递归性"通过开放一系列的定性（观察性）准实验研究设计和方法来应对这一挑战，包括：人种学分析、比较分析、案例研究分析和过程追踪。然而，应该说，所有这些刚刚列出的经验方法在本质上都

---

① See Shaffer & Ginsburg, supra note 8, at 1.

是准实验的（社会科学所使用的所有方法，无论是定性的还是定量的）。与准实验研究设计相关的大量测量问题可能也确实存在有效的潜在方法学障碍。然而，这种对准实验设计的批评可以通过理解来解决，即使用准实验设计的观察性研究总是会受到不精确模型和部分数据的影响，事实上，就其本质而言，其内部有效性会受到若干关键因素的影响（即受自变量和因变量之间的价值相关性的影响）。与准实验设计相关的诸多测量问题总是可以通过对研究变量的良好操作、良好的研究设计、强大的理论和对研究案例的更好理解来缓解（尽管不可能完全消除）。

"法律递归性"不仅特别适合于克服任何准实验研究设计固有的测量问题，而且还提供了只有观察方法才能提供的洞察力，因为它（a）通过关注不断重复的一组动力学，在其方法上是系统的；（b）介绍与驱动规范制定的参与者和机制相关的假设；（c）在规范制定的递归周期中确定开始（时间1）和结束（时间2）；（d）具有历史意义，并根据时间的变化认真对待制度中的或有变化；（e）具有可比性，确实鼓励在问题领域和分析层次之间进行比较。这些类型的观察，包括"提供关于环境或机制的信息的数据"，可以提供特殊的洞察力，以推动在研究的自变量和因变量之间的关系的因果链。

图四：法律上的递归性及其驱动机制[①]

驱动机制	定义	原因	驱动范式生成递归循环的效果
不确定性	指法令、法规和/或法院意见中固有的模糊性，这些模糊性可能导致其应用中的意外后果	－起草相关法律的人之间的意识形态争论可能会导致措辞高度模糊，所有相关人员都可以签字确认。 －可能被制度无常放大	当法律的模糊性占据主导地位时，法律递归可能会蓬勃发展，因为模糊的法律可以打开对含义进行多重解释的大门
矛盾	当行为者之间的愿景冲突导致不完善的法律解决方案时，或当法律实施在不同机构之间划分时，在意识形态上出现的现象	－起草相关法律的人之间的意识形态争论可能导致部分和不稳定的临时解决方案，这些解决方案试图纳入根本不相容的观点。 －也可能是由更多的制度因素造成的，如分歧因素，如竞争机构之间实施的分歧，或不同行为体之间为在某一问题领域的传播/执行方面取得优势而进行的竞争	矛盾的法律解决方案，无论是在意识形态上还是在制度上产生的，都可能为不完善的法律制度开始崩溃和解体时的循环创造条件

---

① See Barbara Koslowski, Theory and Evidence: the development of scientific reasoning 6 (1996); James Mahoney, Beyond Correlational Analysis: Recent Innovations in Theory and Method, 16 Soc. F. 575, 580 – 581 (2001); Charles Tilly, Mechanisms in Political Processes, 4 Ann. Rev. Polit. Sci. 21, 25 – 26 (2001).

续表

驱动机制	定义	原因	驱动范式生成递归循环的效果
诊断斗争	各种行为者之间在诊断法律规范中的缺陷和确定纠正措施方面的斗争	- 如何定义一个可感知的法律问题将决定一组可用于解决它的说明性解决方案,然后,将概述哪些解决方案可用,并设置如何分析和应用这些解决方案的议程。 - 如果将多组参与者进行比较,则最终选择其诊断的参与者将处于最佳位置,以控制已确定解决方案的实施	相互竞争的诊断可以推动递归循环,因为在竞争结束之前,将会有各种各样的决定,需要提供准确的方案
行为者不匹配	当实际参与特定问题领域的规范制定过程的参与者与规范实际影响的参与者之间存在差异时就会发生	- 错配很重要,因为如果受影响的行为者没有参与新规范的制定,他们往往会阻挠或阻碍实施。 - 不匹配的行动者要么出于纯粹的无知(即新规范的确切性质),要么出于纯粹的战略原因(即新规范在某种程度上违背了他们的利益),试图阻止实施	错配会驱动递归循环,因为那些没有告知或考虑到他们所影响的利益和经验的规范,在他们试图构建的制度中可能不会过时

3. 法律递归重构国际习惯法如何可能:以"危害人类罪"定义演变为例

"危害人类罪"作为一种具体的国际罪行是在20世纪初才开始出现,并在第二次世界大战结束后的几年中真正发展起来。以法律的递归性为出发点,分析危害人类罪的起源和发展,从而抛弃传统的方法,即这种罪行是如何从基于条约的起源发展为一种国际习惯法,具有许多优点。这些优势中最重要的是这样的出发点解释了在第二次世界大战结束后的几年里围绕进攻理论发展的最初的活动如何很快结束,迎来了近四十年的冻结。随着联合国安理会为前南斯拉夫(ICTY)和卢旺达(ICTR)设立特设国际刑事法庭,以及后来相关的(通过条约)常设国际刑事法庭(ICC),这种冻结在20世纪90年代初才结束。正是这些事态发展才会助长危害人类罪行作为国际刑法理论在不断地改进和解释循环下的地位——这一进程目前仍在进行。

(1)"危害人类罪"定义的历史演进及其递归性。"危害人类罪"作为一种具体的国际罪行,其起源可以首先追溯到1899年和1907年的海牙和平会议。这两次国际会议都是由当时的大国提议召开的,目的是就各国在战争中的行为进行谈判。两次会议促使了不少国际条约/公约(《海牙公约》)的签订,这是国际上第一次试图将战争期间各国可接受/不可接受的行为编成法典的尝试之一。1919年,随着第一次世界大战的结束,获胜的同盟国成立了战争和惩罚执行委员会,以探讨战败国在冲突中的行动。委员会建议成立一个法庭,对被发现违反"人道法"的所有被击败的同盟国成员进行审判。"人道法"被同盟国广义的定义为同盟国对其本国公民犯下的罪行。最终，委员会关于设立一个法庭的建议遭到拒绝，主要的指控国家是美国，美国认为判断违反"人道主义法"的标准是不确定的和不明确的。

尽管美国在第一次世界大战后反对在第一次世界大战后建立一个法庭来判断违反"人类法"的行为，但其态度将在1945年第二次世界大战结束时发生根本性改变。正是在这一点上，美国成为建立一个国际法庭的关键倡导者之一，以审判被击败的纳粹政权成员对本国公民的罪行。最初成立的法庭是在纽伦堡设立的国际军事法庭（IMT），旨在审判纳粹的主要官员，它为将危害人类罪行作为一种具体的国际罪行的发展作出了重大贡献。《国际刑事法庭公约》第6条第c款将危害人类罪定义为"在武装冲突背景下对平民实施的谋杀、灭绝、奴役、驱逐和基于政治、种族或宗教理由迫害的其他不人道行为"。第6条第c款的重要性在于，它"是将危害人类罪定义为根据国际法应受惩罚的积极罪行的第一个国际文书"。因此，《国际刑事法庭公约》设定了危害人类罪作为国际罪行的具体发展轨迹。[①]《国际刑事法庭公约》的重要性在第二次世界大战之后的几十年里仍然存在，如第6条第c款；在没有任何其他主要国际条约或公约定义危害人类罪的范围的情况下，《国际刑事法庭公约》将仍然是这一发展中国际刑事犯罪的主要定义指南之一。

1947年，联合国在《国际刑事法庭公约》和对纳粹主要领导人的审判的基础上，成立了国际法委员会，部分目的是为了将国际法——包括当时发展中的危害人类罪行进行编纂。在国际法委员会1954年公布的《危害人类和平与安全治罪法》第一草案第2条第11款中，《国际刑事法庭公约》第6条第c款将危害人类罪定义为"谋杀、灭绝、奴役、驱逐和其他不人道行为……或基于政治、种族或宗教理由进行迫害"，但武装冲突的要求被修改，取而代之的是在国家当局的"唆使或宽容"下犯下罪行。1954年以后，国际层面的危害人类罪的理论发展实际上陷入停滞，这种状态很大程度上是由于国际法委员会花了近40年的时间进行辩论，并最终在1996年提出了最终的法典草案。事实上，1996年的法典草案本身在很大程度上依赖于1993年和1994年设立的前南问题国际法庭和卢旺达问题国际法庭。

20世纪90年代初，联合国安全理事会成立了前南问题国际法庭和卢旺达问题国际法庭，以判定在前南斯拉夫和卢旺达发生的冲突中严重违反国际法的行为，从而结束了对危害人类罪理论发展近四十年的冻结，1996年，国际法委员会颁布了《危害人类和平与安全治罪法》最后草案。虽然前南问题国际法庭和卢旺达问题国际法庭的任务不是"制定"国际刑法，而只是实施国际刑法，但它们的成立不可避免地会对某些国际罪行的发展产生深刻影响，特别是那些在当时没有被很好定义的危害人类罪。

1993年出台的《前南问题国际法庭规约》遵循了《国际刑事法庭公约》第6条第c

[①] See Charter of the Int'l Military Tribunal, art 6（c）.

款的规定,要求所列出的任何危害人类的罪行都应在武装冲突的背景下犯下。这一武装冲突的要求,在遵守《前南问题国际法庭规约》第 6 条第 c 款的同时,也违反了后《前南问题国际法庭规约》对较小的纳粹官员进行的审判,这些审判是由盟国在《国际刑事法庭公约》制度之外根据控制委员会第 10 号法律(当时没有武装冲突要求)进行的,并反对 1954 年国际法委员会《危害人类和平与安全治罪法》草案,如前所述,该草案已将《国际刑事法庭公约》的武装冲突要求改为只需要在国家当局的"煽动或容忍"下犯罪。《卢旺达问题国际法庭规约》是在《前南问题国际法庭规约》一年之后出台的,它采取了控制委员会第 10 号法和 1954 年国际法委员会法典草案的做法,不要求所列危害人类罪必须在武装冲突的情况下犯下,而《卢旺达问题国际法庭规约》要求所列危害人类罪只需要犯下"基于国家、政治、种族或宗教原因。1996 年国际法委员会的法典草案也反映了卢旺达问题国际法庭的做法,没有规定武装冲突的要求,只要求在国家当局的煽动下犯下所列的危害人类罪,如《卢旺达问题国际法庭规约》所述。

虽然他们对武装冲突是否构成危害人类罪的必要因素存在分歧,前南问题国际法庭和卢旺达问题国际法庭的规约在界定危害人类罪时采用了相同的方法(首先在《国际刑事法庭规约》第 6 条第 c 款和 1954 年国际法委员会法典草案第 2 条第 11 款中列举);以政治、种族和宗教为理由的恐吓、奴役、驱逐、迫害以及其他不人道行为。在现有清单上,前南问题国际法庭和卢旺达问题国际法庭规约还增加了其他行为:监禁、酷刑和强奸。1996 年国际法委员会法典草案紧随这一方针,但扩大了强奸和其他不人道行为的定义,又增加了制度化歧视和强迫他人出庭的其他行为。除了规约的贡献外,前南问题国际法庭和卢旺达问题国际法庭还通过其广泛的判例对危害人类罪的理论发展作出了贡献。这一判例规定了所列行为被定为危害人类罪的一般要求,并对每一行为所需的犯罪意图和犯罪行为要素提供了详细的指导。从前南问题国际法庭和卢旺达问题国际法庭的工作中吸取的经验教训将直接影响到 1998 年《国际刑事法院罗马规约》如何界定危害人类罪,该规约迄今为止载有关于危害人类罪作为国际罪行的最新国际版本。《罗马规约》界定危害人类罪的方法与前南问题国际法庭和卢旺达问题国际法庭的方法在几个关键点上有所不同。事实上,对起草《罗马规约》第 7 条(关于危害人类罪)期间的辩论和争端的分析揭示了一幅复杂的画面。

是否在第 7 条中列入危害人类罪的武装冲突要求(如《前南问题国际法庭规约》所载,但《卢旺达问题国际法庭规约》和 1996 年国际法委员会法典草案没有规定),是罗马会议代表们的一个关键辩论点。最后,这项要求从第 7 条中删除(使之更符合卢旺达问题国际法庭规约和 1996 年国际法委员会法典草案对危害人类罪的处理)。占主导地位的一方认为,国际习惯法不再要求在武装冲突的范围内犯下危害人类罪,这一要求可能会给起诉带来不必要的负担。尽管在罗马会议上普遍认为危害人类罪不再需要与武装冲突有联系,有部分人(主要是非洲、阿拉伯和亚洲代表团)认为国际习惯法依然需要与之联系,这一观点虽然是少数人的观点，但肯定也是有其追随者。

关于《罗马规约》第七条的另一个辩论点涉及将被定义为危害人类罪的行为。前南问题国际法庭和卢旺达问题国际法庭的规约都载有《罗马规约》复制的相同的详尽清单，但有两个主要区别。第一个区别集中在迫害行为上，前南问题国际法庭和卢旺达问题国际法庭规约规定，迫害行为可以"基于政治、种族或宗教原因"实施。《罗马规约》第7条保留了这一措辞，但随后补充说，迫害行为也可以基于民族、种族、文化或性别或任何其他原因实施"国际法公认为不允许的其他理由。"这一更广泛的定义一直是各国代表团之间激烈辩论的主题，其中一些代表团主张制定一份扩大的清单，界定迫害可被定为危害人类罪的理由，另一些代表团则主张制定一份更具说明性的清单。然而，还有一些人仍然主张，应将迫害作为一种可以完全算作危害人类罪的行为予以删除。最终，那些主张更广泛的名单的人获胜了，尽管这种方法并非没有受到批评。前南问题国际法庭/卢旺达问题国际法庭规约与《罗马规约》之间的第二个区别是，《罗马规约》在前南问题国际法庭和卢旺达问题国际法庭已经确定的清单上增加了两项新的法令，这两项新法令是强迫失踪和种族隔离。将强迫失踪和种族隔离列为危害人类罪的行为主要是拉丁美洲和非洲代表团分别坚持的，后来一些学者批评这些行为远远超出了国际习惯法所理解的危害人类罪的范围。

就目前情况而言，《罗马规约》第7条是国际上关于危害人类罪作为国际罪行的最新重申。在审视第二次世界大战结束后几年来危害人类罪行的理论发展时，出现了一种不断改进和解释的国际刑法理论的复杂情况。

图五：危害人类罪作为国际罪行的发展

危害人类罪	1945 年国际刑事法庭规约第 6 条第 c 款	下列行为或其中任何行为均属法庭管辖范围内的罪行，应由个人负责：……（c）危害人类罪：即战争前或战争期间对任何平民犯下的谋杀、灭绝、奴役、驱逐和其他不人道行为；或基于政治、种族或宗教理由，在执行或与法庭管辖范围内的任何罪行有关的任何迫害，不论是否违反所在国的国内法
	1945 年盟军控制委员会第 10 号法（第 2 条第 c 款）	下列每一项行为均被认定为危害人类罪：暴行和侵犯，包括但不限于谋杀、灭绝、奴役、被驱逐出境、监禁、酷刑、强奸、或其他不人道的行为对任何平民，或者迫害政治、种族或宗教理由，不论是否违反所在国的国内法
	1954 年国际法委员会危害人类和平及安全治罪法草案（第 2 条第 11 款）	下列行为是危害人类和平与安全的罪行：因社会、政治、种族、宗教、文化等原因对任何公民实施的迫害、灭绝、奴役、驱逐等行为，一国当局或在此类当局的煽动或容忍的此类行为
	1993 年前南问题国际法庭规约（第 5 条）	国际法庭有权起诉在武装冲突中对任何平民犯下下列罪行的人，不论是国际或国内性质的罪行：（a）谋杀；（b）灭绝；（c）奴役；（d）驱逐；（e）监禁

续表

危害人类罪	1994年卢旺达问题国际法庭规约（第3条）	卢旺达问题国际法庭有权起诉因国家、政治、族裔、种族或宗教原因广泛或有系统地攻击任何平民而犯下下列罪行的责任人：（a）谋杀；（b）灭绝；（c）奴役；（d）驱逐出境；（e）监禁；（f）酷刑；（g）强奸；（h）基于政治、种族和宗教原因的迫害；（i）其他不人道行为
	1996年国际法委员会危害人类和平与安全治罪法草案（第18条）	危害人类罪是指由政府或任何组织或团体煽动或指挥，有系统地或大规模实施的下列任何行为：（a）谋杀；（b）灭绝；（c）酷刑；（d）奴役；（e）基于政治、种族、宗教或民族原因的迫害；（f）基于种族、族裔或宗教原因的制度化歧视，涉及侵犯基本人权和自由，使一部分人处于严重不利地位；（g）任意驱逐或强行转移人口；（h）任意监禁；（i）强迫失踪人员；g）强奸、强迫卖淫和其他形式的性虐待；（k）严重损害身心完整、健康或人的尊严的其他不人道行为，如残害肢体和严重身体伤害
	1998年《国际刑事法院罗马规约》（第7条）	（1）为本规约的目的，"危害人类罪"系指明知是针对任何平民的广泛或系统攻击的一部分而犯下的下列任何行为：（a）谋杀；（b）灭绝；（c）奴役；（d）驱逐出境或强行迁移人口；（e）违反国际法基本规则的监禁或以其他方式严重剥夺人身自由的行为；（f）折磨；（g）强奸、性奴役、强迫卖淫、强迫怀孕、强迫绝育或同等严重的任何其他形式的性暴力；（h）在政治、种族、民族、族裔、文化、宗教、性别方面迫害任何可确认的群体或集体……或公认为国际法不允许的理由，与本款所述的任何行为或法院管辖范围内的任何罪行有关；（i）强迫人员失踪；（j）种族隔离罪行；（k）故意造成巨大痛苦或对身体或身心健康造成严重伤害的其他性质类似的不人道行为

（2）"危害人类罪"定义之递归循环。如前所述，《罗马规约》界定危害人类罪的方法在几个关键方面与前南问题国际法庭和卢旺达问题国际法庭的方法不同。正是在详细探讨这些差异的过程中，才出现了一幅完整的画面，即危害人类罪作为一种特定的国际刑事犯罪，目前是否存在递归的循环（表明关于其意义和适用的相互矛盾的主张和冲突），或者没有递归循环（表示对意义和应用的认可和权威）的探讨。观察危害人类罪作为一种具体的国际罪行的发展，特别是围绕它在《罗马规约》第7条中的定义和阐述所进行的辩论，就会出现一种情况，表明存在着递归的循环。

危害人类罪作为一种国际罪行，在其意义和适用方面，如今在很大程度上是相互矛盾和相互冲突的，这一事实在《罗马规约》第7条的起草期间，甚至在1990年代初成立前南问题国际法庭和卢旺达问题国际法庭之前就其范围和适用所进行的辩论得到了非常突出的说明。如前所述，在第二次世界大战结束时，随着《国际刑事法庭公约》和控制委员会第10号法律的出现，危害人类罪作为一种国际刑事犯罪的理论发展才真正开始。1954年国际法委员会《危害人类和平与安全罪法典草案》出台，在接下来的40多年里，危害人类罪的理论发展几乎陷入停滞，因为国际法委员会陷入了关于定义该罪的范围和适用的辩论。这段时间的部分问题源于国际法委员会在某种真空中工作的事实，因为在此期间没有任何关于这一主题的国际公约或判例，这将为第一种机制奠定基础，推动危害人类罪循环往复的发展——"法律的不确定性"。

"法律的不确定性"是指法律文书（如条约、法规、条例、法律意见等）所固有的模糊性，从而可能导致在适用过程中可能出现意想不到的后果，从而引发反复的重新起草和重新适用。国际法委员会无法解决《国际刑事法庭公约》坚持对危害人类罪提出武装冲突要求与控制委员会第 10 号法律坚持不提出这一要求之间的冲突，再加上国际社会对此问题保持沉默（在这一期间内，没有关于这一问题的任何国际公约或判例），造成了一种含糊不清的环境。1993 年，《前南问题国际法庭规约》坚持武装冲突的要求，这与 1994 年的《卢旺达问题国际法庭规约》和 1996 年颁布的国际法委员会法典草案是完全相反的，于是各行动者进入了重新起草和重新适用的阶段。这项活动大部分发生在前南问题国际法庭的判例中，前南问题国际法庭通过判例法开始有系统的淡化其规约中武装冲突要求，宣布国际习惯法不再要求所指控的危害人类罪与有关武装冲突之间存在实质性联系（前南问题国际法庭规约第 5 条的要求仅用于司法目的）。在此过程中，前南问题国际法庭通过其判例，开始使其对危害人类罪的定义更加符合卢旺达问题国际法庭和国际法委员会法典草案的定义。在第二次世界大战结束和特设法庭成立之间的四十年中，存在法律上的模糊性。《罗马规约》在 1998 年对危害人类罪的定义中排除了武装冲突的要求，但并没有结束这些周期。事实上，如果说有什么不同的话，这种递归性在东帝汶重罪特别小组（SPSC）最近的判例得到了较强的表现，尽管该规约根据《罗马规约》的定义（减去武装冲突的要求）定义了危害人类罪，但是，在判例法中的裁定，危害人类罪需要与武装冲突相联系。

尽管特设法庭为了适用现有的国际法，它们的判例不可避免地对某些国际罪行的发展产生了深远影响，特别是诸如危害人类罪这类罪行，这在当时没有很好的定义。前南问题国际法庭和卢旺达问题国际法庭的工作经验和教训将直接影响《国际刑事法院罗马规约》如何界定危害人类罪，但是它也将为第二种（也是最后一种）机制推动危害人类罪的递归循环——"矛盾论"。

"矛盾"是指行为者之间的愿景冲突导致不完善的法律解决方案，或在制度上，当法律执行在不同机构之间划分时，在意识形态上出现的现象。早些时候在起草《罗马规约》时就列入武装冲突对危害人类罪的要求以及可被定为危害人类罪的具体行为进行了辩论，指出《罗马规约》并不是关于将危害人类罪定义为国际罪行的最终决定性国际判决，而是一种局部和不稳定的临时解决办法，力求纳入根本不相容的观点。事实上，甚至在《罗马规约》之后，不仅对武装冲突与危害人类罪之间的关系仍存在争议，而且将其他行为列入以前的罪行清单（前南问题国际法庭和卢旺达问题国际法庭规约都有重复）也引起了很大争议。这些辩论产生于出席罗马会议的各国代表团之间的意识形态冲突，这些代表团有自己独特的理由（往往植根于非常具体的历史或社会环境）主张他们所持的立场。在结语部分，将这一事态与种族灭绝作为一种国际刑事犯罪的平行理论发展作比较，该公约既受到广泛批准的国际公约（"灭绝种族罪公约"）的约束，也受到国际法院（"1951年国际法院咨询意见"）的约束。与危害人类罪的情况不同，在《灭绝种族罪公约》和1951年国际法院（关于该公约）的咨询意见之后出现的灭绝种族罪作为一种具体的国际刑事罪类别的定义和阐述仍然非常稳定。

（3）"危害人类罪"定义法律递归性的实现路径。如今，通过"法律递归"模型以及其驱动机制，使得危害人类罪成为一个国际可靠的法律概念且危害人类罪作为一种国际罪行的地位已经确立，在第二次世界大战之后的几年里，特别是在前南问题国际法庭和卢旺达问题国际法庭成立后的最后二十年里，这一点是确定无疑的，危害人类罪作为一种特定类型的国际犯罪的地位日益巩固。然而，危害人类罪的具体理论发展到今天仍在很大程度上不断变化，并受到制订规范的反复循环的影响。也许一旦国际刑事法院开始认真审理案件并建立一套判例法，这些循环就会随着规范制定事件的结束而消散（表明对意义应用的接受）。《罗马规约》这一不完善的法律解决方案可能并不预示着未来会有如此明确的结果，这一分析从根本上背离了描述危害人类罪发展的更典型的国际法律学术，而不是将调查集中在一种不精确的方法上，用以描绘第二次世界大战结束后各国的实践，然后再结合对"为什么"各国会以这种方式行事的研究，上述调查采用了一种更加经验性的方法，侧重于国际体系运作时的现实情况，上述分析没有忽视跨国行为者或将其置于幕后，而是承认它们是（国际体系内）关键行为者。

以法律递归的框架为基础，本文对国际规范形成进行了深刻剖析，如上面所展示，为研究提供了实证方法。我们发现，通过上述比较案例研究，[①]将危害人类罪作为一种国际罪行多次重复进行比较，结合了"法律递归"理论，由精微处达致广大，描述了缺乏广泛批准的国际条约和/或附带的国际法院判例是如何运行的，在这种环境中，犯罪的理论发展缺乏一个可以集中处理和控制犯罪发展要素的制度。[②]通过明晰危害人类罪在各个发展阶段的特征和实践法则，我们可知，国家和跨国行为者之间的斗争为"不确定性"和"矛盾"的出现奠定了基础，并推动了国际习惯规范的制定在时间和空间上的循环，为国际习惯法概念的重构提供了基础，同时对我国的司法态度、法治以及外交等方面有着深刻的启示。

（三）国际习惯法概念的应然表述

通过调查目前对国际习惯法的解释存在缺陷的方式，以及对国家实践和法律确信在国

[①] See supra text accompanying notes 114, 115.
[②] See supra text accompanying notes 177–80.

际习惯要素中的作用的严重不确定性和混乱，说明了国际习惯法的理论不足以澄清该领域的现状，没有考虑到产生规范的跨国行为者对国际体系的真正影响。根据社会科学家乔瓦尼·萨托里的"概念延伸"理论，目前国际习惯法中普遍存在的混乱可以追溯到其当前的概念化是如何"概念延伸"的，正如它依赖于国家实践和法律意见的双重属性一样，人们提出了一个研究国际习惯规范的新框架，该框架着眼于规范形成的一般理论。在进行这一研究过程中，法律社会学家特伦斯·哈利迪和布鲁斯·卡拉瑟斯提出的"法律递归性"概念被认为是一种更恰当的描述，它描述了在一个由规范生成跨国行为者主导的新国际体系中，国际规范是如何发展和运作的，如何在整个国际社会内的跨国政府、准政府和非政府机构与国内国家之间交换和转让规范。我们认为，国际习惯法是指在"法律递归"循环驱动机制引导下，国际行为体借助法律技术识别手段形成认识性共同体，且在国家实践中循环论证和无穷回归的一般国际法律规范。简言之，拟议的框架如下：

更抽象（低内涵，高外延）（概念：一般国际习惯规范的形成）

属性：物质因素（由"法律递归性"的循环驱动）

少抽象（高内涵，低外延）（概念：国际习惯规范的形成）

属性：–物质因素（国家实践）

　　　–心理要素（法律确信）

图六　国际习惯规则形成的递归框架

五、结语

在国际法委员会成立70周年专题会议上，我国强调，国际习惯法是重要的国际法渊源，对其识别必须采取严谨而系统的方法，全面深入考察各国的普遍实践，不能出于任何国家的个别利益或需要进行选择性识别或降低识别的门槛；在国际习惯法识别上，尽管在某些情况下需要考虑国际组织决议、国际司法判决、权威公法学家学说等对识别国际习惯法的意义，但起首要作用的始终是国家实践。[①]"法律的递归性"，作为对国际规范如何发展和运作（实际上与国家规范相互作用）的描述，指出了国际学术朝着更严格、科学和由此产生的实证方法前进的道路，这在记录危害人类罪作为一种国际犯罪的发展的案例研究中得到了证明。随着跨国行为者继续扩大其管辖范围，并坚持努力影响国家行为，国际体系正变得越来越复杂。在这种情况下，研究个别国际规范的发展和运行就显得尤为重要。除个别问题领域外，制度层面的问题也仍然存在，譬如规范如何以及为什么会改变性质

---

① 参见《中国代表评说联合国国际法委员会等工作》，微信公众号"中国国际法前沿"，https：//mp.weixin.qq.com/s/FxMrrQa5niYDiLwvZNhCDQ，2021年12月12日访问。

（例如，从"硬"法律转变为"软"法律），为什么国际体系中不同行为体之间的规范制定会发生转变，在制定规范之前的因素是什么（以及它们是否重要），以及在制定规范的过程中，不同的时间序列有什么影响（如果有的话）。① 如果采用一种更以经验为基础的方法，国际法律学术在探索这些现象方面可以作出很大贡献。

Conceptual reconstruction of international customary Law
—an empirical study based on the technical model of "legal recursion"

Fan Zhizhi

Abstract: Customary international law is regarded as the mystery of the origin of international law. The statute of the International Court of Justice in 1945 established the elements of customary international law – – "state practice" and "opinio juris", but there are always disputes in theory and practice. Theoretically, scholars hold that "opinio juris" can be absorbed by "state practice" elements, and doubt whether it is one of the constituent elements of international customary law. In practice, ICG judgments also take into account only the "state practice" element or choose other criteria. Based on this, the research on the necessity of the reconstruction of the concept of customary international law should be paid attention to. From the perspective of social science, this paper puts forward a more logical and empirical explanation of international customary law and reconstructs the theoretical system of international customary law by means of empirical research and "legal recursion" model, so as to promote the development of international law field.

Keyword: customary international law,; state practice; opinio juris; legal recursion; technical model

（编辑：彭娟）

---

① Halliday, supra note 6, at 271, 276.

综述与书评

探索现代中国的法治秩序之道

——第二届沙湖之畔当代中国法哲学论坛学术研讨会综述

陈诗钰　张遵攀　谢晓涵　巫小玲[*]

以切实行动共同推进当代中国法哲学的宏大事业，为中华民族的伟大复兴作出自己的智性贡献。2021年5月29日，来自全国各地的一批法哲学学人汇聚于武汉沙湖之畔的湖北大学会议中心思齐厅，他们为思考当代中国法哲学的基本问题而来。这次会议是第二届沙湖之畔当代中国法哲学论坛，学术大咖云集，会议围绕"法治中国境域中的价值、规范与秩序"主题展开热烈的讨论。与会专家学者一致认为，法治中国是中国走向全球化结构的一个现代人文秩序的重大建构，它是现代中国人安所遂生的基础。此次会议由湖北大学哲学学院、湖北大学法学院以及湖北大学高等人文研究院主办，湖北大学法哲学研究中心承办，湖北大学学报编辑部和仙桃法学研究会协办。

8点30分会议正式开始。会议开幕式由湖北大学哲学学院教授、湖北大学法哲学研究中心主任、仙桃法学研究会副会长魏敦友主持。魏敦友教授对与会的各位专家学者表示热烈欢迎，随后五位领导、专家分别致辞。首先是教育部"长江学者特聘教授"、仙桃法学研究会会长、武汉大学法学院秦前红教授致辞。秦前红教授以5月28日何兆武先生和章开沅先生离世话题开场，深情回忆了二位老先生的学术历程及卓越的学术贡献，接着谈到法治中国的主体性等一系列重大学术问题，并希望学者们朝着党政融合的方向推进这些问题的研究，让学术人生更好地开出新境界。接着是中国马克思主义法哲学研究会会长李瑜青教授致辞。李瑜青教授指出，法哲学从学科意义上讲，完成了一个否定之否定、路径转换的过程。一方面，实证法学得到迅猛发展，另一方面，在其发展中不断被挑战。经受挑战之后，法哲学开始回归。从根本上讲，法哲学是其他学科所无法替代的。它不断地探索与反思，并在反思中使自身的学科不断完善。接着是湖北大学哲学学院院长舒红跃教授致

---

[*] 陈诗钰，哲学博士，湖北大学哲学学院2018级伦理学专业在读博士；张遵攀，哲学硕士，湖北大学哲学学院2020级外国哲学专业在读硕士；巫小玲，哲学硕士，湖北大学哲学学院2020级外国哲学专业在读硕士。谢晓涵，哲学硕士，湖北大学哲学学院2020级外国哲学专业在读硕士。

辞。舒红跃院长指出,在哲学中法哲学是一个重要的研究基点,其他学科离不开哲学,哲学也离不开其他学科。哲学作为一个形而上的研究,哲学研究与其他学科结合才能不断进步。接着是湖北大学法学院副院长邹爱华教授致辞。邹爱华教授认为,此次会议主题非常契合中国当前需要,法治应有价值、规范和秩序三个维度的重大问题,正是我们当下中国发展所需要深入研究的问题。最后是湖北大学学报常务副主编郭康松教授致辞。郭康松教授介绍了湖北大学学报的发展历程,感谢校内外专家学者的大力支持,并对大家齐聚沙湖之畔的湖北大学共同探索现代中国的法治秩序之道寄予厚望。

开幕式之后,会议进入基调发言阶段。会议基调发言主持人为中共北京市委党校吕廷君教授。会议安排了两位基调发言人。第一位基调发言人是广州大学人权研究院谢晖教授。谢晖教授以《全球秩序、协商规则与人权关怀》为题作会议发言,他认为,人类文明的发展或建构过程,就是一个秩序如何按照人类发展要求而展开的过程。人的精神状貌不断在开发,秩序形式也不断在发展。人类交往秩序究竟如何形成更好?哈耶克的扩展秩序理论我们具有非常重要的启发(尽管他不反对必要的建构)。在此基础上,谢晖教授通过四个部分展开其论述。第一,扩展秩序的四个圈层。又以经验进化/理性建构、内圈层、中内圈、中外圈、外圈层五点展开。第二,全球秩序:扩展与建构。以全球秩序之为扩展秩序和建构秩序、互补余缺的交易秩序、人(国)同此心的情感秩序、压制型建构秩序、契约型建构秩序五点具体展开。谢晖教授强调要开创人类认知的多视角、观察的多视角,认为人类终究是一种精神性的存在,是思想的芦苇。若抽离掉思想,而只是一棵芦草,人类存在的意义就和其他事物存在的意义无区别了。目前,我们要在扩展秩序基础上建构的秩序,是复杂的秩序,而不是古典的简单秩序。第三,互为他者的规则游戏。分四点展开:他者,人类学的启示;他者普在;协商与妥协;关注契约性互治。谢晖教授说,在互为他者的规则游戏中,世界各族群之间,要相互进入"他者"的研究思考。互为他者的视角观察、思考问题,丰富自我认知,促进规则互动。他者普在,可类分为时间、空间、族群、自我("认识你自己""昨日之我非今日之我")四个方面。第四,人权在场的全球秩序。分别从全球秩序的国家立场;全球秩序,人权例外?道不尽的人权;人权在场与责任在场等四个方面加以论述。最后,谢晖教授对人权予以特别强调。指出生存、发展没有体面,那就不叫人权。人权不在场的情况下,任何建构秩序的营造,在人类理性视角下观察,都是非法的。

第二位基调发言人是北京师范大学北京文化发展研究院沈湘平教授。沈湘平教授以《安所遂生:人类秩序的本质追求及启示》为题作会议发言。沈湘平教授以流行热词"佛系青年""三和青年"现象和"躺平学""内卷"等为切入点,来解释和理解当前人类面临的困境与危机。沈湘平教授说,今日人类之困境归根结底是人类面临生存危机,丧失本体性安全(ontological security)而"不得安生"、行将"不育"、于人不"利",原因在于"位育失当"。沈湘平教授通过具体解释"生""所""育""位"来引出安所遂生之于人、社会和国家的意义。生命的欲望不仅在于"生",而且在于"存",即可持续地生,更在于在生存(being)基础上追求好好地生存(well being,幸福);"生"不仅是自然意义的生(自然生命),而且有社会意义的生(社会生命)和价值意义的生(价值生命)。"所"既是确定的出发基础,也是可以回归的安全依靠,更是稳定的、可期待的"生"的可能性集合;"所"不仅是安身之所,而且是安心(立命)之所,从根本上是安生之所。基于生命存在的差异性,每一个差异性的生命获得自己可以安的"所",即恰当的外在环境(社会秩序)和内在心灵的安顿(心灵秩序);而且,生命之间以及生命内在要素之间"并育而不相害"、彼此成就、共生发展。最后,沈湘平教授提到安所遂生是人之大欲、同欲同求,是人类社会秩序的原初动力和本质追求,也是一切人类社会秩序之合法性的终极根据。

基调发言之后,会议进入主旨发言阶段。主旨发言部分第一个主题是:法治中国的价值基础。本部分由华中师范大学法学院肖登辉副教授主持,一共有六位发言人。第一位发言人是华东理工大学法学院李瑜青教授。李瑜青教授以《法治中国特色的三点思考——以中国传统文化与法治相互关系为切入点》为题,首先以三个问题来引发大家的思考:法治的中国应该怎么制造,路径在哪里?法治在中国的发展,在中国的推进,何以可能?法治在中国的规范的价值,基础在哪?李瑜青教授认为,对法治过于形式化倾向的批判是把握中国的法治建设与文化的互动首要解决的问题。同时应考虑法律如何和经济、政治等融为一体,实现文化的流动。一个国家的法律的自我表达反映着一种社会规则。也必然影响着一国法治的存在方式。从中国传统文化与法治相互关系的角度看,治道应以人的主体之善为根本。以强调人的主体之善为基本路径,也许是中国法治在中国文化中流动表现的特殊性之所在。第二位发言人是中共北京市委党校吕廷君教授。吕廷君教授以《中国法治语境中的"自由"及其意义》为题,简要追溯了自由的两种含义及其主张的实现路径,从这个演变的历史脉络中研究分析自由价值在我国法治建设中的可能进路。2012年10月,在中国共产党的十八大报告里,自由被定位到制度价值的首位,并与平等、公正和法治一起,成为构筑符合中国实际的社会制度的共同价值。吕廷君教授进一步阐述了,贡斯当的"古代人的自由和现代人的自由"、伯林的"消极自由与积极自由"、德沃金的"平等自由观"和罗尔斯的政治自由主义,最终落脚于"人民立场的自由"何以可能。人民立场的自由具有消极自由的个人权利属性和积极自由的权力观,且规避了消极自由和积极自由的短板。第三位发言人是河北科技大学文法学院中文系谢志浩副教授。谢志浩副教授以《梁漱溟法治思想初探》作会议发言,他说:"梁漱溟先生一生以发扬儒学为己任,众所周知,先生为'最后的儒家'。殊不知,梁漱溟先生有着深刻而独到的法治思想,一位著名法学家称之为'儒家宪政主义者',颇有道理。"梁漱溟先生在《中国文化要义》中指出,中国文化有十四个特征,其中一个特征,便是民主、自由和法治之不见形成。梁漱溟先生把民主、自由和法治之不见形成,也算作中国文化的一大特征,可以说颇具卓识。谢志浩副教授认为，魏敦友教授正在接续梁漱溟先生"最后儒家"的道统，同时，发扬梁先生"独立思考，表里如一"的风骨，为天地立心，为生民立命，为往圣继绝学，为万世开太平。第四位发言人是北京德恒（温州）律师事务所朱祖飞律师。朱祖飞律师以《法律移植中的分裂现象及克服》为题，从四个方面进行了论述。一、意识和无意识的和谐，是人类心理健康的内在原因。个人精神领域是由无意识和意识结合而成。人们所作出的决定，往往不是理性意识层面所决定的，多数是由无意识决定的。二、法律意识和法律无意识的和谐，是法律制度健康的内在原因。法律制度若不考虑无意识，就会出现法律的精神分裂。三、我国法律意识和无意识分裂的种种表现及原因探析。当下法官违法乱纪问题严重，报复社会的恶性事件多发，立法、司法脱离实际十分常见等现状，就是法律意识和法律无意识分裂的体现。根本原因在于，法律移植过程中没有充分考虑我国民众的法律无意识，具体表现为对我国法传统和民众法感情缺乏重视。四、法律意识和无意识分裂的克服。法律意识和法律无意识之间要达到和谐状态，就必须尊重广大民众的直觉判断，特别是在个案判断中要尊重陪审员的良知自主判断。"心学法学"就是克服法意识和法无意识分裂的最具有针对性的一门法学理论。第五位发言人是西北师范大学法学院王勇教授，王勇教授以《人生阅历、知识结构与思想涌现——从李功国先生创立"敦煌法学"看"法治中国"的理想图景》为题作会议发言。王勇教授从六个方面来论述这一发言。一、作为"历史智慧老人"的"前见"。王勇教授强调，"法治中国的理想图景"，离不开作为"历史智慧老人"的"前见"。二、读书、读人与读世——"根据中国"想象"法治中国的理想图景"。李功国先生的人生阅历、知识结构和学术关切或与"法治中国"的理想图景之间有着高度的契合之处，能更好理解"敦煌法学"，更好地理解和想象"法治中国"。三、从敦煌法学看法治中国之"真"。法治中国之真，是农牧文明底色之真，是作为"法自然"的真，提示着"先予后取"的世界第一低熵文明即生态文明的初心。四、从敦煌法学看法治中国之"善"。敦煌法学中的"善治"，与法治中国的"善治"价值是一脉相承的。五、从敦煌法学看法治中国之"美"。从敦煌"法美学"中，我们能够找回"美"的神圣、崇高、大爱等原生性含义，而这正是"法治中国"最为浓厚的本土历史文化资源和社会心理基础。六、自然中国、共和中国与人民中国——法治中国的主体意象。法治中国是自然中国、共和中国和人民中国的统一，是本真中国、善治中国和大美中国的统一。第六位发言人是常州大学法学院张建副教授。张建副教授以《论审美旨趣范导法律秩序》为题作会议发言。张建副教授首先从现实地、理论地、法治三个视角来展开探讨审美旨趣与法律秩序之间的关系的必要性；进而从农业时代的法律秩序来具体阐述法律秩序的内在追求价值，但随着现代社会的到来，旨在以伦理本位为追求的法律秩序开始解体，则被工业时代的法律秩序的内在价值追求所替代。从发展角度看，现代性所内含的价值承诺越来越落空和艰难。在后工业时代，如何重新整合社会，弥补不同阶层之间的鸿沟，越来越成为法律秩序所需要关心和回应的问题。因此，智能时代的法律秩序登上舞台。张建副教授认为，作为具体个体利益、纯粹、无功利的审美可以作为智能时代法律秩序内在追求的价值。这可以打破身份、族群、阶层等诸多分类符号的限制，重新整合不同阶层，实现构建新的公共性的目的。六位发言人发言完毕，主持人肖登辉副教授都做了精彩的总结和点评。

  会议的主旨发言部分第二个主题是：法治中国的规范结构。本部分由广西精一律师事务所高级合伙人黄海东律师主持，一共有六位发言人发言。第一位发言人是中南大学法学院彭中礼教授。彭中礼教授以《司法过程中的事实解释》为题作会议发言，把法律事实的解释放在规范当中，把事实解释从法律的解释中拉出来，并对事实解释的概念、类型加以说明。彭中礼教授认为，一是事实解释需要正当理由，可以从内部视角、外部视角和心理学角度这三个维度来回答；二是对事实解释需要理解事实结构，可以从事实的有限规则、事实位阶、从不同类型的事实需要来解释；三是事实解释需要多元的方法，可以从文本挖掘、事实互证、事实推论、诉诸直觉等四种方法来进行事实解释的判断。第二位发言人是南开大学法学院王彬副教授。王彬副教授以《再论法学对本体论解释学的继受——兼评谢晖先生的解释学方法》为题作会议发言。王彬副教授认为，解释学是本体论与方法论相统一的哲学，引起了人文社会科学领域的解释学转向。解释学转向为法学研究带来了丰富的资源。可以概括为三点：一、现代解释学可称为本体论解释学，强调解释活动的创造性，作为人的存在方式是一个在循环中不断实现的历史过程。但在法律解释中，理解的创造性又影响着法治的确定性和客观性。后现代法学推进到了解释主义，将法治变成了完全不确定的东西。二、解释学对法学只有启迪性意义，不是原搬照抄，我们要保有谨慎的态度。其有意义的地方是实践理性的恢复，避免陷入传统形而上学，哲学解释学确定了解释时方法规则的界限。但缺陷是解释学无法摆脱"前见"的影响，法律解释学无法区分法官的前见是否合法。三、解释学与分析学的方法需要互相补充，在操作性上，运用分析学更合适。法律领域是人文社科的领域，与科学有所不同之处在于，方法与本体不能割裂；但也要运用科学的方法，找到其确定性。由此，我们才能建立人文科学的方法。第三位发言人是西南科技大学法学院淡乐蓉教授。淡乐蓉教授以《法治中国视阈的西北藏区一般人文秩序》为题作会议发言。淡乐蓉教授从三个方面来阐述会议发言。一、西北藏区一般人文秩序与内地一般人文秩序的异同。内地主要采取儒家经义教育，如庭训方式等，解释儒家经典。藏区的教育文化被寺庙掌握，藏民听从神职人员的教育。二、西北藏区一般人文秩序对构建法治中国愿景的可能贡献和困境。贡献主要表现在，文化和法律具有同构性，藏区对于偷盗等行为也有相应的惩罚。困难主要表现在，西北藏区与内地在民族、文化、规则、国家认同上存在着很大的差异。三、整合和重构法治中国视阈下西北藏区一般人文秩序的思考。主要通过以下途径来解决：①文化宣传；②重视藏语；③普法学习；④改变单一的宣传学习形式；⑤利用哈贝马斯所说的交往、对话进行文化传播。第四位发言人是湖北大学哲学学院教授萧诗美教授。萧诗美教授以《马克思如何以政治经济学批判的方式回答法哲学的所有权问题》为题作会议发言。萧诗美教授说，从马克思的著作看，法治关系来源于生产关系。马克思是把法哲学的所有权关系（法权关系）当作生产关系来把握。主要表现为这样的路径，在起点上把政治经济学的劳动价值论和法哲学的劳动所有权结合在一起，然后通过研究交换价值的发展规律来揭示所有权的运动规律。单纯的流通过程中遵循等价交换原则，没有所有权异化；当劳动力成为商品后，出现了资本和劳动的交换，这是不等价交换，导致所有权正义的异化。由正义的劳动所有权异化为非正义的资本所有权。马克思政治经济学的核心内容是通过剩余价值理论揭示所有权的历史规律，揭示了正义与非正义的辩证转化与历史运动。古典政治经济学并不反思正义的问题，马克思把古典政治经济学反转为了法哲学的完整体系。第五位发言人是中南大学法学院博士研究生郑志泽。郑志泽博士以《制度修辞之前、之内与之外——制度修辞理论的梳理与拓展》为题作会议发言。郑志泽博士首先对制度修辞与法律修辞的区别进行了梳理。接着郑志泽博士阐述了，一、制度修辞的前置理论，修辞的语境是制度修辞理论的前置理论。他提到了修辞语境形成的两个条件。二、制度修辞的内部理论是学说的核心部分，分为规则、概念与价值追求三个层次。三、制度修辞的外部理论，如何看待法律制度与其所连缀着的社会之间的关系，法律制度如何在生成、运作与反馈的循环过程中从社会不断获得自身的正当性证成。四、制度修辞理论的未来。分为内部扩展和外部扩展，在实践研究中，这一领域还没有得到深入研究，存在极大的挖掘空间。第六位发言人是上海交通大学法学院博士研究生许天熙。许天熙博士以《论我国的多数决规则与互惠性正义》为题作会议发言。许天熙博士提到，我国立法多数决制度显示出其于当下政治生活中存在的困境，根本上是由于作为多数决原则正当性话语基础，功利主义于决策主体一般性道德观念两者存在深刻冲突。在其中遇到的主要问题是，代表个人往往是精英人物，较普通人更繁忙，缺乏外部正向激励与惩戒。应到基数制与绝大多数比例的结合不尽合理。在多数决原则的正当性来源于总体性的功利主义中，多数决具有抽象性，必须先探讨产生多数决的决策主体。投票民主观无法达到民主决策，个人偏好与公共偏好无法融合。可以做到的完善措施是，推行实到基数制并提高出席会议的法定人数标准；以互惠性协商来平衡投票权的平等；进一步完善合宪性审查机制，确立立法程序规则的自我审查。六位发言人发言完毕，主持人黄海东律师都做了精彩的总结和点评。

  会议的主旨发言部分第三个主题是：法治中国与一般人文秩序。本部分由仙桃法学研究会秘书长、华中科技大学教育立法研究基地执行主任滕锐研究员主持，一共有五位发言人发言。第一位发言人是北京理工大学法学院周大伟教授。周大伟教授以《人类法治文明与中国国情》为题作会议发言。周大伟教授说，我国法治文明的建设与中国的一般人文秩序以及国情息息相关，中国法治发展的渊源在以下三点：①中国的传统文化；②中国的特殊国情；③人类法治文明。最主要的体现于人类法治文明之中。我们所提到的"人类法治文明"主要来自欧美发达国家的成功经验，西方国家的经验并非完美无缺，他们自身也不乏反思和批判，但对于很多基本成功定型的制度和技术手段，无疑值得我们去学习和借鉴。我们真正爱中国，真的想"振兴中华"，眼下的最佳表现是加大力度借鉴人类法治文明的优秀成果，发展全球范围内的法律规范的趋同化和一体化的法律全球化，谦虚、认真地补短板，争取在法律文化上对人类有所贡献和创新。第二位发言人是南京师范大学法学院张镭教授。张镭教授以《存在一种"公共"的法哲学吗?》为题作会议发言。张镭教授认为，公共法哲学的概念问题从李普曼提出公共哲学转向开始，以此为样板，提出法哲学也要转向。由此产生的问题是，哲学转向公共，法哲学也需要转向公共吗？哲学是解决普遍性问题；法哲学研究对象的本身是公共秩序，讨论公共议题是法哲学的基本样态。构建公共法哲学应当产生一套方法论。公共法哲学是试图在法哲学家和公众之间建立一种密化关系。公众不需要有法哲学议题，也没办法和公众探讨法哲学议题。法哲学、法理学最为关注的应当是人的问题，把人的关怀放在第一位。法哲学关注的另一个问题，即法律秩序的构建。法哲学应当关注互联网时代人的社会身份。第三位发言人是山东大学法学院魏治勋教授。魏治勋教授以《"自然状态"学说的观念史渊源》为题作会议发言。魏治勋教授认为，自然状态学说的出现是自古希腊以来哲人们所构造的神义论理论体系隐含的内在矛盾发展的必然结果，其发端是质疑上帝存在之正当性的"伊壁鸠鲁悖论"。为了驳斥"伊壁鸠鲁悖论"并论证神圣秩序的合法性，自奥古斯丁起的神义论就致力消解"上帝之善"与"现世之恶"之间的紧张，其关键在于如何处理上帝的绝对支配性与人的自由意志之间的关系。由于难以回答现世之恶的正当来源问题，阿奎那开始承认人的自由意志对于恶行的责任，司各脱则将恶行归咎于自由意志在行动上的自由选择，近代意义上的自由个人的观念初露端倪。中世纪后期的神学理论最伟大的革命性的变革则出现在奥卡姆的理论创新中，他以"奥卡姆剃刀"剃掉了教会的合法性，还把上帝与人都还原到具有自由意志的个体状态，确立了"自由意志"，"原子式的个人"的合法地位。奥卡姆的理论构成了宗教改革和启蒙运动的直接思想渊源。自然状态学说的理论在于它是具有必然性逻辑的历史结论，自认具有合法性的现代法治绝不可能建立在一个偶然的"假设"之上，一切革命性变革都只能是逻辑和历史相统一的结果。第四位发言人是湖北大学法学院徐梦醒副教授。徐梦醒副教授以《法律论证中反事实思维的适用规则研究》为题作会议发言。徐梦醒副教授认为，反事实思维在法律中的表现，是理性与非理性之间的权衡。她认为，反事实思维是自然而为产生的状态，通常伴随着情绪，影响我们对因果关系的判断。最贴近现实的假设，如惋惜、后悔、同情等会影响我们的判断、决策。她说，我们对本身不会发生的事情要进行评估，司法案件中的因果关系判断会不同。结果一样，判断基准不一样。命题真假判断问题，由本来可能发生的现象所得出的判断，需要从论辩规则上进行规定。然而，反事实判断本身有其局限性，会引起情绪性的反馈；验证难度导致因果偏差；反事实思维有反驳性，需要其他推论对预判进行验证；会有冲突等。所以，反事实思维应该采取的一些规范体系，①假设应该切近实际情形；②确保论证可靠；③立场与己方一致；④避免情绪影响;⑤具有听众认可的恰当性。第五位发言人是北京市社会科学院万川教授。万川教授以《规范收入分配秩序的价值观基础》为题作会议发言,从五个方面进行了阐述。一、收入分配问题既是一个经济学问题,又是一个法学问题,还是一个哲学问题。收入分配是古今中外尚未解决好的一个实践难题。二、现有收入分配理论,包括初次分配、再分配、第三次分配理论,是需要进一步加以探讨的。初次分配理论以新古典经济学的分配理论为基础,再分配理论以市场失灵论、功利主义与自由主义的政治哲学为基础,第三次分配理论是我国经济学家厉以宁提出来的。这三次分配的主体不同,三者不在同一个层次。三、规范收入分配秩序,是包括法学、经济学、社会学在内的所有社会科学面临的共同任务。不仅如此,包括哲学在内的人文科学也要为规范收入分配秩序提供价值观基础。四、我国现阶段把公平和效率作为收入分配制度的指导思想和价值理念,这种价值理念并没有很好地解决我国收入分配还存在的巨大的地区差距、群体差距问题。五、把公平作为规范收入分配秩序的价值理念,其理论依据在于不可否认和不能回避的人性问题。财富分配不均是人类社会很多矛盾的根源,解决这个问题在全球具有普遍意义。五位发言人发言完毕,主持人滕锐研究员都作了精彩的总结和点评。

最后是会议的总结部分,由山东工商学院法学院董书萍副教授主持。会议安排了两位总结人。董书萍副教授首先对本次会议进行了总体评说,她指出各位师友关注的都是当下中国的、自身的各种问题,大众生活的问题。不同人的幸福感是不一样的。普通大众的高兴值和幸福值来得似乎很容易,但落在学术圈却是很不容易的。学人们思考的都是价值和意义等精神层面的问题。随后,两位总结人对本次会议进行会议总结。第一位总结发言人是湖南师范大学法学院刘顺峰副教授。刘顺峰副教授对与会所有发言人的发言作了深入的分析,也提出了自己的反思。他进行了四个层面的概括:一、西方话语和中方话语;二、方式和方法;三、有价值和有秩序;四、问题意识。他说,如果没有"震撼性的时刻",我们就无法打开思想的境界,无法打开人生的境界,凡此问题意识与思想境界关涉的是我们的学术理想,牵连的是人生与人心,点点滴滴值得我辈珍惜。第二位总结发言人是湖北大学哲学学院教授、湖北大学法哲学研究中心主任、仙桃法学研究会副会长魏敦友。魏敦友教授首先提出三个话题:我们为什么开会?怎么开会?我们生命的意义何在?关于第一个话题,他指出,这是生命的反刍与前瞻的问题。魏敦友教授从哲学转到法学之后,在法学的路上遇到很多精彩的人与事。他想使生命之中的精彩重新绽放一次,他希望通过这类会议,能够使在法学之路上遇见的精彩人与事长留在武汉沙湖之畔,这正是他发起沙湖之畔当代中国法哲学论坛系列会议的一个内在期许。关于"怎么开会"这个话题,魏敦友教授在二十年的法学之路上遇到了许多当代中国最前沿的法学学人,他们的学术研究代表了当代中国的主要学术范式,可以看成是现代中国的法治秩序之道的知识展开。因此,每次以一个或者两个学者为中心,在沙湖之畔召开当代中国法哲学论坛系列会议。比如,去年的主题是"转型中国视域下的公共法哲学",涉及的是邓正来教授和孙国东教授。本次会议主题为"法治中国境域中的价值、规范与秩序",会议突出的是谢晖教授与沈湘平教授,他们庶几代表了中国当代学人各自从法学和哲学领域探讨法治中国作为一种现代秩序的前沿学人。他希望通过这种开会方式形成关于现代人文秩序的知识体系。魏敦友教授谈的第三个话题是"我们生命的意义何在?"他认为,我们中国社会有必要完成一个心性的转变,从羡慕到敬重或者感动的一个转化,只有这样我们的法治中国才有了心理基础。因为羡慕有偶然性,敬重和感动才是必然的,因为它是人性最内在的、高尚的成分。普通人可以做到物质层面的"安所遂生",一个学人的价值和意义就在于智慧的薪火相传。魏敦友教授强调,我们是应法治之运而生的人物,我们就应安法治之运。最后,魏敦友教授祝福大家在思索现代人文秩序的路途中做出更多的知识贡献,为中华民族伟大复兴贡献智慧的力量。

夜幕降临,会议在大家的掌声中圆满结束。来自中共北京市委党校、北京师范大学、北京理工大学、山东大学、南开大学、南京师范大学、广州大学、华东理工大学、武汉大学、华中科技大学、华中师范大学、中南财经政法大学、中南大学、湖南师范大学等单位的 30 余名专家、学者参加了本次会议。校内部分专家学者,校内外部分博士生、硕士生和本科生参加了此次会议学习。

(编辑:尤婷)

论司法改革过程中法律学说的功能定位

——评《论法律学说的司法运用》*

李 可 杭春锐**

摘 要 裁判说理援引法律学说是我国司法改革过程中的重要举措。认清法律学说的功能定位,有利于进一步发挥法律学说推动裁判文书说理合理性和可接受性的作用。当前,对于法律学说是否能够被裁判说理部分所援引这一话题,学界呈现出"支持说"和"反对说"两种态势。但最为重要的是,法律学说作为一种"民间法",只有在不与国家强行法相抵触时,才能真正发挥其功能。对于国家法而言,法律学说的辅助功能意义重大,其发挥的方式则呈现出国家法规制为主,法律学说规制次的特征。从司法实践上来说,法律学说的功能也受到国家权力体制、法院整体环境以及法官自身认知能力的局限。这就要求在接下来的司法改革过程中,要不断深入法律学说功能的理论研究,提出司法制度的顶层设计,才能打通法律学说功能的边界,形成司法实务与法学理论研究的良好互动。

关键词 司法裁判说理　法律学说　功能定位　条件与局限

自古以来,官方与民间就有一种对立之感。尤其是在法律行业,官方认为民间法带有极强的主观性,不适合现在所提倡的法治中国;民间认为官方的部分法规高高在上,不接地气,不能真实反映老百姓的心声。

最近拜读了中南大学彭中礼教授的新作《论法律学说的司法运用》一文,感受颇深,想借此机会再次谈一谈在司法改革大背景下法律学说的功能定位问题。

---

* 2021年新疆维吾尔族自治区第六批天山文化名家暨"四个一批"人才项目(项目编号:100321001)。
** 李可,法学博士,新疆大学法学院教授,博士生导师;杭春锐,新疆大学法学院博士生,新疆稳定与地区经济发展法制保障研究基地助理研究员。

彭中礼这篇文章的写作背景是在 2018 年，正值国家大力推动司法改革建设，最高人民法院颁布了《关于加强和规范裁判文书释法说理的指导意见》（2018 年 6 月 1 日印发，6 月 1 日起实施）（以下简称"意见"）。意见第十三条规定，法官在进行裁判说理时，除了运用法律法规、司法解释外还可采用"法学理论、通行的学术观点"以及"与规范性法律文件不相冲突的理论"，基于此，彭中礼从法律学说的相关概念谈起，介绍了法律学说司法运用的理论价值，并寻找法院运用法律学说进行裁判说理的具体案件，最后为法律学说司法运用进行有益的制度构造。理论充实，结构完整，实证准确，为法律学说的具体应用提供了充足的理论深度和有价值的制度构建。

在文章的最后一部分，彭中礼提出了"法律学说司法运用的制度构造"，并建议要发挥出法律学说在司法中的积极作用，用制度的方式构建出法律学说应用于司法，制定《学说引证法》将法律学说确定为明确的法源，推进司法体制改革，创新司法改革制度，确保法律学说能够大幅度地发挥其作用[①]。彭中礼的建议不仅能够推动法律学说发挥其用于实践的作用，也能够大幅度提高法律学者对法律学说更深层次的研究，可谓是意义深远。但是，从目前的司法改革体制发展状况以及国家立法规划来看，《学说引证法》的制定为时过早，相应的体制机制还未完善，还有一些问题尚待解决，在面对主客观环境都未尽人意的情况下，如何能够推动法律学说在司法层面的作用更加强大？如何定位法律学说在司法改革大视野下的功能？本文也就从此展开。

一、法律学说功能的理论争议

法学家学说自古罗马时期开始就已逐渐成为法律的重要渊源。在司法裁判中，法学家学说也被认为是重要的裁判理由。公元 426 年，为澄清罗马帝国中各法学家学说的混乱，东、西罗马帝国皇帝联合颁旨《学说引用法》，规定将乌尔比安、帕比尼安、保罗、盖尤斯、莫迪斯蒂努斯为罗马五大法学家，他们的学说和著作具有制定法的法律效力，凡法律没有明确规定的，可以以五大法学家学说作为裁判依据，若解答不一致，以多数人意见为主，若无法确定最终意见，则以帕比尼安意见为主[②]。罗马法的这一原则日渐成为各国法官引用法律学说进行裁判说理的理论渊源。然而，今时今日，无论判例法国家还是制定法国家，法律学说的作用已被先例和国家法所取代，法律学说是否能继续作为裁判理由开始渐渐成为学界所考虑的话题。法律学说的地位、功能问题，实质上反映出了在一国的整个法律系统内，形而上的法学研究对形而下的法律实务工作的影响力有多大。从这个问题出发，则又可以反映出法学研究与法律实务关系的密切程度。在司法改革的大背景下，法学研究与法律实务的矛盾与张力恰恰反映出了法教义学与社科法学的研究范式，同时也凸显

---

① 参见彭中礼：《论法律学说的司法运用》，载《中国社会科学》2020 年第 4 期。
② 参见 [英] 巴里·尼古拉斯：《罗马法概论》，黄风泽，法律出版社 2010 年版，第 35 页。

了规范层面与实践层面的紧张关系。

从实体法的角度来看，《中华人民共和国民法典》第十条规定了在没有制定法依据时，可以采用"习惯"。从该条的规范分析来看，习惯适用的前提是没有法律规定，此处的法律应当做广义讲，即法律、行政法规、地方性法规、部门规章以及地方政府规章等具有强制性效力的法律文件，同时，即便适用习惯，也不得违法公序良俗和民法法律原则，因此，习惯尽管被编入《民法典》，但仍不具有法律渊源的地位。从程序法的角度来看，当前我国的三大程序法均没有明确规定习惯的适用程序，也没有具体指出是否能够援引法律学说以及援引学说的具体程序。2018年最高人民法院意见的出台，可以说是对裁判说理能否援引、怎么援引法律学说这一问题最为具体且细致的回答，意见的出台对我国各级人民法院利用法律学说进行说理具有重要的指导作用。从意见第十三条的具体内容来看，"不抵触"原则是该条的精髓，只要法律学说"不抵触"国家强行法，法官在进行裁判说理时均可以进行援引。

回归到理论层面，法律学说在什么情况下可以进行援引，在什么情况下不可以进行援引？在没有制定法规定时，习惯和法律学说的适用是否存在先后问题？法律学说是否会导致直接裁判？裁判说理时如何进行法律学说援引？是否有标准格式？以上的这些问题引发了学界对裁判文书说理援引法律学说的不同理论争议。从现有的研究结果来看，学界对裁判说理是否能够援引法律学说形成了"赞同说"和"反对说"两种价值取向。

"赞同说"认为在裁判文书说理部分援引法律学说可以增强裁判文书的理论性与科学性，能够加强当事人对文书的可接受性。金枫梁是赞同说的代表学者之一，认为学说内容的科学性和实质性能够约束法官的自由裁量，从而增强当事人对裁判文书的可接受性。同时，对法律学说在学界的认可性而言，法官既可以援引通说，也可以援引非通说，但应当将援引非通说作为主流。在援引的过程中，避免对学者著作进行简单的转述，而是要以沟通对话的形式，将学者的核心观点展示出来。此外，法官在援引法律学说的同时要表明学者的姓名，从而促成"学术与实务的良性互动"。金枫梁作为一名留德学者，擅长用法教义学的分析模式进行论证[1]。自德国法教义学传入我国后，无论是学术界还是实务界均受其影响，在民法学界，一部分学者也主张把习惯、法理、学说等作为民事法律实践的重要法律渊源。例如，刘亚东指出民法法源体系缺乏"法理"担当补充性法源[2]。姚明斌提出要对本土化的民法进行评注，在规范不足、本土特殊性问题出现的情况下，让民法评注成为裁判说理的"实质法源"[3]。杨群、施建辉提出需要在实践中构建"民法一般原则"补

---

[1] 参见金枫梁：《裁判文书援引学说的基本原理与规则建构》，载《法学研究》2020年第1期。
[2] 参见刘亚东：《〈民法典〉法源类型的二元化思考——以"规则——原则"的区分为中心》，载《北方法学》2020年第6期。
[3] 参见姚明斌：《论中国民法评注之本土化》，载《南京大学学报（哲学·人文科学·社会科学）》2020年第4期。

充法理法源的缺失①。李敏也认为有必要明文规定法理与学说的法源地位②。

"反对说"则认为裁判说理过分引用学说会导致裁判文书说理过于自由和个性，与传统的裁判文书的严肃和权威之间产生冲突，同时，基于司法实践中"说得越多责任越大"的社会现实，从而产生出"何时引""怎么引""如何引"的具体问题。王立梅主张法院裁判，法官说理应当秉持的是"当事人本位"而并非是"法律人本位"。过分引用法律学说，易将"个案"变"类案"，将"具体论证"变"特殊论证"，最后演变为裁判说理不是为事实说理而是为法律问题说理。因此，王立梅提出在裁判说理过程中首先应避免援引法律学说，如果需要援引，则应注重个案使用，避免广泛使用，多用隐性援引，少用显性说理③。从意见十三条来看，尽管裁判文书说理部分可以援引法律学说，但前提除了在法律规范没有规定情况下之外，援引的学说尽可能是通说，即具有共识性、通常性的观点。彭中礼在其文章中也着重区分了法律学说与法理、通说以及学者观点的区别④。同时，最高院也指出，援引法律学说尽量避免出现学者姓名，以免产生争议⑤。

无论是赞成说还是反对说，都仅仅是从援引法律学说对裁判说理的影响出发，从而忽视了法律学说本身的功能价值。因此，只有从法律学说自身的功能出发，才能够更加认清裁判文书说理援引法律学说的具体意义。

二、法律学说功能发生的条件

探寻法律学说功能发生的条件，依旧得从法律学说的概念开始谈起。彭中礼在文章中的第一部分着重介绍了法律学说的概念，认为法律学说是法学家在特定的物质生活条件下所创造出来的，能够反映出历史规定性和现代规范性的，关于法律运行与相关理论的思想体系⑥。彭中礼的这一定义，从唯物史观的角度准确定性了法律学说的物质性与规律性。首先，法律学说的存在是基于社会历史条件下，法学家对于社会实践的感悟与归纳；其次，法律学说所创制的主体为法学家，也就是个人，并非出于国家；最后，法律学说是法学家在历史考察后对社会问题的科学性反应。

基于法律学说的物质性和规律性，可以对法律学说进行再一次的内涵界分，从广义和狭义两个层面再度解读法律学说。广义的法律学说可以指一切从事法律活动的相关人员对法律创制过程中的归纳与理解；狭义的法律学说特指法学家的通过对法律现象的研究，以

---

① 参见杨群、施建辉：《〈民法总则〉"法理"法源规则缺失与实践重建》，载《南京大学学报（哲学·人文科学·社会科学）》2019年第3期。
② 参见李敏：《论法理与学说的民法法源地位》，载《法学》2018年第6期。
③ 参见王立梅：《裁判文书直接引用学者观点的反思》，载《法学论坛》2020年第4期。
④ 参见彭中礼：《论法律学说的司法运用》，载《中国社会科学》2020年第4期。
⑤ 参见最高人民法院司法改革领导小组办公室编：《〈最高人民法院关于加强和规范裁判文书释法说理的指导意见〉理解与适用》，中国法制出版社2018年版，第214页。
⑥ 参见彭中礼：《论法律学说的司法运用》，载《中国社会科学》2020年第4期。

学术活动的方式所产生的论述或理解。广义的法律学说又包含三种具体形式：第一种是在创制法律的过程中，论证法律正当性和合理性时所产生的立法材料或立法说明，不具有强制性是立法材料最重要的特征；第二种是在司法审判活动中，法官对于某些问题所作出的具有指导性质的审判意见，最重要的表现形式是最高院发布的指导性案例或最高院发布的非司法解释类审判业务规范性文件；第三种则是上述说明的法学家的论述。因而，在本文的观点中，法律学说通常采取狭义说，即法律学者对社会法律现象与问题所采取的系统性、科学性的反思。

既然说，法律学说的出现是对社会法律问题的回应，那么，社会存在必然决定法律学说的走向。列宁曾以法令与农村为例，提出了上百个法令也不会改变农村的生活面貌[1]。从列宁的这句话中，那么是不是可以反向认为，农村的生活面貌可以影响到上百个法令？答案应该是肯定的，至少从法社会学家的论述中可以窥探一二。法社会学家认为，活法、民间法、习惯法是至关重要的，甚至可以说在国家规则中占据"半壁江山"。"文明初始，希腊人、罗马人、希伯来人最初的法律，主要是把前辈的经验体现在风俗习惯里面的东西履行一到法律手续而已"[2]，可以说，古代社会的法律就是对习惯的"再制度化[3]"。13世纪出现的注释法学派和后期的评注法学派在习惯与法律的中间打上了"学说"的烙印。至此，"习惯——学说"模式逐渐形成，这一模式具体来说就是法学家在社会观察，社会实践经验的基础上，对社会问题加以反思，最终形成法律学说。可以说带有十分明显的"民间"性。

归回到法律学说功能发生的条件这一问题上来。由于"民间性"是法律学说重要的特性，因此，需要探讨具有"民间性"地位的法律学说，在法律体系中的效力问题。

从西方法学流派上来看，不同学者对法律学说的效力问题是持有不同意见。自然法学派和法社会学派一直对法律学说的效力采取模棱两可的态度，虽然认可法律学说具有一定的法律效力，但效力位阶比较靠后，在法律学说以上还有"自然法"或"活法"。哈耶克是一位典型的自由主义法学家，他坚决不认可法律学说的法律效力。分析实证主义法学派固守国家法创制理论，排斥法律学说的法律效力，是因为法律学说并没有获得国家强制力的明确保障。《意见》的出台，意味着国家已经开始逐渐认可法律学说对裁判理由的支撑，但并不意味着法律学说已经具有了法律效力。从法社会学的角度来看，法的效力不在于国家的认可，而在于法对社会的实际效果，甚至是法对于司法的具体效果。

在历史上，尤其是古罗马时期，著名法学家的法律言论，不仅影响着当地民众，同时也是当地法律的一种表现形态。对于我国来说，随着《意见》的出台，学者的相关论述被用于裁判说理，某些法学家的著作也被当作为权威理论，不少法学家参与立法、修法工

---

[1] 参见中共中央编译局：《马克思恩格斯全集》（第1卷），人民出版社2006年版，第183页。
[2] ［德］马克思：《摩尔根〈古代社会〉一书摘要》，人民出版社1965年版。
[3] See P. Bohannan, *Law and Warfare*, National History Press, 1967, p.16.

作，在其对法律进行立改废时，就已经将他的法律理念灌输到法律当中，可以说，法律学说完全没有法律效力至少是不贴切的。当然，也并不是所有的法律学说都能被用于法律活动，正如彭中礼以主体标准、内容标准、形式标准、历史和社会标准、时空标准来确定法律学说的界定。所以，从这个角度来看，法律学说是否具有法律效力是不确定的，而这一"不确定"正是"民间性"的固有特性。相比较而言，由立法机关创制，行政机关执行，司法机关适用的国家法，或者说是任何具有国家强制力保证实施的规范性法律文件都比民间法更能成为法治国家的有力抓手。国家法普遍与国家权力相互联系，与具有权威性、普遍性、稳定性、强制性的国家意志相结合成为国家法的重要的特征。

综上来说，正是因为国家法拥有国家权力、国家权威的外衣，法律至上的精神内涵，民间的社会规则就无法全部吸纳到现有的国家法律体系当中去，而由于历史客观性的存在，民间社会规则的缺漏、负面更不会被法律系统所接受。如果法律只是被当作一种社会规则的参照系，如果人们在调整社会关系，解决社会矛盾时，只是依靠自发形成的社会规则，而不考虑法无明文规定不为罪，法无明文规定不处罚时，如果法官在判断真凶、处理纠纷时，依附于社会习惯、宗族势力、家规家训时，法律的权威则会受到极大的挑战，法制的统一性也会在这种社会规则的冲击下变得日渐衰弱，最终法治国家的目标也会变得渐行渐远。国家永远认为，在现代化的过程中，农业社会、封建社会的传统习惯会严格阻碍国家现代化的进程，而受传统习惯所影响的固有思潮更会扼杀人民现代性的思维。国家创制统一的法律，建设完备的法律体系，推崇法律至上的原则理念，就是为了避免民间法"不确定""不稳固"的弊端，统一国家法制体系。因此，要使作为民间法的法律学说发挥应有的功能，最重要的前提就是不能与国家制定法相抵触。

三、法律学说功能发挥的方式

对于国家来说，"法源于国家，来自国家"，法律就是由国家或占统治阶级地位的当权者为巩固国家统治，约束人民行为，表达自己意愿的规则集合。实证主义法学派坚守"法自国家出"的铁律，奥斯丁曾经有论断，纯粹的严格意义上的法，或由政治上的优势者为政治上的劣势者所制定的法[①]。凯尔森的纯粹法学理论更是将所有评价标准和意识形态因素都从法律的学科中清除出去，他指出，法律科学一直是在毫无批判的情况下被人们同心理学的、社会学的、伦理学的和政治理论的因素搅和在一起，只有法官或法律工作者在进行法律活动严格秉持"法律意义"，才能保证法律的"纯洁性"。因此，可以说，法律实证主义试图将价值考虑排除在法理学科科学研究的范围之外，并把法理学的任务限定在分析和剖析实在法律制度的范围之内，法律实证主义者认为，只有实在法才是法律，而所谓

---

① 参见吕世伦：《西方法律思想史论》，商务印书馆2006年版，第255页。

实在法，就是国家确立的法律规范①。基于此，不难看出，在实证主义法学派看来，法律，就是由国家所制定并认可的，能够被国家强制力保证实施的社会行为规范或裁判规范；法律体系则是法官在裁判个案中所遵循的规则体系；法律体系是完备的，概念是周延的，社会上的所有纠纷与矛盾，均可以在法律体系中找到解决办法，在所有的法律文本中均可以找到回答问题的标准答案，人们并不需要去创制他们，而是要去发现他们；习惯法、法律学说等"民间法"不是法律，而仅仅是从法律体系中衍生出来的一种东西，通常是无效的，除非立法者对它们进行授权、认可或批准。

法律学说重要性的体现来自20世纪后半期的法社会学派所提倡的法律多元理论。上文提到法律学说产生的范式是"习惯——学说"式，习惯对于社会规范的影响十分巨大，并被法律多元主义者所认可。法律多元主义者认为，法律的本质是国家意志的体现这一观点有失偏颇，法律也并非完全由国家所垄断。首先，真正意义上的现代国家是出现于十五世纪资本主义发展成上升期的欧洲大陆，如果将法只是简单地归结于保障国家秩序的社会规则，法的本质要素为国家强制、国家主权、国家意志等概念的话，那么真正意义上的法应当是在现代国家出现之后才真正开始定型，则，根据此种逻辑演变，在人类的发展历史上，大多数时间都处于"无法"的阶段，这一推论显然与客观历史不符。同时，国家与社会的二元制结构必定会导致诸如家庭关系、社团关系、商业关系等与国家关系紧密型不大的社会关系，而这些关系的规制不可能由国家法进行大面积规制，家族宗法、社团规定、行业行规在一定程度上都不可能与"国家"联系起来。此外，社会中的部分法律现象也不能完全由国家法所规制，一部分甚至是独立于国家法的。在面对此类情况时，法学家基于对国家法的理解，从社会实践的角度出发，将相关社会规则加以抽象、归纳，便形成了法律学说。

因此，法律学说是学者们通过对社会实践的观察，对社会习惯的总结，在特定的历史条件下对社会秩序平稳运行规律的归纳和升华，产生模式为"习惯——学说"，具有很强的"民间性"，而这种特性则会对国家法发挥以下作用：

第一，法律学说作为"学理法"能够自发的形成社会规则，为国家法的产生奠定基础。国家法的强制性来源于两个方面，一是国家法是国家制定或认可的社会规范，任何人不得违反；二便是违反国家法的后果就要承担相应的责任，由国家暴力机关，诸如公安、法院、监狱等机构对违法人施以人身、财产、自由、声誉等方面的惩戒。法律学说仅仅作为一种"学理法"，其产生的方式都是自发性的，是学者通过对习惯、行业行规、团体章程总结后的一种主观表述，无强制力，甚至对法律学说的来源对象，即习惯、行规、团体章程等都没有强制性。然而，由于国家法的稳定性，制定后的国家法往往成为一座不动的

---

① 参见［美］E. 博登海默：《法理学：法律哲学与法律方法》（修订版），邓正来译，中国政法大学出版社2004年版，第121页。

"雕塑"，在面对社会规则更替时，不能及时回应，也无法掌握最为精准的资料，但法律学说由于其灵活性，能够适时变通，对新的社会规则进行总结，从而为国家法的修改乃至新订提供可靠的资料。

第二，法律学说作为"法学家法"能够迅速回应社会变革，抵消国家法的滞后性。对于社会应激反应层面来说，国家法的应激能力弱，滞后性、僵硬性强，法律学说则灵活多变，对于社会急迫问题可快速反应。法律作为一种事后调节机制，总是会慢于社会的整体动态，同时，法律要求稳定，不能朝令夕改，这一特性也加剧了法律的僵化。法律学说由于是学者们对社会实践生活的反映，对社会实践的变化嗅觉敏锐，能够快速反应出社会变化的态势与法律滞后的差距，并以此作为契机，提出相应的措施，可以说更加灵活，但学说的演变又是一个漫长的过程，某一学说能够成为某一制度下的通说，是要求经过全面证伪，反复批驳，充分论证，最终形成通说，进而影响法律。但不可否认的是，法律学说确实比国家法更加灵活，能够推动国家法的变革，抵消国家法的滞后。

第三，法律学说作为"民间法"能够反映社会实际，与国家法互为表里。国家法的产生是经过社会实践的调查以及法律理论的加持和论证，并经过国家制定和认可后所产生的，但是，一旦国家法产生之后，为了保持国家法的稳定性，便在相当长的一段时间内适用当时所产生的法律学说，不再进行学说更替。法律学说的产生则与国家法息息相关，互为表里。任何法律学说离开国家法谈理论，只是无源之水、无本之木。国家法为法律学说的提出提供了土壤，法学家在现行国家法制度上，结合社会生活，更新法律学说。然而，尽管国家法提供了法律学说发展的指引，但法律学说毕竟根植于特定的历史空间，受到特定的时空影响及个人学识影响，部分的法律学说甚至仅仅对某一制度的某一方面进行论理。因此，可以说，尽管法律学说出生于国家法，但生长过程中国家法对其仅有轻微影响。

第四，法律学说作为"软法"，为国家法的发展提供精神动力。国家法的目的是为了固国本，平纷争、促发展，形式理性十分重要，所以国际法通常以固化的法律条文的形式出现。法律学说虽然也是以文字的方式出现，但更多追求的是一种精神哲学、一种价值追求，一种对未来社会方向的憧憬，价值理性是法律学说所追求的根本目标。国家法着眼现在，法律学说展望未来，进而为国家法的发展提供前进方向。

因此，从以上论述来看，国家法要求强制，是硬法，是书本上的法，法律学说是学理法、是软法、是行动中的法。尽管这两者的追求都是法治国理念，都是平衡稳定的社会秩序，但在当前以及今后的一段时间中，法治建设只能以国家法、硬法、书本上的法为主要推进力量，而像法律学说如此的民间法、软法、行动中的法加以辅之。

四、法律学说功能的边界

任何功能都是有边界的，而这个边界就是功能的局限[①]。

---

① 参见李可：《法学方法论原理》，法律出版社2011年版，第33页。

尽管最高院以规范性法律文件的形式确定了法律学说被用于裁判说理的合法性，但是在实践中法官是否采用了法律学说进行说理，这一点尚未可知，同时，法律学说的功能也只有在司法实践中才能够得以反映。因此，这一部分研究不采用以往仅用理论证成的方式，而采用实证分析的方法，通过对现有研究已得出的数据以及社会访谈的方式，探寻出法律学说在适用裁判说理时到底会出现哪些局限。

彭中礼通过对各地法院判决书的整理归纳后，最终确定相关的裁判文书268份[1]，充分论证了法律学说在民事、刑事和行政案件中的适用。

然而，彭中礼的这些数据也仅仅只是说明了法律学说在司法实践中所有适用，但适用的效果以及适用的范围却并没有提及，基于此，笔者对认识的法官及律师询问了相关问题[2]。对于法官主要询问的问题有，在对案件进行裁判说理时，是否会引用当代学者的论述或学说？如果援引，采用什么样的方法？如果不援引，什么理由？在审委会讨论重大疑难案件时，是否会涉及学者的学说？裁判文书的制作，尤其是说理部分是否存在公共模板或法官个人形成的个人模板？对于律师主要询问的问题是：在对案件进行分析时，是否会用到学者学说？如果使用，是在什么时候使用？形成的法律文书中，是否会援引学者学说？在开庭审判时，是否会用法律学说进行说理，是否说服法官？是否会进一步学习相关理论？在这些基本问题了解后，再根据访谈内容，进行一些追问。

总的来说，法官和律师的价值取向一致，法官在进行裁判说理时，律师在法庭辩论时均不采用学者学说。然而，在访谈过程中，被访谈的对象对说到，在平时业务学习以及自主学习过程中，会翻阅相关学者的著作，单位也会组织相关学者进行业务指导和讲座，同时，被访谈对象在对案件进行思索时或遇到重大、疑难案件时，会主动翻阅相关问题的学说以及相应论文，甚至会亲自向大学学者通话请教，但在最后形成的法律文书中，不会将某某学者的学说，抑或是通说直接用于裁判说理或是律师辩论意见之类的法律文书，只是将学者的裁判意见形成自己对案件的思路融入相关文书，或是将学者的学说用自己的话表述出来。

从访谈的结果来看，法律学说并非对司法适用没有起到一点作用。法律学说至少是对法律工作人员在思想上起到了"启发"或是"引领"的作用，但却是一种"隐形作用"，而这种"隐形作用"不能变成影响司法适用的"显性作用"，其根源仍然在于法律学说"民间性"不能与国家法"官方性"相抵触，从而推出法律学说功能的边界便在于"硬法"与"软法"的固有矛盾。具体来看：

---

[1] 参见彭中礼：《论法律学说的司法运用》，载《中国社会科学》2020年第4期。
[2] 由于本文的第二作者曾经在新疆维吾尔自治区昌吉回族自治州某地人民法院参与实习，2021年3月27日至3月28日，该作者向该法院的三名法官通过电话、微信就法律学说在司法适用中的适用问题进行咨询。同时还与认识的三位律师就诉讼说理是否会采用法律学说的问题进行探讨。其中，三位法官均来自该人民法院，分别在立案庭、民庭和刑庭；三位律师执业于新疆和田市、乌鲁木齐市与四川省成都市。但由于该作者的学习和实践经历有限，人际圈较为狭窄，收集数据有限，数据也具有一定的片面性。

第一,在现行国家体制下,立法权具有绝对的优越性。从国家权力分配体系中可以看出,国家立法权由全国人民代表大会及其常务委员会行使,"一府一委两院"均由全国人大产生,而这些机关根据职责所产生的行政权、监察权和司法权均在立法权之下,因此,国家立法权具有绝对的优越性,任何权力的行使必须在立法权的框架之内。因而,法官在进行司法裁判,行使司法权时,必定会严格依照制定法进行,格外慎重采用习惯、法律学说等其他社会规则,以免造成司法权对立法权的僭越;同时,《中华人民共和国民法典》第十条规定,只有在没有法律规定的情况下,可以适用习惯。所以,在法律适用的这个系统内,"官方"的国家法成为该系统占主要作用的元素,习惯则成为次要元素。

第二,司法实务者与法学研究者所处的立场有所差异。法官和律师都绝对认可法院"依法裁判"的重要性,法学研究学者也都从各自研究的领域论证了"依法裁判"的重要性。只不过,法官、律师等职业出于法律职业这一社会位置时,更多考虑的是"为什么要'依法裁判'",而法学研究学者考虑的则是"怎么更好地'依法裁判'",因此,在"依法裁判"这一领域内,法律学说与司法适用产生共鸣。在现有体制下,制定法仍然具有至高无上的法律地位,法官在裁判的过程中,为了做到"依法裁判",在说理时援引相关的法律学说必定会谨小慎微。尤其是刑事审判庭法官,在处理刑事案件时,"罪刑法定原则"的规制,令法官在进行说理时,不得不严格依照制定法。然而,不得不说,"罪刑法定"这一原则的由来,恰是法律学说推进的成果。从这一点可以看出,"罪行法定"原则在实务界是为什么要"依法裁判"的原因,而"罪刑法定"原则进入《刑法》则是法律学说为更好地"依法裁判"所推进的成果。

第三,法官自身受到内外双环境共同加持影响。在访谈的过程中,笔者问到,如果必须要援引法律学说,会怎么办?三位法官都表达了:"如果必须援引,那只能写,根据关于某某这一问题的通说,同时,绝不会具体写某位学者的名字。"① 究其原因,从外部环境来看,法院自身对法官有一定的政策导向性,其中包括上级法院的政策引导以及本院领导对法官的态度等;同时,"法官责任终身制"也加大了法官的审判责任,"少说话意味着少责任"的理念极为浓重;此外,法官毕竟是以实务为主,对于学界的观点了解不全面,对主流的观点认识也没有那么深刻,如果贸然的用某一学者的名字或者某一学者的理论进行说理,很有可能会遭到当事人、法院内部甚至是上级法院的疑问,秉着"多一事不如少一事"的想法,能不援引尽量不引。从内部环境来看,第一,基层法院"案多人少"已成为普遍,在"结案率"的指标下,能简化说理就简化说理。笔者在新疆某地法院调研

---

① 截至2021年3月28日,在中国裁判文书网上,以"根据通说"为关键词,且审级为一审的,最新的判决是山东省泰安市岱岳区人民法院作出的(2020)鲁0911民初4991号,在判决中,主审法官论述:"根据通说,如义务人主动履行部分义务后未确定其余债务履行期限的,则已经履行的部分债务应履行行为而消灭,无时效问题,而对未履行部分,如权利人未提出请求,义务人也未作出意思表示的,应当认定当事人对剩余的债务未约定履行期限,则仍应根据第一点来确定诉讼时效起算点。"

时，一个立案庭的普通法官，平均一天两到三个案件，在如此高强度下的案件需求下，即便法官想要细致说理，也不得不为现实情况低头。此外，法官还有一层身份，那就是国家公务员，在诉讼活动之外，还需要填报数据，做相关表格等行政工作，更加压缩了制作裁判文书的时间。第二，从案件自身情况来看，法律学说的"用武之地"范围狭窄。我国的基层法院受理的案件基本都是日常琐碎的，在法官看来极为简单的案件，而这些案件通常是事实清楚，证据充分，根据现有的法律规范基本都能进行处理，根本不需要法官援引法律学说。在高级别法院审理疑难、复杂的案件时，法官才会根据现实需要援引法律学说①。第三，大部分的法律学说并不能直接进行裁判说理。我国的法学研究大多呈现出一种规范主义思想，更加希冀于从理论的角度完善相关制度，使得法律学说呈现出一种"不知所云"的特质，而这种特质的受众对象是法学研究者，并非是法律适用者。对于法官而言，"不接地气"的法律学说既不能直接解决现有问题，自身的认知程度对学说的理解也有较大困难，自然就会产生不想援引，不愿援引的情况。在调研的过程中，笔者也发现，法院的图书资料更加倾向于办案技巧等实用书籍，理论书籍大都是一些经典著作，但数量较少，这也反映出法学研究与司法实践之前联系较少。

综上，从理论的角度而言，裁判文书说理援引法律学说能够"为裁判说理提供理由来源""能够为司法论证提供权威资源""能够为规范适用提供理论渊源"②，但从实践的角度来看，还有很多亟须解决的问题，可以说，法律学说功能的局限性仍然在于当下司法实践过程中的现实问题。

五、结论

国家大力推行裁判说理援引法律学说，是司法改革过程中浓墨重彩的一笔。尽管国家与"民间性"的法律学说存在概念上的矛盾和用途上的鸿沟，但在法系统这一体系下，两者又在对立中逐渐获得统一。法律学说因其自身的"民间性"不能对制定法进行大肆批驳，在司法适用和裁判说理中，法律学说也不能喧宾夺主，无视制定法的强制性作用，与制定法相抵触。真正能够被裁判说理所引用的法律学说，必定是能够解决实际问题的论述，是法学家在长期理论学习、实践观察、经验总结的基础上，反复论证所得出的结果，必然解决的是法律规范的空白部分与社会实践过程中产生的疑难问题的一般性理论。这种法律学说既能实际解决问题，又能在整个法律系统内稳固发展，实现与法律系统的融合发展。

在现实状况中，学者的研究方向有所不同，研究的角度也是方向各异，研究的目的更是千奇百怪。只有极少数的学者学说能经过理论和实践的打磨，揭示出法学理论与社会实

---

① 参见杨帆：《司法裁判说理援引法律学说的功能主义反思》，载《法制与社会发展》2021年第2期。
② 彭中礼：《论法律学说的司法运用》，载《中国社会科学》2020年第4期。

践的融合规律，兼顾其法学体系的严谨和公众的认知，找到法律规范与社会实践矛盾后的运行规律，既可以在法理证成上运行无阻，又可以在社会实践中发挥作用，这样法律学说才能被定义为通说，真正起到法律学说辅助于裁判说理的作用。然而，不可否认的是，法律学说对裁判说理的功能仍受制于当下司法现状。国家的立法体制、法院系统的外部环境、法官自身的能力需求，都成为法律学说功能发挥的巨大掣肘。只有在接下来的司法改革过程中，不断深入法律学说功能的理论研究，提出司法制度的顶层设计，才能打通法律学说功能的边界，形成司法实务与法学理论研究的良好互动，将学者理论的精髓用于解决百姓的纠纷，做到司法为民，切实让人民群众在每一个案件中都能感受到公平和正义。

On the Functional Orientation of Legal Doctrine in the Process of Judicial Reform —Comment on Onthe Judicial Application of Legal Theory By Professor Peng Zhongli

Li ke, Hang chunrui

Abstract: It is an important measure in the process of judicial reform in our country to invoke the legal thesis. To recognize the functional orientation of legal theology is conducive to further exerting the role of legal theology in promoting the rationality and acceptability of adjudication instruments. At present, the academic circles show two kinds of situations: "support the thesis" and "objection thesis" as to whether the legal doctrine can be invoked in the adjudication part. But most importantly, legal doctrine, as a kind of "civil law", can only really play its function if it does not conflict with the law imposed by the state. As far as national law is concerned, the auxiliary function of legal theology is of great significance, and the way it is played shows the characteristics of national legal system and legal theorization. From the judicial practice, the function of legal theory is also limited by the state power system, the overall environment of the court and the judge's own cognitive ability. This requires that in the process of judicial reform in the next process, we must continue to deepen the theoretical study of the function of legal doctrine, put forward the top-level design of the judicial system, in order to open the boundary of legal theory function, the formation of judicial practice and legal theory research a good interaction.

Keyword: judicial decision; legal doctrine; functional orientation; conditions and limitations

（编辑：彭娟）